August Koberstein

August Koberstein's Grundriss der Geschichte der deutschen Nationalliteratur

Bis zum Ende des sechszehnten Jahrhunderts - Erster Band

August Koberstein

August Koberstein's Grundriss der Geschichte der deutschen Nationalliteratur
Bis zum Ende des sechszehnten Jahrhunderts - Erster Band

ISBN/EAN: 9783743651005

Hergestellt in Europa, USA, Kanada, Australien, Japan

Cover: Foto ©ninafisch / pixelio.de

Weitere Bücher finden Sie auf **www.hansebooks.com**

AUGUST KOBERSTEIN'S

GRUNDRISS DER GESCHICHTE

DER

DEUTSCHEN NATIONALLITERATUR.

FÜNFTE UMGEARBEITETE AUFLAGE

VON

KARL BARTSCH.

ERSTER BAND.

LEIPZIG,

VERLAG VON F. C. W. VOGEL.

1872.

AUGUST KOBERSTEIN'S

GESCHICHTE

DER

DEUTSCHEN NATIONALLITERATUR

BIS ZUM ENDE DES SECHZEHNTEN JAHRHUNDERTS.

FÜNFTE UMGEARBEITETE AUFLAGE

VON ,

KARL BARTSCH.

LEIPZIG,
VERLAG VON F. C. W. VOGEL.
1872.

VORWORT

Es ist bekannt, dass Koberstein die letzten Jahre seines Lebens
den Vorarbeiten zu einer neuen Ausgabe des ersten Bandes seines
Grundrisses widmete. Schon waren dieselben zum Abschlusse gelangt, schon rüstete er sich zur Ausarbeitung, als der Tod ihn von
seiner für die Wissenschaft so fruchtbringenden Thätigkeit abrief.
Die Ausführung wurde von Verleger und Erben mir angetragen, und
ich glaubte mich der Aufgabe nicht entziehen zu dürfen. Dass sie
keine leichte sein würde, wusste ich von vorn herein; es wäre mir in
mancher Hinsicht weniger schwer geworden einen neuen Grundriss
zu entwerfen, als das Werk eines Anderen dem heutigen Standpunkte der Forschung gemäss umzugestalten. Denn dass der Verfasser eine durchgreifende Umarbeitung beabsichtigte, liess sich nach
dem langen Zeitraum, der seit dem Erscheinen des ersten Bandes
in vierter Auflage verflossen war, erwarten und ergibt sich am
klarsten aus den hinterlassenen, sehr umfänglichen Excerpten. Dem
Verfasser wäre es unbenommen gewesen, überall in freiester Weise
den Text der letzten Ausgabe zu verändern; der an seine Stelle
tretende Bearbeiter musste sich überall fragen, in wie weit der alte
Text noch beibehalten werden konnte oder nicht. Das Mass der
Aenderungen liess sich schwer feststellen; so werde ich dem einen
zu sehr, dem anderen zu wenig conservativ erscheinen. Im Allgemeinen mussten die vorhandenen Excerpte und Randbemerkungen
als Fingerzeige dienen; aus ihnen war freilich die Ansicht des

Verfassers keineswegs überall zu entnehmen, da er mit seinen
eigenen Bemerkungen nur gelegentlich darin hervortritt. Ein Re-
ferieren der verschiedenen, sich oft entgegenstehenden Meinungen
wäre in den meisten Fällen nicht im Interesse des Lesers gewesen,
und so ist in der Regel eine Ansicht aufgenommen, die abweichenden als Anmerkung hinzugefügt worden. Meine wissenschaftlichen
Ueberzeugungen mussten hierin schliesslich oft den Ausschlag geben,
gleichwohl habe ich sie unterdrückt, wo ich eine entschiedene Ansicht Kobersteins aus dem vorhandenen Material durchblicken sah.
Ihnen zu folgen schien mir schon deshalb erlaubt, weil ich bei der
älteren Literatur meinen Namen fast auf jeder Seite citiert, mithin
den Verfasser sich auf mich berufen sah. Am augenfälligsten wird
die Umgestaltung des Textes in dem Abschnitt über das Nibelungenlied hervortreten, wo eine von der früheren abweichende Ansicht in
den Text aufgenommen ist. Auch hierzu glaubte ich die Berechtigung
aus der Thatsache ableiten zu dürfen, dass ich aus meinen Untersuchungen über das Nibelungenlied ein Excerpt von 53 enggeschrie-
benen Quartseiten vorfand, wozu noch ein Excerpt des Metrischen
von 20 Seiten kommt. Denn es ist doch wohl nicht anzunehmen,
dass der Verfasser sich dieser Mühe unterzogen haben würde, wenn
er die Resultate des Buches verworfen hätte. Seine abweichende
Meinung würde er in den Excerpten ebensowenig zurückgehalten
haben, wie er es Holtzmanns Untersuchungen gegenüber gethan
hat.*) Ich durfte um so eher hier meiner Ansicht folgen, als sie
mit der Grundanschauung Kobersteins von der Entstehung des volksthümlichen Epos aus Volksliedern keineswegs im Widerspruche steht.
Viel durchgreifender für die ganze Anlage des Buches wäre die
Verschiebung der Grenzen zwischen der zweiten und dritten Periode
gewesen. Vor der Mitte des zwölften Jahrhunderts liegt jetzt
erwiesener Massen eine bedeutende Anzahl von Dichtungen, die

---

*) Allerdings findet sich an einer Stelle eine solche Abweichung mit Bezug
auf meine Untersuchungen S. 155; zu der Zeile: „*Hoch auf dem Berg Sinai*"
(: *treu*) bemerkt K.: „allein Bartsch übersieht hier, dass Luther offenbar *treu*
: *Sinai* gereimt hat, und nicht gemessen *Sinai*." Die dreisilbige Messung ergeben
jedoch deutlich die übrigen Strophen; der Verf. hat also nicht *eu : ai*, sondern
trü : Sinai (*ü : i*) gereimt.

Koberstein der dritten Periode zutheilte. Sie alle ihr zu entziehen
hätte eine völlige Umgestaltung beider Perioden zur Folge gehabt,
und darauf deutete nichts in den Excerpten und Randbemerkungen
hin; ich half mir dadurch, dass ich den Beginn der dritten Periode
in den Anfang statt in die Mitte des zwölften Jahrhunderts rückte,*)
indem so auch Denkmäler, welche, wie die alte Genesis, sicherlich noch dem elften Jahrhundert angehören, ihr verbleiben
konnten, da sie uns wenigstens nur in Quellen aus dem zwölften
überliefert sind.

So reiches Material Koberstein gesammelt hatte, so fehlte doch
viel an Vollständigkeit desselben. Ich hatte anfänglich die Absicht,
nur das von ihm hinterlassene zu bearbeiten und das seit seinem
Tode hinzugekommene anzureihen; bald jedoch überzeugte ich mich,
dass dann die Arbeit lückenhaft sein und den Anforderungen einer
Neubearbeitung nicht ganz entsprechen würde. Daher habe ich
weiterhin, wo ich die Vorarbeiten unvollständig fand, sie nach
bestem Wissen ergänzt. So ist eine Reihe von Nachträgen erwachsen, die theils von Koberstein Uebersehenes, theils seit seinem
Tode Erschienenes enthalten. Später sind derartige Nachträge gleich
in das Buch eingereiht worden.

Den Text wird man, ich hoffe nicht zum Schaden des Buches,
gegen die Anmerkungen bereichert finden; es sind namentlich
historische und biographische Daten so wie literarische Urtheile, die
früher in letzteren standen, dem ersteren einverleibt worden. Man
liest nun in Abschnitten wie § 111 nicht ein blosses Namenver-
zeichniss im Texte, sondern jedem Dichter sind kurze charakteri-
sierende und erläuternde Bemerkungen beigegeben. Auch durch
Seitenüberschriften suchte ich der Uebersichtlichkeit des Stoffes zu
Hülfe zu kommen; vom zweiten Bande an ist ausserdem die Zahl der
§§ am Rande beigefügt, da deren Länge das Aufsuchen von Ver-
weisungen bei der früheren Einrichtung sehr erschwerte.

Der erste Band umfasst in seiner jetzigen Gestalt nur vier
Perioden; die fünfte ist dem zweiten zugetheilt worden, während die

---

*) Versehentlich ist S. 16 die alte Ueberschrift der zweiten Periode stehen
geblieben.

sechste Periode die übrigen Theile umfassen wird. Die Ungleichheit
in der Behandlung dieser letzten Periode, die etwa dreimal so
viel Raum als die fünf übrigen einnahm, wird auch in der neuen
Bearbeitung nur annähernd aufgehoben werden können. Es
wäre allerdings nicht schwer gewesen, mit Hülfe der Excerpte
auch den ersten Perioden eine ähnliche Ausdehnung zu geben;
allein ich zweifle, ob dies im Sinne des Verfassers gelegen. Der
Umfang der beiden letzten Bände erklärt sich durch die ausführlichen Mittheilungen aus dem Leben und den Werken der Schriftsteller selbst; hier wäre er durch mehr oder weniger wörtliche
Mittheilungen aus der gelehrten, jedem Fachmanne leicht zugäng-
lichen Literatur erzielt worden, und damit wäre schwerlich jemand
gedient gewesen.

Auch in den folgenden Bänden, von denen der zweite bald
erscheinen wird, soll das biographische Material und die Urtheile
möglichst in den Text verarbeitet werden, was dem Buche an seinem
Werthe nichts entzieht, seinen praktischen Gebrauch aber eher er-
leichtert als erschwert.

Heidelberg, Ostern 1872.

K. Bartsch.

INHALT DES ERSTEN BANDES.

		Seite.
Einleitung. . .	. . . .	1

ERSTE PERIODE.

Von den ältesten Zeiten deutscher Geschichte bis in die Mitte des vierten Jahrhunderts. 7

Ursprung der Deutschen. — Culturzustand derselben in den ältesten Zeiten. — Ihre Sprache und Poesie. . . . . 7—15

ZWEITE PERIODE.

Von der Mitte des vierten bis zum Anfang des zwölften Jahrhunderts. 16

Erster Abschnitt. Die Völkerwanderung und die Einführung des Christenthums in ihrer allgemeinsten Einwirkung auf die Bildung der Deutschen überhaupt und auf deren Poesie insbesondere. — Karls des Grossen Verdienste um die Bildung seines Volkes. — Blüthe und Verfall der Kloster- und Domschulen: deren Verhältniss zur vaterländischen Literatur. — Anderweitige Begünstigungen für die Entwickelung des deutschen Geistes.. . . . . 16—26

Zweiter Abschnitt. Sprache. . . . . 26—33

Verskunst. . . . . 33—41

Dritter Abschnitt. Volkspoesie. . . . . 41—43

A. Stoffe der Volkspoesie und erhaltene Werke. . . . . . 43—60

B. Sänger; ihr Verhältniss zur Sage; allgemeiner Charakter der Heldenpoesie. . . . . 60—65

Vierter Abschnitt. Kirchliche und gelehrte Literatur in deutscher Sprache. 65

A. Geistliche und gelehrte Poesie. . . . . 65—73

B. Prosa. 74—83

DRITTE PERIODE.

Vom Anfang des zwölften bis gegen die Mitte des vierzehnten Jahrhunderts. 84

Erster Abschnitt. Aeussere und innere Verhältnisse Deutschlands in ihrer Einwirkung auf die Entwickelung und den beginnenden Verfall der Poesie. — Die wissenschaftliche Bildung der Deutschen mehr durch auswärtige als durch einheimische gelehrte Anstalten gefördert. . . . . 84—96

Seite.

Zweiter Abschnitt. Sprache. . . . . 96—102
Verskunst. 103—127
Schule. Allgemeines Verhältniss der höfischen Dichtkunst zur
    Volkspoesie. . . . . 127—137
Dritter Abschnitt. Epische Poesie. 137
    A. Stoffe. . . . . 137—148
    B. Art der Abfassung erzählender Dichtungen im Allgemeinen.
       — Erzählende Werke des zwölften Jahrhunderts, welche die
       neue Blüthe der epischen Poesie vorbereiteten . . . . . 148—162
    C. Blüthe und Verfall der höfischen erzählenden Poesie. . . 162—194
    D. Neue Gestaltung des volksthümlichen Epos. . . . . . 194—210
    E. Vortragsart der erzählenden Dichtungen. 211
Vierter Abschnitt. Lyrische und didaktische Poesie. — Prosa. . 212
    A. Lyrische Poesie. . . . . 212—239
    B. Didaktische Poesie. . . . . 239—253
    C. Prosa. . . . . 253—259

VIERTE PERIODE.

Von der Mitte des vierzehnten bis zum Ende des sech-
zehnten Jahrhunderts. 260
Erster Abschnitt. Allgemeinster Charakter der deutschen Lite-
    ratur in diesem Zeitraum: Andeutung der denselben bedingen-
    den Ursachen; politische Lage des Landes und Umgestaltung
    seiner inneren Verhältnisse; Wendung des sittlichen, wissen-
    schaftlichen und religiösen Lebens der Nation. — Begünsti-
    gungen, welche die Wissenschaften fanden. . . . . . . 260—271
Zweiter Abschnitt. Sprache . . . . 271—280
Verskunst. . . . . 280—290
Dichterklassen; Singschulen. . . . . 290—297
Dritter Abschnitt. Poetische Literatur. 297
    A. Epische Poesie. . . . . 297—331
    B. Lyrische Poesie. . . . . 331—358
    C. Dramatische Poesie. . . . . 358—388
    D. Didaktische Poesie. . . . . 388—396
Vierter Abschnitt. Prosaische Literatur. 396
    A. Romane, kleinere Erzählungen, Fabeln und Legenden. — Satire. 396—410
    B. Geschichtliche u. beschreibende, rednerische, didaktische Prosa. 410—424
Register. 425—452
Berichtigungen. 452
Nachträge. . . . . 453—454

EINLEITUNG.

1) Die Literatur der Deutschen überhaupt umfasst die Gesammtheit der von diesem Volke in Sprache und Schrift niedergelegten Geistesprodukte, ohne Rücksicht auf Form und Inhalt derselben. — Die deutsche National-Literatur ist ein Theil jener Gesammtheit: sie begreift, streng genommen, nur diejenigen schriftlichen Werke, welche auf künstlerischem Wege hervorgebracht, sowohl ihrer Form, wie ihrem innern Wesen nach ein eigenthümlich deutsches Gepräge an sich tragen, wodurch sie sich von den literarischen Erzeugnissen anderer Nationen schon an sich und ohne Rücksicht auf die Sprache unterscheiden. Man bezeichnet sie auch als Denkmäler der schönen Redekünste Deutschlands und theilt sie nach der Form, in welcher sie abgefasst sind, in Denkmäler der deutschen Poesie und in Denkmäler der deutschen Beredsamkeit.

2) Die Geschichte der deutschen National-Literatur soll den Gang darstellen, den das deutsche Volk von der ältesten Zeit bis zur Gegenwart in dem ihm eigenthümlichen literarischen Leben, sofern es sich in der Poesie und Beredsamkeit ausgesprochen, verfolgt hat, und hat dessen verschiedene Richtungen aufzuzeigen in ihrem Entstehen, Wachsen, Abnehmen und Verschwinden, wie in ihrer wechselseitigen Einwirkung auf einander.

3) Unter den bezeichneten Denkmälern sind die poetischen in sofern die wichtigeren, als sie, ihren Zweck in sich selbst tragend, auf eine freiere, deutsches Gemüth und deutschen Geist entschiedener aussprechende Weise entstanden sind, als die meisten Werke der Beredsamkeit, das Wort im weitern Sinne verstanden, da bei deren Abfassung in der Regel praktische oder wissenschaftliche Zwecke vorzugsweise gewaltet haben. Demnach verlangt in einer Geschichte

der deutschen National-Literatur die Geschichte der Poesie vorzügliche Berücksichtigung; die Geschichte der wissenschaftlichen
Prosa aber grossentheils nur in soweit, als sie es mit einer Reihe
von Werken zu thun hat, die, ausser ihrem sachlichen Gehalte, auch
durch ihre mehr oder minder durchgebildete, zur Schönheit erhobene
oder sich ihr annähernde Form merkwürdig sind, oder die auf den
Entwickelungsgang der Poesie einen bedeutenden Einfluss ausgeübt
haben, oder endlich allein ein Bild von dem Leben und der Gestalt
der Sprache in Zeiten zu geben vermögen, aus denen sich nur wenige oder gar keine poetischen Denkmäler erhalten haben.

4) Da ferner aus den frühesten Perioden der Geschichte unserer
Literatur, neben einer nicht unbeträchtlichen Anzahl von Prosawerken
und geistlichen Dichtungen, nur sehr wenige Bruchstücke der Volkspoesie erhalten sind, diese aber damals nicht bloss in schwachen
Anfängen bestanden haben kann, vielmehr schon zu voller Blüthe
gelangt sein muss; so wird die Geschichte der deutschen National-
Literatur alles das zu berücksichtigen haben, was auf anderm Wege,
als durch die einstmals vorhandenen Volksgesänge selbst, von diesen
der Nachwelt bekannt sein kann oder vermuthet werden darf, zumal
durch eine solche Berücksichtigung allein die Entwickelung und Gestaltung der deutschen Poesie in den folgenden Zeiträumen begründet
und anschaulich gemacht werden kann. Die altdeutsche Volkspoesie
wurzelt aber in der Volkssage: die Geschichte jener ist also durch
die Geschichte dieser wesentlich bedingt. Darum ist die Ausführung
eines Bildes der einen ohne Hinzuziehung der andern nicht möglich.

5) Die deutsche National-Literatur hat sich nicht, wie die griechische, von Anfang bis zu Ende in voller Selbständigkeit, nach
innern organischen Gesetzen allein, und ohne Einwirkungen von
aussen her entwickelt. Schon im Mittelalter, weit mehr aber noch
in der neuern Zeit, haben auf ihren Bildungsgang fremde Elemente
ihren Einfluss ausgeübt. Die Literaturen der Franzosen, Italiener,
Spanier und Engländer, die der beiden Völker des classischen Alterthums, zum Theil selbst, wenigstens mittelbar, die des Morgenlandes
haben zu verschiedenen Zeiten mehr oder minder das literarische
Leben der Deutschen in Stoff, Form und Gehalt bestimmen helfen,
bald störend, bald fördernd, mitunter wohl gar seine Volksthümlich-
keit tief untergrabend und mit völligem Untergange bedrohend. Diese
Einwirkungen zu ermitteln und die Folgen, die sich daraus für die
deutsche Literatur ergeben haben, aufzudecken, muss daher gleichfalls von einer Geschichte der letzteren gefordert werden.

6) Endlich steht die National-Literatur eines jeden Volkes, also
auch des deutschen, mit unendlich vielen andern Aeusserungen seines
geistigen und sittlichen Lebens in engem Zusammenhange. Die Re-

ligion, die politischen Verhältnisse, der Zustand der Sitten, herrschende Ansichten, die Sprache, die einzelnen Wissenschaften und
Künste, die Individualität derjenigen, welche sich in Poesie und
Prosa versuchen: alles wirkt auf die Gestaltung der volksthümlichen
Literatur ein, und diese wird um so lebensvoller und gehaltreicher
sein, je mehr sie, ohne Aufgoben ihrer eigensten Natur, alle jene
Lebensrichtungen in sich abspiegelt und als deren Gipfel und Blüthe
erscheint. Pflicht des Literaturhistorikers wird es aber sein, dieselben aufzusuchen, ihre Verzweigungen und Verkettungen in dem Bildungsgange der Literatur nachzuweisen und Alles zu einem anschaulichen Bilde zusammenzufassen.

7) Der folgende Grundriss kann auf die Lösung der im Obi-
gen gestellten Aufgabe keinen Anspruch machen. Seinem Begriffe
und Zwecke nach soll er nur Andeutungen von dem geben, was
einer wirklichen Geschichte der deutschen National-
Literatur auszuführen obliegt.

ERSTE ABTHEILUNG.

DIE HEIDNISCHE ZEIT UND DAS MITTELALTER.

Erste Periode.

Von den ältesten Zeiten deutscher Geschichte bis in die Mitte des vierten Jahrhunderts.

Ursprung der Deutschen. — Culturzustand derselben in den ältesten Zeiten. — Ihre Sprache und Poesie.

§ 1.

Die ältesten Nachrichten über Deutschland finden sich bei einigen Schriftstellern des classischen Alterthums[1]. Unter diesen hält Tacitus die Germanen[2] für Eingeborne des Landes (Aboriginen) und deutet an, dass diess ihr eigener Glaube gewesen sei[3]. Wenn Geschichtschreiber und Dichter seit dem siebenten Jahrhundert von einer trojanischen Abkunft einzelner deutscher Völkerschaften, namentlich der Franken, berichten[4], so ist in diesen Sagen weniger eine Erinnerung an frühere Einwanderung aus dem Orient[5], oder an den Seezug der Franken i. J. 280 n. Chr.[6], als eine allmählig immer mehr specialisierende Ausmalung eines gelehrten Missverständnisses zu suchen[7]. Wichtiger sind schon die nordischen Sagen von

---

§ 1. [1] Koch, Kompendium I, 3. Die Geschichtschreiber der deutschen Urzeit. I. Band. Uebersetzt von J. Horkel. Berlin 1849. 8. [2] Ueber die Benennungen Germanen und Deutsche s. J. Grimm, deutsche Gramm. I³, 10 ff. [3] Tacitus, German. 2. Vgl. W. Wackernagel in Haupt's Zeitschr. 6, 15 ff. [4] Schon Fredegar, in der Mitte des 7. Jh., gedenkt dieser Herkunft der Franken, und nach ihm viele. [5] Ueber die Sagen von Einwanderung aus dem Osten überhaupt vgl. W. Wackernagel, Lit.-Gesch. S. 5, Anm. 1. [6] Letztere Deutung hat schon Mascow, Geschichte der Teutschen 197. Vgl. Göttling, Nibelungen und Gibelinen 69; Jen. Lit.-Zeitung 1822, St. 15, S. 117 ff. [7] Zarncke, über die sogenannte Trojanersage der Franken, in den Berichten über die Verhandlungen der k. sächs. Gesellsch. d. Wiss. zu Leipzig. Philol.-histor. Classe 1866, 257 ff. Dagegen sucht K. L. Roth, die Trojasage der Franken (Pfeiffers Germania 1, 34 ff.) die Sage als gallische und germanische Stammsage zu

dem Zuge Odins aus Asien durch das östliche Europa ins nördliche Deutschland nach Scandinavien[8]. Am bestimmtesten aber spricht für die asiatische Abkunft der Deutschen die unleugbare Grundähnlichkeit, die sich zwischen den germanischen und andern abendländischen Völkern einerseits, und einigen morgenländischen andererseits in Sprachen[9], religiösen Anschauungen[10], Rechtsgebräuchen und Sitten,[11] Sagen[12] und selbst Schriftzeichen[13] findet. Darnach scheinen die Germanen mit den Indern, Persern, Griechen, Lateinern und andern europäischen Völkerstämmen von einem Urvolke ausgegangen zu sein, welches seine Sitze in den Gegenden des Kaukasus und kaspischen Meeres gehabt haben mag. Die Zeit ihrer ersten Einwanderung in Europa lässt sich nicht angeben: wahrscheinlich kamen Völkerzüge in verschiedenen Zwischenräumen[14].

§ 2.

Nach den nordischen Sagen hat Odin zugleich mit der Religion der Asen die Buchstabenschrift (Runen) in Scandinavien eingeführt[1]. Aus einer missverstandenen Stelle des Tacitus[2] hat man sonst zu beweisen gemeint, die Germanen seiner Zeit seien mit dem Schriftgebrauch schlechterdings unbekannt gewesen[3]. Vielmehr be-

---

erweisen, die über die Zeit der historischen Bezüge zwischen Franken und Römern hinaufreiche, und zwar sei der eigentliche Kern ursprünglich ein religiöser Mythus. Eine ältere Erklärung s. Lange, Untersuchungen über die Geschichte und das Verhältniss der nord. u. deutsch. Heldensage 171 ff. Ueber die Auffassung der Sage von einem Franzosen des 16. Jh. vgl. Holland in Pf. Germ. 2, 379. Vgl. noch M. Rieger ebenda 3, 178 f. J. Grimm, Geschichte der d. Sprache 1, 520. 523 f. Bezzenberger in seiner Ausgabe des Annoliedes (Quedl. 1848) S. 108 f. Massmann, Kaiserchronik 3, 491 ff.   8) Hierher gehört besonders der Anfang der Ynglinga-Sage und der Prolog zur jüngern Edda (den Hauptzügen nach in Küppens liter. [Berlin 1837] 187 ff. zu finden); vgl. auch J. Grimm, d. Mythol.[2] 171. Gesch. d. d. Sprache 2, 726 f. 767 ff.   9) J. Grimm, deutsche Grammatik, besonders in den die deutschen Sprachen mit den verwandten fremden vergleichenden Abschnitten; dazu Bopps Recension, S. 251—303; 725—759; dessen vergleichende Grammat. des Sanskrit, Zend, Griechischen, Lateinischen, Lithauischen, Altslawischen, Gothischen u. Deutschen. Berlin 1833 ff. 4. 3. Ausg. 1868 ff.; Graffs althochd. Sprachschatz; und Potts etymologische Forschungen. Lemgo 1833 ff. 2. Ausg. 1859 ff. J. Grimm, Geschichte der deutschen Sprache; W. Scherer, zur Geschichte d. d. Sprache, Berlin 1868. 8.   10) J. Grimm, deutsche Mythologie. Besonders ist hier zu vergleichen Kap. 14 der 2. Ausg.   11) J. Grimm, deutsche Rechtsalterthümer S. XIII ff.   12) Dessen Reinhart Fuchs S. CCLXXIX ff. und Kinder u. Hausmärchen der Brüder Grimm, I, S. XXVII.   13. W. Grimm, über deutsche Runen, 124 ff.   14) Fr. Schlegels Vorles. über die Gesch. der Literatur I, 218. W. Grimm a. a. O. 160.
§ 2. 1) Grimm, Mythol.[2] 136.   2) German. 19.   3) Adelung. älteste Gesch. der Deutsch. 373 ff.

sassen sie in den Runen eine allen germanischen Stämmen gemein-
same Schrift, welche sie schon aus der indogermanischen Urheimat |
mitbrachten⁴, und welche bei den einzelnen germanischen Stämmen
durch Aufgeben älterer, durch Annahme neuerer Zeichen sich mo-
dificierte³. Das Wort *rûna* bezeichnet Geheimniss; doch ist diess nicht
so zu verstehen, als seien die Runen eine Geheimschrift gewesen,
sondern der Ausdruck bezieht sich auf die geheimnissvolle Kraft,
welche man ihnen beilegte. Denn ihre Verwendung war ursprünglich nur auf bestimmte geweihte Functionen beschränkt, indem man
den Willen der Götter durch sie erforschte, Zauber, Segen und Fluch
damit übte⁶. Ein solches Runenalphabet besassen nun auch die
G o t h e n, schon vor U l f i l a (V u l f i l a), dem griechische Schriftsteller des fünften, lateinische des sechsten und siebenten Jahrhunderts
irrig die Erfindung derselben beilegen. Er näherte die heidnischen
Runen durch kleine Veränderungen möglichst den entsprechenden
Buchstaben des griechischen Alphabets, welches er, wie sich aus
seiner Schreibung der Doppellaute (*ai*, *au*), der Brechungen (*aí*, *aú*),
der Längen von *i* und *u* (*ei*, *iu*), des nasalen *gg*, und den Zahlen-
werthen der Buchstaben ergibt, zu Grunde legte⁷.

---

4) Andere wollen, dass die Runenschrift auf dem griechischen, speciell dorisch-
äolischen Alphabet beruhe: Bäumlein, Untersuchungen über die ursprüngliche
Beschaffenheit des griechischen und über die Entstehung des gothischen Alphabets S. 5 f. 10S f. Wackernagel in Haupts Zeitschrift 9, 570.   5) Die Haupt-
stellen aus Venantius Fortunatus VII, 18 und Hrabanus Maurus s. bei W. Grimm
61 ff. 79 ff. Ueber muthmassliche Anwendung der Runen in heidnischen Gedichten: J. Grimm, Gramm. 1³, 25. 26. Zu der Sammlung scandinavischer Runen-
denkmäler von G. Stephens (Kopenh. 1866 ff.) vgl. ausser W. Grimms Werke,
denselben Zur Literatur der Runen; Massmann in Haupts Zs. 1, 296—305; A.
Kirchhoff, zur Würdigung der französ. Runen (ebend. 10, 197—215); F. Dietrich,
Inschriften mit deutschen Runen auf den hannöverschen Goldbracteaten etc.
(German. 10, 257—305); derselbe, Runeninschriften eines goth. Stammes (ebend.
11, 177—209); ein westfäl. Runenalphabet (ebend. 13, 77—91); die Runeninschriften der Goldbracteaten (Haupt 13, 1—105); die burgund. Runeninschrift
von Charnay (ebend. 105—123); sieben deutsche Runeninschriften (ebend. 14,
73—104); fünf northumbr. Runensprüche (ebend. 104—123). Eine gute Uebersicht gibt: Der gegenwärtige Stand der Runenkunde, Grenzboten 1868, S. 81 bis
107.   6) Zur Runenlehre. Zwei Abhandlungen von R. v. Liliencron und K.
Müllenhoff (Abdr. a. d. Allgem. Monatsschrift f. Wissensch. und Litter.). Halle,
1852. Wackernagel, Lit.-Gesch. 11 ff.   7) Zacher, Disquisitiones grammaticae
de alphab. goth. origine. Lips. 1854. 4, und Das goth. Alphabet Vulfilas und
das Runenalphabet. Leipz. 1855. 8; vgl. German. 1, 121. 2, 209. Anders Waitz
(über das Leben und die Lehre des Ulfila, S. 51 ff.), indem er, wenn die Gothen
auch früher eine Runenschrift besassen, den Ulfilas doch „die ihm wohlbekann-
|ten griech. Buchstaben, und vielleicht einzelne lateinische, auf seine Sprache an-
ı wenden und dabei nur einige wenige von den alten mit den Runen zusammen-
treffenden Bezeichnungen seiner Sprache beibehalten" lässt; wogegen sich schon
Lübe (Jen. Lit.-Zeit. 1841, Nr. 50, S. 397) erklärt hat.

§ 3.

Besassen die Germanen schon ein eigenthümliches Alphabet, so
dürfen sie nicht für so rohe Naturmenschen angesehen werden, als
zu welchen sie einige Schriftsteller haben machen wollen[1]. Dagegen sprechen auch ihr häusliches und öffentliches Leben, wie es
Tacitus schildert, die Beschaffenheit ihrer Religion[2], ihre Bekanntschaft mit dem Gelde und dem Gebrauch des Eisens[3], endlich die
schnellen Fortschritte, die sie in der Civilisation nach ihrer nähern
Bekanntschaft mit den Römern und der Annahme des Christenthums
machten. Auf der andern Seite darf man ihnen aber auch nicht
eine zu hohe Bildung beilegen, wie diess nicht nur in der neuesten
Zeit[4], sondern selbst schon im sechsten Jahrhundert geschehen ist[5].

§ 4.

Von dem Zustande der deutschen Sprache während dieses Zeitraums können wir uns nur ein sehr unvollkommenes Bild machen.
Die einzigen unmittelbaren Zeugnisse davon sind Völker-, Oerter-
und Personennamen, die bei römischen und griechischen Schriftstellern aus dem Jahrhundert vor Christo und den zunächst folgenden vorkommen[1]. Die Geschichte der Sprache kann daraus beinahe nur für die
Kenntniss der Wurzeln, Buchstaben, Wortbildungen und Zusammensetzungen einigen Gewinn ziehen, wenigen oder gar keinen für die
Einsicht in den damaligen Zustand der Wortbiegungen[2]. Allein aus
dem Bildungsgange der Sprache seit Ulfilas bis auf unsere Zeit kann
man mit grosser Wahrscheinlichkeit schliessen, dass dieselbe vor

---

§ 3. 1) Unter andern Adelung in der angeführten Schrift.   2) Nicht nach
den dürftigen Nachrichten, die sich darüber bei griechischen und römischen Schriftstellern finden, sondern nach dem zu urtheilen, was uns J. Grimm in der deutschen Mythol. gelehrt hat.   3) Fr. Schlegels Vorless. über neuere Geschichte
S. 34; vgl. Rühs, ausführl. Erläuterung S. 48 und 190; namentlich aber J.
Grimms Rechtsalterthümer; Grammatik 3, 325—476 und Geschichte d. d. Sprache;
W. Wackernagel über Gewerbe, Handel und Schiffahrt der Germanen in Haupts
Zs. 9, 530—575; Förstemann, der urdeutsche Sprachschatz, German. 14, 337—372.
15, 385—410.   4) Namentlich von Radlof, ausführl. Schreibungslehre, 14 ff.
und Neue Untersuchungen des Keltenthums. Man vgl. damit, was Görres in Fr.
Schlegels d. Mus. Bd. 3 u. 4 über die Chronik des sogenannten Hunibald aufgestellt hat.   5) Jornandes, de origine ortuque Getarum (um 551), c. 5 u. 11,
schildert die Gothen, die er mit den Geten vermischt, als ein schon frühzeitig
in die Philosophie und Astronomie eingeweihtes Volk; vgl. jedoch Lübe, in
den Blättern f. literar. Unterhaltung. 1843, Nr. 110—112. Ueber Jornandes: H.
v. Sybel, de fontibus libri Jordanis, Berlin 1838. J. Grimm, über Jornandes und
die Geten. Berlin 1846. 4. (Kleine Schriften 3, 171).

§ 4. 1) Koch, Kompend. I, 17; J. Grimm, Grammatik 1, S. XXXVIII.
2) J. Grimm, a. a. O. XL.

der Mitte des vierten Jahrhunderts noch edlere, reinere, vollkomm-
nere und mannigfaltigere Formen gehabt habe, als die uns bekannte
gothische, welche in dieser Beziehung, so wie in sinnlicher Fülle
überhaupt und Durchsichtigkeit der Wörter als Bilder der Begriffe
alle spätern Mundarten übertrifft[3]. Daraus würde auch folgen, dass
die Sprache dieses Zeitraums dem poetischen Ausdruck noch Mittel
geboten habe, auf welche die Folgezeit mehr oder weniger Verzicht
leisten musste. Dass ein Gesetz der Quantität in der ältesten deutschen Poesie, ähnlich dem in der griechischen, gewaltet, lässt sich
wenigstens nicht geradezu ableugnen[4], und einzelne Erscheinungen
in der deutschen Verskunst des Mittelalters[5] dürften mit einigem
Grunde als Nachwirkungen einer ältern vollkommnern Silbenmes-
sung anzusehen sein. Indessen muss das Uebergewicht, welches
das Gesetz der Betonung über das der Quantität in dem Versbau der
ältesten erhaltenen Gedichte bereits erlangt hat, so wie die im Laufe
der Zeit immer gewaltiger, aber auch einseitiger wirkende Kraft der
erstern auf die Sprachbildung, in den Folgerungen einer einstmali-
gen Annäherung deutscher Versmessung an griechische vorsichtig
machen.

§ 5.

Was wir mit Sicherheit, aber freilich nur in sehr unbefriedigen-
der Weise, von der ältesten Poesie der Deutschen wissen, beschränkt
sich fast allein auf das, was Tacitus darüber berichtet. Er legt
den alten Germanen eigenthümliche Lieder bei. Zuvörderst solche,
in denen sie die Stammväter des Volkes, den Gott Tuisco, den
Erdgebornen, und dessen Sohn Mannus, dem wieder drei oder
mehr Söhne zugeschrieben wurden,[1] feierten. Diese Lieder waren
alt und galten ihnen als einzige Art geschichtlicher Erinnerung und
Ueberlieferung[2]. Dann hatten sie Schlachtgesänge, in welchen sie
vor dem Beginne des Kampfes den sogenannten Herkules[3] als den

---

3) J. Grimm, a. a. O. XXVI ff.   4) Daselbst I[2], 16. 20.   5) Man vergleiche, was Lachmann, über althochd. Betonung und Verskunst, insbesondere
S. 1. 2. 31 ff. über das Durchbrechen der Quantität im althochd. Versbau ermittelt hat.
§ 5. Vgl. K. Müllenhoff, de antiquissima Germanorum poesi chorica. Kiel 1847.
4.   1) Ueber Tuisco und seine Nachkommenschaft s. Grimm, Mythol.[2] 318 ff.
(anders hatte er den Tuisco in der ersten Ausg. 204 u. Anh. S. XXIX zu deuten
versucht). Vgl. auch H. Leo in Haupts Zeitschr. 2, 533 ff. Grimm, Gesch. d. d.
Sprache 824 ff. W. Wackernagel in Haupts Zeitschr. 6, 15—20. Müllenhoff
ebend. 9, 259—261. M. Rieger ebend. 11, 177—205.   2) German. c. 2.   3)
Ueber ihn s. Grimm, Mythol.[2] 337 ff. Hier wird er in *Irmin* gesucht, vgl. Rieger
a. a. O. 193 f.; die erste Ausg. S. 202 brachte ihn mit *Sahsnôt* zusammen.

ersten aller tapfern Männer priesen. Aus dem Tönen des Schlacht-
gesanges, welcher Barditus⁴ hiess, und durch Vorhalten der Schilde
vor den Mund noch rauschender gemacht zu werden pflegte, ahnten
sie den Ausfall des Treffens⁵. Ueber den sogenannten Ulysses der
Germanen muss es unter ihnen wenigstens eine, wenn auch nicht
allgemein verbreitete Sage gegeben haben⁶: besonderer Lieder über
diesen fabelhaften Helden gedenkt Tacitus nicht. Aber dass das
Andenken des Arminius in Gesängen fortlebte, welche zu seiner
Zeit gesungen wurden, bezeugt er ausdrücklich⁷. Endlich erwähnt
er auch noch des frohen Sanges, den die Germanen in der Nacht
vor einer Schlacht beim festlichen Mahle ertönen liessen⁸. Von
dessen Inhalt sagt er nichts; eben so wenig Julian, um die Mitte
des vierten Jahrhunderts, von dem Inhalte der Volkslieder, welche
die Deutschen am Rhein sangen⁹. Ob dieselben in diesem Zeitraum
noch andere Gesänge über Götter, Helden etc. besassen, können wir
nicht wissen, höchstens vermuthen.

§ 6.

So reichten vielleicht die Gesänge der Gothen über ihren unter
dem König Berig und Filimer¹, einem seiner Nachfolger, unternommenen Zug aus Scanzien (Scandinavien) nach dem Süden², deren
um die Mitte des sechsten Jahrhunderts als alter, in fast historischem Ansehn stehender Lieder gedacht wird³, ihrem Ursprunge

---

4) J. Grimm, Rechtsalterth. 876, bringt ihn, wie bereits vor ihm Rühs, ausführl. Erläuter. 144, mit dem altfriesischen *baria* (*manifestare, clamare*; *barid =
clamor*, Mythol. 614, Note 2) in Verbindung. Die besten Hss. haben aber *barditus* (vgl. Müllenhoff, de poesi chorica 19 f. Wackernagel, Lit.-Gesch. 9) vom altn.
bardhi, Schild.   5) German. c. 3. Das Singen vor der Schlacht kommt auch
sonst vor, vgl. Histor. II, 22. Diese Sitte erhielt sich viele Jahrhunderte durch
bei den Deutschen.   6) German. c. 3. Eine Muthmassung über den deutschen
Namen dieses Helden findet sich Mythol. 349.   7) Ann. II, 88. Grimm, My-
thol.² 326 ist geneigt zu glauben, dass des Tacitus Zeugniss auf einem Missverständniss beruhe, und dass der Held der Gesänge nicht der geschichtliche
Arminius, sondern ein Halbgott Irmin gewesen. Demnach würden Herkules und
Arminius, in des Römers Auffassung gesondert, als Gegenstände des Liedes in
Irmin zusammenfallen (S. 339). Dagegen Gesch. d. d. Spr. 614 gibt er zu, dass
das Lied Arminius' Thaten gefeiert, nur dass sich frühe damit der Preis des
Gottes Irmin vermischte, den Armins eigener Name voraussetzt. Vgl. auch
Wackernagel a. a. O. 8.   8) Ann. I, 65.   9) Misopogon (Paris. 1630) II,
56. Wackernagel (Lit.-Gesch. 9) meint, Julian spreche hier nicht vom Kriegs-
leben der überrheinischen Barbaren, der Alamannen.

§ 6. 1) In welchem Helden der jüngern Sage Filimer in sehr später Zeit
gesucht wurde, kann man bei G. Lange, Untersuchungen, S. 293 Anm, nachlesen.

2) Ueber die Verdrehung der Sage, dass die Gothen aus dem Norden nach der
Weichsel und Donau gezogen seien, s. J. Grimm, über Jornandes S. 46; Gesch.
d. d. Spr. 416. 609. 727 ff.   3) Jornandes c. 4.

nach schon in diesen Zeitraum hinauf. Gewiss stammt aus ihnen das her, was Jornandes über jenen Zug erzählt. Gleiches dürfte von der Genealogie der Gothen gelten, die derselbe Geschichtschreiber mittheilt[4]. Lieder, worin das Andenken der alten gothischen Könige fortlebte, wurden den Nachkommen gesungen[5]. Aber nur sehr wenige Züge der spätern deutschen Heldensage verrathen noch einen Zusammenhang mit dem Inhalte dieser alten Gesänge[6].

§ 7.

Dagegen dürfte es nicht unerlaubt sein, schon in diesem Zeitraum die ersten muthmasslichen Gestaltungen von Sagen und Dichtungen zu suchen, die freilich so nicht, wie sie damals im Volke lebendig sein mochten, wohl aber in spätern Umbildungen und Erweiterungen erhalten worden sind: der Nibelungen- oder genauer Siegfriedssage und der Thiersage vom Wolf und Fuchs. Dass beider Alter über die bekannte Geschichte unsers Volks hinausreicht, ist kaum zu bezweifeln, mag man von ihrer gemuthmassten Ueberkunft aus dem Morgenlande mit einwandernden deutschen Völkerschaften auch halten, was man wolle[1]. Der durchaus mythische Charakter der ersten in ihrer ältesten, auf dem Wege der Kritik gefundenen Gestalt[2], rückt ihren Ursprung wenigstens in

4) Cap. 14: ut ipsi suis fabulis ferunt; vgl. Mythol.[1] S. XXV ff. des Anhanges. — Auch in den Genealogien der altsächsischen Stammsagen (nach angelsächs. Ueberlieferung mitgetheilt Mythol.[1] Anh. S. 1 ff.), worin sich Götter, Helden und Könige mischen. erblickt Grimm, Mythol.[2] 149; [1] 111, Anh. S. XIX. noch von mehr als einer Seite ein Eingreifen in die älteste epische Poesie unsrer Vorfahren, ja in der Nebeneinanderstellung einiger Namen ist er nicht ganz abgeneigt, Ueberreste der Alliteration zu spüren, die auf uralte Gedichte zurückwiese. 5) Jornandes c. 5. Ueber verschiedene Gelegenheiten, bei denen Gothen und Burgunder sangen, s. Uhland, Schriften zur Gesch. d. Sage und Dichtung 1, 112 f. Vgl. auch Müllenhoff, zur Geschichte der Nib. Not S. 11 f. 6) W. Grimm, deutsche Heldensage, S. 1. 22. J. Grimm, Mythol. Kap. 15, besonders S. 340 ff. Müllenhoff, Zeugnisse und Excurse zur deutschen Heldensage bei Haupt 12, 253 ff.

§ 7. 1) P. E. Müller, Sagenbibliothek II, bei G. Lange, Untersuchungen, 357 bis 365; wogegen Lachmann, Kritik der Sage von den Nibelungen, S. 458 (Anmkk. zu den Nib. S. 338); W. Müller, Versuch einer mythol. Erklärung der Nibelungensage (Berlin 1841) S. 18, Note 1; M. Rieger, die Nibelungensage, in Pfeiffers German. 3, 163—198. — J. Grimm, Reinhart Fuchs, S. CCLXXIX ff. 2) Lachmann, a. a. O. S. 446—458; W. Müller, a. a. O.; Grimm, Mythol.[2] 344 f. War Siegfried ursprünglich ein göttliches Wesen, so denkt Lachmann (a. a. O. 456) bei ihm an den nordischen, jetzt auch für das eigentliche Deutschland gesicherten *Balder*; wogegen W. Müller in ihm den nordischen *Freyr* (ahd. Frô = *Frouvo*, Mythol. 190 ff.) sucht; vgl. noch desselben 'Siegfried und Freyr' (Haupts Zeitschr. 3, 43—53) und 'Ueber Lachmans Kritik der Sage von den Nibelungen', German. 11, 257—269, worin auch Uhlands Bedenken gegen Lachmanns

ein Zeitalter hinauf, wo die deutschen Stämme, unter denen sie nachher fortlebte, noch heidnisch waren; und dass sie in dieser mythischen Gestalt nicht erst aus dem länger heidnisch gebliebenen Scandinavien nach Deutschland gekommen, sondern von hier dahin gelangt ist, kann man als erwiesen ansehen[3]. Vielleicht bestanden
auch schon andere Sagen von rein mythischem Charakter, die später, wie die Siegfriedssage, zu menschlichen umgebildet, sich mit
dieser durch Vermittelung von Sagen über ursprünglich historische
Helden vereinigten[4]. — Für das hohe Alter der Thiersage zeugen,
ausser der durch spätere Entlehnung nicht leicht erklärbaren Uebereinstimmung zwischen ihr und der morgenländischen und griechischen, hauptsächlich die Namen der beiden Haupthelden, Isengrim
und Reinhart[5]. — Wo beide Sagen zuerst festen Boden gewonnen haben, wird in der folgenden Periode angedeutet werden.

§ 8.

Weil die ältesten auf uns gekommenen Gedichte in deutscher
Sprache alliterierend sind, auch bei den Angelsachsen und im Norden die Alliteration in der Poesie dem Reime vorangegangen ist, so
darf man vermuthen, dass diese Form auch schon in den Liedern
dieses Zeitraums angewandt gewesen sei[1]. Beweisen lässt sich hierin

Kritik geltend gemacht sind. Ueber die Vergeblichkeit des Bemühens, den
Kern der Sage in geschichtlichen Personen und Ereignissen aufzufinden, wie
dieses sowohl früher (vgl. Uhlands Schriften 1, 129 ff., wo eine übersichtliche
Zusammenstellung der früheren geschichtlichen Deutungen) als auch in neuester
Zeit (vgl. u. A. Giesebrecht, über den Ursprung der Siegfriedssage, in Hagens
Germania 2, 203 ff.; und E. Rückert, Oberon von Mons und die Pipine von Ni-
vella. 1836. S.) geschehen, s. W. Müller, Versuch etc. Einleit.   3) W. Grimm,
Heldensage 4 ff.; Lachmann, a. a. O. 446, und J. Grimm in Haupts Zeitschr. 1,
2—6. 572. Die Zeit der Verpflanzung nach dem Norden darf nach W. Müller
a. a. O. 18 ff. 33 nicht früher, als höchstens gegen Ende des 5ten Jahrhunderts
angenommen werden.   4) Für solchen ursprünglich mythischen Charakter der
Sage hält Lachmann, a. a. O. 445, den Rüdiger; vgl. Müllenhoff in Haupts Zeitschrift 10, 162 f. Dass er aus der Sage erst in die Geschichte gekommen ist,
hat Waitz (Ranke's Jahrbücher des deutsch. Reichs I. 170—176) darzuthun gesucht. — Ueber die mythischen Elemente in Iring und Irnfried vgl. Lachmann
a. a. O.; W. Grimm, a. a. O. 117 ff., 394 ff.; J. Grimm, Mythol.[2] 331 ff.   5)
J. Grimm, Reinhart Fuchs CCXL ff. Anders W. Scherer (Preuss. Jahrbücher
16, 122 ff.), der die Sagen vom Wolf und Fuchs nicht für ursprünglich germanische, sondern zunächst aus dem griech. und röm. Alterthum in das Mittelalter
verpflanzte und von der Geistlichkeit ausgebildete hält.
    § 8. 1) Scharfsinnig schliesst J. Grimm, Mythol.[2] 325, auf Alliteration in den
Liedern, deren Tacitus gedenkt, aus den Anlauten der Namen, welche die Stammväter des deutschen Volkes führten; vgl. auch Götting. G. A. 1837. Nr. 189.
Müllenhoff, älteste Spuren der deutschen Alliteration, in Haupts Zs. 7, 527 f.;
Wackernagel, Lit.-Gesch. 10 f. — Ueber den sich aus der ganzen Lebenshaltung

natürlich nichts[2]. — Auch über die Vortragsart der alten Lieder wissen wir nichts: die früheste Erwähnung von Saiteninstrumenten, womit der Gesang begleitet wurde, findet sich erst im sechsten Jahrhundert.

§ 9.

Ganz unerweislich ist es, dass es bei den alten Germanen eine eigne Sängerkaste gegeben habe, wie bei den celtischen Nationen die Barden waren[1]. Kein einziges Zeugniss spricht wider die Annahme, dass, wie in späterer Zeit, so auch in der ältesten, die Sänger keinem besondern Stande angehörten und ihre Kunst frei und unabhängig von allem Kastenzwang übten, wenn gleich manche ihren alleinigen Beruf und Erwerb daraus machten, woran sich Rechte und Verpflichtungen knüpfen mochten[2].

---

der alten Deutschen ganz natürlich einstellenden Gebrauch der Alliteration vgl. H. Leo's geistvollen Aufsatz „Von den Anfängen der deutschen Poesie" etc. (Morgenbl. 1840. Nr. 287—307) 1150 ff.   2) Wenn Adelung, älteste Geschichte der Deutschen, 399 ff., aus der oben (§ 5, 9) angeführten Stelle aus Julian auf das Dasein des Reimes im vierten Jahrhundert schliessen wollte, so hätte er, nach seiner Interpunktion, eben so gut die Alliteration darin finden können; aber keines von beiden liegt darin; vgl. der Brüder Grimm Ausgabe der beiden ältesten deutschen Gedichte, S. 35[3]). — Die Ursprünglichkeit deutscher Alliteration, die besonders von Rühs in mehreren Schriften angefochten ward, kann man jetzt als gesichert betrachten, nachdem Ueberreste altdeutscher Alliterationspoesie in Handschriften des 9ten und beginnenden 10ten Jahrhunderts aufgefunden sind, die durch ihre Sprache (die baierische und thüringische) noch überzeugender, als durch ihre Fundorte darthun, dass diese poetische Form eben so wohl den hoch- und mitteldeutschen Volksstämmen, wie dem sächsischen eigen und vertraut war.

§ 9. 1) Bekannt genug ist die Herleitung deutscher Barden aus dem *Barditus* bei Tacitus (s. § 5, 4) und die Zusammenstellung dieses Wortes mit dem Bar der Meistersänger, einer Bezeichnung, die vor dem 14. Jahrhundert nicht vorkommt. J. Grimm, Meistergesang 77. 193 ff. Meisterlieder der Kolm. Handschrift 157, 12. Grimm, d. Wbuch 1, 1121. Wackernagel, Lit.-Gesch. S. 11.   2) J. Grimm a. a. O. 28. W. Grimm, Heldensage 375. A. Köhler, über den Stand berufsmässiger Sänger im nationalen Epos germanischer Völker: Germania 15, 27—50.

Zweite Periode.

Von der Mitte des vierten bis gegen die Mitte des zwölften Jahrhunderts.

Erster Abschnitt.

Die Völkerwanderung und die Einführung des Christenthums in ihrer allgemeinsten Einwirkung auf die Bildung der Deutschen überhaupt und auf deren
Poesie insbesondere. — Karls des Grossen Verdienste um die Bildung seines
Volkes. — Blüthe und Verfall der Kloster- und Domschulen; deren Verhältniss
zur vaterländischen Literatur. — Anderweitige Begünstigungen für die Entwickelung des deutschen Geistes.

§ 10.

Schon durch die frühern Kriege der Deutschen war eine Bekanntschaft derselben mit den ihnen an geistiger und gesellschaft-
licher Bildung unendlich überlegenen, an sittlicher Tiefe und jugend-
licher Frische aber weit nachstehenden Völkern der alten Welt
eingeleitet worden. Die Völkerwanderung brachte die germanische
Welt mit der römischen in eine noch nähere Verbindung. Diese
Berührungen mussten ihren Einfluss auf die Bildung der Deutschen,
vorzüglich der sich in den römischen Provinzen niederlassenden
Stämme, in vielfacher Beziehung äussern. Zugleich gestaltete sich
das Verhältniss der deutschen Völkerschaften durch jene Bewegungen
so sehr um, dass von denen, die zur Zeit des Tacitus die mächtig-
sten gewesen waren, wenige in ihren alten Sitzen blieben, mehrere
ganz verschwanden oder unter ihren Ueberwindern sich verloren,
noch andere den vaterländischen Boden mit neuen, eroberten Wohn-
sitzen in den römischen Provinzen vertauschten. Gothen, Langobarden, Burgunden, Franken, Alemannen, Baiern, Thüringer, Sachsen
und Friesen traten nunmehr als die vornehmsten deutschen Völker-
vereine auf. Besassen die alten Germanen nun auch eine reichere
Sagenpoesie, als ihnen wirklich streng nachgewiesen werden kann,

so musste diese, so fern sie mächtig gewesenen Stämmen vorzugsweise angehört hatte, mit deren Zurücktreten oder Verschwinden
leicht verblassen oder ganz verloren gehen[1]; und die Lieder, welche
nach dem vierten Jahrhundert in Deutschland und den angrenzen-
den Ländern gesungen wurden, und aus denen in der Folge die
deutsche Heldendichtung des Mittelalters erwuchs, hatten Sagen zum
Inhalt, die vornehmlich jenen eben genannten Völkerschaften angehörten. Dieselben mochten zum Theil ihrem Ursprung nach über
die Zeiten der Völkerwanderung hinausreichen,[2] erhielten aber in
den Sagen, die sich über die Helden dieser grossen Weltbegebenheit
bildeten, einen festen, so zu sagen historischen Halt und höchst
bedeutenden Zuwachs.

§ 11.

Jedoch den grössten Einfluss auf die Umgestaltung der geistigen
und sittlichen Zustände der Deutschen hatte die Einführung des
Christenthums[1]. Er musste sich natürlich auch auf die Volkspoesie äussern. Je mehr den christlichen, aus der Fremde kommenden Bekehrern daran gelegen war, ihrer Lehre nicht bloss Eingang in Deutschland zu verschaffen, sondern auch deren Dauer zu
sichern, desto eifriger mussten sie bemüht sein, alles das aus
dem Leben, den Sitten und der Vorstellungsweise der Neube-
kehrten zu entfernen, was diese an ihre alte Götterwelt erinnern,
die Sehnsucht darnach in ihnen erwecken, den Rückfall in das
Heidenthum herbeiführen konnte[2]. Die Geistlichkeit trat daher
gleich von vorn herein in ein entschieden feindliches Verhältniss zu der Volkspoesie, da diese mehr oder minder mit dem
alten Glauben zusammenhängen musste. So konnte die alte heidnische Göttersage als solche nicht mehr im Gesange lebendig

---

§ 10. 1) So giengen wahrscheinlich die Lieder über Arminius, sofern sie je
vorhanden waren (§ 5, 7) früh unter; denn wer wird wohl mit Mone (Quellen und
Forschungen 1, 69 ff.) und Giesebrecht (a. a. O. 222—229) in den spätern Dichtungen von Siegfried einen Nachklang jener Lieder erkennen wollen?   2)
Dass einzelne Spuren davon sich in der spätern gothischen Sage zeigen, ist oben
(§ 6) angedeutet worden; vgl. auch § 7.

§ 11. 1) Vgl. zu diesem § Rud. v. Raumer, die Einwirkung des Christenthums
auf die althochdeutsche Sprache. Stuttgart 1845. 8; und Weinhold, die gotische
Sprache im Dienste des Kristenthums. Halle 1870. 8.   2) Wenn aber auch
die Geistlichkeit den alten Glauben stürzte, ganz ausrotten konnte sie ihn nicht.
Noch bis in die neuesten Zeiten hat sich in der Vorstellungsweise des Volks,
in seinem Aberglauben, seinen Sitten, Gewohnheiten, Spielen und Lustbarkeiten
Vieles erhalten, was durch nie abgerissene Fäden mit dem alten Heidenthum zu-
sammenhängt. Wie viel mehr musste davon im Mittelalter vorhanden sein, noch
ausser dem Vielen, wovon eine Kunde zu uns gelangt ist!

bleiben, und die alten Lieder aufzuzeichnen die Geistlichkeit, welche doch lange vorzugsweise im Besitz der Schreibkunst war, sich wohl am wenigsten berufen fühlen. Anders war das Verhältniss später im scandinavischen Norden, besonders in Island, wo das Christenthum allmähliger und weniger gewaltsam, als in Deutschland, eingeführt wurde, und gebildete einheimische Geistliche die ältesten Sammler und Aufzeichner von Sagen und Liedern der heidnischen Vorzeit waren. Auch die angelsächsische Geistlichkeit trat schon dadurch, dass sie der Muttersprache befreundet blieb und in ihren auf kirchlicher Grundlage beruhenden Gedichten den hergebrachten Ton, die epischen Formeln und viele Vorstellungen aus der alten volksmässigen Dichtung festhielt, dieser bei weitem weniger feindselig gegenüber, als die deutsche[3]. Die Geistlichkeit in Deutschland gab selbst dann noch nicht ihr Ankämpfen gegen die Volkspoesie ganz auf, als dem Christenthum die Fortdauer in dem grösseren Theil von Deutschland lange gesichert war[4]. Da sie aber frühzeitig an die Stelle dessen, was sie zu verdrängen trachtete, etwas Anderes zu setzen sich veranlasst fühlte, ward sie die Gründerin einer aus der kirchlichen Gelehrsamkeit der damaligen Zeit geschöpften Literatur in deutscher Sprache, die sowohl in gebundener[5], wie ungebundener Rede der Laienwelt geboten ward. Wir haben demnach in diesem Zeitraum zwei Hauptseiten in der Entwickelung des literarischen Lebens sich gegenüber zu stellen, die echt volksthümliche in der Volkspoesie, und die gelehrte in der kirchlichen deutschen Literatur. Zwischen beiden finden allerdings Uebergänge statt.

§ 12.

Unter allen deutschen Völkern waren die Gothen die ersten, welche sich dem Christenthum ergaben. Schon in der zweiten Hälfte des vierten Jahrhunderts übersetzte der Bischof Ulfilas die heilige Schrift in die Sprache seines Volkes; Beweises genug, dass er auf Leser rechnen durfte, und dass mithin die Gothen damals nicht mehr so roh und ungebildet sein konnten, wie man sie sich gewöhnlich zu denken pflegt[1]. Nur ein Volk, in welchem schon

---

3) Vgl. J. Grimm, Andreas und Elene, S. V ff.   4) Sogar bis zum Schluss des Mittelalters; vgl. Fr. Pfeiffer, der Dichter des Nibelungenliedes, Wien 1862, S. 47, Anm. 33. Wackernagel, Lit.-Gesch. 38 ff. 75 ff. Megenberg ed. Pfeiffer S. XXXIX u. 741. Haupts Zeitschrift 12, 374. Wie sich im 8. und 9. Jahrhundert Fürsten und Geistliche im fränkischen Reiche die Hand boten zur Verdrängung des Volksgesanges, wird im dritten Abschnitt näher angedeutet werden.   5) Von der Behandlung christlicher Stoffe durch gothische Dichter wissen wir nichts.

§ 12. 1) J. Grimm, Grammatik I¹, S. XLVI; W. Grimm, über deutsche Runen S. 38.

zahlreiche Bildungskeime im Hervorbrechen begriffen waren, konnte sich zu der bedeutenden Stellung erheben, welche wir die Gothen in den beiden nächsten Jahrhunderten und namentlich unter dem grossen Theodorich in der politischen und civilisierten Welt behaupten sehen.

§ 13.

Die gothische Herrschaft erhielt sich nicht lange in Italien; eine Hauptursache ihrer kurzen Dauer war die Anhänglichkeit der Gothen an der arianischen Lehre. Ihnen folgten als Herren des obern und mittlern Italiens die Langobarden, aber auch ihr Reich bestand nur wenige Jahrhunderte; sein Sturz wurde vornehmlich durch die feindselige Stellung der Könige dem römischen Stuhle gegenüber herbeigeführt. Fester war die Macht, welche Chlodowig gründete, als er sich mit seinen Franken zum Christenthum bekannte; sie erstreckte sich über den grössten Theil des alten Galliens und weit in Deutschland herein. Die vielen Theilungen des Reichs unter den nachfolgenden Königen, die Befehdungen derselben unter einander und ihre immer fühlbarer werdende Schwäche hemmten freilich auf längere Zeit die innere Erstarkung und höhere Entwickelung des Frankenreichs; dagegen schritt dasselbe in beiden Beziehungen rasch vorwärts, seitdem die königliche Macht immer mehr in die Hand der Hausmeier übergieng, und endlich mit Pipin ein neuer Herrscherstamm auf den Thron kam.

§ 14.

Die christlichen Bekehrer, die bereits im siebenten Jahrhundert von den britischen Inseln[1] nach Deutschland kamen und besonders in den südwestlichen und nordwestlichen Theilen desselben das Christenthum predigten, suchten es durch Klöster und Bisthümer zu befestigen. Von den erstern verbreitete sich auch bald auf ihre nähern Umgebungen der segensreiche Einfluss der Bildung, welche die Stifter dieser Anstalten aus ihrer Heimath in sie herüber gepflanzt hatten. Vornehmlich zeichnete sich St. Gallen früh durch stille und sorgsame Pflege der Wissenschaften und Künste aus; hier tauchen auch die ersten Anfänge der kirchlichen gelehrten Literatur in hochdeutscher Sprache auf. Natürlich wurde nun auch der Schriftgebrauch in Deutschland allgemeiner, blieb aber, wie bemerkt,

---

§ 14. 1) Hier war bereits die ältere celtische Bevölkerung christlich, als es seit ungefähr 600 auch die angelsächsischen Eroberer zu werden anfiengen. Von den allmählig aufkommenden Schulen gieng bald eine gelehrte Bildung aus, die dann auch nach Deutschland durch die Bekehrer getragen wurde.

2*

noch lange vorzugsweise Eigenthum der Geistlichkeit, welche gleich
von Anfang an sich eines aus dem altlateinischen hervorgegangenen
Alphabets bediente². — Die nähere Verbindung, welche Karl
Martell zwischen dem fränkischen Reiche und dem römischen
Bischofe eingeleitet hatte, wurde enger geschürzt und auf den
grössten Theil von Deutschland einflussreich durch den Angelsachsen
Winfried oder Bonifacius. Er vermehrte die schon vorhan-
denen Bisthümer und Klöster durch neue, befestigte dadurch das
Christenthum im Innern des Landes und gründete die deutsche
Kirchenverfassung. Die Geistlichkeit erhielt im fränkischen Reiche,
dem Adel zur Seite, eine hohe politische Stellung und dadurch einen
entscheidenden Einfluss auf die öffentlichen Angelegenheiten.

§ 15.

Auf die Bildung aller deutschen Völkerschaften musste die Regierung Karls des Grossen in vieler Beziehung höchst einflussreich werden. Durch seine Kriege mit den Sachsen und deren
endliche Unterwerfung ward das nördliche Deutschland christlich
und dem fränkischen Reiche einverleibt. Sein Zug gegen die spanischen Araber sicherte das Abendland vor der Weiterverbreitung des
Muhamedanismus, dessen erstes gewaltiges Vordringen schon Karl
Martell gehemmt hatte. Die Kriege mit den Langobarden führten
die Vereinigung des nördlichen Italiens mit der fränkischen Monarchie
und die Wiederherstellung des abendländischen Kaiserthums herbei,
wodurch die spätere, für die Gestaltung der deutschen Verhältnisse
so wichtige Verbindung Deutschlands mit Italien eingeleitet ward.
Die Gesetze, welche Karl seinen Völkern gab oder bestätigte, und
über deren Aufrechthaltung er wachte, sicherten die Ruhe und den
Wohlstand im Innern seiner Länder. — Unmittelbar wirkte er auf
die Bildung der Deutschen ein durch die wissenschaftlichen Anstalten, die er gründete¹. Er gieng von dem Grundsatze aus,
die Bildung seines Volkes mit der Geistlichkeit anzufangen. Zu
dem Ende berief er gelehrte Männer des Auslandes, wie Peter

---

2) Indess verlor sich der Gebrauch der Runen in christlicher Zeit nicht
gleich ganz. Nicht blos im nördlichen, auch im südlichen Deutschland waren
sie bis zur Mitte des 9. Jahrhund. noch bekannt und wurden bisweilen angewandt; vgl. W. Grimm, a. a. O. S. 123. und Massmann in v. Aufsess Anzeiger
1832, 27—32. Ueber die Verwendung des Wortes *rûna* zur Bezeichnung verschiedener Arten von Geheimschrift in diesem Zeitraum s. Graff, ahd. Sprachschatz 2, 523 ff.

§ 15. 1) Ueber Karls des Gr. Verdienste vgl. W. Scherer, über den Ursprung
der deutschen Literatur in Preuss. Jahrbüch. 13 (1864), 445—464. Müllenhoff
und Scherer, Denkmäler, Einleitung, besonders S. XXVII.

von Pisa, Paulus Diakonus[2] und Alkuin, den Angelsachsen,
in seine Nähe und übertrug ihnen den Unterricht der fränkischen
Geistlichkeit; Alkuin und Andere wurden veranlasst, Lehrbücher
für die mit den geistlichen Hochstiftern und Klöstern verbundenen
Schulen abzufassen[3]. Auch an seinem Hofe stiftete Karl eine Schule
für seine und seiner Dienstleute Kinder[4]. Er selbst schämte sich
nicht, noch in seinen männlichen Jahren sich im Lateinischen und
als Greis sogar in der Schreibkunst unterweisen zu lassen. Als das
sicherste Mittel, das Volk im Christenthum zu befestigen und durch
dasselbe zu bilden, wurden in seinen letzten Regierungsjahren Verordnungen an die höhere Geistlichkeit erlassen, dafür zu sorgen,
dass die Laien das apostolische Glaubensbekenntniss und das Vater
Unser in den Landessprachen auswendig lernten, ihnen auch darin
gepredigt würde[5]. Auf Veranlassung Karls fasste Paulus Diakonus ein neues Homiliar ab, welches Predigten der berühmtesten
Kirchenväter enthielt, „schnell überall in Kirchen und Klöstern Eingang und Verbreitung fand und bis in die spätesten Zeiten die vorzüglichste Sammlung blieb, aus der man Predigten vorlas, übersetzte
und als Muster nachahmte." Dergleichen Verordnungen wurden
auch späterhin wiederholt, namentlich im Jahre 847 auf einer
Mainzer Kirchenversammlung unter Hrabanus Maurus. — Seine Liebe
für vaterländische Sprache und Poesie beurkundete Karl dadurch,
dass er sich selbst mit der Grammatik der erstern beschäftigte[6], die
vaterländischen Monats- und Windnamen bestimmte[7] und die alten
Heldenlieder seines Volkes sammeln liess[8]. Wahrscheinlich wurde
dieser rege Eifer Karls für vaterländische Sprache und Poesie auch
Anlass, dass bald darauf, noch im Laufe des neunten Jahrhunderts,
deutsche Geistliche es nicht mehr für unziemlich hielten, in deutscher
Sprache, freilich meistens nur über kirchliche oder damit verwandte
Gegenstände, zu dichten[9].

---

2) Aus Forli in Italien.   3) Die angelsächsische Einwirkung auf die deut-
sche Poesie lässt sich mehrfach, selbst noch in späterer Zeit, verfolgen; vgl.
Diemer, Genesis und Exodus S. XXXVII ff.   4) Dass an Karls Hofe auch eine
Art von Akademie bestanden habe, zu deren Mitgliedern er selbst gehört, ist
in neuester Zeit geleugnet worden. Vgl. Barthold, Geschichte der fruchtbring.
Gesellschaft S. 90.   5) Die darauf bezüglichen Stellen in den Beschlüssen der
Concilien und Synoden sind zusammengestellt in Eccard, Catechesis theotisca
S. 2—7, und bei Wackernagel, Wessobr. Gebet 26 ff. Vgl. auch Massmann,
Abschörungsformeln 6 ff., und Leyser, deutsche Predigten S. IX ff.   6) Ein-
hards Worte inchoavit et grammaticam patrii sermonis lassen verschiedene Aus-
legungen zu. Vgl. Müllenhoff, Denkmäler S. IX unten.   7) Nicht neu machte:
s. J. Grimm, Gramm. I[1], S. LV.   8) Vgl. §. 31.   9) Wackernagel, die
Verdienste der Schweizer S. 25.

§ 16.

Nach dem Vorbilde der Schule zu Tours, welcher Alkuin vorstand, wurde die Klosterschule zu Fulda durch Hrabanus Maurus' eingerichtet. Bald ward der Ruhm dieser gelehrten Anstalt so gross, dass von nah und fern Jünglinge dahin eilten, um seine Schüler zu werden[2]. Hier wurden ausser den theologischen Studien auch die, in dem Trivium und Quadrivium[3] begriffenen, weltlichen Wissenschaften, nebst den classischen Sprachen betrieben[4]. Zugleich ward diese Schule eine Pflanzstätte für Ausbildung der deutschen Sprache, die neben der lateinischen zur Schriftsprache zu erheben, sich Hrabanus unter seinen Zeitgenossen mit vorzüglichem Eifer angelegen sein liess[5]. Er, wie es scheint, hielt zuerst seine Schüler zur Bezeichnung des Tons deutscher Wörter an; es gelang ihm und seinen Zeitgenossen auch, der barbarischen Nachlässigkeit im Deutsch- und Lateinischschreiben fast plötzlich ein Ziel zu setzen[6]. Dass die berühmten sogenannten hrabanischen Glossen,[7] wenn auch nicht von ihm selbst herrühren, doch aus dem Fuldaischen Kloster zu seiner Zeit hervorgiengen, ist höchst wahrscheinlich[8]. Bald mehrten sich die Klosterschulen, die nach dem Muster der Fuldaischen eingerichtet und von dieser aus mittelbar und unmittelbar mit Lehrern versehen wurden: so Hirschau, das 830 mit Mönchen aus Fulda besetzt wurde, St. Gallen, Reichenau, Weissenburg, Corvey und Prüm[9]. Durch fleissiges Abschreiben erwarben sich die meisten dieser Anstalten, in deren einigen eine Chronik zu schreiben und fortzuführen gesetzlich war, allmählig kleine Bibliotheken[10], wo sich mitunter schon frühzeitig deutsche Bücher vorfanden: denn nicht nur in Uebersetzun-

---

§ 16. 1) Geb. gegen d. J. 776 zu Mainz, seit 801 Diakonus zu Fulda, seit 804 Vorsteher der dortigen Schule. Eine Zeitlang verliess er das Kloster, kehrte aber dahin 817 zurück. war 822 zum Abt erwählt, entsagte 842 seiner Würde, verliess das Kloster zum zweiten Male und zog sich in die Einsamkeit zurück, aus der er aber 847 durch Ludwig den Deutschen auf den erzbischöflichen Stuhl von Mainz berufen wurde. Er starb zu Mainz 856. Vgl. Hoffmann, althochd. Glossen S. IV ff.; N. Bach, Hrabanus Maurus, der Schöpfer des deutschen Schulwesens. Programm. Fulda 1835. 4.; F. Kunstmann, Hrabanus Magnentius Maurus. Eine historische Monographie. Mainz 1841. 8.   2) Zu ihnen gehörte auch Otfried.   3) Vgl. hierüber Schmidt, Petrus Alfonsus 110 ff.   4) Dass Hrabanus zuerst griechische Sprachkenntniss nach Deutschland brachte, erzählt Tritheim in dessen Leben; Docen, Miscell. 1, 172*); Bach, a. a. O. S. 10. 11.   5) Hoffmann, a. a. O. S. VIII, Anm. 10.   6) Lachmann, über althochd. Betonung S. 8.   7) Gedr. in Eccards Comment. de reb. Franciae orient. 2, 950 bis 976; vgl Diutiska 3, 192—195.   8) Docen, a. a. O. 1, 168—175; Hoffmann, a. a. O. S. IV—VIII.   9) Vgl. Eichhorn, Gesch. d. Litt. I. 734 ff.   10) Raumer. Gesch. der Hohenstaufen 6. 417 ff., 517.

gen lateinischer Werke ins Deutsche übten sich einzelne Klosterbrüder; .auch die deutsche Dichtkunst fand bei ihnen Begünstigung.
Schon 821 befand sich in Reichenau (Sindleozesouwa) ein Buch mit
deutschen Gedichten, auch carmina diversa ad docendam theodiscam
linguam". Besonders zeichneten sich die St. Galler Mönche durch
ihren auf deutsche Schriftwerke verwandten Fleiss aus. Auch unter-
richteten sie im 9ten und 10ten Jahrhundert die Söhne des benachbarten Adels in der Tonkunst, was vielleicht auf die deutsche Poesie,
welche sich späterhin in jenen Gegenden so lebendig zeigt, nicht
ohne Einfluss gewesen ist". So blühte ein wissenschaftliches, dem
Vaterländischen mit zugewandtes Leben in Deutschland unter Karls
nächsten Nachfolgern, Ludwig dem Frommen und Ludwig
dem Deutschen, auf, die selbst deutsche Dichtkunst, so fern
sie nur geistlichen Zwecken diente, begünstigten und beförder-
ten. Ludwig der Fromme soll eine poetische Darstellung der
Geschichten des alten und neuen Testaments einem berühmten sächsischen Dichter aufgetragen haben, wovon uns wahrscheinlich ein
Theil in der altsächsischen Evangelienharmonie erhalten ist (§ 45).
Von Ludwig dem Deutschen vermuthet man", er habe vielleicht
selbst die altbaierischen Verse vom jüngsten Gericht auf leere Blätter
und Ränder der Handschrift geschrieben, die uns dieselben erhalten
hat. Dass Otfried ihm sein Gedicht gewidmet, bezeugt gleichfalls
des Königs Zuneigung zu Poesien in der Muttersprache. Dagegen
schätzte freilich Ludwig der Fromme, ungleich seinem grossen Vater,
deutschen Volksgesang gering und hielt ihn von sich entfernt. Er
hatte deutsche Volksgesänge in der Jugend gehört und im Gedächtniss behalten, aber er achtete sie hernach nicht und wollte sie nicht
mehr lesen noch anhören noch selbst hersagen". Ob Ludwig der
Deutsche hierin anders dachte, wissen wir nicht.

§ 17.

Die Klosterbildung wurde in manchen Theilen Deutschlands auf
einige Zeit (850—940) durch die Einfälle und Streifereien der Nor-

---

11) Hoffmann, a. a. O. S. VII. J. Grimm, latein. Gedichte des 10. u. 11.
Jahrh. S. VII, Anm. Aus solchen Büchern, die, wie ausdrücklich berichtet wird,
zum Erlernen der deutschen Sprache bestimmt waren, mochte vielleicht auch
Otfried. oder bereits sein Lehrer Hrabanus, sich die Gesetze der deutschen
Verskunst abstrahiert haben, wenn sie sie nicht dem unmittelbaren Vortrage der
Sänger abhörten; vgl. Lachmann über Otfried, S. 282. 12) Vgl. v. d. Hagen,
Briefe in die Heimath I, 145 ff. Wackernagel, Verdienste der Schweizer S. 7—11.
Uhland, Walther v. d. Vogelweide S. 7 (Schriften 5, 10). 13) Schmeller,
Muspilli, S. 6; vgl. § 44. Müllenhoff, Denkmäler S. 276. 14) W. Grimm,
Heldensage 27. 28.

mannen, Slaven und Ungarn gestört, ja in einigen Provinzen fast[1] ganz vernichtet[1]. Als aber die ersten Könige aus dem sächsischen Hause Deutschlands Ruhe und Ansehen gesichert hatten, erhob sich auch wieder die literarische Bildung desselben. Sie gieng nun nicht mehr bloss von den Klöstern aus; Dom- und Stiftsschulen[2], unter denen die zu Utrecht, Lüttich, Köln, Bremen, Hildesheim, Paderborn, Trier, Corvey besonders berühmt waren, auf denen Könige und Fürsten des In- und Auslandes ihre Söhne unterrichten liessen, von denen mehrere bald Bibliotheken erhielten[3], wurden Hauptsitze der Wissenschaften, welche an den sächsischen Kaisern selbst eifrige Pfleger und Beförderer fanden: Otto II und III besassen für ihr Zeitalter ausgezeichnete römische und griechische Gelehrsamkeit. Das Studium der alten Classiker ward mit Fleiss betrieben, und die Folgen davon wurden bald in den lateinisch geschriebenen geschichtlichen Werken sichtbar, welche in diese Zeit oder bald nachher fallen, so in denen eines Widukind († um 1004), Dietmar von Merseburg († 1018), Wippo (um 1046), Hermannus Contractus († 1054), Lambert von Hersfeld (um 1077). Auch die lateinische Poesie, die bereits seit Hrabanus Maurus für Deutschland angehoben hatte und in den Klosterschulen fleissig geübt ward[4], fand noch im 10. und 11. Jahrhundert Pflege bei der gelehrten Geistlichkeit. Indem sie aber nicht mehr bei der Nachbildung der aus dem Alterthum überlieferten Kunstformen stehen blieb, sondern sowohl für geistliche wie weltliche Stoffe die Formen und den Ton der volksmässigen Dichtung wählte[5], und indem sie auf der andern Seite auch die Gegenstände des deutschen Volksgesanges sich anzueignen ferner nicht verschmähte, wird sie gerade in diesen Jahrhunderten, wo die Quellen für die Geschichte der deutschen Dichtkunst so spärlich fliessen, für uns von besonderer Wichtigkeit. Sie erscheint uns in ihrem halb deutschen Kleide zuerst im Kirchengesange, dann aber seit Otto I auch als eine Seite der weltlichen Hofpoesie in lateinischer Sprache[6].

---

§ 17. 1) Eichhorn, a. a. O. I, 736.   2) Vgl. Scherer. Leben Willirams. (Aus dem 53. Bande der Wiener Sitzungsber.) Wien 1866, S. 261 ff.   3) Eichhorn, a. a. O. I, 754. Wachler, Handbuch der Gesch. der Literatur 2. 19.   4) J. Grimm, lat. Gedichte S. VII. VIII.   5) Diesen Unterschied in der Form der latein. Gedichte des Mittelalters bezeichnet man am kürzesten mit den Benennungen carmina metrica und carmina rhythmica. Ein altes, ungefähr bis zu 917 hinaufreichendes Zeugniss für diese schon damals gültige Unterscheidung und Benennung findet man bei J. Grimm, a. a. O. S. XXX; vgl. auch Schmeller, über den Versbau in der alliterirenden Poesie, bes. der Altsachsen (Abhandl. der Bair. Akademie 1839) S. 213, und § 28, 8.   6) Ueber das Verhältniss der lateinischen Poesie dieses Zeitalters zu der Volksdichtung überhaupt, so wie über lateinische Gedichte in volksmässigen Formen insbesondere. s. J. Grimms angeführte Einleitung; F. Wolf, über die Lais, besonders S. 119—121; Lach-

Auch von deutscher oder vielmehr halbdeutscher Hofpoesie haben
wir ein Beispiel in dem Leiche auf Otto den Grossen, in dem lateinische und deutsche Zeilen in regelmässiger Abwechslung gemischt sind[7].

§ 18.

Als aber die Geistlichkeit immer reicher und mächtiger wurde,
verfielen nach und nach ihre Schulen. Der Unterricht, ursprünglich
von den Domherren selbst ertheilt, ward mit der Zeit schlecht be-
soldeten Vicarien übertragen; der Einfluss der deutschen Könige auf
das Unterrichtswesen hörte auf, nachdem unter Heinrich IV und
seinen Nachfolgern der Clerus in geistlichen Dingen unabhängig von
der weltlichen Macht geworden war. Gleiches Schicksal mit den
Domschulen hatten die Klosterschulen; ihr Verfall begann schon vor
der Mitte des eilften Jahrhunderts[1].

§ 19.

Die Bildung der Deutschen ward im zehnten Jahrhundert und
im Anfange des eilften noch durch andere Anlässe gefördert, als
durch die Schulen, welchen die Geistlichkeit vorstand. Seit Otto
dem Grossen war die römische Kaiserwürde auf die deutschen Könige übergegangen; die Verbindung, in welche dadurch Deutschland
mit Italien kam, musste in mancher Beziehung vortheilhaft auf die
geistige Entwickelung des erstern wirken[1]. Die Verwandtschafts-
bande zwischen dem sächsischen und byzantinischen Kaiserhause
belebten das Studium der griechischen Sprache, welches schon früher
auf einzelnen Schulen betrieben worden war[2], noch mehr. Durch
Gerbert, den nachmaligen Pabst Silvester II (999—1003), wurden

mann, über die Leiche. S. 429. Chr. W. Fröhner, zur mittellateinischen Hofdich-
tung, in Haupts Zeitschrift 11, 1—29; Müllenhoff und Scherer, Denkmäler S.
26—40. 307—318. Bartsch, die lateinischen Sequenzen des Mittelalters S. 145 bis
165. 7) Ueber das Mischen lateinischer und deutscher Wörter oder Verse im
Mittelalter überhaupt vgl. Hoffmann, Gesch. d. deutsch. Kirchenliedes S. 159 ff.
und desselben In dulci jubilo. Hannover 1854. 8.

§ 18. 1) Eichhorn, a. a. O. 1, 760 ff. Man lese auch die Klagen, welche
Williram in der lateinischen Vorrede zum Hohenliede über den Verfall echter Ge-
lehrsam keit während des 11. Jahrh. erhebt; Scherer, Leben Willirams S. 223.

§ 19. 1) Noch immer war Italien das cultivierteste Land Europas. Von daher
kam auch die Kirchenmusik nach Deutschland, schon unter Karl dem Grossen,
nachher verbessert durch Guido von Arezzo (um 1025), dessen Verdienste sich jedoch auf einige methodische Handgriffe, die nach ihm wieder unbrauchbar wurden,
und auf Verbesserung der Schrift durch Einführung der Linien für die Neumen-
Bezeichnung beschränken. Vgl. J. Raff im Weimar. Jahrb. 1, 179 f. Hall. Litt.
Zeitung 1843, Nr. 143, Sp. 533 f. 2) Vgl. § 16, 4; Eichhorn, a. a. O. 1.
826 ff.; v. d. Hagen, Briefe in die Heimath 2, 280.

auch nach Deutschland die Kenntnisse verpflanzt, welche er sich
auf den Schulen der spanischen Araber erworben hatte. Sein Beispiel reizte andere zur Nachfolge; die mathematischen Wissenschaften, die Philosophie und Medicin erhielten dadurch einen höhern
Schwung, sowohl im Abendlande überhaupt, als in Deutschland besonders [3].

§ 20.

Dieses nahm auch immer mehr an innerem Wohlstand zu, seitdem sich in den Städten ein freier Bürgerstand gebildet hatte, unter
welchem Gewerbe und Kunstfertigkeiten bald in Aufnahme kamen.
Der Handel ward bedeutender nach Entdeckung der Harzbergwerke,
welche edle und unedle Metalle lieferten, und durch die Verbin-
dungen Deutschlands mit dem oströmischen Reiche und Italien.
Die Ruhe, deren das Land unter den sächsischen Kaisern genoss,
sicherte das Besitzthum des Einzelnen. Die Ausbildung des Lehnswesens und die Anfänge des Ritterthums brachten mit dem Reichs-
oberhaupt den hohen Adel, mit diesem den niedern in nähere Verbindung, die freien Stände überhaupt in ein das Ganze fester zusam-
menhaltendes Verhältniss gegenseitiger Abhängigkeit. Zu noch höherer
Kraft erstarkte Deutschland unter den ersten fränkischen Regenten.
Die unruhige und unglückliche Regierung Heinrichs IV erschüt-
terte zwar auf einige Zeit den innern Frieden und Wohlstand des
Landes, so dass selbst die nächsten Nachfolger im Reiche die Ordnung nicht ganz wieder herzustellen, die eingerissene Rohheit, Ge-
waltthätigkeit und Verwilderung zu zähmen vermochten; allein
Deutschlands Cultur war schon zu weit vorgeschritten, als dass es
in Barbarei hätte versinken können, und im zwölften Jahrhundert
traten Ereignisse ein, welche es in seiner geistigen und sittlichen
Entwickelung um ein Bedeutendes weiter führten. Sie veranlassten
zugleich in dem Geschmack der Nation einen Umschwung, der den
Anfang einer neuen Periode in der Geschichte ihrer National-Literatur bezeichnet.

Zweiter Abschnitt.

S p r a c h e. — V e r s k u n s t.

§ 21.

I. In der Sprache sämmtlicher germanischen Stämme lassen
sich, soweit die Quellen zurückreichen, als Hauptmundarten unter-

---

3) Eichhorn, a. a. O. 1, 876; 2, 1, 32. Raumer. Gesch. d. Hohenst. 6, 416.

scheiden: die gothische, die hochdeutsche, die niederdeutsche oder sächsische, die angelsächsische, die nordische und als sechste, zwischen den drei zuletzt genannten mitten
inne liegende, die friesische. Da sich in der zweiten dieser
Mundarten vorzugsweise die eigentlich deutsche Literatur entwickelt
hat, so ist für die Geschichte der letzteren die Geschichte der hochdeutschen Sprache die wichtigste. Viele Erscheinungen in derselben
würden aber mehr oder minder unverständlich bleiben ohne eine
Vergleichung mit der Geschichte der andern Hauptmundarten, unter
welchen wiederum die gothische und sächsische vor den drei übrigen
besondere Berücksichtigung erfordern: jene, weil in ihr sich die
ältesten schriftlichen Denkmäler in deutscher Sprache überhaupt
erhalten haben, sie also für die Geschichte aller deutschen Mundarten von gleich grosser Wichtigkeit ist, und überdiess zu der hochdeutschen in einem besonders nahen Verwandtschaftsverhältniss steht;
diese, weil sie, räumlich die hochdeutsche zunächst berührend, auf
deren historische Entwickelung zu verschiedenen Zeiten Einflüsse
ausgeübt hat, auch in ihr Werke abgefasst worden sind, die in der
Geschichte der deutschen Poesie eine bedeutende Stelle einnehmen.
Die Geschichte des Angelsächsischen, Friesischen und Nordischen
kann hier ganz aus dem Spiele bleiben; die Gestaltung der drei
übrigen Mundarten in diesem Zeitraum muss dagegen nach den
allgemeinsten Zügen charakterisiert, und theils jetzt, theils in der
Folge die Veränderung angedeutet werden, die sie während dieser
und während der folgenden Perioden, sofern sie noch als Schrift-
sprachen fortbestanden, erlitten haben[1].

§ 22.

Die gothische Sprache, der mit dialectischen Verschiedenheiten die der Gepiden, Vandalen, Heruler, vielleicht auch der
Bastarnen, verschwistert war, lebte nur so lange fort, als das Reich
der Ostgothen in Italien und das der Westgothen in Spanien bestanden. In wiefern sich beide Zweige des früher vereinigten
Volkes in ihrer Sprache dialectisch unterschieden, wissen wir nicht.
Von westgothischen schriftlichen Denkmälern, wenn dergleichen vorhanden waren, hat sich nichts, von ostgothischen nur sehr Weniges

---

§ 21. 1) Ich kann bei diesem und den vier zunächst folgenden §§ nur im
Allgemeinen auf J. Grimms deutsche Grammatik und Geschichte der deutschen
Sprache verweisen: über die räumliche Begrenzung der Hauptmundarten vgl.
besonders I², 2 ff.

§ 22. Vgl. zu diesem § W. Weingärtner, die Aussprache des Gothischen
zur Zeit des Ulfilas. Leipzig 1858. 8; Fr. Dietrich, über die Aussprache des
Gothischen. Marburg 1862. 8.

erhalten.   Die Hauptquelle, aus welcher wir die Sprache dieses
Volksstammes kennen, sind die Ueberbleibsel der dem Ulfilas'
zugeschriebenen Bibelübersetzung, welche bis in eine Zeit hinauf-
reichen, wo sich Ost- und Westgothen kaum erst äusserlich getrennt
hatten². In ihnen zeigt sich, wie schon oben (§ 4) bemerkt wurde,
das Gothische ausgezeichnet in Allem, was das sinnliche Dasein
einer Sprache charakterisiert. Ueber ihre Wortfülle können wir freilich, bei der Spärlichkeit der Quellen, nicht vollständig urtheilen;
doch ist es selbst hiernach erlaubt, auf einen Reichthum an Wurzeln
und Bildungen zu schliessen, der den jeder andern bekannten deutschen Mundart übertreffen möchte. Dagegen verstattet das Erhaltene ein sicheres Urtheil über das Verhalten der Buchstaben, Wortbiegungen und Wortbildungen zu fällen. Die Buchstaben, sowohl
Vocale wie Consonanten, fügen sich überall in klarer, fasslicher
Weise zu Silben und Wörtern zusammen. Eine Trübung ursprünglich reiner Vocale durch Umlaut oder Assimilation zeigt sich nirgend; Brechung nur nach fester Regel vor bestimmten Consonanten;
Wechsel endlich nur unter wenigen Lauten. Längen und Kürzen,
hohe und tiefe Laute sind in der reichsten Mannigfaltigkeit zwischen
Wurzeln und Endungen vertheilt. Die Consonantenreihen sind in
ihren einzelnen Gliedern fest bestimmt, und wo Uebergänge stattfinden, beruhen sie auf Wohllautsgesetzen. An Wortbiegungen und
Abwandlungsmitteln ist die gothische die reichste unter allen deutschen Sprachen: nirgend ein noch so vollständiger Organismus und
ein so scharfes Auseinandertreten der Flexionssilben, wie hier, wogegen einzelne höhere Vollkommenheiten späterer Mundarten nicht
in Anschlag kommen können. Aehnliches gilt von den Mitteln zu
Wortbildungen durch Laut und Ablaut, Ableitung und Zusammensetzung, obgleich hierin das älteste Hochdeutsch dem Gothischen
nahe kommt, ja es in vollständiger Bewahrung einzelner Ableitungs-
mittel wohl noch übertrifft. Endlich die Wortfügung anlangend, so
ist hierüber unser Blick wieder sehr beschränkt aus Mangel an
freien, namentlich poetischen Erzeugnissen. Indessen geht sowohl
aus Ulfilas Werk, wie aus dem ganzen Organismus der Sprache
hervor, dass sie die Fähigkeit besass, sich in freier, gedrängter,

---

§ 22.   1) Ueber ihn und seinen Antheil an der Uebersetzung s. § 49.   Dass
die auf uns gekommenen Stücke in den einzelnen Handschriften verschiedene Recensionen des gothischen Textes, wahrscheinlich von sehr ungleichem Alter, enthalten, in denen sich eine allmählig eingetretene, freilich noch immer sehr mässige
Erweichung und Abschwächung der ursprünglich schroffern und schärfern Sprachformen wahrnehmen lässt, haben Gabelentz und Löbe in den Prolegomenen
ihrer Ausgabe, S. XVIII — XXIV, nachgewiesen.   2) J. Grimm, Grammatik
I¹, S XLVI.

durch innere Mittel zusammengehaltener Wortstellung den alten classischen Sprachen in einem bemerkenswerthen Grade anzunähern.

§ 23.

Die hochdeutsche Sprache, von den ältesten Zeiten her im obern Deutschland einheimisch, führt in der Gestaltung, welche sie in diesem Zeitraum zeigt, den Namen der althochdeutschen. Sie ist nicht, wie doch der Hauptsache nach die uns bekannte gothische, eine einzige sicher begrenzte Mundart, vielmehr begreift sie Unterdialecte in sich, die ursprünglich gewiss nach Volksstämmen und Landschaften streng geschieden waren, in den seit dem siebenten Jahrhundert beginnenden Schriftwerken aber, bei aller bis auf die einfachsten Sprachelemente sich erstreckenden Eigenthümlichkeit fast eines jeden derselben, schon so in einander verfliessen, dass es häufig sehr schwer ist, einem jeden althochdeutschen Sprachdenkmale seine besondere Heimath mit genügender Sicherheit nachzuweisen[1]. Diess erklärt sich aus den vielfachen politischen Berührungen und Uebergängen, welche seit dem siebenten Jahrhundert, und auch schon früher, unter den oberdeutschen Völkerschaften stattfanden. Indessen lassen sich im Allgemeinen drei althochdeutsche Hauptmundarten unterscheiden: die alemannische oder schwäbische, die baierische[2] und die fränkische[3]. Unter ihnen erlangte die fränkische durch ihre geographische Stellung wie ihren sprachlichen Charakter, der die Mitte hält zwischen den rauhern oberdeutschen und den weichern niederdeutschen Dialecten, eine besondere Bedeutung. Aus ihr entwickelte sich schon damals eine Art Hof- und Literatursprache, die ihren Mittelpunkt am karolingischen Hofe fand. Sie sondert sich wieder in drei Untermundarten, das Hochfränkische, Rheinfränkische und Nord- oder Niederfränkische[4]. Zwischen dem Althochdeutschen und Altniederdeutschen liegen Uebergangsmundarten, welche man jetzt allgemein als mitteldeutsche bezeichnet, und unter denen die thüringisch-hessische die bedeutendste ist. Jede hat sich im Laufe der Jahrhunderte, theils in sich selbst, theils in Folge der Berührung mit andern, vielfach verändert. Hiernach ist eine allgemeine Charakteristik der althoch-

---

§ 23. 1) Grimm, Grammatik I[3], 4 ff.   2) An die baierische grenzte die Mundart der Langobarden, an die alemannische die der Burgunden; beide aber sind bis auf geringe Spuren verschwunden. Vgl. Massmann, Langobardisches Wörterbuch, in Haupts Zeitschrift I, 548—62. W. Wackernagel, Sprache und Sprachdenkmale der Burgunden in Bindings Gesch. d. burgundisch-roman. Königreichs. Leipzig 1868. 8. S. 329—404.   3) Vgl. jetzt besonders Müllenhoffs Einleitung zu den Denkmälern.   4) Müllenhoff, Denkmäler S. IX ff., wo die charakteristischen Kennzeichen der einzelnen angegeben sind.

deutschen Sprache sehr schwierig.   Das Folgende liefert nur wenige
Hauptzüge [5].

<h2 style="text-align:center">§ 24.</h2>

Der Wortreichthum ist bewunderswürdig gross: er tritt uns
fast noch mehr in den zahlreichen deutschen Glossen [1], als in den
zusammenhängenden Schriftwerken entgegen. Aus einer Menge noch
in voller Lebensfrische thätiger Wurzeln ist eine beinahe unübersehbare Fülle von Wortstämmen und Zweigen in Bildungen, Ableitungen und Zusammensetzungen erwachsen, die, mehr oder weniger durchsichtig, den Bildungstrieb errathen lassen, der bei ihrer
Erzeugung gewaltet hat.   Dagegen ist das Althochdeutsche dem
Gothischen gegenüber schon offenbar in den Buchstabenverhältnissen
gesunken.   In den Vocalen der Wurzeln, die zwar noch überall
den Unterschied zwischen organischen Kürzen und Längen festhalten, bricht bereits seit dem siebenten Jahrhundert, und vielleicht
noch früher, der Einfluss der Endungen durch, der sich in Umlauten,
Brechung und Neigung zu Assimilationen äussert.   Die letzteren
verrathen sich auch schon früh, wenn gleich in anderer Weise, in
den Endungen selbst, und wenn hierbei die Sprache zum Theil an
Wohllaut gewann, so verlor sie doch an Deutlichkeit der Formen,
zumal die nirgend folgerichtig durchgeführten Assimilationen sie in
einem, bis zur völligen Abschwächung der Endungen fortdauernden
Schwanken zwischen den Gesetzen des Wohllauts und der Abstam-
mung erhielten.   In der Sprache des gewöhnlichen Lebens wird
man hierin noch weiter gegangen sein als in den literarischen Denkmälern, die manches Alte länger gleichsam künstlich conservirten [2].
Aber durch eben dieses in den Flexions- und Bildungsendungen
allmählig um sich greifende Abschwächen ursprünglich volltönender,
sowohl langer wie kurzer Vocale erlitt die Sprache eine noch bei
weitem grössere Einbusse.   Der Grund der Abschwächung lag vornehmlich in dem einseitig den Wurzelsilben zugetheilten Hauptton,
vor dem die Nebentöne auf den nicht wurzelhaften Silben immer
mehr zurücktraten und damit auch früher klangreiche Laute sinken
liessen, so dass sich diese gegen das Ende des Zeitraums schon

---

5) Man hat das Fränkische vor und vom 9. Jahrh. an zu unterscheiden:
vgl. J. Grimm, a. a. O. S. 4. 5.
    § 24.   1) Eine Uebersicht der Glossen und der Arbeiten über dieselben bis
1845 gibt R. v. Raumer, die Einwirkung des Christenthums auf die ahd. Sprache.
Stuttgart 1845. 8.   Vgl. dazu A. Holtzmann, die alten Glossare, in Pfeiffers Germania 1, 110—116. S. 385—414. 11, 30—69; so wie Steinmeyer, die deutschen
Virgilglossen in Haupts Zeitschr. 15, 1—119.   2) Müllenhoff-Scherer, Denkmäler S. 472.

ganz entschieden zu völliger Tonlosigkeit und Verstummung hin-
neigten. Die althochdeutschen Consonanten tragen, wie die Vocale,
bereits in den ältesten Denkmälern die Spuren eines gestörten,
früher reineren Organismus an sich. Unter den einzelnen Gliedern
jeder Consonantenreihe haben, wie die Vergleichung mit dem Gothischen und Altsächsischen lehrt, Verschiebungen stattgefunden, die,
nach einem neuen, folgerichtigen Systeme strebend, doch nie völlig
dazu gelangt sind. Dazu kommt das Schwanken in dem Gebrauch
unter sich verwandter, ursprünglich aber identisch gewesener Laute,
je nachdem sie am Anfange, in der Mitte oder zu Ende eines
Wortes stehen, ein Schwanken, das nicht nur in dem Verhältniss
einzelner Mundarten zu einander, sondern fast in jedem Schriftwerke, dasselbe ganz für sich betrachtet, wahrgenommen wird, so
sehr auch in einzelnen Denkmälern das Streben sichtbar wird, diese
Unsicherheit zu zügeln. Ferner haben mit der Zeit zunehmende
Assimilationen, Abschleifungen und völlige Abwerfungen, besonders
in den Endungen, das ihrige gethan, den Consonantismus der althochdeutschen Sprache zu verwirren. Dass mit so grossen Veränderungen in den Elementen der Wörter auch die Wortbiegungen
und Wortbildungen an charakteristischer Schärfe und Bestimmtheit
verlieren mussten, begreift sich von selbst. Je näher dem eilften
Jahrhundert, desto mehr stumpfen sich die Endungen ab und rücken
sich dadurch näher; und zwar sind auf diesem Wege wieder die
ihrem ganzen Wesen nach zarteren Flexionen schneller vorgeschritten, als die schon mehr der Natur der Stämme sich annähern-
den Ableitungen. Bei allem dem besass die althochdeutsche Sprache,
zumal in der frühesten, uns näher bekannten Zeit, noch einen so
reichgegliederten leiblichen Organismus, dass sich damit die Gestaltungen dieser Mundart in den folgenden Zeiträumen gar nicht vergleichen lassen. Sie enthielt demnach auch noch eine Menge
innerer syntactischer Mittel, die dem spätern Hochdeutsch abgehen;
und wenn wir dieselben nicht in dem Umfange verwandt sehen,
wie sich erwarten liesse, so dürfen wir nicht vergessen, dass die
meisten althochdeutschen Werke nur Uebersetzungen aus dem Lateinischen sind. Wo sich die Sprache freier bewegt, namentlich in
der gebildeten Prosa des zehnten und eilften Jahrhunderts und in
den geistlichen Gedichten, entfaltet sie auch einen grössern Reichthum an natürlichen und geschickten Wortfügungen, und dieser
wird gewiss noch bedeutender gewesen sein in den Werken der
Volkspoesie, von deren Sprache wir uns aber aus den wenigen
Ueberbleibseln nur eine sehr unvollkommene Vorstellung machen
können.

§ 25.

Die niederdeutsche Sprache dieses Zeitraums wird die
altniederdeutsche, oder gewöhnlicher die altsächsische genannt[1]. Wir kennen sie vornehmlich aus einem für die Geschichte
der deutschen Sprache und Poesie höchst bedeutenden Denkmale,
der alliterierenden Evangelienharmonie aus der ersten
Hälfte des neunten Jahrhunderts. Die sonst erhaltenen Denkmäler
dieser Mundart sind meist von geringem Umfange[2] und fallen mit
jener so ziemlich in dieselbe Zeit. Aus diesem Grunde, und weil
fast keinem altsächsischen Werke seine besondere Heimath mit
einiger Sicherheit angesehen werden kann, lässt sich die Geschichte
dieses Dialects weder räumlich noch zeitlich so verfolgen, wie die
des althochdeutschen[3]. Fassen wir ihn bloss nach der Gestaltung
auf, worin ihn uns die Evangelienharmonie zeigt, so steht er in
seinem wirklich dargelegten Wortreichthum hinter dem althochdeutschen zwar zurück; aber hierbei ist wieder, wie beim Gothischen,
die Beschränktheit der Quellen in Anschlag zu bringen. Dagegen
ist er im Vortheil durch eine grössere Menge poetischer Ausdrücke
und Umschreibungen, die aus der Volksdichtung in die Behandlung
eines geistlichen Stoffes herübergenommen sind. An Vocalen ist das
Altsächsische ärmer, als das Althochdeutsche, indem ursprüngliche
Diphthonge zu einfachen Längen geworden sind und sich mit organischen Längen gemischt haben, ohne dass dafür ein erheblicher
Ersatz durch Hervorbrechen anderer Doppellaute eingetreten wäre.
Sonst sind die Verhältnisse der Wurzelvocale ungefähr dieselben,
wie im Althochdeutschen, nur sind der Umlaut und die Brechung in
den Wurzeln, so wie die Assimilationen in den Endungen von etwas geringerer Ausbreitung und weniger gleichmässig durchgeführt. In Rücksicht des Consonantismus steht das Altsächsische dem gothischen Organismus näher, in der charakteristischen Mannigfaltigkeit der Flexionen
und Wortbildungen entfernter, als das Althochdeutsche. Durch Freiheit, Kühnheit und Reichthum der Wortfügungen und durch Geschick-

---

§ 25. 1) Vgl. J. Grimm, Geschichte d. d. Sprache 646 ff.   2) Sie sind
gesammelt herausgegeben von M. Heyne, Kleinere altniederdeutsche Denkmäler.
Paderborn 1867. S.   3) Das Altsächsische der Evangelienharmonie dürfte
nach J. Grimm, Grammatik 1³, 4, etwa zwischen Münster, Essen und Cleve zu
Haus gewesen sein. Die Dialectverschiedenheiten beider fast gleich alten Handschriften möchte Schmeller (Heliand 2, S IX) mit der Annahme erklären, dass
der in England aufbewahrte Codex von einem angelsächsischen Schreiber vielleicht aus mündlicher Recitation eines Altsachsen oder Thüringers aufgenommen
worden sei, wozu man vgl. J. Grimm, a. a. O. 248 f.

lichkeit im Periodenbau zeichnet sich aber diese Mundart, eben weil wir in ihr lebendige Poesie kennen lernen, vorzüglich aus'.

§ 26.

II. Die deutsche Verskunst hat, so weit sie sich in den poetischen Werken der Vorzeit zurückverfolgen lässt, wenn sie nicht durchaus verwildert war, immer das Gesetz der Betonung als oberste Regel anerkannt, d. h. der deutsche Vers besteht aus einer bestimmten Anzahl stark betonter Silben oder Hebungen, zwischen welchen sich andere minder betonte, oder Senkungen, einschieben können, nicht gerade müssen, wenigstens nicht in der älteren Zeit, so dass noch nicht, wie späterhin, die Gesammtheit der Silben für ein bestimmtes Maass an eine sich immer gleich bleibende Zahl gebunden ist. Zu Hebungen taugten ursprünglich nicht bloss Stammsilben, denen der Haupton des Wortes gebührt, sondern auch nicht wurzelhafte Silben mit bedeutend hervortretendem Nebenton. Die Stärke des auf eine Silbe fallenden Nebentons wurde aber schon von Alters her durch die Länge und Kürze der zunächst vorangehenden Silben bedingt, und in sofern war der altdeutsche Versbau auch an das Gesetz der Quantität gebunden. So galt die Regel, dass in Wörtern von zwei Silben nur dann die letzte einen zur Hebung stark genug hervortretenden Nebenton hatte, wenn die erste lang, nicht, wenn sie kurz war; in Wörtern von drei Silben der stärkste Nebenton auf die zweite Silbe fiel, wenn die erste lang, auf die dritte, wenn sie kurz war. Hieraus ergibt sich schon, dass die alte Sprache, welche nicht nur lange und kurze Wurzelsilben neben einander besass, sondern auch in volltönenden, fast die ganze Vocalleiter durchlaufenden Endungen Längen und Kürzen unterschied, eine grosse Mannigfaltigkeit von Versgliedern in einem metrischen Bau hat müssen entwickeln können, der auf der Wechselwirkung des Accents und der Quantität beruhte. Am geregeltsten und kunstmässigsten hat er sich in der althochdeutschen Poesie gestaltet, wogegen die ungebundene Freiheit des altsächsischen Verses unvortheilhaft absticht. — Das besondere Verhältniss zwischen den Hebungen und Senkungen des althochdeutschen geregelten Verses

---

4) Wie überaus reich die altsächsische Sprache noch an Genitiv-Constructionen ist, hat Vilmar nachgewiesen im Programm des Marburger Gymnas. von 1834: De genitivi casus syntaxi quam praebeat Harmonia Evangeliorum, saxonica dialecto seculo IX. conscripta, commentatio. Vgl. Grimm, Grammatik 4. 646, Anm. 2.

§ 26. Vgl. hierzu und zu den folgenden drei §§ Lachmann, über althochd. Betonung und Verskunst. Abhandl. d. Berlin. Akademie 1832. Schade, die Grundzüge der altdeutschen Metrik im Weimar. Jahrbuch 1, 1—57.

besteht nun darin, dass 1) jede Senkung minder stark betont sein muss, als die zunächst voraufgehende Hebung; 2) wo zwischen zwei Hebungen die Senkung fehlt, die erste Silbe durch Vocal oder Position lang sein und einen logisch-höheren Ton haben muss als die zweite; und 3) nur der Auftact allenfalls mehrere Silben zulässt, die übrigen Senkungen aber nur einsilbig sein dürfen. Diese Versregeln werden durch Elision von Vocalen, Wortverkürzungen und Verschleifung zweier durch einfache Consonanten getrennten Silben, deren erste kurz ist, nicht aufgehoben.

§ 27.

Die ältesten deutschen Verse, die wir kennen, sind zu Anfange des neunten Jahrhunderts niedergeschrieben; gothische Verse besitzen wir nicht, denn was man dafür ausgegeben[1], beruht auf Irrthum[2]. Der deutsche Vers bildete ursprünglich eine Langzeile von acht Hebungen und diess war das uralte volksthümliche Maass der deutschen nicht bloss, sondern der indogermanischen epischen Poesie[3]. Jede Langzeile zerlegte sich in zwei, durch eine stark ins Ohr fallende Cäsur gesonderte Vershälften (von je vier Hebungen, zwei stärkern und zwei schwächern), die, wie es scheint, gerade nicht nothwendig, aber in den auf uns gekommenen Gedichten doch fast durchgehends, bis ins achte und neunte Jahrhundert durch die Allitteration, von da an durch den Endreim zusammengehalten werden[4]. Die Allitteration[5] beruht auf dem Gleichlaut der Buch-

---

§ 27. 1) Karajan, über eine bisher unerklärte Inschrift. Wien 1851.   2) Doch besitzen wir wenigstens einen halb lateinischen, halb gothischen Hexameter: Massmann in Haupts Zeitschrift 1, 379—384. Wackernagel, Lit.-Gesch. S. 16, Anm. 2.   3) Bartsch, der saturnische Vers und die altdeutsche Langzeile. Leipzig 1867. 8. J. Grimm, latein. Gedichte des 10. und 11. Jahrhunderts, S. XXXVIII. Hier ist auch S. XXIII ff. ausführlich über die Berührungen und Aehnlichkeiten gehandelt, welche sich zwischen dem Bau der altdeutschen Langzeile einerseits, und den Eigenthümlichkeiten des mittelalterlichen latein. Hexameters, so wie nur rhythmisch gemessener latein. Verse des 11. Jahrh. andrerseits aufweisen lassen. Hiergegen geht Wackernagels Ansicht dahin, dass der Vers von vier Hebungen erst durch die geistliche Poesie des 9. Jahrh. nach dem Vorgange der latein. Hymnen eingeführt worden.   4) J. Grimm a. a. O. S. XXX. XXXVIII; Lachmann a. a. O. S. 2; und über Otfried, S. 281'. Wie natürlich sich aber beide Bindemittel in bloss rhythmisch gebildeten Versen einstellen, weist F. Wolf a. a. O. 14. 15. gut nach.   5) Ueber die altdeutsche Alliterationspoesie vgl. Lachmann, Alliteration in Ersch und Grubers Encyclopädie 3, 166 f. und über das Hildebrandslied Berlin 1833; aber auch Bartsch in Pfeiffers Germania 3, 9 f. 7, 115. Ueber altsächsische, Schmeller, über den Versbau in der alliter. Poesie, besonders der Altsachsen. München 1839. 4. (Akadem. Vortrag.) Ueber allit. Verse (und Reime) in den friesischen Rechtsquellen vgl. M. Heyne in Pfeiffers Germania 9, 437—449; über nordische, Rask, die Vers-

staben, mit welchen mehrere der am stärksten betonten Silben
einer Langzeile anheben, wobei die einzelnen Vocalanlaute alle
unter einander Bindefähigkeit besitzen. Gewöhnlich sind in der
ersten Hälfte der Zeile ein oder zwei reimende Anfangsbuchstaben,
in der zweiten einer: jene heissen nach der nordischen Kunstsprache
die Stollen, dieser der Hauptstab, alle zusammen die Lied-
stäbe⁶. Nicht selten finden sich aber auch vier Stäbe, je zwei in
jeder Halbzeile, die entweder alle unter sich gleich, oder zu zweien
gebunden sein können, in welchem letztern Falle⁷ sie überschlagende Buchstabenreime bilden. Auf die wievielste der acht Hebungen der Langzeile jeder Liedstab fallen müsse, ist, bis auf
eine gewisse Schranke, die, bei nur zwei oder drei Liedstäben,
der letzte nach dem Versende zu in der Regel nicht überschreiten
darf⁸, durch kein Gesetz vorgeschrieben. — Indess in keinem der
alliterierenden Werke, die im eigentlichen Deutschland entstanden
sind, ist, neben dem Festhalten der nothwendigen Liedstäbe, auch
der geregelte rhythmische Versbau streng durchgeführt⁹; vielmehr
hat das Gewicht, welches die Alliteration den sie tragenden Hebungen verlieh, allmählig eine gänzliche Unterdrückung der schwächern
Hebungen veranlasst. Daher sind die uns überlieferten alliterierenden
Verse theils kürzer, theils, und diess noch mehr in der altsächsischen
Evangelienharmonie, länger als das ursprüngliche Gesetz erfordert.
Besonders häufig sind die Verse mit ungebührlich vielen schwächer
betonten Silben in dem altsächsischen Gedicht¹⁰. — Eine strophische
Gliederung alliterierender Gedichte ist im Deutschen nicht nachge-
wiesen, wenn auch Lachmann¹¹ sie für möglich erklärte und W.
Müller¹² wirklich versuchte, das Hildebrandslied und Muspilli stro-
phisch abzutheilen, indem er jenes in Strophen von drei, dieses in

---

lehre der Isländer, verdeutscht von Mohnike. Berlin 1830. F. Dietrich, über
Liodhahattr in Haupts Zeitschr. 3, 94 ff.   6) Vgl. hierzu J. Grimm, Andreas
und Elene S. LVI.   7) Auch für die angelsächsische Poesie weist diesen Fall,
jedoch, wie es scheint, als einen sehr seltenen, Leo nach, in Haupts Zeitschr. 3, 165;
für die altsächsische Schmeller a. a. O.; vier gleiche Stäbe sind jedoch wohl
mit besserem Rechte zu leugnen: vgl. Wackernagel in Zachers Zeitschrift 1,
307.   8) Vgl. Schmeller, Helland 2, S. XII'; Ettmüller, N. Jen. Litt. Zeit.
1843, Nr. 42, S. 170. Anders ist es bei vier Liedstäben, wo der letzte so weit
ans Ende rücken kann, dass er nur noch eine der schwächern Hebungen hinter
sich hat (wie Hildebrandslied Z. 9. 17); oder gar keine (wie Z. 24 bei Lachmann,
a. a. O.).   9) Die Annahme Lachmanns (über das Hildebrandslied), dass das
Hildebrandslied wirklich in Langzeilen von acht Hebungen verfasst sei, lässt sich
ohne Zwang nicht durchführen. Vgl. M. Rieger in Pfeiffers Germania 9, 295—320.
   10) In der angelsächsischen und nordischen Poesie heissen die minder betonten Wörter im Verse Mahlfüllung.   11) Ueber Singen und Sagen S. 4.
12) In Haupts Zeitschrift 3, 447 ff. Auch W. Grimm, z. Geschichte des Reims S. 160
glaubt, dass die strophische Abtheilung die ursprüngliche beim Hild. gewesen.

Strophen von vier Langzeilen zerlegte[13], und die nichtstrophische
Form alliterierender Gedichte, wie sie die sächsische Evangelienharmonie darbietet, als die jüngere annimmt, gegen welche die ältere
später zurückgetreten[14]. Ebenso wenig ist das Vorkommen der nordischen Strophenform *liodhaháltr* in Deutschland erweislich[15].

§ 28.

Der Endreim ist in der deutschen Poesie jünger, als die Alliteration. Zur Alleinherrschaft gelangt zeigt er sich zuerst in Gedichten, die aus der zweiten Hälfte des neunten Jahrhunderts stammen; von da an beherrscht er die Poesie ausschliesslich, und es ist
ein vereinzelter Fall, wenn in dem Gedichte von Himmel und Hölle
der Reim gänzlich aufgegeben wird oder nur dazwischen mit unter-
läuft[1]. Einzelne Spuren von ihm finden sich aber schon früher in
den alliterierenden Gedichten[2], so wie umgekehrt die Alliteration auch
nicht gleich auf einmal aus der Poesie mit Endreimen verschwand[3].
So tritt der Reim ein paarmal im Hildebrandsliede auf[4]; auch in
den Merseburger Gedichten finden sich, abgesehen von andern wohl
nur zufälligen Endreimen in alliterierenden Zeilen, zu Ende des

---

13) Auch die kleineren ahd. Ueberbleibsel in Alliterationsform möchte er
als strophische abgefasst ansehen, den poetischen Theil des Wessobrunner Ge-
bets als drei Strophen von je drei Langzeilen, von den beiden Merseburger Gedichten das erste als eine, das andere als zwei Strophen, jede von vier Langzeilen.   14) Dann wäre auch in der Geschichte der Alliterationspoesie dieselbe
Erscheinung, welche wir in der Umsetzung der otfriedischen Reimstrophe in
die fortlaufenden kurzen Reimpaare der spätern Zeit wahrnehmen (vgl. §§ 30. 67.).
15) Wie Müllenhoff wollte: in Haupts Zeitschrift 11, 262 und de carmine
Wessofontano. Berol. 1861; vgl. Bartsch in Pf. Germ. 7, 113—17.
§ 28.   1) Vgl. M. Haupt in den Monatsberichten der Berliner Akademie,
Novbr. 1856, und Müllenhoff und Scherer, Denkmäler S. 332 ff. Schade, Veter.
Monumentorum theotisc. decas, Weimar 1860, S. 9—15.   2) In diesen uralten
Reimen alliterierender Lieder, meint J. Grimm (a. a. O. S. XLIV), beruhe am
ungezwungensten der allmählig unter allen Völkern deutscher Zunge aufgeblühte
Endreim. Aber man wird zugeben müssen, dass sein frühes Aufkommen in der
christlich römischen oder lateinischen Poesie des Mittelalters (er lässt sich darin
bis um 270 zurückverfolgen) und seine allmählige, fortschreitende Entwickelung,
sowohl in den sogenannten leoninischen Hexametern, wie in rhythmisch gemessenen Gedichten, nach der Festigung des Christenthums in Deutschland viel, wo
nicht das meiste zu dem Siege beigetragen hat, den in der deutschen Poesie
der Endreim über die Alliteration errang. („Die Alliteration scheint zuerst in
Hochdeutschland, dann auch in Sachsen, gerade darum dem christlichen Reim
zu erliegen, weil sie in heidnischen, damals noch nicht verhallten Gesängen geherrscht hatte." J. Grimm, Mythologie S. 9.)   3) So kommt selbst noch bei
Otfried eine, noch dazu reimlose Langzeile mit Alliteration vor (I, 18, 9), welche
sich wörtlich oben so in dem alliterierenden Muspilli findet; vgl. auch Lachmann,
über Otfried, S. 280 f.   4) Lachmann, über das Hildebrandslied S. 9.

ersten zwei gleiche Ausgänge der sich entsprechenden Vershälften[5],
und noch bewusster im Muspilli, zum Theil bei fehlender Alliteration[6].
Auch in der nordischen und angelsächsischen alliterierenden Poesie
sehen wir den Reim hervorbrechen[7]. Alliteration und Reim scheinen
also eine Zeitlang neben einander bestanden zu haben. Der Reim,
ein Wort, dessen Ursprung aus dem lateinischen *rhythmus*[8] jetzt wohl
allgemein angenommen wird[9], kam in die deutsche Poesie aus der
christlichen, lateinischen[10], aus welcher er ebenso in die romanischen
Sprachen eindrang[11]. Das erste Werk, welches ganz in Reimversen
abgefasst ist, ist Otfrieds Evangelienharmonie, und wahrscheinlich
war er überhaupt der erste, der in Deutschland, nach dem Vorgange
der christlichen Hymnenpoesie, den Reim in einem grösseren Gedichte anwendete[12]. Seine Verse sind ihrem Grundtypus nach ganz
wie die ursprüngliche altepische Langzeile gebaut, d. h. sie bestehen aus Langzeilen von acht Hebungen, mit deren letzter der
Vers schliesst[13]. Statt der Alliteration, mit deren Untergange auch
das übermässige Gewicht der höchstbetonten Hebungen und die Unterdrückung der minderbetonten aufhörte, treten nun aber Endreime[14]
als Bindemittel je zweier Vershälften ein. Sie fallen auf die letzte
Hebung jedes Verses, sind also einsilbig oder st u m p f. Stumpfe

---

5) Nach J. Grimms Deutung (über zwei entdeckte Gedichte S. 19) könnten
sie gleichfalls zufällig sein, nach W. Wackernagel aber scheinen sie, der Alliteration entbehrend, wirklich mit Bewusstsein gesetzte Reime zu sein. Dürfte
daraus geschlossen werden, dass diese letzte Langzeile jüngern Ursprungs sei
als die drei vorhergehenden? 6) Vgl. Bartsch in der Germania 3, S. 7)
Vgl. J. Grimm, Andreas und Elene S. XLIII ff. und Dietrich, altnord. Lesebuch
S. XXXVI. 8) Schmeller, bair. Wb. 3, 86. Mone im Anzeiger 8, 454 und altd.
Schauspiele 89. *Versus rhythmici* sind nach dem Accent gebaute Verse, in denen
der Reim am frühesten auftritt; daher übertrug man die Benennung auf das
augenfälligste Merkmal, den Reim. 9) Andere suchen darin ein ursprünglich
deutsches Wort, *hrim* oder *rim* (Graff 2, 506. Wackernagel, altd. Wb. 235), Zahl,
numerus. Vielleicht dass man dem aus dem Romanischen aufgenommenen Worte
ein deutsches, im Sinne nicht fern abstehendes, anpasste. 10) Schmeller,
Carmina Burana S. VIII. W. Grimm, zur Geschichte des Reims, Berlin 1852,
S. 177 ff. 11) Die Meinung, dass der romanische Reim aus spanisch-arabi-
schen Einflüssen zu erklären sei, ist längst aufgegeben. Ueber die lateinische
Reimpoesie des Mittelalters und ihr Verhältniss zu der Volksdichtung in den
Landessprachen vgl. J. Grimm, lat. Gedichte S. XXIII f.; F. Wolf, über die Lais,
besonders 161 ff. 195 ff. 12) W. Grimm a. a. O. S. 181. 13) Ueber
Otfrieds Versbau vgl. Lachmann, über althochd. Betonung und Verskunst und
dessen Anmerkungen zum Iwein, 2. A. S. 370. 381. 391 f. 401. 410. 436. 559.
Dazu R. Hilgel, über Otfrieds Versbetonung. Leipzig 1869. 8. 14) Ueber-
schlagende oder sich kreuzende Reime kennt die althochd. Poesie noch nicht; sie
bindet nur immer die beiden Hälften einer Langzeile: der eine Reim bildet also
die Hauptcäsur, der andere den Schluss der ganzen Zeile; vgl. dazu Wolf. a. a.
O. 165.

Reime, wie sie die mittelhochdeutsche Poesie kennt, wo die letzte
Hebung auf zwei verschleifte Silben fällt, von denen die erste immer
kurz sein muss, gehören bei Otfried zwar zu den Seltenheiten, sind
jedoch nicht ganz unerhört[15]. Häufiger sind die Fälle, wo nur in
einer Halbzeile die letzte Hebung auf zwei verschleifte Silben fällt[16].
Hier kann der Reim nur durch eine Silbe gebildet werden, die
nach mittelhochdeutscher Weise stumm sein, würde[17]. Dass die
Reime immer Wurzelsilben treffen, ist durchaus nicht nothwendig:
bei der Mannigfaltigkeit und Volltönigkeit der Endungen genügen
diese noch vollkommen zur Bindung der Hauptglieder. Völliger
Gleichlaut ist noch keineswegs durchgreifende Regel; blosse Assonanz ist ausreichend. Für den ungenauen Reim gilt die Regel,
dass bei gleichem Vocal verschiedene Consonanten, die aber nicht
ungleichartig sein dürfen, bei gleichem Consonanten verschiedene
Vocale zulässig sind[18]. Der Fälle, wo auch die Assonanz fehlt, sind
nur sehr wenige. Andrerseits lässt sich nicht verkennen, dass der
Dichter darnach gestrebt habe, ausser den Endsilben auch die diesen zunächst voraufgehenden, also auch häufig Wurzelsilben, in zwei
zusammengehörenden Versen einander ähnlich zu machen, entweder
durch Gleichheit der Vocale bei verschiedenen Consonanten, oder
umgekehrt; ja sehr oft geht diess in völligen Gleichlaut über, der
nun durch zwei bis drei Silben eine Halbzeile mit der andern bindet[19]. Auf diese Weise entstehen Ausgänge der Vershälften, die
den klingenden Reimen der spätern Poesie analog scheinen[20], von
ihnen aber dadurch unterschieden sind, dass die ältere Verskunst
auf die gleichlautenden Silben zwei Hebungen, die jüngere, wo sie
wirklich klingende und stumpfe Reime sondert, nur eine fallen lässt[21].

§ 29.

Alle althochdeutschen Gedichte mit Endreimen, die vor dem
eilften Jahrhundert entstanden sind, bestehen aus Strophen. Die
einfachste, die Otfried sein ganzes Gedicht hindurch festhält, befasst
zwei Langzeilen oder vier Halbzeilen, wie Otfried selbst rechnete

15) Ein Beispiel von solchem Reim und Gegenreim steht II, 12, 31.   16)
I, 5, 3; II, 9, 31; IV, 24, 15.   17) Vgl. dagegen Hügel a. a. O. 33—35.
18) W. Grimm, a. a. O. 69. Wackernagel, altfranz. Lieder S. 215,· Lit.-Gesch.
S. 59. Die Entwickelung der Assonanz von Otfried an bis auf Konrad von
Würzburg zeigt lehrreich Cl. Fr. Meyer, de theotiscae poeseos verborum conso-
nantia finali. Berol. 1846. S.   19) Lachmann, über Otfried S. 251; Grimm,
Grammatik I³, 205, Anm. 1.   20) Für klingende hat sie auch noch Grimm,
Grammatik I³, 16 ff. genommen.   21) In wiefern die althochdeutsche Behandlungsweise scheinbar klingender Versausgänge auch noch im 13. Jahrhun-
dert fortdauert, wird sich weiter unten zeigen.

und wie auch die geläufigste Hymnenstrophe, die Otfried zum Muster
diente, eintheilt[1]. Die gleiche Form begegnet in dem ältesten Beispiel paarweise gereimter achtsilbiger Verse in der romanischen
Poesie, der Passion Christi, in der die Assonanz wie bei Otfried zum
Reime genügt und ebenfalls vier Zeilen zu einer Strophe verbunden
werden[2]. Der Otfriedischen Strophe zunächst steht die dreizeilige,
die ungemischt mit andern Strophenarten nur in einem kurzen Liede
auf den heil. Petrus[3] gefunden wird, so jedoch, dass die letzte Langzeile in allen drei Strophen mit ihren nicht deutschen, sondern griechischen Worten, wiederkehrt, also eine Art von Refrain bildet, der in
der Melodie nicht abgeändert wurde, während die beiden vorhergehenden Langzeilen in der Strophe sich darin nicht wiederholten[4]. Mehr
als zwei oder drei Verse enthält keine durch ein ganzes Gedicht durchgeführte Strophe; dagegen wächst die Zahl der Langzeilen zu vier,
fünf, sechs und neun, wo verschiedene Strophenarten in einem Gedichte gemischt erscheinen, obgleich auch hierbei, nach den uns erhaltenen Stücken[5] zu urtheilen, die zwei- und dreizeilige entschieden
bevorzugt ist. Man darf in den Gedichten dieser Art die ersten sogenannten Leiche[6] sehen, eine poetische Form, die dem eine
Strophenart festhaltenden Liede[7] zur Seite geht. Die deutschen
Leiche stehen in nahem Zusammenhange mit dem Volksgesange[8],
in welchem, wie das goth. *laiks* wahrscheinlich macht, zum Tanze
gesungene Lieder von alter Zeit her üblich waren. Ferner ab liegen mit

§ 29. 1) Vgl. Bartsch, der Strophenbau in der deutschen Lyrik, Germania 2.
257 f. 2) Diez, zwei altromanische Gedichte. Bonn 1852. 6. S. 5 f. 3)
Docens Miscell. I, 4; Hoffmanns Fundgruben I, 1; dessen Geschichte des Kirchen-
liedes (3. A.) S. 22; Wackernagel, altd. Lesebuch[4] 99 f.; Müllenhoff und Scherer,
Denkmäler Nr. IX. 4) Vgl. das Facsimile des Textes mit überschriebenen
Neumen bei Massmann, Abschwörungs-Formeln, und F. Wolf. a.a O. S. 305, 152,
wo auch von S. 19 an ausführlich über die Geschichte des Refrains gehandelt ist.
Doch ist die Verschiedenheit der Melodie so gering, dass man kaum einen Leich
darin erblicken kann; vgl. Scherer, Denkmäler S. 277. 5) Es sind diess:
Christus und die Samariterin (§ 43), der Lobgesang auf König Ludwig (§ 35),
der 138ste Psalm (§ 43), alle drei über zweizeilige Strophen nur dreizeilige
mischend; der Leich auf den heil. Georg (§ 43), und das halb lateinische und
halb deutsche Gedicht auf die beiden Heinriche (§ 17, 7), jener nach Lachmanns
Abtheilung aus fünf-, sechs- und neunzeiligen, dieses aus vier- und dreizeiligen
Strophen bestehend. 6) Der Name bedeutet in dieser Zeit ganz allgemein
Gesang, modus, canticum; über die frühere Bedeutung vgl. Grimm, Mythol. 35;
über die spätere Uebertragung des romanischen *lai* durch *leich*, so wie über den
Ursprung des romanischen Wortes aus dem Celtischen vgl. F. Wolfs Buch.
7) Schon Notker Labeo († 1022) unterscheidet *lied unde leicha*: der erstere Aus-
druck bereits im 6. Jahrh. bei Venantius Fortunatus VII, 8: *leudos* oder *liedos*.
Vgl. Wackernagel, Lit-Gesch. S. 10. 8) Vgl. Liliencron in Haupts Zeitschr.
6, 91; Müllenhoff, Denkmäler S. XXIX f. und S. 253.

ihrem künstlicheren rhythmischen Bau die seit dem neunten Jahrhundert
aufkommenden Prosen und Sequenzen, d. h. die zu rhythmischer Gliederung ausgebildeten und gereimten Worte, welche den früher text-
losen Melodien oder Modulationen des Neuma oder der Jubilation
des Alleluja angepasst wurden. Der St. Galler N o t k e r B a l b u l u s
(† 912) und seine Zeitgenossen und Schüler waren, wenn auch nicht
die Erfinder, doch die eigentlichen Einführer und eifrigen Verbreiter
derselben[9]. Die Mitte inne zwischen den deutschen Leichen und
den lateinischen Sequenzen halten die Erzeugnisse der lateinischen
Hofpoesie des zehnten und eilften Jahrhunderts[10]. — Dass alle strophisch abgefassten Gedichte für den Gesang bestimmt waren, unterliegt keinem Zweifel; von den uns erhaltenen alliterierenden Werken
darf man es wenigstens vermuthen[11]. Otfried spricht ausdrücklich
von dem Gesang seines Gedichts[12], auch ist in einer Handschrift
desselben eine Strophe mit Musiknoten überschrieben; der Noten-
zeichen über den Textworten des Liedes auf den heil. Petrus ist
bereits gedacht worden. Für die Bestimmung zum Gesange spricht
bei Otfried auch die Verwendung des Refrains, eines ganz musikalischen Elementes[13].

§ 30.

Im eilften Jahrhundert hebt schon die Ausartung der deutschen
Verskunst in den Gedichten mit Endreimen an und dauert bis gegen die Mitte des nächstfolgenden fort, wenigstens in den Werken
der gelehrten Dichter. Denn die eigentliche Volkspoesie wird immer
reinere und strengere Formen bewahrt haben. In den von Gesang
begleiteten Dichtungen machte schon die Melodie eine grössere
Strenge der Form nothwendig. Daneben aber finden wir nun Gedichte,
nicht mehr in Strophen verfasst, die auch formell freier und regelloser
gebaut sind; der Art ist die gegen Ende des eilften Jahrhunderts
entstandene gereimte Bearbeitung der Genesis und Exodus (vgl.
§ 90), und das Bruchstück einer Weltbeschreibung[1]. Beide zeigen

---

9) F. Wolf a. a. O. 29 ff. 100; Schubiger, die Sängerschule St. Gallens.
Einsiedeln 1858. 4. Bartsch, die lateinischen Sequenzen des Mittelalters in musikalischer und rhythmischer Beziehung. Rostock 1868. 8.   10) Bartsch a a. O.
S. 145—169; Lachmann, über die Leiche; F. Wolf, über die Lais.   11) Lachmann, über Singen und Sagen, S 3, 4.   12) Hoffmann, Kirchenlied (3. A.) S.
23 ff. Zu weit aber geht Ph. Wackernagel, wenn er (das deutsche Kirchenlied,
1. Band) unter Nr. 78—83, 111 Strophen Otfrieds unter Quellen des Kirchenliedes mittheilt.   13) Vgl. über den Refrain bei Otfried Erdmann in Zachers
und Höpfners Zeitschrift 1, 347 ff. Selbst der unstrophische Heliand könnte nach
Schmellers Vermuthung (2, S. IX'), wo nicht durchweg, doch theilweise gesungen sein.

§ 30.   1) Unter dem Titel Merigarto herausgegeben (vgl. § 47).

die Zerlegung der alten Langzeile in zwei Verse, die zwar die frühere Weise der Reimbildung beibehalten, jedoch paarweise, und
ohne dass sie sich zu grössern, nach bestimmter metrischer Regel
zusammengefassten Gliedern abschlössen, an einander gereiht, die
beliebteste Versart erzählender Gedichte des folgenden Zeitraums in
rohen Anfängen zeigen. Bald zu kurz, bald zu lang, verläugnen
diese Verse eben so oft ihren Ursprung, als sie die Zahl von vier
Hebungen entweder nicht erreichen, oder überschreiten; und was
wohl die meiste Rohheit verräth, bisweilen sind ganz kurze mit
sehr langen gereimt[2]. Dabei sind die Reime selbst nicht genauer,
als bei Otfried. — Dass diese Umgestaltung der alten Strophe nicht
mehr sangbar war, sondern dass darin abgefasste Gedichte, wie
späterhin, schon jetzt vorgelesen wurden, darf wohl mit ziemlicher Sicherheit angenommen werden.

Dritter Abschnitt.

Volkspoesie.

§ 31.

Obgleich es sich kaum bezweifeln lässt, dass die Volkspoesie
in diesem Zeitraum schon zu voller und reicher Blüthe gelangte, so
können wir uns doch, da sich von ihren Werken nur überaus Weniges erhalten hat, kein vollständiges und lebendiges Bild von ihr
machen. Eine Ursache dieser dürftigen Ueberlieferung ist bereits
oben (§ 11) berührt worden. Die höhern Geistlichen im Allgemeinen
und oft auch die Fürsten waren dem Volksgesange nicht günstig
und verfolgten ihn sogar lange Zeit. Das sprechendste Zeugniss
dafür legen die Verbote ab, welche von der Zeit des heil. Bonifacius
an auf Concilien und in Capitularen der fränkischen Könige gegen
das Absingen weltlicher Lieder, zunächst an die Geistlichkeit selbst,
dann auch an die Laien, wiederholt erlassen wurden[1]. Daher wurden gewiss bis gegen Ausgang des achten Jahrhunderts nur höchst
selten dergleichen Gesänge aufgeschrieben, und wo diess dennoch,

---

2) Ein Versuch, das Metrum zu regeln, ist in der Bearbeitnng Schade,
Veter. Monum. theotisc. decas S. 18—29 und in den Denkmälern von Müllenhoff
und Scherer N. XXXII gemacht worden; vgl. dazu Bartsch in Pfeiffers Germania 9, 60 f.

§ 31. 1) Die Beweisstellen bei W. Wackernagel. Wessobrunner Gebet S. 27 ff.

wie namentlich in Frauenklöstern[2], geschah, konnten erneute Verbote und die Wachsamkeit der Obern leicht den Untergang des Niedergeschriebenen bewirken. Erst nachdem Karl der Grosse das Beispiel gegeben, alte Heldenlieder seines Volks zu sammeln[3], wobei er sich höchst wahrscheinlich geistlicher Hände bediente, mögen einzelne Klosterbrüder sich ihrer Neigung für das Volksepos ungestörter hingegeben haben und die Aufzeichnungen der Lieder zahlreicher geworden sein[4]. Verschmähten es doch selbst die Geistlichen des zehnten und eilften Jahrhunderts nicht mehr, Gegenstände des deutschen Volksgesanges, alte heimische Sagen und wirkliche Ereignisse aus der nächsten Vergangenheit, sich anzueignen und in kunst- oder volksmässiger Form lateinisch zu bearbeiten. Hierher gehören der Waltharius (nach alemannischer), der Rudlieb (nach baierischer), die Ecbasis captivi (nach lothringischer Ueberlieferung), so wie mehrere kleinere, nicht aus älterer Sage hervorgegangene Stücke[5]. „Es muss unter den lateinisch Gebildeten jener Zeit, also zunächst Geistlichen, besondere Lust geherrscht haben, sich in der poetischen Darstellung solcher Gegenstände zu versuchen." Diese Dichtungen, „in die sich eine Menge Stoff geflüchtet, den die heimische Dichtkunst erzeugte, aber kein Mittel mehr

---

2) In einem Capitulare von 789 wird den Klosterfrauen verboten *wiuileodes* scribere vel mittere. Vgl. Müllenhoff in Haupts Zeitschrift 9, 128 ff.   3) Einhard, c. 29 von Karl dem Grossen: item barbara et antiquissima carmina, quibus veterum actus et bella canebantur, scripsit memoriaeque mandavit. Diese berühmte und viel besprochene Stelle, sonst auf Bardenlieder bezogen, zu deren Auffindung einst ein Preis ausgesetzt wurde (Bragur VI, 2. 246 ff.), ward zuerst von A. W. v. Schlegel (Athenäum II, 2, 306 ff) auf alte Gedichte aus dem Sagenkreise der Nibelunge gedeutet. Dass darunter wenigstens Lieder zu verstehen seien, die deutschen Heldensagen angehörten, ist kaum zu bezweifeln; ob sie aber nicht noch andere Sagen betrafen, als die uns aus spätern Dichtungen bekannten, kann nicht so leicht entschieden werden. So waren noch zu Ende des 9. Jahrhunderts Lieder über merovingische Könige bekannt (W. Grimm, Heldensage S. 27); auch dergleichen konnten sich wohl in Karls Sammlung befinden. Müllenhoff (zur Geschichte der Nibel. Not S. 74, vgl. Haupts Zeitschrift 6, 435) will sie sogar auf fränkische Lieder beschränkt wissen, die die Thaten von Karls Vorfahren feierten. Dagegen lässt sich gar nicht erweisen, dass darin ein Lied von der Nibelunge Noth auch nur enthalten gewesen sein könnte (Lachmann, Kritik d. Nib S. 460). — Ueber sonstige frühe Aufzeichnung deutscher Lieder vgl. W. Grimm, a. a. O. S. 378, und oben § 16, 11.
4) So verdanken wir vermuthlich zwei Fuldaischen Mönchen die Aufzeichnung des Hildebrandsliedes. Lachmann, über das Hildebrandslied S. 23. In Reichenau befand sich 821 de carminibus theodiscae vol. I, und 842 XII carmina theodiscae linguae formata, und carmina diversa ad docendum theodiscam linguam. Neugart:, Episcopatus Constant. 1, 539. 550. Massmann in Pfeiffers Germania 1, 359. Scherer, Denkmäler S. 470.   5) Hinter jenen dreien in J. Grimms und Schmellers latein. Gedichten des X. und XI. Jahrh. und anderswo gedruckt.

hatte, zu erhalten," haben vielfach zur Vermittelung gedient zwischen
der absterbenden althochdeutschen und der aufblühenden mittelhochdeutschen Poesie[6]. Aus dem Schluss des zehnten Jahrhunderts haben wir ein bestimmtes Zeugniss von dem Vorhandensein deutscher Bücher, die Lieder über einen Theil der grossen Heldensage enthielten[7]. Indessen wird wohl auch in dieser spätern Zeit
die weltliche Poesie noch immer vorzugsweise im Munde des Volkes
und der Sänger gelebt haben. Dass nun aber von dem, was wirklich durch die Schrift festgehalten wurde, nur so geringe Ueberbleibsel auf die Nachwelt gekommen sind, davon werden wir die
Gründe wohl hauptsächlich in der allmählig veraltenden, den jüngern
Geschlechtern immer unverständlicher werdenden Sprache der niedergeschriebenen Lieder, so wie in dem neuen Geschmack suchen
müssen, der nach der Mitte des zwölften Jahrhunderts in der deutschen Poesie aufkam. Beides musste die poetischen Denkmäler der
Vorzeit überhaupt früh in Vergessenheit bringen und, wenn sie nicht
zufällig in Klosterbibliotheken sich versteckt hielten, dem Untergange zuführen. Auch mag dazu das seinige der Stillstand beigetragen haben, der im eilften Jahrhundert unter den fränkischen
Kaisern für die deutsche Poesie eingetreten zu sein scheint[8]; denn
mit der Abnahme der poetischen Kraft und des poetischen Sinnes
musste auch das Interesse an den Dichtungen schwinden, die aus
frühern Zeiten in diese herüberreichten. — Das, was wir von der
Volkspoesie dieses Zeitraums wissen, und was noch von ihren Werken übrig ist, kann unter folgenden Gesichtspunkten zusammengestellt werden.

A. Stoffe der Volkspoesie. — Erhaltene Werke.

§ 32.

1. Deutsche Heldensage. — Die seit dem sechsten Jahrhundert beginnenden Zeugnisse für das Bestehen und Fortbilden
deutscher, aus mythischen und geschichtlichen Grundlagen hervorge-
gangener und in einander verwachsener Heldensagen[1] befinden sich

---

6) Vgl. J. Grimm und Schmeller, a. a. O., besonders S IX. X. L. 223; Gervinus, 1², 91 ff. (1⁵, 150 ff.)   7) W. Grimm, a. a. O. 30 ff.: 378.   8) In
wiefern diese Erscheinung bereits lange vorher vorbereitet war, deutet J. Grimm,
a. a. O. S. VII. treffend an: „Nachdem das Christenthum die noch aus heidnischer Wurzel entsprossene Dichtung des 8. und 9. Jahrh. verabsäumt oder
ausgerottet hatte, musste die deutsche Poesie eine Zeit lang still stehen, einer
Pflanze nicht ungleich, die das Herz ausgebrochen ist."
§ 32. 1) Die Zeugnisse finden sich bei W. Grimm, die deutsche Heldensage.

fast alle theils in Geschichtschreibern und Chronisten dieses Zeitraums, theils in angelsächsischen und nordischen Gedichten, theils
endlich in den deutschen und lateinischen Ueberbleibseln der Volksdichtung selbst. — Am weitesten reichen die Zeugnisse zurück,
welche sich auf die Sage von dem Gothenkönig Ermanrich beziehen, der unter dem Namen Ermanaricus auch bei Jornandes
vorkommt. Was dieser von ihm, und insbesondere von seinem Ende
erzählt[2], ist gewiss der Inhalt eines gothischen Liedes gewesen.
Dafür spricht nicht bloss der von Jornandes sagenhafter Erzählung
abweichende, mehr historische Farbe tragende Bericht von jenes
Königs Tode bei einem ältern Geschichtschreiber[3], sondern auch das
Fortleben dieser Sage in den spätern Dichtungen Deutschlands und
des Nordens. Dort ward Ermanrichs Sage, die nach Zeugnissen
aus den folgenden Jahrhunderten umfassender war, als sie bei
Jornandes erscheint[4], an die Dieterichssage geknüpft, und diese
Verknüpfung lässt sich bis zur Scheide des zehnten und eilften Jahrhunderts zurückverfolgen; im Norden lehnte sie sich an die Siegfriedssage an; wann, lässt sich nicht mehr sagen: den alten Edda-
liedern[5] war diese Verbindung schon bekannt. Die Siegfrieds-

---

Göttingen 1829; 2. Ausg. Berlin 1867. 8. Auf dieses vortreffliche Werk, so wie
auf die nicht minder ausgezeichneten Forschungen von P. E. Müller, Sagabibliothek (Kopenhagen 1817—20. 3 Bde; deutsch der erste Band von Lachmann,
der zweite von G. Lange, und Lachmann, Kritik der Sage von den Nibelungen
verweise ich für diesen und den folgenden §. Dazu kommen neuerdings A.
Rassmann, die deutsche Heldensage und ihre Heimath. 2 Bde. Hannover 1857
bis 59. 8. Müllenhoff, Zeugnisse und Excurse zur deutschen Heldensage, in
Haupts Zeitschrift 12, 253—386. 413—436; von älteren ist noch zu nennen Mone,
Untersuchungen z. Gesch. d. teutschen Heldensage. Quedlinb. 1836. 8.   2)
Jornandes c. 23. 24.; vgl. Grimm, Mythol. 345. und in Haupts Zeitschrift 3.
151 ff.; auch Uhland, Schriften z. Geschichte d. Sage u. Dichtung 1, 113. Welches Inhalts die Lieder waren, womit die Westgothen den Leichnam ihres in
der Catalaunischen Schlacht gefallenen Königs bestatteten, lässt sich aus den
Worten des Jornandes, c. 41, nicht errathen.   3) Ammianus Marcellinus
31, 3.   4) Die spätern Zeugnisse dieses Zeitraums bringen mit Ermanrich
schon seine Neffen, die Harlunge, zusammen, über die es auch sehr früh Sagen
gab.   5) Die Sammlung altnordischer Gesänge, welche unter dem Namen der
Sämundischen oder alten Edda (im Gegensatz zu der jüngern, prosaischen oder
Snorraischen, von Snorri Starluson nur theilweise verfassten) bekannt ist,
rührt zwar wahrscheinlich erst aus dem 12. Jahrh. her (Sämund, den man mit
unzureichenden Gründen als den Sammler bezeichnet, † 1133); die Gesänge
selbst aber, worunter eine bedeutende Anzahl die früheste bekannte Gestaltung
der deutschen Heldensage im Norden gibt, sind weit älter. Sie stammen wohl
grösstentheils aus dem 8 Jahrh. und sind wieder meist Nachbildungen und Umarbeitungen noch älterer Lieder. Vgl. P. E. Müller a. a. O. 87—107; W. Grimm
a. a. O. 4 ff; Dietrichs altnord. Leseb. S. XX ff. — Die Hauptausgabe der alten
Edda ist die Kopenhagener, 1787—1828. 3 Thle. 4.; neuere sind die von Munch

sage verräth sich von da an, wo sie, das Gebiet der Götter- und Dämonenwelt aufgebend, ihre Helden als blosse Menschen erscheinen lässt, durch Namen und Oertlichkeit als eine fränkische vom Niederrhein. Auch ohne ausdrückliche Zeugnisse darf man den Zeitpunkt, wo diese Umwandlung vollendet war, etwa im siebenten Jahrhundert ansetzen. — Schon früher, wohl noch im fünften Jahrhundert, muss es Lieder gegeben haben, deren Inhalt sich auf ein geschichtliches Ereigniss bezog, auf den Untergang des burgundischen Königs Gundicarius mit den Seinigen durch den Hunnenkönig Attila (i. J. 436)[6]. Mit dieser burgundischen Sage verschmolz späterhin die fränkisch gewordene Siegfriedssage, und die fränkischen Nibelunge fielen nun mit den burgundischen Königen zusammen. Jene bildet den Kern des zweiten Theils der spätern Nibelunge Noth, diese den des ersten. Wann diese Verschmelzung vor sich gieng, die auf verschiedene Weise in der deutschen und in der nordischen Darstellung stattgefunden hat[7], wissen wir nicht. Zu spät darf man sie aber nicht ansetzen, da sie wenigstens nach einem nordischen Zeugniss schon zu Anfang des neunten Jahrhunderts vollbracht gewesen sein muss[8]. — Eine vierte grosse Sage, die in

---

(1847), Lüning (1859), Möbius (1860), Bugge (1867) und Grundtvig (1868). Die der deutschen Heldensage am nächsten stehenden Lieder sind herausgegeben, erklärt und übersetzt durch die Brüder Grimm: Lieder der alten Edda. Berlin 1815. Uebersetz. der ganzen Edda von Simrock. Stuttg. 1851. 4. Aufl. 1871. 8.

6) Nach den neueren Forschungen von Waitz u. A. lässt diese Thatsache sich nicht erweisen. 7) Die wesentliche Verschiedenheit, die zwischen der deutschen und nordischen Auffassung der Sage in Betreff der Urheber von Günthers und der Seinigen Untergang herrscht, erklärt W. Müller (Versuch einer mythol. Erklär. 30 ff.) daraus, dass nach der Wanderung der Sage nach dem Norden in Deutschland ihre Gestaltung noch eine bedeutende Einwirkung durch den von der burgundischen Chrothilde, Gemahlin des Frankenkönigs Chlodwig i. J. 536 herbeigeführten Untergang des burgundischen Königshauses erlitten habe. 8) Ich bin in dem, was hier von der Geschichte der Siegfrieds- und Dieterichssage angedeutet ist, wesentlich Lachmann gefolgt; vgl. noch K. Müllenhoff, zur Geschichte der Nibelungensage, in Haupts Zeitschrift 10, 146—180. M. Rieger, die Nibelungensage in Pfeiffers Germania 3, 163—198. In vielen Punkten haben Lachmanns Untersuchungen und die von Müller und Grimm zu gleichen oder ähnlichen Resultaten geführt; in einigen wesentlichen Dingen weichen sie aber von einander ab. Im Allgemeinen kann man sagen, dass Müller und Grimm die Sage mehr aus mythischen Elementen entstehen lassen, die erst im Laufe der Zeiten mehr oder minder glücklich an historische Charaktere und Begebenheiten angelehnt worden seien; Lachmann aber neben dem mythischen Element in der für uns ältesten Siegfriedssage andere Hauptbestandtheile der Sage annimmt, die gleich von vorn herein auf historischen Ereignissen begründet waren. So unterscheiden jene beiden einen mythischen Atli von dem historischen Attila, welchen letztern Lachmann allein in der Sage gelten lassen will (vgl. auch W. Müller, a. a. O. 29 f. und Müllenhoff S. 146); wogegen er zwei verschiedene

diesem Zeitraum aufkam, ist die von Dieterich, in welchem höchst wahrscheinlich gleich von Anfang an Theodorich der Grosse zu suchen ist. Dass dieser schon im siebenten Jahrhundert zu einem Helden der Sage geworden, beweist die von Fredegar und Aimoin mitgetheilte[9] gothisch-byzantinische Heldensage[10]. Schon zu Anfang des neunten Jahrhunderts finden wir ihn in Verbindung mit Attila oder Etzel, mit dem er ursprünglich wohl eben so wenig in der Sage, wie in der Geschichte zusammenhieng. Vielleicht ist schon um dieselbe Zeit, durch Vermittelung der Sage von Etzel, Dieterich in die Sage von der Burgunden Untergang eingeführt worden: etwas Gewisses lässt sich darüber nicht ermitteln. Wahrscheinlich ist er aber erst auf diesem Wege, und nicht durch unmittelbare Anknüpfung an Siegfried, in die burgundisch-fränkische Nibelungensage gekommen, wie wir sie aus der spätern deutschen Darstellung kennen[11]: denn die nordische Gestaltung weiss von ihm so gut wie gar nichts.

§ 33.

Ausser diesen vier grossen Fabelkreisen, die gewiss in zahlreichen Liedern unter dem Volke fortlebten und sich fortbildeten, gab es in diesem Zeitraum noch eine Anzahl mehr oder minder umfang-

---

Günther annimmt, den Nibelung, der zuerst in der fränkischen Sage erscheint, und den burgundischen König (vgl. Müllenhoff S. 155 f., der auch glaubt, noch bestimmt genug nachweisen zu können [S. 157], dass die Verbindung von Geschichte und Mythus in der Vorstellung des Volks wenigstens schon vor 453 vollzogen war: der Tod Attilas habe die Sage zum Abschluss gebracht). Auch neigt sich Grimm mehr dazu hin, den Dieterich für einen ursprünglich unhistorischen, vielleicht selbst mythischen Charakter anzusehen, der erst späterhin auf den historischen Theodorich übertragen sei, während Lachmann nur den letzten festhält.   9) Bei J. Grimm, Reinh. Fuchs S. XLIX; vgl. auch Mythol. 346, und Uhland in Pf. German. 1, 338 f.   10) W. Müller, die geschichtliche Grundlage der Dietrichssage, in Henneberger Jahrbuch f. deutsche Literaturgeschichte I (Meiningen 1855), 159—179. L. Uhland, Dietrich von Bern, in Pfeiffers German. 1, 304—341. K. Meyer, die Dietrichssage in ihrer geschichtlichen Entwickelung. Basel 1868; vgl. Heidelb. Jahrbücher 1868, S. 149—161 (E. Martin) und dagegen K. Meyer, Germ. 14, 432 ff. — Einem andern, von dem ostgothischen ursprünglich ganz verschiedenen Dietrich von Bern möchte Lersch (Jahrb. d. Vereins f. Alterthumskunde im Reinlande, 1, 24 ff.) die Gegend um Bonn und Cöln als den eigentlichen Schauplatz seiner Sage anweisen. Die Zeugnisse dafür sind aber zu jung, und es dürfte sich wohl eher behaupten lassen, dass die Versetzung des Helden an den Rhein durch die Verwechselung des italien. Bern (Verona) mit dem rheinischen (Bonn) oder durch Berührung mit der austrasischen Dietrichssage (Müllenhoff in Haupts Zeitschr. 6, 438 ff.) veranlasst worden sei. 11) Welche Personen aus andern verwandten Sagen Dietrich wiederum in die Nibelungensage nach sich gezogen hat, gibt Lachmann an, Anmerk. zu den Nibel. S. 3.

reicher Heldensagen, die allmählig in jene Kreise aufgenommen wurden, da wir sie in deren späteren Gestaltungen wiederfinden. Dahin gehören die, den Zeugnissen nach, schon in das achte, vielleicht siebente Jahrhundert hinauf rückenden Sagen von Heime[1], Witige[2] und des letztern Vater Wieland[3]. Besonders berühmt muss die von Wieland gewesen sein, da sie sich selbst über die Grenzen der germanischen Länder verbreitet hat[4]. Ferner die Sage von Walther von Aquitanien, die uns zuerst im zehnten Jahrhundert begegnet[5]; die von Irnfried und Iring, wovon der erstere zugleich als historische Person unter dem Namen König Irmenfried von Thüringen bekannt, der andere mit ihm, nach einer uns aus dem zehnten Jahrhundert überlieferten Sage[6], in die Geschichte von dem Untergange des thüringischen Reichs verflochten ist, allein, wie schon oben bemerkt wurde[7], ursprünglich ein rein mythischer Held gewesen sein dürfte, was auch von Ruediger vermuthet wurde[8], wenn dieser auch später als historische Person galt, und sich erst um die Mitte des zwölften Jahrhunderts Lieder über ihn erwähnt finden. — Endlich ist hier noch einer, von allen bisher genannten, wie es scheint, immer unabhängig gebliebenen Sage zu gedenken, der von Gudrun, die in dem nordwestlichen Deutschland, besonders in den Niederlanden, Friesland, so wie auch in einem Theile von Scandinavien heimisch gewesen sein mag; ein Haupttheil derselben, die Sage von Hetel und Hilde, war schon in der zweiten Hälfte des eilften Jahrhunderts in Oberbaiern verbreitet[9]. Die ersten Niedersetzungen eines Theils derselben lassen sich nach angelsächsischen und nordischen Zeugnissen[10] wenigstens bis in das neunte,

§ 33. 1) Ueber die früheste Verbindung von Witege und Heime vgl. Müllenhoff in Haupts Zeitschr. 12, 308; über Heime auch 302 ff. 2) Ueber den historischen Vorläufer des mythischen Witege, den gothischen Vidigoja bei Jornandes, vgl. Müllenhoff a. a. O. 255—259. 3) Vgl. über diese drei Helden Grimm. Mythol. 349—352; 451; Uhland in Pfeiffers German. 6, 340 ff. K. Méyer, die Wielandssage, ebenda 14, 283—300. 4) W. Grimm a. a. O. 41 ff.; 401 f.; über die Sage von Wieland und besonders über ihre Ausbreitung in Frankreich vgl. auch Véland le forgeron. Dissertation sur une tradition du moyen âge, avec les textes islandais, anglo-saxons, anglais, allemands et français-romans, qui la concernent. Par G. B. Depping et Fr. Michel. Paris 1833. 8.; und F. Wolf in den altd. Blättern 1, 34—47. Eine Zusammenstellung des Wesentlichsten von dem, was W. Grimm, P. E. Müller und Depping ermittelt haben, findet man auch bei Stieglitz, die Sage von Wieland dem Schmied, dem Dädalus der Deutschen. Leipzig 1835. 8. 5) Vgl. § 34 und Müllenhoff in Haupts Zeitschrift 10, 163 f. 6) Bei Widukind im ersten Buche; vgl. J. Grimm a. a. O. 331 f. und 332 Anm. 7) § 7, 4. 8) S. ebendas. 9) Müllenhoff in Haupts Zschr. 12, 314. 317. 10) W. Grimm a. a. O. 327 ff.; H. Leo, altsächs. und angelsächs. Sprachproben. Halle 1838. 8. S. 75, Anm.; J. Grimm in Haupts Zeitschr. 2, 2 ff.; vgl. auch Ettmüllers Vorrede zu den Gudrunliedern. Ver-

ja achte Jahrhundert hinauf verfolgen; im zwölften muss sie schon
weit ausgebildet und in ganz Deutschland bekannt gewesen sein".

§ 34.

Gegen diesen Reichthum an eigentlichen alten Heldensagen,
den Deutschland schon vor dem zwölften Jahrhundert besass, erscheint nun freilich das, was sich davon in dichterischen Gestaltungen erhalten hat, dem Umfange nach äusserst ärmlich; und selbst
der besondere und innere Werth der geretteten Ueberbleibsel ist
dadurch sehr geschmälert, dass von den beiden Gedichten, die ihren
Inhalt ganz und allein aus diesen Sagen entlehnt haben, das eine
und einzige, woraus wir die alte Form der Heldenlieder kennen
lernen, kein abgeschlossenes Ganze, das andere, wenn gleich vollständig, doch nicht in deutscher Sprache abgefasst ist. Jenes ist das berühmte Hildebrandslied, dieses der Walther von Aquitanien. Das erstere, zu Anfang des neunten Jahrhunderts aus mündlicher Ueberlieferung niedergeschrieben, verräth eine dem Niederdeutschen sehr nahe stehende Mundart, in der thüringische Formen
durchblicken[1]; jedoch beruht es auf einer oberdeutschen Grundlage[2].
Sonst für ein zusammenhängendes, aber mitten in der Erzählung ab-
brechendes Fragment gehalten, hat es sich schärferer Betrachtung
als eine Reihe vereinzelter, vielleicht nicht einmal richtig geordneter,
durch prosaische Zwischensätze hie und da zusammengehaltener
Bruchstücke dargestellt[3]. Seinem Inhalt nach gehört es in den Sa-

wandte Sagen hat A. Schott in der Einleitung zu Vollmers Ausgabe der Gudrun S. XIX ff. nachzuweisen gesucht, darin aber sehr viele willkürliche Annahmen und Schlüsse, besonders über die Verwandtschaft. ja das theilweise In-
einanderaufgehen der Gudrun- und Siegfriedsage sich erlaubt, ganz abgesehen
von der Zusammenstellung der deutschen Sage von Hilde-Gudrun mit der von
Helena und dem Persephone-Mythus.   11) Zur Sage vgl. auch W. v. Ploennies, in seiner Ausgabe (Leipzig 1453) S. 205 ff., J. Haupt, Untersuchungen zur
Gudrun. Wien 1866. 8. und C. Hofmann in den Sitzungsber. d. Münch. Akad.
1867. II, 206 ff.

§ 34. 1) Nach Müllenhoff, Denkmäler S. VIII, ist es in Thüringen oder
Hessen entstanden.   2) Vgl. A. Holtzmann in Pfeiffers German. 9, 289—293.
K. Meyer, ebenda 15, 17—27, hat den Versuch gemacht, es in oberdeutsche
Mundart zurückzuübersetzen. Die Ausgabe von A. Vollmer und K. Hofmann,
Leipzig 1850, gibt sogar einen sächsischen und gothischen Text.   3) Dass so
ungefähr das erhaltene Stück beschaffen sein möchte, deutete schon W. Grimm
(Götting. gel. Anz. 1830, Nr. 48) an; den Beweis lieferte Lachmann nebst einem
kritisch verbesserten Texte mit und in seiner Abhandlung über das Hildebrandslied. Nachdem das zuerst 1729 von Eccard in den Comment. de reb. Franc.
orient. 1, 864—902, bekannt gemachte Gedicht lange für ein Stück eines altniederdeutschen Prosaromans gegolten hatte, wiesen die Brüder Grimm zuerst
in ihrer Ausgabe (die beiden ältesten Gedichte, Cassel 1812. 4.) die Alllitera-
tionsform darin nach (vgl. § 27). Eine neue Musterung des Textes nebst Er-

genkreis, von Dieterich: „der alte Hildebrand, mit Dieterich von Ottacker vertrieben, kehrt nach dreissig Jahren heim und kämpft mit seinem eigenen Sohne Hadubrand¹.“ Den Ausgang des Kampfes erfahren wir nicht: wahrscheinlich bildete nicht der Fall des Vaters, sondern der des Sohnes den tragischen Schluss des Gedichtes³, ebenso wie in der persischen Dichtung von Rustum und Zohrab und dem gallischen Gedichte von Conlach und Cuchullin⁴. — Walther von Aquitanien⁷ oder Waltharius manu fortis wurde in lateinischen nicht leoninischen Hexametern, bei denen wie in Ausdruck und Styl Virgil zum Vorbilde diente, als metrische Jugendübung von einem der beiden St. Galler Mönche Eckehard I († 973) oder seinem Zeitgenossen Geraldus gedichtet⁸ und später von einem Bruder

---

läuterungen gab dann J. Grimm, altdeutsche Wälder², 97 ff., und ein genaues Facsimile der in Cassel aufbewahrten Handschr. W. Grimm: de Hildebrando antiquissimi carminis teutonici fragmentum. Gotting. 1830. fol. Seit der Zeit haben sich um Kritik und Erklärung verdient gemacht W. Wackernagel, altd. Lesebuch 63 ff., 4. Ausg. 55 ff.; C. Hofmann, in den Münch. Gel. Anzeig. 1855, Nr. 6 f.; C. W. Grein, das Hildebrandslied. Göttingen 1858. 8, auf neuer Vergleichung der Hs. beruhend; Rieger in der German. 9, 295 — 320. Der Text bei Müllenhoff und Scherer, Denkmäler deutscher Poesie und Prosa aus dem VIII bis XII Jahrh., Berlin 1864. 8, fuset auf Lachmann und behandelt das Metrische nach dessen Grundsätzen (vgl. §. 27, 9). Im Gegensatze zu Lachmann und Rieger (Germ. 9, 317) halten Grein und C. Hofmann (Münch. Gel. Anz. 1860, Nr. 24) das Lied für vollständig. Eine Ergänzung der Lücken versuchte H. Feussner, die ältesten alliterirenden Dichtungsreste in hochdeutscher Sprache. Hanauer Gymnasial-Programm von 1845. 4.   4) Merkwürdig ist es, dass, wie die diesem Liede zum Grunde liegende Sage die erste ist, die uns in lebendiger Poesie aus unserm Alterthum entgegentritt, sie auch die ist, die unter allen Stoffen der deutschen Heldensage sich am längsten, bis ins 17. Jahrh. herein, im lebendigen Volksgesange erhalten hat. Ueber das Verhältniss des alten Liedes zu dem jüngern Volksliede, so wie zu der zwischen beiden liegenden Gestaltung der Sage, wie sie uns die Vilkina-Sage kennen lehrt, vgl. W. Grimm, Heldensage 22 ff.; Lachmann, Hildebrandslied S. 2.   5) Rieger in Pfeiffers Germania 3, 310—315.   6) H. Lambel in Pf. German. 10, 338 f. Mit der russischen Sage von Ilja Murometz hat das Lied verglichen Or. Müller im Archiv f. d. Studium d. neueren Sprachen 33. 257—280.   7) Die gelehrte Uebersetzung des althochd. *Wasconôlant.* W. Grimm, a. a. O. S. 87.   8) Oder was auch möglich wäre, beide hätten daran Antheil. Den alten Eckehard (des berühmten Notker Oheim und Lehrer) nennt als Verfasser der gleichnamige spätere Ueberarbeiter; den Geraldus ein Prolog, den zwei Handschriften, und dar unter die älteste von allen, geben. Vgl. W. Grimm, zur Geschichte des Reims S. 139. — Zuerst herausgegeben von F. C. J. Fischer, de prima expeditione Attilae ac de rebus gestis Waltharii, Aquitan. principis. Lips. 1780. 92. 4.; dann von A. F. Molter, Beiträge zur Gesch. u. Literat. Frankf. a. M. 1795; am besten von J. Grimm in den latein. Gedichten des 10. u. 11. Jahrh., S. 3—53, wo auch der Prolog (S. 59 f.) mitgetheilt ist (er steht auch in Mone's Quellen und Forschungen 1, 153). Dazu Anmerkungen zum Waltharius von A. Geyder, in Haupts Zeitschrift 9, 145—166, der Fauriels irrige Ansicht (histoire de la

desselben Klosters, Eckehard IV°, durchgesehen und überarbeitet.
Das Gedicht enthält die Sage[10] von des Helden Aufenthalt bei Attila,
seiner Flucht mit Hildegund und dem Kampf, den er in der Nähe
von Worms mit den Helden des Königs Günther und zuletzt mit
diesem selbst zu bestehen hat.   Die nähere Quelle des Gedichtes,
war wahrscheinlich ein im zehnten Jahrhundert gangbares deutsches
Lied[11], dessen wahrhaft epische Kraft sich auch noch unter den
Fesseln einer fremden Sprache und Form fühlbar macht. — In loserer
Berührung mit der eigentlichen Heldensage steht das auf der Scheide
des zehnten und eilften Jahrhunderts von einem Tegernseeer Mönche,
wahrscheinlich Froumund oder Fromund[12], als Jugendarbeit in leoninischen Hexametern verfasste Gedicht, das nach dem Helden
Rudlieb benannt, eine auf baierischer Ueberlieferung ruhende Fabel
behandelt; vielleicht dass es in seinem fernern Verlauf (wir besitzen
nur Bruchstücke[13]) tiefer in die Heldensage eingriff oder, falls es
nie vollendet worden, eingreifen sollte.

§ 35.

2. Volkssagen und Volkslieder, die nicht zu den
grossen deutschen Heldensagen gehörten, muss es in diesem Zeitraume auch in grosser Zahl gegeben haben. Dergleichen
waren a) die Stammsagen[1] einzelner deutscher Völkerschaften,
von denen freilich die meisten untergegangen zu sein scheinen,

poésie provençale 1, 269 ff.) widerlegt, wonach das Gedicht in Südfrankreich
entstanden sei. Uebersetzt von San-Marte. Magdeburg 1853. 8. Ueber den
Versbau, die Sprache und die Literatur des Gedichts, über seinen oder seine
Verfasser, die Sage und ihre anderweitigen Bearbeitungen, so weit sie damals
bekannt waren, handelt J. Grimm ausführlich in der Vorrede, und S. 54—126;
vgl. auch Götting. G. A. 1838. Nr. 137.   9) Ueber ihn vgl. E. Dümmler in
Haupts Zeitschrift 14, 1—73. Er war um 980 geboren und † etwa 1060; mit
Hattemer (Denkmahle des Mittelalters 1, 339) apf 1070 herabzugehen ist kein
Grund. Er war ein Schüler von Notker Labeo, unter Erzbischof Aribo von Mainz
(1020—1031) Schulvorsteher in Mainz, nach Notkers Tode kehrte er nach St.
Gallen zurück.   10) Lachmann, Kritik d. Nibel. Sage, S. 439, und J. Grimm,
a. a. O. S. X erkennen darin eine alemannische Ueberlieferung.   11) Die
Existenz eines solchen ist nun noch wahrscheinlicher durch die Auffindung von
Bruchstücken eines angelsächs. Walther; vgl. Two leaves of king Walderes lay,
publ. by G. Stephens, London 1860. 8; und Müllenhoff in Haupts Zeitschrift 12,
264—279. Ueber die Bruchstücke eines deutschen Walther in Strophenform aus
dem 13. Jahrh. s. § 102.   12) W. Grimm, z. Gesch. d. Reims S. 148, kann
Schmellers Vermuthung über den Verf. nicht beistimmen wegen des verschiedenen
Reimgebrauchs in den echten Gedichten Fromunds und aus andern Gründen;
vgl. auch S. 143 ff.   13) Herausgeg. von Schmeller in den latein. Gedichten
des X. XI. Jahrh. S. 129 ff.; weitere Fragmente in Haupts Zeitschrift 1, 401 ff.
    § 35. 1) Ueber Helden der Stammsagen, so weit uns ihre Namen über-
liefert sind, oder wir sie errathen können, so wie über ihren Zusammenhang mit
Mythen des germanischen Heidenthums, vgl. Grimm, Mythologie 315—347.

manche indess in die ältesten lateinischen Geschichtswerke des Mittelalters aufgenommen[2], oder in späteren Dichtungen in erneuter Gestalt aufbehalten worden sind[3]. Ausser den gothischen bei Jornandes, deren schon gedacht ist, gehört hierher eine ganze Reihe schöner
noch ganz von poetischem Geiste durchdrungener Sagen der Langobarden bei Paulus Diakonus[4]. Von besondern Volkssagen der Franken aus der merovingischen Zeit hat sich wenig in ihren ältesten
Geschichtschreibern erhalten[5]; die später sich bildende kärlingische
Heldensage, deren Mittelpunkt Karl der Grosse wurde, war eigentlich heimisch nur bei den Franzosen und wohl niemals diesseit des
Rheins, über den sie erst in romanischen Werken, und nicht vor
dem zwölften Jahrhundert zu uns herübergekommen zu sein scheint[6];
obgleich nicht geleugnet werden kann, dass auch in Deutschland
sich einzelne Sagen, aber von anderm Inhalt und Charakter an Karls
Namen anknüpften[7]. Von baierischen, schwäbischen und sächsisch-
thüringischen Sagen haben sich nur wenige Trümmer erhalten. —
Dass diese Volkssagen in Liedern lebten, lässt sich wohl von allen
oder den meisten vermuthen, aber nur von einzelnen beweisen. So
gedenkt, um der gothischen Lieder zu geschweigen, Paulus Diakonus
der Gesänge, worin des langobardischen Königs Alboin Tapferkeit,
Kriegsglück und Freigebigkeit noch Jahrhunderte nach seinem Tode
unter Sachsen, Baiern und andern deutschen Stämmen gepriesen
wurden[8]. Zu Ende des neunten Jahrhunderts werden Volkslieder
über fränkische Theodoriche und kärlingische Helden erwähnt[9], und
am Schlusse des zehnten oder Anfange des eilften Jahrhunderts beruft sich ein Chronist, indem er die ältesten sagenhaften Schicksale

---

2) Das Meiste der Art findet man auf eine ansprechende Weise mit Angabe
der Quellen wiedererzählt in der Brüder Grimm deutschen Sagen, 2. Bd.
3) Namentlich in der sogenannten Kaiserchronik aus dem 12. Jahrh. (§ 91).
Mehreres daraus ist in der eben genannten Sammlung zerstreut zu finden.
4) De gestis Langobardorum.   5) Vgl. K. Müllenhoff, die merovingische
Stammsage, in Haupts Zeitschrift 6, 430—435, und die austrasische Dietrichssage
6, 435—459; dazu 7, 524 ff   6) Vgl. W. Grimm, Ruolandes Liet, S. CXX ff.
Dabei mag aber, wie Grimm meint, in frühester Zeit jenseit des Rheines das Rolandslied, in welchem sich die deutschen Namen der Helden noch zum Theil in der spätern
Gestaltung (vgl. § 91) erhalten haben, auch in fränkischer Sprache gesungen und
erst nach deren Verschwinden der romanischen Poesie ausschliesslich zugefallen
sein. Einen mythischen Charakter legt der Rolandssage bei E. H. Meyer, Programm der Hauptschule zu Bremen. 1868. 4.   7) Dahin gehören weniger die
Mönchsfabeln, die der Monachus Sangallensis (zwischen 884—887) als Gesta Caroli M. erzählt, als solche sagenhafte Aufzeichnungen, wie sie in der Brüder
Grimm deutschen Sagen, 2, 102—111, nachgewiesen und nacherzählt sind; vgl. W.
Grimm a. a. O. und Massmann, Kaiserchronik 3, 972 ff.   8) De gest. Langob.
I, 27.   9) Der Poeta Saxo V, 117 (vgl. W. Grimm, Heldensage 27, Müllenhoff
a. a. O. 435) nennt die Lieder vulgaria carmina.

der Baiern berührt, auf alte Lieder[10]: er erzählt dabei eine Sage,
die in naher Verwandtschaft mit der baiorischen von Adelger steht,
wie sie in eine ungefähr anderthalb Jahrhunderte jüngere Dichtung[11]
aus einem älteren, wahrscheinlich in sechszeiliger Strophenform abgefassten Gedichte[12] aufgenommen ist. — Hieran reihen sich b) Lieder und Sagen über Helden und Begebenheiten der
Gegenwart oder nicht gar ferner Vergangenheit. Der
Art ist einer der ältesten uns erhaltenen Leiche, gewöhnlich das
Ludwigslied genannt, welcher, dem darin herrschenden Tone
nach zu urtheilen, sicherlich von einem fränkischen, mit der Volkspoesie nicht unbekannten Geistlichen, wahrscheinlich[13] dem Mönche
Hucbald († 930), einem Günstlinge Karls des Kahlen und seiner
Kinder, der auch sonst als Dichter bekannt ist, im Jahre 881, oder
mindestens bald nachher[14] auf den Sieg gedichtet ward[15], den der
westfränkische König Ludwig III, ein Sohn Ludwigs des Stammlers,
über die Normannen bei Saucourt erfocht[16]. So lebte auch im Volks-

---

10) Der Verfasser der historia fundationis monasterii Tegernseensis, als wel-
chen Pez den oben (§ 34, 12) erwähnten Froumund bezeichnet. Vgl. J. Grimm,
Reinhart S. L ff.   11) In die schon erwänte Kaiserchronik, vgl. Massmann,
Kaiserchronik 3, 784 ff.; daraus in die deutschen Sagen 2, 192 ff.   12) Vgl.
O. Schade, Einleitung zur Crescentia, Berlin 1853, und Geistliche Gedichte des
XIV. und XV. Jahrh. vom Niederrhein, Hannover 1854, S. LV.   13) Nach
Willems. Hucbald ist auch in der Geschichte der Musik von Bedeutung; vgl. Raff
im Weimar. Jahrbuch 1, 179.   14) Nach Lachmann, über Otfried S. 280. im
August oder September 881.   15) Nach Müllenhoff, Denkmäler S. XX f., in
rheinfränkischer Mundart, aber mit grosser Annäherung an das Hochfränkische.
      16) Ein merkwürdiges altfranzösisches Gedicht, von dem Bruchstücke bekannt
geworden (Reiffenberg's Ausgabe von Phil. Mouskés Chronique 2, 10 ff., vgl. F.
Wolf, über die Lais S. 25. 188 f., wo aber gesagt ist, dass das deutsche Gedicht
lange 'fälschlich' auf den Sieg von Saucourt bezogen sei). bezieht sich auf denselben Sieg, und kann leicht die Chanson sein, auf welche Hariulf an der bekannten Stelle hinweist. Vgl. Müllenhoff und Scherer, Denkmäler S. 286. — Zuerst
wurde der Leich auf Ludwig, nach einer Abschrift, die Mabillon von der durch
ihn entdeckten, dann aber auf lange Zeit wieder verschwundenen Handschrift
genommen hatte, von Schilter herausgegeben, Strassb. 1696. 4. (wiederholt in seinem Thesaurus II), in sehr verderbtem Texte, den Docen (Lied eines fränk.
Dichters auf Ludwig III. München 1813.), Lachmann (Specimina ling. franc. 15
bis 17); Hoffmann (Fundgr. 1, 6—9); und Wackernagel (altd. Leseb.[1] 43 f.) mit ungleichem Erfolge zu bessern suchten. In allen diesen Versuchen zur Textberich-
tigung war vorausgesetzt, dass das Gedicht in der otfriedischen Strophe von zwei
Langzeilen oder vier Halbversen abgefasst, und uns lückenhaft überliefert sei.
Erst nachdem durch Hoffmann die alte Handschrift zu Valenciennes wieder aufgefunden, von ihm in einem treuen Abdrucke den Elnonensia. Monuments des
langues romane et tudesque dans le IXe siècle etc., publiés par Hoffmann et Willems. Gand 1837. 4, (2. Ausg. Gand 1845) einverleibt und daraus in Wackernagels altd. Leseb.[2] 105 ff. (4. A. 103 ff.) aufgenommen worden war (auch noch
unter der Ueberschrift Lied), stellte sich das Ganze als ein Leich (vgl. § 29) dar,

gesang des zehnten Jahrhunderts der über den fränkischen Herzog
Eberhard bei Eresburg (912) von den Sachsen errungene Sieg fort[17].
Wohl noch aus demselben Jahrhundert, aber gewiss später als 962,
ist der unstreitig von einem Geistlichen herrührende halb lateinische,
halb deutsche Leich auf Otto den Grossen, oder von den
beiden Heinrichen, in welchem die zweite Versöhnung Otto's
mit seinem Bruder Heinrich, die zu Weihnachten 941 in Frankfurt
stattfand, besungen wird[18]. Dies im Ganzen hochdeutsche, aber in
den Sprachformen zum Niederdeutschen hinneigende Gedicht[19] ist
offenbar in höfischen Kreisen entstanden und gibt die bei Hofe übliche Darstellung des Ereignisses[20]. Im eilften Jahrhundert gab es
verloren gegangene Volkslieder von Erzbischof Hatto's an Adalbert
von Babenberg verübtem Verrath[21]; auch von dem heil. Ulrich wurde
nach dem Zeugniss Eckehards IV im Volke gesagt und gesungen[22];
von den Heldenthaten und Eigenheiten des Grafen Konrad oder
Kuono, mit dem Beinamen Kurzbold († 948)[23]; von des baierischen

---

dem nur kurz vor dem Schlusse einige Buchstaben und Wörtchen fehlen. Die
neueste Ausgabe in Müllenhoff und Scherers Denkmälern Nr. XI, vgl. S. 284—287.
Ueber die weitere Literatur dieses sehr merkwürdigen Gedichts vgl. Hoffmann,
Fundgr. 1, 4 ff. und Hall. Litt. Zeit. 1839, Nr. 52. Dazu J. Grimm in Pfeiffers Germania
1, 233 ff., der darin heidnische Anklänge zu erblicken glaubt. Vgl. Müllenhoff in
Haupts Zeitschrift 14, 556 f. und Zacher in seiner Zeitschrift 1, 473—489. 2, 307
bis 313. — Noch weiter als der Leich auf König Ludwig würden die in einigen
nordwestlichen Landstrichen Deutschlands unter dem Volke fortlebenden, in der
d. Mythol.² 329 mitgetheilten Reime ihrem Ursprunge nach reichen, wenn sie, was
J. Grimm nicht für unmöglich hält, „die durch die lange Tradition der Jahrhunderte gegangenen und wahrscheinlich dadurch in den Worten entstellten Ueberreste eines Liedes wären, das zu der Zeit erscholl, da Karl der Grosse die Irmen-
säule zerstörte."　　17) Widukind I, 636 bei Meibom. Vgl. Lachmann, über
Otfried, S. 279, Anm. 5.　　18) Vgl. Lachmann, über die Leiche S. 430, und
R. Köpke in den von L. Ranke herausgegebenen Jahrbüchern des deutschen
Reichs 1, 2, 52. 97 f. — Zuerst herausgegeben und ganz falsch gedeutet von Ec-
card (Veter. Monum. Quaternio, Lips. 1720, p. 50); mit Wackernagels Besserun-
gen in Hoffmanns Fundgr. 1, 340 f.; am besten von Lachmann in den angezogenen
Jahrbüchern, I, 2, 97; seitdem von Hoffmann von Fallersleben, In dulci jubilo,
Hannover 1854, S. 1 ff., wo S. 3 f. auch über die ältesten Prosawerke, in denen
Sprachmengerei sich zeigt, gehandelt ist; O. Schade, Veterum monumentorum
theotiscorum decas, Weimar 1860, S. 5—8; und bei Müllenhoff und Scherer Nr.
XVIII, und S. 304—307. Ueber ähnliche, ganz in lateinischer Sprache abgefasste
Gedichte aus dieser Zeit s. F. Wolf, über die Lais S. 120. 313—315. Müllenhoff-
Scherer, Denkmäler Nr. XIX — XXII; Fröhner in Haupts Zeitschrift 11, 1—29;
Jaffé, ebenda 14, 449—496; Scherer, Leben Willirams S. 291.　　19) Ueber die
Sprache vgl. Müllenhoff a. a. O. VIII f. und XXIII.　　20) Scherer, in den
Denkmälern S. 306.　　21) Uhland in der Germania 4, 45. Für das 11. Jahrh.
bezeugt es Eckehard (Monum. Germ. 2, 83), für das 12. Otto von Freisingen;
Wackernagel, Litt.-Gesch. S. 75; O. Schade, geistliche Gedichte S. LV.　　22)
Uhland a. a. O.　　23) Vgl. Haupts Zeitschrift 3, 188 und Germania 5, 304.

Erbo Büffeljagd; von den Diensten, die Bischof Benno in jüngern Jahren während der Ungarnkriege Kaiser Heinrich III geleistet hatte[24]. Gewiss hatten sich auch schon in diesen Jahrhunderten Sagen und Lieder über einzelne ursprünglich historische Charaktere, wie Kaiser Otto den Grossen[25], Herzog Ernst von Baiern[26], Graf Hoyer von Mansfeld[27], gebildet, die wir in spätern deutschen Darstellungen als poetische Figuren kennen lernen.

§ 36.

3. Die Thiersage, deren hohes, über die bekannte Geschichte hinausreichendes Alter oben vermuthet wurde, muss, wie die Siegfriedssage, bei den Franken früh heimisch gewesen und durch sie über den Rhein nach Lothringen, Flandern und Nordfrankreich verpflanzt worden sein[1]; denn in diesen Gegenden hat sie sich vorzüglich ausgebildet, und ihnen gehören auch ihre ältesten poetischen Gestaltungen an, die wir kennen, die Ecbasis, der Isengrimus und der Reinardus. Alle drei sind lateinisch abgefasst, die Ecbasis in nicht leoninischen Hexametern, die beiden andern in Distichen, beruhen unstreitig auf Volkssagen und Volksliedern, rühren höchst wahrscheinlich von Geistlichen her und fallen, die erste in das zehnte Jahrhundert, die beiden andern etwa in den Anfang und die Mitte des zwölften. Die Ecbasis Captivi, das schwächste dieser Gedichte, in welchem ein Stück echter Thiersage in eine andere Fabel

---

24) Die Stellen, worin dieser verlorenen Lieder bei den Schriftstellern des Mittelalters Erwähnung geschieht, s. deutsche Sagen 2, S. XI. XII. Die im Anhange der latein. Gedichte von J. Grimm und Schmeller mitgetheilten Gedichte nennt W. Grimm, zur Geschichte des Reims S. 165, „ins Lateinische übertragene Volkslieder". 25) Die Sagen von ihm s. deutsche Sagen 2, 156 ff.; in der Einleitung zu Hahns Ausg. des spätern, aus einer dieser Sagen hervorgegangenen Gedichtes „Otte mit dem barte", S. 21 ff., und in dem Gedichte vom guten Gerhard (vgl. § 98). In beiden Sagen, so wie in der vom Herzog Ernst, ist Otto der Grosse mit seinem Sohne, Otto dem Rothen, verwechselt. 26) Dass seine Sage in gereimten lateinischen Hexametern, ähnlich der von Rudlieb, womit sie überhaupt eine gewisse Aehnlichkeit hat, bereits im 11., wo nicht im 10. Jahrhundert abgefasst worden sei, nahm man früher (Docen, im altd. Museum 2, 250; Schmeller, latein. Gedichte S. 222 f.) irrig an; vgl. Haupt in seiner Zeitschrift 7, 267 ff. Ueber die geschichtlichen Elemente der Sage s. Bartsch, Herzog Ernst, S. LXXXV ff. und Dümmler in Haupts Zeitschrift 11, 265 ff. 559. 27) Hoyer von Mansfeld, der 1115 in der Schlacht bei dem Welfesholze fiel, war zu Anfang des 13. Jahrh. schon so sagenhaft geworden, dass Wirnt von Grafenberg ihn im Wigalois zu einem Zeitgenossen des Artus machen konnte: vgl. Benecke's Wigalois S. 451 ff. § 36. 1) Ich verweise im Allgemeinen auf J. Grimm, Einleitung zum Reinh. Fuchs; latein. Gedichte des X. u. XI. Jahrh. 286 ff.; Sendschreiben an K. Lachmann 3 ff. Ueber das gegensätzliche Verhältniss der Thiersage zur Götter- und Heldensage vgl. W. Grimm, Thierfabeln bei den Meistersängern (Berlin 1855. 4.) S. 1 f.

eingerahmt ist, beruht auf lothringischer Ueberlieferung und ist wahrscheinlich von einem jungen Mönche aus Tull, ungefähr gleichzeitig mit dem Waltharius, verfasst[2]. Der in Südflandern gedichtete Isengrimus[3] ist verarbeitet.in den jüngern, viel umfangreichern, aber minder trefflichen Reinardus, der in Nordflandern um 1150[4] von einem sonst unbekannten Magister Nivardus[5] abgefasst zu sein scheint[6]. Noch nicht in der Ecbasis, erst in den beiden andern Gedichten begegnen wir den charakteristischen Thiernamen, insbesondere denen der beiden Haupthelden des Thierepos in ihrer ganz persönlichen Auffassung und Darstellung als Isengrim und Reinhart[7]. Aber wie diese Namen selbst nur in einer weit ältern Zeit entstanden und dem Wolf und Fuchs beigelegt sein können, so lässt sich das Bestehen der Thierfabel im Allgemeinen auch schon seit dem siebenten Jahrhundert bei den Franken[8] nachweisen; bei den Baiern auf der Scheide des zehnten und eilften Jahrhunderts, und zwar mit einem für ihre ursprüngliche Deutschheit zeugenden Merkmale, indem in der von Froumund von Tegernsee mitgetheilten Fabel[9], die in Baiern gangbar gewesen sein muss, der Bär als König der Thiere erscheint, was der deutschen Auffassung der Fabel, wie Grimm schon entwickelt hat, weit angemessener ist, als wenn, wie bei dem älteren Fredegar oder einem aus der Zeit Karls des Grossen stammenden lateinischen Gedichte[10] so wie in der Ecbasis, bei Aimoin und in der spätern deutsch-französischen Fabel, der Löwe diese Rolle spielt[11]. Wenn sich nun auch zwischen diesen frühen, uns zum Theil nur aus Geschichtschreibern des Mittelalters bekannten Ueberbleibseln deutscher Thiersage und der griechischen Fabel eine grosse Aehnlichkeit findet, so steht doch einer Herüberkunft der erstern

---

2) Herausgegeben von J. Grimm, latein. Gedichte 243 ff.; vgl. zu dessen Erörterungen über den Werth, Verfasser etc. Göttiug. G. A. 1838, Nr. 137, und sein Sendschreiben an Lachmann 4 f. Ueber die Anwendung des Reims in der Ecbasis s. W. Grimm. Zur Geschichte des Reims S. 148 f.   3) Herausg. von J. Grimm, Reinhart Fuchs 1—24; vgl. Mone's Anzeiger 6, 176 ff.   4) E. Martin in Zachers und Höpfners Zeitschrift I. 161, Anm.   5) Von Lachmann ermittelt: latein. Gedichte S. XIX, Anm.   6) Herausg. von Mone, Reinardus Vulpes. Stuttgart und Tübingen 1832. S. Vgl. zu beiden Gedichten und der Thierfabel überhaupt auch Mone's Anzeiger 3. 185 ff.; 294 ff.; 4, 47 ff.; 151 ff.; 350 ff.; 456 ff und J. H. Bormans, Notae in Reinardum Vulpem. Gandav. 1836 sqq.   7) Auch sonstige Zeugnisse für diese die Hauptträger des Thierepos bezeichnenden Namen reichen nur bis ins 12. Jahrh.; sie sind zu finden bei Grimm, Reinh. Fuchs S. CXCV ff.   8) In Fredegars Chronik: J. Grimm a. a. O. S. XLVIII.   9) J. Grimm a. a. O. S. XLIX ff.   10) Mitgetheilt von Dümmler in Haupts Zeitschrift 12. 459; vgl. 450.   11) Vgl. auch F. Wolf. über die Lais S. 238. Anm. 74. der, wie mir scheint, die Stelle aus Froumund besser auslegt, als Mone, Anzeiger 5, 443.

aus dem byzantinischen Reiche, die gerade nicht unmöglich wäre, zu vieles im Wege, als dass man sie nicht lieber für deutsches Eigenthum halten sollte[12]. — Die schon vor mehr als einem Jahrhundert aufgebrachte, in neuester Zeit wieder aufgenommene und weiter ausgeführte Meinung, dem deutsch-französischen Thierepos liege ein geschichtliches Ereigniss des neunten Jahrhunderts zum Grunde[13], hat sich, nach tieferer Erforschung der Geschichte der Sage, als unhaltbar gezeigt. Dagegen ist unleugbar, dass im Laufe der Zeit satirische Beziehungen auf geschichtliche Personen, Ereignisse und Verhältnisse hineingelegt worden sind. — Deutsche hierher gehörige Dichtungen haben sich aus diesem Zeitraum nicht erhalten.

§ 37.

4. Ausser den Liedern, deren Inhalt in Sagen bestand, oder die sich auf historische Personen und Begebenheiten bezogen, waren in diesem Zeitalter allerdings noch andere vorhanden, über deren besondere Beschaffenheit wir aber nur zum geringen Theil einigen Aufschluss gewinnen können[1]. Dass darunter schon eigentliche Liebeslieder in lyrischer Form gewesen, ist kaum glaublich: alles was in Deutschland bis zum zwölften Jahrhundert von weltlicher Poesie vorhanden war, hatte, wenn auch nicht immer rein epischen Inhalt, doch sicher durchgehends die Form und Farbe der Erzählung[2]. Der bereits zu Ende des achten Jahrhunderts[3] und späterhin öfter sich vorfindende Ausdruck *winiliod*, der wörtlich Freundes-[4], dann aber

---

12) Die Gründe für und wider die Entlehnung aus dem Griechischen bei J. Grimm S. LI f. und CCLXVI ff., womit zu vgl. Gervinus 1[2], 123 ff. (1[3], 212 ff.)

13) Eccard (in der Vorr. zu Leibnitz Collectan. etym. Hannover 1717) suchte den Reinhart in einem Herzog Reginarius, der zu der Zeit des lothringischen Königs Zuentibold lebte; den Isengrim in einem Grafen Isanricus, der mit König Arnulf in Händel verwickelt war. Diese Ansicht hat Mone, zuerst im Morgenblatt 1831, Nr. 222—226, und dann in seiner Ausgabe des Reinardus, den er dem gemäss zum Theil im 9. Jahrh. entstehen lässt, mit einigen Veränderungen wieder aufgenommen und weiter zu begründen gesucht (auch später noch im Anzeiger, an den oben Anmerk. 6 angeführten Orten, so wie Anz. 6, 28 ff.). Vgl. J. Grimm S. CCLI ff.

§ 37. 1) Vgl. zu diesem § K. Müllenhoff, Commentat. de antiquissima Germanorum poesi chorica. Kiel 1847. 4. Wackernagel, Litt.-Geschichte S. 16. 75.

2) Vgl. Lachmann, über Otfried S. 279. Pfeiffer, der Dichter des Nibelungenliedes S. 9. Liliencron in Haupts Zeitschrift 6, 72.   3) Vgl. § 31, 2.; Wackernagel, Wessobr. Gebet 28; Graff, Sprachschatz 2, 199.   4) d. h. Lieder unter Gesellen gesungen („Gesellschaftslieder, Liebeslieder,“ Graff a. a. O.). Grimm, Grammatik 2, 505, wo, so wie auch S. 518, und Graff 6, 250 ff. noch andere deutsche Benennungen für Liederarten aufgeführt werden, von denen aber mehrere blosse Nachbildungen lateinischer Bibelausdrücke sein mögen. Auch puellarum

auch Liebeslieder bedeutet, beweist schon darum nicht das Vorhandensein rein lyrischer Liebeslieder[5], als er in diesem Zeitraum
noch für Volksgesänge überhaupt gebraucht zu sein scheint. Dagegen weisen einige nicht deutsche, in den Schriften des fränkischen
Zeitalters vorkommende Bezeichnungen für den Gesang der Laien darauf hin, dass es eine Art fröhlicher, leichtfertiger, vielleicht auch
possenhafter Dichtungen gab, die in den Häusern, auf den Gassen
und im Freien,. oft sogar in der Nähe der Kirchen, ja in diesen
selbst unter Schmausereien, Spielen, Vermummungen, das spätere
Volksdrama vorbildenden Vorstellungen und Tänzen, woran auch
Personen weiblichen Geschlechts thätigen Antheil nahmen, gesungen
wurden[6]. Und besonders dergleichen Lieder, welche auch wohl Otfried vorzugsweise im Auge hat, wenn er von dem unzüchtigen Gesang der Weltleute spricht[7], scheinen den Eifer der Geistlichkeit
gegen die Volkspoesie überhaupt erregt zu haben, da sie in ihnen
und in den Erlustigungen, zu deren Erhöhung sie beitrugen, gewiss
nicht ohne Grund Ueberbleibsel des alten Heidenthums, seiner Opfer-
versammlungen, Festfeiern und Spiele sah[8]. Daher wurden sie auch
Teufelsgesänge, carmina diabolica, genannt, eine Bezeichnung,
die sich noch insbesondere auf diejenigen angewandt findet, die gegen
die Mitte des neunten Jahrhunderts auf den Gräbern ihrer Todten
zu singen den Sachsen verboten wurde[9]. — Zauberlieder oder
Zaubersprüche der überelbischen Nordmannen, welche in Runen
abgefasst waren, werden um dieselbe Zeit von Hrabanus Maurus er-

cantica, Mädchenlieder, werden sie genannt: Köpke, Hrotsuit von Gandersheim,
Berlin 1869, S. 206.   5) Die Erklärung 'Liebeslied' ist überhaupt wohl zu
eng, wenngleich das erotische Element sicher nicht fehlte. Auch wo das Wort
im Mhd. vorkommt (Neidhart 62, 33. 96, 14 ff.), heisst es eher Volkslied, mit
verächtlichem Nebensinn, wie unser 'Gassenhauer': vgl. Müllenhoff in Haupts
Zeitschrift 9, 129.   6) Wackernagel a. a. O. Hoffmann, Kirchenlied S. 8,
2. Ausg. S. 14. Wie lange noch das Tanzen mit Gesang und unter Vermummungen
auf Kirchhöfen und in den Kirchen selbst sich hier und da erhielt, zum grossen
Aergerniss ernster und frommer Leute, zeigt, ausser den im 13. und 14. Jahrh.
von der höhern Geistlichkeit erlassenen Verboten gegen dergleichen Unfug (vgl.
Hoffmanns Fundgr. 2, 242), das aus einer Handschr. des 15. Jahrh. in den altd.
Blättern 1, 52 ff. mitgetheilte Prosastück, S. 54 und 62.   7) In der Zueignung an Luitbert: laicorum cantus obscoenus. Man findet auch die Ausdrücke
cantica rustica et inepta, oder turpia et luxuriosa; vgl. W. Grimm, z. Geschichte
des Reims S. 179 f.   8) Wackernagel a. a. O. und J. Grimm, Götting. G. A.
1838, Nr. 56, und Mythol.[1] 438 ff. (wo von dem hohen Alter der bis in die neuesten Zeiten noch hier und da fortdauernden Frühlings- und Sommerfeier und der
dabei vorkommenden Gesänge gehandelt wird).   9) Wackernagel a. a. O. S.
25, Anm. 1; vgl. Hoffmann, Kirchenlied S. 9. 10, Anm. 11 und 13 (3. Ausg. S. 15,
Anm. 21 und 23) und Grimm. Mythologie Anhang S. XXXIII. XXXV, so wie S.
628 der 1. Ausg., wo er die *dádsisas* des indiculus superstitionum deutet.

wähnt[10]. — Auch Spottlieder waren nicht unbekannt und wurden
sehr früh, schon 744[11], verboten. Der Inhalt dieser Spottlieder, wenn
er angegeben ist, zeigt, dass sie etwas Schimpfliches erzählten[12].
Erhalten hat sich ein solcher Spottvers in einer St. Galler Handschrift
auf einen Mann der seine Tochter verheirathete, die ihm jedoch wieder
gebracht wurde[13]; offenbar ein Liedchen, wie sie um dieselbe Zeit
Notker erwähnt[14]. Wie sie sich auf Personen und Vorfälle des Tages bezogen, so hat das zunächst Erlebte und Vernommene gewiss
häufig zu noch andern Volksgesängen der verschiedensten Art, ernsten und schwankartigen, den Stoff hergegeben, was sich schon aus
einer nicht unbedeutenden Anzahl solcher kleinen lateinischen, in
Form und Ton ganz volksmässigen Gedichte, die aus diesem Zeitraum auf uns gekommen sind, schliessen lässt[15]. — Unter den wenigen poetischen Stücken in deutscher Sprache, die hierher fallen,
sind die merkwürdigsten zwei alliterierende Zaubersprüche, nach
ihrem Fundort die Merseburger Gedichte genannt, von dem
ersten Herausgeber Idisi und Balders Fohlen überschrieben, die
zwar erst im Beginn des zehnten Jahrhunderts aufgezeichnet sind,
aber als unverkennbare Ueberreste heidnischer Dichtung weit früher
abgefasst sein müssen: beide durch ihren Inhalt von unschätzbarem
Werth für die Geschichte des heidnischen Glaubens unserer Vorfahren[16]. Es finden sich darin sieben Namen von Göttern und Göttinnen, deren zwei dem vollständigen System der nordischen Mythologie ganz unbekannt sind, die übrigen darin wiederkehren. Die
Mundart der Gedichte, zwischen ·Althochdeutsch und Altsächsisch

---

101 Vgl. W. Grimm, Runen. S. 79—82, wo die Stelle näher bezeichnet und
erläutert ist.   11) Vgl. Wackernagel a. a. O. S. 29, Anm. 2.   12) Vgl.
Lachmann, über Otfried S. 279.   13) Hattemers Denkmahle des Mittelalters
1. 409'. Müllenhoff und Scherer, Denkmäler Nr. 28 und S. 328 f.   14) Psalm
68, 18 *sâzen ze wine únde sungen fone mir: sô tuont noh kenuoge, singent fone
dem oder in iro unrecht reret.*   15) Vgl. J. Grimm, latein. Gedichte S. XVII f.,
wo auch im Anhange mehrere Stücke der Art mitgetheilt werden; danach bei
Müllenhoff und Scherer Nr. 23—25.   16) Waitz fand sie im Spätherbst 1841
mitten unter lateinischen kirchlichen Stücken in einer Handschr. der Merseburger
Dombibliothek, woraus sie dann sofort J. Grimm in seiner akademischen Abhandlung: Ueber zwei entdeckte Gedichte aus der Zeit des deutschen Heidenthums.
Berlin 1842. 4., mit einem Facsimile der Handschrift bekannt machte. Seitdem
oft herausgegeben und erklärt: in Wackernagels altd. Lesebuch², Vorrede S. IX
(⁴, 19 f.), in Feussners erwähntem Programm (§ 34, 5); in Müllenhoff und Scherers
Denkmälern Nr. IV (dazu S. 262—265); die Erklärungen weichen vielfach von
denen Grimms und unter sich ab. Vgl. noch Münchner GA. 1842, Nr. 91—96.;
Ettmüller in der N. Jen. Litt. Zeit. 1843, Nr. 42. 43., und J. Grimm selbst in
Haupts Zeitschr. 2, 188 ff.; 252 ff.; Mythol. 205—210; 372 f.; 667. Ueber die
Form des zweiten, die man strophisch zu gliedern versuchte, vgl. W. Müller in
Haupts Zeitschrift 3, 447 ff. und O. Schade, Crescentia S. 16.

schwebend, verräth sich als thüringisch; entstanden sind sie spätestens im achten Jahrhundert; als nicht gerade unstatthafte Mittel zu
Besprechungen und Heilungen wurden sie aus der heidnischen Zeit in
die christliche mit herübergenommen, und Grimm zweifelt nicht,
dass gar manche, allmählig immer mehr entstellte Zauberformeln der
spätern Jahrhunderte [17] ihren fast immer erzählenden Eingängen nach
auf ähnlichen heidnischen Liedern und Weisen beruhen. Gleichfalls
im zehnten Jahrhundert aufgezeichnet ist ein Bienensegen in
einer, aus dem Kloster Lorsch stammenden Handschrift der Vaticana,
welcher nach einem prosaischen Eingange aus vier richtig gemessenen, theilweise gereimten Langzeilen besteht [18]; während der in einer
Wiener Handschrift aufbewahrte Hirten- oder Hundesegen, von
dem austreibenden Hirten über seine Hunde gesprochen, schon in der
Aufzeichnung ins neunte Jahrhundert zurückreicht [19]. Ausserdem
können hier nur noch angeführt werden einige alliterierende Verse
über das Runenalphabet in einer St. Galler Handschrift des neunten Jahrhunderts, wahrscheinlich von einem Angelsachsen aus Niedersachsen nach St. Gallen gebracht und dort aufgezeichnet [20], und drei
kleine in einer St. Gallischen Rhetorik aufbewahrte Bruchstücke des
zehnten oder eilften Jahrhunderts in gereimten Langzeilen [21], aus
welchen der Charakter der Lieder, denen sie entnommen sind, sich
nicht mehr mit Sicherheit errathen lässt [22], an deren volksthümlichem

---

17) Vgl. Anhang zur Mythol. 1. Ausg. Dazu A. Kuhn in seiner Zeitschrift 13,
49; R. Köhler in der Germania S. 62.   18) Herausgeg. von Fr. Pfeiffer, Forschung und Kritik auf dem Gebiete des deutschen Alterthums 2 (Wien 1866. 8),
1—19. Vgl. dazu C. Hofmann in den Sitzungsberichten der Münch. Akad. 1866,
II, 2, 103 ff.   19) Aus der Wiener Hs. 552 herausgeg. von Karajan, Zwei bisher unbekannte deutsche Sprachdenkmale aus heidnischer Zeit. Wien 1858. 8.
Der Herausgeber substituiert hier heidnische Götternamen, an deren Stelle Christus
und S. Martin getreten (das zweite 'Denkmal' ist eins der häufigen Abracadabras:
vgl. F. Stark in der German. 3, 127 f). Vgl. dazu K. Müllenhoff in Haupts Zeitschrift 11, 257—262; K. Weinhold, über den ersten der beiden von Karajan veröffentlichten Sprüche. Wien 1858. 8.; Diemer in seinen Beiträgen zur ältern d. Sprache
u. Lit. 4 (Wien 1858. 8.). 3—14; O. Schade, veterum monum. decas (Weimar 1860)
S. 1—4.   20) Müllenhoff und Scherer Nr. V und 271—273, wo man die
übrige Literatur angegeben findet.   21) Vgl. Hoffmanns Fundgruben 1, 15,
wo auch die früheren Abdrücke angegeben sind; Wackernagel, Leseb.² 109 — 112
(¹ 133—136); Müllenhoff und Scherer Nr. XXVI und S. 315—320 und die dort
verzeichnete Literatur; O. Schade in der German. 14, 40 — 47. Hoffmann setzt
sie ins 10., Lachmann (über Singen u. Sagen S. 4, Anm. 2) und Wackernagel (1.
Ausg.) ins 11. Jahrh.   22) Sicher ist, dass das erste einem andern Liede angehört als das zweite und dritte; man hat sie bald als Spruch eines Boten (Lachmann, Müllenhoff, Scherer), bald als Stücke eines Räthsels oder eines Lügenmär-
chens (Schade) angesehen. J. Grimm (Mythol. 632) glaubte in dem letzten eine
Erinnerung an den göttlichen Eber des Frö zu erkennen. Vgl. Scherer, Leben
Willirams S. 210 ff. und F. Liebrecht in der Germania 1, 478 f.

Ursprung jedoch nicht zu zweifeln ist. Von noch geringerem Umfange ist ein aus anderthalb Zeilen bestehendes Bruchstück, vielleicht aus einem Beispiel[23], und ein nur in lateinischer Fassung überlieferter Spielmannsreim[24]. Das viel berufene in einer Wiener Handschrift aufgefundene Schlummerlied[25] würde, wenn seine Echtheit zu erweisen wäre[26], an Bedeutung den Merseburger Sprüchen gleich kommen, da es drei · Namen deutscher Göttinnen anführt, welche dem von der Mutter eingewiegten Kinde Gaben bringen sollen.

B. Sänger. — Ihr Verhältniss zur Sage. — Allgemeiner Charakter der Heldenpoesie.

§ 38.

1. Die reichsten und am meisten benutzten Stoffe des Volksgesanges, dessen Blüthe wir in das neunte Jahrhundert setzen dürfen, waren wohl immer die Heldensagen. Lebten diese auch, wie nicht zu bezweifeln ist, in dem Bewusstsein des ganzen Volkes, und mochte jeder, wes Standes er war, sofern er Beruf dazu in sich fühlte, Lieder dichten und singen: so gab es doch schon gewiss seit uralter Zeit, wie auch oben (§ 9) angedeutet wurde, eigene Sänger[1],

---

23) Bethmann in Haupts Zeitschr. 5, 203; Wackernagel Leseb.[4] 140; 'Hirsch und Hinde' bei Müllenhoff und Scherer Nr. VI; vgl. S. 273. Unsicher ist, ob in alliterierender oder Reimform.   24) Beim Monachus Sau-Gallensis (Monum. Germ. 2, 736); danach ins Deutsche zurückübersetzt bei Müllenhoff und Scherer Nr. VIII, vgl. S. 274 f.   25) Aufgefunden und herausgeg. von G. Zappert in den Sitzungsberichten der Wiener Akademie 29 (1858), 302 ff. Der Codex ist suppl. Nr. 1668.   26) Seine Echtheit bestritt zuerst W. Müller in den Gött. Gel. Anz. 1860, S. 201—211; dann V. Grohmann, über die Echtheit des ahd. Schlummerliedes. Prag 1861. 8. Dagegen nahm J. Grimm das Lied für echt und beabsichtigte in seiner letzten Lebenszeit darüber zu schreiben (vgl. German. 11, 243 bis 245). Eine Rettung der Echtheit versuchte Fr. Pfeiffer, Forschung und Kritik 2 (1866), 43—86. Dagegen haben sich für Fälschung erklärt Jaffé in Haupts Zeitschrift 13, 496—501; C. Hofmann in den Sitzungsberichten der Münch. Akad. 1866, II, 2, 103 ff. und W. Müller in den Gött. Gel. Anz. 1866, S. 1057—1070.

§ 38. 1) Eine der ältesten, wohl die älteste deutsche Benennung für Dichter ist *scuof* oder *scóp*, bedeutungsvoll zusammenhängend mit schaffen und schöpfen (finden), vgl. J. Grimm, Rechtsalterthümer 802, Anm. und 776, Anm. 1; desselben Frau Aventiure S. 27; und Mythol.[2] 379, Anm. 2; Schmeller, baier. Wörterbuch 1, 537 unter finden; Graff, Sprachschatz 6, 434; Wackernagel, Litt.-Gesch. S. 11. Nach Müllenhoff (Haupts Zeitschr. 9, 129) ist *scof* ein ganz allgemeiner Ausdruck und nicht ausschliesslich auf epische Dichtung zu beziehen. Auch *sangari*, cantor, ist sehr alt, Gramm. 2, 127; Graff 6, 254; blosse Umschreibung des latein. poeta aber *versmachari*, Hoffmann, althochd. Glossen S. 14. Ueber die Ausdrücke dichten, Dichter (vom latein. dictare) vgl. Schmeller a. a. O. 1, 335; F. Wolf, über die Lais, S 252 ff.; und R. Köpke, Hrotsuit von Gandersheim S. 42.

die aus ihrer Kunst ein Gewerbe machten, dieselbe erlernt hatten und auf Andere vererbten[2]. Ihnen werden wir vorzüglich die Abfassung und Fortpflanzung der Heldenlieder zuschreiben müssen, die, wie die Volksgesänge überhaupt, in diesem Zeitraum noch bei allen Ständen, den vornehmen wie den geringen, freundliche Aufnahme fanden, oder, wie es in der Sprache des Mittelalters hiess, „zu Hofe und an der Strasse", in curiis et compitis, gesungen wurden[3]. Dass diejenigen, welche die Kunst zum Lebensberuf machten, in Deutschland je den höhern Ständen selbst angehört hätten, lässt sich historisch nicht erweisen; die Sänger von Adel, welche die Sage in Dichtungen aus dem Anfange des dreizehnten Jahrhunderts der Vorzeit zuschreibt, üben die Kunst nur immer neben ihrem Hauptgeschäft, dem ritterlichen Waffenhandwerk[4]. Aber als gemeine Bänkelsänger dürfen wir sie uns darum noch nicht alle denken. Zwar werden die Volkssänger, wo ihrer in diesem Zeitraum Erwähnung geschieht, meist unter die niedrige und verachtete Classe von Leuten mitbegriffen, welche man Spielleute, Fiedeler, Gaukler, Mimen, joculatores, histriones[5] etc. nannte, und nur ein Beispiel aus der ersten Hälfte des zwölften Jahrhunderts zeigt uns einen sächsischen Sänger von Gewerbe[6] in einem Verhältniss zu zwei fürstlichen Personen, das ihn über jene Classe erhebt. Was aber noch so spät stattfinden konnte, wo mit dem Verfall der Kunst die, welche sie übten, gewiss schon tief in der allgemeinen Achtung gesunken waren, wird man wohl weit eher noch, wenigstens für einzelne Fälle, in Zeiten annehmen dürfen, wo jene in voller Blüthe stand und in ihren Erzeugnissen Anerkennung von Männern fand, wie Karl der Grosse war. Diess bestätigen auch die auf alten Sagen und Sitten beruhenden Dichtungen der spätern Zeit: die Sänger und Spielleute bilden darin einen Stand, dem noch nichts Erniedrigendes und Schimpfliches anhaftet. — Bei Hof- und Volksfesten haben sie gewiss nie gefehlt; denn dabei gab es am ersten etwas zu verdienen. Das Wanderleben, was hierdurch bedingt wurde, und ihr harmloses, auf Erheiterung

---

2) Vgl. Wackernagel, Litt.-Geschichte S. 17; Pfeiffer, der Dichter des Nibelungenliedes S. 35; A. Köhler, über den Stand berufsmässiger Sänger im nationalen Epos germanischer Völker, in der Germania 15, 27—50. 3) „Sie wurden dem Volke auf Plätzen und Kreuzwegen, dem Reichen über seinem Gastmahl vorgespielt und vorgesungen." J. Grimm. latein. Gedichte S. XVIII. 4) Vgl. hierzu Uhland, Schriften z. Geschichte der Dichtung u. Sage 1, 271 ff. Ueber die Namen altgermanischer Sänger s. Müllenhoff in Haupts Zeitschrift 7, 530 f. 5) Vgl. Köpke, Hrotsuit S. 175. 6) Saxo Gramm. XIII, 239 nennt ihn quendam genere Saxonem, arte cantorem; vgl. über die auch für die Geschichte der Nibelungensage sehr wichtige Stelle W. Grimm, Heldensage 45; und Müllenhoff in Haupts Zeitschr. 12, 335, wonach der sächsische Sänger Siward geheissen.

Anderer gerichtetes Gewerbe befähigten sie vorzüglich zu Botendien-
sten unter Leuten vornehmen Standes; und in diesem Charakter zeigen sie sich nicht nur in der Sage, sondern auch in der Person
jenes sächsischen Sängers. — Häufig scheinen auch Blinde als Volkssänger sich ihren Erwerb gesucht zu haben. Ein altes Zeugniss[7]
berichtet von einem blinden Friesen, der die Thaten der Vorfahren
und die Kämpfe der Könige, also epische Lieder, gesungen habe,
und erwähnt, dass ihn darum seine Nachbarn besonders lieb gehabt.
Sein Name, Bernlef, ist neben dem sächsischen Siward der einzige, der uns von einem Volkssänger aus diesen Jahrhunderten aufbewahrt worden ist[8].

§ 39.

Für die Vortragsart der Gedichte galten im Mittelalter die Ausdrücke Singen und Sagen. In späterer Zeit lag in ihnen ein be-
stimmter Gegensatz, je nachdem ein Gedicht entweder wirklich gesungen oder gesprochen, d. h. für die meisten Fälle, vorgelesen wurde. Ursprünglich aber scheinen beide Begriffe nothwendig zusammengehört zu haben, sodass der eine vorzugsweise das
Musikalische des Vortrages, der andere den Ausdruck der Gedanken
durch Worte bezeichnete. Erst allmählig mögen sie sich gesondert
haben, wenigstens findet man sie vor dem zwölften Jahrhundert nie
einander entgegengesetzt. Hieraus dürfte man wohl schliessen, dass
die epischen Lieder, welche vor dieser Zeit die Volksdichter vortrugen, nie bloss gesagt, sondern immer zugleich gesungen wurden.
Möglich aber ist es, dass sich diess bereits zu Anfang dieses Jahrhunderts änderte, in dessen zweiter Hälfte ohne allen Zweifel erzählende Werke der Volkspoesie bestanden, die nicht mehr gesungen, sondern allein gesagt wurden. — Für den Vortrag der Volksgesänge unter Begleitung von Saiteninstrumenten gibt es sehr alte
Zeugnisse. Nach Jornandes wurden die Lieder von den alten gothischen Königen mit der Zither[1] begleitet, und in demselben Jahrhundert legt ein lateinischer Dichter den Deutschen die Harfe[2]

---

7) Bruder Grimm, deutsche Sagen 2. S. XII.   8) Zu diesem § und dem
folgenden vgl. Grimm, Heldensage 373—377; Lachmann, über Singen und Sagen,
und Uhland, Schriften, 1, 350 f.

§ 39. 1) Cithara, Jornandes c. 5; vgl. Schmeller, über den Versbau der
Altsachsen S. 212, Anm., und besonders W. Wackernagel, Litt.-Gesch. S. 10, Anm.
20.   2) Barbaros lendos harpa relidebat sagt Venantius Fortunatus. Die
Stelle in ihrem ganzen Zusammenhange und das Wort lendus scheinen wenigstens
dafür zu sprechen, dass unter barbarus deutsch zu verstehen sei, dass also die
harpa, als das eigentlich deutsche Instrument, der mitgenannten römischen lyra,
griechischen achilliaca und britischen chrotta entgegengesetzt werde; nichts desto

eigenthümlich bei. Andere musikalische Instrumente kommen in den nächstfolgenden Jahrhunderten vor, darunter die Fiedel[3], deren sich die Volkssänger frühzeitig bedient haben mögen.

§ 40.

2. Man hat das Leben der Sage treffend mit dem der Sprache verglichen: wie diese so ruht auch jene in dem Bewusstsein des Volkes; die eine ist so wenig willkürlich erfunden, als die andere, über beider Entstehung und Wachsthum waltet, wie über dem innern Wirken der Natur und des Geistes, ein Geheimniss[1]. Aber wie die Sprache erst durch die Schriftsteller ihre geistige Ausbildung erhält und die Mittel darzulegen vermag, die sie zum Ausdruck aller Art von Empfindungen und Gedanken in sich bewahrt, so gelangt die Sage auch erst durch die Dichter zu sinnlicher, lebensvoller Gestaltung[2]. Hiermit ist im Allgemeinsten das Verhältniss bezeichnet, in welchem die alten Volkssänger zu den Volkssagen, und insbesondere zu den grossen Heldensagen standen[3]. Sie durften diese ihrem allgemeinen Zusammenhange nach als überall bekannt voraussetzen. Sie fanden also überlieferte Stoffe vor, in die sie nur hineinzugreifen brauchten, um für das epische Lied Gegenstände zu gewinnen, die auch in ihrer Vereinzelung allen verständlich waren[4]. Ihr Takt

weniger scheint Wolf a. a. O. S. 58 unter den barbari leudi celtische Gesänge zu begreifen und die harpa als den Celten eigenthümlich zugehörig anzusehen, obgleich er wiederum S. 157, Anmerk. 4, leudus für ein deutsches Wort (Lied) anerkennt und nur unentschieden lässt, ob es sich nicht etwa mit dem gaelischen *laoidh* (vgl. S. 8) auf eine gemeinsame Wurzel zurückführen lasse. 3) Fidula, schon bei Otfried, V, 23, wo auch andere Instrumente genannt sind. Vgl. Grimm, Grammatik 3, 468; und F. Wolf a a. O. 242—245.

§ 40. 1) Ein hübscher Aufsatz, der auch auf die Sagenbildung eingeht, von G. F(reytag?) über 'das historische Volkslied der Deutschen' steht in den Grenzboten 1866, S. 23—33. 2) Vgl. Uhland, Schriften 1, 24 ff.; 134 ff. 3) Ueber den Ursprung der Volkspoesie und die stete Umwandlung ihrer Gestaltung, so lange sie nicht aufgeschrieben ist, spricht sehr treffend, zunächst mit Bezug auf das serbische Epos, F. Miklosich in der Oesterreich. Revue 1863, 2, 6; vgl. German. 9, 160. 4) Vgl. Uhland a. a. O. 401—404; Germania 11, 462. 'Das Gedächtniss des Sängers scheint der Dauer des Vortrags und dem Umfange der Lieder ein Ziel zu setzen.' Es folgt aus dieser Beschränkung, 'dass der Gesang nicht anders als rhapsodisch sein konnte d. h. dass aus dem Grossen und Ganzen, welches nur in der allgemeinen Vorstellung des Volkes und der Sänger gleichzeitig und vollständig vorhanden war, immer nur einzelne, zwar zu einer selbständigen Handlung abgeschlossene, aber doch auf den allgemeinen Zusammenhang hinweisende Theile von mässigem Umfange vorgetragen wurden. An Reichhaltigkeit, Verknüpfung und Ausführung verschieden, tauchten diese einzelnen Gebilde aus dem lebendigen Ganzen hervor und sanken auch wieder in demselben unter. Wurden sie aber durch die Schrift festgehalten in verschiedenen Zeiten und aus verschiedenem Munde, so konnte derselbe Gegenstand in sehr abweichenden Darstellungen zu Tage kommen'.

aber musste sie leiten, wenn sie in dem Einzelnen zugleich ein bedeutendes, in sich selbst, so weit wie möglich, abgeschlossenes Ganze
geben wollten, und ihre dichterische Geschicklichkeit konnte sich
dann nur darin bewähren, dass sie den gewählten Gegenstand zu
einem abgerundeten, durch einen Grundgedanken getragenen und
durch eine innere Einheit zusammengehaltenen, anschaulichen Gebilde gestalteten. An eine eigentliche Erfindung ihrer Stoffe dürfen
wir darum bei unsern alten Sängern gar nicht denken; eben so wenig werden sie in dieser frühern Zeit sich willkürliche Abänderun-
gen der überlieferten Stoffe erlaubt haben. Nichts desto weniger
war es möglich, dass die Sagen nach und nach bedeutende Umwandlungen erlitten. Schon der verschiedene Standpunkt, von dem ein
und dieselbe Begebenheit aufgefasst werden konnte, brachte diess
mit sich. Noch mehr mussten dazu beitragen die sich mit der Zeit
verändernden Sitten, das Zurücktreten des Uebernatürlichen und
Wunderbaren, das noch mit dem heidnischen Glauben zusammenhieng, die Verknüpfung ursprünglich von einander unabhängiger
Sagen, ihre Erweiterung durch neu aufgenommene Charaktere, die
Parteilichkeit für einzelne Helden und anderes mehr[5].

§ 41.

3. Ein ungefähres Urtheil über die innere Beschaffenheit der
alten epischen Volksgedichte lässt sich nur bilden, wenn man mit
den wenigen uns erhaltenen Resten die der Volkspoesie des neunten
Jahrhunderts noch nahestehende altsächsische Evangelienharmonie,
die alten der deutschen Heldensage verwandten Eddalieder und einzelne angelsächsische Gedichte[1] vergleicht. Darnach scheinen vor
dem zwölften Jahrhundert in Deutschland noch keine grössern Dichtungen bestanden zu haben, die in fortlaufender, geordneter Erzählung und planmässiger Entwickelung Sagen von mehr oder minder
bedeutendem Umfange wiedergegeben hätten. Vielmehr werden
diese epischen Stoffe wohl nur in einzelnen Liedern dargestellt worden sein, die, wie vorher bemerkt wurde, zwar immer das lebendige
Bewusstsein von einem ganzen Sagenkreise voraussetzten, sich auch
wohl auf einander bezogen, aber immer nur eine einzelne Begebenheit aus der Masse heraushoben und diese in gedrängter, oft sprin-

---

5) Vgl. Grimm, Heldensage 342—395; Lachmann, Hildebrandslied S. 1 f.; 36 f.

§ 41. 1) „Von althochd. Poesie sind uns nur kümmerliche Bruchstücke ge-
fristet, gerade so viel noch, um sicher schliessen zu dürfen, dass Besseres, Rei-
cheres untergegangen ist. Aber das Vermögen der Sprache, den nationalen Stil
der Dichtkunst erkennen lassen uns nur die angelsächsischen und altnordischen
Lieder, jene, weil sie dessen älteste, diese, weil sie eine noch heidnische Auffassung sind." J. Grimm, Andreas und Elene S. V.

gender, nie bei einem Punkte lange verweilender, dagegen das Einzelne wiederholender und kräftig hervorhebender, und dabei leicht
in dramatische Lebendigkeit übergehender Erzählung veranschau-
lichten. Dabei scheint dieser Poesie früh ein Vorrath von wiederkehrenden Wendungen, Umschreibungen und bildlichen Ausdrücken
eigenthümlich gewesen zu sein, zu dessen Wahrung und Vermehrung
die Alliterationsform von selbst nöthigte, und der den Sängern die
poetische Umkleidung des Stoffes erleichterte, auf der andern Seite
aber auch die individuelle Ausmalung von Charakteren und Begebenheiten hemmte. Mit der Zeit, und zumal nach dem Aufhören
der Alliteration, mag die Schroffheit und Starrheit, die mit einer
solchen Darstellungsweise nothwendig verbunden war, aus dem Volksgesange mehr und mehr verschwunden und eine grössere Breite und
Milde der Behandlung eingetreten sein, wie sie in dem Ludwigsliede
wirklich sichtbar ist, wenn man es dem Hildebrandsliede gegenüber
stellen will[2]. Ob ihm damit aber nicht manches von der Schärfe
und Sicherheit der Zeichnung, die, wie in dem Hildebrandsliede, mit
wenigen Strichen viel auszudrücken vermochte, verloren gieng, können wir aus jenem Ueberbleibsel fränkischer Poesie allein um so
weniger entnehmen, als dasselbe, auch in seiner Art vortrefflich,
wahrscheinlich von einem Geistlichen, und nicht von einem eigentlichen Volkssänger herrührt, und überdiess einen Gegenstand behandelt, der einem ganz andern Gebiete, als dem der Heldensage
angehört[3].

Vierter Abschnitt.

Kirchliche und gelehrte Literatur in deutscher Sprache.

§ 42.

Die Anfänge der kirchlichen Literatur in deutscher Sprache
fallen mit der Einführung und Ausbreitung des Christenthums bei
den deutschen Völkerschaften fast zusammen; erst später hebt die
nicht streng kirchliche, obgleich von der Geistlichkeit gepflegte ge-
gelehrte Literatur an. In der einen, wie in der andern gehen der
Zeit nach die Prosawerke den poetischen voraus. Die erstern be-

---

2) Hiergegen halte man die Ausführung von M. Rieger in der Germania 9,
306.   3) Vgl. zu diesem § Lachmann a. a. O. S. 2—6; und über Otfried, S.
280; W. Grimm a. a. O. 9 f.; 367; und Leo im Morgenbl. 1840, S. 1159—1167.

stehen fast ausschliesslich in Uebersetzungen; die letztern, obgleich
auch mehr oder weniger auf fremder Unterlage ruhend, bewegen
sich doch freier und dürfen, mit der gehörigen Beschränkung, als
deutsche Originalwerke betrachtet werden. Es scheint daher schick-
lich, auf sie zuerst hier näher einzugehen.

A. Geistliche und gelehrte Poesie.

§ 43.

1. Indem mit der römischen Liturgie die lateinische Sprache
in Deutschland Kirchensprache wurde, blieben die Laien von aller
thätigen Theilnahme am kirchlichen Gottesdienst ausgeschlossen und
nur auf das Anhören lateinischer Messen und Hymnen, Evangelien
und Episteln und der Predigten beschränkt, die allein deutsch zu
halten, den Geistlichen zur Pflicht gemacht war. Dadurch wurde
die Entstehung eines eigentlichen Kirchengesanges in der Landessprache so gut wie unmöglich. Allmählig bildete sich zwar durch
verschiedene Anlässe etwas dem Kirchenliede Aehnliches, das religiöse Volkslied; aber anfänglich bestand diess in nichts weiter,
als in dem Rufe Kyrie eleison, Christe eleison, oder dem
des Halleluja, welche das Volk entweder allein, oder in refrain-
artiger, die lateinischen Gesänge der Priester beantwortender Wiederholung bei ausserkirchlichen gottesdienstlichen Handlungen, wie
bei Processionen, Kirchgängen, Begräbnissen, Erhebung der Gebeine
von Heiligen, Kirchweihen, Jahresfesten der Schutzheiligen, oder
auch vor und in der Schlacht anstimmte[1]. Karl der Grosse und
seine Nachfolger dachten allerdings an eine weitergehende Betheiligung des Volkes am kirchlichen Gesange: nach dem Capitular
Karls von 780 sollte es gemeinschaftlich mit dem Geistlichen das
Gloria Patri und Sanctus singen, und nach dem Capitular Ludwigs II
von 856 andächtig und gleichstimmig mitwirken[2]. Seit der Mitte des
neunten Jahrhunderts scheinen einzelne Geistliche jene Aus- und Zu-
rufe durch Vorsetzung deutscher Verse erweitert und in den mehr
volksmässigen Formen des lateinischen Kirchengesanges, den sogenannten Tropen und Prosen oder Sequenzen, eigentliche Gesänge religiösen Inhalts zur Erbauung des Volks bei Anlässen, wie sie eben

---

§ 43. Ueber die älteste geistliche Dichtung vgl. Scherer, über den Ursprung
der deutschen Literatur, Preuss. Jahrbücher 13, 415—464, worin in ein Bild ein
Theil der Forschungen zusammengefasst ist, welche in den Denkmälern von Müllenhoff und Scherer niedergelegt sind.   1) Vgl. Hoffmann, Kirchenlied 1—19,
3. Ausg. 3—30, u. F. Wolf, über die Lais 29 f. 113—118. 192.   2) Hoffmann
a. a. O.[2] 9.

angedeutet sind, gedichtet zu haben. Einen Volksgesang dieser Art besitzen wir zuverlässig in dem althochdeutschen Bittgesang an den heiligen Petrus aus dem neunten Jahrhundert, dessen bereits oben gedacht wurde[3] und den man ohne Grund dem Otfried, aus dessen Zeit er allerdings sein muss, zugeschrieben hat[4], weil eine Langzeile mit einer otfriedischen übereinstimmt[5]. Von einem andern, den in demselben Jahrhundert der St. Galler Mönch Ratpert, ein Zeitgenosse (condiscipulus) von Notker Balbulus und um 902 gestorben, über das Leben und zu Ehren des heiligen Gallus in gleichgebauten, aber in der Melodie abweichenden (also einen Leich bildenden) rhythmisch gemessenen[6] Strophen von je fünf inotfriedischer Weise gereimten Langzeilen abfasste, und von dem ausdrücklich gemeldet wird, dass er dazu bestimmt war, vom Volke gesungen zu werden[7], haben wir nebst der Melodie nur eine wörtliche lateinische Uebersetzung aus dem eilften Jahrhundert von Eckehard IV, einem Schüler von Notker Labeo[8]. Von deutschen Gesängen in Leichform dürften hierher gehören drei althochdeutsche Stücke[9] des neunten und zehnten Jahrhunderts: Christus und die Samariterin, eine Bearbeitung des 138. Psalms (nebst drei Langzeilen des 139.) und das Gedicht auf den heiligen Georg[10]. Das erste derselben, von einem baierischen Schreiber nach einer wahrscheinlich fränkischen Vorlage aufgezeichnet, vielleicht alemannischen Ursprunges[11], ist uns in der Originalhandschrift der Annales Laureshamenses (9. Jahrhundert), doch nicht vollständig, überliefert, und war möglichenfalls Otfried schon bekannt[12]. Die Psalmenbearbeitung ist nach der Ansicht der

---

3) Vgl. § 29, 3.   4) Vgl. Lachmann, über Singen und Sagen S. 4, Anm. 1, eine Stelle, die Ph. Wackernagel, Kirchenlied S. XIV, entgangen sein muss. 5) Nach Wackernagel, Ueber Otfried, in den Elsäss. Neujahrsblättern 1847, S. 235 sind die Verse Otfrieds (I, 7, 27 f.) Anlass und Grundlage für den Bittgesang geworden; nach Müllenhoff (Denkmäler S. 276) ist der gemeinsame Vers aus einem ältern Bittgesange herzuleiten.   6) Ueber den Versbau und die musikalische Behandlung s. J. Grimm S. XXXIV ff., wo auch ein Versuch einer theilweisen Rücküebersetzung ins Ahd., F. Wolf S. 307 f. und Scherer, Denkmäler S. 292 f.   7) Ratpertus ... fecit carmen barbaricum populo in laudem S. Galli canendum sagt Eckehard.   8) Vgl. § 31, 9. Der Gallusleich ist vollständig zuerst herausgeg. von J. Grimm, lateinische Gedichte S. XXXI ff., dann aus der Originalhs. Eckehards mit den Lesarten der übrigen in Hattemers Denkmalen I, 337 ff.; Müllenhoff u. Scherer Nr. XII, dazu S. 287—293.   9) Ueber Dichtungen in lateinischer und andern Sprachen, die den hier aufgeführten Stücken gleichen, so wie über deren gemeinsamen Ursprung s. Wolf a. a. O. 311—313. 10) Vgl. über die Form dieser drei Stücke § 29, 5. Sie finden sich insgesammt bei Hoffmann, Fundgr. 1, 1—4; 10-13, wo auch die frühern Abdrücke aufgeführt sind (s. auch Grimm, Grammatik 1², LVIII f.) und bei Müllenhoff und Scherer Nr. X. XIII. XVII.   11) So nach Müllenhoff und Scherer S. 281; vgl. Lachmann über Otfried 280.   12) Denkmäler 281 f. Gedruckt ist der Leich auch

neuesten Herausgeber[13] alemannischen Ursprungs[14] und um 890 zu
setzen[15]; auch der Georgsleich[16] gehört wohl noch dem neunten Jahrhundert an. Ein Leis von zwei Kurzzeilen, in älterer und jüngerer
Fassung (jene wohl noch aus dem neunten Jahrhundert) überliefert[17],
wurde sicherlich vom Volke gesungen, während zwei poetische Gebete[18] schwerlich je diese Bestimmung hatten[19].

§ 44.

Aber schon mit dem Ende des achten oder dem Anfange des
neunten Jahrhunderts hebt für uns eine andere Gattung der geistlichen Poesie an, die nicht sowohl für den Gesang von Volksmassen,
als zur Erbauung Einzelner, oder zum Vortrag durch besondere Sänger bestimmt gewesen zu sein scheint. Ob die Kirche zu deren
Ausbildung selbst Anlass gegeben, oder dabei bloss Nachsicht geübt
habe, ist schwer zu sagen: jedenfalls müssen Geistliche entweder
selbst die Dichter solcher Werke gewesen sein, oder dabei wenigstens geholfen haben. Hierher fallen Bearbeitungen biblischer Stoffe,
insbesondere Darstellungen der Schöpfungsgeschichte, des jüngsten
Gerichts, des Lebens des Heilandes, bald verkürzt, bald erweitert
der Fassungskraft des Volks angepasst. Manches dieser Art ist gewiss untergegangen, anderes entweder ganz oder in Bruchstücken
auf uns gekommen. — Das älteste hierher zu rechnende Denkmal
ist das Wessobrunner Gebet, so benannt, weil die Handschrift,
die es enthält, früher im Kloster Weissenbrunn sich befand[1]. Es

---

in Wackernagels altd. LB.[2] 103 ff.; [4] 101 ff.   13) Denkmäler S. 291.
14) Schade, Crescentia S 17 weist sie den niederrheinischen Denkmälern zu und
zerlegt sie in sechszeilige Strophen; Scherer dagegen in vierzeilige (je zwei Langzeilen).   15) Graff, der Diutiska 2, 374 f. sie gleichfalls herausgab, irrt entschieden, wenn er sie (Sprachschatz I, S. LXI) ins 11. Jahrh. setzt. Nach W.
Grimm, z. Geschichte des Reims S. 179 nicht viel später als Otfried; vgl. S. 181.
    16) In treuem diplomatischen Abdruck und in kritisch gereinigter Gestalt
herausgegeben von M. Haupt in den Monatsb. d. Berl. Akad. 1851, S. 501—512;
wiederholt in den Denkmälern Nr. XVII u. S. 298—304.   17) Denkmäler
Nr. XXIX, vgl S. 329.   18) Denkmäler Nr. XIV. XV, als Augsburger Gebet
und Gebet des Sighart bezeichnet, vgl. S. 296 f., wo die übrigen Drucke (zu denen
noch Wackernagel LB.[4] 107 kommt) angegeben sind.   19) Lachmann, über
Singen und Sagen S. 4, Anm. 1.
    § 44. 1) Die Alliterationsform ward zuerst von den Brüdern Grimm nachge-
wiesen: die beiden ältesten deutschen Gedichte etc.; W. Wackernagel (das Wessobrunner Gebet. Berlin, 1827. 8., und altd. Leseb. 67 f.; [4] 61) gebührt das Verdienst, die drei Theile darin erkannt und gesondert, auch das Ganze auf gründliche Weise erläutert zu haben. Ueber die weitere Literatur vgl. Massmann, Erläuterungen zum Wessobr. Gebet. Berlin 1824. 8. Spätere Ausgaben sind von
Feussner in dem erwähnten Programm, von C. Müllenhoff, de carmine Wessofontano Berol. 1861, der in dem ersten Theile die Form des liodhahâttr zu erkennen glaubte; vgl. Bartsch in der German. 7, 113—117 und Holtzmann ebend.

gehört vielleicht noch dem Ende des achten, spätestens dem Anfange des neunten Jahrhunderts an und besteht aus drei Theilen, wovon zwei aus einem noch ältern und grössern poetischen Werke, einer Bearbeitung der Schöpfungsgeschichte, entlehnt sein mögen, der erste unmittelbar, der andere auszugsweise. In jenem ist die Alliterationsform unverkennbar, in diesem weniger sicher. Beide bilden Einleitung und Uebergang zu dem dritten Theil, dem eigentlichen Gebet an Gott, welches prosaisch ist[2]. Von einem baierischen Schreiber aufgezeichnet, beruht es in seinem ersten Theile sicher auf einer altsächsischen Grundlage, in welcher man[3] ein Bruchstück der altsächsischen poetischen Bearbeitung des alten Testamentes zu erblicken geglaubt hat. Mit diesem Denkmal steht in einer gewissen geistigen Verwandtschaft das gleichfalls alliterierende, aber rein hochdeutsche, vermuthlich von einem Baier herrührende Bruchstück Muspilli[4], Verse vom jüngsten Gericht, die um die Mitte des neunten Jahrhunderts wahrscheinlich von keinem Geringern als Ludwig dem Deutschen (§ 16, 13) niedergeschrieben wurden. Auch dieses Bruchstück ist aus wenigstens zwei verschiedenen Dichtungen zusammengesetzt, in denen bei allem Festhalten an der dogmatischen Anschauung, doch die Einwirkung volksthümlicher Vorstellungen durchblickt, wenn man auch jetzt nicht mehr von einem direkten Nachhall altheidnischer mythischer Vorstellungen[5] sprechen kann.

§ 45.

Die umfangreichsten und wichtigsten Werke der geistlichen Poesie sind die beiden Evangelienharmonien, die altsächsische alliterierende und die althochdeutsche otfriedische mit Endreimen, jene Heliand, diese Krist in neuester Zeit genannt[1]. — Wie schon

9, 71 f.; wiederholt in Müllenhoffs und Scherers Denkmälern Nr. I; von C. Hofmann in der Germania 8, 270—272; C. W. M. Grein ebenda 10, 310.   2) Andere, wie Müllenhoff, Hofmann, Grein erblicken auch in dem letzten Theile Verse.   3) W. Wackernagel, die altsächsische Bibeldichtung und das Wessobrunner Gebet in Zachers und Höpfners Zeitschrift 1, 281—309.   4) Herausgegeben und erläutert von J. A. Schmeller, München, 1832. S.; von Wackernagel, LB. 69 ff.; [4] 75 ff.; von Müllenhoff und Scherer, Denkmäler Nr. III; vgl. Bartsch in der German. 9, 56—58. Zur Literatur über dieses Denkmal vgl. J. Grimm in der German. 1, 327 f.; Bartsch ebenda 3, 7—21; J. Feifalik in den Sitzungsberichten der Wiener Akademie, Bd. 26; Müllenhoff in Haupts Zeitschr. 11, 381 bis 393; Zarncke in den Berichten der sächs. Ges. d. Wissensch. 1866, S. 191—228; C. Hofmann in den Sitzungsberichten der Münch. Akademie 1866, II, 225—235. F. Vetter in der Germania 16, 121—155. — Ueber die Bedeutung des Wortes Muspilli gehen die Ansichten auseinander; s. Grimm, Mythol.[2] 568, 767 ff.; Schmeller, Heliand 2, 80b; Vetter a. a. O. 154.   5) Vgl. Grimm, Mythol.[2] 530; Bartsch a. a. O.; Feifalik a. a. O.

§ 45.   1) Vgl. § 16.

oben (§ 16) erwähnt wurde, ist der Heliand[2] wahrscheinlich ein
Theil des Werkes, welches, zufolge einem alten glaubwürdigen Zeugniss, der lateinischen Vorrede zu dem Werke und einer Anzahl lateinischer Hexameter über den Dichter[3], von Ludwig dem Frommen
einem berühmten sächsischen Sänger aufgetragen war und zu seiner
Zeit, wegen der gelungenen Ausführung, in grossem Ruhme stand.
Dieselbe Quelle berichtet, der Dichter sei ein Bauer (d. h. ein ungelehrter Laie) gewesen, den eine übernatürliche Stimme zur Abfassung heiliger Gesänge berufen habe: eine Erzählung, welche offenbar
durch Uebertragung dessen, was Beda von dem Angelsachsen Cäd-
mon berichtet, entstanden ist[4]. Ob er auch das alte Testament in
gleicher Weise bearbeitet, ist aus den Erwähnungen nicht mit Sicherheit festzustellen[5], wie auch über die Zeit der Abfassung die Meinungen auseinandergehen[6]. Dass er darauf in den geistlichen
Stand getreten, wird nicht gesagt. Man muss es aber fast voraussetzen, oder ihm einen geistlichen Gehülfen bei seiner Arbeit zuschreiben, weil sonst unbegreiflich bleibt, wie ein ungelehrter Laie
in damaliger Zeit sich eines so weitschichtigen Stoffes, wie die Geschichten des alten und neuen Testaments sind, bemächtigen konnte[7].
In dem uns bekannten Theile seines Gedichts, für welches er als
Hauptquelle die Evangelienharmonie des Alexandriners Ammonius,
der sich vorzüglich an Matthaeus anschliesst, benutzte[8], hat er sich

---

2) Heliand, die altsächs. Form für Heiland. Herausg. von J. A. Schmeller,
Héliand, poema Saxonicum seculi noni, München 1830. 4. (2. Band: Glossarium
1840), nach den beiden bekannten Handschriften in fortlaufenden Zeilen, aber mit
Bezeichnung der Alliteration. Neuere Ausgaben von J. R. Köne. Münster 1855.
8; und M. Heyne. Paderborn 1867. 8. Uebersetzt von G. Rapp. Stuttg. 1856. 8;
von K. Simrock. Elberf. 1856. 8. (2. Aufl. 1866); von Grein. 2. Bearb. Cassel
1869. 8. Dazu A. F. C. Vilmar, Deutsche Alterthümer im Heliand. Marburg 1845.
4. (2. Ausg. 1862. 8.). Behringer, zur Würdigung des Heliand. Würzburger Schul-
programm 1863. Kritisches zu einzelnen Stellen von C. Hofmann, Germania 8,
359—361; Grein ebenda 11, 209—217.   3) Beides bei Schmeller[2], S. XIII f.;
vgl. auch Lachmann, Hildebrandslied 5 f.   4) Vgl. Schmeller, 2, S. XIV f.,
wo auch noch andere Vermuthungen über das Alter, die Heimath und die Abfassung des altsächs. Gedichts aufgestellt sind: besonders aber Zarncke in den
Berichten der sächs. Ges. d. Wiss. 1865; und E. Windisch, über den Heliand und seine
Quellen. Leipzig 1868. 8. Grein, die Quellen des Heliand. Cassel 1869. 8. M.
Heyne, über den Heliand, in Zachers Zeitschrift 1, 275—290.   5) Die Frage
bejaht unbedenklich Wackernagel, der in dem Wessobrunner Gebet einen kleinen
Theil des alten Testaments erhalten glaubt (§ 41, 3), Grein ist derselben Ansicht
geneigt; Zarncke und Windisch verneinen sie.   6) Zwischen 825—835 setzt
den Heliand Windisch, während Grein ihn um 820 im wesentlichen vollendet annimmt. Vgl. noch Middendorf, über die Zeit der Abfassung des Heliand (Aus der
Zeitschr. f. Gesch. u. Alterthumskunde Westphalens). Münster 1862. 8.
7) Vgl. Bartsch in der Germania 13, 112.   8) Das Weitere über die Quellen
s. bei Windisch und Grein (§ 45, 4).

im Ganzen genau an die Erzählung der Evangelisten gehalten, nichts
Wesentliches übergangen und nur da im Ton der Volkspoesie weiter
ausgemalt, wo der Gegenstand zu epischer Belebtheit aufforderte[9].
Der Darstellung verleiht das Versmass einen raschen, eilenden Gang
in kurzen Schritten. Die Sprache, reich an kühnen und glücklichen
Wortfügungen und nirgend mit störenden Flickwörtern überladen,
trägt durchweg das Gepräge einer schon ausgebildeten, aber in der
metrischen Form von der ältern Regel bereits stark abweichenden[10]
Kunst, die sich in den Eigenheiten gefällt, welche oben der Volkspoesie als Erleichterungsmittel des poetischen Ausdrucks zugeschrieben wurden. Von einem fremden Vorbilde ist, trotz der stofflichen
Abhängigkeit von den benutzten Quellen, keine Spur in diesem
Werk; auch tritt nirgend die Persönlichkeit des Dichters, dessen
Heimath wir wohl in Westfalen zu suchen haben[11], so heraus, dass
dadurch das Ganze oder einzelne Theile eine subjective Färbung erhielten. Eine wohlthuende Wärme durchdringt gleichmässig die
ganze Dichtung.

§ 46.

Um vieles anders verhält es sich mit Otfrieds Gedicht. Otfried,
wahrscheinlich ein geborner Franke[1] und Schüler des Hrabanus Maurus, vermuthlich in der von diesem geleiteten Klosterschule zu Fulda
gebildet, deren Ruf auch Jünglinge von fern her herbeizog[2], schrieb
in dem elsässischen Benedictinerkloster zu Weissenburg, wohin er
sich aus Franken begab, sein Evangelienbuch in fünf Büchern, den
mittleren Theil zuletzt; nachdem er bereits, wie es scheint, die beiden früher gedichteten Theile, einen jeden mit einem deutschen
Zueignungsgedicht einigen geistlichen Freunden und Gönnern zu St.
Gallen und Constanz übersandt hatte, widmete er das um 870 vollendete Werk, gleichfalls mit einem deutschen Zueignungsgedicht,
König Ludwig dem Deutschen und zugleich, mit einer lateinischen
Vorrede, dem Erzbischof Liutbert von Mainz[3]. Bei der Abfassung

---

9) In einigen Einzelnheiten seiner Darstellung glaubte Grimm, Mythol.[2] 284;
613, Anm., noch Gedanken und Vorstellungen des germanischen Heidenthums zu
finden.   10) Vgl. § 27.   11) Eine andere Ansicht stellte A. Holtzmann, German. 1, 474. 11, 224, doch ohne sie näher zu begründen, auf, dass der Heliand
nur aus dem Angelsächsischen übersetzt sei. Vgl. auch Schmeller, Glossar z.
Heliand S. XIV, und Diemer, Genesis und Exodus, Wien 1862, S. XXXVII.

§ 46. 1) J. Grimm, Gesch. d. d. Sprache 499. 511 hält ihn für einen Alemannen, Wackernagel für einen Elsässer.   2) So die St. Galler Werinbert
und Hartmuat, die Otfried in Fulda kennen gelernt haben muss, da ein Aufenthalt Otfrieds in St. Gallen nicht zu erweisen ist.   3) Ueber sein Leben vgl.
Lachmann in Ersch und Grubers Encyclopädie III, 7, 278—282, und W. Wackernagel in den Elsäss. Neujahrsblättern 1847, 210—237. Unter den erhaltenen

seines Werkes hatte Otfried den allgemeinen Zweck im Auge, damit
der Volkspoesie entgegenzuwirken, seine Landsleute für fromme und
erbauliche Gesänge zu gewinnen und dadurch dem Verständnisse des
Evangeliums näher zu bringen[4]; er wollte auch insbesondere den
Franken ein christliches Heldengedicht schenken, bei welchem ihm
lateinische Vorbilder aus der classischen und christlichen Zeit vor-
schwebten[5]. Sein Werk kann daher als der erste Versuch der Deutschen im Kunstepos angesehen werden. Der Stoff ist nach festen
Gesichtspunkten geordnet, eine Wahl in den darzustellenden Begebenheiten getroffen, manches aus der evangelischen Geschichte nur
angedeutet, anderes ganz zurückgeschoben; überall hat der Dichter
sein persönliches Gefühl mit eingemischt, seine Gelehrsamkeit
durchblicken lassen und die Erzählung mit mystischen, geistlichen und moralischen Deutungen im Geiste seiner Zeit unterbrochen.
Auf wahre epische Ausführlichkeit trifft man bei ihm selten, so wenig auch seine Darstellung gedrängt heissen kann; dagegen wird
sein Ton bisweilen lyrisch, besonders in den Gebeten, noch öfter
aber trocken lehrhaft, zumal in jenen, ganz im Predigtstil ausgeführten Deutungen und Betrachtungen, für welche hauptsächlich er
theologische Werke von Hrabanus Maurus, Beda, Alcuin benutzte[6].
Seine Sprache, von der er, gewiss nicht mit vollem Recht, selbst
sagt, dass er sie roh und ungebändigt vorgefunden, ruht weniger,

---

Handschriften (zu Wien, Heidelberg, München und eine zerschnittene, deren Bruchstücke in verschiedenen Bibliotheken sich finden) ist die erstgenannte von Otfried
eigenhändig durchcorrigirte von besonderem Werthe: über die Schicksale der Hss.
und die ältere Literatur des Gedichts s. Hoffmanns Fundgruben 1, 38—47. Aelteste
Ausgabe von Matth. Flacius. Basel 1571. 8.; dann in Schilters Thesaurus 1;
neuerdings unter dem Titel Krist von Graff. Königsberg 1831. 4.; beste Ausgabe
von J. Kelle. I. Regensburg 1856. 8. II. 1869 (Grammatik). Uebersetzungen von
G. Rapp. Stuttgart 1858. 8.; von Fr. Rechenberg. Chemnitz 1862. 8.; und von
J. Kelle. Prag 1870. 8. Andere Schriften schrieb man ihm früher irrig zu (so
Tritheim), wie es noch neuerdings K. Roth (Predigten S. XII ff.) gethan hat.
4) In der lateinischen Vorrede an Liutbert sagt er 'dum rerum quondam sonus
inutilium pulsaret aures quorundam probatissimorum virorum eorumque sanctita-
tem laicorum cantus inquietaret obscoenus, a quibusdam memoriae dignis fratribus
rogatus maximeque cuiusdam venerandae matronae verbis nimium flagitantis, no-
mine Judith, partem evangeliorum eis theotisce conscriberem, ut aliquantulum
huius cantus lectionis ludum secularium vocum deleret et in evangeliorum propria
lingua occupati dulcedine sonum inutilium rerum noverint declinare' etc. Ob hier
unter dem sonus inutilium rerum noch etwas anderes zu verstehen sei, als unter
dem laicorum cantus obscoenus? Fast scheint es so: man könnte an Heldenlieder denken.   5) Im Verfolg der eben angezogenen Stelle nennt er Virgilius, Lucanus, Ovidius nebst Juvencus, Arator, Prudentius. Vgl. damit I, cap. 1.
6) Den Nachweis der Quellen lieferte Kelle in seiner Ausgabe mit dankens-
werther Sorgfalt. Lachmann S. 279 f. nahm an, es liege den Betrachtungen ein
umfassenderes und kürzeres Werk zum Grunde.

als die im Heliand, auf der breiten und durchgebildeten Unterlage
der Volkspoesie, die er ja verachtete. Eine gewisse Gewandtheit
und Freiheit der Bewegung muss ihr zwar zugestanden werden, aber
nur zu oft treten dem leichten Fluss die besonders durch Reimnoth
im Uebermaass herbeigeführten Flickwörter, zumal gewisse immer
wiederkehrende adverbielle Ausdrücke in den Weg, die viel schwerfälliger und lebloser sind, als die wiederkehrenden Umschreibungen
und Beiwörter im Heliand[7].

§ 47.

2. Das einzige zeither näher bekannte und mit voller Sicherheit diesem Zeitraum zugehörige Denkmal gelehrter Poesie, das nicht
einen eigentlich geistlichen Inhalt hat, obwohl es zuverlässig von
einem hochdeutschen, vermuthlich ostfränkischen, Geistlichen herrührt, ist der schon oben (§ 30) angeführte Merigarto[1], (das Wort
bedeutet 'Welt'[2]), Bruchstück eines Werks des eilften Jahrhunderts,
wahrscheinlich um 1070[3], welches von grossem Umfange und eine
Art Cosmographie gewesen zu sein scheint. Der Verfasser hat den
Stoff dazu hauptsächlich aus Isidors Etymologieen, aus mündlicher
Ueberlieferung und aus eigener Erfahrung geschöpft[4]. Das Bruchstück, so weit es erhalten ist, handelt vorzüglich von den Gewässern
der Erde und insbesondere von einigen wunderbaren Quellen. In-
teressant ist eine kurze Stelle über Island. Der Anfang dürfte noch
Nachklang älterer Darstellungen der Schöpfungsgeschichte sein.

---

7) Ueber das Verhältniss von Otfried und Heliand vgl. C. Grünhagen, Otfried
und Heliand. Breslau 1855. 4.; Behringer, Krist und Heliand. Würzburger Schul-
programm 1870, und Gervinus 1², 83 ff. (1⁵, 115 ff.), so wie auch Lechler in den
Theolog. Studien und Kritiken 1849, S. 54—90 (angeregt durch Vilmars Alterthümer im Heliand).

§ 47. 1) Aufgefunden und herausgeg. von Hoffmann. Prag 1831. 8., und in
seinen Fundgruben 2. 1—8; dazu J. Grimm in den Götting. G. A. 1838, Nr. 56,
S. 547—519. Neuere Ausgaben von Wackernagel, altd. LB.⁴ 139 - 142 (theilweise),
bei Schade, veterum monum. decas, Weimar 1860, S. 18—24, und bei Müllenhoff
und Scherer Nr. XXXII. Ueber das Formelle vgl. § 30, 2.   2) Den Titel,
den Hoffmann ihm beigelegt hat, hält J. Grimm, Götting. G. A. 1838, Nr. 56 für
um so gewagter, als das Wort selbst in den erhaltenen Versen gar nicht vorkommt. Müllenhoff und Scherer haben den Titel in der allein nachweisbaren
Form *meregarte* beibehalten.   3) Grimm a. a. O.; Müllenhoff und Scherer
S. 353. Anfangs (Gött. GA. 1835, S. 1564) war Grimm geneigt, es um 1010 zu
setzen, und Hoffmann stimmte ihm vor dem zweiten Abdruck bei. Auch Schade
a. a. O. und Pfeiffer, über Wesen und Stellung der höfischen Sprache, Wien 1861,
S. 12 setzen es in den Anfang des 11. Jahrhunderts.   4) Vgl. hierüber die
Vorrede des Herausgebers und Denkmäler S. 317 ff.

B. Prosa.

§ 48.

Die prosaischen Werke dieses Zeitraums gehören nur als Denkmäler der Sprache in das Gebiet der National-Literatur, da sie, wie
schon erwähnt, fast alle Uebersetzungen und Umschreibungen griechischer und lateinischer Texte sind, und die spärlichen, nicht übersetzten Ueberbleibsel auch nicht als Erzeugnisse einer freien Geistes-
thätigkeit angesehen werden können[1]. Der sprachliche Werth der
einzelnen Schriften ist wieder sehr verschieden, je nachdem man
bloss auf Wortfülle und Wortformen, oder auch auf Wortfügung, Gewandtheit des Ausdrucks und stilistische Geschicklichkeit Rücksicht
nimmt. Die zuletzt genannten Eigenschaften treten besonders in
einigen Werken aus dem Ende des zehnten oder dem Anfang des
eilften Jahrhunderts hervor. Sie sind in St. Gallen entstanden und
gehören nicht sowohl der rein kirchlichen, als der gelehrten Literatur überhaupt an. Die Vortrefflichkeit dieser Prosa zeigt wenigstens, was sich schon damals hätte in ungebundener deutscher Rede
leisten lassen, wäre es den schreibenden Gelehrten eingefallen, statt
der lateinischen sich der Muttersprache zu bedienen.

§ 49.

Das älteste Denkmal deutscher Prosa und zusammenhängender

---

§ 48. 1) Ausgenommen etwa das, was in den § 51 aufgeführten Werken nicht
geradezu aus den lateinischen Texten übersetzt ist, wie z. B. das interessante,
Prologus Teutonice überschriebene Vorwort zu dem St. Galler Boethius (auch bei
Wackernagel, altd. LB.⁴ 121 f.), und, wenn sie nicht Uebersetzungen sind, die
§ 50 erwähnten Predigten des 10. (oder 11.?) Jahrhunderts. Dagegen haben, nebst
einzelnen in den folgenden §§ angeführten Stücken, für die Geschichte unserer
Literatur von Seiten der Sprache mehr oder weniger Werth unter den nicht übersetzten Ueberbleibseln: die wenigen deutschen Sätze in der sogenannten Notitia
finium Wirceburgensium (zuletzt herausgegeben in Müllenhoffs und Scherers Denkmälern Nr. LXIV, wo man S. 473 auch die früheren Ausgaben verzeichnet findet);
der Schwur Karls des Kahlen und des deutschen Heeres unter Ludwig zu Strassburg 842 (Denkmäler Nr. LXVII, dazu S. 479. Bartsch, altfranzös. Chrestomathie
p 3 f. J. Brakelmann in Zachers Zeitschrift 3, 85 ff.); eine Eidesformel, welche
zu weihende Geistliche dem Bischofe deutsch zu schwören hatten; einige ärztliche
Recepte; einige altsächsische Beschwörungsformeln (in denen sich noch Spuren
der Alliteration zeigen); ein Paar Heberegister, gleichfalls in niederdeutscher
Sprache, alles aus dem 8. bis 10. Jahrh. und mit allen literarischen Nachweisen
zu finden bei Massmann, Abschwörungsformeln 59—62; 182; 189 f.; Graff, Diutiska 2, 189 f.; Dorow, Denkmale, Hft. 2, 3.; und bei Müllenhoff und Scherer;
und eine Augsburger Schenkungsurkunde v. J. 1070 (bei Wackernagel⁴ 147 f.).

deutscher Rede überhaupt sind die Ueberbleibsel einer gothischen, aus dem Griechischen übersetzten Bibel, die wir dem gothischen Bischof Ulfilas verdanken. Ulfilas[1], mit seinem gothischen Namen Vulfila[2], 311 geboren, als die Gothen noch jenseit der Donau wohnten, wurde 341 vom Lector zum Bischof der Gothen geweiht; sieben Jahre später von einem heidnischen Fürsten seines Volks vertrieben und auf römischem Boden aufgenommen, liess er sich mit vielen am Christenthum festhaltenden Landsleuten am Fusse des Haemus nieder, war 360 auf der Synode zu Constantinopel, wohin er auch 381 gieng, um die arianische Lehre, der er, wie auch sein Testament bezeugt, eifrig anhieng, gegen ihre Verächter und Verfolger zu vertheidigen, daselbst aber noch in demselben Jahre starb. Dass er die Bibel übersetzte, berichten andere, ihm in der Zeit sehr nahe stehende Kirchenschriftsteller, nicht die Pariser Handschrift ausdrücklich, sondern nur, dass er in griechischer, lateinischer und gothischer Sprache, in denen allen dreien er auch predigte, mehrere Abhandlungen und viele Uebersetzungen[3] hinterlassen habe. Wenigstens begonnen hat er die Uebersetzung, wenn er sie auch bis zu dem Umfange, den das Zeugniss des Philostorgius[4] angibt, wonach er die ganze heilige Schrift mit Ausnahme der Bücher der Könige übersetzt, oder den auch nur die uns erhaltenen Theile bezeichnen, nicht allein ausgeführt hat. Dass die Gothen das ganze alte wie das neue Testament in ihrer Sprache besassen, obschon uns von vielen Theilen des ersten und einzelnen des zweiten bisher noch alle Spur abgeht, darf kaum bezweifelt werden; auch dass der Uebersetzung der griechische Text zum Grunde gelegt worden, ist gewiss; doch hat auf die Fassung einer ganzen Anzahl von Stellen in den uns erhaltenen Theilen ein lateinischer Text, nur nicht der der Vulgata, wahrscheinlich später, als die Gothen in Italien festen Fuss gefasst hatten, eingewirkt[5]. Die erhaltenen Theile bestehen in grossen

---

§ 49. 1) Was über sein Leben früher bekannt war (Prolegomena zur Ausgabe von Gabelentz u. Löbe) hat erwünschte Ergänzung gefunden aus einer sehr alten zu Paris entdeckten Handschrift, welche G. Waitz (Ueber das Leben und die Lehre des Ulfila. Hannover 1840. 4.) zum Theil herausgegeben hat. Vgl. dazu Bessel, über das Leben des Ulfilas und die Bekehrung der Gothen zum Christenthum. Göttingen 1860. 8., und G. L. Kraft, de fontibus Ulfilae Arianismi. Bonnae 1860. 4. 2) Wackernagel, Litt.-Geschichte § 8, Anm. 4. 3) plures tractatus et multas interpretationes volentibus ad utilitatem et ad aedificationem. Waitz S. 19. 4) S. die Stelle bei Waitz S. 59. 5) Hierüber sowohl, wie über den Antheil, den Ulfilas und andere ihm gleichzeitig oder später lebende Gothen, die ungenannt geblieben sind, an der Uebersetzung und Ueberarbeitung der auf uns gekommenen Stücke für sich in Anspruch nehmen dürften, vgl. die erwähnten Prolegomena; Loebe in der Jen. Litt. Zeitung 1841, Nr. 50, S. 396, und in den Blättern für litterar. Unterhaltung 1843, Nr. 110—112; Massmanns

Bruchstücken aus den vier Evangelien, allen unbestrittenen paulinischen Briefen, freilich zum guten Theil auch nur fragmentarisch,
und kleineren Stücken aus einem Psalm, Esra und Nehemia*. Die
Uebersetzung, wenn auch sehr wortgetreu, kriecht doch keineswegs,
wie wohl behauptet worden, dem griechischen Texte knechtisch
nach, sondern lässt überall den Eigenheiten der gothischen Sprache
'ihr Recht widerfahren[7]. — Ausserdem besitzen wir in gothischer
Sprache nicht unbeträchtliche Bruchstücke einer Art paraphrasierter
Harmonie der Evangelien, gewöhnlich Skeireins (d. h. interpretatio) genannt[8], etwa aus dem Ende des fünften Jahrhunderts, welche
der erste Herausgeber ohne zureichende Gründe dem Ulfilas zusprechen und als Uebersetzung einer Schrift des Bischofs Theodor von
Heraclea ansehen zu dürfen glaubte[9]. Ferner zwei Reihen von Un-

---

Gotthica minora, in Haupts Zeitschrift I, 294 f. und E. Bernhardt, kritische Untersuchungen über die goth. Bibelübersetzung. 1. Heft. Meiningen 1864. 2. Heft.
Elberfeld 1868. 8.   6) Ueber die Geschichte der Handschriften, besonders
des berühmten Codex argenteus, und die weitere Literatur dieser Bibelübersetzung
(erste Ausgabe der damals bekannten Stücke von Fr. Junius, Dortrecht 1665. 4.)
bis 1819 vgl. die Einleitung zu Zahns Ausgabe, Weissenfels 1805. 4.; Grimm,
Grammatik 1¹, XLIV ff.; die Prolegomena von Gabelentz und Löbe; Massmann
a. a. O., und Löbe in den Blättern für litter. Unterhalt., a. a. O. Von den seitdem aufgefundenen Theilen sind die Bruchstücke aus Esra, Nehemia, Matthäus
und die paulinischen Briefe, zuerst von A. Mai und C. O. Castiglioni gemeinschaftlich, dann von dem letztern allein, nach und nach (Mailand 1819—39. 4.)
herausgegeben; alles aber, was bis jetzt von der gothischen Bibel bekannt geworden (nebst der Skeireins und dem Bruchstück des goth. Kalenders), findet sich,
begleitet von einer lateinischen Uebersetzung, einem Glossar und (als 2. Theil des
2. Bandes) einer gothischen Grammatik in der kritischen Ausgabe von v. Gabelentz u. Löbe: Ulfilas. Veteris et novi Testamenti versionis Gothicae fragmenta
quae supersunt etc. Altenburg u. Leipzig 1836; und Leipzig 1843. 3 Bde. 4.
Spätere Ausgaben erschienen von A. Uppström. Upsala 1854 (diplomatischer Abdruck des Codex Argenteus; dazu v. Gabelentz und Löbe, Uppströms Codex argenteus. Leipzig 1860. 4.); von Massmann. Stuttg. 1855—57. 8.; von Fr. L. Stamm.
Paderborn 1858. 8.; 3. bis 5. Aufl. besorgt von M. Heyne. 1865. 1869. 1871.
Dazu kommt Uppströms (der schon 1861 die Matthäusfragmente nach dem Cod.
Ambros., die des Römerbriefs aus dem Wolfenbüttl. Codex herausgegeben hatte)
auf neuer Collation beruhende Ausgabe der Ambrosianischen Hss. Codices gotici
Ambrosiani etc. Holmiae et Lipsiae 1865. fol. (vgl. L. Meyer in der Germania
10, 225—236 und Heyne in Zachers Zeitschrift 1, 373) und der Abdruck der von
Reifferscheid entdeckten Turiner Blätter durch Massmann in Pfeiffers Germania
13, 271—284.   7) Vgl. Grimms Grammatik 4. Bd., und Loebe in Hagens Germania 2, 358 ff.   8) Herausg. und erläutert von Massmann, Skeireins Aivag-
gêljôns thairh Jôhannen. München 1834. 4.; der Text allein, verbessert bei Gabelentz und Löbe, in den Ulfilas - Ausgaben von Massmann und Stamm (Heyne);
und von A. Uppström (1861). Die Bruchstücke der Skeireins herausgeg. von Al.
Vollmer. München 1862. 8.   9) Widerlegt von Löbe, Beiträge zur Textbe-
richtigung und Erklärung der Skeireins. Altenburg 1839, S. 4 ff.; vgl. Jen. Litt.
Zeit. 1841, Nr. 50, S. 396.

terschriften gothischer Priester unter Urkunden[10], wahrscheinlich aus dem Zeitalter Theodorichs des Grossen, und einige vereinzelte Zeilen in dem Fragment eines gothischen Kalenders[11].

§ 50.

Die kirchlichen Prosawerke in althochdeutscher Sprache[1] heben mit dem achten Jahrhundert an: im siebenten ist das Glossar des heil. Gallus[2] niedergeschrieben, welches aber, wie alle Glossen und Glossarien dieses Zeitraums[3], nicht in die Geschichte der deutschen Literatur, sondern der Sprache gehört. Aus dem achten Jahrhundert[4] besitzen wir Bruchstücke einiger Homilien[5], namentlich der Isidorischen Epistel de nativitate domini[6], wie sie kurz bezeichnet

10) Sie finden sich bei Zahn a. a. O. 76 ff. (vgl. Grimm, Grammatik 1[1], S. XLVII), dann (mit Schriftnachbildungen) besonders herausgegeben von Massmann: Frabaúhtabōkōs, oder die gothischen Urkunden von Neapel und Arezzo. Wien 1836. Fol.; vgl. Löbe in der Jen. Litt. Zeit. 1838, Nr. 159. 11) Zuerst gedruckt in dem von Mai und Castiglioni herausgegebenen Ulfilae partium inditarum specimen. Mailand 1819; dann bei Gabelentz und Löbe etc.

§ 50. 1) Näheres über die ältere Literatur des in diesem § Aufgeführten ist zu finden in Grimms Grammatik 1[1], S. LII ff.; das vollständigste Verzeichniss der althochd Sprachdenkmäler überhaupt aber in Graffs Vorrede zum ersten Bande des Sprachschatzes. Dazu vgl. R. v. Raumers mehrfach erwähnte Schrift, die Einwirkung des Christenthums auf die althochd. Sprache. Stuttgart 1845. 8., und dessen Abhandlung über den geschichtlichen Zusammenhang des gothischen Christenthums mit dem althochdeutschen in Haupts Zeitschr. 6, 401—412.
2) Vollständig abgedruckt bei Graff a. a. O. S. LXV ff.; viel fehlerhafter in Greiths Specileg. Vatican. 35 ff.; am besten in Wackernagels LB.[2] 27—32, und bei Hattemer. Denkmahle des Mittelalters 1. 5—14; besondere Ausgabe von J. C. H Büchler: St. Galli vocabularius etc. Brilon 1869. 8. 3) S. über diese Graff a. a. O und § 24, 1. 4) Ueber die Ansicht Scherers, dass unsere Literatur keine älteren Denkmäler habe als aus der Zeit Karls des Grossen, dass einige wenige vielleicht in seine ersten Regierungsjahre, die meisten der ins 8. Jahrh. gesetzten aber erst nach 803 fallen, vgl. A. Holtzmann in Pf. Germania 9. 71 ff. 5) Von Endlicher und Hoffmann herausgegeben, s. Anm 8.
6) Der Uebersetzer, nach Müllenhoff Denkm. S. XVI f. ein Rheinfranke, ist unbekannt. Erste Ausgabe von Palthen, Greifswald 1706; dann in Schilters Thesaurus 1; von Graff in Hagens Germania 1, 57—89; am besten von A. Holtzmann: Isidori Hispalensis de nativitate domini, passione etc. epistolae ad Florentinam sororem versio francisca saeculi octavi quoad superest. Carolsruhae 1836. 8. Dazu Holtzmann in der Germania 1, 462—475, der die Uebersetzung des Isidor und des Matthäus derselben Hand zuschreibt und als den Uebersetzer Pirmin, den Stifter der Klöster Reichenau am Bodensee, Murbach im Elsass und Monsee in Oesterreich betrachtet. Vgl. dagegen Müllenhoff u. Scherer S. 453. 468. und wieder Holtzmann Germ. 9, 70. Ein Stück aus einer andern als der Pariser Hs. in den Fragmenta Theotisca, und ein neu gefundenes in der Germania 14, 66; vgl. C. Hofmann in den Sitzungsberichten der Münchn. Akad. 1869, I, 4.

wird, deren Uebertragung man früher mit Unrecht ins siebente, ja
sechste Jahrhundert setzte, während andere sie ins neunte hinab-
rückten[7].   Sodann die Ueberbleibsel einer Uebertragung des
Evangeliums Matthäi[8], die dem St. Galler Mönche Kero (um
760) zugeschriebene Interlinearversion der Regel des heil.
Benedict[9] und die mit der Matthäus-Uebersetzung wohl gleichzeitige Exhortatio ad plebem christianam, welche sich in zwei Handschriften, einer Fuldaer und einer Freisinger, erhalten hat, eine
Ermahnung in deutscher Sprache an die Laien, welche die Taufe
empfangen haben, das apostolische Glaubensbekenntniss und das
Vaterunser sorgfältig auswendig zu lernen[10]. Wie diese, so dürften
dem achten Jahrhundert noch einige andere jener kleinern Stücke,
Uebersetzungen und Umschreibungen des Vater Unser,
Glaubensbekenntnisse, Beichtformeln, geistliche Ermahnungen und dergleichen[11] zuzuschreiben sein, die nächst einer
Interlinearversion lateinischer Kirchenhymnen[12] und der
Uebersetzung der sogenannten Tatianischen Evangelien-
harmonie[13] so wie den Fragmenten einer Psalmenübersetz-

---

7) Letzteres that Lachmann, zu den Nibelungen S. 51.   8) Herausg. von
Endlicher und Hoffmann in Fragmenta Theotisca versionis antiquiss. Evang. St.
Matthaei et aliquot homiliarum. Wien 1834. (vgl. dazu Haupt in den Wiener
Jahrb. Bd. 67; neue Ausg. von Massmann, Wien 1841. 4.; s. dazu Haupts Zeitschrift I, 563 ff.), wo auch die übrigen Bruchstücke von deutschen Homilien des
8. Jahrh. zu finden sind   9) Herausgeg. in Schilters Thesaurus I. (vgl. Graffs
Diutisk. 3, 198 ff.), und mit einer Einleitung, worin auch über Keros Zeitalter und
über andere ihm beigelegte Schriften gehandelt ist, diplomatisch genau nach der
Handschrift in Hattemers Denkmahlen 1, 15—125 (vgl. 1, 250). Nach Scherer, Denkmäler 459, ist sie jünger als 802.   10) Herausg. von W. Grimm. Berlin 1848.
4.; und bei Müllenhoff und Scherer Nr. LIV, wo man S. 411 die übrigen Abdrücke verzeichnet findet.   11) Am vollständigsten, mit literar. Nachweisungen, bei Massmann, die deutschen Abschwörungs-, Glaubens-, Beicht- und Bet-
formeln vom 8. bis 12. Jahrh. Quedlinburg u. Leipzig 1839. 8. Was davon zu
St. Gallen handschriftlich aufbewahrt wird, und darunter auch einiges, das Massmann noch nicht bekannt war, gibt, bis auf die Notkerischen Stücke, Hattemer
2, 323—330. Die meisten auch bei Müllenhoff und Scherer Nr. LV—XCVIII. Eine
Regensburger Beichte und Gebet und eine Fuldaer Beichte gab, unter Benutzung
neuer Quellen, Pfeiffer heraus in: Forschung und Kritik. II. Wien 1866, S. 20 ff.
39 ff.   12) Mehrere dieser sonst fälschlich als fränkische Kirchenlieder bezeichneten Stücke, die J. Grimm in den Anfang des 9., Wackernagel (LB.[2] 55 ff.;
33 ff.) bereits in das 8. Jahrh. setzt, wurden schon von Hickes und Eccard herausgegeben; vollständig machte sie bekannt mit Einleitung und Anmerkungen J.
Grimm: Hymnorum veteris ecclesiae XXVI interpretatio theotisca. Gotting. 1830.
4. Ueber ein scheinbar ähnliches Stück, das zuerst Docen, Miscell. 1, 18 bekannt
machte, vgl. Massmann a. a. O. 8; 53—55; 173—175.   13) Der Uebersetzer
ist unbekannt, muss aber mit Otfried ziemlich gleichzeitig und wahrscheinlich in
Fulda um die Mitte des 9. Jahrh. (Müllenhoff, Denkmäler S. X. XIV) gelebt ha-

ung[14] den Bestand der prosaischen Ueberbleibsel des neunten Jahrhunderts bilden. Aehnliche kleine Stücke nebst Bruchstücken von Predigten[15] haben sich aus dem zehnten Jahrhundert erhalten, dessen Schluss vielleicht auch noch die Uebersetzung und Umschreibung der Psalmen von Notker zu St. Gallen angehört, ein Werk, das wegen seiner Sprache und Ausdrucksweise zu den vortrefflichsten Denkmälern der althochdeutschen Prosa gezählt werden muss. Unter mehreren St. Galler Mönchen dieses Namens kann nur der dritte Notker, mit dem Beinamen Labeo († 1022), der unter Abt Burkart II (1001—1022) die Klosterschule leitete, der Uebersetzer sein[16]. Bei den erklärenden Umschreibungen der Psalmworte, welche zum Zwecke des Unterrichts in einer Mischung von Lateinisch und Deutsch gehalten sind, benutzte er die Auslegung Augustins. Von den Psalmen und den ihnen in den Handschriften angehängten Uebertragungen einzelner kürzerer Stücke des alten und neuen Testaments[17] ist nur eine vollständige, aber ziemlich junge und ungenaue Handschrift erhalten, die St. Galler; in einer zweiten, schwerlich viel ältern Wiener, die voll von willkürlichen Aenderungen ist, fehlen fünfzig Psalmen[18]. Noch im zwölften Jahrhundert war diese Uebersetzung bekannt und beliebt: die sogenannten Windberger Psalmen[19] sind eine Erneuerung in der Sprache des zwölften Jahr-

---

ben (über den sogenannten Tatianus vgl. § 45, 9). Herausgeg. von Palthen, Greifswald 1706; und darnach in Schilters Thesaur. II, beidemal mit einer beträchtlichen Lücke. Das Ganze von J. A. Schmeller (der schon früher, Stuttgart 1827, das Matthäus-Evangel. besonders herausgab) unter dem Titel: Ammonii quae et Tatiani dicitur, harmonia evangeliorum in linguam latinam et inde in francicam /u.s iuvra. translata. Viennae 1841. Den lateinischen Text gab nach einer Casseler Hs. P 1845 Grein im Anhange seiner Schrift: Die Quellen des Heliand, Cassel 1869, heraus.

14) Herausg. von J. A. Schmeller in Steichele's Beiträgen z. Gesch. des Bisthums Augsburg, und im zweiten Abdruck (2 Blätter), der aber nur an Freunde vertheilt wurde; wiederholt durch Pfeiffer in seiner Germania 2, 99—105.
15) Abgedruckt in Hoffmanns Fundgr. 1, 59 ff.; eine auch bei Wackernagel, LB.[2] 159 f., [1] 151 ff. hier aber ins 11. Jahrh. gesetzt. 16) Vgl. über ihn v. Arx, Geschichten von St. Gallen I, 276 ff.—18; v. d. Hagens Briefe in die Heimath 1, 159; 2, 259; Hoffmann. In dulci jubilo S. 3. 17) S. Anm. 21. 18) Nach jener ist der mit neuen Fehlern vermehrte Abdruck in Schilters Thesaurus 1, und das was Graff in seiner Ausg. der Windberger Psalmen aufgenommen hat; aus der andern stehen mehrere Stücke in Hoffmanns Fundgr. 1, 49 ff. und Graffs Diutiska 3, 124—141. Aus ältern und echtern, nur bruchstückweise erhaltenen Handschr. befindet sich Einzelnes in Massmanns Denkmälern 1, 120 ff., und bei Wackernagel, Baseler Handschr. 11—18; LB.[2] 127—131; [1] 111—120; vgl Wackernagel, die Verdienste der Schweizer S. 26, Anm. 12, und Baseler Handschr. 9 f. Correcte und vollständige Ausgabe in Hattemers Denkmahlen Bd. 2. 19) Herausgegeben von Graff: Deutsche Interlinearversion der Psalmen. Quedlinb. und Leipzig 1839. 8., wo auch ein grosses Stück einer unbekannten, dem Niederd. sich nähernden Interlinearversion des 13. Jahrh. mitgetheilt ist. Vgl. Diutiska

hunderts, und noch im vierzehnten finden wir Notkers Psalmen
sprachlich verjüngt [20]. Ungefähr in dieselbe Zeit wie Notkers Psalmen fallen die Uebertragungen einzelner kürzerer Stücke
des alten und neuen Testaments [21], welche, wenn auch nicht
von Notker selbst, dem sie beigelegt zu werden pflegen, doch gewiss von St. Galler Mönchen herrühren. Aus dem eilften Jahrhundert (um 1065) stammt die Uebersetzung und umschreibende
Auslegung des Hohenliedes [22] von Williram, der 1085 als
Abt zu Ebersberg in Baiern starb [23]. Sie ist wahrscheinlich noch
während seines Aufenthaltes in Bamberg verfasst und zeigt dieselbe
Mischung von Latein und Deutsch, die wir bei Notker fanden, nur
dass sie hier des Lehrzweckes entbehrt und auf Gefallen an Sprachmengerei beruht. Auch dieses Werk, viel beliebt und abgeschrieben,
besitzen wir in alemannisch-elsässischer Verjüngung des zwölften
oder dreizehnten Jahrhunderts, die sich in einer Wiener Handschrift
erhalten hat [24]. Ferner fällt ins eilfte Jahrhundert die sogenannte
Reda umbe diu tier [25], eine Umdeutung der Eigenschaften verschiedener Thiere auf Christus und den Teufel, versehen mit Bibel-
stellen und guten Lehren für die sündige Menschheit. Die Quelle,
welcher der Verfasser hauptsächlich folgt, sind des Pseudo-Chryso-
stomus dicta de natura bestiarum [26]. Eine andere Bearbeitung gehört
erst dem Anfange des zwölften Jahrhunderts an [27], sie wurde nicht
viel später in unregelmässige Reimverse gebracht [28]. — Bei weitem
kleiner ist die Zahl und geringer der Werth der hierher fallenden
altniederdeutschen Denkmäler [29]: ein sächsisches Taufge-

3, 549 ff. Einen Anhang dazu gab aus Cod. germ. Monac. v. J. 1178 Schmeller
in Haupts Zeitschrift 8, 120 ff.   20) Docen, Miscell. 1, 32 ff., wo auch zuerst
Nachricht und Proben der Windberger Psalmen.   21) Gleichfalls bei Schilter
hinter den Psalmen und in Hattemers Denkmahlen; so wie das, was Diutiska 3,
124 ff. enthält, alles, und was eben darnach Wackernagel bekannt gemacht hat,
zum Theil in Stücken besteht, die hierher fallen.   22) Erste Ausgabe von
Merula, Leiden 1598; auch bei Schilter 1; die neueste in doppelten Texten nach
zwei Handschr. mit Wörterbuch von Hoffmann, Breslau 1827. 8.; von einer Berliner Handschr. ein Abdruck in Hagens Germania 4, 153 ff.; 5, 143 ff.   23)
Vgl. über ihn W. Scherer, Leben Willirams Abtes von Ebersberg in Baiern Beitrag zur Gesch. des 11. Jahrhs. Wien 1866. 8. (Abdruck aus dem 53. Bande der
Sitzungsber. d. Akademie).   24) Herausg. von Josef Haupt. Wien 1864. 8.,
der zwei elsässische Aebtissinnen, Rilindis und Herrat (1117—96) als die Erkläre-
rinnen ansieht; doch vgl. F. Bech in der Germania 9, 352—370.   25) Zuletzt
in Müllenhoffs und Scherers Denkmälern Nr. LXXXI, vgl. S 498. wo die frühere
Literatur angegeben ist.   26) Im Archiv für Kunde österreichischer Geschichtsquellen 2, 552—582.   27) Gedruckt in Graffs Diutiska 3, 22—39;
Massmann, deutsche Gedichte des 12. Jh. 311—325.   28) In der Milstädter
Hs., daraus in Karajans Sprachdenkmalen des 12. Jahrh. Wien 1846, S. 73 bis
106, mit den Bildern der Hs..   29) Man findet sie sämmtlich vereinigt in:
Kleinere altniederdeutsche Denkmäler von M. Heyne. Paderborn 1867. 8.

löbniss[30], wohl noch im achten Jahrhundert[31] nach hochdeutscher Vorlage ins Niederdeutsche übertragen und unzweifelhaft mit Karls des Grossen Sachsenbekehrung zusammenhangend[32], **eine Ueber-setzung einiger Psalmen**[33], die wahrscheinlich nicht viel jünger als der Heliand und sicher noch aus dem neunten Jahrhundert ist[34], Bruchstücke eines **Psalmen-Commentars**[35], eine **Beicht-formel**[36] und ein Stück der Uebersetzung einer **Homilie Bedas**[37] ist alles, was davon aufgeführt werden kann.

§ 51.

Zuletzt ist hier noch insbesondere der althochdeutschen Prosa-werke zu gedenken, die der gelehrten, nicht streng geistlichen Lite-ratur angehören, und auf deren Zeitalter, Heimath und besondern Werth schon oben hingedeutet wurde. Ausser den zahlreichen, in verschiedene lateinisch abgefasste Schriften[1], wie die sangallische Rhetorik[2], die Abhandlungen de syllogismis und de partibus logi-cae[3], und den Brief Meister Rudperts von St. Gallen[4] eingefügten, theils übertragenen, theils ursprünglich deutschen Sätzen, worunter auch eine Reihe von Sprichwörtern[5] die wohl die ältesten in deut-

---

30) Zuletzt bei Müllenhoff und Scherer Nr. LI, vgl. S. 435—437, wo die frü-heren Drucke angegeben sind; und bei Heyne a. a. O. 85. Nach J. Grimm, Mythol.[2] 146 f. vielleicht ein ripuarisches Denkmal; vgl. Scherer a. a. O. 436.   31) Nach Müllenhoff und Scherer bald nach 772 in Fulda aufgezeichnet; nach Wackernagel (in Zachers Zeitschrift 1, 298) von einem Angelsachsen ge-schrieben.   32) Denkmäler S. 437. Ein hochdeutsches (fränkisches) Tauf-gelöbniss, welches nach Mainz und in die Zeit von Rikulf (787—813) gesetzt wird, bei J. Grimm, über zwei entdeckte Gedichte S. 15; und Denkmäler Nr. LII, vgl. 437—440.   33) Bei Heyne a. a. O. S. 1—40, wo man auch die früheren Drucke angegeben findet.   34) Wackernagel in Zachers Zeitschrift 1, 293.   35) Bei Heyne S. 59—61.   36) Zuerst in Lacomblets Archiv f. d. Gesch. des Niederrheins 1, 4—9; zuletzt bei Müllenhoff und Scherer S. 182 und bei Heyne S. 83.   37) Eins der sogenannten Essener Bruchstücke (bei Lacom-blet 1, 11 ff.; Graff, Diutiska 2, 190 f.), auch unter der Bezeichnung eines Bruch-stücks der Legende von der Verwandlung des heidnischen Pantheons zu Rom in eine christliche Kirche durch Pabst Bonifacius IV bekannt; vgl. Hoffmann in Auf-sess Anzeiger 1832, 267, und Massmann zu Eraclius S. 175. Anm. 3. Zuletzt und am besten bei Müllenhoff und Scherer S. 181 f. und bei Heyne S. 63 f.

§ 51.   1) Sie sind sämmtlich in Hattemers Denkmahlen zu finden.   2) Nach einer Züricher Hs. herausg von W. Wackernagel in Haupts Zeitschrift 1, 463 bis 478; vgl. dazu E. Plew in der Germania 11, 47—65.   3) Ein Stück in Wackernagels LB.[1] 135—140.   4) In Wackernagels LB.[1] 119 f; Müllenhoff und Scherer Nr. LXXIX, vgl. S. 196.   5) In der Handschrift, welche die Ab-handlung de partibus logicae enthält. Herausg. von Wackernagel in altd. Blättern 2, 133—136, bei Hattemer 3, 537-540, und bei Müllenhoff und Scherer Nr. XXVII, 1; vgl. S. 320 f. — Ueber die Ausdrücke f. Sprichwort in unserer Sprache seit der ältesten Zeit s. C. Schulze in Haupts Zeitschr. 8, 376—384. Lateinische

scher Sprache aufgezeichneten auf uns gekommenen sein dürften, —
sind diess die mit Bemerkungen, Erläuterungen und weitern Aus-
führungen ausgestatteten Uebersetzungen eines Theils des
aristotelischen Organons⁶, nicht unmittelbar nach dem griechischen Texte, sondern einer lateinischen Bearbeitung desselben,
mit Erläuterungen versehen, welche des deutschen Uebersetzers
eigene Arbeit⁷ sind; des philosophischen Trostbuches des
Boethius⁸, deren zweite Hälfte von einem andern Verfasser nach
1022 herrührt⁹; und der zwei ersten Bücher der Vermählung
Mercurs mit der Philologie von Marcianus Capella¹⁰.
Alle drei verdanken wir demselben Notker, der die Psalmen übersetzt und umschrieben hat, wie sich aus einem Briefe Notkers¹¹ ergibt, worin diese und noch viele andere Uebersetzungen ins Deutsche,
wie von Virgils Bucolica, Terenz Andria, dem Buche Hiob, erwähnt
werden: mindestens sind sie unter seiner Leitung und Anregung
entstanden, wenn man den Ausdruck jenes Briefes nicht wörtlich
nehmen will¹². Dazu kommt noch ein Bruchstück einer Abhandlung über Musik, das gleichfalls aus St. Gallen herrührt,
dessen Verfasser aber unbekannt ist¹³, so wie einer lateinisch-alt-
hochdeutschen Logik¹⁴, welche in Oesterreich oder Baiern verfasst

---

Sprichwörter bei Müllenhoff und Scherer S. 43—50, vgl. S. 522—525.   6)
Herausgegeben von Graff: Althochdeutsche, dem Anfange des 11. Jahrh. angehörige, Uebersetzung und Erläuterung der aristotelischen Abhandlungen κατηγορίαι
und περὶ ἑρμηνείας. Berlin 1837. 4.   7) Unter Hinzuziehung des Commentars des Boethius.   8) Gleichfalls von Graff herausgegeben: Althochdeutsche
dem Anfange des 11. Jahrh. angehörige, Uebersetzung und Erläuterung der von
Boethius verfassten 5 Bücher de consolatione philosophiae. Berlin 1837. 8. (zugleich erschien Graffs Schulausgabe: althochd. Lesebuch, enthaltend die althochd.
Uebersetzung der consolatio philosophiae des Boethius, mit spracherläuternden Anmerkungen, aber ohne die Erläuterungen und den Prolog des Uebersetzers, so
wie auch hier der lateinische Text fehlt); dann von Hattemer im 3. Bande der
Denkmahle. Dass in dem deutschen Boethius schon antike Versmaasse nachgebildet seien, wie man früher annahm (vgl. v. d. Hagen, Denkm. des MA. S. 7 f.),
lässt sich durchaus nicht erweisen.   9) Wackernagel, Litt.-Gesch. § 37, Anmerk. 28.   10) Auch dieses Werk ist erst durch Graff vollständig bekannt
gemacht worden: Althochdeutsche, dem Anfange des 11. Jahrh. angehörige, Uebersetzung und Erläuterung der von Martianus Capella verfassten zwei Bücher de
nuptiis Mercurii et Philologiae. Berlin 1837. 8.   11) Herausg. von J. Grimm
in den Götting. GA. 1835. Nr. 92.   12) Indem man *transtuli* im Sinne
von *transferre feci* nimmt. So Wackernagel, Litt.-Gesch. S. 81, der die genannten Werke, wie den Boethius (LB.⁴ 121 ff.), theilweise dem erwähnten Rudpert zuschreibt. Vgl. schon Wackernagel, Verdienste der Schweizer S. 10. 26.
      13) Gedruckt nach der St. Galler Hs. bei v. d. Hagen, Denkmale des Mittel-
alters 25 ff., der es, Andern beistimmend, S 9 auch dem Notker beilegt. Nach
einer Wolfenbüttler Hs. bei Schönemann, Bibliotheca Augusta 22 ff.   14)
Herausgeg. von J. M. Wagner in der Germania 5, 288 f. und bei Mullenhoff und

und insofern ein anziehender Beleg für die Ausbreitung der Sanct-Gallischen Bestrebungen ist [15]. — Diese Werke beweisen mehr als als alles andere den regsamen Eifer, womit man gegen Ende des zehnten und zu Anfang des eilften Jahrhunderts in St. Gallen nicht nur überhaupt eine allgemeinere, über rein kirchliche Zwecke hinausgehende wissenschaftliche Bildung erstrebte, sondern sie auch insbesondere durch die Muttersprache, indem man diese mit glücklichem Erfolg an die Darstellung philosophischer und anderer abstracter Gegenstände gewöhnte, zu vermitteln suchte.

Scherer Nr. LXXX.   15) Denkmäler S. 497.

Dritte Periode.

Vom Anfang des zwölften bis gegen die Mitte des vierzehnten Jahrhunderts.

––––––

Erster Abschnitt.

Aeussere und innere Verhältnisse Deutschlands in ihrer Einwirkung auf die Entwickelung und den beginnenden Verfall der Poesie. — Die wissenschaftliche Bildung der Deutschen mehr durch auswärtige, als durch einheimische gelehrte Anstalten gefördert.

§ 52.

Ungefähr um dieselbe Zeit, in welcher die Staufen zur Herrschaft gelangten, begann für die deutsche National-Literatur ein neues, glänzendes Zeitalter. In ihm entfaltete die Poesie in ihrer neuen, durch frühere Ereignisse vorbereiteten, durch gleichzeitige ins Leben gerufenen, durch verschiedene Begünstigungen geförderten und durch eine Reihe ausgezeichneter Individuen vollendeten Gestaltung zum zweitenmal eine etwa hundert Jahre hindurch (1140 bis 1240) dauernde Blüthe, worauf sie, theils durch äussere in der Ungunst der Zeit liegende Umstände, theils durch das allmählige Versiegen ihrer innern Lebenssäfte und die Entwickelung des Keimes der Zerstörung, den sie mit ihrer Befruchtung zugleich in sich aufgenommen hatte, wieder in Verfall gerieth, anfangs unmerklicher, gegen das Ende des dreizehnten Jahrhunderts aber schon auf eine sehr sichtbare Weise. Dagegen entwickelte sich die Prosa, obschon auch sie, im Vergleich mit frühern Zeiten, Fortschritte zu grösserer Freiheit und Selbständigkeit der Darstellung machte, viel weniger reich und glänzend. Denn der Kreis, in welchem sie sich bewegte, war noch sehr eng: theils blieb die lateinische Sprache noch immer vorzugsweise, ja fast ausschliesslich, das Organ der Wissenschaft, theils fügte sich beinahe alles, was deutsch geschrieben wurde, der

dem Zeitalter besonders zusagenden poetischen Auffassungs- und
Darstellungsweise, so dass selbst das, was zu andern Zeiten nur in
ungebundener Rede niedergelegt zu werden pflegt, damals in poetischer Form erscheinen konnte. Lange blieb die Prosa allein auf
die Predigt beschränkt, die nach dem Abblühen der Poesie in der
zweiten Hälfte des dreizehnten Jahrhunderts einen mächtigen Aufschwung nahm. — Damit die neue Wendung, der Aufschwung, sowie der allmählige Verfall der Poesie in dieser Periode begreiflich
werde, müssen zuvörderst die Anregungen, Begünstigungen und Störungen bezeichnet werden, die für sie aus den Verhältnissen des
öffentlichen und gesellschaftlichen Lebens hervorgiengen.

§ 53.

Unter der Regierung der Kaiser aus dem sächsischen und der
beiden ersten aus dem fränkischen Hause hatte es zwar in Deutschland nicht ganz an innern Kämpfen gefehlt, doch hatten diese zu
keiner Zeit das Reich eigentlich in Parteien zerrissen, am allerwenigsten aber hatten sich weltliche und geistliche Macht feindlich ge-
genübergestanden. Als indess zwischen Heinrich IV und Gregor VII
der Kampf ausbrach, der, wenn er auch zu Zeiten beigelegt schien,
doch fast zwei Jahrhunderte hindurch unter ihren Nachfolgern immer
von neuem entbrannte, mussten sich die Folgen davon nicht nur im
Grossen in der Umgestaltung der öffentlichen Zustände Deutschlands,
sondern auch in der Entwickelung des geistigen Lebens der Individuen kund geben. Denn die Spaltungen des Reiches selbst in
eine kaiserliche und eine päbstliche Partei und die dadurch veranlassten Kriege, die Gefahren, die in so unruhigen Zeiten dem Leben,
der Freiheit und dem Besitzthum jedes Einzelnen drohten, die Zerrüttung, die durch die Fehden der Grossen oft bis in die engsten
Lebenskreise eindrang und die heiligsten Bande sprengte, vor allem
aber die Nothwendigkeit, in welche sich Edle und Freie nur zu
häufig versetzt sahen, selbst Partei in dem Kampf zwischen Kaiser
und Pabst zu ergreifen, und sich also entweder des Treubruchs an
ihrem weltlichen Oberherrn schuldig zu machen, oder, nach den damaligen Begriffen, zeitliche und ewige Verdammniss auf sich zu la-
den, brachten nothwendig in den Geistern eine Unruhe und Bewegung hervor, vor der die Unbefangenheit verschwand, mit der man
in weniger aufgeregten Zuständen das Leben ergriffen und genossen
hatte. Gegen diesen Druck der Aussenwelt konnte nur ein Gegengewicht in der inneren Welt des Gemüthes gefunden werden. So
ward der Geist zur Einkehr in sich selbst gedrängt, und das Selbstbewusstsein entwickelte sich und erstarkte in dem Widerstreit, in
welchen das Gefühl mit dem Verstande, der Glaube mit der Ver-

nunft, eine Pflicht mit der andern geriethen. Mochten nun auch beim
Ausbruch jenes grossen welthistorischen Streites bei weitem die meisten sich nur durch äusserliche Beweggründe in ihrem Handeln bestimmen lassen, und nur wenige Einzelne in solchen innern Kämpfen
nach Selbstbestimmung und geistiger Freiheit ringen: die Zahl der
letztern musste nach und nach um so mehr anwachsen, je länger
der Streit dauerte, je anhaltender die Spannung und innere Aufre-
gung der Nation war, und je mehr sich die weltliche Macht zur
Bekämpfung des Gegners, neben der Stärke des Arms, auch geistiger Waffen bediente. War aber einmal das Selbstbewusstsein in
dem geistig regsamen Theile des Volkes auf diese Weise geweckt,
so konnte es nicht fehlen, dass die poetische Thätigkeit, wenn sie
sich wieder im Volke zu heben und einen neuen Aufschwung zu
nehmen begann, ihren Erzeugnissen ein subjectiveres Gepräge auf-
drückte, als in frühern unbefangenern, von solchen Gegensätzen noch
nicht zerrissenen Zeiten. Und wirklich ist die mit der Zeit immer
mehr wachsende Neigung zur subjectiven Darstellungsweise ein cha-
rakteristisches Kennzeichen der Poesie dieser Periode: sie führte die
erste Blüthe der lyrischen Gattung in Deutschland herbei; sie be-
dingte das Aufkommen des Lehrgedichts; sie trug endlich wesentlich
zu der neuen Gestaltung bei, welche die epische Poesie erhielt.

§ 54.

Doch schwerlich würde der Kampf zwischen der weltlichen und
geistlichen Macht allein den Beginn und die schnelle Entwickelung
neuer poetischer Richtungen veranlasst und vollbracht haben, wären
in diesem Zeitalter nicht noch andere Ereignisse und Umstände eingetreten, durch welche die Gemüther erst begeistert, die Phantasie
befruchtet, die Talente zu schöpferischer Thätigkeit getrieben und
darin erhalten werden konnten. Solche Wirkungen brachten vorzüglich die Kreuzzüge, theils unmittelbar, theils mittelbar hervor.
Mochten diese kriegerischen Pilgerfahrten auch späterhin von Vielen
aus sehr weltlichen Absichten unternommen werden, so giengen sie
doch zuerst aus einer ganze Nationen ergreifenden Begeisterung hervor, die sich die Erlangung eines heiligen, in der Vorstellungsweise
der damaligen Welt unendlich erhabenen Besitzthums zum Ziele gesetzt hatte. Schon das gemeinsame, zugleich stürmische und fromme
Streben so vieler Tausende nach diesem fernen Ziele musste die
Geister so spannen, die Tiefen der Seele so erregen, die Phantasie
so beleben, dass poetische Ergüsse nur als die natürlichsten Aeusserungen der innern Bewegung erscheinen konnten. Aber wie vielseitig waren noch überdiess die Anregungen, welche die Geister in
dem Verkehr so zahlreicher, an Naturell, Sitte, Bildung und Lebens-

weise mehr oder minder von einander abweichender Völkerstämme
fanden, zumal in der Berührung mit den Bewohnern des altgriechi-
scher Cultur noch nicht völlig entfremdeten byzantinischen Reichs
und mit den an intellectueller, geselliger und politischer Bildung in
vielen Beziehungen den westlichen Europäern überlegenen Orientalen!
Die grosse Erweiterung des Verkehrs und des Ideenkreises der abendländischen Völker, der reiche Gewinn an neuen Anschauungen der
verschiedensten Art, der erleichterte Austausch der Begriffe, die Sagen, Legenden, Erzählungen, Märchen, kurz die Fülle der poetischen
Stoffe, welche die Kreuzfahrer unterwegs und in Asien selbst kennen
lernten, sich aneigneten und in die Heimath verpflanzten: diess Alles
wirkte zusammen, die poetische Stimmung der noch im Jugendalter
stehenden abendländischen Nationen zu erhöhen, die einmal geweckte
productive Thätigkeit zu nähren und die Mittel, durch welche sie
sich äussern konnte, zu vervielfältigen. Dazu kam noch, dass durch
diese Kriegszüge, die von der Kirche nicht bloss gut geheissen, sondern in jeder Art befördert wurden, Laien und Geistliche sich näher
traten, als bisher, da beide Stände in den Kreuzheeren sich begeg-
neten, durch gleiche Interessen verbunden wurden, dieselben Erfah-
rungen machten, dieselben Anschauungen empfiengen; dass in dieser
wechselseitigen Berührung die kirchliche und gelehrte Bildung der
erstern auch auf die letztern überzugehen begann, wie umgekehrt
die Geistlichen mit der volksthümlichen Bildung bekannter und ver-
trauter wurden, sodass sich eine allgemeinere geistige Cultur zu
verbreiten anfieng, in der sich auch allmählig der scharfe Gegensatz
einer weltlichen und einer geistlichen Literatur in den Landessspra-
chen verlor, wie er früherhin, namentlich in Deutschland, bestanden
hatte. — Zuerst zeigten sich die Folgen der Kreuzzüge in einigen
romanischen Ländern, besonders in Frankreich, da der erste vorzüglich von provenzalischen, französischen und normannischen Rittern unternommen worden war, denen sich verhältnissmässig nur
wenige Deutsche angeschlossen hatten. In Deutschland wurden sie
in weiter Ausdehnung erst seit der Mitte des zwölften Jahrhunderts
sichtbar, als unter Konrad III die Nation an der zweiten grossen
Kreuzfahrt Theil genommen hatte. Diesen Zug hatten die Deutschen
in Gemeinschaft mit den Franzosen angetreten, und diese Verbindung insbesondere, die sich später auf der Kreuzfahrt Friedrichs I
wiederholte, und die unter demselben Kaiser auch in der Heimath
selbst durch die engere Vereinigung Burgunds mit dem Reiche vermittelt wurde, war auf die Entwickelung der deutschen Poesie vielleicht von grösserm, gewiss nicht von geringerm Einfluss, als alle
sonstigen, mehr allgemeinen Einwirkungen der Kreuzzüge. Denn
nicht nur brachte die nähere Berührung beider Nationen einen grossen

Reichthum an poetischen Stoffen nach Deutschland, die hier bald mit besonderer Vorliebe bearbeitet wurden; sondern sie trug auch ganz vorzüglich dazu bei, dass die deutsche Poesie ihre neue, von der frühern durchaus verschiedene Gestaltung erhielt.

§ 55.

Das Ritterthum nämlich, in seinen ersten Anfängen mit altgermanischen Einrichtungen zusammenhangend, hatte zwar bereits seit dem zehnten Jahrhundert in dem aus edelbürtigen und vollfreien Leuten gebildeten Reiterstande, der schon lange vor den Kreuzzügen in Deutschland und den germanisierten Ländern Europa's den Kern der Heere ausmachte, besonders unter dem Einflusse des Lehnswesens und der Kriegsspiele an den Hoflagern der karolingischen und sächsischen Kaiser eine festere Abgeschlossenheit, doch seine volle und charakteristische Ausbildung erst kurz vor und in dem ersten Kreuzzuge durch die französischen Normannen erhalten, von denen es bald zu den übrigen romanischen Völkerschaften und dann auch zu den Deutschen übergieng. In dieser seiner ausgebildeten Form verlangte der Ritterstand von jedem, der in ihn aufgenommen werden wollte, vor allem andern die Nachweisung adeliger Abkunft, legte seinen Mitgliedern besondere Pflichten auf, gewährte ihnen aber dafür auch ausgezeichnete Vorrechte. Damit sonderte er sich, als eine vielfach bevorzugte Classe, die bald die Blüthe des Adels in jedem Lande umfasste, von allen übrigen weltlichen Ständen scharf ab, während er auf der andern Seite, an keine volksthümliche Beschränkung gebunden und allen seinen Mitgliedern dieselben Befugnisse verleihend, unter ihnen eine Annäherung bewerkstelligte und ein Verhältniss der Gleichheit begründete, wodurch für sie die Unterschiede der Nationalität und des angebornen Ranges bei weitem mehr ausgeglichen wurden, als diess früher bei dem west- und mitteleuropäischen Adel und noch jetzt bei den nicht adeligen Ständen der Fall war[1]. — Indem nun in Frankreich das Ritterthum seine Vollendung erhalten und der erste Kreuzzug die provenzalische und nordfranzösische Ritterschaft mit einem besondern Glanze umgeben hatte, gab diese in allem, was auf ritterliches Leben Bezug hatte, für den Adel der übrigen Länder den Ton an. Unter ihr hatte sich aber wiederum früher, als anderswo, vorzüglich in Folge des ersten Kreuzzuges, mit der Erweiterung der Lebensbedürfnisse, der Verfeinerung des Sinnengenusses, der erhöhten geistigen Regsamkeit

---

1) Vgl. Leo, Lehrbuch der Universalgeschichte 2, 183 ff, wo er das, was bereits in seinem Lehrbuch der Geschichte des Mittelalters 343 ff. steht, in einer neuen und erweiterten Bearbeitung gibt.

und dem belebten geselligen Verkehr, in welchem die Frauen die
bedeutendste Rolle spielten, jene feinere gesellschaftliche Bildung
eingestellt, die von den Orten, wo sie vorzüglich gefunden werden
konnte, die höfische genannt ward, und deren schönste Blüthe
eine unter der Pflege und dem Schutze des ritterlichen Adels erwach-
sende Kunstpoesie war[2]. Es war also sehr natürlich, dass die deutsche Ritterschaft, nachdem sie durch den zweiten und dritten Kreuzzug, so wie durch die Verhältnisse zwischen Deutschland und Burgund mit der französischen in nähere Berührung gekommen, mit
deren Sprache und Sitten bekannter geworden war, auch darnach
trachtete, sich ihre höfische Bildung anzueignen, womit zugleich der
Trieb in ihr erweckt werden musste, sich den Besitz einer Kunst
zu verschaffen, die sie bei ihren Nachbarn als einen der edelsten
Lebensgenüsse kennen gelernt hatte[3]. Daher ward denn auch jetzt
die Poesie in Deutschland nicht mehr, wie früherhin, bloss von Volkssängern und Geistlichen geübt, vielmehr nahm sich seit dieser Zeit der
Ritterstand ihrer mit besonderer Vorliebe an und erhob sie, nach dem
Beispiel der Franzosen, zu einer höfischen Kunst, die während ihres
Blüthenalters, wenn auch nicht ausschliesslich, doch vorzugsweise
in den Händen adeliger Dichter blieb und als die vornehmere, glän-
zendere und feiner gebildete bei den höhern Ständen die ältere Volkspoesie zu verdrängen suchte. Die letztere, selbst durch die Einwirkung der Kunstpoesie wesentlich umgestaltet, trat damit zu dieser
in eine Art von gegensätzlichem Verhältniss, ähnlich dem, welches
in der vorigen Periode zwischen ihr und der geistlich-gelehrten Poesie
stattgefunden hatte.

§ 56.

Unter der kraftvollen Regierung Friedrichs I und Heinrichs VI
gelangte Deutschland nach manchen Erschütterungen und Schwan-
kungen in seinem Innern zu einer solchen Festigkeit und Ruhe, dass
es als ein grosses wohlgegliedertes Ganzes angesehen werden konnte.

---

2) Vgl. F. Diez, die Poesie der Troubadours 16 ff : 48.   3) Dass eine
nicht unbedeutende Zahl deutscher Dichter aus dem Ritterstande einen Kreuzzug
mitgemacht habe, wird durch ihre Werke selbst bezeugt; Gleiches gilt von vielen
romanischen Dichtern, namentlich Provenzalen. Auf dem zweiten Kreuzzuge soll
die Königin Eleonore von Frankreich (ein deutsches Liedchen aus der Mitte des 12.
Jahrh. [MF. 3, 7] nimmt wahrscheinlich auf sie Bezug; Lachmann, über Singen und
Sagen, S. 16) auch einige Troubadours in ihrem Gefolge gehabt haben. Merkwürdig ist die Sage von den Wettgesängen französischer und deutscher Dichter vor
dem Kaiser zu Mainz, aber wohl ohne allen historischen Grund. Vgl. Görres,
Heidelberg. Jahrbücher 1813. 765 ff.; dazu aber J. Grimm. Gedichte des MA. auf
Friedrich I. Berlin 1844. 4. S. 4 und Pfeiffer in der Germania 1, 482 Anm.

Der Wohlstand des Landes wuchs mit der Zunahme und Erweiterung des Handels, als in Folge der Kreuzzüge die Waaren aus dem Orient unmittelbar von den italienischen Seestädten bezogen wurden und nun nach dem Norden von Europa ihren Weg durch Deutschland nahmen. Die Städte blühten immer mehr auf; die Bekanntschaft, welche die Deutschen auf den Zügen ihrer Kaiser nach Italien mit dem dortigen Städtewesen machten, konnte nicht ohne Rückwirkung auf die Heimath bleiben. Dabei die Blüthezeit des deutschen Ritterthums, der Glanz der grössern und kleinern Höfe, die häufigen festlichen Zusammenkünfte weltlicher und geistlicher Fürsten und Herren bei Königswahlen, Reichstagen, Vermählungen, Turnieren, Schwertleiten; der Aufwand und die Pracht, die bei solchen Anlässen aufgeboten wurden: diess alles musste den Sinn für frohen Lebensgenuss wecken und einen Zustand der Dinge herbeiführen, in dem sich die Gegenwart mit heiterm Behagen bewegte, die Poesie wie von selbst einstellte, und nach welchem das nächstfolgende Geschlecht wie nach einer dahingeschwundenen goldenen Zeit sich zurücksehnte. Denn gleich nach Heinrichs VI Tode trat der unselige, durch eine doppelte Königswahl veranlasste Zwiespalt im Reiche ein, der es mehrere Jahre hindurch zum Schauplatz vielfacher Unordnungen und blutiger Kriege machte, wodurch die Gemüther entsittlicht, das Land verwüstet und öffentliche und Privatverhältnisse zerrüttet wurden. Indessen waren Lage und Stimmung Deutschlands während dieser Zeit und unter Friedrich II, mit so vielen Widerwärtigkeiten derselbe auch zu kämpfen hatte, noch immer nicht so trostlos, dass sie die Freude an poetischen Genüssen hätten aus dem Leben ganz verdrängen können. Vielmehr fällt gerade in diese Jahrzehnte die eigentliche Wirksamkeit der meisten ausgezeichnetern Dichter dieses Zeitraums, deren Jugend und erstes Mannesalter ja noch jenen bessern Tagen angehört und sie mitgenossen hatte. Auch betrafen die Streitigkeiten, die damals das Reich aufregten, noch nicht so, wie späterhin, bloss persönliche Verhältnisse; die ganze Nation nahm mehr oder weniger daran Theil, und die Dichter konnten, wenn sie ihre Stellung und Umgebung begriffen, in dem, was das öffentliche Leben ihnen von dieser Seite darbot, die Mittel finden, auf die Meinung des Tages Einfluss zu gewinnen, sich selbst die Gunst der Grossen und ihren Dichtungen schnelle und weite Verbreitung zu verschaffen. Und wirklich bewegen sich viele der schönsten lyrischen Gedichte dieser Zeit ganz in den Verhältnissen des öffentlichen Lebens, auf dessen Beurtheilung und Erfassung sie bei den Zeitgenossen nicht ohne Einwirkung gewesen sein können[1]. Denn diese Poesie war

---

§ 56. 1) Vergl. Uhland, Walther v. d. Vogelweide 19 ff.; 52 ff.; 114 ff.;

keine gelehrte, schreibende, sondern unmittelbar in der Gegenwart
stehende und aus ihr erwachsene, und gerade deshalb wieder von
Einfluss auf die öffentlichen Dinge[2].

§ 57.

Von dem wichtigsten Einfluss, nicht bloss auf die innere Umwandlung der deutschen Poesie, sondern auch auf die Ehre und die
Vortheile, die mit ihrer Ausübung verbunden waren, musste der Antheil sein, den insbesondere die Fürsten und der reiche und mäch-
tige Adel an der neu erwachten poetischen Regsamkeit nahmen.
Gieng diese auch, wie man alle Ursache anzunehmen hat, vorzugsweise von dem ärmern, dienenden Adel aus[1], zu dem bis gegen die
Mitte des dreizehnten Jahrhunderts bei weitem die meisten namhaften Dichter gerechnet werden müssen, so scheinen doch schon frühzeitig einzelne grosse Herren Lust am Dichten gefunden zu haben;
es gehörte nach der Vorstellung des dreizehnten Jahrhunderts geradezu mit zu den Tugenden eines feingebildeten Adeligen, dass er
auch Minnelieder zu singen verstand. So beschliesst Hartmann das Lob
seines armen Heinrich mit den Worten: *er sanc vil wol von minnen*[2].
So werden dem Staufen Heinrich VI Liebeslieder zugeschrieben,
deren Echtheit allerdings angezweifelt worden ist[3]. Solche Beispiele
munterten gewiss wieder Andere aus dem hohen Adel zur Nachfolge
auf. Der vornehme Stand dieser Dichter, der Glanz ihrer Stellung
im Staate und in der Gesellschaft mussten aber auch die Poesie in
den Augen aller Volksclassen mit einer höhern Würde umkleiden,
und die, welche sie wirklich als Kunst übten und davon lebten, in
der allgemeinen Achtung heben. Aermere Dichter, mochten sie nun
von Adel oder von bürgerlicher Herkunft sein, durften daher, sofern
sie nur den feinen, höfischen Ton trafen, für ihre Werke immer einer
freundlichen Aufnahme bei kunstliebenden Herren und Frauen gewiss sein und für sich selbst auf deren Schutz und Unterstützung
rechnen. Der Preis fürstlicher Gönner, das Lob ihrer Freigebigkeit
(*milde*), worauf wir in den Werken dieser Zeit so oft stossen,
bürgt hinlänglich für die Begünstigung, welche unbegüterte Kunst-

---

Götting. GA. 1823, S. 229; und Lachmanns Walther[2] 160 ff.   2) Lucae,
Leben Walthers v. d. Vogelweide S. 7.

§ 57.   1) J. Grimm, über den altd. Meistergesang S. 20; vgl. Diez a. a. O.
19 ff.; 258.   2) Vgl. Wackernagel, Walther von Klingen, Basel 1845. 4. S.
6 f.   3) Von M. Haupt im Berliner Index Lectionum 1857—58, in des Minnesangs Frühling S. 226—229, und in seiner Zeitschrift 11, 563; vgl. schon Lachmanns Walther[2] 198. Für die Echtheit haben sich ausgesprochen J. Grimm,
Germania 2, 477; F. Pfeiffer, über Wesen und Bildung der höfischen Sprache; und
K. Meyer in der Germania 15, 424—431.

genossen bei der vornehmen Welt fanden⁴. Bisweilen standen sie
zu gesangliebenden Fürsten und Edlen in einem nähern Verhältniss,
indem sie sich entweder in einer Art freiwilliger Dienstbarkeit an
sie anschlossen und an ihrem Hofe, ohne ein anderes Amt zu ver-
walten, nur ihrem Dichterberuf nachgiengen, oder als wirkliche
Dienstmannen ihre Kunst nur nebenbei als einen geistreichen Zeitvertreib für sich und die Herrschaft übten⁵; oft aber auch, gleich
den Volkssängern, das unstäte Wanderleben vorziehend⁶, oder dazu
gezwungen, reisten die höfischen Dichter von einem Hoflager zum
andern, zogen den Festlichkeiten nach und suchten sich mit dem
Vortrag ihrer erzählenden Gedichte und Lieder Lohn und Unterhalt
zu verdienen⁷. Dass auch die eigentlichen Volkssänger den Weg in
die höhern Kreise der Gesellschaft zu finden verstanden, in ihnen
nicht immer ungern gesehen wurden und den höfischen Dichtern
ihren Verdienst zu schmälern trachteten, beweisen die häufigen Klagen der letztern über die Zudringlichkeit und den Erfolg dieser
fahrenden Leute.

§ 58.

Als aber nach dem Tode Friedrichs II und dem Untergange

---

4) Besonders zeichneten sich, anderer nicht zu gedenken, in dieser Hinsicht
während der Blüthezeit der mittelhochdeutschen Dichtkunst die Höfe von Thüringen (unter Landgraf Hermann) und zu Oesterreich (unter den babenbergischen
Herzogen) aus. Uhland a. a. O. 13; 37; 77; Lachmanns Wolfram S. XIX; Wakkernagel zu Simrocks Walther 2, 133; und in v. d. Hagens MS. 4, 438. Dass
auch die Staufen Philipp, Friedrich II und sein Sohn Heinrich, so wie Konrad IV
deutscher Dicht- und Sangeskunst nicht abhold waren, lässt sich schon aus dem
Verhältniss schliessen, in welchem Walther von der Vogelweide zu den beiden
ersten stand (Uhland 21; 55 ff.; vgl. W. Grimm, Vridanc S. XL ff.; und Lachmanns Anmerk. zu Walther, und daraus, dass dem letzten Rudolf von Ems seine
Weltchronik (§ 97) widmete; an Heinrichs Hofe lebten Gottfried von Hohenlohe,
Burkart von Hohenfels und Gottfried von Neifen. (Ueber die beiden Staufischen
Friedriche in ihrem Verhältniss zur romanischen Poesie vgl. F. Diez, Leben u.
Werke der Troubadours 396, Anm.; 601; und Raumer, Gesch. der Hohenstaufen
3, 576; 6, 513; 516; über das Verhältniss der Staufen zur Poesie: Pfeiffer, Wesen
u. Bildung der höfischen Sprache S. 18 f.) Dass Friedrichs II natürlicher Sohn
Manfred ein Freund des Gesanges war und eine grosse Anzahl deutscher Sänger
und Spielleute um sich versammelt hatte, bezeugt Ottacker (Schacht, aus und über
Ottokar v. Horn. Reimchronik. Mainz 1821. S 16; v. d. Hagen, MS. 4, 873 ff.
und Massmanns Kaiserchronik 2. 595 f.). Ueber andere kunstliebende Fürsten
des 12. und 13. Jahrh. vgl. Gervinus 1², 192 u. 323 ff. (1⁵, 511 ff.)   5) In
der einen Art scheint z. B. die Stellung Walthers v. d Vogelweide zu seinen verschiedenen Herren und Gönnern, in der andern die Hartmanns zu dem Herrn
von Aue gewesen zu sein   6) Ueber das Leben und Treiben der wandernden
armen Sänger im 12. Jahrh. vgl. J. Grimm, Gedichte auf Friedrich I S. 17 ff.

7) Uhland S. 34; W. Grimm, Heldensage 376.

seines Hauses das Band zerrissen wurde, welches so lange die einzelnen Glieder des deutschen Reichs verknüpft hatte; als man Aus-
länder zu Kaisern erwählte, die so wenig eine wirkliche Macht ausübten, dass eine Zeit der Willkür und Gesetzlosigkeit, gewöhnlich
das Interregnum genannt, eintrat; die Sitten ausarteten, das Ritterthum in Verfall gerieth, die Fürsten und der Adel sich unter einander
und mit den Städten befehdeten, die meisten aus dem Herrenstande
nur selbstsüchtige Zwecke verfolgten, und jedes gemeinsame höhere
Interesse aus dem Leben verschwunden zu sein schien[1]: da fieng
auch die Poesie an den Vornehmen fremder zu werden und, wie die
damalige Zeit, den heitern, lebensfrischen Geist zu verlieren, der in
ihr früher geherrscht hatte. Zwar gab es noch längere Zeit Dichter
von hoher Abkunft, die die Kunst zu eigener Lust übten; ja die
meisten Fürsten und Grafen, von denen uns Gedichte aufbehalten
sind, reichen mit ihrer Lebenszeit über die Mitte des dreizehnten
Jahrhunderts herüber, einige berühren sogar dessen Schluss und den
Anfang des vierzehnten, so dass nicht einmal für alle die Annahme
gelten könnte, sie hätten nur in ihrer Jugend gedichtet, und diese
wäre in die ersten Decennien des dreizehnten Jahrhunderts gefallen.
Bemerkenswerth ist es indess, dass die meisten dieser fürstlichen
Dichter dem nördlichen Deutschland, den Niederlanden und den öst-
lichen und nördlichen germanisierten Ländern, Böhmen, Schlesien,
Rügen, Meklenburg, angehören: hier wurde die Liebe zur höfischen
Poesie erst heimisch, als sie im Süden schon abzublühen begann, wie
auch die Heldenlieder des deutschen Sagenkreises noch lange auf
den norddeutschen Ritterburgen in Ansehen blieben, also wohl nicht
so früh und so schnell von den Werken der höfischen Poesie ver-
dunkelt und verdrängt worden waren, als diess an den Höfen und
auf den Burgen von Süddeutschland der Fall gewesen zu sein scheint[2].
Die Dichter, welche von ihrer Kunst lebten, fanden jetzt nicht mehr
die Begünstigung und Unterstützung, die ihren Vorgängern zu Theil

---

§ 58. 1) Dieser Wendung des häuslichen und öffentlichen Lebens zum
Schlechtern und Schlechtesten gedenken auch die gleichzeitigen Dichter häufig
genug und suchen ihr mit Mahnung und Rüge entgegenzutreten. Wahrzunehmen
war sie aber schon vor der Mitte des 13. Jahrh.: bereits Walther von der Vogelweide trauert und klagt in seinen spatern Jahren über den Verfall deutscher
Zucht, Ehre und Herrlichkeit: der Stricker (Kleinere Gedichte, herausgegeben von
Hahn, S. 52 ff.) will nicht mehr, wie er zeither gethan, zur Unterhaltung dichten,
weil alle Freude von deutscher Erde geschwunden scheine; aber Klage muss er
erheben über die Untugenden und Laster, die überall aufgetaucht sind; und etwa
zwei Jahrzehnte später (1257) entwirft Ulrich von Lichtenstein (im Frauenbuch)
von dem höfischen und ritterlichen Leben insbesondere ein Bild, das schon sehr
dunkle Schatten hat. 2) Vgl. die Vorrede zur Vilkina-Saga: P. E. Müllers
Sagabibliothek bei G. Lange S. 279; W. Grimm, Heldensage 176.

geworden war: überall hörte man nun Klagen über die Nichtachtung
der Dichtkunst und die Kargheit der Reichen und Mächtigen gegen
diejenigen, welche sie ausübten[3]. Allein auch über „die falsche
Milde, die der kunstreichen Dichter nicht achte 'und unter dem
elenden Haufen gemeiner Sänger und dem übrigen fahrenden Volk
reichlich ihre Gaben vertheile“, werden die Klagen nun lauter[4], so
wie über die Feilheit der Lottersänger, die durch die gröbsten
Schmeicheleien sich die Gunst der Herren zu verschaffen suchen, und
die falschen Lobsinger, denen die übeln Herren auch lieber
geben, als den nothhaften Armen[5]. Diess sowohl, als die Verwilderung und Rohheit, die schnell unter dem Adel einriss, scheint Ursache
gewesen zu sein, dass die ärmern dieses Standes sich immer mehr
von einem Gewerbe zurückzogen, durch das sich wenig mehr verdienen liess, und dafür lieber im Dienste fehde- und beutelustiger
Herren von den Unruhen im Reiche Vortheil zu ziehen suchten. —
Die Wahl Rudolfs von Habsburg, dessen ernstliches Streben dahin
gieng, der Zerrüttung des Reiches Einhalt zu thun, blieb für die Poesie
ohne erspriessliche Folgen. Rudolf, wenn er auch vielleicht der Dichtkunst nicht gerade abgeneigt sein mochte, fand sich wenigstens nicht
veranlasst, arme Dichter zu unterstützen, so sehr diese auch hofften,
es werde mit ihm die alte Zeit für sie wiederkehren[6]. Da dieser
Fürst der erste war, der die Verbindung Italiens mit dem Reiche
aufgab, so unterblieben auch die Züge in jenes Land, und mit ihnen
verschwanden alle grossartigen Verhältnisse, in welchen bis dahin
Deutschland zum Auslande gestanden hatte. Die einzelnen Versuche,

---

3) Unzählige Gedichte dieser Zeit sind solcher Klagen voll, und nicht bloss
Dichter von untergeordneten Talenten fanden sich dazu veranlasst. Man lese z
B. das rührende Bekenntniss Konrads von Würzburg zu Anfang seines trojanischen Krieges und über die durch die Unzahl schlechter Dichter in Missachtung
gerathene Kunst den Eingang seines Partonopier. Wie sehr sich aber auch in
dieser Beziehung schon gegen die Mitte des 13. Jahrh. die Dinge in Deutschland
und namentlich in Oesterreich verändert hatten. lehrt das Beispiel vom Frass:
Wackernagel LB.² 585 ff.; dem Stricker legen es bei v. d. Hagen in seiner Germania 2, 82 ff. und Bartsch, Karl der Grosse S. II. XLVIII.   4) Vgl. Konrads von Würzburg Klage der Kunst, im altd. Mus. 1, 62 ff.; Hagen, MS. 3, 334 ff.;
W. Grimm, zur Geschichte des Reims S. 87 scheint das Gedicht nicht für echt
zu halten   5) S. die für die Zeit- und Sittengeschichte, besonders Oesterreichs, sehr merkwürdigen, zwischen 1289—1299 abgefassten Gedichte des sogenannten Seifried Helbling. herausgeg. durch Karajan in Haupts Zeitschrift 4, 1
bis 284, besonders S. 77 ff. und 151. Dass Helbling nicht als Verfasser anzusehen, hat E. Martin in Haupts Zeitschrift 13. 461—466 dargethan.   6) Vgl.
A. W. v. Schlegel, Gedichte auf Rudolf v. Habsburg. von Zeitgenossen. in Fr.
Schlegels deutsch. Museum 1, 289 ff.; und Docen, über die deutschen Liederdichter etc. S. 200, welche v. d. Hagen, MS. 4, 452 f. zwar zu widerlegen gesucht
hat, aber schwerlich bis zur Ueberzeugung des Lesers.

welche von einigen nachfolgenden Kaisern gemacht wurden, den
alten Verband wieder herzustellen, waren zu vorübergehend, als dass
sie wieder höhere politische Interessen in Deutschland hätten rege
machen können.

§ 59.

Unterdessen war mit der Entartung des Ritterthums die höfische
Poesie immer ausschliesslicher in die Hände Nichtadeliger gekommen.
Ein so tüchtiger Sinn und kräftiger Verstand sich nun auch in dem
Bürgerstande zu regen und zu entwickeln angefangen hatte, so fehlte
es ihm doch an der feinern Bildung und der freiern, von einem
höhern Standpunkte genommenen Ansicht des Lebens, wodurch sich
die adeligen und die ältern bürgerlichen Dichter, die an den Höfen
und auf den Ritterburgen verweilten und verkehrten, ausgezeichnet
hatten. Der Mangel dieser Eigenschaften machte sich in der Poesie
immer fühlbarer: ihr Gehalt wurde beschränkter und dürftiger; sie
war nicht mehr der Spiegel eines reichen, anmuthigen, phantasie-
vollen, von heimischer und fremder Sage genährten, von frischer
Weltlust und religiöser Begeisterung getragenen Lebens, nicht mehr
der Ausdruck tiefer, inniger Empfindung und sinniger Betrachtung;
sondern das Abbild eines zwar auf sittliche Tüchtigkeit und religiöse
Erbauung gerichteten, dabei aber engbegrenzten, durch keine grossen
öffentlichen Ereignisse aufgeregten und in dem Sinne für das gemein
Praktische befangenen Daseins, welches durch frostige, bald im
Uebermaass hervortretende Allegorien und eine gezierte Gelehrsamkeit nicht gehoben, durch das Ueberhandnehmen trockener Reflexion
nicht belebt werden konnte. So erstarrte die lyrische Gattung immer
mehr in dem eigentlichen Kunstliede, und nur im Volksgesang, von
dem wir aber aus dieser Zeit wenig oder gar nichts besitzen, mochte
sie sich noch ein frischeres Leben bewahren; in der epischen Poesie
war das Beste kaum mehr, als ein schwacher Nachwuchs des frühern Reichthums an trefflichen Werken, und selbst die didaktische
Dichtung, deren Gedeihen unter solchen Verhältnissen am ersten
vorausgesetzt werden könnte, überragte nur durch die Masse ihrer
Erzeugnisse die frühere Zeit, vermochte aber nichts mehr hervorzubringen, was den ältern ausgezeichneten Werken dieser Gattung an
die Seite gesetzt zu werden verdiente. — Wie dieser Verfall der
höfischen Poesie aber gewissermassen schon durch den Gang, den
sie von Anfang an genommen hatte, bedingt worden, in wieweit
auch die Volksdichtung darin mit begriffen war, und in wiefern er
sich nicht bloss in dem Gehalte, sondern auch in den Formen kund
that, wird im Folgenden näher angedeutet werden.

§ 60.

Als die Poesie gegen die Mitte des vierzehnten Jahrhunderts schon die deutlichsten Spuren des Verfalls an sich trug, sollten die Wissenschaften in Deutschland erst recht ins Leben treten. Denn diese hatten während dieses Zeitraums nicht die Pflege gefunden, welche jener zu Theil geworden war. Die Kloster- und Stiftsschulen waren nicht mehr das, was sie im zehnten und eilften Jahrhundert gewesen, ihre Ausartung war immer sichtbarer geworden[1]. Wenn daher in Deutschland noch ein wissenschaftliches Leben fortdauerte, so ward diess weniger in einheimischen Schulen geweckt, als in den gelehrten Anstalten, die sich in Italien und Frankreich erhoben hatten, und die erst um die Mitte des vierzehnten Jahrhunderts in Deutschland Nachahmung fanden. Auf den Universitäten zu Paris, Padua, Bologna und Salerno studierten viele junge Deutsche Theologie, Philosophie, die Rechte und die Arzneiwissenschaft. Einige Kaiser liessen es an Aufmunterung dazu nicht fehlen, und der hohe Adel gieng dem niedern und dem Bürgerstande mit gutem Beispiel voran. So wurde die aristotelische oder scholastische Philosophie auch nach Deutschland gebracht und für dieselbe von Männern, wie Otto von Freisingen († 1158) und Albertus Magnus eifrig gewirkt. Die Bekanntschaft der Deutschen mit dem römischen Rechte war vielleicht nicht ohne Einfluss auf die in das dreizehnte Jahrhundert fallende Abfassung der beiden Gesetzbücher, des Sachsen- und Schwabenspiegels; und wenn das Studium römischer Classiker in Deutschland nicht ganz unterging, so war der Aufenthalt deutscher Jünglinge auf einigen jener Universitäten wohl hauptsächlich davon die Ursache[2].

_____

Zweiter Abschnitt.

Sprache. — Verskunst. — Schule. — Allgemeines Verhältniss der höfischen Dichtkunst zur Volkspoesie.

§ 61.

1. Das Verhältniss, in welchem die beiden Hauptmundarten, die nach dem eilften Jahrhundert in Deutschland gesprochen wurden,

_____

§ 60. 1) St. Gallen war 1291 so ausgeartet, dass der Abt und das ganze Kapitel nicht schreiben konnten. Dabei aber dichtete derselbe Abt weltliche Tagelieder. Vgl. Wackernagel, die Verdienste der Schweizer S. 14 und 35; und dessen Walther von Klingen S. 6, Anm. 2.   2) Vgl. hierüber v. Raumer a. a. O. 6, 452; 462; 472; 490; 447.

zur Literatur dieses Zeitraums stehen, ist ein durchaus verschiedenes. Während sich in der hochdeutschen die ganze neue Blüthe der Poesie entfaltete, gelangte die niederdeutsche, so weit sie uns aus ihren spärlichen Denkmälern bekannt ist, gar nicht einmal dahin, wieder eine selbständige, kunstmässig ausgebildete Dichtersprache zu werden; und in der Prosa ward sie wenigstens, was Reichthum und innern Gehalt der Werke betrifft, von jener überflügelt. Die formelle Vollendung gebricht der niederdeutschen Poesie ganz, und nur einigermassen entschädigt sie dafür durch eine gewisse naive Frische, die dem volksthümlichen Elemente näher steht als die spätere hochdeutsche Poesie[1]. Daher wird hier von dem Niederdeutschen nur nebenbei, von dem Hochdeutschen aber vorzugsweise die Rede sein dürfen, welches letztere in der Niedersetzung, zu der es in diesem Zeitraum gelangte, das Mittelhochdeutsche genannt wird.

§ 62.

Die mittelhochdeutsche Sprache in ihrer ganzen Reinheit schliesst sich in der Geschichte unserer Literatur nicht unmittelbar an die althochdeutsche an, deren Fortsetzung sie allerdings ist; sondern zwischen beide schiebt sich eine Uebergangsperiode ein, welche den grössten Theil des zwölften Jahrhunderts ausfüllt und die Sprache von ihrer formellen Seite in einem doppelten Schwanken begriffen zeigt. Einmal nämlich kann sie sich noch nicht entscheiden, die aus dem frühern Zeitraum ihr übrig gebliebenen vollern und reinern Wortbildungen schlechthin fallen zu lassen gegen die durch das Kürzen und Zusammenziehen der Endungen und das Weitergreifen des Umlauts lange vorbereiteten, nun immer unaufhaltsamer einer festen Regel zustrebenden knappern und getrübtern Formen der spätern Zeit. Dann aber sind auch die wenigsten Denkmäler dieser Zwischenperiode in reinem Hochdeutsch abgefasst: die meisten, und namentlich die poetischen, jedoch wieder die weltlichen Gedichte weit mehr als die geistlichen, lassen, bei einer unverkennbar hochdeutschen Grundlage, eine mehr oder minder starke Neigung zum Einmischen niederdeutscher Formen und Ausdrücke wahrnehmen. Diese zwischen Ober- und Niederdeutsch in der Mitte liegende Sprache, welche in ihrem Consonantismus wesentlich mit dem hochdeutschen stimmt, im Vocalismus aber abweicht, wird jetzt allgemein als die mitteldeutsche bezeichnet[1]. Sie reicht in ihren Ursprüngen

---

§ 61. 1) Vgl. Bartsch in der Germania 1, 243.

§ 62. 1) Sie erkannt zu haben ist ein Verdienst Fr. Pfeiffers (Deutsche Mystiker 1. Band. Leipzig 1845), mit dem gleichzeitig W. Grimm (Athis und

in die althochdeutsche Zeit zurück und begleitet die eigentliche
mittelhochdeutsche Literatur durch das ganze dreizehnte und vierzehnte Jahrhundert hindurch; aber nie zeigt sich die Einwirkung
des niederdeutschen Elementes so stark wie in der Poesie des zwölften Jahrhunderts. Die Verfasser der Gedichte von weltlichem Inhalt
in dieser Zeit lebten vorzugsweise an den Höfen des mittlern und
niedern Deutschlands und bedienten sich, da sie es bei ihren Werken doch wohl hauptsächlich auf die Unterhaltung der Fürsten und
ihrer adeligen Umgebung abgesehen hatten, nun auch der üblichen
Hofsprache; während die geistliche Poesie, mehr in den Klöstern
des südlichen Deutschlands geübt, ein reineres Hochdeutsch festhalten konnte.   Einerseits sind die Gedichte geistlichen Inhalts, von
deren Verfassern wir etwas Näheres wissen, meist wirklich im südlichen Deutschland abgefasst, und andrerseits standen die namhaftesten unter den ältern Verfassern weltlicher Dichtungen in nächster
Beziehung zu niederdeutschen und mitteldeutschen Höfen: wie der
Pfaffe Konrad und Eilhart von Oberg (§ 91) zu dem von
Braunschweig (Heinrich der Stolze, Heinrich der Löwe), Heinrich
von Veldeke (§ 92)² zu denen von Cleve und von Thüringen (Pfalz-,
dann Landgraf Hermann).   So scheint die weltliche Poesie dieses
Zeitraums, sofern sie eine höfische wurde, besonders vom nordwestlichen
Deutschland, vielleicht mit in Folge von Anregungen, die von Flandern
kamen, ausgegangen und über Thüringen erst nach dem Süden vor-
gedrungen zu sein, wo sie freilich erst ihre volle Ausbildung und grösste
Ausbreitung erlangte.   Dass besonders am Niederrhein im zwölften
Jahrhundert eine grosse poetische Regsamkeit war, beweisen ausser
Heinrich von Veldeke, dem ältesten der eigentlich kunstmässigen erzählenden Dichter, der den grössten Theil seiner Eneide
am Clever Hofe verfasste, das Lobgedicht auf den heil. Anno (§ 90)
und die von Lachmann³ herausgegebenen Bruchstücke niederrheinischer Gedichte⁴.   Am Thüringer Hofe zu Eisenach, scheint es,
liebte man sogar noch zu Ausgang des zwölften und im Anfange

Prophilias. Berlin 1846; die Abhandlung ist im Januar 1844 gelesen) die gleiche
Thatsache aufdeckte. Weiter ausgeführt und begründet unter Bezug auf J. Grimms
Widerspruch (Haupts Zeitschrift 8, 544—549) hat sie Pfeiffer in seinen Beiträgen
zur Geschichte der mitteldeutschen Sprache und Litteratur. Stuttgart 1854. Dazu
sein Aufsatz 'Mitteldeutsch' in der Germania 7, 225—230. Wie man behaupten
kann, dass Lachmanns Bruchstücke nrh. Gedichte auf die Entdeckung geführt
haben (Müllenhoff u. Scherer, Denkmäler S. XXVIII) ist unbegreiflich.   2)
Ueber seine Sprache vgl. Grimm, Gramm. I², 453 f.; Ettmüllers Ausgabe S. VI ff.;
Pfeiffer in der German. 3, 493 ff.; Bartsch ebendas. 5, 410 ff.   3) In den
Schriften der Berliner Akad. v. J. 1836; vgl. S. 160 f.   4) Vgl. auch Vilmar,
die zwei Recensionen der Weltchronik Rudolfs von Ems, S. 34.

des dreizehnten Jahrhunderts, als das reine Mittelhochdeutsch in der höfischen Poesie schon vollständig durchgedrungen war, Gedichte, die darin abgefasst waren, in jene Mischsprache umschreiben und sich vorlesen zu lassen[5].

§ 63.

Unmittelbar nach Heinrich von Veldeke, am Ausgang des zwölften Jahrhunderts, zeigt sich die rein mittelhochdeutsche Sprache schon als herrschend in den Werken der höfischen Poesie. Sie trägt vorzugsweise die besondere Farbe der schwäbischen oder alemannischen Mundart an sich, deren allmählig hervortretendes Uebergewicht über die andern hochdeutschen Unterdialekte bereits im vorigen Zeitraum (§ 23) bemerkt wurde, und die noch mehr an Ansehen und Einfluss auf die Sprache der Höfe und des Adels, zumal im südlichen Deutschland, gewinnen musste, nachdem sie als die angeborne Mundart der Staufen mit deren Thronbesteigung die Sprache des kaiserlichen Hofes geworden war[1]. Von den höhern und gebildeten Ständen gesprochen, stellte sie sich als die feine Sprache des Hofes[2] den rohern Volksmundarten gegenüber und erhob sich, als sich die höfische Poesie im Süden Deutschlands niederliess und hier ihre schönsten Blüthen trieb, zunächst zur allgemeinen Dichtersprache, die dann aber auch, als die Prosa nach höherer Bildung strebte und sich freier zu entwickeln begann, für diese in Anwendung kam. Allerdings sind in ihr auch noch dialektische Unterschiede wahrzunehmen, wodurch die Dichter bald ihre eigentlich schwäbische, bald ihre baierisch-österreichische, oder eine rheinische, fränkische und thüringische Abkunft verrathen. Allein sie begründen nicht mehr einen so bedeutenden Abstand der Sprech- und Schreibweise nach Landschaften, wie diess im voraufgehenden Zeitraum der Fall war[3]. Selbst niederdeutsche Dichter eignen sich nun schon mitunter die hochdeutsche poetische Sprache in dem Grade an, dass ihre Heimath kaum noch durch einzelne Ausdrücke oder Reime durchblickt, während andere freilich die angelernte Mundart mit der angebornen stärker färben[4].

---

5) Wenigstens meint Lachmann, Wolfram S. XIX, dass wir diesem Hofe wohl meistens die halbniederdeutschen Handschriften älterer weltlicher Gedichte verdanken.

§ 63. 1) Eine abweichende Ansicht hat Fr. Pfeiffer, Ueber Wesen und Bildung der höfischen Sprache in mittelhochd. Zeit. Wien 1861. S. (Sitzungsberichte der W. Akademie 37, 263 ff.) aufgestellt, wonach nicht die schwäbische, sondern die österreichische Mundart den Hauptbestandtheil der höfischen Sprache ausmache. 2) Vgl. Wackernagel, sechs Bruchstücke einer Nib. Hs. S. 27; dagegen Pfeiffer in der German. 6, 239—241. 3) Vgl. Grimm, Grammatik 1², 447—152; 931 ff.; 1², 5; 201 ff. 4) Vgl. Grimm, Grammatik 1², 455 ff. Bartsch, Berthold von Holle S. XL f.

7*

§ 64.

Mit der althochdeutschen Sprache verglichen zeigt die mittelhochdeutsche, weniger in den Wortstämmen, als in den Endungen,
viele und grosse Veränderungen. Die Wurzelvocale sind, bis auf
die abgeschwächten in einer Reihe unselbständiger Partikeln, im
Wesentlichen dieselben geblieben; namentlich dauert in ihnen die
strenge Unterscheidung von Kürzen und Längen fort; nur der Umlaut (aber fast gar nicht die Brechung) hat seit dem zwölften Jahrhundert viel weiter um sich gegriffen und die Reinheit des Vocalismus noch mehr getrübt, als im Althochdeutschen, auf der andern
Seite aber bei der Abwandlung der Wörter die Unterscheidungs-
mittel, welche früher in den Endungen lagen, theilweise ersetzt.
Dagegen ist in den Bildungssilben der ehemalige Reichthum an volltönenden Vocalen, der schon im spätern Althochdeutsch stark im
Abnehmen war, noch viel mehr geschwunden. Kurze und lange
Laute, wenn sie nicht etwa durch gewisse darauf folgende Conso-
nantverbindungen geschützt werden, oder in Silben stehen, die den
Schein von Wurzeln angenommen haben, schwächen sich in der
Regel zu unbetontem oder stummem *e* ab, oder verlieren sich wohl
ganz. Noch weiter geht diese Verdumpfung und Abwerfung in den
Vocalen der Flexionssilben: bis auf wenige vereinzelte, meistens nur
in den Werken der Volkspoesie auftauchende Ausnahmen, sind sie
alle zu jenem tonlosen oder stummen, noch häufiger, als in den
Bildungen, wegfallenden *e* geworden, für welches so wie für das
der Bildungen[1] in den Werken des zwölften Jahrhunderts häufig
ein nicht stärker betontes *i* steht. Ueberhaupt sind, wie bereits
oben angedeutet ist, in diesem Jahrhundert die Flexionen noch sehr
schwankend, theils durch das noch öftere Hervorbrechen althochdeutscher Formen, theils durch die Einmischung des Niederdeutschen. — Weniger Einbussen und Veränderungen hat der alte Consonantismus in Wurzeln und Ableitungen erlitten, und selbst, da
jetzt eine einzelne Mundart vorherrscht, in gewisser Weise wieder
festere Bestimmungen gewonnen, als in der Mannichfaltigkeit der
althochdeutschen Dialekte. Sie zeigen sich hauptsächlich in dem
geregelten Wechsel verwandter Consonanten, je nachdem sie im In-
oder Auslaute der Wörter stehen, und kommen der Genauigkeit des
Reimes sehr zu statten, wobei freilich ein gewisses Absterben des
Gefühls für den organischen Ursprung der Laute nicht zu verkennen
ist. In den Flexionen haben sich die Consonanten nicht viel weiter
verändert, als im spätern Althochdeutsch. — Mit dieser grossen Ab-

---

§ 64. 1) Hier in gewissen Fällen auch noch in den Gedichten des 13. Jahrhs.

schleifung der Bildungs- und der noch grösseren der Flexionssilben
hat die Sprache nicht bloss viel von ihrem alten Wohllaut eingebüsst, sondern es hat sich auch ein dem Sprachorganismus schäd-
liches Zusammenfallen vieler, in früherer Zeit mehr oder weniger
scharf unterschiedener Wortformen eingestellt. Die Sprache muss
nun, zur Vermeidung von Zweideutigkeit, eine Anzahl Bildungen
ganz oder grossentheils fallen lassen und sich dafür zusammenge-
setzter Wörter bedienen. Sorgt sie auf diese Weise für ungeschmä-
lerten Wortreichthum, so entäussert sie sich dagegen freiwillig, besonders in der höfischen Poesie des dreizehnten Jahrhunderts, mancher aus dem Althochdeutschen überkommenen und in den Gedichten des zwölften noch öfter wiederkehrenden unzweideutigen Ausdrücke. Dafür führt sie aber andere ein, welche die ältere
Poesie entweder gar nicht kannte, oder doch mit grösserer Einschränkung gebrauchte; und so behauptet sich allerdings die mittelhochdeutsche Sprache noch immer im Besitz einer Wortfülle, die der
althochdeutschen wenig oder gar nicht nachsteht, ihr sogar, wenigstens so weit wir sie kennen, durch die Lebenswärme und Feinheit
der Bezeichnung, die jeder Ausdruck unter der Hand der Dichter
empfangen hat, sehr überlegen ist. — Im Syntaktischen muss sie
auch wieder, wegen der so weit vorgeschrittenen Abschleifung der
Endungen, auf manche Freiheit und Schönheit Verzicht leisten, deren
sich die althochdeutsche noch rühmen konnte; nichts desto weniger
ist sie, in der Poesie, wie in der Prosa, noch reich genug an Wendungen und zum Bau leichter und verschlungener Perioden geschickt.
Weniger bewähren diess die ältern Werke des zwölften, am meisten
die aus dem Ende dieses und den ersten Decennien des folgenden
Jahrhunderts. In den Gedichten insbesondere ist dort Alles einfacher, ungeschmückter; es stellen sich noch öfter, neben den Ausdrücken, auch die herkömmlichen Wendungen der ältern Volkspoesie
ein, oder neue, jenen glücklich nachgebildete, und der Stil leidet
an einer gewissen Trockenheit und Unbelebtheit[2]. Hier dagegen
wird in der besten Zeit Alles individuell beseelt, mannigfaltig in
Ausdruck und Wendung; die Perioden sind kunstreich und ge-
schmackvoll gebaut, und der Stil, der Natur des Stoffes angepasst,
trägt dabei immer das Gepräge der besondern Persönlichkeit des
Dichters. Mit welcher Leichtigkeit, Anmuth und Frische auch die
mittelhochdeutsche Prosa gehandhabt werden konnte, thut sich vornehmlich in Predigten kund, die wir aus dem dritten Viertel des
dreizehnten Jahrhunderts besitzen.

---

2) Vgl. Lachmann, über das Hildebrandslied S. 4.

§ 65.

Die hohe Ausbildung, welche die mittelhochdeutsche Sprache
durch die grossen Meister zu Ende des zwölften und zu Anfang des
dreizehnten Jahrhunderts erhalten hatte, setzte auch noch nach der
Mitte dieses letztern, als die Poesie ihrem innern Gehalt nach schon
zu sinken begann, die Dichter eine Zeitlang in den Stand, ihren'
Werken eine äussere Vollendung und Zierlichkeit zu verleihen, die
wenig oder nichts zu wünschen übrig lässt; ja, einige der grössten
Sprachkünstler dichteten erst gegen die Mitte des dreizehnten Jahrhunderts' und noch später. Allmählig indess, als die höhern Stände
die vaterländische Poesie immer mehr ihrem Schicksal überliessen,
vergröberte und verschlechterte sich auch die Dichtersprache. — Die
Unsitte, französische Wörter und ganze Redensarten in deutsche Gedichte aufzunehmen', die schon im zwölften Jahrhundert, wenn
gleich mässig angehoben, zu Anfang des dreizehnten aber weiter um
sich gegriffen hatte und selbst von einigen der ausgezeichnetsten
Dichter mehr als billig begünstigt worden war', verlor sich zwar
wieder nach und nach; dafür aber drängten sich immer mehr Wörter und Formen aus den einzelnen Volksmundarten und bei den
ihre Gelehrsamkeit zur Schau tragenden Dichtern aus dem Lateinischen (und mittelbar auch aus dem Griechischen) in die Schriftsprache; die Dichter wurden nachlässiger in Beobachtung der grammatischen Gesetze, in ihrem Stile oft gesucht, gezwungen und ge-
ziert, oder trocken und farblos, und konnten, wenn sie aus niedern
Ständen waren, ihre Herkunft nicht immer in ihren Ausdrücken ver-
leugnen. So hatte die Sprache bereits in der ersten Hälfte des vierzehnten Jahrhunderts viel von der grammatischen Schärfe, Reinheit,
Anmuth und Gefügigkeit verloren, deren sie sich hundert Jahre
früher rühmen durfte.

---

§ 65.   1) Namentlich Rudolf von Ems, und unter den spätern Konrad von
Würzburg.   2) Vgl. darüber W. Wackernagel, altfranz. Lieder und Leiche,
Basel 1846. 4. S. 195 f.   3) Bisweilen scheinen freilich die Dichter mit der
Einmischung französischer Wörter bloss ihren Scherz getrieben zu haben; vgl.
Hoffmann, Kirchenlied S. 160. Anmerk. 172, der die von ihm angezogene Stelle
wohl richtiger beurtheilt, als Uhland, Walther S. 102. Besonderes Wohlgefallen
an solchem fremden Putz muss Gottfried von Strassburg gefunden haben; wogegen Wolfram von Eschenbach selbst einmal über die in seinen Gedichten eben
nicht sparsam gebrauchten französischen Ausdrücke scherzt, da wo er seine mangelhafte Kenntniss der fremden Sprache heiter bekennt, Wilh. 237, 3. Besser als
beide verfuhr in dieser Beziehung Hartmann von Aue: je mehr er sich in seiner
Kunst vervollkommnete, desto reiner hielt er seine Sprache auch von französischen
Wörtern; vgl. Haupts Erec S. XV.

§ 66.

2. Zu der Verwilderung der deutschen Verskunst, die wenigstens schon im eilften Jahrhundert begonnen hatte (§ 30) und bis etwa zum letzten Viertel des zwölften in den uns erhaltenen Werken fortdauert[1], wo ihr wieder durch eine geregelte Messung der Zeilen und die Einführung genauer Reimgebände ein Ziel gesetzt wird, mochte, ausser allgemeinern, mehr äussern Ursachen, hauptsächlich zweierlei beigetragen haben: das allmählige Verdünnen und Abschleifen der Wortendungen, und das Aufkommen solcher Gedichte, die zum Lesen bestimmt waren. Durch jenes mussten die alten Gesetze der Betonung ins Schwanken gerathen, indem die Zahl tieftoniger, zu Vershebungen und Reimen tauglicher Silben sich minderte, ohne dass die abgeschwächtern unter ihnen den Anspruch auf höhern Anschlag im Verse sofort aufgaben; und diese Unsicherheit konnte erst aufhören mit dem Ende des zwölften Jahrhunderts, als die Tonlosigkeit oder die Verstummung der Flexionen völlig durchgedrungen und der Silbenwerth der Bildungen und Vorsetzpartikeln nach einer bestimmten Abstufung festgesetzt war. Durch Gedichte aber, die bloss gelesen wurden, konnte sich um so eher eine grössere Willkür in der Versmessung einschleichen, als hier der Zügel fehlte, der bei singbaren in der begleitenden Musik lag. — Allein wir dürfen nicht glauben, dass das alte Gesetz der hochdeutschen Verskunst, wie es uns besonders Otfried kennen lehrt, aus der deutschen Poesie des eilften und des grössten Theils des zwölften Jahrhunderts ganz geschwunden gewesen sei. Gewiss erhielt es sich nebst dem Gefühl für den Wohllaut im Verse immer in der Volkspoesie: denn daraus allein konnten die mittelhochdeutschen Dichter, als sie auch in nicht singbaren Gedichten den Vers an die alte feste Regel zu binden anfiengen, diese entnehmen und sich aneignen. Auch ohne das ausdrückliche Zeugniss von Ueberbleibseln epischer Volkslieder aus jener Zeit findet diese auf innerer Nothwendigkeit beruhende Annahme noch äusserliche Stützen sowohl in den ältesten, ihrem formellen Bestandtheile nach sicher unmittelbar an den epischen Volksgesang sich anlehnenden lyrischen Strophen des zwölften Jahrhunderts, als auch an der metrischen Beschaffenheit der ursprünglichen Gestalt des Gedichts von der Nibelunge Noth: bier wie dort herrscht bereits zu einer Zeit, wo die Werke in kurzen Reimpaaren noch keineswegs eine feste

---

§ 66. 1) Schade im Weimar. Jahrbuch 1, 37 sucht die rhythmischen Freiheiten in der Poesie jener Zeit als Ueberladung der ersten Vershälfte, durch häufigere Annahme eines viersilbigen Auftaktes zu erklären.

Abgrenzung der Verslänge gefunden haben, ein geregeltes Mass, und zeigt der innere Bau der Verse eine Gesetzmässigkeit, die von den sorgfältigsten unter den höfischen Dichtern nicht übertroffen wird.

§ 67.

a. **Versmessung**[1]. — Die ganze Rohheit des altdeutschen Versbaues gewahrt man in dem ältesten der uns näher bekannten Gedichte aus dem zwölften Jahrhundert, einer freien Bearbeitung mosaischer Geschichten (§ 90), die ihrer ursprünglichen Gestalt nach sicher dem Schluss des eilften Jahrhunderts angehört, aber nur in Bearbeitungen des zwölften erhalten ist. Von eigentlichem Rhythmus kann darin kaum die Rede sein, wenn gleich die althochdeutsche Regel, die für den aus der Zerlegung der Langzeile entstandenen Vers vier Hebungen erforderte, noch immer durchblickt; unmittelbar neben ganz kurzen Versen stehen oft übermässig lange, und beide Arten sind ohne Anstoss mit einander durch den noch sehr unvollkommenen Reim gebunden[2]. Diess Ungeschick in der Behandlung des nicht gesungenen Verses überhaupt, so wie insbesondere der Gebrauch überlanger Zeilen von mindestens fünf Hebungen und ihrer Bindung mit kürzern dauern zulängst bei den Dichtern geistlichen Standes fort: die meisten von ihnen verharren dabei bis in die achtziger Jahre des zwölften Jahrhunderts[3]. Sehr merkwürdig sind die Verse eines paarweise gereimten Gedichtes, das Himmelreich[4], welches sicher noch dem zwölften Jahrhundert angehört: hier gehen die Zeilen sämmtlich über vier Hebungen, meist bis zu sechs, hinaus und wohl mit Recht ist darin eine Nachbildung lateinischer Hexameter zu erblicken[5]. Dagegen strebt bei den weltlichen Dichtern, die dem Volksgesange eher die Regel des Versbaues abhorchen konnten, und die überdiess im Allgemeinen wohl mehr als jene auf den mündlichen Vortrag Rücksicht zu nehmen hatten, in den erzählenden Werken alles früher und erfolgreicher nach Gesetzmässigkeit und fester Begrenzung[6], und nur einzelne Geistliche, wie namentlich Wernher, der Dichter des Marienlebens (§ 90), eifern

---

§ 67. 1) Ueber den Versbau im Allgemeinen vgl. M. Riegers Anweisung zum Verständniss der mhd. Verskunst nach ihrer Erscheinung im classischen Volksepos (Anhang zu Ploennies' Kudrun S. 241—279).   2) Gleichwohl hat man im Eingange der Exodus in der Milstater Handschrift eine kunstreiche Form zu erblicken geglaubt: Scherer, Denkmäler S. 371.   3) W. Wackernagel in seiner Litteratur-Geschichte hat den Ausdruck 'Reimprosa' für diese Dichtungen in freierer Form in Anwendung gebracht, dehnt ihn aber offenbar zu weit aus. 4) Herausgeg. von J. A. Schmeller in Haupts Zeitschrift S. 145—155. 5) Bartsch in der Germania 7, 371.   6) W. Grimm, Graf Rudolf[2] 12—14; vgl. Lachmann, niederrhein. Gedichte S. 160; u. Haupt. altd. Blätter 2. 264 oben.

ihnen darin bereits seit dem Anfange der Siebziger nach. Um diese
Zeit herrscht das Mass von vier Hebungen in stumpf gereimten,
und von drei oder ebenfalls vier in klingenden Verspaaren schon
entschieden bei jenen vor, mit der besondern Freiheit, dass die Abschnitte der Erzählung gern mit einer Zeile schliessen, die bis zu
fünf Hebungen mit einer klingenden Schlussilbe verlängert ist[7].
Endlich verschwindet in dem letzten Viertel des Jahrhunderts auch
diese halbe Unregelmässigkeit aus der gebildeten Poesie in kurzen
Reimpaaren; im Pilatus, Athis und Profilias, bei Eilhart von Oberge
und Heinrich kommen keine überlangen Zeilen mehr vor[8]: auch in
dem Gedichte diu Mâze[9] bedarf der sorgfältige Versbau nur selten
der Nachhilfe, es hat mit den genannten Gedichten die metrische
Behandlung, mit dem Tristrant Eilharts allein die Freiheit der Reime
gemein[10]. Stumpfreimige Zeilen überschreiten von jetzt an nie mehr
die Zahl von vier Hebungen; klingend gereimte sind, gewöhnlich dreimal, seltener viermal gehoben, wobei in jenem Falle die
nachklingende Silbe, wie im Althochdeutschen, die vierte Hebung
bildet, in diesem nach romanischem Vorgange gar nicht mitzählt.
Als Regel gilt hier, dass die beiden Verse eines klingenden Reimpaares immer gleiches Mass haben müssen: wo dieses Gesetz
verletzt, also ein Vers von vier Hebungen mit klingender Endsilbe
auf einen nur dreimal gehobenen gebunden ist, da verräth sich Rohheit. — In den ältesten singbaren Gedichten, die noch vor die Zeit
der kunstmässig ausgebildeten Lyrik fallen, finden sich zwar auch
schon neben dem alten Verse von vier, oder wenn er klingend ausgeht, von drei stark betonten Hebungen, der auch hier noch immer
vorherrscht, andere, theils kürzer, theils länger gemessene Zeilen;
aber diese verschiedenen Versarten wechseln so wenig im Liede
wie im Leich willkürlich mit einander, vielmehr sind sie, wo sich
ihrer zwei oder mehr beisammen finden, in ihrer Aufeinanderfolge
an feste Regeln gebunden.

§ 69.

Der mittelhochdeutsche Versbau in seiner geregelten Gestal-

---

7) So in der Crescentia, dem regelmässigsten der in die Kaiserchronik aufgenommenen Gedichte (vgl. § 91), im Grafen Rudolf (vgl. Lachmann, Wolfram S.
XXVIII; W. Grimm a. a. O.), und in Wernhers Marienleben: denn dass hier die
Verlängerung der Schlusszeilen schon vor der uns allein vollständig erhaltenen
Ueberarbeitung vorhanden war, lehrt das Bruchstück des ursprünglichen Textes
(bei Docen, Miscell. 2, 107, 96; Fundgruben 2, 214, 24).   8) W. Grimm a.
a. O., wo allerdings der Aegidius (Fundgruben 1, 246) zu streichen ist, denn er
ist älter: Bartsch, Untersuchungen über das Nibelungenlied S. 255.   9) Herausgeg. von Bartsch in der German. 5, 97—105.   10) Bartsch a. a. O. 103.

tung¹, wie sie uns vornehmlich das gebildete Volksepos und die
höfischen Dichter des beginnenden dreizehnten Jahrhunderts, obgleich
nicht alle in gleicher Sorgfalt und Vollkommenheit², kennen lehren,
beobachtet rücksichtlich der Silbenverwendung zu Hebungen und
Senkungen ungefär dieselben Gesetze, wie der althochdeutsche;
nur sind jetzt, bei der sehr verminderten Zahl starker Nebentöne
auf den Endungen der Wörter, die Hebungen des Verses vorzugsweise an Stammsilben gebunden; doch können sie nicht nur immer,
wo es im Althochdeutschen erlaubt war, auf die noch vorhandenen
tieftonigen Worttheile, sondern unter gewissen Bedingungen selbst
auf Silben mit tonlosem *e* fallen³. Zwei unbetonte *e* in den Endsilben eines Wortes taugen nach einer Länge, oder was dasselbe
ist, nach zwei Kürzen (nicht aber nach e i n e r Kürze) zur Hebung
und Senkung, nicht nur wenn sie durch Position bildende Conso-
nanz getrennt sind· (*lihténnes, sórgénde, rídelénde*); sondern auch,
wenn sie einen einfachen Consonanten zwischen sich haben, wobei
die zweite Silbe mit *e* oder einem Consonanten schliessen kann
(*liebéren, michélen, míchéler, ándére, verírréte*)⁴. Eine Silbe mit tonlosem (nicht stummem) *e* ist auch dann hebungsfähig, wenn das *e*
der dazu gehörigen Senkung dem folgenden Worte angehört und
von ihm wenigstens durch e i n e n Consonanten getrennt ist⁵. Länge

---

§ 68.   1) Im Allgemeinen verweise ich zu diesem § vor Allem auf die an den
scharfsinnigsten und feinsten Beobachtungen über die mittelhochdeutsche Metrik
reichen Anmerkungen Lachmanns zu den Nibelungen und zur Klage, so wie zur
2. Ausg. des Iwein. Lachmanns Regeln der mhd. Metrik in knapper Fassung,
die er ihnen 1841 gab, sind abgedruckt in Pfeiffers Germania 2, 105—108. Eine
allgemeine Uebersicht der mhd. Metrik gibt Pfeiffer in der Einleitung seiner
Waltherausgabe. Metrische Beobachtungen über einzelne Dichter findet man in
vielen der neueren kritischen Ausgaben. Die Metrik des Nibelungenliedes ist eingehend behandelt in Zarnckes Einleitung zu seiner Ausgabe und Bartsch' Untersuchungen über das Nibelungenlied. Alte Zeugnisse für die metrischen Gesetze
begegnen nicht vor dem Ende des 13. Jahrh.: solche finden sich bei Heinrich
Hesler und Nicolaus v. Jeroschin. Sie sind behandelt und erläutert von Bartsch
in der Germania 1, 192—202; vgl. Pfeiffers und Strehlke's Jeroschin-Ausgaben
und Bech in der German. 7, 74—101.   2) Gottfried von Strassburg als den
am wenigsten kunstgerechten unter den berühmtesten Meistern anzusehen, wie
Lachmann (zu den Nibel. S. 4; zur Klage 1355; zu Iwein 4098. 7764) wollte, berechtigt nichts: vgl. Pfeiffer in der German. 3, 68 ff. Viel mehr verletzt z. B.
die Gesetze des feinern Versbaues Wolfram.   3) Von der Hebungsfähigkeit
tonloser *e* im Reime siehe weiter unten.   4) Lachmann beschränkte diesen
Fall darauf, dass die zweite Silbe mit *n* schliessen müsse: vgl. dagegen Pfeiffer
in der German. 3, 70 ff. Bartsch, Untersuchungen über das Nibelungenlied S.
96 ff.   5) *liugén envant, wérldé gewän, jénemé gerílde, hónbét verlórn*, aber
nicht *schámelé erklánc* oder *lándé entran*: vgl. zu Iwein 5111; 6575; 5873; zu
Nibel. 305, 1; 1193, 4. Spätere, wie Konrad von Würzburg, gehen aber solchen
auf ein tonloses *e* gelegten Hebungen schon gern aus dem Wege; vgl. Haupts

der ersten von zwei gehobenen Silben, zwischen denen die Senkung
fehlt, ist nicht durchaus nothwendig, sofern sie nur eine von Natur
hochbetonte ist* und einen logisch höhern Ton als die folgende hat[7].
Verschleifung einer kurzen Stammsilbe mit der zunächst folgenden
ist, wenn sie ein stummes *e* enthält[8], unter der Hebung sehr gewöhnlich; nicht weniger beim Herabsteigen von der Hebung die Verschmelzung eines tonlosen *e* mit dem Vocalanlaut der nächsten Senkung[9]. Für die Senkungen dagegen gilt der Grundsatz, „dass sie,
mit Ausnahme der ersten oder des Auftaktes in nicht singbaren Versen, nie zweisilbig sein dürfen, ausser durch Synizese oder durch
Verschleifung zweier einen einfachen Consonanten umgebenden unbetonten *e*"[10]. Ausnahmen von dieser Regel sind nur scheinbar und
erklären sich entweder aus der die einsilbige Aussprache begünstigenden Beschaffenheit der nächstfolgenden vocalisch ˉanlautenden
Hebung[11], oder aus einer freiern, zwischen und über zwei Silben
schwebenden Betonung, besonders zu Anfang des Verses[12]. Die
grösste Behutsamkeit im Gebrauch der Silben gewahrt man in der
letzten Senkung stumpfreimiger Zeilen: hier, wie in den Reimen und
in den Cäsuren, halten sorgfältige Dichter am meisten auf eine reine
Aussprache und vermeiden deshalb auch Wortkürzungen, die sie
sich in andern Versstellen nicht schlechthin versagen[13]. — Eine
durchgreifende Ausnahme von dem Gesetze der Einsilbigkeit der
Senkungen bilden die Verse in dactylischem Rhythmus. Dieser Rhythmus, dessen die mittelhochdeutschen Dichter sich selten mit grossem
Geschick bedient haben, weil er dem Grundsatz deutscher Verskunst

---

Zeitschrift 2, 375, und Haupt zu Engelhard 3171. 6) Hierhin gehören nicht
bloss die ursprünglich zweisilbigen, sondern auch solche, die bereits im ältesten
Hochdeutsch einsilbig waren, wie *nam, gut,* selbst wenn das folgende Wort nicht
consonantisch anhebt; ja sogar die erste in mehrsilbigen, wie *götinne, mänunge*
(zu Iwein 6444). Doch nicht alle Dichter scheinen sich diese Belastung einer
kurzen Silbe vor Vocalanlaut gestattet zu haben; dem Konrad von Würzburg
möchte sie Haupt, zu Engelhard S. 228, nicht zutrauen. 7) Letzteres ist von
Lachmann nicht beachtet, der daher auch den Artikel und die einsilbigen Prä-
positionen vor dem Subst. hebungsfähig erklärt. Vgl. Bartsch, Untersuchungen
S. 139 ff. 8) z. B. *sô mîner guot ritter alsô dâ; dise von sêneder arbeit;
si giengen slahende umbe sich.* 9) Wie *dem volget saelde und êre; er neic
ir unde enpfienc si.* 10) *er sprach 'so ensol ich doch den lip; weder si
ensäch dar noch enspräch; -- klêidete sine man; sände gelac; in liebte den hof
unde den lip;* s. zur Klage 27; zu Iwein 651. 1159. 1169. 11) Wie *ichn
hân widr* (= *wider*) *innern hülden;* zu Iwein 726. 12) S. zu Nibel. 1631.
3: 1503, 2; 2011, 1; zur Klage 27; zu Iwein 33; 1118; Haupt zu Eraclius 1279;
3102; 3130 in der Zeitschr. 3, 164 ff.; und zu Engelhard 3056; Rieger a. a. O.
275 ff. 13) Vgl. Lachmann zu d. Nibel. 307, 1; 319, 3; 588, 2; 856, 1; zu
Iwein 137; 318; 838; 881; 1159; 2751; 4098; 4365; 7138; 7764; Haupt zu Engelhard S. 213 f.; zu V. 444; 463; 515; 809.

widerspricht, kam auf doppeltem Wege in die deutsche Dichtkunst.
Einmal aus der lateinischen Poesie des Mittelalters, insbesondere aus
den Sequenzen, in welchen rein und gemischt dactylische, aber nach
dem Accent gebaute Verse lange üblich waren[14]: daher finden wir
sie am frühesten in deutschen Leichen. So in dem von einer Frau
verfassten Arnsteiner Marienleich[15] und in der Sequenz von Muri[16],
deren Formen sich theilweise an eine bekannte lateinische Sequenz[17]
anschliessen: jener fällt sicher vor, diese in die Zeit von Heinrich
von Veldeke[18]. Dann aber finden wir dactylische Verse, und fast
durchgängig Verse von vier Hebungen und einer bestimmten Silben-
zahl[19], bei den höfischen lyrischen Dichtern, die französische Muster
nachahmten, und hier entspricht dem dactylischen Verse von vier
Füssen der romanische zehnsilbige Vers, der seinerseits auch, aber
nicht unmittelbar, auf einer lateinischen dactylischen Versart beruht[20]. Die Dichter, die zuerst davon Gebrauch machten, sind Heinrich von Veldeke und Friedrich von Hausen[21]: bis zum Ende des
zwölften Jahrhunderts und noch im Anfang des nächsten war er
ziemlich in Gebrauch, von da an aber kommt er nur selten vor[22].
— In dem Wechsel der Hebungen und Senkungen gestattet sich der
Vers des rein erzählenden Gedichts und des epischen Volksgesanges
grössere Freiheit, als der lyrische. In jenem fehlt die Senkung zwischen zwei Hebungen sehr oft, und geschickte Dichter wissen von
dieser Freiheit für den Ausdruck der Gedanken und Empfindungen
grosse Vortheile zu ziehen. Alle Senkungen auszulassen war schon
im Anfang des dreizehnten Jahrhunderts nicht häufig[23], wie überhaupt von da an, und immer mehr seit der Mitte des Jahrhunderts,
das Streben sich zeigt, Hebung und Senkung regelmässig wechseln
zu lassen, die Senkungen auszufüllen[24], und die Silbenzählung einzuführen[25]. Unter den classischen Dichtern hat dies Streben am

---

14) Vgl. Bartsch. die lateinischen Sequenzen S. 96 ff.   15) In Haupts
Zeitschrift 2, 193—199 und bei Müllenhoff und Scherer Nr. XXXVIII.   16)
In Graffs Diutiska 2, 294—296; in ihrer wahren Form erst erkannt von Lachmann, über die Leiche S. 425—429. Nach neuer Vergleichung der Hs. bei Wackernagel LB.⁴ 259—262, danach bei Müllenhoff und Scherer Nr. XLII.   17)
Ave maris stella.   18) Denkmäler S. XXIII.   19) Den Auftakt abgerechnet haben sie bei stumpfem Reime zehn, bei klingendem eilf Silben. Vgl.
Bartsch in der Germania 7, 369 f.   20) Vgl. Bartsch in der Revue critique
1866, II, 410.   21) Vgl. Bartsch in Haupts Zeitschr. 11, 160 f., wo auch die
andern Lyriker aufgeführt sind, die sich dactylischer Verse bedienten.   22)
Vgl. Bartsch in der Germania 7, 369 f. Wackernagel. Geschichte d. d. Hexa-
meters etc. S. XXVIII f.   23) Vgl. Iwein 419. 915. 3734.   Parz. 283, 7.   W.
Grimm, Graf Rudolf² S. 12 und über Freidank. Zweiter Nachtrag (1855) S. 4.
     24) Liliencron über die Nibel. Hs. C., S. 178. Bartsch, Untersuchungen etc.
S. 380.   25) Vgl. Wingerath, der Ursprung des Princips der Silbenzählung.
Rostock 1867. S.

meisten Gottfried von Strassburg[26]; unter den späteren Ulrich von
Liechtenstein und Konrad von Würzburg, jener nicht bloss in dem
strophisch abgefassten Frauendienst, sondern auch im Frauenbuch,
das er in kurzen Reimpaaren dichtete, und dieser in allen seinen
erzählenden Werken[27]. In dem lyrischen Verse, der überhaupt noch
strengern Gesetzen, als der erzählende, unterworfen ist und daher
auch mehrsilbige Auftakte[28] flieht, ist das ununterbrochene Steigen
und Fallen der Silben Regel, von der nur ausnahmsweise abgewichen wird[29]. Der Auftakt wird von den lyrischen Dichtern seit dem
Ende des zwölften Jahrhunderts auch darin geregelt, dass sie in
manchen Liedern nur auftaktlose Verse, in andern nur Verse mit
Auftakt zulassen, oder dass bestimmte Zeilen einer Strophe Auftakt
oder nicht haben[30]. — Eine andere bemerkenswerthe Eigenheit,
wodurch sich der Vers erzählender Gedichte mit fortlaufenden Reimpaaren und einiger strophisch abgefassten Werke der epischen Volkspoesie von dem lyrischen Verse unterscheidet, beruht in der verschiedenen Veranschlagung tonloser Schlusssilben in den Versaus-
gängen. Dort nämlich müssen sie fast das ganze dreizehnte Jahrhundert hindurch noch für kräftig genug gehalten werden, die letzte
Hebung zu tragen[31]; hier kam, unter Einwirkung der romanischen
Lyrik, die jenen ursprünglich deutschen Gebrauch des klingenden Vers-
ausganges nicht kannte, namentlich seit F r i e d r i c h v o n H a u s e n[32]
und H e i n r i c h v o n V e l d e k e neben der beibehaltenen deutschen
Art die romanische Verwendung auf, wonach auf der unbetonten
Silbe des klingenden Reimes bloss ein schwaches Nachtönen derselben nach der zunächst voraufgehenden stark betonten Silbe ruht.
Nur wenn dieser Unterschied zugegeben wird, der als eine theilweise Nachwirkung des althochdeutschen Versbaues und Reimbrauchs
angesehen werden muss[33], darf in Gedichten mit fortlaufenden Reimpaaren den Versen, die klingend reimen, dasselbe Mass mit den
stumpfreimigen beigelegt werden: sonst enthalten diese vier, jene
aber nur drei Hebungen. Für die Richtigkeit der Sache spricht,
dass bis kurz vor jenen Dichtern auch in singbaren Gedichten solche

---

26) Vgl. Bechsteins Ausgabe des Tristan 1, S. XXXIX f.   27) Am ersten
gestattet er sich noch die Senkung nach der dritten Hebung, zumal mitten im
Wort, zu unterdrücken; vgl. jedoch Haupt zu Engelhard 366.   28) Er kann
im Volksepos und in kurzen Reimpaaren bis zu drei Silben anwachsen: zu den
Nibel. 1900, 4; zu Iwein S. 305, 3752; S. 435, 2170.   29) Vgl. Simrocks
Walther 1, 157.   30) Vgl. Rieger, Anweisung etc. S. 269; Pfeiffers Ausgabe
des Walther³ S. LV f.; Wilmanns Walther S. 39 ff.   31) Am deutlichsten
zeigt sich diess an solchen stumpfen Reimen, wie sie bei Lachmann zu d. Nibel.
1362, 2; 1916, 1; und zu Iwein 617 angemerkt sind.   32) Vgl. Simrock a. a.
O. 1, 172.   33) S. § 25; J. Grimm, latein. Gedichte S. XL f.

tonlosen Versschlüsse durchgängig oder doch zum Theil als gehoben galten [34]; ihr verschiedener Gebrauch stellte sich erst mit der scharfen Sonderung stumpfer und klingender Reime in den künstlichen Formen der lyrischen Poesie fest. Aus der lyrischen Poesie kam der romanische Gebrauch auch in die erzählende, wiewohl er auch hier direkt auf den Einfluss der benutzten romanischen Epen zurückgeführt werden kann, und gieng nun neben dem ursprünglich deutschen Gebrauche her. Der erste Dichter, der den klingenden Vers mit vier Hebungen und überschlagender Silbe durchführt, ist, bezeichnend genug, ein deutsch dichtender Romane, der Italiener Thomasin von Zirklaere (§ 119) in seinem wälschen Gast [35]: er kannte eben keine andere Verwendung des klingenden Reimes. Ein Unterschied der Betonung auf der vierten Hebung, je nachdem der Vers stumpf oder klingend ausgieng, musste bereits zu Anfang des dreizehnten Jahrhunderts sehr fühlbar sein; denn nur daraus erklärt es sich, dass in den meisten Gedichten mit fortlaufenden Reimpaaren auch solche Verse gepaart werden, die ausser der klingenden Endsilbe noch vier Hebungen haben: sie gelten offenbar nur als vier-, nicht fünfmal gehobene Verse, sonst würden auch wohl stumpfreimige von fünf Hebungen gefunden werden, was nicht der Fall ist [36]. Im Laufe des dreizehnten Jahrhunderts muss die Nachwirkung des Tieftons, der ehemals auf der klingenden Endsilbe haftete, immer mehr geschwunden sein, ausser in der Volkspoesie, wo er sich noch lange erhielt [37]: in kunstmässigen Gedichten, mochten sie nun strophisch oder in kurzen Reimpaaren abgefasst sein, hörte man die letzte Hebung wohl nur auf der letzten hochbetonten Silbe des Verses [38]. Daher verdrängte allmählig in nicht singbaren Dichtungen der klingend gereimte Vers mit vier starken Hebungen den ältern mit drei, und was noch mehr, es kamen von nun an auch stumpfreimige Verspaare auf von drei Hebungen, die im Mass eben so genau den alten dreimal gehobenen klingenden entsprachen, wie den alten vierfüssigen Versen mit Stumpfreim jene sich vor-

---

34) Diess beweisen wohl am unzweideutigsten das alte Loblied auf die Jungfrau Maria (zuletzt bei Müllenhoff und Scherer Nr. XXXIX und Das Melker Marienlied aus Fr. Pfeiffers Nachlass hsg. von J. Strobl. Wien 1870. 4.), und die Stollen der Strophen, die unter Spervogels Namen auf uns gekommen sind (MFr. 25 ff.). Von dem Leiche von Muri aber dürfte diess nicht mehr zu behaupten sein, da in ihm schon stumpfe und klingende Reime streng gesondert sind: Lachmann über die Leiche S. 427.   35) Vgl. Rückerts Ausgabe S. IX f.   36) Hahn, klein. Ged. von dem Stricker, S. XVII f.   37) Ja bis auf den heutigen Tag. Und hieraus erklärt sich auch, warum im geistlichen und weltlichen Volksgesang die vorletzte Silbe klingender Reime so gedehnt wird. Vgl. Zelle in Hagens Germania 1, 299 ff.   38) Vgl. Wackernagel in der Hall. Litterat. Zeit. 1832, 590 ff.

drängenden klingenden Zeilen³⁹. Damit ist der wesentliche Unterschied stumpfer und klingender Reime gänzlich aufgehoben. Es
reicht aber dieses Aufheben in seinen Anfängen bis in den Beginn
des dreizehnten Jahrhunderts zurück: schon Heinrich von dem Türlin in seiner Krone verwendet zwei der Verschleifung fähige Silben,
die demnach nur einen stumpfen Reim bilden können, als klingende
Ausgänge und bindet sio mit wirklich klingenden⁴⁰, und ähnliches
scheint sich Konrad Fleck zu erlauben⁴¹. Ja bei den niederrheinischen Dichtern geht dieser Gebrauch ins zwölfte Jahrhundert zurück
und begegnet schon bei Heinrich von Veldeke⁴², wie er auch im
dreizehnten Jahrhundert bei mitteldeutschen und niederrheinischen
Dichtern am häufigsten ist⁴³.

§ 69.

b. Reim. — Die Abschwächung der Wortendungen musste
auch in dem Gebrauch der Reime wesentliche Veränderungen nach
sich ziehen. Der Gleichklang, der im Althochdeutschen noch durch
bloss tieftonige Schlusssilben bewerkstelligt werden konnte, genügte
nicht mehr, als die Vocale der letztern, der grossen Mehrzahl nach,
zu einem unbetonten e herabgesunken waren. Daher zog sich der
Reim immer mehr in die Wurzeln der Wörter, wohin er schon bei
Otfried (§ 28) sichtlich gestrebt hatte. So lange es hierin aber noch
zu keiner Festigung gekommen war, und so lange neben dem neuen,
nach Alleinherrschaft trachtenden Gebrauche sich noch das alte Herkommen geltend machen durfte, blieben die Reime auch noch mehr
oder weniger ungenau und roh. Bis zum letzten Viertel des zwölften Jahrhunderts, also bis zu der Zeit, wo auch die Versmessung in
der nicht volksmässigen Poesie erst feste Regel gewann, sind die
Verse noch häufig nach alter Art durch tieftonige oder unbetonte
Endungen gebunden, woneben gleicher, oft auch nur ähnlicher Klang
der Stammsilben gesucht wird. Völlige Willkür scheint, selbst in
den formell rohesten Werken, dabei nicht zu herrschen, doch lässt
sich auch nicht scharf begrenzte Regel wahrnehmen. Im Allgemeinen sind in den nicht genauen Bindungen entweder die Vocale, oder
die Consonanten, oder auch beide zugleich verschieden, wobei aber
in dem Verschiedenen auf eine gewisse Verwandtschaft geachtet wird¹.

39) Vgl. Wackernagel LB.¹ S. XIV, Anm.; Hahn a. a. O. 101.   40) Vgl.
Sommer, zu Flore S. 269; was Scholl (Ausgabe der Krone S. XI) trotz Rückerts
Widerspruch (zu Thomasin S. 565) bestätigt.   41) Sommer a. a. O.   42)
Pfeiffer in der Germania 3, 501 f.; Bartsch ebend. 5, 420.   43) Bartsch zur
Erlösung S. 355.
§ 69. 1) Näheres bei Grimm, Grammatik 1², 144 ff. und Hoffmann, Fundgr.
1, 206; vgl. § 26.

Daher ist denn auch in der Regel in zweisilbigen Reimen Gleichheit der Quantität; wo sie fehlt, muss der Reim als besonders
unvollkommen gelten.   Indess ist in den Werken, die nach der
Mitte des zwölften Jahrhunderts fallen, im Allgemeinen schon ein
fortschreitendes Streben nach strengen Reimen ersichtlich: auch die
schon im zwölften Jahrhundert lange vor der völligen Festigung des
Reimgebrauchs anhebende Neigung, vorhandene Gedichte umzuarbar-
beiten, schreibt sich wohl von dem Verlangen nach strengern Reimen
her[2]. In einzelnen Gedichten haben die genauen Reime bereits vor
den Siebzigern ein entschiedenes Uebergewicht über die trüben, bloss
assonierenden erlangt[3], ja hier und da sind sie sogar ununterbrochen
durch ganze Gedichte durchgeführt[4] noch vor Heinrich von Veldeke, obgleich dieser Dichter als der erste genaue Reimer gegen
die Mitte des dreizehnten Jahrhunderts betrachtet und gerühmt worden ist[5], wahrscheinlich weil jene älteren streng gereimten Werke
den spätern höfischen Dichtern, denen Heinrich von Veldeke überhaupt als der Vater ihrer Kunst galt, nicht mehr bekannt waren.
Nach seinem Vorgange wird nun bei den höfischen Dichtern, denen
hierin die volksmässigen nachgegangen sind, nicht, wie in der Versmessung, den Weg gezeigt haben[6], die genaue Beobachtung des
mittelhochdeutschen Reimgesetzes, völliger Gleichlaut der Vocale und
Consonanten in den Bindungen, zur Regel, von der jedoch hin und
wieder bis zu einer gewissen Grenze hin noch immer abgewichen
wird[7]; nur einzelne Dichter, wie Hartmann von Aue, bei dem
die Kunst des Reimes die höchste Ausbildung errreicht, halten zur
Bewunderung streng daran und scheuen sich, Laute zusammen zu
bringen, die nur dem feinsten Ohre haben misshellig sein können.
Durch die Genauigkeit ihrer Reime zeichnen sich unter den grossen
Meistern aus dem Anfange des dreizehnten Jahrhunderts noch Gott-

---

2) Später im 13. Jahrh. gieng man dann in der Umarbeitung einzelner älterer
Gedichte noch weiter, damit sie den Anforderungen der ausgebildeten Vers- und
Reimkunst genügten. Vgl. Lachmann zu d. Nibel. u. zur Klage, S. 258.   3)
So in Heinrichs Gedicht *von des tödes gehügede* (Erinnerung), das noch vor 1163
abgefasst ist, in den Bruchstücken des Grafen Rudolf (1170–73) und in Wern-
hers Marienleben 1172 etc.; vgl. Lachmann über die Leiche S. 426; W. Grimm,
Graf Rudolf, Einleit. S. 9.   4) Wie in der Sequenz von Muri (§ 68, 16), dem
Gedicht vom Himmelreich (§ 67, 4) und dem Bruchstück von Pilatus (Massmann,
Ged. des 12. Jahrh., 145—152.)   5) Als ersten genauen Reimer rühmt ihn
Rudolf von Ems in seinem Alexander; s. die Stelle in Massmanns Denkmälern
S. 5; Hagen, MS. 4, 75; 866. Seine Reimfreiheiten bespricht Bartsch in der Ger-
man. 5, 410 ff., sie sind theils allgemein niederrheinische, theils besondere, und
beruhen zum grossen Theile auf Dialekteigenheiten.   6) Lachmann zu den
Nibel. S. 4.   7) Grimm, Grammatik 1², 206 ff.; Hahn, klein. Ged. von dem
Stricker S. X ff.; W. Grimm, Gr. Rudolf² S. 11.

fried von Strassburg und Walther von der Vogelweide
aus, weniger Wolfram von Eschenbach, der hierin, wie in
Allem, seinen eigenen Weg geht; unter den jüngern Rudolf von
Ems und Konrad von Würzburg.

§ 70.

Die Genauigkeit der Reimgebände scheint vornehmlich durch
die grössere und mannigfaltigere Ausbildung der lyrischen Formen
befördert worden zu sein, die mit Friedrich von Hausen, Heinrich von Veldeke und Heinrich von Rucke[1] anhebt. Hauptsächlich wirkte hier die Anwendung überschlagender und künstlich
verschlungener Reime ein. Zwar kommen überschlagende vereinzelt
bei ganz volksmässigen Lyrikern wie dem Kürenberger vor[2]; von ihnen
zu den kunstmässigen bildet Dietmar von Eist den Uebergang,
indem er zwar auch schon künstlicher, als seine Vorgänger, die Reime
verschlingt, dabei aber auch noch nicht die alte einfache Bindeart
des Volksgesanges in gepaarten, keineswegs durchweg genauen Reimen ganz aufgibt[3]. Indess in ausgedehnterem Masse haben doch
erst die zuerst genanuten den Franzosen nachahmenden Dichter in
Liedern und Leichen sich überschlagender und verschlungener Reime
bedient[1]: daher konnten sie nicht mehr, wie in einfach verschränkten
oder nur unmittelbar auf einander gebundenen Zeilen, zumal kurzen,
sich mit blosser Aehnlichkeit des Klanges abfinden: vielmehr drängte
zu völliger Gleichheit desselben theils die grössere Entfernung, die
nun zwischen den Reimen lag, theils, und gewiss noch mehr, das
Eintreten neuer gleich bedeutungsvoller Laute zwischen zwei sich
antwortende Reimwörter. In demselben Masse, in welchem die Reime
künstlichere Verschlingungen eingehen, werden sie auch genauer;
daher ist bei Friedrich von Hausen fast durchgehends schon
völliger Gleichklang, den er freilich öfter nur durch den Gebrauch
niederdeutscher Formen erreicht hat[5]. Und hiermit war auch wohl
die schon oben berührte scharfe Sonderung stumpfer und klingender
Reime in der lyrischen Poesie völlig entschieden[6]. Als stumpf
nämlich galten von nun an: 1) Bindung einer von Natur hochtonigen

---

§ 70. 1) Vgl. § 111.   2) W. Grimm, zur Gesch. des Reims S. 51 ;
Bartsch, Untersuchungen üb. d. Nib. S. 53.   3) Vgl. Lachmann's Walther[2]
S. 199, und üb. die Leiche S. 123. Ueber das Alter der überschlagenden Reime
in der latein. Poesie des Mittelalters, so wie über deren wahrscheinliche Einwirkung auf die Formen der romanischen und deutschen Lyrik vgl. F. Wolf, über
die Lais, S. 99; 270; 295 f.   4) Nach Rieger, Anleitung S. 281 lernten die
deutschen Dichter gegen Ende des 12. Jahrh. die Kunst des überschlagenen
Reims aus Frankreich.   5) Nur zuweilen hat er noch Bindungen wie zit:
nîp.   6) Vgl. F. Wolf, über die Lais S. 171, Anmerk. 11.

Silbe mit einer gleichartigen, oder mit einer vernehmlich tieftonigen, oder auch zweier tieftonigen mit einander[7]; 2) zweier Silben, deren erste eine stark betonte Kürze und deren zweite stumm war, mit zwei dergleichen, oder mit einer tieftonigen kurzen und einer stummen[8]; 3) einer tonlosen, in alter Zeit tieftonigen, mit einer gleichfalls tonlosen[9], welche Art von Reimen jedoch selten, fast nur von volksmässigen Dichtern gebraucht wurde und auch meist nur in Ueberarbeitungen älterer Dichtungen, wie in dem Nibelungenliede, selten bei höfischen Dichtern, wenn sie in volksmässigem Stile dichten, vorkommt[10]. Klingend dagegen waren Reime: 1) wenn zwei Silben, die erste lang und hochbetont, die zweite tonlos, mit zwei eben solchen, oder mit einer tieftonigen und tonlosen gebunden wurden[11]; 2) wenn der Gleichlaut drei Silben durchlief, wovon die erste kurz, aber hochbetont, die zweite stumm, die dritte tonlos waren[12]; wozu noch 3) die als klingend nur von einzelnen Dichtern gebrauchten dreisilbigen gleitenden Reime kamen, in denen auf eine hochbetonte lange Silbe zwei Kürzen, die erste tonlos, die zweite stumm, folgten[13]. In wiefern in erzählenden und volksmässigen Gedichten die Betonung klingender Reime bis gegen Ende des dreizehnten Jahrhunderts anders zu beurtheilen ist, als in kunstmässigen Liedern und Leichen, ist oben bemerkt worden. Hier mag noch erwähnt werden, dass in der lyrischen Poesie von dem letzten Viertel des zwölften Jahrhunderts an ein Zunehmen des Gebrauchs klingender Reime wahrnehmbar ist[14]. — In seiner besonderen Verwendung zeigt der Reim der kunst-

---

7) *gôt: gebôt; künt: wünt; — lêit: arbêit; sin: künegin; — hertogin: stüllelîn.*   8) *site: rite; sügen: klâgen; — verswîgen: saeligen.*   9) *sande: lande; Hagene: sagene; Rabene: degene.*   10) Wie bei Gottfried von Neifen: vgl. Pfeiffer, der Dichter des Nib. S. 44; Bartsch, Untersuchungen etc. S. 7. Auch Bindungen, in denen bereits veraltete Endungen mit dem Tiefton vorkommen, z. B. *nôt: verwandelôt;* oder im klingenden Reime, *wünde: suochünde* begegnen am häufigsten in volksmässigen Gedichten: s. Lachmann, Auswahl S. XVII ff.; zu den Nibel. 1362, 2; 1961; zu Iwein 617; J. Grimm, Grammatik I², 367 ff.; Wackernagel bei v. d. Hagen, MS. 4, 439; und besonders W. Grimm, über Freidank (1850) S. 47—49; und zur Geschichte des Reimes S. 92 f.
11) *diebe: liebe; börgen: sörgen; — maere: vischaere.* Auch konnten in jedem Reimworte die gebundenen Silben so beschaffen sein, dass die erste tieftonig, die zweite tonlos war, wie: *wildenaere: tiutaere.*   12) *edele: wédele; begédemet: gevédemet.*   13) *mäzele: lüzele; liutsaelige: maelige;* s. J. Grimm a. a. O. 960. Ueber Besonderheiten und erlaubte Freiheiten des mittelhochd. Reimgebrauchs vgl. Lachmann, Auswahl a. a. O.; zu den Nibel. 70; 876, 3; 1245, 3; 2091, 3; zu Iwein, 2111; 2668; 7248; 7437 und die Bemerkungen in vielen Ausgaben einzelner Dichter über deren Gebrauch.   14) J. Grimm a. a. O. S. 361. Gottfried von Strassburg begünstigt im Ganzen mehr den klingenden, Wolfram den stumpfen Reim: wie jener, auch seine Nachahmer, namentlich Konrad von Würzburg. Ein Beispiel von sechszehn auf einander folgenden klingenden Reimpaaren bietet der Stricker, Karl S. LXI.

mässigen Dichter grosse Mannigfaltigkeit. Wir finden hier rührende
oder reiche Reime, bei denen der Anlaut der Reimsilben gleich, aber
die Bedeutung der Reimworte verschieden ist[15], und hier wieder verschiedene Arten des Gebrauchs[16]; wir sehen den Schlagreim verwendet, der von zwei unmittelbar auf einander folgenden Reimwörtern
gebildet wird, die unabhängig vom Endreime stehen[17]; ferner den
damit verwandten Binnenreim, wobei die Reimwörter innerhalb des
Verses wenigstens durch eine Hebung von einander getrennt sind[18];
den übergehenden Reim, in dem das Endwort der Zeile mit dem
Anfangswort der folgenden reimt[19]; den Mittelreim, der das Ende
des Verses mit einem Worte innerhalb desselben verbindet[20]; Pausen,
d. h. zwei Reime, von denen der eine am Anfang, der andere am
Schluss eines Strophengebäudes oder eines Strophentheiles oder einer
Zeile steht[21]; Körner, d. h. Reime, die sich auf verschiedene Strophen
vertheilen[22]; den grammatischen Reim, der in der Abwandlung eines
Wortes durch verschiedene Flexionen und Ableitungen besteht[23]; den
gebrochenen Reim, der auf Trennung eines zusammengesetzten Wortes
durch den Versschluss beruht[24]; den Doppelreim, bei welchem ausser
den eigentlichen Reimworten auch die vorausgehenden mitreimen[25];
und den diesem ähnlichen erweiterten Reim, nur dass hier der Gleichklang sich in einem Worte ausdehnt[26] — Reimkünste, welche zum
grössten Theile von den Romanen herübergekommen[27] und überwiegend in der Lyrik angewendet worden sind.

§ 71.

c) Versreihen, Strophen, Leiche. — Der einzige Vers,
den die mittelhochdeutschen Dichter in fortlaufenden, durch keine
strophische Gliederung unterbrochenen Reihen gebraucht haben, ist
aus der Zerlegung der althochdeutschen Langzeile hervorgegangen[1].

---

15) *arm* (subst.): *arm* (adj); *werden* (fieri): *werden* (dignum). 16)
Vgl. W. Grimm, zur Geschichte des Reims. Berlin 1852. 4. S. 1–54. 17)
singen springen sol diu jugent: vgl. W. Grimm a. a. O. S. 54 ff. und über Freidank (1850) S. 50. 18) W. Grimm S. 58–59. Ueber die verschiedenen
Arten innerer Reime vgl Bartsch, der innere Reim in der höfischen Lyrik. Germania 12,129 - 194. 19) z. B. *Ich muoz lieben unde leiden Leiden tröst von
schulden geben*, hier zugleich rührender Reim: vgl. W. Grimm S. 59—62; Bartsch
a. a. O. 151—155. 20) z. B. *bescheidenheit schuof unde sneit*; vgl. W.
Grimm S. 62 f.; Bartsch 172 f. 21) W. Grimm S. 63—66; Bartsch 185 bis
191. 22) Lachmann zu Walther 11, 32. W. Grimm S.66. 23) W. Grimm
S. 67 f. z.B. *singen: sanc; ringen: ranc*. 24) *under: wunder-licher*. W. Grimm
68 f. 25) *frô: sô hô* etc. W. Grimm S. 69—80. 26) *begin: gestin;
erkiesen: verliesen* etc. W. Grimm S. 80—96. 27) Der Ursprung der Pausen und Schlagreime ist noch nicht ermittelt: Lachmanns Walther² S. 215.
§ 71. 1) Vgl. § 30. Ueber den Ursprung und die geschichtliche Fortbildung der

Zu vier Hebungen, wenn er stumpf, zu drei, seltener vier, wenn er
klingend reimt[2], geht er, in der Regel nur zu Paaren, deren jedes
in sich selbst gleiches Mass hält[3], durch eine ganze Dichtung. Der
Wechsel der verschiedenartig reimenden Paare ist an kein festes
Gesetz gebunden; die Zahl der gleichartigen, die in ununterbrochener
Folge an einander gekettet sind, nur in sofern beschränkt, dass die
Häufung der klingenden von guten Dichtern viel mehr, als die der
stumpfen gemieden wird[4]. Mannigfaltigkeit des Ausdrucks wird erreicht durch die gestattete Auslassung einer oder mehrerer, ja aller
Senkungen im Verse, durch mehrsilbige Auftakte, durch Benutzung
tonloser Silben zu Hebungen, durch schwebende Betonung und den
Wechsel der Verspaare von verschiedenem Mass[5]; die schnelle und
in ihren Intervallen beinahe gleichbleibende Aufeinanderfolge der
Reime gemässigt durch die stärkern oder schwächern Pausen, welche
der Gedanke gewöhnlich in die Mitte eines Verspaares legt[6], und
durch die innere Bindung, die er in zwei zunächst an einander
stossende, nicht unter sich gereimte Zeilen bringt[7]. Wo, wie in
Spruchgedichten, das Hinübergreifen des Sinnes aus der zweiten
Hälfte eines Reimpaares in die erste des zunächst folgenden vermieden ist, hat es die Natur des Gegenstandes geboten[8]. Natürlich aber
bedienen sich nicht alle Dichter jener Mittel, die sich am schönsten
zeigen können, wo sich die Rede zu kunstvollen Perioden abrundet,
mit gleichem Geschmack und gleicher Geschicklichkeit: Verschiedenheit der Talente, der Gegenstände und der Zeiten bedingt hier, wie
überall in der Kunst, mannigfache Abstufungen. — In dieser Versart
sind die meisten erzählenden und die grössern didaktischen Gedichte,
auch die Erzeugnisse der dramatischen Poesie abgefasst: mitunter

---

Reimpaare vgl. W. Grimm a. a. O. 172 ff.; Bartsch in der German. 2, 257 f.
2) S. §§ 67. 69. Ausser Gottfried von Strassburg und Konrad von Würzburg
haben sich vielleicht alle Dichter des 13. Jahrh. viermal gehobene klingende Verspaare erlaubt, gleich den Verfassern der ältern genauer gemessenen Gedichte;
Lachmann, Wolfram S. XIV, und zu Iwein 772.   3) Doch werden Verse mit
klingendem Reime von drei und vier Hebungen mit einander gebunden, wenn sie durch
einen Sinnabschnitt getrennt sind: Sommer zu Flore S. 274 ff.   4) S. § 70,
13 und Hahn, klein. Gedichte von dem Stricker S. XIII und 101.   5) „Gute
Dichter wechseln gern ab mit klingenden Verspaaren verschiedener Länge, wo sie
nicht schnellen und leichten Fortschritt beabsichtigen." Lachmann zu Iwein 143.
       6) Diess hiess rime brechen, das Gegentheil rime samenen (Parz. 337, 26).
Haupt zu Engelhart 1020. Vergl. Bartsch, Germania 2, 257 f.; 255 f.   7)
J. Grimm, altd. Wäld. 1, 193 f.; Andreas und Elene S. LVII f. Benecke, Wi-
galois S. XVI. Besonders streng beobachtet Konrad von Würzburg die Regel des
Reimbrechens, ausser in den Schlüssen der Abschnitte (s. unten); vgl. Lachmann,
Hildebrandslied S. 39; W. Grimm, Silvester S. XII; Hahn, Otte S. 41 f.   8)
Vgl. W. Grimm, Vridanc S. XXIV.

ist sie auch wohl zu Stoffen verwandt worden, die ihrem Wesen nach sich mehr zu lyrischer, als epischer Behandlung eignen, wie in Konrads von Würzburg goldener Schmiede, einem Lobgedicht auf die Jungfrau Maria, das aber freilich auch theilweise den Charakter eines religiösen Lehrgedichts hat[9]. In eigentlich lyrischen Gedichten kommt sie nur bei den ältesten Dichtern vor, wie bei Dietmar von Eist; Walther von der Vogelweide verwendet sie in einigen Gedichten, aber in regelmässigem Wechsel stumpfer und klingender Ausgänge[10]. — Dass im zwölften Jahrhundert öfter die Absätze in Dichtungen mit fortlaufenden Reimpaaren durch verlängerte Schlusszeilen bezeichnet wurden, ist bereits erwähnt worden (§ 67, 7); daneben findet sich auch schon sehr früh die Neigung, den Schluss der Abschnitte in der Erzählung durch drei auf einander gereimte Zeilen hervorzuheben. Das früheste Beispiel bieten die Bruchstücke eines gereimten Bussgebetes[11]; in dem Gedichte vom Pfaffenleben[12] finden sich beide Arten die Abschnitte durch Verlängerung der Schlusszeile und dreifachen Reim zu beschliessen vereinigt. Wahrscheinlich ist die letztere Art aus Verdoppelung der letzten Zeile entstanden[13]. Sie findet sich am Schlusse des zwölften Jahrhunderts in der Legende vom Bischof Bonus[14], wenn auch nicht ganz regelmässig, und setzt sich im dreizehnten Jahrhundert fort[15], ja begegnet vereinzelt noch in dem folgenden[16]. Dagegen verräth sich Verwilderung in dem Gebrauche dreifacher Reime, wenn sie auch anderwärts als am

---

9) W. Grimms Ausgabe S. XIII.   10) Vgl. Simrocks Walther 1, 173. 2, 124.   11) So ist es am besten zu bezeichnen: vgl. Bartsch in der German. 7, 260. Zuerst mitgetheilt in Graffs Diutiska 2, 297 ff., dann in Haupts Zeitschr. 3, 515 ff. Aus der Milstäter Hs. in Karajans Sprachdenkmalen S. 47 ff., hier viel vollständiger erhalten. Vgl dazu Bartsch a. a. O. 278 ff.   12) Altd. Blätter 1, 217 ff.   13) Wackernagel in Simrocks Walther 2, 124, Anm. 2 lässt sie aus Zerlegung der verlängerten Schlusszeile entstehen. Diess ist jedoch nicht wahrscheinlich, da die verlängerte Schlusszeile selten über fünf Hebungen hinausgeht.   14) Herausgeg. in Haupts Zeitschr. 2, 208 ff.; vgl. Lachmann zur Klage S. 292.   15) In Wirnts Wigalois, in der Krone Heinrichs v. Türlein, in den drei Büchlein des Frauendienstes Ulrichs von Liechtenstein (nur dass das erste den letzten Absatz mit einem sechsmal gehobenen Verse, und das dritte, das auch sonst sehr gekünstelt ist [s. v. d. Hagen MS. 1, S. XXXVII] die übrigen Abschnitte mit einer dactylischen Zeile schliesst, am Ende des letzten aber nicht dreifachen Reim, sondern nach einer dactylischen Zeile den Abgesang des dem Büchlein beigegebenen Liedes hat: Lachmann, über Singen u. Sagen S. 5), in den Bruchstücken eines mitteldeutschen Gedichtes aus dem Kreise der Artussage (altd. Blätt. 2, 148 ff. Haupts Zeitschrift 11, 490–500. German. 5, 461 ff.), in Heinrichs v. Krolewiz Vater Unser, in der Wiener Meerfahrt, in einer gereimten Marienlegende von Heinrich Cluzenere (Bartsch, mitteld. Gedichte S. XI), in der Erzählung von zwei Kaufleuten (Gesammtabenteuer 3, 357 ff.).   16) Ein Beispiel aus der Mitte des 14. Jahrh. gibt Pfeiffer, Forschung und Kritik 1, 55 ff.

Schlusse der Abschnitte vorkommen, wie in manchen Dichtungen des
zwölften Jahrhunderts[17], und im dreizehnten bei dem sogenannten
Seifried Helbling[18], oder bei dem Dichter des Passionals in diesem
Werke und dem Leben der Altväter[19] und bei dem Nachahmer desselben, Heinrich Cluzenere[20]. Die Neigung, den Schluss der Absätze
hervorzuheben, schreitet im dreizehnten Jahrhundert in zweifacher Richtung weiter, einmal darin, dass die Zahl der Verspaare, nach denen der
dreifache Reim kommt, immer dieselbe bleibt[21]; dann, dass nun auch
Schlüsse von vier gleichen Reimen angewandt werden[22]. Diese Art
findet sich nun auch, aber nicht regelmässig, innerhalb der Abschnitte,
und reicht hier weit, sogar in die althochdeutsche Zeit zurück[23];
unter den höfischen Dichtern findet sie sich, jedoch beabsichtigt, bei
Heinrich von Veldeke, und dem ihn hier nachahmenden Herbort von
Fritslar[24], wird aber von Wolfram, Gottfried, Konrad von Würzburg
und andern guten Dichtern gemieden[25]. Am meisten liebt die Anhäufung
der Reime innerhalb der Abschnitte Nicolaus von Jeroschin, der
vier gleiche Reime sehr häufig hat, aber auch zweimal und bis zu
sechsmal vier gleiche Reime folgen lässt, und eben so fünf, sechs,
sieben, zehn gleiche Reime anwendet[26]. Eine andere Art die Abschnitte zu bezeichnen besteht in der Bindung des letzten auf einander gereimten Verspaars durch den Gedanken; sie findet sich in
solchen Gedichten durchgeführt, wo diese Bindung sonst absichtlich
vermieden wird[27]. Beliebt, aber wohl nirgend gleichmässig angewandt, waren in der besten Zeit auch die Schlüsse mit viermal gehobenen und klingend gereimten Verspaaren[28]. — Auch die Eingänge

---

17) Wie öfter im König Rother; vgl. auch Mone, altd. Schausp. 3.   18)
Haupts Zeitschr. 4, 198—205.   19) Pfeiffer, Marienlegenden S. XVI; doch
wendet dieser immer nur Paare von dreifachen Reimen an.   20) Bartsch,
mitteld. Gedichte S. XII.   21) Wie in Ulrichs v. Türlein Wilhelm: hier kommen die drei gleichgereimten Zeiten immer nach vierzehn Verspaaren: die wenigen Abweichungen von dieser Regel im gedruckten Texte rühren nicht vom
Dichter her. Die Zahl der Zeilen in jedem Absatze dient zur Bestätigung dessen,
was Lachmann (Wolfram S. IX und zu den Nibel. S. 162 f.) in Bezug auf die
Eintheilung viel älterer, nur aus Reimpaaren bestehender Werke in Absätze von
einer sich gleichbleibenden Zahl von Versen (gewöhnlich dreissig) gesagt hat; vgl.
auch Haupt, die Lieder u. Büchlein etc. von Hartmann von Aue S. VIII, und
J. Grimm, latein. Gedichte S. XXXIV, Note; aber auch Bartsch, Wolfram I. S.
XIX.   22) Wie in Hugo's von Langenstein heil. Martina, aber nicht durch-
gängig; vgl. Wackernagel, Basel. Handschr. S. 15. Anm. 2 und Kellers Ausgabe
S. 739.   23) W. Grimm, zur Geschichte des Reims S. 96—106. Wo es un-
absichtlich geschieht, verstösst es gegen die strengere Kunstregel: Lachmann z.
Klage 1408.   24) Vgl. Frommann zu Herbort S. 311; W. Grimm a. a O.
S. 98.   25) W. Grimm S. 109.   26) Pfeiffer, Nicolaus von Jeroschin S.
XLIX ff. Auch Philipp im Marienleben hat vier und zweimal vier gleiche Reime:
Rückert S. 325.   27) Vgl. Anm. 6.   28) Lachmann zu Iwein 772. Eine

von Gedichten zeichnete man durch die Form aus: so gebraucht
Gottfried von Strassburg im ersten Theil der Einleitung zu seinem
Tristan aus vier gewöhnlichen Versen gebildete Strophen mit vier
gleichen, eigenthümlich behandelten Reimen und unterbricht damit auch noch bisweilen in der Erzählung selbst, wenn er zu etwas
Neuem übergehen will, das mit einer allgemeinen Betrachtung eingeleitet werden soll, die fortlaufenden Reimpaare²⁷. Dabei bringt
er in den Eingangsstrophen auch noch das Kunststück der Akrostichen an, die schon Otfried in seinen drei Zueignungsgedichten
nicht bloss durch die Anfangs-, sondern auch durch die Endbuch-
staben sämmtlicher Strophen herausgekünstelt hat. Ganz so, mit
vier gleichen Reimen und Akrostich, sind die Eingangsstrophen zu
Rudolfs von Ems Weltchronik und, mit gesteigerter Künstlichkeit, zu seinem Alexander. Wo der Dichter in jener noch sonst
Akrostichen anwendet, reiht er bisweilen, ohne strophische Gliederung, noch mehr als vier gleiche Reime an einander³⁰. Ohne Akrostich ist die Nachahmung der gottfriedischen oder rudolfischen Eingänge in der Einleitung zu der Erlösung³¹. Noch um vieles künstlicher
als die gottfriedischen sind die Strophen gebaut, womit Konrad
von Würzburg seinen Engelhard anhebt³². Die Mariengrüsse³³ beginnen mit zehn gewöhnlichen Reimpaaren, dann folgen zweimal
vier gleiche Reime, und vierzig gleichreimende Zeilen: alles dies ist
Einleitung zu den vierzeiligen Strophen der eigentlichen Grüsse³⁴.
Ebenso liess man die Schlüsse ganzer sonst in Reimpaaren verfass-
ter Gedichte aus mehr als zwei gleiche Reime ausgehen³⁵. In des
Pleiers Tandarias und Flordibel sind zwischen die Reimpaare mehrere
lyrische Strophen eingeschoben³⁶. Das sind jedoch Künsteleien ein-

Künstelei in den Schlussreimen der Absätze bei Gottfried von Strassburg, die ihm
auch wieder Rudolf v. Ems nachgemacht hat, berührt F. Pfeiffer in d. Münchener
Gel. Anz. 1842, Nr. 71.   29) Vgl. F. Wolf, über die Lais S. 182 f.; R. Bechstein. Tristan 1, S. XLI.   30) S. Altd. Mus. 2, 268; v. d. Hagen, MS. 4, 546.
Anm. 6; 556, Anm. 2; Vilmar, die zwei Recensionen der Weltchronik, S. 60; 66.
     31) Vgl. Hagen. MS. 4, 617, Anm. 3; Bartsch, Erlösung S. V.   32)
Vgl. W. Grimm a. a. O. 55 f.; 98.   33) Herausg. in Haupts Zeitschr. 8, 274
bis 298.   34) Am Schlusse des Gedichtes Absätze in Reimpaaren, mit vier
Reimen schliessend.   35) Wie in Hartmanns von Aue zweitem Büchlein (das
erste schliesst mit einem ganz eigenthümlich gebauten Leich, vgl. Haupt, Zeit-
schr. 4, 395. wo er verbessert, was er in der Ausg. der Lieder und Büchlein S.
VII. über diesen Schluss gesagt hatte, vgl. auch W. Grimm a. a. O. 100 ff.); in
Konrads von Fussesbrunnen Kindheit Jesu, in der Urstende und Himmelfahrt
Mariens von Konrad von Heimesfurt, in Rudolfs von Ems gutem Gerhard, Bar-
laam und Wilhelm (vgl. Pfeiffer in Haupts Zeitschr. 3, 278) und in mehreren
Stücken des sogen. Seifried Helbling, der aber auch noch auf andere Art schliesst
(s. Haupts Zeitschr. 4, 41; 163; 197; 204 f.).   36) Vgl. E. H. Meyer in
Haupts Zeitschr. 12, 484.

zelner Dichter, die allerdings, wie man aus Hartmanns und Gottfrieds
Beispiele sieht, früh anheben.

§ 72.

Die ältesten mittelhochdeutschen S t r o p h e n' oder G e s e t z e,
in ihrem Bau sehr einfach, sind aus denselben Versarten gebildet,
deren sich die ältere erzählende Poesie von schon geregelterem Masse
bedient, aus Zeilen von vier Hebungen, deren letzte bald auf betonte,
bald auf unbetonte Silbe trifft, und dem, jedoch nur selten gebrauchten, fünfmal gehobenen Verse mit Stumpfreim oder mit klingender
Endung. Diese Verse sind entweder, wie in erzählenden Gedichten,
zu zwei, drei und mehr Reimpaaren mit einander verbunden², oder
sie bilden, je zwei mit einander verknüpft — und hier stellt sich
eine neue Art, der auf Stumpfreim ausgehende Vers von drei Hebungen ein — Langzeilen, die nun aber nicht mehr, wie in der althochdeutschen Strophe, jede in sich Mitte und Ende, sondern paarweise unter einander ihre Enden durch den Reim binden, so dass
zu einer Strophe, die nur Langzeilen enthalten soll, jetzt deren vier
wenigstens erforderlich sind und nicht bloss zwei, wie bei Otfried.
Die merkwürdigste Strophe dieser Gattung ist die durchaus volksmässige, in der die meisten alten, unter K ü r e n b e r g s (§ 111) Namen
auf uns gekommenen Liebeslieder und das Gedicht von der N i b e-
l u n g e N o t h abgefasst sind³. Die erste Hälfte jeder Langzeile bilden
Verse von vier Hebungen, deren letzte gemeiniglich auf tonlose, nicht
selten jedoch auch auf betonte Silbe fällt⁴; der zweite Halbvers ist
in den drei ersten Zeilen nur dreimal⁵, in der vierten viermal ge-
hoben⁶. Aus der schon in den jüngeren Handschriften der Nibe-

---

§ 72. 1) Vgl. zu diesem § besonders Bartsch, der Strophenbau in der deutschen Lyrik, in der Germania 2, 257—298.   2) Das älteste Beispiel aus dem
12. Jahrh. dürfte die sechszeilige, mit einem Refrain versehene Strophe des Lob-
liedes auf die Jungfrau Maria sein; vgl. § 68, 34. Sie entspricht, den neuen
Refrain abgerechnet, in ihrem Bau der § 29 erwähnten althochdeutschen in dem
Liede auf den heil. Petrus. Drei Reimpaare enthält auch die mit Unrecht Wernher
von Tegernsee beigelegte Strophe (Minnesangs Frühl. 3, 1: vgl. Fundgruben 2,146).
Von den beiden in kurzen Reimpaaren abgefassten lyrischen Stücken von Dietmar
von Eist (MFr. 37, 4. 18; in Wackernagels LB.¹ 221 ff. beide zusammen als ein
Leich aufgefasst und in fünf Absätze zerlegt) besteht die erste aus 14, die andere
aus 12 Zeilen, jene schliesst mit einer stumpf reimenden Zeile von fünf Hebungen.
    3) Ueber diese Strophe vgl. W. Müller, über die Lieder von den Nibelungen
S. 13 ff.; Simrock, die Nibelungenstrophe. Bonn 1858. S., und dazu Bartsch in
der German. 4, 124—128.   4) Lachmann zu den Nibel. 118, 2; Bartsch, Untersuchungen über d. Nib. 164,ff.   5) Lachmann zu 45, 4.   6) Lachmann
a. a. O. S. 5 u. 290 möchte das Aufkommen dieser Strophenart nicht weit über
d. J. 1170 hinaufrücken, „weil sich sonst wohl mehr Spuren von ältern Versen
zu drei Hebungen finden würden." Auch glaubt er, dass dieser Vers und mit

lungen begegnenden Verkürzung der achten Halbzeile' entwickelte
sich der sogenannte Hildebrandston, in welchem ausserdem die schon
in den Nibelungen vorkommenden Cäsurreime allmählig zur Regel
wurden und aus der vier- eine achtzeilige Strophe machten. In der
Lyrik des zwölften Jahrhunderts finden sich, ein Zeichen der Beliebtheit und Popularität der Nibelungenstrophe, eine Menge Variationen
derselben und der sie bildenden Versart', und nicht minder ist sie
auf die Gestaltung epischer Strophen des zwölften und dreizehnten
Jahrhunderts (§ 73) von grösstem Einfluss gewesen'. — Sehr alt ist
auch die einfache Erweiterung der aus zwei kurzen Reimpaaren bestehenden Strophe durch Einschiebung einer reimlosen Zeile (Waise)
gleiches Masses zwischen das zweite Paar[10]; etwas künstlicher schon
sind Töne wie der bei Spervogel, wo nach zwei alterthümlich
gemessenen stumpfen Reimpaaren zwei klingend auf einander gebundene Zeilen, die eine von drei, die andere von fünf Hebungen,
mit einem in die Mitte genommenen, viermal gehobenen und auf
eine betonte Silbe ausgehenden Waisen folgen[11]; oder solche, wo,

ihm die Langzeile, deren zweite Hälfte er bildet, „zwar nach der allmählig gangbar gewordenen Verlängerung des vierfüssigen Verses sich natürlich, aber doch
auch nicht ohne Einfluss der zwei epischen Versarten der Franzosen entwickelt
habe, nur nicht in genauer Nachbildung." Von dieser Ansicht weicht J. Grimm,
latein. Gedichte S. XXXVIII ff. (vgl. auch Bartsch in der Germania 2, 258), insofern ab, dass er die mittelhochd. epischen Langzeilen aus den althochd. entstehen lässt vermittelst der durch vorschreitende Schwächung und Abstumpfung
der Ableitungen und Flexionen herbeigeführten Minderung der Zahl der Hebungen
und der Verlegung des Reimes aus der Cäsur ans Ende der Langzeilen. Indess
möchte sich doch wohl gegen diese Annahme und ihre weitere Begründung verschiedenes einwenden lassen. Dass die romanische Poesie und die lateinische des
Mittelalters bei der Einführung der am Ende auf einander gebundenen Langzeilen
und des Verses von drei Hebungen wenigstens mit im Spiele gewesen sei, scheinen
auch F. Wolfs Erörterungen, über die Lais, besonders S. 146, 10 und 195, 38 zu
bestätigen. 7) Bartsch, Untersuchungen S. 156 ff. 8) So beim Burggrafen von Regensburg, Meinloh von Sessingen und bis ins 13. Jahrh. hinein: vgl.
Lachmann a. a. O. S. 5; Bartsch, in der German. 2, 258—268. 9) Ueber
die Verwendung der Nibelungenstrophe im Drama vgl. das Spiel von den klugen
und thörichten Jungfrauen (§ 160). 10) Sie findet sich zuerst in dem § 55, 3
angeführten Liedchen (MFr. 3, 7), das wohl noch in den Fünfzigern des 12. Jahrh.
gedichtet ist, und dann in dem erzählenden Gedichte von Salman und Morolt
(§ 91), dessen Strophenform bereits 1809 von J. Grimm (Heidelb. Jahrb. II, 2,
249 ff.) erkannt wurde; vgl. Lachmann, üb. Singen u. Sagen S. 16; Bartsch, Germania 2, 255. 11) MFr. 25—31. Dass in diesem Ton wirklich schon stumpfe
und klingende Reime, ohne dass die Bindung durchgängig genau ist, unterschieden werden, folgt daraus, dass in den Stollen die letzte Hebung noch oft auf eine
unbetonte Silbe trifft, was im Abgesange nie der Fall ist. Diess stimmt zu Lachmanns Bemerkung (zu den Nibel. 1362, 2; 1916, 1), dass nur in der ersten Hälfte
der Strophe bei Kürenberg und in den Nibelungen Reime auf tonlose Silben vorkommen (die Erklärung dieser Thatsache s. bei Bartsch, Untersuchungen S. 149 f.).

noch immer bei unmittelbarer, höchstens durch einen Waisen unter-
brochener Reimbindung, zwischen Langzeilen von acht und von sieben
Hebungen kurze von vier und von drei eingeschoben oder ihnen vor-
aufgestellt werden, mit genauer Unterscheidung stumpfer und klingender Reime und Einschnitte nach der Stelle, die sie in der Strophe
einnehmen[12]. Dietmar von Eist leitet zu den kunstvollen Strophenarten der Folgezeit dadurch über, dass er den altüblichen
Massen Verse von zwei und von sechs Hebungen hinzufügt und
sich der tonlosen Silben zum stumpfen Reime, wenn man von den
beiden Strophen in kurzen Reimpaaren[13] absehen will, ganz enthält,
da er, bei fast durchgehends genauer Bindung, die beiden Haupt-
reimarten schon streng unterscheidet; dass er ferner, weil er Verse
von vier Hebungen mit klingender Endsilbe gebraucht, sie auch in
Langzeilen, sowohl in der ersten, als in der zweiten Hälfte, aber
nach fester Regel, anwendet; endlich dass er, wie schon bemerkt
wurde, zuerst überschlagende Reime durchführt, jedoch mit der Beschränkung, dass sie meist nur einer um den andern sich binden,
seltner ein ganzes Reimpaar von einem andern in die Mitte genommen
wird, und nie, wie so häufig bei den ersten Erfindern der eigentlich
künstlichen Töne, Friedrich von Hausen und Heinrich von
Veldeke, drei oder noch mehr gleiche Reime in einer Strophe
vorkommen und aus den Stollen in den Abgesang übergreifen[14].
Denn nicht nur bei ihm, sondern auch bei seinen Vorgängern, ja
grossentheils schon in den ältesten und einfachsten Liederformen stellt
sich das in der ausgebildeten mittelhochdeutschen Lyrik waltende
Kunstgesetz deutlich heraus, dem gemäss in den eigentlichen Liedern
und Sprüchen jede Strophe aus drei Gliedern besteht, deren zwei,
die Stollen, in der Regel gleich und symmetrisch in den sich entsprechenden Versen gemessen und gereimt sind, der dritte, der Abgesang, aber gemeiniglich sein eigenes Mass und seine eigene
Reimstellung befolgt[15]. Umgekehrte Reimstellung in den beiden

---

12) So beim Burggrafen von Regensburg die vierzeilige, MFr. 16, 15, bei
Meinloh von Seflingen die siebenzeilige, MFr. 11 ff., und bei Spervogel zwei sechszeilige, MFr. 20—25. Auch hier ist bei Veranschlagung der Silben im Reim oder
in der Cäsur dem Abgesange verwehrt, was den Stollen noch gestattet ist.
13) S. Anm. 2.   14) Denn die so gereimten Lieder, die Meinloh von Seflingen und Spervogel beigelegt werden (MFr. 232. 242—245), sind ihnen durch die
Handschriften zu wenig gesichert, als dass man anstehen könnte, sie für bedeutend jünger zu halten. Die unter Spervogels Namen werden einem andern Dichter
dieses Namens, dem jungen Spervogel, beizulegen sein, vgl. Bartsch, Liederdichter
des 12.—14. Jahrh. S. XXXIII.   15) J. Grimm, über den altd. Meistergesang
S. 43 ff., wo indess manches anders gefasst sein würde, wäre 1811, wo das Buch
erschien, schon der Unterschied der zweisilbig stumpfen und klingenden Reime
gefunden gewesen. Die Namen Stollen und Abgesang sind Kunstausdrücke der

Stollen begegnet selten und ist, wo sie vorkommt, nicht als ursprünglich deutsch, sondern romanisch zu betrachten[16]. Die Reime der
Stollen durch den Abgesang hindurchzuführen, war bei den Kunst-
lyrikern des zwölften Jahrhunderts sehr beliebt und beruht auf dem
Einfluss romanischer Poesie, in welcher diess Durchreimen ganz gewöhnlich ist[17]. Dagegen ist es deutsche Weise, ein Verwandtschaftsverhältniss im Bau der Stollen mit dem Abgesange, namentlich dem
Schlusse desselben, zu erstreben, eine Art, die besonders in der
spätern Lyrik des dreizehnten Jahrhunderts herrschend wird[18]. Gewöhnlich gehen beide Stollen voran, und der Abgesang schliesst;
mitunter aber nehmen auch jene diesen in die Mitte[19]. Indess nicht
alle deutschen Strophenformen jener Zeit sind dem Gesetze der Dreitheiligkeit unterworfen; zwei Hauptausnahmen sind besonders hervorzuheben: nicht wenige Spruchweisen entziehen sich diesem Gesetze, und die Weisen der höfischen Dorflieder Neidharts, namentlich
seine Reien, sind ebenfalls häufig untheilbar[20]. Enthält ein Lied mehrere Strophen, so sind der ersten in der Stellung und der Art der
Reime die folgenden fast immer, im Masse der sich entsprechenden
Zeilen aber immer gleich[21].

§ 73.

Sobald dieses Gesetz, welches sich gewiss in dem musikalischen
Vortrage der Gedichte dem Ohre noch vernehmlicher machte als
in der blossen Recitation, den Strophenbau einmal in gewisse Schran-
ken eingeschlossen hatte, bewegte er sich innerhalb derselben um
so ungebundener. Eine fast unübersehbare Mannigfaltigkeit von
Strophenarten oder Tönen[1] entwickelte sich aus der Freiheit, die
den Dichtern in der Verwendung der verschiedenen Versarten, die
nun in der Zahl der Hebungen nicht mehr zwischen zwei und sechs
stehen blieben[2], in der Bestimmung der Zeilenzahl für Stollen und
Abgesang, in dem Anhängen des Refrains, der Anordnung der End-,
Mittelreime und Waisen, endlich in der Einmischung sogenannter

spätern Meistersänger (vgl. auch J. Grimm, Andreas u. Elene, S. LVI); die Stollen
fasst man auch unter der Benennung Aufgesang zusammen. Der alte Name für
Strophe ist liet, später Gesätz, so dass ein lyrisches Gedicht aus einem oder mehreren liedern bestehen kann.   16) Vgl. Bartsch in der Germania 2. 288 ff.
     17) Vgl. Wackernagel, altfranz. Lieder S. 216 f.; Bartsch a. a. O. 2, 296 f.
     18) Bartsch a. a. O. 2, 291 ff.   19) J. Grimm, Meistergesang S. 43 ff.;
Simrocks Walther 1. 167—174; Bartsch, Meisterlieder der Kolmar. IIs. S. 156.
     20) Vgl. über Neidharts Lieder die Abhandlung Liliencrons in Haupts Zeit-
schrift 6, 83 ff.   21) Grimm, Grammatik I², 361; Lachmann, über die Leiche
S. 419.
     § 73. 1) J. Grimm, Meistergesang S. 70 ff.   2) Ueber die verwendeten
Versarten und ihre Verbindung unter einander vgl. Bartsch a. a. O. 2, 269—252.

Schlagreime, Pausen und Körner³ geboten war. Walther allein weist unter zweihundert Liedern und Sprüchen nicht weniger als etwa hundert verschiedene Töne auf, und Neidhart sagt, dass er zum Lobe seiner Herrin achtzig neue Weisen gesungen⁴. Jeder Erfinder eines neuen Tones galt auch für dessen Eigenthümer, und als Tönedieb wurde bezeichnet wer eines Andern Weise sich aneignete⁵. Erst seit der Mitte des dreizehnten Jahrhunderts, wo die Erfindungskraft in jeder Hinsicht abnahm, wurde das Entlehnen üblich. Dass insbesondere die Lieder- und die Spruchpoesie den grössten Reichthum an Tönen gewonnen haben, erklärt sich aus der Natur beider Gattungen, da die eine immer eine bestimmte, meist ganz individuelle Empfindung und Stimmung, die andere wenigstens oft einen bestimmten Gedanken in fester Umgrenzung völlig zu entfalten und auszumalen trachtet. Dagegen hat die erzählende Poesie, welche auf ruhige, gleichmässige Darlegung von Begebenheiten und auf mehr oder minder ausführliche Schilderung von Charakteren und Situationen ausgeht, in ihrer besten Zeit nur seltenen und bescheidenen Gebrauch von der Strophe gemacht. Ausser der in dem alten volksmässigen Gedicht Salman und Morolt gebrauchten fünfzeiligen (§ 72, 10), in welcher auch das Spielmannsgedicht von Orendel abgefasst war⁶, und der oben näher beschriebenen Nibelungen- oder Heldenstrophe finden sich bis zum ersten Viertel des dreizehnten Jahrhunderts nur eine beschränkte Anzahl epischer Strophenformen, welche fast sämmtlich als Variationen der letzteren zu betrachten sind. So die Gudrunstrophe, die in ihrer vorderen Hälfte der Nibelungenstrophe vollkommen gleich, in ihrer zweiten sich durch den klingenden Reim und die Verlängerung der achten Halbzeile um zwei Hebungen von ihr unterscheidet⁷; die Strophenform von Walther und Hildegunde, die bis auf die um zwei Hebungen verlängerte siebente Halbzeile der Nibelungenstrophe völlig gleicht⁸; und unter den ganz kunstmässigen die aus der Gudrunstrophe hervorgegangene Strophe des von Wolfram von Eschenbach angefangenen Titurels⁹, welche von dem Umarbeiter und Fortsetzer durch Einfügung von Cäsurreimen zu einer siebenzeiligen wurde. Später kamen aber freilich verwickeltere Arten auf, sowohl im epischen Volksgesange,

---

3) Ueber die Bedeutung dieser Kunstausdrücke des spätern Meistergesanges vergl. § 70, 15 ff. und Sammlung f. altd. Litt. S. 176 ff.; Wagenseil, von der Meistersinger holdsel. Kunst S. 423 f.   4) Pfeiffer, der Dichter des Nibelungenliedes S. 11.   5) Pfeiffer a. a. O. S. 10.   6) Vgl. Bartsch in der Germania 5, 115.   7) Vgl. Rieger, Verskunst S. 258 ff.; Bartsch in der German. 10, 172 ff.   8) Vgl. Rieger a. a. O. S. 300.   9) Lachmanns Wolfram S. XXVIII ff.; Rieger a. a. O. 300; Bartsch, German. 2, 263; Pfeiffer ebendas. 4, 305.

als in der Kunstpoesie. Die einfachste unter diesen ist noch die
Strophenform, in welcher das Gedicht von der Rabenschlacht abgefasst ist, gebildet aus Elementen der Nibelungen- und Gudrunstrophe[10];
künstlicher erscheint die dreizehnzeilige, welche, unter dem Namen
der Berner Weise oder Herzog Ernst's Ton bekannt, in einigen
Bearbeitungen deutscher Heldensagen gebraucht ist[11] und auf die
Moroltstrophe als ihre Elemente zurückzuführen ist[12], und die zehn-
zeilige im Lohengrin und Wartburgkrieg[13].

§ 74.

Eine Hauptausnahme von dem in Liedern und Sprüchen üblichen
Strophenbau machen die Leiche und die in derselben Form gedichteten Reien und Tänze[1]. Das hohe Alter und die Herkunft
der ersten ist schon oben (§ 29) erwähnt worden. Reien und Tänze
in Leichform finden wir erst im dreizehnten Jahrhundert. Das Charakteristische in dem Formellen dieser Gedichte besteht nun darin,
dass sie, gleich den althochdeutschen Leichen, nicht den folgerecht
durchgeführten Strophenbau der eigentlichen Lieder haben, sondern
dass aus einem Ton in den andern, mit einem Wechsel der Melodie[2],
übergegangen werden kann, doch so, dass wo der Dichter zu ähnlichen Gefühlen oder Gedanken zurückkehrt, auch oft dasselbe System
wiederholt wird; dass ferner, während im Liede mit der Strophe
der Gedanke abschliessen muss, hier eher das Hinübergreifen des
Sinnes aus einem System in das andere gesucht wird; endlich, dass
wenn sich auch in der Regel zwei gleiche Systeme als einander
entsprechende Stollen folgen, doch nur selten der dazu im Liede
erforderte Abgesang gefunden wird. Zahl der Zeilen, ihrer Reime
und ihrer Silben in einem Stollenpaar ist durch die keines andern
vorgeschrieben, vielmehr herrscht in dieser Beziehung volle Willkür[3].
Den freiesten Bau zeigt wohl der älteste Leich dieser Periode, der
Arnsteiner Marienleich (§ 68, 15), in welchem eine strenge Symme-
trie vergeblich gesucht wird: die stets paarweise und oft auf unbe-

---

10) Rieger a. a. O. 300.   11) Lachmann über Singen und Sagen S. 10; .
Bartsch, Herzog Ernst S. LXXIX.   12) Uhland in der Germania 1, 327.
13) Vgl. über den muthmasslichen Ursprung beider Strophenarten auch F. Wolf,
über die Lais S. 227.
§ 74. 1) Vgl. namentlich Liliencron in Haupts Zeitschr. 6, 91 ff. Von den
in regelmässigen Strophen abgefassten Reien und Tänzen Neidharts (§ 72, 20) ist
hier natürlich nicht die Rede.   2) Diese Gedichte wurden also durchcompo-
niert; s. darüber Fischer, über die Musik der Minnesinger, bei v. d. Hagen 4,
861 f.; und F. Wolf, über die Lais (worauf ich in Betreff des gemeinsamen Ursprungs der deutschen Leiche und der französischen lyrischen Lais, ihrer Aehnlichkeit und ihres Unterschiedes wieder nur im Allgemeinen verweisen kann) S.
149—152.   3) Lachmann, über die Leiche S. 419—421.

tonte Silben gereimten Verse sind viermal gehoben; bei dactylischem
Masse kommen neben Zeilen von vier auch fünf Hebungen vor. Die
Abschnitte, welche die Handschrift andeutet, schliessen immer mit
einer Gedanken- oder Bilderreihe ab und bestehen aus Systemen
von ein bis acht Reimpaaren, einigemal folgen zwei gleich gebaute
auf einander, im Ganzen aber scheinen sie willkürlich zu wechseln.
Kunstvoller ist der zweitälteste (§ 68, 16), indem er, zwar auch bei
nur gepaarter Reimstellung, Zeilen von zwei bis zu acht Hebungen
enthält, stumpfe und klingende Reime unterscheidet und genau bindet, Waisen einschiebt, auch, bis auf die einleitenden und beschlies-
senden Verse, immer zwei ganz gleich gebaute Systeme auf einander
folgen lässt. Bei Heinrich von Rucke (§ 113) finden sich dann
schon gekreuzte Reime so wie mehr als zwei gleiche Reime in demselben System, auch Bindungen, die aus einem System in das andere übergreifen. Walther bezeichnet den Höhenpunkt der künstle-
rischen Composition dieser Dichtungsgattung, indem er seinen Leich
aus zwei grossen Hälften aufbaut, die in ihren Hauptmelodien sich
entsprechen, ohne ängstliche und kleinliche Wiederholung; voraus
geht ein musikalisches Vorspiel als Eingang, den beiden Hälften
folgt ein Schluss, der die Melodie des Eingangs und die Hauptmelodien der mittleren Theile gekürzt wiederholt'. An Walther hat
sich Ulrich von Liechtenstein aufs engste angeschlossen: sein Leich⁵
besteht aus zwei völlig sich entsprechenden Hälften, denen ein Eingang
vorausgeht und ein Schluss, der wieder die Melodien der Haupt-
theile wiederholt, nachfolgt. Gegen Ende des dreizehnten Jahrhunderts wurde es Regel, jedem in sich zweitheiligen Absatz des Lei-
ches seine eigene Melodie zu geben, die in den übrigen Absätzen
nicht weiter wiederholt wurde⁶.

§ 75.

Ungefähr in demselben Verhältniss, in welchem sich gegen das
Ende dieses Zeitraums die Dichtersprache vergröberte, artete auch
die Verskunst aus'. — Die Versmessung beobachtete zwar im Ganzen noch fortwährend die alte Regel; aber ihre vormalige Geschmei-

---

4) Vgl. Bartsch in der Germania 6, 187—193; anders theilt Wilmanns, Walther S. 35—37, vgl. dazu Bartsch in den Jahrbüchern f. Philol. und Pädagog.
1869, II, 410 f.   5) Mit der richtigen Abtheilung zu finden in Lachmanns
Auswahl 245 ff. (vgl. über die Leiche S. 420, Anm. 3); seiner Ausg. des Frauendienstes, S. 422 ff.; in Wackernagels altd. Leseb.¹ 674 ff. und bei Bartsch, Liederdichter 33, 133—229. Ungenau ist die Abtheilung bei Hagen, MS. 2, 41 ff.
6) Bartsch, Liederdichter S. XXVI.
    § 75. 1) Vgl. dazu die Anmerkungen von Bartsch zu der strophischen Be-
arbeitung des Herzog Ernst S. 211—225.

digkeit und schwebende Bewegung versteifte sich doch zusehends, und dem Silbenfall entquoll nicht mehr der alte Wohllaut, zumal wenn die Silben bei einer einförmigen, hämmernden Betonung², die dem Wortwerth im Satze nur zu oft Gewalt anthat, mehr abgezählt, als abgewogen und harte Wortkürzungen zu sehr gehäuft wurden. Dass man sich diese letzteren auch im Reim zu gestatten anfieng, gab demselben etwas Gezwungenes und Unnatürliches, ganz abgesehen davon, dass dergleichen in früherer Zeit unerlaubte Verkürzungen eben so gut, wie die jetzt, gleichfalls dem Reime zu Gefallen, aufkommenden Wortverlängerungen³, zur Verwirrung der Sprachregeln das ihrige beitrugen. Indess beobachteten die Dichter bis zur Mitte des vierzehnten Jahrhunderts hierin noch immer ein gewisses Mass; viel mehr liessen sie es schon an Genauigkeit der Reime fehlen, wozu einerseits das stärkere Eindringen landschaftlicher Formen in die Schriftsprache und die dadurch veranlasste Vermischung und zweifelhafte Aussprache an sich verschiedener Laute, andrerseits das Reimbedürfniss mitwirken mochte, das eintreten musste, sobald man überkünstliche, mit Reimen überladene Strophen zu bauen anfieng. Dass dergleichen Uebertreibungen gegen den Ausgang des dreizehnten Jahrhunderts beliebt wurden, dass man namentlich auch die Reimspielereien, die sich schon in der besten Zeit einzelne ausgezeichnete Dichter bisweilen erlaubt hatten, noch bei weitem, und oft höchst geschmacklos zu überbieten suchte⁴, zeugt ebenfalls für die sichtbare Ausartung der Kunst zu Ende dieses Zeitraums.

§ 76.

3. Aus allem Vorhergehenden ergibt sich wohl mit ziemlicher Sicherheit, dass die mittelhochdeutsche Poesie ihrem formellen Bestandtheile nach im Wesentlichen als eine Fortbildung der althochdeutschen anzusehen ist. Aus den einfachen Weisen des alten Volksgesanges hat sich unter den Händen der höfischen Dichter der ganze Reichthum der neuen Kunstformen entwickelt. Dabei sind aber die fremden Einwirkungen, namentlich der romanischen und mittellateinischen Poesie, nicht zu übersehen; sie zeigen sich im Versbau an dem mehr und mehr durchbrechenden Princip der Silbenzählung, im Reime an der ursprünglich undeutschen Verwendung des klin-

---

2) Vgl. Vilmar, die zwei Recensionen der Weltchronik etc. S. 22 f. 3) Vgl. Pfeiffer, Nicolaus von Jeroschin S. LVIII f. 4) Man sehe z. B. die Lieder Konrads von Würzburg und des Kanzlers MS. 2, 203; 241 (Hagen 2, 320; 395); oder den Ton Frauenlobs bei Ettmüller Str. 408—415; vgl. J. Grimm, Meistergesang S. 57; Ettmüller a. a. O. S. XIV f.

genden Reimes, in dem strophischen Bau an der beliebten Durch-
reimung aller drei Theile der Strophe, in den Versarten an der Einführung des dactylischen Rhythmus, in dem Reimgebrauch an einer
Menge von Künsteleien[1]. Manche Uebereinstimmung liesse sich, statt
aus unmittelbarer Entlehnung und Nachahmung, aus der frühzeitig
anhebenden Wechselwirkung erklären, in welcher sowohl die deutsche
wie die romanische Poesie mit der in volksmässige Formen geklei-
deten lateinischen standen. Jedenfalls hat, von den direkten Ent-
lehnungen abgesehen, die Bekanntschaft der Deutschen mit den
Werken der romanischen, vorzüglich der nordfranzösischen Poesie
der Ausbildung einheimischer Formen im Allgemeinen und Grossen
eine entschiednere Richtung gegeben und sie gezeitigt. So mögen
namentlich welsche Vorbilder das Aufkommen grosser und kleiner
erzählender Gedichte mit fortlaufenden Reimpaaren in Deutschland
gefördert, vielleicht auch zu einzelnen Liederarten angeregt, ja sogar
auf das Mass der Langzeile in der Strophe des volksmässigen Epos
(§ 72, 6) einen mittelbaren Einfluss geübt haben. Aber an eine
blosse Nachbildung der altepischen Masse der Franzosen, des zehn-
und des zwölfsilbigen Verses, darf dabei nicht gedacht werden. Noch
weniger findet sich im Deutschen etwas den gleichreimigen Abschnitten von unbestimmter Zeilenzahl (tirades monorimes) Aehnliches, die im altfranzösischen Epos die Stelle geregelter, sich gleich
bleibender Strophen vertreten. Selbst in dem Gebrauch der kurzen
Reimpaare zeigen sich die deutschen Dichter der guten Zeit, ganz
abgesehen davon, dass das Bestimmende für das Mass des Verses
die Zahl der Hebungen, nicht wie bei den Franzosen die Zahl der
Silben ist, auch darin ganz selbständig, dass sie, wie bereits oben
gesagt wurde, vierfüssige Verspaare mit klingendem Reime, welche
in den französischen Gedichten ausser stumpfreimenden Paaren allein
vorkommen, nur mehr ausnahmsweise neben dreifüssigen anwenden.

§ 77.

Je geregelter und feiner ausgebildet nun die mittelhochdeutsche
Verskunst in ihrer besten Zeit erscheint, und je weniger sie auf
blosse Nachahmung fremder Kunstregel zurückgeführt werden kann,
desto weniger darf man glauben, dass sie gleichsam in wildem
Wachsthum, auf instinctartige Weise zu dieser Vollendung gelangt
sei[1]. Schon unter den alten Volkssängern müssen Erbschaft und

---

§ 76. 1) Vgl. hierzu Grimm, Meistergesang 143 ff.; Diez, Poesie der Troubadours 255—267; Wackernagel, altfranz. Lieder und Leiche 212 ff.; Bartsch, der
Strophenbau in der Lyrik, Germania 2, 257 ff.

§ 77. 1) „In der griechischen und römischen Poesie sind wir an streng beobachtete Gesetze der Form gewöhnt; die deutsche Poesie des Mittelalters ist

Lehre die Regeln und Fertigkeiten fortgepflanzt haben, die sie bei
Abfassung ihrer Lieder und deren Vortrag anwandten[2]; nicht anders wird es bei den höfischen Dichtern gewesen sein. Wie hätten
sonst die Gesetze des Versbaues bereits so fest begrenzt und zugleich
so fein ausgebildet werden, wie in einem Zeitraume von kaum
dreissig Jahren die Formen der Kunstpoesie von den einfachsten,
dem Volksgesange entlehnten oder verwandten Anfängen sich so
reich entfalten, wie in den Werken so zahlreicher Dichter, bei aller
Mannigfaltigkeit des Besondern, an so feste, allgemein gültige Gesetze gebunden bleiben können; wäre nicht uralte mit Bewusstsein
geübte, den Veränderungen der Sprache nachgehende und sich ihnen
anschmiegende Regel da gewesen, und hätten nicht die ältern Dichter auf die Stufe, die sie bereits erklommen, die jüngern durch
Lehre und Beispiel erhoben und sie dadurch befähigt, leichter und
schneller empor zu steigen? Erwägt man dabei, dass damals die
Liederpoesie noch innig mit der Musik verbunden war, und dass oft
die ärmern unter den höfischen Dichtern, eben so wie früher und
auch noch damals die volksmässigen, die Kunst als ein Erwerbsmittel betrachteten und zum Lebensberuf machten, auf den sie sich
doch sicherlich vorbereiten mussten: so wird man um so mehr zu
der Voraussetzung bewogen, dass sie sich um den Unterricht bewähr-
ter Meister bemüht und von ihnen, mit den nöthigen musikalischen
Fertigkeiten, auch das Technische der Poesie erlernt haben. Diese
Voraussetzung wird auch durch verschiedene Aeusserungen der
Dichter bestätigt: einer der ältesten und berühmtesten, W a l t h e r
v o n d e r V o g e l w e i d e, gibt ausdrücklich das Land an, wo er
singen und sagen lernte, und er und andere bedienen sich gewisser Ausdrücke, die auf bestimmten Kunstgebrauch hinweisen[3].
Dazu kommt noch, dass die Dichter, namentlich die aus dem Ritterstande, oft des Lesens und Schreibens unkundig, also ausser Stande
waren, die Kunstregeln aus niedergeschriebenen Liedern Anderer
sich selbst zu abstrahieren. Hier muss also mündlicher Unterricht
vorausgesetzt werden, wenn erklärt werden soll, wie selbst solche

---

nicht weniger durch Kunstgesetze geregelt, in deren Beobachtung Bewusstsein
und Absicht anzuerkennen man sich mit Unrecht und meist nur wohl deshalb
sträubt, weil den neuern Dichtern die Technik des Dichters seit langer Zeit ab-
handen gekommen ist." M. Haupt, in Gersdorfs Repertor. 1844, Heft 17, S. 132.
2) J. Grimm a. a. O. S. 7.   3) J. Grimm a. a. O. S. 75: 93; Uhland.
Walther S. 111. Auch der freilich schon in sehr späte Zeit fallende steierische
Reimchronist Ottacker erzählt, er habe einen Lehrer in der Kunst gehabt, der
sich Konrad von Rothenburg genannt und geraume Zeit zuvor an Manfreds Hofe
in vorzüglicher Achtung gelebt habe (Schacht, aus u. über Ottoc. Reimchronik
S. 15 ff.).

Dichter nicht nur die allerkünstlichsten Töne zu erfinden, sondern ihnen auch die zum Vortrage passende Musik unterzulegen vermochten [4].

§ 78.

Wie man sich aber das Verhältniss zwischen Lehrenden und Lernenden im Besondern zu denken habe, und in wieweit dabei, besonders in der frühern Zeit, die Volkssänger und Spielleute, oder auch die gelehrten geistlichen Dichter, die sich um die Mitte des zwölften Jahrhunderts wieder mit warmem Eifer der vaterländischen Poesie angenommen hatten, thätig waren, ist, bei dem Mangel an allen Hinweisungen darauf, schwer zu sagen [1]. Wahrscheinlich war es anfangs ein ganz freies: ärmere Kunstjünger, die das Dichten und Singen zu ihrem Lebensberuf machen wollten, mochten ältere und erfahrene Dichter aufsuchen und eine Zeitlang in ihrer Nähe verweilen; vornehmen, die die Kunst bloss zu ihrem Vergnügen auszuüben beabsichtigten, konnte es bei dem Wanderleben der Sänger von Gewerbe nie schwer fallen, einen solchen an sich zu ziehen und von ihm die nothwendigsten Regeln zu lernen, wenn sich ihnen dazu nicht etwa ein kunstgeübter Hofgeistlicher darbot. Allmählig muss sich aber auch eine Art von Kunstschulen gebildet haben. Sie mögen sowohl aus dem ältern freiern Verhältniss zwischen Lehrenden und Lernenden, als aus den Dichterverbindungen hervorgegangen sein, von denen ein sehr frühes Beispiel vorkommt. Gleich zu Anfang des dreizehnten Jahrhunderts finden wir nämlich an dem Hofe des Landgrafen Hermann von Thüringen eine Anzahl adeliger

---

4) Ulrich von Liechtenstein z. B. konnte, wie sich aus seinem Frauendienst (Lachmanns Ausg. 60, 1 ff.) ergibt, nicht lesen, und doch haben wir von ihm den kunstvollen Leich (§ 74, 5), den er selbst so geschickt in Noten setzte, dass die Fiedler ihm dafür dankten: Frauendienst 422, 13 ff.

§ 78. 1) Ettmüller, Frauenlob S. XXV. möchte den kirchlichen Singschulen „wie deren mit allen grossen Stiftern und Klöstern bekanntlich verbunden waren," einen bedeutenden Einfluss auf die Entwickelung der mittelhochd. Kunstpoesie und namentlich auf die ritterliche Lyrik zuschreiben: „gewiss dürften viele der ritterlichen Singer (von den geistlichen verstehe es sich ohnehin) ihre technische Fertigkeit im Dichten und Componieren ihrer Gedichte sich da erworben haben, wo sie ihre sonstige geistige Bildung erhielten, wenn auch einzelne bei ältern „„ritterlichen Dichtern"", ja vielleicht gar bei den „„fahrenden Leuten"" ihre Schule machten." Allein diese Ansicht, sofern sie auch (und diess ist gewiss kein unwesentlicher Punkt) die Technik des Versbaues befassen muss, verträgt sich durchaus nicht mit der ausgemachten Thatsache, dass vor der Ausbildung der mittelhochd. Kunstformen bei den geistlichen Dichtern die Verse weit regellouer und roher gebaut und verbunden sind, als bei den weltlichen. Auf den musikalischen Theil der weltlichen Sangeskunst, vielleicht auch auf die Technik des Strophenbaues mögen die kirchlichen Schulen eher eingewirkt haben.

und bürgerlicher Dichter, die, wie es scheint, eine Art von Genossenschaft, einen Sängerorden bildeten, in welchem poetische Wettkämpfe,
ähnlich den ritterlichen Spielen jener Zeit, angestellt wurden[2]. Vielleicht war dieser Verein nicht der einzige seiner Art: so lange noch
die Dichtkunst von den Fürsten begünstigt und vorzugsweise von
dem Ritterstande geübt wurde, mochten öfter mehrere Dichter an
den Höfen zu ähnlichen Wettgesängen zusammentreten[3]. Dass solche
poetische Genossenschaften auch Kunstjünger anlockten, die sich an
den einen oder den andern namhaften Dichter anschlossen, mit der
Zeit auch wohl zu gemeinsamen Uebungen zugelassen wurden, lässt
sich wenigstens vermuthen. Aber eine eigentlich schulmässige, auf
bestimmten Satzungen und Ceremonien beruhende Einrichtung darf
man den ältesten Sängerverbindungen gewiss nicht zuschreiben.
Diese wird sich erst nach und nach mit dem Uebergehen der höfischen Poesie in die Hände des Bürgerstandes eingefunden haben.
Mit einiger Wahrscheinlichkeit lässt sie sich erst im Anfange des
vierzehnten Jahrhunderts bei den Sängern zu Mainz annehmen, als
deren Mittelpunkt der von den spätern Singschulen hochgefeierte
Heinrich von Meissen, genannt Frauenlob, gilt[4]. Die Verbindung, worin diese Sänger, so viel sich vermuthen lässt, standen,
muss zwar auf der einen Seite noch grosse Aehnlichkeit mit jenem
ältesten Dichterverein am Thüringer Hofe gehabt haben, auf der
andern jedoch als die erste charakteristische Gestaltung der spätern
eigentlichen Sing- und Meisterschulen angesehen werden. Auch in
diesem Orden wurden poetische Wettkämpfe gehalten[5]; dabei findet
sich aber ein Lied Frauenlobs[6], welches schon auf ganz schulmässige Einrichtung und strenge Abstufung zwischen Meistern und

---

2) Solche poetische Uebungen bezeugen die Lieder vom Wartburger Kriege
(§ 115) wenigstens im Allgemeinen, wenn in ihnen auch dieselben Streitlieder, die
bei einer bestimmten, von den Chronisten gemeiniglich in die Jahre 1206—1208
gelegten Veranlassung zu Eisenach gesungen sein sollen, sicherlich nicht überliefert worden sind. Näheres über den Wartburger Krieg s. § 115.   3) Vgl.
dagegen Lucae, Leben und Dichten Walthers v. d. Vogelweide S. 24 f.   4)
Vgl. Ettmüller a. a. O. S. XXIV ff.   5) Ein solches Gedicht, von dem die
einzelnen Theile wieder in verschiedenen Handschriften zerstreut sind, und worin
zwischen Frauenlob einerseits und Regenbogen und Raumsland andrerseits darüber gestritten wird, ob Weib oder Frau höher zu stellen sei, gibt nach seiner
muthmasslichen Folge Ettmüller a. a. O. S. 107 ff.; vgl. Hagen, MS. 2, 343 ff;
3, 114 ff., und, über die Anordnung der Strophen 4, 756; s. auch J. Grimm
a. a. O. 61 ff.; Ettmüller S. XXVII f. Ein jüngeres Streitgedicht, der Krieg von
Würzburg, in welchem Frauenlob und Regenbogen über Mann und Frau streiten,
s. bei Bartsch, Meisterlieder der Kolmar. Hs. Nr. 61; ein anderes unter Nr. 53.
6) Docens Misc. 2, 279 f.; Hagen, MS. 3, 122 (49); Wackernagel LB.[2] 789;
([2] 853); Ettmüller S. 65 (108).

9*

Lehrlingen hinweist: der Dichter macht einen Jüngling zum Knecht
und verleiht ihm den Sangesschild, was an den ritterlichen Geist
der ältesten Sängerverbindung erinnert; das Lied, welches ihn zum
Knecht erklärt, soll besiegelt werden und ihm als Kundschaft dienen[7].
Diese von da an aufkommenden Singschulen machten in ihrer durchaus zunftmässigen Einrichtung aus der freien Kunst des Dichtens
ein Handwerk, das auf ähnliche Art, wie jedes andere, erlernt und
geübt wurde. In ihnen wurde nun auch der Name Meister, der
in früherer Zeit nur im allgemeinen Sinne als ehrende Bezeichnung
vorzüglicher Kunstfertigkeit, oder im Verhältniss des Schülers zum
Lehrer Dichtern beigelegt worden war[8], besondere und charakteristische Benennung für diejenigen, die den obersten Grad in der Genossenschaft erlangt hatten und die Kunst nach bestehenden Satzungen übten[9]. Dass diese Singschulen aber auf die angedeutete Weise
mit jenen ältern Dichterorden zusammenhängen, und nicht, wie man
wohl ehemals glaubte, etwas durchaus Neues waren, bestätigen auch
die, freilich sehr getrübten und verunstalteten Sagen[10], welche sich
über die Entstehung ihrer Kunst unter den spätern Meistersängern
forterhielten und nach welchen zwölf Meister[11], worunter die berühmtesten Dichter aus dem dreizehnten Jahrhundert und zum Theil
gerade die, welche in dem Wartburger Kriege auftreten, zugleich

---

7) Vgl. Lachmann, Jen. Litt. Zeit. 1823, Nr. 194. Sp. 110.   8) J. Grimm
a. a. O. 99 ff. Lachmann a. a. O. 112 f. und über Singen und Sagen S. 8, Anmerk. 2. Mitunter bezeichnet Meister auch denjenigen, von dem der Dichter eine
Erzählung überkommen hat, der der erste Erzähler der Sage war; s. Lachmann
zu Iwein S. 504 f. Wenn aber im Laufe des 13. Jahrh. vorzugsweise, nicht ausschliesslich, bürgerliche Sänger Meister genannt worden sind, so rührt diess gewiss nur daher, dass die aus den höhern Ständen schon einen vornehmern Titel
führten. Uebrigens wird man auch hierbei ein allmähliges Uebergehen von dem
Allgemeinen zu dem Besondern der Bedeutung annehmen müssen: namentlich
scheint man schon früh das Wort für die eigentlich kunstmässigen Dichter von
Gewerbe, im Gegensatz zu den Volkssängern, gebraucht zu haben. Aber an einen
solchen Unterschied, wie ihn Docen zwischen gleichzeitigen Minnesängern und
Meistersängern aufstellen zu dürfen meinte, nachdem die ältere, auf höchst un-
klaren Vorstellungen beruhende Entgegensetzung zwischen den sogenannten Minnesängern des schwäbischen Zeitalters und den Meistersängern der spätern Jahrhunderte hatte aufgegeben werden müssen, ist nicht zu denken, wie diess aus dem
zwischen ihm und J. Grimm (im neuen litter. Anzeiger von 1807, im altd. Mus.
1, 73 ff.; 415 ff. und in der schon öfter citierten Schrift über den Meistergesang)
geführten Streit sich deutlich genug ergeben hat.   9) Daneben findet man
auch den Ausdruck *singermeister*, Bartsch, Meisterlieder 24, 19. 66, 1; und, mit
stufenweiser Steigerung der Anforderungen, *singermeistermeister, singermeistermeistermeister*, ebenda 66, 15. 27. 10) In der auf uns gekommenen Gestalt
reichen sie nicht weit über den Schluss des 15. Jahrh. zurück.   11) So viel
werden freilich schon weit früher zusammen genannt, aber nicht als Stifter einer
Schule; s. Lachmann, Jen. Litt. Zeit. 1823, Nr. 194, Sp. 109.

und ohne dass einer von dem andern gewusst, unter Otto I und Papst Leo VIII den Meistergesang erfunden haben sollen [12].

§ 79.

4. Wenn sich die gelehrte und höfische Dichtkunst mit der vollendeten Trennung der Edlen vom Volke, von der oben die Rede gewesen ist, unter der Pflege der Geistlichkeit, des Adels und derjenigen Bürgerlichen, die sich die feine Bildung des Hofes erworben hatten, zur Blüthe entwickelte, so bestand daneben noch immer eine eigentliche Volkspoesie fort, die von den sogenannten fahrenden Leuten geübt wurde. Dass beide in einem ganz schroffen Gegensatze zu einander gestanden, darf man indess eben so wenig glauben, als dass gar keine persönlichen Berührungen zwischen kunstmässigen und Volksdichtern stattgefunden hätten. Der Unterschied der einen von den andern beruhte, so viel wir nach den erhaltenen Werken urtheilen können, mehr auf den Gegenständen und deren Auffassung, als auf der metrischen Form und Sprache. Im Allgemeinen nämlich zeugt die Wahl der erstern bei den höfischen und meisterlichen Dichtern von einer Vorliebe für das Fremde, Neue, Phantastische und Glänzende, in dessen Behandlung sich eine gewisse Gelehrsamkeit geltend machen könnte, und von dem Streben, die Poesie zum Ausdruck persönlicher Anschauungs- und Denkweise, subjectiver Stimmung und Leidenschaft, so wie zum Spiegel der conventionellen Vorstellungen und Neigungen zu machen, die damals unter den höheren Ständen herrschten und besonders durch den Geist des Ritterthums geweckt waren und genährt wurden. Die Volkspoesie dagegen hielt vorzugsweise an den alten einheimischen Sagen fest und fasste in deren Darstellung mehr das rein Menschliche und Natürliche auf, zumal in den epischen Liedern, die als ihr reinster und vollkommenster Ausdruck in dieser Zeit anzusehen sind, und denen darin auch die lyrischen Volkslieder, so viel wir aus den sehr spärlichen Ueberbleibseln schliessen können, ähnlich waren. Doch haben auch hier mancherlei Uebergänge stattgefunden. — Was die Verschiedenheit der metrischen Form betrifft, so ist hier nach dem, was bereits oben über die Versmessung und die Reime bemerkt worden ist, im Allgemeinen nur noch zu erwähnen, dass der Bau der Strophe in der Volkspoesie nie die Mannigfaltigkeit und Kunstliebkeit erhalten hat, die wir in den Lieder der höfischen Dichter wahrnehmen, obgleich auch dort ein allmähliges Fort-

---

12) Vgl. Wagenseil S. 503 ff.; Büsching in der Samml. für altd. Litteratur u. Kunst S. 168 ff.; Schilters Thesaur. III, unter Bardus; J. Grimm a. a. O. 26; 115; Lachmann a. a. O. und Hagen, MS. 4, 887 ff.

schreiten vom Einfachen zum mehr Verwickelten, zumal in der Reimstellung und in der Zeilenzahl der Strophen gefunden wird, das
wohl weniger aus einer selbständigen, unmittelbaren Weiterentfal-
tung der alten Grundformen, als aus der Rückwirkung der Kunstpoesie auf die volksmässige erklärt werden muss[1]. — In der Sprache
und in dem Stil ist zwischen den vollendetsten Werken höfischer
Dichtung und dem Besten, was wir von volksthümlicher Poesie besitzen, noch immer ein Unterschied bemerkbar: die höfische Sprache
ist sorgsam abgegrenzt, sie vermeidet absichtlich vieles, was die
Poesie der Uebergangszeit an allgemein gültigen Wortbildungen,
Ausdrücken und Wendungen, an Formeln, stehenden Beiwörtern und
Gleichnissen besass, und dessen die volksmässige Dichtung wenigstens theilweise sich noch zu bedienen fortfährt[2]. Allein zu gross
darf man sich den Abstand hier wieder nicht denken[3]: denn der
feine, höfische Ton und der zierliche, gewandte Stil der Kunstpoesie
findet auch in den gebildeten Volksgesang Eingang, und je empfäng-
licher dafür sich die Sänger zeigen, desto leichter lassen sie die
alten Ueberlieferungen der poetischen Sprache fallen[4].

§ 80.

Fasst man endlich das Verhältniss näher ins Auge, in welchem
beide Dichterklassen zu der Nation und zu einander standen, so
darf man zwar annehmen, dass die eine, als die vornehmere, feiner
gebildete und meist auch wohl gelehrtere, vorzugsweise mit den höhern Ständen verkehrte; die andere, in jene Gattung von fahrenden
Spielleuten einbegriffen, auf denen damals im Allgemeinen tiefe Verachtung lastete[1], hauptsächlich nur bei den Bauern und dem niedern
Bürgerstande Eingang und Begünstigung fand, und dass demnach
auch die höfischen und meisterlichen Dichter selbst die Volkssänger
und Spielleute geringschätzten und als kunstlose, rohe und bäuerische

---

§ 79. 1) Der dreitheilige Bau der Strophe, der allerdings auch in die Volks-
liederdichtung Eingang gefunden, ist doch in ihr niemals Gesetz geworden: vgl.
Liederbuch aus dem 16. Jahrh. von Gödeke und Tittmann S. XIV f.   2) Ich
verweise vornehmlich auf den vierten Theil von Grimms Grammatik, auf Lachmanns
Anmerkungen zum Iwein, auf Haupts Vorrede zum Erec und seine Anmerkungen
zu Engelhard.   3) Vgl. R. Bechstein, Einleitung zum Tristan S. VII.
4) S. Lachmann zu d. Nibel. S. 2; 4; 39 f.; 46; 72; über drei Bruchstücke niederrhein. Gedichte S. 161.
    § 80. 1) Ausser den Rechtsbüchern beweisen diese Verachtung u. a. Bert-
hold in der zweiten seiner bei Kling gedruckten Predigten S. 55 (Pfeiffers Ausg
S. 155), und eine Handschrift des 13. Jahrh. (altd. Blätt. 1, 366), welche es unter
die Tod- und Hauptsünden rechnet, ein *spilman* oder *ioculator* zu sein (freilich
wird auch das Turnieren dazu gezählt; vgl. Haltaus unter Spielleute; J. Grimm
in den Wien. Jahrbüchern 32, 233; Diez, Poesie der Troub. 257, und W. Grimm,
Heldensage 377.

Gesellen anzusehen pflegten. Nichts desto weniger müssen die letztern nicht nur oft Aufnahme und Beifall an den Höfen gefunden haben, selbst in der Blüthezeit der höfischen Poesie[2]; sondern es hat auch gewiss immer eine Art unmittelbaren Verkehrs zwischen ihnen und den kunstmässigen Dichtern, mitunter selbst ein Beisammenleben bestanden, wie diess die poetischen Werke dieses Zeitraums beweisen[3]. — Dabei bleibt freilich noch immer vieles in dem Verhältniss sowohl der Volksdichtung zur Kunstpoesie, wie derer, welche die eine oder die andere übten, dunkel, und so wünschenswerth auch gerade hierin vollständige Einsicht zur richtigen Beurtheilung des Entwickelungsganges der mittelhochdeutschen Poesie wäre, so fragt es sich doch sehr, ob es fortgesetzter Forschung je gelingen wird, diese zu gewinnen[4].

§ 81.

Soviel aber ist wohl ausgemacht, dass, wenn auf der einen Seite die Blüthe der mittelhochdeutschen Poesie durch die Bildung eines vornehmen und kunstgelehrten Dichterstandes im Gegensatz zu den Volkssängern herbeigeführt wurde, auf der andern darin auch eine Vorbereitung ihres schleunigen Verfalls lag. Denn indem die höfischen Dichter die Stoffe zu ihren erzählenden Werken fast alle aus der Fremde entlehnten und niemals[1], wie es scheint, die alten und grossen nationalen Heldensagen behandelten[2], wurden der kunstmässigen Gestaltung der letzteren nicht nur die edelsten Kräfte ent-

---

2) Man sehe bei Haltaus a. a. O. das Wormser Edict vom Jahre 1220. Der Klagen, welche höfische und meisterliche Dichter über die Zudringlichkeit der fahrenden Leute und die Berücksichtigung führen, die sie an den Höfen fanden, ist schon oben § 57 gedacht worden; vgl. noch besonders Lachmann, über Singen und Sagen S. 14.   3) Ein Verkehr zwischen beiden Dichterklassen ergibt sich daraus, dass Spielleute aus der Hand höfischer Dichter Lieder empfiengen, um sie zu singen. Vgl. Lachmann bei Diez, Leben u. Werke der Troubad. S. 614; über d. Leiche S. 422, Anmerk. 6; Jen. Litt. Zeit. 1823, Nr. 194, Sp. 112, wo auch auf die Nachricht Ottackers hingewiesen ist, der zufolge Manfreds Meister und Fiedler lustig beisammen lebten.   4) Ueber das Verhältniss der höfischen Kunstdichtung zu der älteren und gleichzeitigen Volksdichtung vgl. noch Müllenhoff, zur Geschichte der Nibelunge Not S. 12 ff.
§ 81. 1) Den einzigen von Albrecht Kemenaten ausgenommen: vgl. § 103.
2) Sogar Anspielungen darauf sind bei ihnen selten, und der einzige, der wenigstens eine genaue Kenntniss derselben zeigt und mehrmals darauf zurückkommt, ist Wolfram von Eschenbach (W. Grimm, Heldensage 60; 380). Er und einige seiner nächsten Vorgänger und Zeitgenossen durften auch noch wohl bei ihren fürstlichen und adeligen Zuhörern und Lesern darauf rechnen, mit ihren Anspielungen völlig verstanden zu werden; denn epische Lieder von dem edleren Ton, wie er in den Nibelungen herrscht, werden gewiss auch gern zu Hofe gehört worden sein.

zogen, sondern die höhern Stände auch an Gegenstände der Poesie
gewöhnt, welche bei ihnen das, was in frühern Zeiten Eigenthum
der ganzen Nation gewesen war, bald in Nichtachtung und Vergessenheit brachten. So blieb die Weiterbildung des volksthümlichen
Epos fast ganz in den Händen der Volkssänger, und wenn darin
anfänglich durch einzelne hochbegabte Individuen noch Ausgezeich-
netes geleistet wurde, konnten die spätern doch um so weniger angeregt werden, Gleiches oder Aehnliches hervorzubringen, je weniger
sie anderwärts, als bei den niedern Ständen, Theilnahme für volksmässige Dichtungen fanden, die nun natürlich immer roher und
bäuerischer wurden.   Die höfische erzählende Poesie hatte aber eben
dadurch gleich von vorn herein Keime der Zerstörung in sich gehegt, dass sie, sowohl ihrem stofflichen Bestandtheile, wie ihrem
geistigen Gehalte nach, zum geringsten Theil aus vaterländischer
Sage und Geschichte, aus dem heimischen Gemeinleben und, dem
eigenthümlich deutschen Volkscharakter sich selbständig entwickelte,
sondern ein halb fremdes, unter dem Einfluss des Ritterthums ge-
pflanztes, in seinen Ideen, Sitten und Formen vornehmlich wurzeln-
des Gewächs war[3], das nur so lange gedeihen konnte, als der Ritterstand es pflegte, und abwelken musste, sobald dieser in Verfall gerieth und die Lust an poetischen Uebungen und Genüssen verlor.
Und dasselbe gilt mit gewissen Einschränkungen auch von der lyrischen Kunstpoesie, insofern sie, wenn auch nicht ihre Stoffe dem
Auslande abgeborgt, doch in ihrer besten Zeit viel zu einseitig den
ritterlichen Minnedienst zu ihrem Gegenstande gemacht hatte, als
dass die folgenden Geschlechter an diesem Ton noch hätten Gefallen
finden können.   Daher erhielt sich unter den spätern meisterlichen
Dichtern zwar das äussere der alten lyrischen Formen, allein Inhalt
und Geist änderten sich ganz und verloren in den Singschulen, denen auch die Behandlung der Form immer mehr zum rohen Mechanismus wurde, so sehr alle Frische und Lebendigkeit, dass diese

---

3) Man kann die höfische Poesie dieser Zeit, besonders die erzählende, als
eine Art Steigerung der gelehrten Dichtung der vorigen Periode zu einer andern,
feiner, reicher und auch wohl selbständiger ausgebildeten, darum aber noch immer
nicht rein volksthümlichen, vielmehr auch gelehrten ansehen.   Dort wurden entweder heimische Stoffe in fremder (lateinischer) Sprache bearbeitet, oder ursprünglich fremde (biblische) Stoffe in deutschen Versen. Jetzt ist zwar die deutsche
Sprache und Form für poetische Gegenstände jeder Art durchgedrungen, aber
diese selbst sind zum grössten, die sie beseelenden Ideen und die dargestellten
Sitten zum nicht geringen Theil fremd.   Auf der dritten Stufe der deutschen
Kunstpoesie, die Opitz, seine Schule und ihre Nachfolger bezeichnen, kommt zu
dem meist unvolksthümlichen Gehalt auch noch die der Fremde nachgeäffte
Form: das traurigste Zeichen von der Gesunkenheit und Unselbständigkeit des
gestaltenden Vermögens bei den Deutschen.

Poesie zuletzt in die trockenste Reimerei übergieng. Das eigentliche Volkslied dagegen vermochte sich bei aller seiner Kräftigkeit und innern Lebenswärme von einer gewissen Unbeholfenheit und Rohheit der Form nie ganz frei zu machen, weil es, gleich dem Volksepos, hauptsächlich auf die Gunst und die Pflege der niedern Stände beschränkt blieb.

Dritter Abschnitt.

Epische Poesie.

A. Stoffe.

§ 82.

Von einer eigentlichen, ganz freien Erfindung dessen, was man im allgemeinsten Sinne die Fabel eines Gedichtes nennt, scheinen die mittelhochdeutschen Dichter noch gar keine Vorstellung gehabt zu haben. Alle ihre erzählenden Werke beruhen entweder auf Ueberlieferungen, mündlichen und schriftlichen, sagenhaften und geschichtlichen, oder auf dem, was sie selbst erlebt hatten[1]. Wenn sie ja zuweilen freier verfuhren und eigener Erdichtung Spielraum liessen, gaben sie dieser doch stets eine aus Ueberlieferungen entlehnte Unterlage, so willkürlich sie mit derselben auch umgehen mochten, wie die Spielmannspoesie im zwölften und dreizehnten Jahrhundert that[2]. Selbst da wo sie aus eigener Phantasie dichteten, hielten sie es zur Beglaubigung für nothwendig, sich auf eine Quelle zu berufen[3]. Dass sie sich bei der Benutzung gegebener

§ 82. 1) „Das *mære*, die Erzählung, muss beglaubigt sein: ein Epos aus müssigen Fabeln hervorgegangen kennt keine alte Poesie; beglaubigt aber, nach der Ansicht unserer deutschen Dichter, kann es werden nur auf dreierlei Weise. Entweder der Erzähler kündigt sich als Augenzeuge an; oder er folgt in seiner Erzählung einem zuverlässigen Berichte; oder ein höheres Wesen, die *Aventiure*, gibt ihm Kunde von dem Hergange der Sache." Benecke in Haupts Zeitschrift 1, 53; vgl. J. Grimm, Frau Aventiure. Der früheste Beleg des Wortes Aventiure, im Grafen Rudolf G⁵ 16, reicht in die 70er Jahre des 12. Jahrh. zurück: Haupt in seiner Zeitschr. 7, 263 f.   2) So die Dichter des Rother, Oreudel, Ortnit: vgl. Müllenhoff in Haupts Zeitschr. 13, 190.   3) Ein merkwürdiges Beispiel liefert der Stricker im Daniel von Blumenthal, der, wo er sich auf seine Quelle beruft, die Worte dem Alexander des Pfaffen Lamprecht entlehnt: vgl. Holtzmann in der German. 2, 29; doch ist die Existenz eines roman. Originals nicht ganz

Gegenstände keineswegs ausschliesslich an das hielten, was ihnen
die Heimath bot, ist schon bemerkt worden; eben so ist hin und
wieder der zweite Kreuzzug als der ungefähre Zeitpunkt bezeichnet
worden, wo die Verpflanzung fremder Stoffe nach Deutschland häufiger wurde. Hier scheint es angemessen, eine allgemeine Uebersicht über die grosse Masse der einheimischen und fremden Ueberlieferungen zu geben, die während dieses Zeitraums Vorwurf der
erzählenden Poesie wurden.

§ 83.

1. **Einheimische Stoffe.** Unter diesen nimmt *a)* **die deutsche Heldensage** die erste Stelle ein. Alle in frühern Jahrhunderten
nachweisbaren Ansätze und Ausbildungen derselben waren, mit den
schon oben (§ 40) als möglich eingeräumten Umwandlungen, diesem
Zeitraum theils durch den lebendigen Volksgesang, theils in schriftlicher Aufzeichnung überliefert worden[1]. Ausserdem lernen wir nun
aber zuerst mehrere andere in diesen grossen Cyclus eingreifende
Geschichten als Gegenstände der Volkspoesie kennen, von denen
sich die allermeisten zwar gleichfalls auf mündliche und schriftliche
Fortpflanzung berufen, über deren Alter es jedoch, wenn sie sich
nicht selbst als ziemlich späte, erst in diesem Zeitraum aufgekom-
mene Weiterbildungen alter und echter Sagenelemente verrathen, an
genaueren Angaben fehlt. In den erhaltenen Dichtungen hangen
sie alle näher oder entfernter mit der alten Sage **von Dieterich
von Bern** zusammen, der jetzt entschieden Hauptheld und Mittelpunkt des ganzen Sagenkreises geworden ist[2], während er dem
skandinavischen Norden eigentlich fremd blieb[3]. Einige von denen,
in welchen er selbst auftritt, sind als blosse Einkleidungen einzelner
unabhängiger Volkstraditionen von Riesen und Zwergen in das Gewand dieses Kreises anzusehen, dem sie ursprünglich fremd gewesen
zu sein scheinen: dahin gehören die Dichtungen von **Laurin**[4].

---

in Abrede zu stellen (vgl. Bartsch ebenda 2, 449 ff.). Auch der Pleier beruft
sich wahrscheinlich auf fingierte Quellen: E. H. Meyer in Haupts Zeitschr. 12,
478 f., und so ist die Angabe Konrads von Stoffeln, der den Stoff seines Ritters
mit dem Bocke aus Spanien geholt haben will, ebenfalls eine Erfindung: Jeitteles
in der German. 6, 387.

§ 83. 1) W. Grimm, Heldensage 378. Selbst lateinische Aufzeichnungen
mögen bestanden haben; s. daselbst S. 109; Bartsch, Untersuchungen üb. d. Nib.
350; aber auch Lachmann zur Klage S. 287.   2) Ueber das Fortleben der
Dietrichssage im Bewusstsein des Volkes, insbesondere in Schwaben, bis in neuere
Zeit s. Uhland, Dietrich von Bern, in der German. 1, 304—341; dazu Müllenhoff
in Haupts Zeitschr. 12, 319 — 335. 370 ff. 417 ff.   3) Wackernagel, Litt.-
Gesch. S. 209.   4) Ueber die mythische Grundlage der Sagen vom Rosengarten und von Laurin vgl. Uhland, der Rosengarten von Worms, in der German.

Ecko⁵ und Siegenot⁶. Andere, die der eigentlichen Dichtersage schon entfernter stehen, mögen auch auf altem Grunde beruhen, tragen aber in ihrer mehr abenteuerlichen und märchenhaften, von dem Ernst und der Gründlichkeit echter Volkssage merklich abstechenden Gestaltung schon sehr deutliche Spuren der Einwirkung an sich, welche die Verbindung Deutschlands mit Italien, die Kreuzzüge und der durch diese im Abendlande hervorgerufene Geist auch auf die Volkspoesie ausübten: dahin gehören die Sagen von Ruther, Ortnit⁷ und Wolfdieterich⁸. Endlich stossen wir noch auf Sagen, die, entweder als Erweiterungen älterer, oder als selbständig gestaltete, kaum anders aufgefasst werden können, denn als mehr oder weniger willkürlich erfunden im Ganzen und nur im Einzelnen alte echte Elemente bewahrend: so die Sagen von Biterolf, vom Kampf im Wormser Rosengarten, von Dieterichs Ahnen⁹. Neigung zu historischer Anlehnung und Verknüpfung ursprünglich verschiedener Sagen dauerte auch in diesem Zeitraum fort, zeigte sich jetzt aber gemeiniglich als ganz äusserlich und willkürlich¹⁰, und wenn sogar deutsche mit fremden verbunden wurden, nur in Dichtungen, deren Inhalt schon am weitesten von der reinen Auffassung alter Ueberlieferung ablag¹¹. Den umfassendsten Versuch der Art, der aber nicht in Deutschland, sondern im Norden gemacht ist, liefert die prosaische, aus deutschen Gedichten und Erzählungen norddeutscher Männer geschöpfte, vor 1263, wahrscheinlich schon in der ersten Hälfte des Jahrhunderts verfasste¹² Viltina Saga, oder, wie sie sich selbst nennt, die Sage von Dieterich von Bern, aus der man auch lernen kann, wie viel deutsche Sagen uns in der poeti-

---

6, 307—350.   5) Vgl. Zingerle, die Heimath der Eckensage, in der German. 1, 120 ff., der sie in Südtirol sucht: Müllenhoff dagegen (in Haupts Zeitschr. 12, 357) betrachtet sie als urspünglich am Niederrhein heimisch. Ueber den mythischen Charakter Eckes vgl. Grimm, Mythol.² 218. 602.   6) W. Grimm a. a. O. 356.   7) Ueber die Sage von Ortnit vgl. Müllenhoff in Haupts Zeitschr. 12, 344—354.   8) Uhland, Schriften zur Geschichte der Dichtung und Sage 1, 173 ff.; 211, findet die uralte mythische Unterlage dieser Sage in der persischen Heldensage. Vgl. dazu Müllenhoff in Haupts Zeitschr. 6, 435 459. 12, 341—354. Ueber alle drei Sagen s. W. Grimm a. a. O. 51; 357 ff.; Lachmann, Jen. Litt. Zeit. 1822, Jan. Nr. 14, 110 f.   9) W. Grimm a. a. O. 127; 185, und die Einl. zu seiner Ausg. des Rosengartens S. LXI ff. so wie Uhland in der Anm. 4 angeführten Abhandlung. Die Sage von Alphart wird man jetzt nicht mehr mit W. Grimm, Heldensage 355, als einen jüngern Anwuchs an Dietrichs und Hildebrands Sage um die Mitte des 13. Jahrh. betrachten dürfen: vgl. schon Lachmann a. a. O. 107 und über Singen und Sagen S. 7.   10) W. Grimm a. a. O. 345 ff.. 11) P. E. Müller, Saga - Bibl. bei G. Lange S. 197 ff.: F. Wolf, über die neuesten Leistungen der Franzosen 74 ff.   12) Möbius in der German. 9, 343; vgl. Müllenhoff. zur Gesch. der Nib. Not. S. 9 f.

schen Form, worin sie gewiss einst gekleidet waren, verloren gegangen sind[13].

§ 84.

b) Andere einheimische Stoffe wurden den Dichtern geboten:
α) in Stamm-, Orts- und Personensagen. Einzelnes der Art
mochte sehr alt und rein deutsch sein; Anderes, dem auch noch echt
volksthümliche Grundlage zugesprochen werden muss, ist aber, wie
es sich in den Gedichten zeigt, unter dem Einfluss der gelehrten
Bildung dieser Zeit und der seit den Kreuzzügen aus den romanischen Ländern, dem byzantinischen Reiche und dem Morgenlande
eingedrungenen Vorstellungen und Sagen mannigfach mit fremdarti-
gen Elementen versetzt, an Geschichten des römischen und griechischen Alterthums angeknüpft, oder ins Märchenhafte und Phantastische hinübergespielt[1]. Manches muss auch wohl geradezu als
absichtliche, vornehmlich von Geistlichen herrührende Erfindung betrachtet werden. — *β*) in wirklicher Volks- und Personen-
geschichte, in einzelnen Begebenheiten der Vergangenheit und in Ereignissen des Tages. — *γ*) in Anekdoten
und Schwänken, die mehr oder minder alt unter dem Volke fortlebten, wobei freilich, wenn dergleichen in Gedichten gefunden wird,
oft nicht leicht zu unterscheiden ist, was dem deutschen Boden eigenthümlich angehören, was erst aus der Fremde eingeführt sein mag.
— Endlich *δ*) in der Thiersage, doch nur in vereinzelten Fabeln,
welche von uralter Zeit her durch lebendige Tradition sich erhalten
hatten[2], während die charakteristische Gestaltung der Thiersage zum
Thierepos nicht sowohl in Deutschland selbst, als vielmehr in den
Niederlanden und dem nördlichen Frankreich zu Stande kam und
von dort her erst wieder auf deutschen Boden verpflanzt wurde.
Sie steht also gewissermassen in der Mitte zwischen den einheimischen und den aus der Fremde eingeführten Stoffen.

---

13) Vgl. noch über die, in isländischer und norwegischer Bearbeitung auf
uns gekommene Viltina Saga (herausgeg. von Unger. Christiana 1853; übersetzt
in Hagens nord. Heldenromanen. Breslau 1814. 8; 2. Aufl. 1855; in Rassmanns
Heldensage Bd. 2; bearbeitet von E. Martin. König Dietrich von Bern. Halle
1867. 8; Auszüge bei P. E. Müller a. a. O.) Müller S. 271 ff. und W. Grimm a.
a. O 175 ff.

§ 84. 1) Was auf diesem Wege aus ursprünglich deutschen Sagen im 12.
und 13. Jahrh. werden konnte, spricht sich wohl nirgend auffallender aus, als in
den Dichtungen von Herzog Ernst; vergl. § 91 und Bartsch, Herzog Ernst S.
LXXXV ff.   2) Am meisten spricht dafür die aus der alten Kaiserchronik
entlehnte, mit einer echt deutschen Sage (Brüder Grimm, deutsche Sagen 2, 192
bis 201) innig verwachsene Fabel bei J. Grimm, Reinhart Fuchs S. 380 ff.; vgl.
auch S. XLIX ff. und CVII; denn bei andern deutschen Thierfabeln des 13. Jahrh.
könnte man schon weniger gegen fremde Abkunft einwenden.

§ 85.

2. **Fremde Stoffe** wurden nach Deutschland besonders aus dem nördlichen Frankreich durch Dichtungen gebracht, welche in diesem Lande entweder unmittelbar aus volksthümlichen Sagen entstanden waren, oder deren Inhalt die Franzosen selbst erst auf verschiedenen Wegen, hauptsächlich durch gelehrte Bildung, durch die Kreuzzüge und durch anderweitige Berührungen mit benachbarten Völkerschaften, aus dem Alterthum und aus der Fremde empfangen hatten. Andere entlehnten die deutschen Dichter aus lateinischen Werken des Mittelalters, geistlichen und weltlichen Inhalts; mitunter benutzten sie auch wohl französische, oder wie es damals gemeiniglich hiess, welsche Bücher und lateinische zugleich, wenn jene einen Gegenstand behandelten, der erst aus diesen entnommen war[1]. Alle diese Stoffe lassen sich am schicklichsten in sieben Klassen bringen[2]. — a) Fränkisch Kärlingische Sagen und Dichtungen[3], die, zum Theil sehr alt, sich über geschichtliche Ereignisse und Verhältnisse gebildet hatten, deren Mittelpunkt Karl der Grosse war. Als ein Gemeingut der fränkischen Eroberer des alten Galliens scheinen sie bis zum Anfang des zwölften Jahrhunderts nur in verloren gegangenen Volksgesängen fortgelebt zu haben, aus welchen auch sicherlich, wenigstens einem grossen Theil nach, die lateinische, vorgeblich von Turpin abgefasste Chronik[4] zusammengeschrieben

---

§ 85. 1) Doch nicht immer entnahmen die deutschen Dichter die fremden Geschichten aus Büchern: öfter arbeiteten sie auch nach mündlicher Mittheilung: Benecke in Haupts Zeitschr. 1. 54.   2) Literarischer Nachweisungen über die meisten der im Folgenden angedeuteten fremden Stoffe findet man die Menge in Grässe's Buch: die grossen Sagenkreise des Mittelalters (Dresden u. Leipzig 1842. 8; besonderer Abdruck aus seinem Lehrbuch einer allgem. Literärgeschichte II, 3), welches aber, trotz der grossen Belesenheit, die der Verf. darin an den Tag gelegt hat, nur mit der grössten Vorsicht benutzt werden kann. Denn man glaube ja nicht, dass das Buch selbst erfülle, was der Titel verspricht, eine historische Entwickelung und kritische Beleuchtung seines Gegenstandes. Vorzüglich hat man Grund ihm zu misstrauen, wo es auf die Geschichte der deutschen Dichtung eingeht: der Abschnitt über die deutsche Heldensage z. B. ist völlig verunglückt.   3) Ueber diese vgl. insbesondere G. Paris, Histoire poétique de Charlemagne. Paris 1865. 8; und L. Gautier, les épopées françaises. I—III. Paris 1865—68. 8.   4) Historia de vita Caroli Magni et Rolandi, in der ursprünglichen Gestalt um die Mitte des 11. Jahrh. verfasst, der zweite Theil im zweiten Jahrzehnt des 12. Jahrh. von einem Geistlichen von Vienne: vgl. Gaston Paris, de Pseudo-Turpino. Paris 1865. 8. Die neuesten Ausgaben sind von Ciampi, Florenz 1822. 8., und vom Baron v. Reiffenberg, im Anhange zum 1. Th. seiner (durch die Einleitungen für die Geschichte der altfranz. Poesie sehr wichtigen) Ausgabe der Chronique de Ph. Mouskes. Brüssel 1836—38. 2 Bde. 4. Ueber Turpin vgl. auch F. W. V. Schmidt, über die italien. Heldengedichte S. 43 ff., und die in Anmerk. 5 angeführten Schriften von Monin, Fauriel, F. Wolf und W. Grimm.

ist, die man ehedem, nebst der Erzählung von einer angeblichen
Fahrt Karls des Grossen nach Constantinopel und Jerusalem[5], fälschlich für die Grundlage aller Gedichte dieses Fabelkreises hielt. Im
Zeitalter der Kreuzzüge wurden diese Lieder in Frankreich gesammelt und unter dem Einfluss der damals herrschenden religiös-poli-
tischen Ideen, die in sie eindrangen und sie auch innerlich vielfach
umbildeten, zu grossen epischen Werken verarbeitet. Auch noch in
dieser Umwandlung, durch die sie vor allen übrigen poetischen Ge-
bilden des romanischen und germanischen Mittelalters der Ausdruck
und die Abspiegelung des christlichen Heldenthums geworden
sind, bezeugen die kärlingischen Dichtungen durch Inhalt, Geist und
Form den ursprünglich germanischen Charakter der ihnen zum
Grunde liegenden Sagen und Gesänge[6]. Daher dürfen, wiewohl erst
in dieser Gestaltung in Deutschland eingeführt, die kärlingischen
Sagen nur als halb fremde angesehen werden. Der ganze Sagenkreis, sofern er alte echte Ueberlieferung enthält, zerfällt in zwei
Hälften. Die erste stellt Karl den Grossen und die fränkischen Helden vorzugsweise als Kämpfer der Kirche den Sarazenen gegenüber
und befasst die Sagen und Gedichte von Karls Geburt, Kindheit
und Jugend, seinem Zuge gegen die spanischen Araber und der darauf bei Roncevaux erfolgten Niederlage, endlich von den Kriegen,
welche unter Karl und seinem Nachfolger das Narbonner Helden-
geschlecht (Aimeric und Wilhelm der Heilige[7]) mit den Sarazenen um den Besitz des südlichen Frankreichs und nordöstlichen
Spaniens geführt haben soll. Eingefügt haben sich darein noch die
Dichtungen, welche aus willkürlicher, erst kurz nach dem ersten
Kreuzzuge vorgenommener Erweiterung der Sage hervorgegangen
sind. Die andere Hälfte bilden die Sagen und Gedichte, in welchen
Karl und andere kärlingische Fürsten im Kampfe mit ihren Vasallen
erscheinen. In Deutschland scheinen während dieses Zeitraums nur
die Gedichte der ersten Klasse Eingang gefunden zu haben, wenigstens ist keine deutsche Bearbeitung eines französischen Gedichts
der zweiten aus so früher Zeit bekannt[8].

---

5) Wo die Sage von dieser Fahrt zuerst vorkommt, berichtet Grässe, a. a. O.
292 und kritischer G. Paris, hist. poétique S. 337 ff.; den Inhalt des daraus hervorgegangenen altfranz. Gedichts (Charlemagne, herausgeg. von Fr. Michel. London
1836. 8.) findet man in A. Kellers altfranz. Sagen 1, 26 ff.   6) Vgl. besonders L. Gautier a. a. O. 1, 10 ff.   7) Ueber den Sagencyclus von letzterem
vgl. Guillaume d'Orange, chansons de geste des XIe et XIIe siècles, publiées par
W. J. A. Jonckbloet. 2 Bde. La Haye 1854. 8.; und dessen Bearbeitung in französischer Prosa, Amsterdam 1867. 8.   8) Ueber Umfang, Zusammenhang, Geschichte des ganzen Fabelkreises, die einzelnen Gedichte desselben, deren Form,
Stil und Vortragsweise hat zuerst mit Einsicht und Gründlichkeit gehandelt L.

§ 86.

b) **Bretonischer Fabelkreis von König Artus** oder **Arthur**[1] **und den mit ihm in näherer oder entfernterer Verbindung stehenden Helden.** Die französischen Dichtungen dieses Kreises, die in die Gestalt, worin sie den Deutschen bekannt wurden, gewiss alle erst in dem Zeitalter der Kreuzzüge gebracht waren, dürfen auf alte Volkslieder, *lais*[2], als ihre nächste oder mittelbare Grundlage zurückgeführt werden, die dem in Wales und Bretagne heimischen celtischen Volksstamm eigen waren und zum Theil auf sehr alten, wohl noch mit dem celtischen Druidenthum zusammenhängenden, im Laufe der Zeiten aber mit vielen neuen, und darunter auch fremden Elementen versetzten und phantastisch ausgebildeten Ueberlieferungen beruhten. Sie für rein willkürliche

Uhland, über das altfranz. Epos. in Fouqué's Musen 1812. 3. Quartal S. 59 bis 109 (wiederholt Schriften 4, 327—406). Damit vgl. H. Monin, dissertation sur le roman de Roncevaux. Paris 1832. s.; Fauriel, de l'origine de l'épopée chevaleresque du moyen âge. Paris 1832. 8. (aus der Revue des deux mondes, Tom. VII. VIII; übersetzt von F. A. Eckstein in den Neuen Mittheilungen des thüring. sächs. Vereins Bd. 5 ff.); A. W. v. Schlegels Beurtheilung davon im Journ. des Débats 1833, 21. Octbr. 14. Novbr. 31. Decbr.; F. Wolf, über die neuesten Leistungen der Franzosen für die Herausgabe ihrer National - Heldengedichte. Wien 1833. 8. (Nachträge in den altd. Blättern 1, 15 ff.); W. Grimms Einleit. zum Rolandsliede; V. A. Huber in der N. Jen. Litt. Zeit. 1841, Nr. 95—100 und besonders die Anm. 3 angeführten Schriften. — Die Frage, welche die französischen Gelehrten getheilt hat, ob die provenzalischen oder die nordfranzösischen Dichtungen dieses und des folgenden Sagenkreises die älteren und ursprünglicheren seien, ist für die Geschichte der deutschen Poesie in sofern von keinem wesentlichen Interesse, als bisher noch kein provenzalisches Werk der erzählenden Gattung hat nachgewiesen werden können, aus welchem ein deutscher Dichter unmittelbar geschöpft hätte, vielmehr Alles darauf hindeutet, dass die nächsten Quellen für Deutschland in nordfranzösischen Werken flossen (vgl. Lachmanns Wolfram S. XXIV). Allein man kann jetzt auch mit voller Sicherheit behaupten, dass Fauriel, der am eifrigsten die Ansicht verfocht, dass die Nordfranzosen erst von den Provenzalen die Dichtungen des kärlingischen und bretonischen Kreises überkommen und dann nachgebildet hätten, viel zu weit gegangen ist, und dass die nordfranz. Erzählungspoesie wohl eben so viel, wenn nicht mehr Anspruch auf eine selbständige Entwickelung zu machen hat, als die provenzalische.

§ 86. 1) Ueber ihn als geschichtliche Person (gest. 537) s. Lappenberg, Geschichte Englands 1, 103 ff. Er soll sich in der Vertheidigung seines Landes gegen die Angriffe der Sachsen ausgezeichnet haben; daran aber hat sich in den romanischen und deutschen Gedichten so gut wie gar keine Erinnerung erhalten. Neuerdings ist durch die anziehende Untersuchung von Holtzmann, in der German. 12, 257—284 die Existenz eines historischen Königs Artus sehr in Frage gestellt. 2) Ueber die altbretonischen epischen Lais und über deren spätere gleichnamige französische und englische Ueberarbeitungen s. F. Wolfs Buch über die Lais, vgl. auch Berliner Jahrb für wissenschaftl. Kritik 1834, Aug. Nr. 30 f.

Erfindungen, ohne alle andere sagenhafte Unterlage, als einige Eigennamen zu halten³, ist eben so unstatthaft, als ihnen zur alleinigen
Quelle einige lateinische Chroniken, namentlich die des Gottfried
von Monmouth⁴ zu geben. Aber unbestreitbar scheint es, dass bei
Abfassung dieser Dichtungen⁵, bevor sie nach Deutschland gelangten, weit mehr Willkür der Erfindung und freies Spiel der Phantasie gewaltet, so wie Anpassung an die während des Blüthenalters;
des Ritterthums herrschenden Ideen und Sitten stattgefunden hat,
als bei der Umgestaltung der alten, auch in der Form ganz ver-
schiedenen⁶ national-französischen Heldenlieder des vorigen Kreises
zu grossen epischen Ganzen. — Eine besondere Abtheilung dieses
Kreises bilden die Dichtungen, in welchen mit den Sagen von Artus
und seiner, gewöhnlich mit dem Namen der Tafelrunde bezeichneten, ganz weltlichen Ritterschaft die Sage von dem heil. Graal⁷
und dem seinem Dienste geweihten geistlichen Königthum und Ritterorden verbunden ist. Auch dieser Stoff scheint seinem Hauptbestandtheil nach celtischen Ursprungs zu sein; aber er muss, in der
romanischen Gestaltung wenigstens, die den Inhalt zu deutschen

3) Diess hat z. B. Fauriel in seiner vorhin (§ 55, 8) angeführten, übrigens höchst
lesenswerthen Schrift gethan.   4) Vielmehr ist auch in dieser Chronik Historia
regum Britanniae, geschrieben um die Mitte des 12. Jahrb.; gedr. in Rer. Britannic.
script. vetust. Heidelb. 1587. Fol.) der Theil, der von Arthur handelt, aus ältern
bretonischen Sagen und Ueberlieferungen entnommen, die nach des Verfassers
eigenem Geständniss Walther, Archidiaconus von Oxford, in einer bretonischen
Handschrift aus Armorica mitgebracht und ihm übergeben hatte: aber der erhaltene Brut y Tysylio ist jünger und erst aus Gotfried übersetzt, wie Zarncke, in
Eberts Jahrbuch f. roman. Liter. 5, 249—261 überzeugend nachgewiesen. Ueber
Walther vgl. noch J. Grimm, Gedichte auf Friedrich I. S. 31 (kl. Schriften 3, 30);
über Gottfried von Monmouth San-Martes Uebersetzung desselben und des Brut
y Tysylio. Halle 1854. 8. sowie dessen Abhandl. Zur Kritik der Historia regum
Britanniae des Gottfried von Monmouth aus dem 9. Bde der X. Mittheil. des
Thüring. Sächs. Vereins abgedruckt. Halle 1853. 8.   5) Sie scheinen beson-
ders von den anglo-normannischen Trouvères am Hofe Heinrichs II von England,
der sie begünstigte, ausgegangen zu sein: F. Wolf, über die Lais 58 ff. Ueber
das Verhältniss der nordfranz. Bearbeiter der Artussage zu den bretagnischen
Ueberlieferungen vgl. San Marte in der German. 2, 388 ff.   6) Ueber diese
Verschiedenheit der Form ist ausführlich gehandelt in den oben (§ 55, 8) angeführten
Schriften Uhlands, Fauriels und F. Wolfs, womit aber auch zu vergleichen ist
dessen Werk über die Lais S. 303.   7) Ueber die frühern Deutungen dieses
Wortes vgl. S. Boisserée, über die Beschreibung des Tempels des heil. Grals,
München 1834. 4. S. 15 (Abhandl. der Münch. Akad. 1835); San Marte (A.
Schulz), Leben u. Dichten Wolframs v. Eschenbach 2, 362 ff., dessen Abhandlung
'Gral' in Ersch und Grubers Encyclopädie, und Grässe a. a. O. 135 ff.); jetzt
darf man nicht mehr zweifeln, dass das Wort romanisch ist und Gefäss, Schüssel,
Becken bedeutet (Diez, etymolog. Wörterbuch³ 2, 327), gleich dem celtischen per,
daher Parzivals celtischer Name Peredur so viel ist als „Sucher des Gefässes, des
Beckens."

Gedichten hergegeben hat, noch manche andere, nicht unbedeutende
Elemente einerseits aus südfranzösischer[8], spanischer und orientali-
scher, andrerseits aus niederländischer und vielleicht auch deutscher
Sage[9] in sich aufgenommen haben: darauf weisen fast noch mehr
die örtlichen Anlehnungen und die Eigennamen, als die nähern und
entlegneren Quellen, aus denen nach dem Zeugniss der Dichter die
Geschichte vom Graal und seinen Pflegern ihnen zugeflossen sein
soll. Auch wird man zugeben können, dass auf die dichterische
Ausbildung des geistlichen Ritterthums die Einwirkungen des Templer-
ordens einigen Einfluss geübt haben, ohne darum genöthigt zu sein,
zwischen dem Mysterium vom Graal und der jenem Orden zur Last
gelegten ketzerischen Geheimlehre einen Zusammenhang anzuerkennen[10].

§ 87.

c) Besondere Ritter- und Liebesgeschichten romanischer Abkunft, entweder in ihrer Unabhängigkeit von den
grossen Sagenkreisen gelassen, oder an einen derselben auf irgend
eine Weise angeknüpft. Letzteres findet z. B. auf die liebliche Sage
von Flos und Blaneflos[1], so wie auf die von einem unbekannten,

---

8) Vgl. Bartsch, Berthold von Holle S. XXXVII.   9) Vgl. J. Grimm in
Haupts Zeitschr. 1. 7 ff.; dagegen Bartsch, Parzival 1, S. XXIX.   10) Die
Geschichte des bretonischen Sagenkreises hat man erst in der allerneuesten Zeit
gründlicher zu erforschen angefangen. Von ältern hier einschlagenden Schriften
mögen neben den im vorigen § Anmerk. 8 genannten hier noch erwähnt werden:
die Einleitung von Görres zum Lohengrin; F. W. V. Schmidts Recension von
Dunlop (the history of fiction) in den Wien. Jahrb. 29, 73 ff. (die sich aber, wie die
Fortsetzung, 31, 99 ff. über die Dichtung des kärlingischen Kreises, fast nur auf
die spätern Prosaromane einlässt, wenig über die ältern Gedichte und noch weniger über die Bildung der ihnen zum Grunde liegenden Sagen gibt); Fr. Michel,
Tristan, recueil de ce qui reste des poëmes relatifs à ses aventures etc. 1835;
Hagen, MS. 4, 562 ff. Unter den neueren vergleiche man San-Marte a. a. O.
2, 359 ff.; Simrocks Uebersetzung des Parzivals und Titurels 1, 451 ff., und besonders San-Marte, die Arthur-Sage und die Märchen des rothen Buchs von
Hergest. Quedlinb. u. Leipz. 1842. 8.; dessen Beiträge zur bretonischen und
celtisch-germanischen Heldensage, ebend. 1847; und seine Uebersetzung von Stephens Geschichte der wälschen Literatur. Halle 1864. 8. (in welchen drei Werken
sämmtliche Märchen der von Lady Ch. Guest in walisischer und englischer Sprache
mit lehrreichen Anmerkungen zu London 1838—42 herausgegebenen Mabinogion
übersetzt sind); auch San-Marte's Nennius und Gildas. Berlin 1844; die Sagen
von Merlin. Halle 1853; so wie Th. de la Villemarqué, Essai sur l'origine des
épopées chevaleresques de la Table-Ronde vor den Contes populaires des anciens
Bretons (einer französ. Uebersetzung derselben Mabinogion). Paris 1842. 2 Voll.
8.; nebst den Recensionen von W. Müller) in den Götting. GA. 1843, Nr. 101
bis 103, und von V. A. Huber in der Jen. Litt. Zeit. 1843, Nr. 170—173

§ 87. 1) Ueber den muthmasslichen Ursprung und die vielfachen Bearbei-

wahrscheinlich schwäbischen Dichter im Auftrage eines Markgrafen
zwischen 1230 und 1240 verfasste Erzählung von der guten Frau²
Anwendung, die mit dem kärlingischen Kreise in Verbindung gebracht sind², dem sie urspünglich sicher eben so wenig angehörten,
wie die langobardische Sage von Ruther⁴. — *d*) Antike Götter-
und Heldensagen, namentlich die Geschichten von dem Zuge
der Argonauten, dem trojanischen Kriege, den Irrfahrten und Thaten
des Aeneas, den frühzeitig mit dem Gewande der Fabel umkleide-
ten Zügen Alexanders des Grossen, endlich der in den ovidischen
Verwandlungen bearbeitete Fabelkreis.   Aber nur dieser letztere ist
durch unmittelbare Uebertragung aus der lateinischen Urschrift in
die Poesie des Mittelalters übergegangen⁵; die übrigen Sagen dieser
Klasse hatten ihre nächsten Quellen in lateinischen und griechischen
Büchern, die während der mittlern Zeiten theils aus den Dichtungen
des classischen Alterthums, theils aus volksmässigen Traditionen in
Griechenland und im Orient, theils aus mehr oder minder willkürlichen Erdichtungen entstanden waren.   Für die Geschichte des trojanischen Krieges waren vorzugsweise Dictys Cretensis und Dares
Phrygius Quellen⁶; für die Geschichte des Aeneas war es allerdings Virgilius, aber bei Heinrich von Veldeke nur mittelbar, denn
dieser benutzte die französische Dichtung des Trouvères Benoit de
Sainte-More, in welcher der antike Stoff bereits völlig mit dem ro-
mantischen Geiste des Ritterthums erfüllt ist; die früh entstandene,
theils auf griechischer, theils auf morgenländischer Ueberlieferung
beruhende Alexandersage wurde im Auslande besonders durch die
lateinische Bearbeitung des angeblichen Kallisthenes, welche im
vierten Jahrhundert von Julius Valerius verfasst wurde, und die
gleichfalls auf griechischer Quelle beruhende Historia Alexandri M.
de proeliis verbreitet⁷.   Daneben bestanden aber auch schon früh

---

tungen der Erzählung vgl Wolf, über die neuesten Leistungen 69 ff. und in den
altd. Bl. 1, 19 ff.; Hoffmann, horae belg. 3, Einleit.; Grässe a. a. O. 274 ff. und
besonders Sommers Einleitung zu s. Ausgabe von Fleck's Gedicht.   2) Herausgeg. von E. Sommer in Haupts Zeitschrift 2, 385—481: über die Sage vergl.
noch Wolf, neueste Leistungen 73 ff.   3) Ueber den Zusammenhang beider
Sagen mit germanischen Mythen vgl. Grimm, Mythol.² 400, Anm. 3.   4) Siehe
§. 83 und Grimm a. a. O. 258, Anmerk. 1; Müllenhoff in Haupts Zeitschr. 6, 447.
     5) Vgl. § 95 und Diez, Poesie der Troubadours 127 ff.   6) Vergl.
II. Dunger, die Sage vom trojan. Kriege in den Bearbeitungen des Mittelalters und ihren antiken Quellen. Leipzig 1869. 8.   7) Vergl. besonders
J. Zacher, Pseudocallisthenes. Forschungen zur Kritik der ältesten Aufzeichnung der Alexandersage. Halle 1867. 8.; desselben J. Valerii epitome. Zum
erstenmal herausg. Halle 1867. 8.; und schon Alexandri M. iter ad paradisum ed.
J. Zacher. Königsb. 1858. 8., in der Einleitung. Von andern Schriften vgl. Weckherlin, Beiträge S. 1 ff.; F. Wolf in den Wien. Jahrb. 57, 169 ff.; Jacobs und

andere Gestaltungen dieser Sage: eine der im Mittelalter bekanntesten ist die lateinische Alexandreis des Philippus Gualtherus de Castellione (Gautier de Lille oder de Châtillon), aus dem zwölften Jahrhundert, welche im wesentlichen auf Curtius beruht. Diese antiken Sagen wurden von den Dichtern des Abendlandes, die sie der damals herrschenden Vorstellungsweise schon sehr angenähert überkamen, mit derselben Naivetät aufgefasst und behandelt, wie alle andern aus dem Alterthum und dem Morgenlande benutzten Ueberlieferungen, d. h. die auf ihnen beruhenden Dichtungen erhielten, was die Schilderung der Sitten, die Denkart und äussere Ausstattung der dargestellten Personen betraf, ganz das Gepräge und die Farbe dieses Zeitalters. — e) Biblische und Profan-Geschichten, mehr oder weniger durch halb gelehrte, halb volksmässige Ueberlieferung entstellt und mit Sagen der verschiedensten Art untermischt. — f) Legenden der Heiligen. — g) Vereinzelte grössere und kleinere Sagen, Geschichten, Novellen, Schwänke, Fabeln, die theils aus dem griechisch-römischen Alterthum theils von romanischen und celtischen Völkerschaften* abstammten, theils endlich aus einer Mischung der verschiedenartigsten Bestandtheile hervorgegangen waren, und welche hauptsächlich in den Fabliaux und Lais der Franzosen den deutschen Dichtern bekannt wurden. Hier ist namentlich zweier Sammlungen grossentheils aus dem Orient abstammender Novellen, Schwänke und Fabeln zu gedenken, die in diesem Zeitalter im Abendlande sich zu verbreiten anfiengen. Die eine, das berühmte Buch von den sieben weisen Meistern, deren Ursprung bis nach Indien zurückreicht, und von der es alte Bearbeitungen in mehreren morgenländischen Sprachen, so wie in der griechischen gibt, die alle mannigfaltig in ihrem besondern Inhalt von einander abweichen, beruht in den verschiedenen Gestaltungen, unter denen sie in den abendländischen Literaturen Eingang und die weiteste Verbreitung gefunden hat, auf lateinischen Umbildungen, deren bis jetzt vier verschiedene bekannt geworden sind. Französische, auch wieder von einander stark abweichende poetische Bearbeitungen der zu einem Ganzen verbundenen Geschichten von den sieben weisen Meistern heben bald nach dem Beginn des dreizehnten Jahrhunderts an; deutsche lassen sich erst in der folgenden Periode nachweisen; einzelne Geschichten daraus scheinen aber schon jetzt den Weg nach Deutschland gefunden zu haben*. Der Inhalt der andern Samm-

---

Uckert, Beiträge zur ält. Litterat. 1. 371 ff.; Grässe a. a. O. 438 ff. und Gervinus³ 1, 328 ff.   8) Besonders scheinen bretonische Lais der französischen Novellenpoesie zur Quelle gedient zu haben; F. Wolf in den Berlin. Jahrb. 1834, Aug. Nr. 30. 31.   9) Von dem, was in Deutschland über die Geschichte dielung, der Disciplina clericalis, ward von Petrus Alfonsi, einem 1106 getauften spanischen Juden, am Anfang des zwölften Jahrhunderts aus dem Arabischen geschöpft und nach der lateinischen Urschrift im dreizehnten Jahrhundert von zwei verschiedenen Dichtern in französische Verse gebracht[10]; auf diesem Wege und vielleicht noch durch andre Mittelglieder scheint auch schon früh manches daraus den Deutschen bekannt[11] und von ihnen nachgebildet worden zu sein[12].

B. Art der Abfassung erzählender Dichtungen im Allgemeinen. — Erzählende Werke des zwölften Jahrhunderts, welche die neue Blüthe der epischen Poesie vorbereiteten.

§ 88.

Wenn bis zum zwölften Jahrhundert das Volksepos, allem Anschein nach, nur in äusserlich unverbundenen, einzelne Momente der lebendigen Sage darstellenden Liedern sich fortbildete, und bloss die von den Geistlichen geübte Dichtkunst sich erst in der planmässigen, ausführlichen Erzählung versuchte, so wurden Darstellungen der letztern Art nicht nur die allein üblichen in der höfischen Poesie dieses Zeitraums, sondern es giengen nun auch aus dem epischen Volksgesange ähnliche Dichtungen hervor[1], neben

---

ser Novellensammlung geschrieben ist, vgl. Görres, die deutschen Volksbücher 154 ff.; Götting. GA. 1830, Nr. 170—172.; A. Kellers Einleit. zu seiner Ausg. des roman des sept sages. Tübing. 1836. 8., und zu Diocletians Leben von Hans v. Bühel; Wien. Jahrb. d. Litt. Bd. 90.; Götting. GA. 1843, Nr. 73—77.: H. Sengelmanns Einleit. zu der Uebersetzung der hebräischen und griechischen sieben weisen Meister. Halle 1842. 8.; Hall. Litt. Zeit. 1843, Nr. 95.; Götting. GA. 1844, Nr. 54 f.; H. Brockhaus in den Blätt. für litterar. Unterhalt. 1843, Nr. 242 f. und neuerdings besonders Benfey's Pantschatantra. 2 Bde. Leipzig 1859. 8.; Gödeke, über de septem sapientibus in Benfey's Orient und Occident, Bd. 2, 3. Heft; Mussafia, Beiträge zur Litteratur der sieben weisen Meister. Wien 1868. 8., und Gervinus³ 2, 325 ff.   10) Die eine Bearbeitung in Méons Contes et fabliaux 2. 39—183; die andere mit dem latein. Texte und einer altfranz. Prosabearbeitung herausg. von der Société des Bibliophiles français. Paris 1824. 8.   11) Vollständig bekannt wurde die Disciplina clericalis erst durch die Uebersetzung von Steinhöwel (15. Jahrh.) in seinem Aesop: vgl. W. Grimm in Haupts Zeitschr. 12, 191.   12) Vgl. F. W. V. Schmidts Ausg. der Disciplina clericalis. Berl. 1827. 4.
§ 88.   1) Die gewöhnlichste Benennung für erzählende Gedichte war in diesem Zeitalter *maere*; daneben auch *liet* (aber das Wort in dieser Bedeutung nur in der Einzahl gebraucht, vergl. § 72. 15) und *âventiure*, womit auch, jedoch nicht so früh, Theile grosser Gedichte bezeichnet wurden (vergl. Lachmanns

welchen aber noch immer vereinzelte Lieder über Gegenstände der
einheimischen Sage fortbestanden. Diese Erscheinung erklärt sich
theils aus dem natürlichen Entwickelungsgange der epischen Dichtkunst überhaupt, indem dieselbe, sobald das subjective Bewusstsein
in den Dichtern sich stärker zu regen anfängt, von der Hervorhebung und Gestaltung des Einzelnen zur Darstellung ganzer Sagen
und Geschichten, so wie zum Zusammenfassen und Verarbeiten des
früher Gesonderten zu grossen Massen vorzuschreiten pflegt; theils
aus der Einwirkung der französischen Poesie auf die deutsche.
Denn indem die epischen Werke der erstern in der Regel schon
in der Form gleichmässig fortschreitender, sich zu grössern oder
kleinern Ganzen abschliessender Erzählungen nach Deutschland
herüberkamen, wurden sie hier immer in gewisser Weise Vorbilder für die gelehrten und höfischen Dichter, die daraus ihre
Stoffe schöpften[2]; und je grössern Beifall sich diese nun mit ihren
Werken erwarben, desto mehr mussten auch die Volkssänger ange-
reizt werden, ähnliche Darstellungen durch Zusammenfügung, Verschmelzung und Umgestaltung der zeither üblichen Heldenlieder hervorzubringen[3], zumal diese, bei dem in der Nation und vornehmlich
unter den höhern Ständen allmählig schwindenden Bewusstsein von
dem Zusammenhange der heimischen Sagen, Gefahr liefen, nicht
mehr so, wie früherhin, allgemein empfunden und verstanden zu
werden.

§ 89.

Den Uebergang von der ältern zu dieser neuen, gegen den
Anfang des dreizehnten Jahrhunderts feste Form und individuelles
Leben gewinnenden Darstellungsweise bilden nicht nur wegen ihrer
Sprache[1], ihres Stils und der Beschaffenheit ihres Versbaues und
ihrer Reime, wovon schon oben die Rede gewesen ist, sondern auch
durch ihren Inhalt, die ganze Art ihrer Abfassung und die innere,
geistige Eigenthümlichkeit die meisten erzählenden Werke, welche
im zwölften Jahrhundert entstanden, und entweder ganz oder bruch-

---

Wolfram S. X). Ueber den sonstigen Unterschied von *maere* und *âventiure* vgl.
Benecke in Haupts Zeitschr. 1, 53 ff. und J. Grimm, Frau Aventiure. Auch der
Ausdruck *spel* ist für Erzählung sehr alt; im 13. Jahrh. drückte es den Begriff
unsers Märchens aus, allgemeiner auch ein Geschwätz, eine Unwahrheit: J. Grimm
a. a. O. 24; Lachmann, über die Leiche 425.   2) Vgl. § 76.   3) Lachmann, über Singen u. Sagen S. 10. 17.
§ 89.   1) Die Dichter des 12. Jahrh. fühlten selbst, dass die deutsche Sprache
noch spröde und unfügsam wäre, aber durch fleissige Bearbeitung gewiss weich
und schmiegsam werden könnte; vgl. den Eingang zum Pilatus bei Wackernagel,
altd. LB.[2] 277 ([1] 263), und J. Grimm in den Götting. G.A. 1838, S. 546.

stückweise auf uns gekommen sind. Durch ihren Inhalt, insofern
derselbe nicht mehr auf das Gebiet der epischen Poesie des vorigen
Zeitraums beschränkt bleibt, vielmehr schon aus allen den Kreisen
Zuwachs erhält, in welchen die erzählenden Werke aus dem Blüthenalter der mittelhochdeutschen Dichtkunst wurzeln; durch die Art
ihrer Abfassung, indem sie zwar bereits alle, so weit wir sie kennen,
im wesentlichen die Form der zusammenhängenden, geordneten Erzählung angenommen, diese aber noch nicht zur Kunstvollendung
ausgebildet haben; durch ihre innere Eigenthümlichkeit endlich, weil
namentlich in den weltlichen Gedichten die dargestellten Lebensverhältnisse, Sitten und Ideen zwischen der kräftigen Natürlichkeit
und der kernhaften Gesundheit des alten Heldenthums einerseits
und der bunt und phantastisch ausgebildeten, an conventionelle Vorstellungen und Formen gebundenen Ritterwelt andrerseits, so zu sagen, in der Mitte stehen. — Ueber die Verfasser vieler dieser Dichtungen befinden wir uns im Dunkeln. Zwar wird man die, welche
religiöse Gegenstände behandeln, auch wenn sie namenlos auf uns
gekommen sind, grösstentheils Geistlichen beilegen dürfen, aber kaum
ausschliesslich, da bereits aus der Mitte des zwölften Jahrhunderts
ein bestimmtes Zeugniss vorliegt, dass eine Art theologischer Gelehrsamkeit sich auch unter den Dichtern aus dem Laienstande zu
verbreiten anfieng[2]. Von den Werken ganz oder halb weltlichen
Inhalts, deren Verfasser nicht genannt sind, können wir der höher
stehenden Klasse der fahrenden Leute, die das Volksepos in seiner
reinern und edlern Gestalt dem dreizehnten Jahrhundert überlieferte,
keins zuschreiben; einige dagegen, die mit vielen andern die Verwilderung der Form mehr oder weniger theilen, werden allerdings,
noch mehr ihrer ganzen Darstellungsweise als des Inhalts wegen,
einer rohern Gattung der Spielmannspoesie zuzuzählen sein, die sich
schon nach Art der gelehrten Dichtung in der ausführlichen Erzählung sagenhafter Geschichten von sehr verschiedenem Ursprunge
und sehr willkürlicher Behandlung versuchte[3]. Andre rühren wohl
auch von geistlichen Verfassern her. Denn besonders unter den
Weltgeistlichen, die in der Nähe der Fürsten lebten, hat man, so
scheint es, die Dichter zu suchen, die vor dem letzten Viertel des
zwölften Jahrhunderts der Hofpoesie statt ihres ältern lateinischen
Gewandes ein deutsches anlegten[4]. Sie waren schon durch die ge-

---

2) Der Oesterreicher Heinrich, Verf. des Gedichts *von des todes gehügede*
(§ 118), in welchem er eine Bibelkenntniss zeigt, die für sich allein genommen
auf einen geistlichen Dichter würde rathen lassen, zählt sich selbst zu den Laien.

3) Vgl. Lachmann zur Klage S. 290; Schade, Einleitung zur Crescentia S.
54 ff.   4) Auch in Frankreich hatte sich um diese Zeit der Stand der Clercs
mit Eifer der Nationalpoesie angenommen.

lehrte Bildung ihres Standes am ersten befähigt, Stoffe jeder Art
und Abkunft, zumal wenn sie zunächst in lateinischer Sprache überliefert waren, sich anzueignen und zu bearbeiten; auch besitzen wir
wirklich ein Paar hierher gehörende Werke, die unzweifelhaft von
Geistlichen abgefasst sind [5]. Indessen fehlt es auch nicht an Beispielen, dass schon vor Heinrich von Veldeke ausser den Volkssängern
und Spielleuten noch andere Dichter aus dem Laienstande, und insbesondere Adelige, erzählende Werke abfassten [6] und sogar für Lohn
vortrugen [7]: Grundes genug, unter den ungenannten Verfassern solcher Dichtungen, die durch ihre Form, ihren Inhalt und die ganze
Farbe der Darstellung der spätern ausgebildeten Erzählungspoesie
am nächsten kommen, vorzugsweise arme Adelige zu vermuthen. —
Zunächst sollen nun nach den beiden Hauptklassen, in welche sie
zerfallen, die merkwürdigsten erzählenden Gedichte aus dieser Uebergangszeit aufgeführt werden, die daran gewiss einen viel grösseren
Reichthum besass, als wir in dem noch Erhaltenen nachzuweisen
vermögen.

§ 90.

1. **Gedichte geistlichen Inhalts.** Sie stehen hier den
übrigen voran, weil unter ihnen sich die ältesten Werke befinden,
die wir von der Poesie des zwölften Jahrhunderts überhaupt besitzen. Die freie Bearbeitung mosaischer Geschichten,
deren schon oben (§ 67) gedacht worden, gehört ihrer ursprünglichen Abfassung nach sicher noch dem Ende des eilften Jahrhunderts an: wir besitzen sie in dreifachem Texte aus der ersten Hälfte
des zwölften: die Vorauer Handschrift, welche nur die Geschichte
Josephs bietet [1], steht dem Originale am nächsten; die Texte einer
Wiener [2] und der Milstäter Handschrift [3] stehen in näherem Zusammenhange unter sich, sie enthalten die ganze Genesis und einen
Theil der Exodus [4], der letztgenannte Text in stärkerer Umarbeitung,

---

5) Das Rolandslied und das Lied von Alexander (§ 91). 6) Heinrich
der *Glichesaere*, der von dem Umarbeiter seines Gedichts Herr (in der Sprache
jener Zeit immer adeligen Stand bezeichnend) genannt wird, und Eilhart von Oberg;
über beide s. § 91. 7) Wie der eben erwähnte Heinrich; vgl. die alten
Bruchstücke des Reinhart in J. Grimms Sendschreiben Z. 854 f.; 1791 f. und die
Anmerkung zu Z. 855 der Umarbeitung in J. Grimms Reinh. Fuchs S. 108.
§ 90. 1) Daraus herausgeg. von J. Diemer, Beiträge zur ältern deutschen
Sprache und Literatur. 5. Theil. Wien 1865. 8. 2) Herausgeg. in Graff's
Diutiska 3, 40—112; Massmanns Ged. des 12. Jahrh. 235—310; am besten in
Hoffmanns Fundgruben 2, 9—101. 3) Herausgeg. von Diemer, Genesis und
Exodus. 2 Bde. Wien 1862. 8.; vgl. dazu Bartsch in der German. 8, 247—252;
Bech und Diemer ebend. 8, 466—489, und Bartsch, ebend. 9, 213—217. 4)
Der Wiener geht bis Exod. 8, 17, der Milstäter bis zum Schlusse des 14. Capitels.

die aber mehr und mehr in eine blosse Abschrift übergeht. Eine
ferner abliegende Bearbeitung, in welche ausser den Büchern Mosis
auch Stücke aus Josua und den Richtern aufgenommen sind, und in
welcher die Geschichte Josephs (Anm. 1) mitten inne steht, findet
sich in der Vorauer Handschrift [5]. Von alttestamentlichen Stoffen
wurde in dieser Zeit noch bearbeitet die Geschichte der Judith,
und zwar zweimal, das erste Mal [6] wohl noch an der Scheide des
eilften und zwölften Jahrhunderts [7] von einem mitteldeutschen Dichter [8], der wahrscheinlich auch das in der Handschrift unmittelbar
vorhergehende Gedicht von den drei Jünglingen im Feuerofen [9] verfasst hat. Die jüngere Judith in ausgeführterer Darstellung [10] ist
aber auch nicht viel nach dem Anfang des zwölften Jahrhunderts
zu setzen. Von mehr lyrischer Haltung ist das gleichfalls mitteldeutsch gefärbte Lob Salomons [11], welches wie die vorher genannten Gedichte uns in der Vorauer Handschrift, der unschätzbaren
Fundgrube für diese Poesie des Uebergangs, erhalten ist. Aus dem
neuen Testamente haben wir die vielleicht noch ins eilfte Jahrhundert [12] zurückreichenden Bruchstücke eines Lebens Christi [13] in
altmitteldeutscher Sprache, die sich durch Reinheit des Versbaues
vor den übrigen geistlichen Dichtungen auszeichnen: ferner eine
Bearbeitung der evangelischen Geschichte, mit Einschluss
des Antichrists [14] und des jüngsten Gerichtes, in doppeltem Texte;
der ältere, in der Vorauer Handschrift [15], nennt als Verfasserin eine
Frau Ava, die sich als Mutter zweier Kinder bezeichnet, wahrscheinlich dieselbe, die 1127 als Klausnerin in einem österreichischen Kloster starb [16]; der jüngere, dem der Schluss der Vorauer

---

5) Diemer S. 3—90. Diese Bearbeitung ist in verschiedene Theile von verschiedenen Verfassern zu zerlegen; sie schliesst sogar lyrische Partien in sich:
Denkmäler Nr. XL und S. 389 f. Ein Bruchstück einer andern Hs. ist gedruckt
Germau. 7, 230—235.   6) Diese ältere Bearbeitung in Diemers Gedichten
des 11. und 12. Jahrh. Wien 1849. 8. S. 119—123. In Leichform herzustellen
versucht bei Müllenhoff und Scherer, Denkmäler Nr. XXXVII; in sechszeiligen
Strophen bei Schade, Geistl. Gedichte vom Niederrhein S. XL ff.   7) Denkmäler S. 383.   8) Denkmäler S. 370.   9) Denkmäler Nr. XXXVI; bei
Diemer S. 117—119 mit der Judith vereinigt.   10) Bei Diemer S. 127—180.
Holtzmann (German. 2, 48) war geneigt, sie dem Dichter des Alexander, Lamprecht, beizulegen.   11) Diemer 107—114. Denkmäler Nr. XXXV; hier in
strophischer Form, mit augenommenen Interpolationen, dargestellt; vgl. dazu
Bartsch in der German. 9, 62 f.   12) Nach Schade, veter. monum. decas S.
16 f. sogar aus dem Anfang des 11. oder aus dem 10. Jahrhundert.   13)
Herausg. von Weigand in Haupts Zeitschr. 7, 442—448, und mit neuen Bruchstücken vermehrt, 8, 258—274. Als Friedberger Christ und Antichrist in Müllenhoffs und Scherers Denkmälern Nr. XXXIII.   14) Bis zu dem auch der
mitteldeutsche Christ reichte.   15) Bei Diemer S. 229—292.   16) Diemer
S. XV. Als ihre Söhne betrachtet Diemer Heinrich, den Dichter der Erinnerung

Handschrift fehlt, nennt keinen Namen[17] und schickt ein gereimtes Leben Johannes des Täufers voraus. Das Leben Christi allein bearbeitete ein ungenannter Dichter, dessen Werk wir aber nur bruchstückweise und in jüngerer Aufzeichnung besitzen[18]. In mehr lyrischer Behandlung berichtet von den Wundern Christi ein in der Vorauer Handschrift überliefertes Gedicht, welches der erste Herausgeber[19] 'die vier Evangelien' betitelte. Die lyrische Behandlung und auch die grössere Regelmässigkeit des Versbaues erklärt sich hier aus der Benutzung eines zum Gesange bestimmten Liedes, welches im Jahre 1065 der Bamberger Scholasticus Ezzo auf einer Pilgerfahrt nach dem heiligen Lande gedichtet hatte[20]. Das Loben Marias nach einem apokryphischen Evangelium[21] bearbeitete in drei 'Liedern' der Pfaffe Wernher, den man früher fälschlich mit Wernher von Tegernsee identifizierte[22], im Jahre 1172: in seiner ursprünglichen Gestalt nur in Bruchstücken verschiedener Handschriften erhalten[23], besitzen wir es vollständig in zwei Umarbeitungen[24], von denen die eine[25] wenig später als ein Jahrzehent verfasst ist, die andere[26] wohl kaum mehr dem zwölften Jahrhundert angehört. Der Dichter, der sein Werk auf Anregung eines Weltpriesters Mangolt unternahm[27], führte dasselbe nur bis zur Rückkehr aus Aegypten: es nimmt durch Sprache, Versbau und Darstellung einen hervorragenden Platz ein. Von Heiligenlegenden aus dieser Vorperiode sind zu nennen die Bruchstücke eines Lebens des heil. Aegidius, die nach den Reimen zu urtheilen nicht später als 1150 fallen[28], des heil. Andreas[29], die wahrscheinlich derselben

---

an den Tod, und Hartmann, den Verfasser der Rede vom heil. Glauben. Vgl. Einleitung S. XVI ff. und Diemers Beiträge etc. 3. und 4. Theil. 17) Gedruckt in Hoffmanns Fundgruben 1. 127—204. · 18) Herausg. von Pfeiffer in Haupts Zeitschr. 5. 17—32; vgl. jedoch Bartsch, Erlösung S. VIII. 19) Diemer, Gedichte 319—330. 20) Versuche, Ezzo's Gedicht aus der Ueberarbeitung herzustellen, sind gemacht von Schade, veterum monum. decas S. 30 ff., der es in sechszeiligen Strophen gibt; von Müllenhoff, Denkmäler Nr. XXXI, der es als Leich darstellt; von Diemer, Beiträge etc. 6. Theil (Wien 1867. 8.), der es in zwölfzeilige Strophen zerlegt; und von C. Hofmann (Sitzungsberichte der Münchener Akad. 1871, 3, 294—318). 21) Liber de infantia Mariae et Christi salvatoris ed. Schade, Halis 1869. 8. 22) Hoffmann in den Fundgr. 1, 242 ff. 2, 145 f. und noch Wackernagel. Litt.-Gesch. S. 161. 23) Vgl. Bartsch in der German. 6, 117—123; Greiff ebend. 7, 305—330. 24) Vgl. Bartsch, in der German. 13, 217. · 25) Die Berliner Hs., herausgeg. von Oetter. Nürnberg u. Altorf 1802. 8.; besser in Hoffmanns Fundgruben 2, 145—214. Vgl. Bartsch, Untersuchungen üb. d. Nibelungenlied S. 364. 26) Die Hs. des Wiener Piaristen-Collegiums, herausg. von J. Feifalik. Wien 1860. 8.; vgl. dazu Bartsch, Germania 6, 117—123. 27) Mones Anzeiger 6, 163 f. · 28) In Hoffmanns Fundgruben 1, 216—219. 29) Herausgeg. von Lambel in der German. 12, 76—78.

Zeit angehören; einen **Alexius**[30], der vielleicht noch ins zwölfte
Jahrhundert reicht[31], besitzen wir dann nur in überarbeiteter Gestalt.
Ebenfalls überarbeitet, aber mit grösserer Sicherheit als Werke dieser Periode zu erkennen, sind zwei Leben der heil. **Margarethe**,
deren Legende zu den beliebtesten im Mittelalter gehörte[32]. In
zweifacher Bearbeitung des zwölften Jahrhunderts kennen wir auch
die berühmte Vision des irischen Ritters **Tundalus** oder **Tungdalus**, welche nach lateinischer Quelle[33] zuerst ein niederrheinischer Geistlicher[34], dann, am Ende des Jahrhunderts, ein Priester
Alber, auf Anlass eines andern Geistlichen, Bruders Konrad zu
Winnenberg, reimte[35]. Die Legende berichtet, wie im Jahre 1149
der genannte Ritter in einen todähnlichen Schlaf verfällt und während desselben von einem Engel durch Hölle und Paradies geführt
wird. In die höfische Zeit hinüber leitet der heil. **Servatius** von
Heinrich von Veldeke, den der Dichter noch in seiner Heimath
für die Gräfin Agnes von Loen in zwei Büchern nach der lateinischen Vita dichtete[36]. Nach derselben Quelle arbeitete auch ein
ungenannter, oberdeutscher Dichter, der in seine Darstellung schon
manches höfische einfliessen lässt und daher wohl erst dem letzten
Jahrzehent angehört[37]. — Zwischen diese und die folgende Klasse
mitten inne stellen sich durch ihren Inhalt, der Heiligen- und Profan-Geschichten mit allerlei weltlichen Sagen und Fabeln verknüpft
und umflicht, einige legendenartige Dichtungen. Zunächst das sogenannte **Annolied**, gedichtet zu Ehren des heil. Anno, Erzbischofs
zu Köln († 1075), von sehr alterthümlicher Sprache und Versart,
daher sicherlich nicht später als in den Anfang dieser Periode zu
setzen[38]. Die Sprache ist niederrheinisch, und ein Geistlicher in

---

30) Massmanns St. Alexius Leben S. 45 f.   31) Vgl. Bartsch in der German. 4, 463.   32) Das eine, in einer Berliner Hs., herausg. von Haupt in
seiner Zeitschr. 1, 151—193; das andere, in einer Prager Hs., von Bartsch in der
German. 4, 440—471; vgl. 6, 376—379. Das letztere wurde auch von einem niederr-
rhein. Dichter benutzt; vgl. German. 7, 268—270. Rückert, Philipps Marienleben
S. 373 hält das von Haupt herausgeg. Gedicht für ein in archaistischem Stil verfasstes Produkt des 13. oder 14. Jahrhunderts.   33) Visio Tnugdali ed.
Schade. Halis 1869. 4. Die Schreibung Tnugdalus für Tungdalus ist wohl nur
ein wenn auch alter Fehler.   34) Diese ist nur in Bruchstücken erhalten:
bei Lachmann. Bruchstücke niederrh. Gedichte S. 166 ff.; vgl. S. 161 f   35)
Bei Hahn, Gedichte des 12. und 13. Jahrh. S. 41—66.   36) Herausg. von J.
H. Bormans. Maestricht 1858 8., vgl. dazu Bartsch in der German. 5, 406—431.
Den Dichter kennt als Verf. des Servatius auch Püterich in seinem Ehrenbriefe:
German. a. a. O.   37) Herausgeg. von Haupt in seiner Zeitschr. 5, 75 192.
       38) Nach Lachmann. über Singen und Sagen S. 8 soll es um 1183 von
einem Kölnischen Geistlichen gedichtet sein: das richtige hatte schon Hoffmann.
Fundgr. 1, 251 gesagt; ihm stimmt bei Schade. Crescentia S. 17 ff. und seitdem
wohl jeder Urtheilsfähige.

oder um Köln sicherlich der Verfasser, schwerlich jedoch der bekannte Geschichtschreiber Lambert von Hersfeld[39]. Das Lied ist eine der Quellen, welche der Dichter der Kaiserchronik benutzte[40]. Gleiche Mischung legendarischen und weltlichen Charakters zeigt die von einem Fahrenden oder Spielmann herrührende Bearbeitung der Legende von S. Oswald[41], die jedoch nur ihrer Grundlage nach diesem Zeitraum angehört, wie auch die von einem mitteldeutschen Dichter verfasste[42] und die Prosabearbeitung des fünfzehnten Jahrhunderts[43] auf eine im zwölften Jahrhundert vorhanden gewesene Oswalddichtung hinweisen[44]. Ebenso das Gedicht von Orendel, dessen Ursprung auf den Niederrhein hinweist, das aber viel treuer den Charakter der Spielmannsdichtung des zwölften Jahrhunderts bewahrt hat und auch die strophische Form, eine fünfzeilige Strophe mit vorletzter reimloser Zeile, noch erkennen lässt[45]. Endlich die ihres geregelten Versbaues und der Genauigkeit ihrer Reime wegen schon mehrmals (§ 67, S. 69, 4) erwähnte vortreffliche, nur leider nicht vollständig erhaltene Erzählung von Pilatus[46], die auch wohl ein Laie[47], doch sicher kein Fahrender gedichtet hat. Das Gedicht

---

39) Wie Holtzmann, Der Dichter des Annoliedes, in der German. 2, 1 — 18 wollte, der den Dichter zugleich mit dem des Alexanderliedes, dem Pfaffen Lamprecht, identifiziert.   40) Die frühere umgekehrte Annahme ist jetzt natürlich hinfällig; ebenso die dass beide, Anno und Kaiserchronik, eine und dieselbe Quelle ausgebeutet hätten. Aeltester Druck des Annoliedes durch M. Opitz. Danzig 1639. S., welcher die Stelle der verlornen Hs. vertreten muss (vgl dazu Opitzens Brief im Weimar. Jahrb. 2, 201 f.); darnach in den Ausgaben von Opitzens Gedichten (am besten in der von Bodmer und Breitinger angefangenen, Zürich 1745), in Schilters Thesaur. 1. Werthlos sind die Ausgaben von Hegewisch, im d. Magaz. 1791, Juli, und von Goldmann, Leipzig 1816, S. Dagegen sorgfältig die von K. Roth. München 1847. S.; und von H. F. Bezzenberger, Maere von Sente Annen. Quedlinb. 1848. S. Einen genauen Abdruck des Opitz-Textes lieferte J. Kehrein. Frankf. a. M. 1865. S.   41) Herausgeg. von L. Ettmüller. Zürich 1835. S.; nach einer jungen (Schaffhausener) Handschrift; die Lesarten aus der Münchener theilt Bartsch in der German. 5. 142—151 mit. Vgl. schon Schmeller in den Münchener GA 1836, S. 995 ff.   42) Herausgeg. von Pfeiffer in Haupts Zeitschr. 2, 92 —130.   43) Herausgeg. von J. V. Zingerle, die Oswaldlegende und ihre Beziehung zur deutschen Mythologie. Stuttgart und München 1856. S.
44) Vgl. Bartsch, die deutschen Gedichte von S. Oswald in der German. 5, 129—174; dazu E. H. Meyer. Ueber das Alter des Orendel und Oswald, in Haupts Zeitschr. 12, 387—395, und J. Strobl, über das Spielmannsgedicht von S. Oswald. Wien 1870. S.; auch Lachmann, zur Klage S. 290.   45) Herausg. von v. d. Hagen, der ungenähte Rock Christi, wie König Orendel von Trier ihn erwirbt. Berlin 1844. S. Orendel u. Bride, eine Rune des deutschen Heidenthums, herausg. von L. Ettmüller. Zürich 1858, hier in kleinere Gesänge und vierzeilige Strophen getheilt; vgl. dazu Bartsch in der German. 5, 109—120; E. H. Meyer a. a. O. Uebersetzung von Simrock. Stuttgart 1845. S.   46) Herausg. von Massmann, Gedichte des 12. Jahrh. 145—152; der Anfang bei Wackernagel, LB.4 263 ff.
47) Zu den weltlichen Dichtern zählt den Verf. des Pilatus auch W. Grimm,

beruft sich auf eine lateinische Quelle, die man gleichwohl wegen
der starken Abweichungen im Inhalt nicht in der metrischen Vita
Pilati", welche allerdings auch ins zwölfte Jahrhundert gehört ",
eher schon in einer lateinischen Prosa⁵⁰ suchen darf⁵¹.

§ 91.

2. Gedichte weltlichen Inhalts. Unter ihnen nimmt
sowohl wegen ihres Alters, als wegen ihrer legendenartigen Bestandtheile, wodurch sie sich der vorigen Klasse zunächst anschliesst,
jene so eben (§ 90, 40) erwähnte Kaiserchronik¹ die erste Stelle
ein. Sie ist wahrscheinlich um 1147, wenn nicht schon um 1137²,
von einem Geistlichen³ abgefasst und durch ihren aus wirklichen
Geschichten, Sagen, novellenartigen Erzählungen, Legenden und
Fabeln entlehnten Inhalt ein höchst merkwürdiges Zeugniss von dem
schon damals stattgehabten Zusammenfluss der verschiedenartigsten
Ueberlieferungen, deren halb gelehrter, halb volksmässiger Auffas-
sungs - und Behandlungsweise und dem Geschmack des Zeitalters,
dem dieses Werk, wie man aus den zahlreichen Handschriften und
Bearbeitungen sieht, in hohem Grade zugesagt haben muss. Der
Faden der Erzählung⁴ ist die Geschichte der römischen und deutschen Kaiser von Julius Cäsar bis zu Konrad III, mit dessen Ent-
schliessung zum Kreuzzuge von 1147 das Gedicht in den ältesten
Handschriften⁵ endigt; andere schliessen schon mit Lothar II, wogegen wiederum andere eine bis zum Tode Friedrichs II herabgehende
und bald nach demselben gefertigte Umarbeitung in strenge Verse
und Reime geben. Der Dichter benutzte ausser lateinischen Quellen
auch ältere deutsche Gedichte, welche er entweder theilweise, oder
vollständig in den Rahmen seines Werkes, das überall Episoden
gestattete, aufnahm: jenes beim Annoliede (§ 90, 40), dieses bei

---

Graf Rudolf S. 13.   48) Herausgeg. von Mone im Anzeiger 1835, Sp. 425 ff.
In ihr die Quelle zu erblicken war J. Grimm, lat. Gedichte S. XLI, geneigt.
49) Sie findet sich z. B. in einer Züricher Hs. nach 1172: Wackernagel in Haupts
Zeitschr. 5, 293.   50) Theilweise bekannt gemacht von Mone, Anzeiger 1838,
Sp. 526 ff.   51) Ueber die Sage von Pilatus s. Massmann, Kaiserchronik
3, 594 ff.
   § 91. 1) Herausgeg. von Massmann, der keiser und der kunige buoch oder
die sogen. Kaiserchronik. 3 Bände. Quedlinb. u. Leipz. 1849--54. 8. (der 3. Bd.
enthält die Abhandlungen); und von J. Diemer, nach der Vorauer Hs., 1. (ein-
ziger) Theil (den Text enthaltend). Wien 1849. 8.   2) Lachmann, über Singen und Sagen S. 8, Anm. 1, scheint sie bald nach 1160 zu setzen.   3) Nach
Pfeiffer, Ueber Wesen und Bildung der höfischen Sprache S. 13, von einem Franken.   4) Eine Uebersicht über den Inhalt des Ganzen gab schon 1825 Massmann in der (Heidelb. 1825) von ihm erlassenen Ankündigung einer Ausgabe.
5) Der Heidelberger 361, der Vorauer u. a.

der schönen Erzählung von Crescentia°, welche wir vollständig
nicht in ihrer ursprünglichen Gestalt, wohl aber in einer Umdichtung des dreizehnten Jahrhunderts in genauen Reimen besitzen'.
Auch aus des Priesters Arnold Gedichte von der Siebenzahl
zum Lobe des heiligen Geistes° hat der Verfasser der Kaiserchronik
ein Stück° in sein Werk aufgenommen[10]. Von einer an die Reihenfolge der Könige geknüpften Legendensammlung, welche wahrscheinlich auch eine der Quellen der Kaiserchronik war, haben sich Bruchstücke gefunden[11]. — Von den übrigen hier aufzuführenden Dichtungen, die sich am bequemsten nach ihren Stoffen ordnen, gehört der
volksthümlich-deutschen Heldensage an König Ruther, nach einem
ältern Werke von einem Volksdichter oder Fahrenden[12] abgefasst,
der vom Niederrhein gebürtig, sein Werk aber in Baiern verfasste[13],
sicherlich nicht später als um die Mitte des zwölften Jahrhunderts[14],
wie die Alterthümlichkeit der Sprach- und Reimformen zeigt. Wahrscheinlich machte er den Kreuzzug von 1147 mit, da er selbst in
Constantinopel gewesen zu sein scheint. Das Gedicht hat eine theilweise Umreimung erfahren[15], die auch allein den Schluss überliefert
hat[16]. Es behandelt dieselbe Sage, die sich in zwar späterer, aber
einfacherer und darum, wie es scheint, der ursprünglichen Gestaltung
näher stehender Auffassung in der Viltinasaga[17] findet: in dem
ältern Buche oder Liede, worauf sich der Dichter beruft, war die
einheimische Sage wahrscheinlich schon im wesentlichen so umgebildet, wie sie sein Werk gibt[18]. — Der deutschen Personensage, in

6) Crescentia. ein niederrhein. Gedicht aus dem 12. Jahrh. Herausg. von O.
Schade. Berlin 1853. 8.; hier in sechszeilige Strophen aufgelöst. Bei Massmann
V. 11368 — 12828; bei Diemer S. 347 — 392. Die Regelmässigkeit des Vers-
baues verhindert durchaus nicht das Gedicht in die erste Hälfte des 12. Jahrh.
zu setzen; vgl. den Friedberger Christ (§ 90, 13).   7) Im Koloczaer Codex
S. 245 ff., und in Hagens Gesammtabenteuer 1, 135—164. Ueber die Sage vgl.
Massmann 3. 893—917; Hagen a. a. O. 1, S.C—CIV; Grässe a. a. O. 296 f. 377.
Eine Bearbeitung des Stoffes von H. Rosenplüt in Kellers Fastnachtsp. 3, 1149 ff.
    8) Diemer. Gedichte des 11. und. 12. Jahrh. S. 333 — 357.   9) Diemer
349, 19—352. 7.   10) Vgl. Müllenhoff und Scherer. Denkmäler S. 407.
11) Herausgeg. von Barack in der German. 12, 90 96; Schade, fragmenta carminis theotisci veteris. Königsberg 1866. 8.   12) Vgl. Lachmann zur Klage
S. 290.   13) Müllenhoff in Haupts Zeitschr. 6, 446 ff.; Haupt ebend. 7, 262.
14) Bartsch. Untersuchungen etc. S. 355; Pfeiffer, Wesen und Bildung der
höfischen Sprache S. 14.   15) Bruchstücke zweier Hss. bei Massmann S.
176—179 und 232—234.   16) Gedruckt ist es nach der Heidelb. Hs. mit
vielen Lesefehlern in den Gedichten des MA. 1 (vgl. Docen in Schellings Zeitschrift 1, 395 ff.): besser bei Massmann, Gedichte des 12. Jahrh. S. 162 234; kritische Ausgabe mit Einleit. u. Anmerk. von H. Rückert. Leipzig 1871. 8. Bruchstücke einer zweiten Hs. des alten Textes gab Keinz heraus: Sitzungsberichte d.
Münch. Akad. 1869. II, 307—311.   17) Die Erzählung von Osantrix, Cap.
45—61.   18) Ueber den Einfluss, den die Bekanntschaft mit den Verhältnissen

die aber viele fremde Elemente aufgenommen sind[19], gehört Herzog
Ernst an, der zuerst zwischen 1170—1180 von einem niederrheinischen Dichter nach einer lateinischen Quelle bearbeitet wurde[20]. Sein
Werk besitzen wir nur in Bruchstücken[21], kennen es aber vollständig aus zwei Umarbeitungen, von denen die eine der Scheide des
zwölften und dreizehnten Jahrhunderts[22], die andere[23], welche mit
Unrecht Heinrich von Veldeke beigelegt wurde[24], der zweiten Hälfte
des dreizehnten (zwischen 1277 und 1285)[25] zufällt. Auf ihm beruht
auch ein in Hexametern verfasstes bombastisches Gedicht eines Odo
(vor 1232)[26] und eine lateinische Prosa[27], aus welcher das deutsche
Volksbuch des fünfzehnten Jahrhunderts floss[28]. Dagegen liegt die
strophische Bearbeitung in der Form der nach dem Stoffe benannten
Herzog Ernst-Strophe weiter ab[29]. — In das Gebiet der Thiersage endlich gehört Reinhart Fuchs, von Heinrich dem Glichesaere
(Gleissner)[30], einem Elsasser[31], nach einem französischen Werke wohl

---

des byzantinischen Hofes zur Zeit des ersten Kreuzzuges darauf ausgeübt habe.
vgl. Wilken, Gesch. der Kreuzzüge 1, Beil. 5   19) Vgl. über die historische
Grundlage und die Mischung mit fremden Elementen. Bartsch, Herzog Ernst.
Wien 1869. 8. S. LXXXV ff.; E. Dümmler in Haupts Zeitschr. 11, 265—271;
dazu Uhlands Inauguralrede (1832) in seinen Schriften zur Gesch. d. Dicht. u.
Sage 5. 323—343.   20) Bartsch a. a. O. II.   21) In Hoffmanns Fundgruben 1, 228 - 230; andere zu derselben Hs. gehörige gab Pfeiffer in seiner Germania 6, 350—357 heraus; kritisch bearbeitet und ergänzt bei Bartsch S. 3—12;
vgl. S. I - XXV.   22) Herausgeg. von Bartsch S. 15- 186; vgl. S. XXV bis
XXXVI. Erste Nachricht über sie gab Docen, Jen. Litt. Zeit. 1810, Nr. 109;
im altd. Museum 2. 215 ff. und in Schellings Zeitschr. 1, 231 ff. Nähere Mittheilungen aus der Wiener Handschrift gab Haupt in seiner Zeitschr. 7, 253 ff.
23) Gedrckt in den Gedichten des MA. 1; vgl. Bartsch S. LIV—LXV.   24)
Dass H. v. Veldeke der Verfasser des alten Gedichts, das sich noch in den ersten
Jahren des 13. Jahrh. die Ritter zu Hofe vorlasen (doch vgl. Bartsch, Untersu-
chungen S. 335 f.), auch nur sein könne, findet Lachmann, über Singen und
Sagen S. 12, höchst unwahrscheinlich. Vgl. Bartsch II. Ernst S. LIV.   25)
Jänicke, über die Abfassungszeit der beiden deutschen Gedichte von H. Ernst in
Haupts Zeitschr. 15, 151—165.   26) In Martenes Thesaur. nov. anecdot. 3.
307—366; vgl. Bartsch S. LXV—LXXII.   27) Herausgeg. von Haupt in s.
Zeitschr. 7, 193—252, woran sich Untersuchungen über das Verhältniss der ver-
schiedenen Bearbeitungen schliessen. Vgl. Bartsch S. XXXVI—LIV.   28)
Herausgeg. bei Bartsch S. 229 - 308; vgl. S. LXXII ff.   29) Abdruck in
Haupts Zeitschr. 8, 477—507; kritisch bearbeitet von Bartsch S. 189—225; vgl.
S. LXXIX ff.   30) Den Beinamen führte er nach J. Grimm (Sendschreiben
65) wahrscheinlich ohne Bezug auf seine Dichtung und vielleicht schon als einen
ererbten: vgl. Reinhart Fuchs S. CIX.   31) Dass Heinrich noch im 12. Jahrh.
gedichtet haben müsse, wurde zuerst von Hoffmann, Fundgr. 1, 240, bemerkt;
näher suchte J. Grimm (Reinh. Fuchs S. CVIII ff.; CCLV; altd. Blätt. 1, 417 ff.;
Gramm. 4, 96, Anm.; Sendschreiben an K. Lachmann S. 61 ff.) seine Heimath
und sein Alter zu bestimmen. Dass er ein Elsasser gewesen, ist darnach nicht
mehr zu bezweifeln (Massmanns Muthmassung über ihn, zu Eraclius S. 555, An-

nicht vor 1170[31] gedichtet, aber bis jetzt nur etwa zum dritten Theil
in dem alten, vielleicht auch schon hier und da von dem ursprünglichen abweichenden Texte aufgefunden[32], wogegen sich eine Umarbeitung aus dem dreizehnten Jahrhundert fast vollständig erhalten
hat[33]. — Auf kårlingischer Sage, die, wie wir aus der Kaiserchronik
wissen[34], im Anfang des zwölften Jahrhunderts in Deutschland
Gegenstand des Gesanges war, beruht das durch seinen Stoff
und die epische Kraft der Darstellung ausgezeichnete, in der Form
aber noch wenig geregelte Gedicht von Kaiser Karls Zug gegen die
spanischen Sarazenen, auch das Rolandslied[35] genannt, von dem
Pfaffen Konrad nach einer von dem deutschen Dichter erst selbst
gefertigten lateinischen Uebersetzung des französischen Vorbildes abgefasst, dessen Inhalt er versichert weder verkürzt noch erweitert
zu haben. So berichtet er selbst in dem Epilog, aus welchem sich
auch ergibt, dass der Dichter, vermuthlich als Capellan, in den
Diensten eines Herzogs Heinrich stand, der nach dem Wunsche
seiner Gemahlin, der Tochter eines mächtigen Königs, von dem in
Frankreich geschriebenen Buche eine Uebersetzung verlangt habe.
Man deutete dies früher[36] auf Heinrich den Löwen, der durch seine
zweite Vermählung Heinrichs II von England Eidam ward; richtiger
und der alterthümlichen Darstellung und Sprache entsprechend auf
seinen Vater Heinrich den Stolzen, der mit Lothars Tochter vermählt
war: es muss also das Gedicht vor 1139 entstanden sein[37]. Die
französische Quelle besitzen wir in der Chanson de Roland[38], die

merk. 2; 624, wird wohl niemand theilen wollen); weniger sicher scheint es, die
Abfassung des Gedichts noch in die Mitte des 12. Jahrh. oder bald nachher zu
setzen, zumal wenn man W. Grimm (Gr. Rudolf² S. 13) beistimmt, dass die Verse
Heinrichs viel regelmässiger gebaut sind, als sie es zu sein scheinen.   32)
Die einzelnen Bruchstücke sind herausgegeben und erläutert in J. Grimms Sendschreiben an K. Lachmann. Ueber Reinhart Fuchs, Leipzig 1840. 8.   33)
Es fehlen in der Handschrift 140 Verse. Zuerst gedruckt im Koloczaer Codex;
dann in besserer, der ursprünglichen (von der damals noch nichts aufgefunden
war) so viel wie möglich angenäherten Gestalt in J. Grimms Reinh Fuchs S.
25 ff.   34) *Karl hât ouch andere liet* Kaiserchronik 15088.   35) Ueber
Roland vgl. das Programm der Hauptschule zu Bremen, von H. Meyer. Bremen
1868. 4., worin der Versuch gemacht wird, die Sage auf mythische Grundlagen
zurückzuführen; vgl. Kuhn in Zachers Zeitschr. 1. 491 ff., dagegen G. Paris in
der Revue critique 1870, I, 98 ff.   36) W. Grimm in seiner Einleitung S.
XXXI ff. Die Meinung Massmanns (zu Eraclius S. 435; 559, Anm. 2), das Gedicht sei vor Heinrichs Kreuzfahrt (1172) verfasst, und der Dichter sei der Bischof
Konrad von Lübeck, widerlegte Grimm in Haupts Zeitschr. 3, 281 ff.   37)
Vgl. Schade, veter. monument. decas. S. 63—66.   38) Herausgeg. von Fr.
Michel. Paris 1837. 8. (vgl. W. Grimm in GGA. 1838. Nr. 50 f. und *Ruolandes
liet* S. XXXVII ff. XCV ff.); von F. Genin. Paris 1850. 8; von Th. Müller. Göttingen 1863. 8. Uebersetzt von W. Hertz. Stuttg. 1861; vgl. Mussafia in der Germania 7, 117 ff.

mit Unrecht einem gewissen Turold beigelegt wird. Das Gedicht
Konrads[39] erfuhr wie so viele Gedichte dieses Zeitraums eine Ueberarbeitung, und zwar eine doppelte, die eine von einem österreichischen Dichter, dem Stricker, um 1230 (§ 95) die andere, am Ende
des zwölften Jahrhunderts von einem ungenannten niederrheinischen
Verfasser (§ 92). — Bretonische Herkunft hat der Tristraut Eilharts von Oberge, wahrscheinlich aus den Siebzigern des zwölften Jahrhunderts, nur bruchstückweise[40] in der ältern, doch vollständig in einer verjüngten, abkürzenden und ändernden Gestalt[41],
so wie in einer prosaischen Bearbeitung erhalten[43]. Der Dichter
kann dieselbe Person sein mit einem Eilardus de Oberge (im Hildesheimischen), der als Dienstmann Heinrichs des Löwen und
Ottos IV urkundlich zwischen 1189—1207 nachgewiesen ist[43]; er
muss den Tristrant dann in seinen jungen Jahren gedichtet haben[44].
— Einzelne, unter dem Namen Graf Rudolf herausgegebene Fragmente sind auch nur von einer wahrscheinlich zwischen 1170 und
1173 abgefassten Dichtung übrig[45], die, wenn sie nicht ursprünglich
deutsch ist, wofür mehreres spricht[46], noch am ersten auf einer südfranzösischen, dann aber sicher mit voller dichterischer Freiheit benutzten Grundlage beruhen dürfte. und die, schon sehr merkwürdig
durch die Art, wie sie geschichtliche Begebenheiten und Zustände
der nächsten Vergangenheit in sich aufgenommen hat, wegen ihrer
lebenswarmen, gehaltenen und naturwahren Darstellung den vortrefflichsten Werken unserer ältern Poesie beigezählt werden muss.
Durch die darin vorkommenden Oertlichkeiten und die Schilderung
der Sitten und öffentlichen Verhältnisse steht der Stoff der Dichtung,
deren Verfasser wir im mittleren Deutschland, wahrscheinlich in
Thüringen zu suchen haben[47], in nächster Beziehung zu der Geschichte

---

39) Gedruckt (ein grosses Bruchstück) in Schilters Thesaur. II; vollständige
Ausgabe (mit den Lesarten der erhaltenen Bruchstücke, nach der Pfalzer Hs.,
deren Bilder beigefügt sind, mit lehrreicher Einleitung über die Geschichte der
Sage) von W. Grimm. Göttingen 1838. 8.   40) Die Bruchstücke gab Hoffmann heraus. Breslau 1823. 8. (auch in Hagens Ausg. des Gottfried 2, 313 ff.),
besser in den Fundgruben 1, 231 ff. Andere Bruchstücke bei K. Roth, Bruchstücke aus Enenkels Weltchronik. München 1854. S. 37 f.; durch Barack in
Pfeiffers German. 9, 155—158.   41) In einer Heidelberger und einer Dresdener Hs., welche aber zwei verschiedene Ueberarbeitungen darstellen. Vgl. Bartsch
in der German. 13, 218 f. Nähere Mittheilungen in Groote's Tristan S. XLIV ff.
42) Vgl. § 168.   43) Vgl. Fundgruben 1, 231; Hagen. MS. 4, 584 ff.
44) Jedenfalls vor der Eneit: Lachmann, zur Klage S. 290: Pfeiffer in der German 2, 495.   45) Herausgeg. mit einer Einleit.] von W. Grimm, Göttingen
1828. 4. (vgl. Götting. GA. 1828. Nr. 85). Zweite Ausg. (die mehr als die erste
von dem alten Gedicht, auch eine viel reichere Einleitung enthält), Götting. 1841.
4.   46) W. Grimm, Athis und Prophilias S. 29.   47) Bartsch. Berthold
von Holle S. XXXIV ff.

der Kreuzzüge und der christlichen Herrschaft in Palästina". — Dass in dieser Zeit auch schon antike Heldensagen bearbeitet wurden, beweisen Anspielungen auf vorhanden gewesene **Dichtungen vom trojanischen Kriege**[49] und das noch erhaltene **Lied von Alexander**[50], von dem **Pfaffen Lamprecht**[51], der am Niederrhein[52] in der ersten Hälfte des zwölften Jahrhunderts lebte und dichtete. Seine Quelle war ein sehr altes romanisches Alexandergedicht von Alberich aus Besançon, dessen Eingang uns erhalten ist[53]. Wir besitzen Lamprechts Gedicht in doppelter Gestalt, einer dem ursprünglichen Texte näher stehenden in der Vorauer Handschrift[54], in welcher die Vorse noch ungeregelt sind, die aber den Schluss bedeutend abkürzt; die andere, in der Strassburger Handschrift[55], regelt

---

48) Den Helden hat v. Sybel in Haupts Zeitschr. 2, 235 ff. in dem jüngern Hugo v. Puiset, Grafen von Joppe (um 1130) gesucht, dessen Geschichte, wie W. Grimm meint, wirklich Einfluss auf die Dichtung gehabt haben kann; allein ein näherer oder unmittelbar Zusammenhang sei nicht anzunehmen, und Beziehung auf die Grafen von Flandern, besonders Robert II und Dietrich, werde dabei bestehen müssen. Der deutsche Dichter sei wahrscheinlich ein Adeliger gewesen, und er, wenn er der erste war, oder der Welsche, wenn er aus fremder Quelle schöpfte, möge wohl in Syrien gelebt und das Land und seine Sitten mit eigenen Augen angesehen haben. Vgl. hierüber, so wie über das Alter, die Sprache, den Charakter und den Werth des Gedichts, die Einleitung zur 2. Ausg., wo auch über die merkwürdige Uebereinstimmung gehandelt wird, die sich zwischen dem Rudolf und dem jüngern Gedicht Crane (von Berthold von Holle, einem hildesheimischen Ritter, wahrscheinlich zwischen 1252 und 1260 verfasst, und bruchstückweise bekannt gemacht in Haupts Zeitschr. 1, 57 ff.; Ausgabe sämmtlicher Werke des Dichters von Bartsch. Nürnb. 1858. 8.; vgl. S. XXXII ff.) findet. 49) Massmann, Denkmäler 1, 11; Frommanns Einl. zu Herbort S. XIV f. und Lachmann zu Iwein, 2. Ausg. S. 526 f. Nach Rückert (wälscher Gast, S. 529) dürfte an eine cyclische Bearbeitung des ganzen Trojanersagenkreises vor Herbort nicht gedacht werden; vgl. dagegen Frommann, German. 2, 49. 50) Ausgabe mit Uebersetzung, Lesarten beider Hss., Untersuchungen über die Sage etc. von H. Weismann. 2 Bde. Frankf. a. M. 1850. 8. 51) In diesem sah J. Grimm (Götting. G.A. 1835, Nr. 66; vgl. Lachmann zu den Nibel. 104, 1) den französischen Dichter Lambert, der einen (jüngern) Alexander in Alexandrinern verfasst hat: herausgeg. von Michelant. Stuttgart 1846. 8. (13. Publicat. des litt. Vereins). 52) Vgl. Pfeiffer in der German. 3, 494 Anm.; Müllenhoff in Haupts Zeitschrift 12, 316 nennt ihn einen rheinfränkischen Dichter. 53) Aufgefunden und herausgeg. von P. Heyse, Romanische Inedita. Berlin 1856. 8. S. 1—6; dann bei Bartsch, Chrestomathie de l'ancien français. Leipzig 1866. Sp. 25 ff. Als Quelle Lamprechts erkannte und wies es nach Pfeiffer in Menzels Literaturblatt 1856, Nr. 18. Vgl. dazu Bartsch, Alberich von Besançon in Pfeiffers German. 2, 449—464; und dessen Grundriss der provenz. Litt. S. 9; A. Rochat in der German. 1, 273—290; C. Hofmann ebend. 2, 95 f.; A. Tobler ebend. 2, 441—444. Ueber die Vermuthung Holtzmanns, der Dichter sei Lambert von Hersfeld vgl. § 90, 39. 54) Gedruckt bei Diemer, deutsche Gedichte, S. 183—226. 55) Bei Massmann, Denkmäler 16—75; und in dessen Gedichten des 12. Jahrh. 64 bis 144.

den Versbau, hat aber die ursprüngliche Mundart treuer bewahrt[56].
— Endlich ist hier noch des seinem Inhalte nach mit keinem der
übrigen Sagenkreise zusammenhängenden strophischen (§ 73) Gedichts
von Salman und Morolt[57] zu gedenken, das von einem Volksdichter oder Fahrenden[58], der sich auf ein älteres deutsches Buch
oder Lied beruft, herrührt und diesen Ursprung weniger als irgend
ein anderes Werk des zwölften Jahrhunderts in seinem Inhalt, seiner
Behandlung und seiner Form verleugnet. Der Grundbestandtheil
der Dichtung ist nach J. Grimm[59] echt deutsche Sage; in ihrer Anknüpfung an Personen und Orte zeigt sich aber die seltsamste historische und geographische Verwirrung. An einer gründlichen Erforschung und Sonderung der hier in einander geschlungenen Sagenstoffe fehlt es noch[60].

C. Blüthe und Verfall der höfischen erzählenden Poesie.

§ 92.

Die Blüthe der höfischen erzählenden Poesie kündigte sich nicht
nur in der gegen das Ende des zwölften Jahrhunderts wahrnehm-
baren Festsetzung und Verfeinerung der Sprache und Verskunst,
sondern auch in der kunstmässig angelegten und ausgeführten Erzählungsform an, welche um dieselbe Zeit aufkam und binnen Kur-
zem zur Vollendung gelangte[1]. Zunächst verlor sich der schlichte,
den Gang der Begebenheiten einfach verfolgende, oft trockene und
nur bisweilen noch, wo der Inhalt dazu Anlass bot, zur geflügelten
Raschheit und gedrängten Kürze des alten Volksgesanges sich er-
hebende Ton, der mehr oder weniger abgestuft in den meisten

---

56) Eine Zerlegung des Alexander in sechszeilige Strophen hat Schade. veter.
monum. decas, S. 48—62 versucht. — Ueber eine freie Ueberarbeitung des Alexanderliedes (oder vielleicht auch eine jüngere Verdeutschung von dessen Original,
wobei das alte deutsche Gedicht benutzt wurde), die etwa dem Ende des 13. Jahrh.
angehört und später in einer der Prosa angenäherten Form einer Art Weltgeschichte eingefügt ward, vgl. Wackernagel, Baseler Handschr. S. 30 ff.   57)
Gedruckt nach einer sehr schlechten Hs. bei v. d. Hagen, Gedichte des MA. I.
(vgl. Docen in Schellings Zeitschr. 1, 368 ff.), und schon früher auszugsweise in
Eschenburgs Denkm. S. 147 ff.; ein alter Druck (Strassb. 1499) ist besser als
diese Hs.   58) Vgl. Lachmann, über Singen u. Sagen S. 16.   59) Mythologie² 415.   60) Man vgl. indessen v. d. Hagens Einleit. S. XX ff.; J. Grimm
in den Heidelb. Jahrb. 1809, Heft 45. S. 253 ff.; Mone, Quellen u. Forsch. 1, 245 ff.
und jetzt besonders C. Hofmann in den Sitzungsber. der bayer. Akad 1871, S. 415 ff.
     § 92. 1) Ueber die Entwickelung der Erzählungskunst vgl. W. Grimm, Athis
und Prophilias S. 26 ff.

erzählenden Werken der Uebergangszeit gefunden wird. An seine Stelle trat nun grössere Gewandtheit und Wärme der Darstellung, ein farbigeres Ausmalen von Situationen, von Haupt- und Nebenumständen der Fabel; zugleich fand sich mit dem stärkern Hervorheben der sich aus Gemüthszuständen ergebenden Motive von Handlungen und Ereignissen eine reichere Entfaltung des innern Lebens der dargestellten Personen ein; der Spielraum für den Ausdruck der Empfindung erweiterte sich, und die Betrachtung warf sich zur Begleiterin sowohl der erzählten Begebenheiten, wie der geschilderten Empfindungen auf. Diese Richtung der Erzählungskunst gestattete viel eher, als die frühere Darstellungsweise, das Hervortreten der dichterischen Eigenthümlichkeit, führte aber auch eben so leicht auf Irrwege, wie sie die freie Entfaltung des wahren Talents begünstigte[2]. In ihrem Beginn kündigt sie sich bereits in einigen der vorhin namhaft gemachten Dichtungen an, von ihrer besten Seite besonders in den Ueberbleibseln des Grafen Rudolf. Entschiedener, wiewohl nicht überall und in jeder Beziehung gleich tadellos, zeigt sie sich in der nach 1181 vollendeten Eneide Heinrichs von Veldeke, eines adeligen Dichters aus dem Limburgischen[3], der den Spätern als der eigentliche Gründer der höfischen Kunst galt[4]. Er hatte, nach dem französischen Romans d'Eneas[5], welcher wahrscheinlich von demselben Benoit de Sainte-More verfasst ist[6], der auch den Roman de Troie (§ 87) dichtete, den grössern Theil seiner Eneide am Clever Hofe gedichtet, als ihm sein Werk entwendet wurde; erst neun Jahre später erhielt er es wieder und beendigte es, nicht unwahrscheinlich schon vor 1189, am Hofe Hermanns von Thüringen zu Neuenburg an der Unstrut (dem jetzigen Freiburg)[7]. Ungefähr derselben Gegend, dem Niederrhein, gehört ein in selbständiger Gestalt nur bruchstückweise[8] bekanntes Gedicht aus dem Sagenkreise Karls des Grossen an, Morant und Galie, von einem ungenannten Dichter zwischen 1190—1210 verfasst, welches in eine jüngere Compilation, gewöhnlich Karlmeinet ge-

---

2) Vgl. Lachmann, über das Hildebrandslied S. 2 ff.; zu den Nibel. S. 1; W. Grimm, Graf Rudolf S. 53 f.   3) Vgl. Pfeiffer in der German. 5, 17 ff.; Bartsch ebenda 5, 406 ff. und § 90, 36.   4) Vgl. die berühmte Stelle in Gottfrieds Tristan, Z. 4736 ff.   5) A. Pëy, Essai sur li romans d'Eneas. Paris 1856, 8; und derselbe in Eberts Jahrbuch f. roman. Liter. 2, 1—45.   6) Vergl. Pëy an den angeführten Stellen und Bartsch, Chrestom. franç. 147 ff.   7) Als der Parzival gedichtet wurde, war er schon gestorben; s. Anmerk. zu Iwein S. 371, Note. Gedruckt ist die Eneit nach einer ziemlich jungen Handschr. in der Sammlung von Müller, Bd. 1; kritisch herausgeg. nebst den Liedern von Ettmüller, Leipzig 1852, 8.   8) Die Bruchstücke sind herausgeg. von Lachmann, über drei Bruchstücke nrh. Gedichte S 172 ff.

11*

nannt[9], vollständig aufgenommen wurde[10]. Der Stoff ist die angebliche Untreue von Karls Gemahlin Galie[11], eine vielbeliebte und weitverzweigte Sage[12]; die Darstellung des Gedichtes mit seinem zierlich geformten Eingange verräth die Zeit bald nach Heinrich von Veldeke[13]. Weiter nach Deutschland hinein, in dessen mittlere Gegenden, weist uns der nur in Bruchstücken erhaltene Athis und Prophilias[14], welcher auf einem französischen Gedichte des Alexander von Bernay beruht[15] und den Charakter der byzantinischen Romane nicht verleugnet[16], in gebildeter Darstellung, die auch schon den Einfluss Heinrichs von Veldeke bekundet. Von gleich gewandter Erzählungskunst, aber in rein oberdeutscher Sprache verfasst ist der Eraclius[17] von Meister Otte[18], einem gelehrten Mann, wie er sich selbst nennt, worin die theils novellen- und märchenartig, theils legendenhaft umgebildete und erweiterte Geschichte des griechischen Kaisers Heraclius, im Ganzen nach dem Französischen des Gautier von Arras[19] behandelt ist[20], neben welchem der Dichter aber auch noch andere Quellen, namentlich die Weltchronik Otto's von Freisingen benutzte. — Ihre Höhe erreichte die Erzählungskunst aber erst in den Dichtern, die es verstanden in freier, selbstbewusster und massvoller Thätigkeit sich ihrer Stoffe zu bemeistern, dieselben nach einem klar durchdachten Plan zu ordnen, durch einen das Ganze tragenden und durchdringenden Grundgedanken Einheit in

---

9) Weil sie auch die Jugendgeschichte Karls umfasst. Herausgeg. nach der einzigen vollständigen Hs. (in Darmstadt) von A. Keller. Stuttg. 1858. 8. (Litter. Verein), wo man auch Nachricht über die früher bekannt gewordenen Bruchstücke findet.   10) Die Zusammensetzung der Compilation wies nach Bartsch, Ueber Karlmeinet. Nürnberg 1861. 8.; vgl. dazu dessen Nachtrag in der German. 6, 28–43.   11) Auf sie bezieht sich auch Thomasin im wälschen Gast 1026 ff., der sie Galjena nennt: vgl. Pfeiffer, zur deutschen Litteraturgeschichte. Stuttg. 1854. 8. S. 30.   12) Ueber dieselbe vgl. F. Wolf, über die beiden wieder aufgefundenen niederl. Volksbücher von der Königin Sibille etc. Wien 1857. 4.; und Bartsch, über Karlmeinet S. 28 ff.   13) Aelter ist seiner Grundlage nach das erste der von dem Compilator des Karlmeinet aufgenommenen Gedichte, der eigentliche Karlmeinet: vgl. Bartsch a. a. O. 356 f.   14) Herausg. mit sprachlicher und literar. Einleitung von W. Grimm. Berlin 1846. 4. (Abhandl. der Akademie.)   15) Im Auszuge bekannt gemacht in der Histoire litt. de la France 15, 179 ff. Doch ist die Autorschaft nicht sicher; vgl. W. Grimms Brief in der German. 12, 380.   16) Ueber die Sage vgl. W. Grimm in Haupts Zeitschr. 12, 185 – 203.   17) Herausgeg. von Massmann. Quedlinb. und Leipzig 1842. 8.; dazu zahlreiche Textverbesserungen von Haupt in seiner Zeitschr. 3, 158 bis 182.   18) In welchem Massmann mit Unrecht Otto von Freisingen sah. 19) Das französische Gedicht ebenfalls bei Massmann, S. 223—356.   20) Ueber die Sage vgl. Massmann a. a. O. und in seiner Kaiserchronik 3, 885 ff. Der Dichter kannte wohl schon Hartmanns Erec: vgl. Haupt in seiner Zeitschrift 11, 54.

die Mannigfaltigkeit der vorgeführten Begebenheiten und Zustände
zu bringen, den Personen der Fabel ein individuelles, entwickeltes
Leben zu ertheilen, endlich den Gegenstand durch Tiefe und Fülle
der Gedanken, durch Wahrheit und Wärme der Empfindung zu beseelen und durch angemessenen Schmuck der Rede zu heben. Diess
waren, jeder in einer sehr bestimmten, durch Persönlichkeit, Welt-
ansicht und Kunstbegabung bedingten Weise, die drei grossen, zunächst auf Heinrich von Veldeke folgenden Meister, Hartmann
von Aue, Wolfram von Eschenbach, der grösste von allen,
und Gottfried von Strassburg[21]. Ihnen kann aber auch unter
ihren Zeitgenossen und Nachfolgern, die im Allgemeinen, bewusst
oder unbewusst, ihnen nur nachstrebten, so dass man jene drei als
die Häupter eben so vieler Schulen der deutschen Erzählungspoesie
ansehen darf[22], keiner mehr ganz gleich gestellt werden. Nur in
einzelnen, mehr die äussere Form und den Stil betreffenden Eigenschaften kamen ihnen mehr oder weniger nahe einige der berühmtesten, von denen wir noch Werke besitzen, als Ulrich von
Zazikhofen, Bligger von Steinach, Wirnt von Grafenberg, Konrad Flecke, der Stricker und Rudolf von Ems[23],
alle noch aus der ersten Hälfte des dreizehnten Jahrhunderts. Nach
ihnen sank die erzählende Poesie, sofern sie sich auf Gebilde von
grösserem Umfange einliess, schon sichtlicher von ihrer ehemaligen
Höhe herab; nur Konrad von Würzburg († 1287)[24] brachte
noch Werke hervor, die, bei der äussersten Glätte der Form, an
innerm Gehalt denen der zuletzt genannten Dichter wenig oder gar
nicht nachstanden.

---

21) Bereits Rudolf von Ems rühmt in seinem Alexander (Hagen, MS. 4, 866)
diese drei als diejenigen Dichter, welche die mit Heinrich von Veldeke anhebende
echte Kunst zur höchsten Vollendung ausgebildet haben.   22) Vgl. Sommer
in Haupts Zeitschr. 2, 385. 389.   23) Ueber die Lebenszeit, die Aufeinanderfolge und die Werke der erzählenden Dichter von Heinrich von Veldeke bis zu
Rudolf sind zwei Stellen in des letzt genannten Alexander und Wilhelm v. Orlens
von der höchsten Wichtigkeit (beide mit andern „gemeinsamen alten Zeugnissen von
den altd. Liederdichtern", bei v. d. Hagen, MS. 4, 863 ff.; die zweite allein öfter,
zuerst in einem lesbaren Texte bei Docen Misc. 2, 150 ff.; besser bei Wackernagel, LB.[2] 601 ff., [4] 603 ff. (Ueber eine wahrscheinlich anzunehmende Lücke
in dieser Stelle vgl. J. Grimm, Gedichte auf Friedrich I. S. 6). Im Allgemeinen
vgl. über die Lebenszeit, das Vaterland und den Stand dieser und der im Folgenden genannten Dichter Docens Verzeichn. im altd. Mus. 1, 126 ff.; was noch
Besonderes über jeden einzelnen zu bemerken ist, wird weiter unten bei Aufführ-
rung ihrer Werke seine Stelle finden.   24) Als Rudolf seinen Wilhelm und
Alexander dichtete, kann er noch nicht berühmt gewesen sein, sonst wäre er gewiss in jenen Stellen mit genannt worden.

§ 93.

Dreierlei ist es vorzüglich, worin sich das beginnende Sinken
der Erzählungskunst kund thut. Fürs erste sind in den meisten
umfangreichen Werken, die nicht von jenen drei grossen Meistern
herrühren, die erzählten Begebenheiten und geschilderten Situationen
nur mit mehr oder weniger Geschick lose an einander gereiht, ohne
dass ein tiefer angelegter Plan, oder ein den Charakter der Dichtung
bestimmender Grundgedanke herausgefunden, ein „Einleben des
Dichters in den Stoff" herausgefühlt werden könnte, und ausserdem
vermisst man schon oft nicht nur Neuheit und Originalität in den
einzelnen Zügen der gewählten Fabel, sondern auch Schärfe und
Kraft in der Zeichnung der Haupt- und Nebenpersonen.   Fürs zweite
hindern gemeiniglich eine zu grosse Breite der Darstellung und eine
nicht müde werdende Redseligkeit, Fehler, deren sich mitunter selbst
schon Hartmann und Gottfried, nicht aber der bei seinem Ge-
dankenreichthum eher zu gedrängte Wolfram, schuldig machen,
den raschen Fluss der Erzählung und werden um so lästiger, je
mehr sich darin blosse hergebrachte Förmlichkeit und Manier verräth und eine dürftige, schwunglose Phantasie zu verstecken sucht.
Hiermit hängt drittens aufs engste zusammen der Hang zum Reflec-
tieren, zu Spitzfindigkeiten und Wortspielen, oder zum Allegorisieren,
der auch schon bei den ausgezeichnetsten Dichtern, entweder nach
der einen, oder nach der andern Seite, oder auch nach beiden zugleich hervorbricht[1], bei ihren Nachfolgern aber sich unverholener
äussert und der Geschlossenheit und Abrundung der Fabel selbst,
so wie der natürlichen Wärme und sinnlichen Frische ihrer Darstellung Eintrag thut. — Rascher jedoch eilte die erzählende Poesie
ihrem Verfall entgegen, als nach der Blüthezeit des eigentlichen
Rittergedichts die geschichtlichen und legendenartigen Stoffe immer
mehr in Aufnahme kamen, deren theils spröde und starre, theils
düstere und ascetische Natur eine gewisse Trockenheit und Unbelebtheit der Behandlung, die allmählig auch in Dichtungen von anderm Inhalt übergieng, mit sich brachte, oder wo diese Mängel ver-
deckt werden sollten, leicht zu den entgegengesetzten verführte, zu
einem bunten, aber rohen Zusammenhäufen von Abenteuern[2], zu

---

§ 93.   1) Auch von diesen Fehlern hält sich Wolfram freier, als irgend ein
anderer: bei ihm glänzt uns, wie Haupt (Engelh. S. XIII) sich schön ausdrückt,
das unmittelbare Hervorgehen des Gedankens aus dem Stoffe auf jedem Blatte
entgegen.   2) Als eines der spätern Beispiele dieser Art kann, nach den in
Haupts Zeitschr. 1, 214 ff. gegebenen Auszügen zu urtheilen, der 1314 vollendete
Wilhelm v. Oesterreich, ein Werk Johanns v. Würzburg, eines Nachahmers von
Rudolf von Ems (vgl. Pfeiffer in der German. 12, 479), gelten.

einer mit äusserem Schmuck und allerhand Gelehrsamkeit überladenen Darstellung und einem kostbaren und gespreizten Ausdruck [3]. Worin sich noch am längsten, bei lebendiger und charakteristischer Auffassung der .Gegenstände, gefällige Abrundung und gesunde Frische der Behandlung erhielt, das waren kleinere Erzählungen und Schwänke, obschon auch hierin früh genug eine Hinneigung zum Lehrhaften und Allegorischen wahrnehmbar ist. — Im Folgenden sollen nun wieder nach den Gegenständen, die sie behandeln, die durch inneren Werth oder in anderer Rücksicht merkwürdigsten Werke der erzählenden Poesie des dreizehnten Jahrhunderts und der nächsten Folgezeit, mit Ausnahme der aus der deutschen Heldensage hervorgegangenen Dichtungen, aufgeführt werden.

§ 94.

1. Unter den grössern Werken der erzählenden höfischen Poesie nehmen als deren reinster und vollkommenster Ausdruck die eigentlichen Rittermären die erste Stelle ein. Den nächsten Anspruch auf diese Benennung haben a) die Dichtungen, welche dem bretonischen Fabelkreise in seiner zwiefachen Gestaltung angehören. Denn wenn auch die ihnen zum Grunde liegenden Sagen theilweise sehr alt und in einer Zeit entstanden sein mochten, die der Ausbildung des Ritterwesens lange vorhergieng, so hatten sie doch, wahrscheinlich in Folge der verschiedenen Durchgänge, die sie durch die Hände der bretonischen und walisischen Sänger und dann der Anglo-Normannen und Franzosen machen mussten, von ihrem ursprünglichen Charakter so viel eingebüsst, so sehr sich dem des ritterlichen Zeitalters angeschmiegt, dass sie bereits, als sie in französischen Gedichten nach Deutschland herüberkamen, durch ihr ganzes Gepräge und ihren ganzen Zuschnitt reinen, im Geist des abenteuernden Ritterthums und des Frauendienstes hervorgebrachten Erfindungen glichen. Darum sprachen sie auch so sehr den Geschmack der Zeit an, und da sich nun von unsern ältern höfischen Dichtern gerade die begabtesten vorzugsweise an ihnen versuchten, so entstanden Werke, welche nicht nur als die schönsten Blüthen der erzählenden Kunstpoesie gelten dürfen, sondern auch das treueste und farbenreichste Bild von dem ritterlichen und höfischen Leben zu Ende des zwölften und im Anfange des dreizehnten Jahrhunderts gewähren. Dahin gehören aus der besten Zeit Erec und Iwein,

---

3) An allen diesen Gebrechen und noch an vielen andern leidet u. a. in hohem Grade der schon im Mittelalter so hoch gestellte und auch in neuerer Zeit über alle Gebühr gepriesene jüngere Titurel, die Stücke ausgenommen, die in ihrer ursprünglichen Gestalt Wolfram gehören.

jener das älteste, dieser das jüngste und vollendetste Werk Hartmanns von Aue. Der Dichter, Dienstmann der Herrn von Aue,
ein geborner Schwabe[1], dem Gottfried[2] unter den zu seiner Zeit
lebenden Erzählern den Preis zuerkennt, ist im dreizehnten Jahrhundert „neben Wolfram zwar nicht mehr bewundert, aber offenbar
mehr geliebt worden, weil er die allgemeine Anschauungsweise der
Zeit nur mit der leisen Färbung einer höchst anmuthigen poetischen
Individualität darstellte"[3]. Geboren etwa um 1170 und, weil er
ausser der französischen Sprache auch der lateinischen kundig war,
wohl in einer Klosterschule gebildet, nahm er an einem Kreuzzuge[4]
Theil, der ihn aber nicht einmal in das griechische Reich, geschweige
denn weiter gebracht zu haben scheint. Auf den Erec, dessen Abfassung zwischen 1192—93 gesetzt werden darf[5], liess er seine beiden Büchlein (§ 120) und den Gregorius (§ 96) folgen, dann den
armen Heinrich (§ 98) und zuletzt den Iwein, der aber auch schon
vor 1204 bekannt sein musste. Die Zeit, in welcher seine Lieder
gedichtet sind, lässt sich nicht weiter bestimmen, als dass einige
vor seiner Kreuzfahrt und nach dem Frühling des Jahres 1193 fallen.
Gestorben muss er sein zwischen 1210 und 1220[6]. Sein Erec, nach
Lachmanns Bemerkung die Grundlage der erzählenden Poesie geringerer Dichter, ist nach dem gleichnamigen Werke des Chrétion
de Troies[7] gedichtet[8] und zeigt Hartmanns Erzählungskunst noch
mehr in ihren Anfängen[9]. Der Iwein, „das sauberste und regel-
mässigste unter den höfischen Gedichten der mittelhochdeutschen

---

§ 94. 1) Dagegen hält ihn Rückert, Blätter f. litt. Unterhaltung 1868, Nr.
44, für einen Franken.   2) Tristan 4619 ff.   3) Lachmann, über den
Eingang des Parzival S. 1.   4) Entweder dem von 1189 (Bech, Hartmann von
Aue 3. S. XII) oder dem von 1197—98 (Lachmann zu Iwein S. 486).   5) So
nach Bech, der ihn nach der Kreuzfahrt entstanden sein lässt; nach Lachmann
a. a. O. fällt er vor die Kreuzfahrt zwischen 1195—97.   6) Vgl. zu seinem
Leben J. Grimm in den Götting. GA. 1838, S. 140; Haupts Vorrede zu Hart-
manns Liedern und Büchlein etc.; Lachmann zu Walther[2] S. 198 f.; zu Iwein[2]
S. 486; 526 f.; F. Bech im 1. und 2. Bande seiner Ausgabe Hartmanns, die Ein-
leitung; Wilmanns, zu Hartmanns von Aue Liedern und Büchlein in Haupts
Zeitschr. 14, 144—155; F. Bauer und Frh. von Ow, Hartmanns von Aue Heimath
und Stammburg, German. 16, 155 — 167.   7) Herausgeg. von J. Bekker in
Haupts Zeitschr. 10, 373—550.   8) Dies ist überzeugend nachgewiesen von
Bartsch in der German. 7, 141—188, wo die entgegenstehende Behauptung Haupts
(Einleitung zum Erec) widerlegt ist. Ueber den französ. Dichter vgl. Holland,
Chrestien von Troies. Eine literaturgesch. Untersuchung. Tübingen 1854. 8.
9) Herausgeg. ist der Erec nach der einzigen, jungen und lückenhaften Hs. von
Haupt. Leipzig 1839. 8. 2. Ausg. 1871; zur Kritik des Textes vgl. Haupts Zeit-
schrift 3, 266 ff.; Pfeiffer in seiner German. 4, 155—247; W. Müller ebend. 7,
129—140; F. Bech ebend. 7, 429—469. Neuerdings herausgeg. von Bech, Hartmann von Aue. I. Theil. Leipzig 1867. 2. Ausg. 1871. 8.

Periode", beruht auf dem Chévalier au lion des Chrétien de Troies[10], der indess dem Deutschen nur den rohen Stoff gab[11]. — Ihm reiht sich der Zeit nach an Wolfram von Eschenbach mit seinem Parzival und dem von ihm begonnenen, aber nicht weit geführten Titurel. Wolfram war ein Franke, oder, wie er sich selbst nach dem Sprachgebrauch seiner Zeit nennt, ein Baier, von ritterlicher Herkunft, aus dem nordgäuischen, bei Ansbach gelegenen Schloss und Städtchen Eschenbach stammend[12]. Er gehörte zu den Dichtern, die sich längere oder kürzere Zeit am Hofe zu Eisenach aufhielten, und die Sagen und Lieder vom Sängerkriege auf der Wartburg lassen ihn in diesem eine Hauptrolle spielen. Ohne die eigentlich gelehrte Bildung seines Zeitalters, wie sie Hartmann und Gottfried besassen, hatte er doch eine umfassende und gründliche Kenntniss heimischer und fremder Sagen; auch sprach er französisch. Die Gedichte in dieser Sprache, woraus er die Stoffe zu den' seinigen nahm, hat er sich vorlesen lassen; denn er selbst konnte nicht lesen[13]. Seinen Parzival, der wohl vorzugsweise am Thüringer Hofe abgefasst ist, fieng er schon vor 1205 an, vollendete ihn aber wohl erst gegen 1215; später, aber vor 1220, welches Jahr der Dichter kaum überlebt haben wird, fällt der nicht bis zu Ende geführte Wilhelm (§ 95), während die Bruchstücke des Titurel wahrscheinlich eine Jugendarbeit sind, welche der Dichter über dem grösseren Werke, das ihn dann beschäftigte, unvollendet liess[14]. Wolfram ist der tiefsinnigste, planvollste und sittlich wie künstlerisch grossartigste unter allen altdeutschen Dichtern, die wir kennen. Seine weisheitsvolle

---

10) Herausgeg. von Lady Ch. Guest in ihren Mabinogion I, 134 ff.; kritischer von Holland. Hannover 1862. 8. 11) Doch er nicht allein: vgl. Lachmann, Iwein² S. 369, 22. Die älteren Ausgaben im 2. Bde. der Sammlung von Müller und Michaeler, Wien 1786 und 87. 8., sind jetzt werthlos; eine kritische mit höchst lehrreichen Anmerkungen lieferten Benecke und Lachmann. Berlin 1827. 8. (dazu Benecke's treffliches Wörterbuch, Göttingen 1833. 8.); einen noch viel reinern Text und viel reichere Anmerkungen liefert die 2. Ausgabe, Berlin 1843. 8.; 3. Ausgabe 1868. Die neueste Ausgabe ist die von Bech, Hartmann. 3. Theil. Leipzig 1869. 8. — Ueber den mythischen Hintergrund der Sage vgl. Osterwald: Iwein, ein keltischer Frühlingsgott. Merseburg. Programm 1853. 12) Sein Besitzthum war Wildenberc, jetzt Wehlenberg, über dessen Armuth und Dürftigkeit er selbst scherzt: vgl. Allgem. Zeitung 1866, Beilage 312, und Bartsch, Parzival I, S. VIII. Ueber seine Heimath vgl. noch Schmeller, über W. v. E. Heimath, Grab und Wappen (Abhandl. der Münch. Akad. 1837); Müllenhoff, zur Gesch. der Nib. Not S. 15, Anm.; Anzeiger für Kunde der deutschen Vorzeit 1861, Sp. 355 fg. 13) Parziv. 115, 27; Wilh. 2, 19. 14) Vgl. Pfeiffer in der German. 4, 301—308; Gervinus I⁴, 604; Bartsch, Parzival I, S. XV. Lachmann stellte den Titurel zwischen den Parzival und Willehalm. Auch die von Jänicke (Zeitschr. f. d. Gymnasialw. 1868, S. 305 f.) angeführte Verweisung auf Tit: 78, 4 vermag letztere Ansicht nicht zu stützen.

Kunst war schon im dreizehnten Jahrhundert sprichwörtlich, und
sein Ruhm, früh von der Sage gehoben, dauerte länger, als der
irgend eines seiner dichtenden Zeitgenossen, obgleich es ihm schon
bei seinen Lebzeiten nicht an Tadlern fehlte: auch der Angriff im
Tristan[15] geht sicher auf den Parzival, den Gottfried nicht einmal
ganz gekannt haben dürfte[16]. Der Parzival, Wolframs Meister-
stück, stand schon während des Mittelalters im grössten Ansehen.
Als seine Hauptquelle nennt Wolfram einen Provenzalen Kyot
(Guiot)[17], aus dessen, auch dem Titurel zu Grunde liegenden, sicher
den ganzen Sagenkreis vom Gral umfassenden Werke, das noch
nicht aufgefunden ist, er die Sage von Parzival aussonderte. Es war
nicht, wie man erwarten sollte, provenzalisch, sondern französisch,
musste also, wenn Kyot wirklich in jener und nicht in dieser Sprache
gedichtet hatte, schon selbst Uebersetzung oder in einer Sprache
gedichtet sein, die auf der Grenze des nord- und südfranzösischen
Idioms stand[18]. Die zweite Quelle Wolframs, die dieser auch nennt,
aber mit Tadel über des Dichters Entstellung der wahren Ueberlieferung, ist Chrétiens de Troies Conte del graal, welcher sich erhalten hat[19]: bei aller nachgewiesenen Uebereinstimmung[20] mit diesem Werke sind die Abweichungen doch so bedeutend, dass auch
ohne Wolframs ausdrückliche Erwähnung eine zweite Quelle daraus
gefolgert werden müsste. Eine Erweiterung und Ergänzung erfuhr
Wolframs Gedicht[21] 1336, unter Benutzung der französischen Fort-

---

15) Z. 4636 ff.   16) Vgl. hierzu und zum folgenden Lachmann, Vorrede
zu Wolfr.; über d. Eingang des Parzivals; zu Iwein[2] S. 486, Note; zu Walther[2]
S. 139 f.; 146; Simrock's Uebersetzung des Parziv. und Titur. I, 473 ff. und
Bartsch, Einleitung zu seiner Ausgabe.   17) In diesem erblickte Wackernagel
(altfranz. Lieder und Leiche S. 191) den nordfranzös. Dichter Guiot de Provins
(vgl. Lachmann, Wolfram S. XXIV), von dem wir Lieder und ein Lehrgedicht,
La Bible, besitzen; diese Ansicht suchte weiter zu begründen San-Marte in seinen
Parzival-Studien. 1. Heft. Halle 1861. 8.; vgl. auch denselben in der German.
3, 445 ff. Simrock dagegen erklärte Kyot nur für eine Fiction Wolframs, die er
gegenüber seinem Publicum wegen der starken Abweichungen von der Quelle für
nöthig erachtet; ihm trat Rochat (German. 3, 81 ff.) bei.   18) Vgl. Bartsch,
Einleitung S. XXVIII f.   19) Herausgeg. von Ch. Potvin, nebst den Fortsetzungen. Mons 1865 ff. 8. Vgl. dazu A. Rochat, über einen bisher unbekannten Percheval li Galois. Zürich 1855. 8.   20) Namentlich von Rochat in
der German. 3, 81—120. 4, 414—420.   21) Gedruckt wurde dasselbe (mit
dem jüngern Titurel) bereits 1477; dann nach der guten St. Galler Hs., aber mit
vielen Druckfehlern, in Müllers Sammlung Bd. 1; kritische Ausgabe sämmtlicher
Werke Wolframs von Lachmann. Berlin 1833; 2. Aufl. 1854. 8.; der Parzival
und Titurel von Bartsch. 3 Theile. Leipzig 1870—71. 8. Uebersetzt in freierer
Weise von San-Marte, Magdeburg 1836. 8.; 2. Aufl. (verbessert) Leipzig 1858;
treuer (mit dem Titurel) von Simrock. Stuttg. 1842. 2 Bde. 8. 3. Aufl. 1857.
Für das Verständniss des Gedichts bleibt noch viel zu thun; den schwierigen

setzungen, durch Claus Wisse und Philipp Colin[21]; das ursprüngliche Werk wurde in diese Erweiterung auch aufgenommen. Von dem in einer vierzeiligen Strophe (§ 73) abgefassten Titurel hat Wolfram nicht viel mehr gedichtet als die beiden erhaltenen Bruchstücke, die zu den köstlichsten Ueberbleibseln unserer alten Poesie gehören[23]. Zwei andere kleinere sind uns nur in der überarbeiteten Gestalt erhalten, die ihnen der Fortsetzer des Werkes, der Dichter des jüngern Titurel, gab; sie verrathen sich aber durch ihren gehobenen Inhalt nicht als dessen Eigenthum[24]. — Als dritter Meister neben Hartmann und Wolfram stellt sich Gottfried von Strassburg mit seinem ebenfalls unvollendet gebliebenen Tristan. Gottfried, aus einem Strassburger Patriziergeschlechte, und mit dem bedeutsamen Amte eines Stadtschreibers seiner Vaterstadt betraut[25], muss eine gelehrte Erziehung genossen haben; ob er sich an Höfen aufgehalten hat, wissen wir eben so wenig, wie wir den Dieterich mit Sicherheit bestimmen können[26], dem, nach dem Akrostich im Anfange zu schliessen, der Tristan gewidmet ist. Diesen dichtete er, als Hartmann noch lebte, um 1210[27], nach einem französischen Werke, welches der Auffassung der Sage durch Thomas von Bretagne folgte, die dem deutschen Dichter die echteste zu sein schien. Von seiner Quelle besitzen wir nur Bruchstücke[28], von denen ein kleiner Theil mit dem Schluss von Gottfrieds Werke zusammenfällt

Eingang behandelt Lachmann in der schon erwähnten Abhandl. und Klöden in Hagens German. 5, 222 ff.; zur Erklärung vgl. noch Haupt in seiner Zeitschrift 11, 42—59 (vermehrter Abdruck aus dem Bericht. d. sächs. Ges. d. Wiss.); Lucae, de Parzivalis poematis W. Esch. aliquot locis difficilioribus. Halis 1859. S. und derselbe, de nonnullis locis Wolframianis. Halis 1863. S. Zur Textkritik vgl. Bech in der German. 7, 291—304. Den ersten Versuch eines fortlaufenden Commentars gibt die Ausgabe von Bartsch. 22) Erhalten in einer römischen und einer Donaueschinger Handschrift; vgl. Kellers Romvart S. 647—688; Uhland in Schreibers Taschenbuch 2, 259 ff. und Barack, die Handschriften in Donaueschingen S. 88 ff. 23) Gedruckt bei Docen, erstes Sendschreiben über den Titurel. Berlin 1810. 8., nach der Münchener, und durch Schottky in den Wien. Jahrbuch. Bd. 8 nach der Ambraser Hs. Kritisch bearbeitet in Lachmanns und Bartsch' Ausgaben. 24) Vgl. Bartsch, zwei neue Bruchstücke von W's Titurel in der German. 13, 1—37; sie sind auch in dessen Ausgabe (Thl. 3) aufgenommen. 25) Er ist ohne Frage der Godofredus rotularius de Argentina, der 1207 in einer Strassburger Urkunde K. Philipps vorkommt; vgl. E. H. Meyer, Walther v. d. Vogelweide identisch mit Schenk Walther von Schipfe. Bremen 1863. S. S. 5, und besonders Herm. Kurtz, zum Leben Gottfrieds von Strassburg, in der German. 15, 207—236, 322—345 (vermehrter Abdruck aus der Wochenausgabe der Allgem. Zeitung 1868, Nr. 23 ff.). 26) Eine ansprechende Vermuthung, wonach er ein Verwandter des Dichters gewesen, s. bei Kurtz a. a. O. 216 ff. 27) Vgl. Lachmann zu Iwein[2] S. 316 f.; 486 Anm., zu Walther[2] S. 146; Bechstein, Tristan 1, S. XXX. 28) Gedruckt in: Tristan. Recueil de ce qui reste des poëmes relatives à ses aventures etc. p. p. Fr. Michel. 3 voll. Londres 1835—39. 8.

und eine Vergleichung ermöglicht [29]. Gottfrieds Darstellung weicht von der Fabel bei Eilhart bedeutend, aber was die Festigkeit der innern Fügung betrifft, nicht zu ihrem Vortheil ab, so unendlich Gottfried auch dem ältern Dichter durch den Glanz der Darstellung, den Reichthum an Gedanken und die Tiefe und Innigkeit der Empfindung überlegen ist [30]. Unter den Zeitgenossen hat der von ihm hart angegriffene Wolfram ihm die Gabe eines reichern Redeschmucks edelmüthig zugestanden [31], unter den jüngern Dichtern ihn niemand mehr erhoben, als sein Nachahmer Rudolf von Ems im Alexander [32]. — Neben diesen drei grossen Meistern stehen alle ihre Zeitgenossen und die Späteren viel tiefer da. Am weitesten hinauf unter ihnen reicht der Zeit nach der Lanzelet [33] Ulrichs von Zazikhofen, eines Thurgäuers [34], der das wälsche Original seiner Dichtung von Hug von Morville, einem der sieben dem Herzog Leopold von dem gefangenen Richard Löwenherz gestellten Geiseln, erhielt. Da der Dichter mit Hartmanns Erec Bekanntschaft verräth [35], so werden wir sein wenn auch etwas alterthümlicher gefärbtes Werk [36] um 1195 zu setzen haben [37], womit auch jene historische Beziehung durchaus stimmt. Was man früher für niederdeutsche Anklänge in seiner Sprache hielt, aus denen man einen längeren Aufenthalt im innern Deutschland folgerte [38], erklärt sich durchaus aus seiner heimischen Mundart [39].

---

29) Diesen Zusammenhang wies nach A. Bossert, Tristan et Iseult poëme de Gotfrit de Strasbourg etc. Paris 1865. 8.; vgl. Lambel in der German. 11, 493 bis 497. Dazu vgl. besonders Heinzel, Gottfrieds v. Strassb. Tristan und seine Quelle in Haupts Zeitschr. 14, 272—447.   30) Vgl. J. Grimm, Götting. GA. 1835, S. 662.   31) Willeh. 4, 19 ff.   32) Hagens MS. 4, 866. — Herausgeg. ist der Tristan im 2. Bande von Müllers Sammlung (wo aber die ersten 102 Zeilen fehlen), mit Heinrichs v. Freiberg Fortsetzung; von E. v. Groote, mit Ulrichs v. Türheim Fortsetzung, zwei Einleitungen (die eine von Mone), Anmerkungen und Wörterbuch, Berlin 1821. 4.: v. d. Hagen: Gottfrieds v. Strassburg Werke (nebst beiden Fortsetzungen des Tristan, einigen ausländischen Bearbeitungen der Sage, Einleit. u. Wörterb.), Breslau 1823. 2 Bde. 8.; von Massmann. Leipzig 1843 (mit Ulrichs Fortsetzung); zuletzt von R. Bechstein. Leipzig 1869. 2 Bde. 8. Uebersetzungen von Herm. Kurtz (frei) Stuttg. 1843. 8.; und (treuer) von Simrock. Leipzig 1855. 2 Thle. 8.   33) Herausgeg. von K. A. Hahn. Frankf. a. M. 1845. 8.; ein modernisierter Auszug bei Hofstätter, altd. Gedichte, Wien 1811. 8., 1. Theil.   34) Lachmann zu Iwein S. 495; vgl. dessen Brief an Lassberg (1826) in der German. 13, 490 f. Wackernagel (Verdienste der Schweizer S. 34) hielt ihn für einen Baiern. Vgl. Pfeiffer in der German. 2, 496; Bächtold, der Lanzelet des Ulrich von Zatzikhofen Frauenfeld 1870. 8. S. 17 ff.   35) Bächtold a. a O. 35 ff.   36) Ueber seine Abweichungen von der höfischen Sprache vgl. Haupt in den Berl. Jahrb. f. wiss. Kritik, Juli 1845, und G. N. Schilling, de usu dicendi U. de Z. Halae 1866. 8.   37) Bächtold setzt S. 37 es in die ersten Jahre des 13. Jahrhunderts, Lachmann in dem erwähnten Briefe in das zweite Jahrzehnt desselben.   38) W. Grimm, Athis S. 11. Pfeiffer in der German. 2, 496 ff.   39) Vgl. Jänicke in der Zeitschr. f. d. Gymnasialw. 1868, S. 301 f.; Bächtold a. a. O. 39 ff.

Auf den Lanzelet folgt der **Wigalois**[40] **Wirnts von Grafenberg**. Wirnt, von einem adeligen, in Franken ansässigen Geschlechte abstammend, dichtete den Wigalois in seiner Jugend nach der mündlichen Erzählung eines Knappen[41] zwischen 1201 und 1210[42] und nahm sich dabei ganz sichtlich Hartmann zum Muster; nur gegen das Ende hin hielt er sich mehr an Wolfram[43]. Der Dichter erscheint selbst später als Held einer kleinen allegorischen Erzählung Konrads von Würzburg, der Welt Lohn[44], die eine sehr beliebte Vorstellung der mittlern Zeiten versinnlicht[45]. Dürfte man den Angaben dieses Gedichts trauen, so hätte Wirnt das Kreuz genommen, wahrscheinlich 1228, und hätte im heiligen Lande seinen Tod gefunden[46]. Etwa um ein Jahrzehend später fällt **Heinrichs vom Türlein Krone**[47], das Werk eines bürgerlichen[48] Dichters aus Kärnten oder Steier[49], der etwa um 1220 nach einem Werke von Chrétien de Troies, wie er selbst angibt, arbeitete; doch ist diese Quelle bis jetzt nicht ermittelt[50]. Wiederum ein Jahrzehend später, das schwächste von allen, des **Strickers Daniel von Blumenthal**. Der Dichter, dessen Name schwerlich ein angenommener, sondern wirklicher bürgerlicher ist[51], war in Oesterreich heimisch[52], wo er noch

40) Herausgeg. mit Einleituug, Anmerkungen uud trefflichem Wörterbuch von Benecke. Berlin 1819. 8.; später (kritisch besser) von Pfeiffer. Leipzig 1847. 8.   41) Diesen Knappen glaubte Diemer (Kleine Beiträge z. alt. d. Sprache 2, 52) in Heinrich von dem Türlin zu finden: diese Meinung widerlegte Pfeiffer im Anzeiger f. Kunde d. d. Vorzeit 1854, Sp. 30 ff.   42) Ueber diese Zeitbestimmuug vgl. Pfeiffer S. XIII und die dort angeführten Citate.   43) Vgl. den Vorbericht Benecke's und Lachmann zu Iwein² S. 418; 486, Note, uud zu Walther² S. 146.   44) Gedruckt in Docens Miscell. 1, 56 ff.; in Benecke's Wigalois; in Lassbergs Liedersaal 1, 321 ff.; in Hagens Gesammtabenteuer 3, 399 ff.; am besten herausg. von F. Roth. Frankf. a. M. 1843. 8.   45) Vgl. über dieselbe Wackernagel in Haupts Zeitschr. 6, 151 ff.; Sachse, der Welt Lohn von Konrad v. W. Ein Beitrag zum Verständniss mittelalt. Glaubens. Berlin 1857. 4.; Hagen a. a. O. S. CXIII ff.   46) Vgl. Pfeiffer, Einleituug S. XIII.   47) Herausgeg. von H. F. Scholl. Stuttgart 1852. 8. (Litt. Verein). Die letzten 44 Zeilen sind aber unecht: vgl. Pfeiffer, Anzeiger etc. 1854, Sp. 32; dieselbe Entdeckung machte Haupt in seiner Zeitschrift (1866) 13, 321 ff. Bruchstücke einer Handschrift sind abgedruckt bei Diemer, Kleine Beiträge 2, 58 ff. Früher waren nur Bruchstücke an verschiedenen Stellen gedruckt: Lachmann, Wolfram S. XXII; über den Eingang des Parziv. 36 ff.; altd. Blätter 2, 155 ff.; in Wolfs Schrift über die Lais 378 ff. (der Zauberbecher, herausg. von Hahn) u. s. w. Die Bruchstücke in den altd. Blätt. 2, 148 ff. gehören aber nicht zur Krone; vgl. Schott S. X.   48) Vgl. Pfeiffer, a. a. O. Sp. 31; Müllenhoff, zur Gesch. d. Nib. Not S. 16.   49) Vergl. Lachmann zu d. Nibel. S. 7; über Singen uud Sagen S. 13; Haupt, Hartmanns Lieder S. XI.   50) Ueber sein Verhältuiss zu Wolfram vgl. Zingerle in der German. 5, 465—479.   51) Vgl. Pfeiffer in der German. 2, 498 f. Auf das Verflechten der dichterischen Mären bezog den Namen Bartsch, Einleitung zu Strickers Karl; als vagus (= strichaere) deutet ihn Gödeke, Grundriss S. 32.   52) J. Grimm, Reinh. Fuchs S. CLXXXI; Bartsch a. a. O. S. I.

die guten Zeiten der Babenbergischen Herzöge, aber auch schon den
Verfall der Kunst und des höfischen Lebens erlebte; er dichtete
etwa von 1225—1250[53]. Sein Daniel, den er nach Alberich von
Besançon gedichtet zu haben angibt[54], und der in der That wohl
nach einer romanischen Quelle gearbeitet ist[55], ist nach dem Urtheil
derer, die ihn gelesen haben[56], ein höchst armseliges Gedicht[57];
höher schon steht, zumal von Seiten der Sprachgewandtheit, sein
Karl (§ 95); im vortheilhaftesten Lichte aber zeigt sich sein Talent
im Amis und in den kleineren Erzählungen und Beispielen (§ 98.
120). Viel vorzüglicher als die letztgenannten scheint ein in Mittel-
deutschland verfasstes Artusgedicht, welches wir leider nur in
Bruchstücken besitzen[58] und welches noch in die beste Zeit der höfischen Poesie hinaufreicht. Die Haupthelden scheinen, so viel man
sehen kann, Gawan und Segramors gewesen zu sein. In der Mehrzahl dieser Gedichte sind die Sagen von Artus und andern bretonischen Helden unabhängig von dem Mythenkreise über den heiligen
Gral geblieben; nur die beiden wolframschen beruhen auf dieser
doppelten Grundlage. — Die spätere Zeit brachte nichts Ausgezeich-
netes auf diesem Gebiete hervor; allerdings versuchten sich auch in
der zweiten Hälfte des dreizehnten Jahrhunderts noch verschiedene
Dichter darin, aber ohne Erfolg. Der fruchtbarste unter diesen
Epigonen ist der Pleier, ein steirischer bürgerlicher Dichter, wahrscheinlich aus der Grafschaft Pleien und danach sich nennend[59], der
zwischen 1250—1280 dichtete. Von ihm besitzen wir drei Artusro-
mane, bei denen er sich allerdings wiederholt auf Quellen beruft,
doch ist Grund anzunehmen, dass er dies nur thut um seinen Erfindungen Glauben zu verschaffen[60]. Das älteste[61] darunter scheint der
Garel vom blühenden Thal[62] zu sein; dann folgte wahrschein-
scheinlich Tandarias und Flordibel[63], und in reiferem Alter
der Meleranz[64]. In allen dreien zeigt er sich als Nachahmer

---

53) Vgl. Bartsch a a. O.; dass er vor 1211 schon gestorben war, kann man
aus der Erwähnung Rudolfs im Wilhelm nicht schliessen.? Vgl. Bartsch in den
Germanist. Studien 1, 3 f.   54) Vgl. § 82, 3.   55) Bartsch, in der German. 2, 419 ff.   56) Gedruckt sind nur Bruchstücke: der Anfang in Nyerups
Symbol. ad. litt. teuton. und in Hagens Grundriss S. 115 ff.; einen Auszug und
Uebersicht des Inhalts gibt Bartsch, in der Ausgabe des Karl S VIII—XXXIV.
57) Vgl. W. Grimm, Rolandslied S. CXXVIII; Hahn, klein. Ged. v. d. Stricker
S. VIII; dazu Bartsch a. a. O. S. XXXV.   58) Gedruckt in den altd. Blätt.
2, 118 ff.; Haupts Zeitschr. 11, 490—500; German. 5, 461 ff. Vgl. § 71, 15.
59) E. H. Meyer in Haupts Zeitschr. 12, 487.   60) Meyer a. a. O. 478 f.
61) Ueber die wahrscheinliche Reihenfolge vgl. Meyer a. a. O. 483 ff.
62) Im Auszuge mitgetheilt von Zingerle, German. 3, 23—41. Bruchstücke einer
andern Hs. durch Goldbacher in der German. 8, 89—97.   63) Vgl. die Abhandlung von E. H. Meyer in Haupts Zeitschr. 12, 470—514.   64) Herausg.

älterer Dichter, vorzüglich Hartmanns und Wolframs, die er nennt,
aber auch des Strickers und Bliggers von Steinach, dessen Um-
hang (§ 95) er kannte.[63] Wenig über das Mittelmässige erhebt
sich auch der Gauriel von Muntavel Meister Konrads
von Stoffel[64], der sich selbst einen *werden frien man* nennt und
für den im Jahre 1282 nachweisbaren Strassburger Domherrn Konrad, aus dem edlen Geschlecht von Hohen-Stoffeln gehalten wird.
Die Quelle seines Werkes will der Dichter in Spanien erlangt haben,
was aber sicherlich eine Erdichtung ist (§ 82, 3); der Verfasser beabsichtigte ein Seitenstück zu Hartmanns Ritter mit dem Löwen zu
liefern und gab seinem Helden statt eines Löwen einen Bock. —
Mehrere Dichter der Epigonenzeit begnügten sich damit, das von ihren
Vorgängern unvollendet Gelassene fortzusetzen und abzuschliessen.
So fand bereits vor 1243 Gottfrieds Tristan einen Fortsetzer und
Vollender an Ulrich von Türheim, einem Thurgäuer, dessen
Rudolf von Ems im Wilhelm als eines noch lebenden, ihm befreundeten
Zeitgenossen gedenkt. Er unternahm die Arbeit auf Veranlassung
desselben Konrads, Schenken von Winterstetten († 1242 oder 1243),
für den Rudolf auch seinen Wilhelm dichtete[67]. Ausser dieser Fortsetzung und der von Wolframs Wilhelm (§ 95), hat er auch noch
eine zu diesem Fabelkreise gehörende Erzählung abgefasst, *Clies*[68],
auf die Rudolf rühmend anspielt[69]: sie scheint verloren zu sein und
war wahrscheinlich ebenfalls nur die Fortsetzung eines von Konrad
Flecke (§ 95) unvollendet hinterlassenen Gedichtes[70], das auf der
gleichnamigen Erzählung von Chrétien de Troies beruhte. Weder
Ulrich noch der andere Fortsetzer des Tristans scheinen aus derselben Quelle, die Gottfried benutzte, geschöpft zu haben; vielmehr
aus einem Buche, das Eilharts Quelle näher stand, als Gottfrieds[71].
Jünger ist die Fortsetzung Heinrichs von Freiberg[72], eines
meissnischen Dichters, der auf Wunsch Reimunds von Leuchtenburg,

---

von Bartsch. Stuttgart 1861. S. (Litter. Verein). 65) Bartsch a. a. O. 365. 66)
Vgl. über ihn Wackernagel, LB.[1] 849; Hagen, MS. 4, 870 f. Ein Stück seines Gedichtes bei Wackernagel LB.[1] 507 ff.; [2] 613 ff. (in der 4. Aufl. weggelassen); ein
anderes in Pfeiffers altd. Uebungsbuch S 91 ff.; aus einer anderen Hs. der Anfang
in Mone's Anzeig. 1836, 339 ff. Im Auszuge theilt es mit Jeittteles in der German. 6,
385—411; vgl. besonders S. 386 f.; dazu Stälin. Wirtemb. Gesch. 2, 769; Lassbergs
Liedersaal 2, S. LXIV. LXXXX. Unrichtig ist die Namensform Kunhart; vgl. Germ.
6, 386 Anm. 67) Wackernagel, Verdienste der Schweizer S. 12; Hagen, MS. 4,
206 f.; 611 ff.; Haupts Zeitschr. 1, 196 f. 68) Ueber den altfranz. Cliges von
Chrétien de Troies vgl. Holland. Chrestien von Troies S. 43 ff. 69) Vgl. Hagen,
MS. 4, 867, ; Grässe, a. a. O. 251. 70) Vgl. Lachmann in Sommers Flore S. XXXIV;
Pfeiffer, zur deutsch. Litt.-Gesch. S. 35. 71) Vgl. Hagen, MS. 4, 587. 616; Lambel
in der Germ. 11, 497. Ueber die Ausgaben vgl. Anm. 32; eine Uebersicht des Inhalts
gibt Bechstein, Tristan 2, 302 ff. 72) Ueber die Ausgaben vgl. Anm. 32; Uebersicht
des Inhalts bei Bechst. a. a. O 311 ff. Eine kritische Ausgabe bereitet Bechstein vor.

eines böhmischen Herrn, der Arbeit sich unterzog, wohl nicht früher als an der Scheide des dreizehnten und vierzehnten Jahrhunderts[73]; sie steht an poetischem Werthe weit über der anderen, aber auch über den anderen Gedichten Heinrichs, seiner Ritterfahrt Johanns von Michelsberg[74] und seiner Dichtung vom heiligen Kreuz[75]. So kam auch um 1270 der sogenannte jüngere Titurel[76] zu Stande durch einen gewissen Albrecht, der darin Wolframs Bruchstücke überarbeitet einschaltete. Der Dichter gibt sich bis gegen das Ende hin, wo er erst mit seinem wahren Namen hervortritt, für Wolfram von Eschenbach aus, nicht um zu betrügen, sondern um den Eindruck des Werkes zu verstärken[77]; wahrscheinlich ist er der von einem Dichter des fünfzehnten Jahrhunderts hochgepriesene Albrecht von Scharfenberg[78]. Albrecht wählte statt Wolframs vierzeiliger Strophe eine siebenzeilige[79], die er aus jener durch Zerlegung der ersten beiden und vierten Zeile und durch das Anbringen zweier neuen Reime in den Einschnitten der ersten beiden erhielt (§ 73). Ueber die Quellen, die ihm vorlagen, fehlt es noch an Sicherheit der Forschung: das meiste hat er wohl aus Andeutungen in Wolframs beiden Werken entnommen[80], schwerlich ist das Gedicht Guiots auch seine unmittelbare Grundlage[81];

73) Vgl über ihn Hagen, MS. 4, 613 ff.; dessen German. 2, 92 ff.; Bechstein, a. a. O. 301 ff.   74) Gedruckt in Hagens German. 2, 92 ff. W Grimm, zur Gesch. des Reims S. 19 hält diesen Heinrich für einen anderen.   75) Gedruckt in Pfeiffers altdeutsch. Uebungsbuch. Wien 1865. 8. S. 126—135.   76) Gedruckt mit dem Parzival bereits 1477; Abdruck der Heidelb. Hs. 383 durch Hahn. Quedlinb. und Leipz. 1842. 8.; vgl. dazu Pfeiffer in der German. 4, 298 ff. In wie weit die ersten zehn Kapitel des alten Drucks von Hahns Ausgabe in ganzen Strophen. in Zusätzen und Auslassungen abweichen, ist nachgewiesen in Hagens German. 5, 81 ff. Den berichtigten Text der 85 ersten Strophen des Gedichts gibt Lachmann, über den Eingang des Parzival 18 ff. Mittheilung neuer Handschriftenfragm. im Serapeum 1867, S. 193 ff.; Pfeiffers Uebungsbuch S 114 ff.; Pfeiffers Quellenmaterial I; Zachers Zeitschr. 2, 80—113; und Germ. 16, 338—345. Vgl. noch E. Droysen, der Tempel des heil. Gral nach Albrecht von Scharfenberg. Bromberg 1872. 8.   77) Wie Simrock meint. 78) Vgl. Docen im altd. Mus. 1, 135 f.; Hagen, MS. 4, 216; aber den strengen Beweis dazu liefern auch die Strophen nicht, die Lachmann, Wolfram S. XXXI, vor der einen Heidelb. Handschr. vergeblich suchte, die nun aber, nach einer von S. Boissereé schon früher genommenen Abschrift gedruckt sind in seiner Abhandlung über die Beschreibung des Tempels des heiligen Graals, S. 80 ff., und darnach bei San Marte, Leben und Dichten Wolframs 2, 278 ff.   79) Man kann sie auch sechszeilig fassen, wie Pfeiffer, der Dichter des Nibelungenl. S. 16, thut. 80) Vgl. Simrock, Parzival 1, 499 ff. Wackernagel, Litt-Gesch. 195. 81) Wie Lachmann (Wolfram S XXV. XXVIII f.) wollte, der die von Wolfram angefangene Dichtung zuerst unter dessen Namen von einem Unbekannten aufgenommen und wahrscheinlich schon beendigt, gleichwohl aber von einem Anderen, Namens Albrecht, weiter fortgesetzt werden lasst, worauf zuletzt, um 1270, ein Dritter noch die letzte Hand ans Werk gelegt und die eingefügten, dem neuen Versmass noch nicht durchweg angepassten älteren Bruchstücke mit den fehlenden Mittelreimen (die nach Haupts Erörterung, Zeitschrift 4, 396 f. in einer echt wolframschen Strophe nicht angenommen werden sollen) versehen habe.

aber die Benutzung anderer Quellen ist nicht abzuweisen, sondern
für einzelne Stücke bereits dargethan[82]. Die Abfassungszeit in das
vierzehnte Jahrhundert herabzurücken[83] verstösst schon gegen die
Stelle aus dem Gedicht bei Bruder Berthold[84], es darf daher nicht
in die Zeit von Kaiser Ludwig dem Baier († 1347) gesetzt werden[85]. Noch später, aber vor 1290[86], wurde durch einen unbekannten Dichter der Lohengrin[87] verfasst[88], der durch seinen Inhalt
mit dem Schlusse des Parzivals und des jüngern Titurels sich berührend, den an niederrheinische Ueberlieferung[89] gelehnten Theil
der Sage vom Graal und seinen Pflegern zuletzt in die Geschichte
der sächsischen Kaiser auslaufen lässt, für welche der Dichter die
Repgowische Chronik, aber auch andere Quellen benutzte und in
Verse brachte[90]. Das Gedicht, in einer zehnzeiligen Strophe abgefasst, steht durch seinen Anfang in merkwürdigem, noch nicht hinlänglich aufgeklärtem Zusammenhange mit dem zweiten Theil des
Wartburger Krieges[91]; durch seinen Inhalt ist es dem Schwan-
Ritter von Konrad von Würzburg verwandt[92].

---

82) Vgl. Bartsch in der German. 7, 271 ff.; Sau-Marte, Vergleichung von
Wolframs Parzival mit Albrechts Titurel in theolog. Beziehung, ebend. 8, 421 bis
461, namentlich S. 444. 458. 83) Wie Sau-Marte, Leben und Dichten 2,
285 ff. that. 84) Schmeller, baier. Wörterb. 2, 232; 4, 167; über Wolframs
Heimath etc. S. 197; vgl. auch Simrock a. a. O. 502 f. 85) Wie H. Holland,
Kaiser Ludwig der Baier und sein Stift zu Ettal. München 1860. 8. will; vgl. dazu
Pfeiffer in der German. 6, 216 Anm. 86) Ueber diese Zeitbestimmung vgl.
Rückert in seiner Ausgabe S. 257 f.; R. Schröder in Haupts Zeitschr. 13, 157.
87) Herausgeg. mit Einleit. von Görres. Heidelb. 1813. 8.; vgl. dazu J. Grimm
in den Heidelb. Jahrb. 1813, S. 819. Kritische Ausgabe von Rückert. Quedlinb.
u. Leipz. 1858. 8.; vgl. Bartsch in der German. 3, 211–251. Ueber andere Hss.
Bartsch a. a. O. 7, 274 f. Eine ausführliche Inhaltsanzeige mit Bemerkungen
über das Gedicht bei Lucas, über d. Krieg v. Wartburg S. 209–239. Eine jüngere Umarbeitung des Gedichtes, herausg. von E. Steinmeyer, in Haupts Zeitschr.
15, 181–215. 88) Lachmann (in der Jen. Litt. Zeit. 1820, Nr. 97, Sp. 305;
1823, Nr. 191, Sp. 106 f.) nahm an, das früher von anderer Hand angefangene
Gedicht sei von einem spätern vollendet worden. 89) Ueber den mythischen
Ursprung der Sage vgl. J. Grimm, Mythol.[1] 215. 241. und Anh. S. XVIII; [3] 343;
v. d. Hagen, die Schwanensage. Berlin 1848. 4.; W. Müller in der German. 1,
418–440; Holtzmann ebend. 1, 490; über ihre weitere Ausbildung Görres' Einleitung; Mones Anzeiger 1831, 149 ff.; altd. Bl. 1, 128 ff.; auch Br. Grimm, d.
Sagen 2, 256 ff. und P. Cassel, der Schwan in Sage und Leben. Berlin 1861. 8.
Ueber ihre Anknüpfung an die Geschichte vgl. Sybel, Gesch. d. ersten Kreuzzuges, Düsseldorf 1841. 8. S. 263–265. 90) Vgl. Massmann, Kaiserchronik
3, 80 f.; 191–215. 91) Nach Wackernagel, Litt.-Gesch. S. 196 entlehnte der
Dichter des Lohengrin aus dem Wartburgkriege. 92) Herausgeg. nach einer
lückenhaften Hs. in den altd. Wäldern 3, 49 ff.; kritisch bearb. von F. Roth.
Frankf. a. M. 1861. 8.; treuer Abdruck der Hs. in Müllenhoffs altd. Sprachproben. Berlin 1864. 8.; 2. Ausg. 1871.

12

§ 95.

Dem Geiste nach sind den Gedichten des bretonischen Sagen-kreises zunächst verwandt *b)* die Bearbeitungen einzelner Ritter-und Liebesgeschichten nach welschen Vorbildern. Dahin ge-hört~Flore und Blanscheflur' von Konrad Flecke, dessen Clies wir schon oben (§ 94, 68) erwähnten. Konrad, aus ritter-lichem Geschlechte in Schwaben², dichtete im zweiten, wenn nicht schon im ersten Jahrzehnt ~des dreizehnten Jahrhunderts³. Als seinen Gewährsmann nennt er einen Ruprecht von Orbent; sein Muster scheint Gottfried von Strassburg gewesen zu sein'. An dasselbe Vorbild lehnt sich auch Rudolfs von Ems Wilhelm von Orleus. Rudolf, Dienstmann zu Montfort, ein Schweizer⁵, war einer der ge-lehrtesten Dichter seiner Zeit. Von seinen untergegangenen oder noch nicht wieder aufgefundenen Werken⁶ mögen die frühesten in den Zwan-zigern entstanden sein⁷; unter den erhaltenen sind die ältesten die Erzählung von dem guten Gerhard (§ 98) und die Legende von Barlaam und Josaphat (§ 90), jene wohl bald nach 1225 gedichtet, worauf der Wilhelm und der Alexander folgen (§ 92). Sein letztes Werk, die Weltchronik (§ 97), liess er unvollendet, als er in „welschen Reichen" (Italien), wohin er wahrscheinlich Konrad IV gefolgt war, zwischen 1250 und 1254 starb. Der Wilhelm, nächst dem Alexander Rudolfs schwächste Arbeit, hat die höchst willkürlich ausgeschmückte und der Wahrheit wenig entsprechende Geschichte Wilhelms des Eroberers zum Inhalt⁸. Endlich gehört hierher Konrads von Würzburg Engelhard, so wie sein Partonopier. Konrad war bürger-lichen Standes; er muss früh sein Vaterland verlassen und am obern

§ 95. 1) Herausgeg. im 2. Bande von Müllers Sammlung (Ergänzungen dazu gab Hahn in Mones Anzeiger 1837, 324 ff.); kritisch mit trefflicher Einleitung und Anmerk. von E. Sommer. Quedlinburg und Leipzig 1846. S.   2) Nach Pfeiffer in der German. 3, 67 etwa in der Nähe des Bodensees.   3) Zu jung macht ihn Sommer, wenn er ihn 1230 setzt; ins erste Jahrzehnt setzt ihn Pfeiffer, zur deutsch. Litt.-Gesch. S. 29 ff., doch ist keineswegs sicher, dass Thomasins Anspielung (1216) auf Konrads Gedicht geht; vgl. Jänicke in der Zeitschr. f. d. Gymnasialw. 1868, S. 297. Nach Rückert, wälscher Gast S. 529 f. fällt er in den Anfang der 20er Jahre.   4) Ueber die Sage vgl. Sommers Einleitung und Uhland, Zwei Gespielen, German. 2, 218 ff.   5) Aber sicherlich nicht, wie Hagen, MS. 4, 542 ff. annimmt, mit dem Liederdichter Rudolf dem Schreiber ein und dieselbe Person; vgl. Pfeiffers Barlaam S. XIII.   6) Ihm wollte Holtz-mann, Untersuchungen über d. Nib. S. 180 ff. auch die Klage beilegen.   7) Ueber die Reihenfolge und Abfassungszeit vgl. Haupts Vorrede zum guten Gerhard, so wie F. Pfeiffers Recens. in den München. G.A. 1842, Nr. 70 ff.; dessen Vor-wort zum Barlaam; Haupt in s. Zeitschr. 1, 196, und Bartsch in den Germanist. Studien 1, 3 ff.   8) Gedruckt sind davon nur Bruchstücke, unter andern vor Casparsons Ausg. des Wilh. v. Oranse; vgl. v. d. Hagens Grundriss S. 198 und § 92, 23; ein Auszug steht in Mones Anzeiger 1835, 27 ff.; eine Ausgabe bereitete F. Pfeiffer vor, aus dessen Nachlasse sie erscheinen wird.

Rhein, in Strassburg und Basel, gelebt haben[9]. Auch er war ein fremder Sprachen kundiger[10] und auch sonst kenntnissreicher Mann, so dass Hugo von Trimberg seinen Gedichten selbst den Vorwurf machen konnte, sie seien, wenn auch meisterlich, doch für Laien zu gelehrt; wie Rudolf hatte er sich besonders Gottfried von Strassburg zum Vorbild genommen. Bei den Zeitgenossen und auch späterhin stand er in hohem Ansehen, daher manchem späteren Gedichte sein Name fälschlich gegeben wurde; seinen 1287 erfolgten Tod (§ 92, 24) hat Heinrich Frauenlob in einem eigenen Liede beklagt (§ 114). Unter seinen zahlreichen Werken war der trojanische Krieg, den er nicht selbst vollendete, sein letztes, das er nach 1281 verfasste[11]. Am meisten sind ihm Erzählungen von nicht zu grossem Umfange gelungen, wie Otte (§ 98) und Engelhard. Der Engelhard ist nach einem lateinischen Buche gedichtet; zum Grunde liegt ihm die in den kärlingischen Kreis einschlagende Sage von Amicus und Amelius, von der Konrads Gedicht aber in Personen und Begebenheiten sehr abweicht[12]. Dagegen beruht auf einem französischen Originale, einer Dichtung von Denis Piramus[13], Konrads Partonopier und Meliur[14], welches Werk er auf Anregung des Basler Patriciers Peters des Schalers

---

9) Nach Wackernagel, in der Germania 3. 257—266, wäre er gar nicht in Würzburg, sondern in Basel geboren, und hätte den Beinamen nur von seinem Wohnhause in Basel angenommen; vgl. Wackernagel, Johann Fischart S. 78, Anm. 170. Dagegen Denzinger im Archiv des histor. Vereins v. Unterfranken 12, 61—81; in der German. 4. 113—115; Pfeiffer ebend. 5, 10. 12, 27; J. Grimm's Brief ebend. 11, 215; Bartsch, Partonopier S. X. 10) Doch des Französischen war er nicht mächtig: vgl. German. 12, 20; er lernte es erst später, vgl. Bartsch a. a. O. VIII. 11) Vgl. Wackernagel, Basel. Hss. S. 5, und German. 3, 265. — Ueber Konrads Leben, Gelehrsamkeit, Kunstcharakter und die ihm untergeschobenen Gedichte vgl. Hahns Vorrede zu Otte. W. Grimms Einleitung zur goldn. Schmiede, Haupts Vorrede zu Engelhard, und Pfeiffer in der German. 12, 18 ff. 12) Erhalten ist es nur in einem alten, sehr schlechten Druck (Frankfurt a. M. 1573), woraus Eschenburg, Denkm. 39 ff., einen Auszug gegeben und Haupt einen vortrefflichen Text hergestellt hat: Engelhard, eine Erzählung von K. v. W. (mit Einleit. u. Anmerkungen). Leipzig 1844. 8.; vgl. Haupts Zeitschr. 4, 555 ff. Nachweise über die Sage gibt W. Grimm, Athis und Prophilias S. 46. 13) Herausgeg. von G. A. Crapelet. Paris 1834. 2 Bde. 14) Als Werk Konrads erkannte die früher gedruckten Bruchstücke zuerst J. Grimm (Gramm. 1³, 776), dem Lachmann (zu Nibel. 682) beistimmte: die gleiche Beobachtung machte Wackernagel, Litt.-Gesch. S. 213. Die Bruchstücke nebst denen eines niederländ. Partonopier gab Massmann (Partonopeus und Melior. Berlin 1847. 8.) heraus. Die einzig vollständige Hs. ist die Riedegger; danach beabsichtigte Pfeiffer das Gedicht herauszugeben, vgl. seine Abhandlung in der German. 12, 1—41. Die Ausgabe besorgte Bartsch. K's v. W. Partonopier und Meliur. Wien 1871. 8. (worin auch das Turnei von Nantes, S. Nicolaus und die Lieder). Bruchstücke einer niederl. Bearbeitung hat C. Schröder entdeckt und wird sie in der Germania veröffentlichen.

wahrscheinlich um 1277 arbeitete: ob es vollendet wurde ist zweifelhaft. Der Stoff ist eine romantische Umbildung der Erzählung von
Amor und Psyche. — Etwas weniger, als diese beiden Klassen, tragen die Farbe des ausgebildeten Ritterthums und des Hoflebens
dieser Zeit *c*) die Gedichte des kärlingischen Kreises, indem durch sie noch immer der Charakter einer zwischen dem gewaltigen Heroenzeitalter der germanischen Nationen und der spätern,
seit den Kreuzzügen eingetretenen Verfeinerung der Sitten mitten
inne liegenden Heldenperiode durchscheint, in welcher sich die alten
französischen, nachher zu grossen epischen Massen zusammengefassten Volksgesänge dieses Kreises gebildet hatten. Daher scheinen
diese französischen Epen den deutschen höfischen Dichtern der
klassischen Zeit auch nicht recht zugesagt zu haben und von ihnen
nur sparsam benutzt worden zu sein. Indessen gehört hierher, ausser
dem in den Karlmeinet aufgenommenen Gedichte von Morant und
Galic (§ 92, 8), noch eins der ausgezeichnetsten Werke der mittelhochdeutschen Erzählungspoesie, Wolframs von Eschenbach
Wilhelm von Oranse (§ 94), den der Dichter aber leider
nicht selbst vollendete. Das französische Werk, nach welchem Wolfram dichtete, erhielt er durch den Landgrafen Hermann: es ist die
Bataille d'Aleschans aus dem zwölften Jahrhundert[15]. Obgleich dem
Parzival an Tiefe und Fülle des Gehalts und an Interesse der Fabel
nachstehend, kommt der Wilhelm ihm doch gleich in der vortrefflichen Zeichnung der Charaktere und übertrifft ihn sogar von Seiten
der Darstellung des Einzelnen[16]. Im Stoffe mit Wolframs Werke
zusammen hängen die Bruchstücke einer andern, wie es scheint,
niederrheinischen, aber sehr rohen Bearbeitung der Sage von Guil-
laume-au-court-nez, die man früher für vorwolframisch ansah[17], die
aber sicherlich um ein Jahrhundert jünger sind[18]. — Vollendet wurde
Wolframs Willehalm erst etwa dreissig Jahre nach seinem Tode,
freilich in wenig befriedigender Weise, durch Ulrich von Türheim, dessen Fortsetzung, kurz vor 1250 und später als die Fortsetzung des Tristan (§ 94, 67) gedichtet, auch unter dem Namen
des starken Rennewart bekannt, von geringem poetischen Werthe ist[19].

---

15) Vgl. Jonckbloet, Guillaume d'Orange 1, 215—427; über Wolframs Verhältniss zu seinem Original vgl. 2, 214 ff.   16) Herausgeg. (mit dem sogenannten ersten Theil des Wilhelms von Ulrich v. Türlein) nach einer sehr schlechten Handschr. von Casparson, Cassel 1782 u. 84. 4.; dann von Lachmann in
Wolfr. Werken.   17) Vgl. noch Gervinus 1³, 372 ff.   18) Vgl. Suchier in
den Germanist. Studien 1, 131—158. — Die Bruchstücke gab F. A. Reuss unter dem
(unpassenden) Titel: Fragmente eines alten Gedichts von den Heldenthaten der
Kreuzfahrer im heil. Lande, Kitzingen 1839. 8. heraus; besser K. Roth in seinen
Denkm. der d. Sprache 79 ff.   19) Sie ist noch nicht gedruckt: Bruchstücke
gab K. Roth, Ulrichs von Türbeim Rennewart. Regensburg 1856. 8. (Abdruck

Noch jünger und schlechter ist die Arbeit von Ulrich vom Türlein (zwischen 1252—1278), der den von Wolfram übergegangenen Anfang von Wilhelms Sage aufnahm, aber nicht zum Abschluss brachte, ein höchst geistloses Werk, in einer gezierten, aufgedunsenen Sprache[20]. Zwischen Wolframs Gedicht und jene Fortsetzung Ulrichs von Türheim fällt noch des Strickers Karl[21], eine erneute Bearbeitung des Rolandsliedes, der das alte Gedicht vom Pfaffen Konrad zwar zum Grunde liegt, bei der jedoch auch noch andere Quellen, namentlich die jüngern Texte des französischen Rolandsliedes[22], vielleicht auch ältere deutsche Gedichte von Karl dem Grossen, benutzt sind[23]. Treuer als der Stricker schliesst sich an Konrads Gedicht der ungenannte niederrheinische Dichter, der schon am Ende des zwölften Jahrhunderts das Rolandslied umreimte; sein Werk wurde von dem Compilator des Karlmeinet (§ 92) mit andern aufgenommen. Dem niederrheinischen Dichter lag, wie wahrscheinlich auch dem Stricker, ein erweiterter Text des Rolandsliedes vor[24]. — Zuletzt dürfen hierher noch gestellt werden d) die aus antiken Sagen hervorgegangenen Dichtungen, da sie nach dem, was oben (§ 87) über die allmählige Umwandlung dieser Art von Stoffen und deren Behandlung von Seiten der abendländischen Dichter gesagt ist, gleichfalls zu vollständigen Rittergeschichten geworden sind. Hierher gehören, ausser der Eneide Heinrichs von Veldeke, mehrere Bearbeitungen der Sagen von Alexander dem Grossen, den im Anfang des dreizehnten Jahrhunderts zwei Dichter, Berthold von Herbolzheim, ein Schwabe, und Biterolf, zum Gegenstande von Dichtungen wählten; wir kennen dieselben aber nur aus der Erwähnung von Rudolf von Ems, der in seinem Alexander, nach einem verächtlichen Seitenblick auf den älteren Lamprecht, ihrer rühmend gedenkt[25]. Sein Alexander ist uns nur in einer jungen, nicht einmal vollständigen Handschrift[26] und einem älteren Bruchstücke erhalten[27]. Derselbe Rudolf verfasste auch einen trojanischen

aus den Verhandl. des Regensb. Geschichtsvereins); vgl. Pfeiffer in der German. 2, 250 ff. Andere Bruchstücke in Pfeiffers altd. Uebungsbuch S. 42—51; in der German. 12, 67—70. 16, 54—57. Vgl. Lachmanns Wolfram S. XXVII. XLII.
20) Ueber Abfassungszeit und Form vgl. Lachmann a. a. O. XLII und § 71, 21.
21) Gedruckt in Schilters Thesaurus II; kritische Ausgabe, mit Einleit. und Anmerk., von Bartsch. Quedlinb. u. Leipzig 1857. S.   22) Vgl. Bartsch in der German. 6, 29 ff.   23) Vgl. W. Grimm, Rolandslied S. LXV f.; C ff.
24) Vgl. über diese Bearbeitung Bartsch, über Karlmeinet, Nürnberg 1861. 4., S. 87 ff.   25) Vgl. Docen im altd. Mus. 1, 137 f., in Schellings Zeitschr. 1, 244; Mone, badisches Archiv 1, 49; Bartsch in den Germanist. Studien 1, 2.
26) In München: vgl. Massmann, Kaiserchronik 3, 67.   27) Gedr. in Hagens German. 10, 104—109. Gedruckt sind ausserdem nur einzelne Stellen des

Krieg, dessen er in der Weltchronik gedenkt[28]. Aelter als diese uns verlorene Bearbeitung ist die des Hessen Herbort von Fritzlar, wahrscheinlich eines Geistlichen, der in noch jugendlichem Alter, wohl schon im ersten Zehntel des dreizehnten Jahrhunderts[29], auf Veranlassung des Landgrafen Hermann von Thüringen, nach dem französischen Werke des Benoit de Sainte-More[30], sein *Liet von Troie*[31] dichtete. Er nahm sich Heinrich von Veldeke zum Muster, den er aber lange nicht erreichte. Viel jünger, aber berühmter ist der trojanische Krieg Konrads von Würzburg[32], über welchem der Dichter 1287 starb, und den ein jüngerer Dichter nach andern Quellen abkürzend vollendete. Konrads Hauptquelle ist ebenfalls Benoit, neben dem er aber noch andere, namentlich Ovid und Statius, benutzte[33]. — Der einzige Dichter, der in annähernd treuerem Geiste die Antike wiedergab, ist Albrecht von Halberstadt, Geistlicher in dem Kloster Jechaburg[34], der auf Anregung des Landgrafen Hermann 1210 eine poetische Verdeutschung der Metamorphosen Ovids unternahm. Wiewohl auch er deutsche und mittelalterliche Auffassung nicht verleugnet, so war sein Werk den Zeitgenossen doch wohl zu wenig ritterlich und fand daher, wie es scheint, wenig Beifall[35].

§ 96.

2. Legenden wurden nun nicht mehr vorzugsweise von Geistlichen, sondern schon häufig von Laien gedichtet, und wenn sie

---

Alexander, die § 92, 23 angeführte und der strophische Eingang (altd. Mus. 2, 265 Hagen, MS. 4, 516, Anm. 6).   28) Lachmanns Auswahl S. IV, Anm.; Pfeiffers Barlaam S. XII.   29) Nach W. Grimm, Ueber Freidank (1850) S. 46 noch im 12. Jahrhundert.   30) Dies wies überzeugend nach Frommann in der German. 2, 49 ff.; 177 ff.; 307 ff. — Das französische Gedicht ist jetzt vollständig herausgeg. von A. Joly, Benoit de S. More et le Roman de Troie. Paris 1870. 4. 31) Herausg. (mit Einleit. u. Anmerk.) von Frommann. Quedlinb. u. Leipz. 1837. 8.   32) Theilweiser Abdruck in Müllers Samml. Bd. 3; der Tod des Hercules in Mones Anzeiger 1837, 287 ff.; vollständ. kritische Ausgabe, nach den Vorarbeiten von Frommann und F. Roth, durch Keller. Stuttg. 1859. 6. (Litt. Verein.) Die Bearbeitung des 2. Theiles (Anmerkungen) hat Bartsch übernommen.

33) Ueber die Quellen vgl. Cholevius, Geschichte der deutschen Poesie 1, 130 ff.; Bartsch, Einleitung zu Albrecht von Halberstadt, und besonders Dunger, die Sage vom trojan. Kriege. Leipzig 1869. 8.   34) Vgl. J. Grimm in Haupts Zeitschr. 8, 10 f. 464 ff.   35) Nur Bruchstücke haben sich erhalten: gedruckt in Haupts Zeitschr. 11, 358—374; und in der German. 10, 237—245. Vollständig erhalten hat sich die Umarbeitung von Georg Wickram (Mainz 1545), der nur den Prolog Albrechts unüberarbeitet liess (hergestellt ist dieser Prolog durch Haupt, in s. Zeitschr. 3, 289 ff.). Den Versuch, einzelne Stellen aus der Umarbeitung herzustellen, machte J. Grimm, in Haupts Zeitschr. 8, 397 — 422, und in grösserm Massstabe (etwa ein Drittel des Ganzen) Bartsch, Albrecht von Halberstadt und Ovid im Mittelalter. Quedlinb. u. Leipzig 1861. 8. — An eine vermittelnde französische Quelle, die Lachmann (Iwein[2] 527, Anm. 2) für möglich hielt, ist nicht zu denken.

auch erst gegen das Ende des dreizehnten Jahrhunderts und im
vierzehnten recht in Aufnahme kamen, so fehlte es doch schon in
der besten Zeit nicht an höfischen Dichtern, welche sich damit be-
fassten. Der erste ritterliche Dichter, der, so viel wir wissen, einen
Legendenstoff bearbeitete, war Heinrich von Veldeke in seinem
Servatius (§ 90, 36). Ihm folgt Hartmann von Aue mit der
legendenartigen Dichtung von Gregorius[1], einer mittelalterlichen
Oedipussage[2]. Hartmann folgte einer französischen Quelle[3], nicht
einer lateinischen; denn das lateinische Bruchstück in rhythmischen
Versen[4] ist vielmehr aus dem deutschen Gedichte übersetzt[5], und
eine Bearbeitung in Hexametern[6] liegt zu weit ab, als dass an einen
Zusammenhang gedacht werden könnte. Wenige Jahre nach Hartmann dichtete Konrad von Fussesbrunnen, ein österreichischer Dichter[7], den Rudolf im Wilhelm unter den berühmten verstorbenen Dichtern nennt, seine Kindheit Jesu. Er fand, wie er
selbst sagt, die Legende in seiner Quelle[8] nicht vollständig und vermochte sie auch anderswo nicht so aufzutreiben, dass er sie hätte
weiter erzählen können. Wiewohl er am Schlusse sein Werk gegen
künftige Bearbeitungen verwahrt, so hat er grade dies Schicksal erfahren; denn wir besitzen neben der Originalgestalt[9] dasselbe in

---

§ 96. 1) Herausg. aus der vatican. Hs. in Greiths Spicileg. Vatican. Frauenfeld
1838. 8.; kritisch bearb. von Lachmann. Berlin 1838. 8., neuerdings von Bech, Hartmann v. Aue. Leipzig 1867. 2, 137—265. Den kritischen Apparat gab Lachmann in
Haupts Zeitschr. 5, 32—69; den nur in der Erlauer Hs. sich findenden Eingang
(Anzeig. f. Kunde d. d. Vorz. 1836, 136 f.) in berichtigtem Texte Bartsch in der
German. 6, 372 ff.; einen Abdruck der Erlauer Hs. Pfeiffer, Quellenmaterial zu
altd. Dichtungen I (Wien 1867. 4.). 20—46, wo auch S. 47 ff. ein Abdruck des
Salzburger Bruchstückes, von dem Massmann (in Mones Anzeig. 7, 390) Lesarten
mitgetheilt; eine Collation der Vatic. Hs. durch Bartsch in d. German. 14, 239 ff.;
Bruchstücke einer neuen Hs. C. Schröder ebend. 16, Bd. 17. Zur Textkritik und
Erklärung vergl. noch Höfer in der Germania 14, 420—427; Bartsch ebend. 427
bis 431.   2) Ueber die Legende vergl. Greiths Einleitung; J. Grimm in den
Götting. GA. 1838, Nr. 14; Schreiber in den theolog. Studien und Kritiken 1863,
Heft 2; Lippold in der, Anmerk. 3, angeführten Schrift; R. Köhler in der German. 15, 284—291.   3) Vie du pape Grégoire le Grand p. p. V. Luzarche.
Tours 1857. 8.; vgl. dazu Strobl in der German. 13, 188 ff. und besonders Lippold, über die Quelle des Gregorius Hartmanns von Aue. Leipzig 1869. 8.
4) Herausg. von H. Leo in den Blättern f. liter. Unterhaltung 1837, Nr. 352.
5) So urtheilte schon Schmeller (in Haupts Zeitschr. 2, 486), während Grimm
(Latein. Gedichte S. XLV ff.) es für Hartmanns Quelle hielt.   6) Herausgeg.
von Schmeller a. a. O. 486 ff.   7) Er kann sehr wohl derselbe sein, den
Diemer (in den österr. Blättern f. Kunst und Liter. 1851, S. 70, und daraus in
den Sitzungsberichten der Akad. 13, 269) urkundlich 1152—1186 nachgewiesen
hat.   8) Dieselbe ist wohl nicht unmittelbar in dem apokryph. Evangel. in-
fantiae zu suchen, sondern vermuthlich ein Durchgang durch französische Quelle
anzunehmen; vgl. Feifaliks' Einleitung.   9) In einer Wiener Hs.: danach

zwei Ueberarbeitungen[10]. Noch den ersten Jahrzehnten des dreizehnten Jahrhunderts gehört Konrad von Heimesfurt, ein Geistlicher aus dem Ries, an, von dem wir zwei hierher fallende Dichtungen, die Himmelfahrt Mariae[11] und die Urstende[12], besitzen: ihn nennt Rudolf lobend im Alexander. In letzterem Werke,
das Christi Auferstehung und Höllenfahrt behandelt, nennt er in
akrostichischer Form seinen Namen[13]; in beiden häuft er wie Konrad
von Fussesbrunnen am Ende die Reime (§ 71, 35), eine Kunst, die
Rudolf ihnen nachgemacht hat. Von diesem gehört hierher sein Barlaam und Josaphat[14], die Bearbeitung eines sehr beliebten Le-
gendenstoffes, der auf buddhistischer Grundlage beruhend[15], durch
eine griechische, fälschlich dem Johannes Damascenus beigelegte
Bearbeitung hindurchgegangen, hauptsächlich durch die lateinische
Uebersetzung der letzteren verbreitet wurde. Auf ihr beruhen die
verschiedenen französischen Bearbeitungen[16], beruht auch Rudolfs
Gedicht. Nicht minder zwei andere deutsche Dichtungen dieser Le-
gende, die beide noch dem dreizehnten Jahrhundert angehören; als
Verfasser der einen nennt sich ein Bischof Otto[17]. Eine andere
Legende Rudolfs, den heil. Eustachius, kennen wir nur aus des
Dichters Erwähnung im Alexander[18]; die Bruchstücke einer Dichtung

---

mit Lesarten der Lassberg. Hs. herausgeg. in Hahns Gedichten des 12. und 13.
Jahrh. S. 67—102. 136—146. Bruchstücke aus andern Handschr. in Aufsess und
Mones Anz. 1833, Sp. 96 ff.; 1839, Sp. 200 ff.; und in Haupts Zeitschr. 3, 304 ff.
    10) In der Lassbergischen Hs. und der Hs. des Wiener Piaristen-Collegiums:
letztere, mit Einleitung und den Lesarten der übrigen Hss. herausgeg. von Feifalik. Wien 1859. 12; vgl. dazu Bartsch in der German. 5, 247—256, wo das
richtige Verhältniss der Texte dargelegt ist. — Die Vermuthung Wackernagels
(Litt.-Gesch. S. 162), Konrad von Fussesbrunnen und Konrad von Heimesfurt seien
dieselbe Person, ist widerlegt: vgl. Gompert, de tribus carminibus theotiscis. Halis
1861. 8., und Bartsch in der German. 8, 307—330.   11) Herausg. von Pfeiffer
in Haupts Zeitschr. 8, 126—200.   12) Herausg. in Hahns Gedichten etc. S.
103—128. Dass Konrad von H. auch die Urstende verfasst, hatte Pfeiffer a. a. O.
richtig vermuthet; vgl. Bartsch a. a. O.   13) Diess Akrostichon, das die Vermuthung Pfeiffers bestätigt, ist nachgewiesen von R. Wülcker und Bartsch in der
German. 15, 157 ff. Gegen Pfeiffers Vermuthung hatte sich W. Grimm zur Geschichte des Reims S. 16 ausgesprochen.   14) Herausgeg. mit Wörterbuch
von K. Köpke. Königsberg 1818. 8.; und besser von Pfeiffer. Leipzig 1843. 8.
    15) Vgl. Liebrecht in Eberts Jahrb. f. roman. Liter. 2, 314—334.   16)
Das Gedicht des Gui de Cambrai ist von H. Zotenberg und P. Meyer. Stuttg.
1864. 8. (Litter. Verein), herausgegeben, wo man auch Nachricht über die andern
Versionen findet.   17) Hs. in der Bibliothek zu Solms-Laubach: vgl. Gött.
GA. 1820, Nr. 34, und L. Diefenbach, Mittheilungen über eine noch ungedr. mhd.
Bearb. des B. u. J. Giessen 1836. Bruchstücke der andern theilte Pfeiffer in
Haupts Zeitschr. 1, 127—135 mit (vgl. dazu Diefenbach in der Hall. Lit. Zeit.
1842 und Pfeiffer, Barlaam S. VIII) und in s. Forschung und Kritik 1, 30—44.
    18) Vgl. Pfeiffer, Barlaam S. XII.

über diesen Heiligen, die wir besitzen[19], sind aus dem Ende des
dreizehnten Jahrhunderts und wahrscheinlich vom Dichter des Passionals[20]. Um die Mitte dieses Jahrhunderts verfasste Reinbot vom
Turn, ein Baier[21], seinen heil. Georg[22], zu dem ihn Otto der
Erlauchte von Baiern (1231—1253) und dessen Gemahlin veranlassten[23]. Sein Vorbild war Wolfram von Eschenbach, seine Quelle
wahrscheinlich ein französisches Werk, aber schwerlich[24] die bekannt
gemachte Vie de Saint George[25]. Unter den zahlreichen spätern
Legendendichtern[26] verdient hier noch besondere Erwähnung Konrad von Würzburg, von dem wir mehrere Legenden besitzen.
Die älteste unter ihnen scheint der heil. Nicolaus zu sein, der
wahrscheinlich noch in Würzburg entstanden ist, von dem wir aber
nur Bruchstücke besitzen[27]. In Basel verfasste er seinen Alexius[28],
ebenso wie den Nicolaus nach lateinischer Quelle, vor dem Jahre
1277[29]; zwischen 1277—81 fallen der heil. Silvoster[30] und heil.
Pantaleon[31]. In Konrads letzte Lebenszeit reicht der Dichter
der heil. Elisabeth[32], ein Hesse, wahrscheinlich aus der unmittelbaren Nähe von Marburg, der die Vita S. Elisabethae des Prediger-

---

19) K. Roth, Denkmähler der deutschen Sprache S. 57—61; F. Roth in der
German. 11, 406 ff.   20) Vgl. F. Roth a. a. O. 407.   21) Nicht, wie
man sonst meinte, ein Niederdeutscher.   22) Abgedruckt (nach einer stark
verniederdeutschten Handschr.) mit einer Einleit. in den Gedichten des MA. Bd. 1
(vgl. Docen in Schellings Zeitschr. 1, 216 ff.): Bruchstücke aus andern Handschriften in Mones Anz. 1835, 186 ff., und bei Hoffmann, Wien. Handschr. 115 ff.;
eine neue Ausgabe, zu der Fr. Pfeiffer das Material gesammelt, wird aus seinem
Nachlass erscheinen.   23) Vgl. Hoffmann, die Wiener Handschriften S. 118,
und Fr. Pfeiffer in der N. Jen. Litt. Zeit. 1842, Nr. 243.   24) Wie Holtzmann, in der German. 1, 371 ff. meinte; dagegen Bartsch ebend. 4, 501 ff.
25) Herausgeg. von V. Luzarche, hinter der Vie de la vierge Marie. Tours 1859.
8.; vgl. dazu Bartsch a. a. O. 501—508. — Ueber die Sage vgl. Vernaleken in
der German. 9, 471—477.   26) Vergl. v. d. Hagens Grundriss 251 ff.
27) Gedruckt in Bartsch' Ausgabe des Partonopier S. 335—342, wo man S. XII
bis XIV und 428—430 das nähere findet, weshalb diese Legende wahrscheinlich
von Konrad herrührt.   28) Herausgeg. mit sieben andern Bearbeitungen,
worunter eine von einer Frau, mit Nachweisung der Quellen etc. von Massmann.
Quedlinb. u. Leipz. 1843. 8.; besser von Haupt, Zeitschr. 3, 534—576 ff. Vgl. 4,
400 und dazu Pfeiffer, in der German. 12, 41—48, wo Lesarten aus der Sarner
Hs. mitgetheilt und besprochen sind.   29) Pfeiffer in der German. 12, 26 f.
30) Auszugsweise gedr. in Graffs Diut. 2, 3 ff.; herausgeg. von W. Grimm. Göttingen 1841. 8.; vgl. Haupts Zeitschr. 2, 371 ff. und Pfeiffer a. a. O. 23 ff.
31) Herausgeg. von Haupt in seiner Zeitschr. 6, 193—253. Ueber den von Lachmann (Zeitschr. 6, 580) und Pfeiffer (a. a. O. 26) für unecht erklärten Schluss
vgl. Bartsch, Partonopier S. XI; über die Zeitbestimmung Pfeiffer S. 25 f.
32) Im Auszuge nach der Darmstädter Hs. in Graffs Diutiska 1, 344—389. Vollständige Ausgabe nach allen Handschriften von Rieger. Stuttgart 1868. 8. (Bibliothek des litt. Vereins).

mönches Dietrich von Apolda zu Grunde legte[33]: derselbe ungenannte
Dichter hat auch eine Geschichte der Erlösung in Versen verfasst[34],
in der er noch mehr als in der Elisabeth sich als Nachahmer Gottfrieds zu erkennen gibt[35].   An den Schluss des Jahrhunderts (1293)
gehört die heil. Martina von Bruder Hugo von Langenstein[36],
einem Schwaben und Mitglied des deutschen Ordens; die Legende
von Martina will er aus Rom zuerst nach Deutschland gebracht haben.   Seine Vorbilder sind Reinbot und Konrad von Würzburg gewesen, die er aber vorzüglich nur in ihren Fehlern nachahmt[37].
Das umfassendste Legendenwerk dieses Zeitraums ist aber das Pas-
sional, von einem unbekannten Dichter[38] ebenfalls am Ende des
Jahrhunderts verfasst.   Es behandelt in seinen ersten zwei Büchern[39]
die Geschichte der Maria, der Apostel, Johannes des Täufers
und der Magdalena, in seinem dritten Buche[40] eine bedeutende
Anzahl von Heiligenlegenden.   Der Dichter benutzte vorzugsweise
lateinische Quellen[41], aber auch ältere deutsche Gedichte[42].   Ein
zweites ähnliches, ebenfalls auf lateinischer Quelle beruhendes Werk
ist das Leben der Altväter[43], welches unzweifelhaft von demselben Verfasser herrührt[44].   Und derselbe Dichter hat wahrschein-

---

33) Rieger a. a. O. S. 53.   34) Herausgeg. von Bartsch. Quedlinb. u.
Leipzig 1858. 8.   35) Den Nachweis, dass beide Gedichte von demselben
Verfasser herrühren, lieferte Bartsch in der German. 7, 1 – 43.   36) Herausg.
von A. v. Keller. Stuttg. 1856. 8. (Litt. Verein); früher waren nur Bruchstücke
gedruckt, in dem Auszuge bei Graff, Diut. 2, 116 ff.; Wackernagel, altd. LB.²
755 ff.; Baseler Handschriften S. 47 ff. Hugo lebte um 1253—1319; Keller S.
737. Ueber seine Quellen vgl. R. Köhler in der German. 8, 15—35, wo S. 35 f.
auch Textverbesserungen.   37) Vgl. Wackernagel, Baseler Handschr. S. 39 ff.;
Meinauer Naturlehre S. VII f.; Haupts Zeitschr. 7, 169.   38) Ueber eine
Vermuthung, dass der Dichter vielleicht Bruder Pilgrim von Görlitz sei, vgl.
Bartsch, mitteldeutsche Gedichte. Stuttg. 1860. 8. S. XII f. Ganz unhaltbar ist
Hagens Annahme, Konrad von Fussesbrunnen sei der Verfasser; vgl. Pfeiffer in
Haupts Zeitschr. 8, 159 f.   39) Herausgeg. von K. A. Hahn, das alte Passio-
nal. Frankf. a. M. 1845. 8. Bruchstücke waren früher gedruckt in Mones Anzeig. 1837, 150—156. 400—418. 1838, 517—526. Die bei Hahn unvollständig mitgetheilten Marienlegenden gab Pfeiffer besonders heraus: Marienlegenden. Stuttg.
1846. 8., 2. Ausg. Wien 1863; sie stehen auch in Hagens Gesammtabenteuer
Nr. 83 ff. Die Legende von Theophilus gab heraus E. Sommer, de Theophili
cum diabolo foedere. Berol. 1844. 8.; zwei der Marienlegenden K. Schädel, drei
mhd. Gedichte. Hannover 1845. 8.   40) Herausgeg. von Köpke. Quedlinb.
u. Leipz. 1852. 8.   41) Nach Gödeke, Every man. Hanover 1865, S. 19,
die Legenda aurea des Jacobus de Voragine († 1298).   42) So die Kindheit
Jesu: vgl. Bartsch in der German. 5, 432 ff.   43) Noch ungedruckt; Hs. in
Leipzig, ausserdem Bruchstücke verschiedener anderer Hss. Vgl. darüber Pfeiffer,
Marienlegenden S. XIV ff.; Steffenhagen in Haupts Zeitschr. 13, 501 ff.; Zingerle,
Findlinge. II. 1870. 8. S. 1 ff.   44) Vgl. Pfeiffer a. a. O. XIV ff.; Zingerle
a. a. O. 3 ff.

lich noch mehrere einzelne Legenden bearbeitet, wie die von den
sieben Schläfern⁴⁵ u. a.

§ 97.

3. Die erzählenden Dichtungen, die eigentlich geschichtliche,
aber mitunter noch mit allerlei Sagen und andern Ueberlieferungen
untermischte Gegenstände behandeln, theilen sich in Personengeschichten und Welt-, Landes- und Ortsgeschichten. Zu
jenen muss das verlorene, zu seiner Zeit berühmte Gedicht über
Friedrich von Staufen gehört haben, von welchem Rudolf von
Ems im Wilhelm spricht¹. Der Held des Gedichtes war ohne Zweifel
Friedrich I²; man hat vermuthet³, dass es in einem Zusammenhange
mit dem Gedichte von des Landgrafen Ludwigs des Frommen Kreuzfahrt steht, welches wahrscheinlich Walther von Spelten 1190 verfasste, und das die Belagerung von Accon erzählt: wir besitzen
es nur in einer Ueberarbeitung aus dem vierzehnten Jahrhundert⁴.
Unter die zeitgeschichtlichen Dichtungen fällt auch die unbezweifelt
auf geschichtlichem Grunde ruhende und vielleicht nur poetisch ausgeschmückte Selbstbiographie Ulrichs von Liechtenstein, eines
steirischen Ritters⁵, die er unter dem Titel Frauendienst 1255
gedichtet hat⁶. Dieses Werk, in Strophen aus vier Reimpaaren gedichtet, in welches sämmtliche Lieder Ulrichs (§ 111), sein Leich
(§ 74, 5) und mehrere Büchlein oder Liebesbriefe (§ 71, 15) eingefügt
sind, entbehrt in seinem erzählenden Theile eines tiefern dichterischen Gehalts, sein Werth beruht darin, dass es uns mehr, als irgend ein anderes Werk dieser Zeit⁷, den ritterlichen Minnedienst

<hr>

45) Herausgeg. von Karajan. Heidelb. 1839. 12; vgl. dazu F. Roth in der
German. 11. 407. Ueber die Sage vgl. Massmann, Kaiserchr. 3, 776 ff.; über andere dem Dichter wahrscheinlich beizulegende Gedichte, Schröder in den Germanist. Studien 1. 295 ff.
§ 97. 1) Der hier genannte *von Absalône* ist aus der Reihe der Dichter
zu streichen, aber eine überzeugende Emendation der Stelle noch nicht gefunden.
Vgl. über die Dichtung J. Grimm. Gedichte auf Friedrich I S. 5 ff.; W. Grimm,
über Freidank S. 6 f.; Pfeiffer, zur deutsch. Litt.-Gesch. 63. Anm., auch Jen.
Litt. Zeitung 1843, Nr. 214.   2) Vgl. Docen. Miscell. 2, 319.   3) J. Grimm,
in den Nachrichten von der histor. Commission. Beilage zu Sybels histor. Zeitschr. 1859. S. 37 f.   4) Herausgeg. durch F. H. v. d. Hagen. Leipzig 1854.
8.; vgl. dazu Holtzmann in der German. 1. 247 ff.   5) Ueber sein Leben
vgl. Karajans Anmerkungen zu Lachmanns Ausg. S. 661—679; Hagens MS. 4,
321—404; Jac. Falke. Geschichte des fürstlichen Hauses Liechtenstein. Wien 1869.
8. 1, 57—124.   6) Herausgeg. von Lachmann. Berlin 1841. 8., zugleich mit
dem 1257 gedichteten Frauenbuche; in prosaischer und abkürzender Bearbeitung,
aber die Lieder gereimt, von L. Tieck. Stuttg. u. Tüb. 1812. 8.   7) Ueber
andere Dichtungen dieser Klasse, die gegen das Ende dieses oder zu Anfang des

mit seinen Wunderlichkeiten und Verirrungen kennen lehrt. — Unter den sogenannten Weltchroniken, die lange die historischen Hand-bücher für die Laien blieben, ist die werthvollste ein unvollendetes Werk Rudolfs von Ems, das nach seinem Tode von verschiede-nen Händen fortgesetzt, dann aber auch in vielen Handschriften, wahrscheinlich schon im dreizehnten Jahrhundert, mit einer ähnli-chen, weit schlechtern Arbeit verbunden und verschmolzen wurde und gerade in dieser Gestalt den meisten Beifall fand. Rudolf hatte sein Konrad IV gewidmetes Werk, dem sowohl eine sinnige Anord-nung des Stoffs, wie eine zwar schlichte, doch rasch fortschreitende und warme Darstellung nachgerühmt werden darf, bis zu Salomons Tode geführt als er starb (§ 95). Den Hauptbestandtheil desselben bildet die biblische Geschichte, deren einzelnen Hauptabschnitten die Geschichten der heidnischen Welt auf angemessene Weise ange-hängt sind. Quellen dafür waren ausser der Bibel selbst vornehm-lich die Historia scholastica des Petrus Comestor († 1178) und für einzelne Stellen das Pantheon Gottfrieds von Viterbo († 1191), vielleicht auch der Polyhistor des Solinus, die der Dichter aber alle mit Freiheit benutzt hat. Bei dem andern, jüngern Werk, wel-ches wahrscheinlich von einem Geistlichen herrührt und dem Land-grafen Heinrich von Thüringen (schwerlich Heinrich Raspe, eher Heinrich dem Erlauchten) zugeeignet ist, ist das rudolfische wohl ge-braucht und nachgeahmt, keineswegs aber ist es von diesem eine blosse Ueberarbeitung. Es bindet sich sclavisch an die Historia scholastica und an Gottfried von Viterbo und lässt gar nicht unmit-telbare Benutzung der Bibel voraussetzen[a]. Im vierzehnten Jahrhun-

---

folgenden Zeitraums geschrieben sind, in deren einigen sich aber schon mehr un-geschichtliche Zuthat zeigt, vgl. v. d. Hagens Grundriss 185 — 190 (wo aber der Verfasser von Albrechts von Oesterreich Ritterschaft etc. in den viel spätern Peter Suchenwirt zu verwandeln ist). 8) Das Verhältniss beider Arbeiten zu einander zuerst durchschaut und in volles Licht gestellt, die der rudolfischen und von ihren nächsten Fortsetzern angehängten und eingefügten Stücke bezeich-net und die Handschriften übersichtlich classificiert zu haben, je nachdem sie ent-weder den einen oder den andern Haupttext, oder beide absichtlich gemischt ent-halten, oder endlich auch eine ins 14. Jahrh. fallende Ueberarbeitung des jüngern mit willkürlichen Beimischungen aus dem ältern, mit Zusätzen aus Enenkel und mit einer aus allen möglichen Kunst- und Volksagen zusammengeschriebenen Fort-setzung durch Heinrich v. München (über diesen vgl. Massmann, Kaiserchr. 3, 87. 100 ff. und E. Martin im d. Heldenbuch 2, S. XLVII f. Anm.) geben, ist das Verdienst Vilmars: Die zwei Recensionen und die Handschriftenfamilien der Welt-chronik Rudolfs v. Ems, mit Auszügen aus den noch ungedruckten Theilen beider Bearbeitungen (Marb. 1839. 4.). Daselbst sind auch Nachweisungen über alles zu finden, was anderswo aus den hierher fallenden Handschr. gedruckt ist. (Was G. Schütze herausgegeben hat: die histor. Bücher des alten Testaments etc. Ham-burg 1779 u. 81. 2 Bde. 4., ist aus einer der schlechtesten Mischhandschriften.) Ein

dert wurde Rudolfs Werk in Prosa aufgelöst und fand auch in dieser
Gestalt eine grosse Verbreitung[9]. Eine andere Weltchronik verfasste
nach 1250 Johann oder Jansen der Enenkel, ein Wiener
Bürger[10], der zu Wien geboren ward und starb. Für den zweiten
Theil seiner Weltchronik benutzte er die alte Kaiserchronik, für den
ersten Rudolfs Weltchronik; er selbst wurde wieder von Heinrich
von München ausgeschrieben[11] und später sein Werk in Prosa aufgelöst[12]. Derselbe Enenkel hat auch eine Art Specialgeschichte, Fürstenbuch von Oesterreich, in Reime gebracht[13], welches er
seiner Weltchronik hat einreihen wollen[14]. — Gegen das Ende dieses
Zeitraums mehren sich dergleichen gereimte Landes- und Ortsgeschichten in ober- und niederdeutschen Mundarten, die, weil sie wenig oder gar nicht mehr in das Gebiet der Sage hinüberstreifen,
schon als historische Quellen angesehen werden dürfen. Eins der
umfangreichsten und wegen der ausführlichen, meist recht lebendigen Darstellung der Begebenheiten wichtigsten Werke dieser Art ist
die österreichische Chronik des Ottacker[15], eines Steier-

Verzeichniss sämmtlicher Hss. der verschiedenen Bearbeitungen gibt Massmann,
Kaiserchronik 3, 167 ff., vgl. S. 55 ff. Daselbst S. 118 ff. 183 ff.   9) Massmann a. a. O. 50—53. Vgl. Palm, eine mittelhochd. Historienbibel. Beitrag zur
Geschichte der vorlutherischen Bibelübersetzung. Breslau 1867. 4. (Progr. des
Magdalenen-Gymnasiums). Eine Ausgabe der Historienbibel veranstaltete Merzdorf, die deutschen Historienbibeln des Mittelalters. 2 Bde. Stuttg. 1870. 8.
(Litt. Verein.)   10) Oder (nach Massmann, Eraclius S. 369, Anm. 1) Domherr daselbst.   11) Vgl. Anm. 9. — Auszüge sind gedruckt bei Pez, Scriptt.
rer. austr. II; Docen, Miscell. 2, 160 ff.; in Massmanns Anhängen zum Eraclius,
und Kaiserchronik Bd. 3; in Hagens Gesammtabenteuer 2, 487 ff.; in Haupts
Zeitschr. 5, 265 ff.; in der German. 6, 209—212. Bruchstücke aus J. des E. gereimter Weltchronik herausgeg. von K. Roth. München 1854. 8. Die Handschriften verzeichnet Massmann, Kaiserchronik 3, 109 ff.   12) Ueber diese
Prosaauflösung vgl. Massmann a. a. O. 44.   13) Herausgeg. von H. Megiser,
Linz 1618. 8. (nachgedr. Linz 1740); nach einer schlechtern Handschr. bei Rauch,
Scriptt. Rer. Austr. I; die Handschriften sind verzeichnet bei Massmann, Kaiserchronik 3, 108. Vgl. noch A. Schatzmayr, de Jansio Enikel eiusque libro qui
inscribitur Fürstenbuch von Oesterreich, in der Zeitschr. f. d. österreich. Gymnas.
1869. Heft 6.   14) Vgl. Massmann a. a. O. 108 f.   15) Dass sein Geschlechtsname v. Horneck gewesen, hat man sonst mit Unrecht angenommen. Vor
seiner österreichischen Chronik, die bei Pez a. a. O. III abgedruckt ist, und von
der Karajan eine kritische Ausgabe vorbereitet, hatte er schon ein, wie es scheint,
verloren gegangenes Buch der Kaiser (eine Weltchronik) geschrieben, das bis zum
Tode Friedrichs II herabgeführt war. Vgl. Th. Schacht, aus und über Ottocars
v. Horneck Reimchronik. Mainz 1821. 8. und Th. Jacobi, de Ottocari chronico
austriaco. Breslau 1839. 8.; Haupt in seiner Zeitschr. 3, 275 f.; Massmanns
Kaiserchr. 2, 234 ff. Grosse Stücke aus Ottacker ebend. 2, 593 ff. Die erhaltenen Hss. gehören dem 15. Jahrh.; über Bruchstücke einer älteren berichtet Karajan in den Wiener Sitzungsberichten 65, 565 ff.

märkers, die zwischen 1300 und 1317 geschrieben ist.   Aelter ist
die Livländische Reimchronik, welche die Unternehmungen
der Deutschordensritter in Livland bis 1290 führt und wahrscheinlich
von einem Ordensritter oder dem Dienstmann eines solchen verfasst ist[16].   Dem Schluss dieser Periode gehört noch die Deutschordenschronik des Nicolaus von Jeroschin[17], welche dieser,
Kaplan des Hochmeisters Dietrich von Altenburg, nach der lateinischen Chronik des Peter von Dusburg, um 1310 verfasste, nachdem
er schon früher ein Leben des heil. Adalbert in Reimen bearbeitet
hatte[18].

§ 98.

4. Die übrigen hier noch in Betracht kommenden Erzählungen
von grösserm oder geringerm Umfange sind von sehr mannigfaltigem
Charakter, je nachdem der Gegenstand ernst, rührend, fromm, heiter,
schalkhaft, komisch, satirisch und die Darstellung mehr rein erzählend, oder mit moralischen Betrachtungen und Nutzanwendungen
ausgestattet, oder auch allegorisch ist.   Hiernach stehen sie in näherer oder entfernterer Verwandtschaft mit dem Rittergedicht, der
Legende, der historischen Novelle und Anekdote; oder sie behandeln
Züge aus dem häuslichem und öffentlichen Leben aller Stände, besonders Ehstandsgeschichten, oft sehr leichtfertig, selbst schmutzig,
Schelmstreiche, kitzliche Rechtsfälle, kurz Alles, was man mit dem
Worte Schwank zu bezeichnen pflegt; oder sie berühren sich mit
dem Märchen, der Fabel und dem Spruchgedicht.   Hierunter scheinen die kleinern, novellen- und schwankartigen Erzählungen besonders nach der Mitte des dreizehnten Jahrhunderts in Aufnahme gekommen zu sein, als der Geschmack an dem eigentlichen Rittergedichte sich zu verlieren anfieng, und die Poesie, während sie auf
der einen Seite sich stark dahin neigte, Mittel religiöser Erbauung,
sittlicher Belehrung und geschichtlicher Ueberlieferung zu werden,
auf der andern festen Fuss in der gemeinen Wirklichkeit, in dem
Leben und Treiben der Gegenwart fasste, die sich ihrem ganzen
Charakter nach in solchen kleinen Erzählungen am leichtesten und
vielseitigsten abzuspiegeln vermochte.   Sie können daher gewisser-

---

16) Herausgeg. von Pfeiffer. Stuttg. 1844. 8. (Litter. Verein.)   17) Im
Auszuge mit Einleitung und Wörterbuch, in Pfeiffers Beiträgen zur Geschichte
der mitteldeutschen Sprache und Litteratur. Stuttg. 1854. 8.; vollständige Ausgabe durch E. Strehlke in den Scriptt. rer. Prussic. Bd. I (auch besonders ab-
gedr. Leipzig 1861. 8.); vgl. dazu Bech in der German. 7, 74 ff. und § 68, 1.
18) Ein Bruchstück, Vorrede und Anfang, ist erhalten: aufgefunden und herausg.
von J. Voigt in den N. Preuss. Prov.-Bl. 1861, 329—336, und durch Strehlke
a. a. O. 2, 423 ff.

massen als eine zwischen der vornehmen erzählenden Ritterpoesie
und der volksthümlichen Heldendichtung stehende Mittelart angesehen werden, die sich vorzüglich mit und in dem zur Selbständigkeit
erstarkenden Bürgerstande entwickelte und darum auch in der folgenden Periode unter allen andern Arten der erzählenden Gattung
noch mit am besten gedieh. — Bei der ausserordentlichen Menge
dieser in ihrem Werthe allerdings sehr verschiedenen Dichtungen,
die meist in grösseren handschriftlichen Sammlungen auf uns gekommen sind[1], fällt es schwer, einzelne als vorzüglich gelungene hervorzuheben. Unter denen, die am meisten den Charakter der historischen Novelle tragen, steht Hartmanns von Aue Armer Heinrich (§ 94) der Zeit, wie dem Werthe nach, oben an. Das Gedicht
enthält die sagenhafte Geschichte[2] eines Ritters aus dem Geschlechte
von Aue[3], die Hartmann in einem Buche, wahrscheinlich lateinisch,
aufgezeichnet fand. Wir besitzen es in ursprünglicher Gestalt in dem
Texte der Strassburger Handschrift[4], während die Heidelberger und
die Koloczaer[5] einen vielfach überarbeiteten Text gewähren, der
jedoch, wie die sehr alten Bruchstücke einer St. Florianer Handschrift[6] beweisen, manche in der Strassburger Handschrift verlorene
Verse bewahrt hat[7]. Ihm zunächst kommt Rudolfs von Ems
Guter Gerhard, unter den uns bekannten Werken zwar das äl-

---

§ 98. 1) Die umfassendste Sammlung gedruckter Schwänke ist v. d. Hagens
Gesammtabenteuer. 3 Bde. Stuttgart 1850. S., mit Einleitungen über die Verbreitung der Stoffe, Angabe der hs. Quellen etc.; vgl. dazu Pfeiffer in d. Münch.
GA. 1851, Nr. 84—92; und in Bezug auf das Stoffliche Liebrecht in seiner Uebersetzung von Dunlops Geschichte der Prosadichtungen. Berlin 1851. S. (im Register unter v. d. Hagen) und in der German. 1, 256 ff. Eine kleinere Sammlung
von H. Lambel, Erzählungen und Schwänke. Leipzig 1871. S. Viele einzelne in
Müllers Sammlung I—III, in Bragur, den altd. Wäldern, im Kolocz. Codex, in
Lassbergs Liedersaal I. III, in Graffs Diutiska, in Wackernagels altd. LB., in
den altd. Blättern, Haupts Zeitschrift, Pfeiffers Germania etc. Einzeln herausg.
sind des steiermärk. Herrn u. Sängers Herant von Wildon vier poet. Erzählungen
von Jos. Bergmann, Wien 1841. S. (vgl. v. d. Hagen, MS. 4, 299). Andere Stücke
sind in den folgenden Anmerkungen besonders aufgeführt. 2) Ueber die
Sage vgl. P. Cassel, zum armen Heinrich, im Weimar. Jahrb. 1, 108—478.
3) Lachmann zu Walther[2] S. 198, Anm. 2 und Bauer in der German. 16. 158.
4) Gedruckt in Müllers Sammlung I. 5) Gedruckt im Koloczaer Codex altd.
Gedichte S. 425 ff. 6) Herausgeg. und besprochen von Pfeiffer in der German. 3, 347 ff. 7) Der arme Heinrich ist herausgeg. durch die Brüder
Grimm (mit Erklärungen). Berlin 1815. S.; von Lachmann, Auswahl 1 ff.; von
Wackernagel im LB. und besonders (mit zwei Prosalegenden verwandten Inhalts) Basel 1855. S.; von W. Müller (mit Wörterbuch), Götting. 1842. S.; mit
dem kritisch. Apparat von Haupt (sammt Liedern und Büchlein), Leipzig 1842.
S.; dazu Zeitschr. 3, 275 (wiederholt in Müllenhoffs altd. Sprachproben. 2. Aufl.
Berlin 1871. S.); mit erklär. Anmerk. in Bechs Ausgabe 2, 273 ff. Uebersetzt
von Simrock, Berlin 1830. S.

teste (§ 95, 7), doch auch das gelungenste. Die Kenntniss der Sage, deren Ursprung und Fortbildung noch nicht ermittelt ist, in die aber offenbar mythische Elemente verwoben sind[8], hat der Dichter wahrscheinlich aus einem lateinischen Buche geschöpft[9]. Gleichfalls an historische Gestalten knüpft sich Konrads von Würzburg Otto mit dem Barte[10] (§ 35, 25), dessen Stoff[11] der Dichter, wie er selbst sagt, einem lateinischen Werke entnahm: es ist eine der früheren Arbeiten Konrads, die etwa um 1260 fällt[12]. Zwei andere kleine Erzählungen Konrads behandeln vielverbreitete Sagenstoffe: der einen, der Welt Lohn, ist schon oben (§ 94, 44) gedacht worden, die andere, das Märe von der Minne oder das Herzmäre[13], ist eine Darstellung der Sage von dem Herzen eines Ritters, das der eifersüchtige Gatte seiner Frau zum Essen vorsetzt[14]. — Konrads Otto und die beiden Gedichte von Hartmann und Rudolf erhalten für uns noch dadurch ein höheres Interesse, dass sie zu den wenigen kunstmässigen Dichtungen gehören, die auf heimischer Ueberlieferung beruhen. Einen durchaus deutschen, unmittelbar den Zeitverhältnissen entnommenen Gegenstand behandelt auch Wernhers des Garteners vortreffliche Erzählung von dem Meier Helmbrecht[15], die zwischen 1234 und 1250 gedichtet ist. Es ist die Geschichte eines reichen und übermüthigen jungen Bauern, der das Vaterhaus verlässt, mit Rittern und Räubern ein zügelloses und verruchtes Leben führt und zuletzt kläglich endet. Der Schauplatz der Begebenheiten ist, wie jetzt mit Sicherheit nachgewiesen ist[16],

---

8) Vgl. über die Sage Simrock, der gute Gerhard und die dankbaren Todten. Bonn 1856. 8.; dazu R. Köhler in der German. 3, 199—209, und 12, 55—60; Beufey, ebend. 12, 310—315.   9) Herausgeg. ist der Gerhard (mit einer Lücke, die sich aus den Hss. nicht ergänzen liess) von Haupt. Leipzig 1840. 8.; vgl. Haupt in seiner Zeitschr. 1, 199 ff.; Pfeiffer in den Münch. GA. 1842, 70—72 (wiederholt von Haupt in der Zeitschr. 3, 275 ff.).   10) Ausg. mit Einleitung und Anmerkungen von Hahn, Quedlinb. und Leipz. 1838. 8. Von den zwei andern kleinen Erzählungen Konrads ist die eine, der Welt Lohn, bereits § 94, Anm. 44 erwähnt, die andere, von der Minne oder das Herzmäre, ist gedruckt in Müllers Samml. 1., in v. Lassbergs Lieders. 2, 359 ff. und im Liederbuch d. Hätzlerin, herausgeg. v. Haltaus, S. 173 ff.   11) Vgl. Massmann, Kaiserchronik 3, 1074 ff.   12) Vgl. Hahns Einleit. und Pfeiffer in der German. 12, 28.   ,   13) Gedruckt in Müllers Samml. 1; in Lassbergs Liedersaal 2, 359 ff.; im Liederbuch der Hätzlerin S. 173 ff.; in Hagens Gesammtab. 1, 229 ff. Kritische Ausgabe von F. Roth. Frankfurt a. M. 1846, und von Lambel a. a. O.   14) Ueber die Sage vgl. Hagen a. a. O. CXVI ff.; Lambel a. a. O.   15) Herausg. von J. Bergmann im 85—86. Bande der Wiener Jahrb. (1839); besser von Haupt in seiner Zeitschr. 4, 318 ff.; danach in Hagens Gesammtabent. 3, 251 ff. Neueste Ausgabe bei Lambel a. a. O. Kritische Beiträge lieferte Pfeiffer, Forschung und Kritik 1, 19—29. Uebersetzt von K. Schröder. Wien 1865. 16.   16) Durch Fr. Keinz, Meier Helmbrecht und seine Heimath. Mit einer Karte.

Baiern; ein anderer, aber überarbeiteter Text[17] verlegt ihn nach Oesterreich[18]. Der Dichter war wahrscheinlich Pater Gardian (denn das bezeichnet der Beiname Gartenaere wohl in diesem Falle)[19] in dem Kloster Ranshofen, welches dicht an dem Schauplatze der Erzählung, dem Dorfe Wanghausen in Oberbaiern, liegt. — Eine Reihe novellenartiger Gedichte und kleinerer Erzählungen bildete der um 1200 verfasste Umbehanc des Bligger von Steinach, eines pfälzischen Ritters. Dieses Gedicht, dessen Gottfried im Tristan mit glänzendem Lobe gedenkt[20], reihte die einzelnen Erzählungen unter dem Bilde eines mit Darstellungen bedeckten Teppichs an einander, deren Stoffe muthmasslich der antiken Sage entnommen, aber durch französische Bearbeitungen hindurch gegangen waren[21]. Bis auf ein Bruchstück von einigen hundert Versen, in denen Ainunê (d. h. Oenone) eine Rolle spielt, ist uns Bliggers Werk verloren[22]. — Unter den viel zahlreicheren schwankartigen Geschichten verdient der eine ganze Reihe von Gaunerstreichen enthaltende Pfaffe Amis[23] von dem Stricker (§ 94) wegen der ausgezeichneten Darstellung besondere Hervorhebung, wie dieser Dichter denn auch unter denen, welche moralische und allegorische Erzählungen abfassten, einer der ersten und fruchtbarsten gewesen zu sein scheint[24]. Der Stoff des Amis scheint aus England zu stammen; wenigstens wird Amis als ein englischer Pfaffe bezeichnet[25]; ob er dem Stricker durch

München 1865. 8.; Nachträge dazu in den München. Sitzungsbericht 1865, I, 316 bis 331. Einen vorläufigen Bericht gab C. Hofmann in den Sitzungsberichten, November 1864.   17) Der der Berliner Hs., während die Ambraser den ursprünglichen gibt.   18) In den Traungau: und für diese Localisierung erklärte sich Pfeiffer a. a. O. 3—19; und C. Schröder (in der German. 10, 455—464), der den Dichter mit dem Spruchdichter Bruder Wernher identificiert. Vgl. hierzu Keinz, zur Helmbrecht-Kritik in Pfeiffers Germania. München 1866. 8.; und K. Meyer (Untersuchungen über das Leben Reinmars von Zweter und Bruder Wernhers. Basel 1866. 8. S. 111 ff.), der Schröders Annahme nicht unglaublich findet. Dazu auch noch Bechstein in d. Blätt. f. litter. Unterhalt. 1866, Nr. 18. 19) Andere (Pfeiffer, Schröder) nehmen ihn als 'Fahrender, Umherschweifender'; v. d. Hagen (MS. 4, 299 und Gesammtabent. 3, S. LXXIV) denkt an Herleitung von Garten am Garda-See.   20) Tristan 4689 ff.   21) Vgl. Docen im altd. Mus. 1, 139; Lachmann, Iwein² S. 527.   22) Das anonym überliefert, in Mones Anzeiger 4, 314—321 gedruckte Bruchstück wies Pfeiffer mit Recht dem Umbehanc zu: vgl. dessen Abhandlung in: Zur deutschen Litteraturgeschichte S. 1 - 28 (wiederholt in: Freie Forschung S. 55—82). Ueber eine Benutzung des Gedichtes in des Pleiers Meleranz vgl. § 94, 65.   23) Ausser einem alten Druck (Docen, Misc. 1, 76, vgl. Zarncke in Haupts Zeitschr. 9, 400) im Kolocz. Cod. 293 ff., besser und vollständiger in Benecke's Beiträg. 1, 493 ff. und bei Lambel Nr. I.   24) Sehr gut ist seine Erzählung vom klugen Knecht, in den „kleineren Gedichten von dem Stricker", herausgeg. von Hahn, Quedlinb. u. Leipz. 1839. 8. S. 9 ff.   25) *er het hûs in Engellant, in einer stat ze Trânis:* Lappenberg (Ulenspiegel S. 354) vermuthet *zer Tamis*, Themse, also in London.

französische Quelle vermittelt wurde, bleibt ungewiss. Von den
Schwänken, die Amis beigelegt werden, ist vieles, namentlich aus
dem ersten Theile, später auf Eulenspiegel übertragen worden.
Von andern Schwänken mögen hier nur noch genannt werden
die Wiener Meerfahrt[26] von dem Freudenleeren[27], einem
mitteldeutschen, aber in Oesterreich lebenden Dichter; auch der
Schrätel und der Wasserbär[28] ist eine heitere und hübsch
vorgetragene Erzählung. Das gleiche Lob kann man manchem andern Schwanke nicht versagen, der durch seinen Inhalt in das
Gebiet des Schlüpfrigen hinübergreift, wie der Mönch und das
Gänslein[29]; doch ist die Naivetät derartiger Produkte noch zu er-
tragen neben der gemeinen Sinnlichkeit, wie sie in anderen Erzählungen hervortritt. So in der Heidin, die wir in zwei verschiedenen Bearbeitungen besitzen[30]: so in der dem Konrad von Würzburg fälschlich zugeschriebenen Alten Weibes List, ein Stoff,
der ebenfalls in zwei verschiedenen Gedichten bearbeitet vorliegt[31],
von denen das eine deutlich auf ein französisches Original weist;
so noch mehr in der gleichfalls auf Konrad übertragenen halben
Birne[32]. Vieles von dem, was unter der allgemeinen Benennung
kleine Erzählungen verstanden zu werden pflegt, fand mit der
Zeit dem Stoffe nach Eingang in grössere Sammelwerke, namentlich
in didaktische Dichtungen[33], woraus es dann zum Theil wieder in
noch späterer Zeit herausgelöst und vereinzelt bearbeitet ward.

D.   Neue Gestaltung des volksthümlichen Epos.

§ 99.

Dass in der Uebergangsperiode von der ältern Dichtweise zu
der ausgebildeten höfischen die deutsche Heldensage nicht mehr bloss

---

26) Herausgeg. im Kolocz. Codex S. 55 ff.; in Hagens Gesammtabenteuer 2.
467 ff.; und bei Lambel; besonders von K. Schädel, Clausthal 1842. S.   27)
Dass dahinter der Stricker stecke (v. d. Hagens German. 5, 121 ff.) ist falsch; vgl.
Haupt in seiner Zeitschr. 5, 243 ff. — Ueber den Stoff vgl. Hagen a. a. O. LXVI ff.
und Mussafia in der German. 10, 431 f.   28) Herausg. von Wackernagel in
Haupts Zeitschr. 6, 174 ff.   29) Herausgeg. von Pfeiffer in Haupts Zeitschr.
8, 95 ff. und im Gesammtabent. 2, 39; vgl. 2, S. VI ff.   30) Die eine im Gesammtabent. 1, 385 ff., vgl. S. CXLIII ff.; die andere, in kürzerer und längerer
Gestalt überliefert, die kürzere in Bartsch, mitteldeutsche Gedichte S. 40 ff., vgl.
S. XIV ff.; die längere, auch Wittich vom Jordan genannt, in ihrem Verhältniss zu
der andern besprochen von Zingerle in der German. 9, 29 ff.   31) Die eine
bei v. d. Hagen a. a. O. 1, 193 ff.; die andere bei Bartsch a. a. O. S. 84 ff. vgl.
S. XXI ff.   32) Bei v. d. Hagen a. a. O. 1, 207 ff.   33) Wie in den Renner
des Hugo von Trimberg.

im epischen Gesange fortlebte, sondern auch auf freiere Art in die
Form ausführlicher Erzählung gebracht wurde, beweist der König
Ruther (§ 91), dem auch wohl das ältere Werk geglichen haben
wird, auf das er sich als auf seine Quelle beruft. Dergleichen
freieren Bearbeitungen einheimischer Heldensagen in den gewöhnlichen kurzen Reimpaaren begegnen wir auch während der Blüthezeit der höfischen Dichtkunst und späterhin bis ins vierzehnte Jahrhundert herein. Neben ihnen gehen ausführliche Erzählungswerke
in Strophenform, welche aus dem epischen Volksgesange hervorgegangen waren; das älteste erhaltene Gedicht dieser Gattung, in der
sogenannten Heldenstrophe (§ 72) abgefasst, gehört seinem Ursprung
nach der Mitte des zwölften Jahrhunderts an; jünger sind die in
einigen Variationen jener Strophe verfassten Dichtungen, und noch
später fallen die Darstellungen in andern, künstlichern Strophenarten. Bei den meisten Dichtungen ist, wenn nach ihren Urhebern gefragt wird, an Volkssänger oder Fahrende zu denken,
ungeachtet des gänzlichen Mangels ausdrücklicher Zeugnisse dafür.
Denn nicht einmal dem Namen nach kennen wir einen der Dichter,
die bei Abfassung oder Bearbeitung der uns aus der guten Zeit
erhaltenen Werke dieses Kreises betheiligt gewesen sind, und von
den in einigen jüngern Stücken vorkommenden Dichternamen ist
der eine gewiss[1], der andere höchst wahrscheinlich[2] untergeschoben,
der dritte[3] aber gibt über den Stand und die Verhältnisse seines
Eigners keine Auskunft. Indess auch die Theilnahme des Ritter-
standes am epischen Volksgesange ist schon im zwölften Jahrhundert
nicht in Abrede zu stellen, nur dass die ritterlichen Dichter hier
eben so wenig mit ihrem Namen hervortreten, wie die fahrenden
Volkssänger. Eine Ausnahme bildet in der ersten Hälfte des dreizehnten Jahrhunderts Albrecht von Kemenaten, ein tirolischer
Ritter (1219—1241)[4], der in seinem Goldemar sich mit Namen nennt[5].
Die Persönlichkeit der Dichter trat bei Gegenständen zurück, die
sie nicht erst einführten, die vielmehr schon längere oder kürzere
Zeit allgemein bekannt waren. Ihr Antheil an der eigentlichen Abfassung dieser Werke in der Gestalt, worin wir sie allein kennen,
ist sehr ungleich gewesen. Während einige darunter gleich den erzählenden Werken der höfischen Poesie als freie, von einzelnen
Dichtern unternommene Bearbeitungen volksmässiger Stoffe angesehen werden dürfen, kann bei andern von Dichtern in dem Sinne,

§ 99. 1) Vgl. § 102, 13.   2) Vgl. § 104, Anm. zum Laurin.   3) Vgl.
§ 104, 22.   4) Vgl. Zingerle in der Germ. 1, 295 f. Haupt in seiner Zeitschr.
6, 526 hält den Dichter für einen Schwaben.   5) Nach Uhland (German. 1,
319 ff.) würde auch Heinrich von Linau, den Rudolf nennt und lobt, hierher zu
zählen sein, da er das Eckenlied verfasst habe. Vgl. jedoch § 103, 9.
13*

wie dort, zunächst entweder gar nicht, oder nur unter Beschränkungen die Rede sein. Im Allgemeinen spricht sich die Verschiedenheit ihrer Entstehungsart schon in der Form aus, nach der sie sich auch für die besondere Betrachtung am bequemsten in drei Klassen ordnen lassen.

§ 100.

1. **Volksmässige Dichtungen in der Heldenstrophe und deren Variationen.** Diese sind insofern als freie Dichtungen Einzelner anzusehen, als sie zwar auf altüberlieferten Sagenstoffen und auf den Volksgesängen, die aus denselben hervorgiengen, beruhen, aber weder im Inhalt noch in der Form diese Volksgesänge treu wiedergeben. Die mündliche Ueberlieferung umfasste den ganzen Sagenkreis und war jedem im Volke bekannt; die Volkslieder griffen einzelne Theile des Sagenkreises heraus. Aus beiden Elementen gestalteten die Dichter in Formen, die sie eigens dafür erfanden, grössere Dichtungen, indem sie in der Anordnung und Aufnahme oder Ausscheidung des Stoffes im Einzelnen mehr oder weniger frei verfuhren. Sie übertrugen in die Darstellung die Sitten ihrer eigenen Zeit, und so wurden Stoffe, die ihrem Ursprunge nach Jahrhunderte weit zurückreichten, in dem äusseren Gewande der Ritterzeit dargestellt, mit deren Empfindungen die stofflichen Züge selbst oft im Widerspruch standen. Erwuchs daraus eine Ungleichheit zwischen Stoff und Behandlung, so brachten die verschiedenen benutzten Lieder und Ueberlieferungen auch im Stofflichen Widersprüche mit sich, die nicht immer ganz verwischt wurden. Denn die Sage lief in Variationen um, in Liedern wie in der mündlichen Erzählung. So lässt sich am Stoffe dieser grösseren Dichtungen hin und wieder eine Zusammenfügung erkennen, lässt sich der Stoff in Gruppen zerlegen, welche den Gegenstand und Inhalt einzelner Lieder gebildet haben mögen, unmöglich aber ist es, überall genau die Grenzen zu ziehen oder gar den Wortlaut der benutzten Lieder herzustellen. Letzteres schon deshalb nicht, weil gar nicht zu erweisen ist, dass die Volkslieder in einer der Strophenformen gedichtet gewesen seien, in welcher die grösseren Dichtungen abgefasst sind. Ohne dass wir eigentliche Volkslieder aus dem zwölften Jahrhundert besässen, lässt sich doch als ziemlich wahrscheinlich hinstellen, dass der epische Volksgesang wesentlich in der Form der gepaarten Reimverse von vier Hebungen bei strophischer Gliederung, sich bewegt habe. — Die älteste und durch ihren Inhalt, wie durch ihren Einfluss auf die späteren Erzeugnisse dieses Kreises bedeutendste Dichtung ist der **Nibelunge Noth,** die in ihrer ursprüng-

lichen Gestalt bis etwa 1140 hinaufreicht[1]. Ihre Heimat haben wir, wie die der meisten Gedichte aus dem Kreise der Heldensage, in Oesterreich zu suchen, wo der Dichter am meisten Localkenntnisse zeigt. Das Gedicht, in einer vom Dichter erfundenen Strophenform verfasst, für welche er die Elemente aus dem alten Verse von vier Hebungen entnahm, trug, der Abfassungszeit entsprechend, die Form der Assonanz. Bei der Anerkennung, welche sein Werk fand, darf es nicht befremden, wenn die Folgezeit dasselbe den Anforderungen der strenger gewordenen Form anpasste. So erfuhr es etwa dreissig Jahre später eine Umarbeitung, die aber noch nicht durchaus auf Durchführung genauer Reime zielte, da auch um 1170 die Assonanz, wenngleich in vermindertem Umfange, noch bestand. Erst gegen Ende des Jahrhunderts (zwischen 1190—1200)[2] gelang die beinahe völlige Umschmelzung in strenge Reime, welche gleichzeitig von zwei verschiedenen Bearbeitern versucht wurde. Auch hier aber blieb doch wie bei andern Umdichtungen derselben Zeit manche Assonanz stehen, namentlich wo ein häufig wiederkehrender Reim Schwierigkeiten verursachte[3]. Nur diese beiden Umdichtungen haben sich erhalten, während das Original und die ältere Umarbeitung verloren sind. Aus diesem Grunde schien es angemessen, der Dichtung erst hier zu gedenken. Sie erreicht nicht in allen ihren Theilen die gleiche Höhe, den Gipfel der Vollendung da, wo der Dichter am strengsten sich der Volksüberlieferung angeschlossen, am wenigsten vom modernen Geist seiner Zeit hinzugethan. Wie mehr oder weniger treu er den Inhalt der ihm bekannten Volkslieder wiedergab, ob er sogar dem Ausdruck derselben sich angeschlossen, darüber vermögen wir nicht zu entscheiden. Aber erkennbar ist, dass er nicht alles, was Sage und Lieder ihm boten, benutzte, manches reihte er episodenartig an einer späteren Stelle ein, was er früher hätte erzählen können[4]. Gewisse Fugen lassen sich bei ihm wahrnehmen und gerade an solchen Stellen wird glaublich, dass er besonders treu sich an ältere Lieder anlehnte; auch Widersprüche hat er nicht ganz vermieden[5]. In den Umdichtungen hat natürlich die

§ 100. 1) In Bezug auf das Folgende, wie zu diesem ganzen §, vgl. Bartsch, Untersuchungen über das Nibelungenlied. Wien 1865. S.; die Einleitung zu seinen Ausgaben der Nib. Not, und in der German. 13, 216 ff. 2) Mit Sicherheit lässt sich diess nur von der zweiten Umdichtung behaupten, welche Wolfram, als er den Parzival dichtete, bereits kannte, aber auch die erstere wird, nach ihren Sprachformen zu urtheilen, schwerlich jünger sein: vgl. Bartsch, Nibelunge Not (1870) 1, S. XXIV f. 3) Fast ausschliesslich bei dem Namen *Hagene*, welcher häufig im Reime steht und in der ältern Vorlage sehr oft assonierend gebunden war. 4) So die Erzählung von Siegfrieds Jugendthaten, welche der Dichter Hagen in den Mund legt, als Siegfried nach Worms kommt. 5) Vgl. über dieselben Bartsch, Untersuchungen S. 345 ff.

dichterische Kraft des Ausdruckes manches eingebüsst. Am wenigsten noch in derjenigen Bearbeitung, die in den zahlreichsten Handschriften erhalten ist, dem sogenannten gemeinen Texte, der Zusätze zu dem Originale fast gar nicht gemacht hat. Weglassungen von Strophen derselben finden sich nur in einer einzigen Handschrift[6]. Ihr Hauptrepräsentant ist die St. Galler Handschrift (B)[7]. Freier steht die andere Bearbeitung, die hauptsächlich durch die Lassbergische Handschrift (C) vertreten ist[8], dem Originale gegenüber; nicht nur darin, dass namentlich aus metrischen Rücksichten der Wortlaut häufig geändert wurde, sondern mehr noch darin, dass der Bear-

---

6) Der Hohenems-Münchener, von Lachmann, der sie zu Grunde legte, mit A bezeichnet. Lachmann nahm eine stufenweise Vermehrung und Umarbeitung des Textes, B als zweite, C als dritte Stufe an, und setzt die Redaction von A um 1210, die von B und C in die Zeit zwischen 1210—1225. Seine Ausgabe, die auch die Klage umfasst, erschien zuerst Berlin 1826. 4.; dazu die Anmerkk. 1836. 8.; in der 2. Ausgabe (Berlin 1841. 8.) sind die von ihm unterschiedenen echten und unechten Strophen, ältern und jüngern Zusätze durch den Druck bezeichnet. Ebenso in den folgenden, 3te Ausg. 1851; 4te 1859; 5te 1866; 6te 1867; 7te 1871. Ueber die 4te vgl. Holtzmann in den Heidelb. Jahrb. 1859, S. 483—508 (wiederholt in der Germ. 7, 196—225). Nur die echten Strophen gab er in der zum Jubiläum der Erfindung der Buchdruckerkunst veranstalteten Prachtausgabe: Zwanzig alte Lieder von den Nibelungen. Berlin 1840. fol. Vollmers Ausgabe (Leipz. 1843. 8.) gibt ebenfalls den Text von A; über sie vgl. E. Sommer in den Berlin. Jahrb. f. wiss. Kritik Nov. 1843, Nr. 82. Ebenso die von L. Braunfels (mit Uebersetzung). Frankfurt a. M. 1846. 8. Hahn (Die echten Lieder von den Nibelungen. Prag 1851. 8.) liess nur die echten Strophen abdrucken; diess wurde der Anlass, dass die von Lachmann befolgte Durchführung der Siebenzahl durch alle Lieder entdeckt wurde: vgl. J. Grimm in den Gött. GA. 1851, S. 1747 f.   7) Auf ihr beruhen die Ausgaben von v. d. Hagen. Breslau 1816. 1820; im wesentlichen auch die von Bartsch. Leipzig 1866. 2. Aufl. 1869. 3te 1872. 8. Dessen grössere Ausgabe (1. Theil. Leipz. 1870. 8., den Text enthaltend) stellt die Abweichungen beider Bearbeitungen übersichtlich zusammen, und versucht, so weit es möglich, am untern Rande die gemeinsame Vorlage herzustellen. Die Abweichungen der Bearbeitung B von A findet man am untern Rande von Lachmanns 2., 3. u. d 6. Ausgabe.   8) Ausgaben, die auf C beruhen, sind der genaue Abdruck in Lassbergs Liedersaal. 4. Bd. 1821. 8. (in Buchhandel 1846 gegeben); die von Schönhuth (Tübingen 1831. 1846. 8. Heilbronn und Leipzig 1841. 1847. 1862. 8.); die Prachtausgabe mit Zeichnungen von Bendemann und Hübner (Leipzig 1840. 4.); die von v. d. Hagen (Berlin 1842. 8.). Ferner die kritischen Ausgaben von Zarncke (Leipzig 1856. 1865. 1868. 1871; über die 3. vgl. Bartsch in der German. 13, 216 ff. und Zarncke's Entgegnung ebend. 445 ff.) und von Holtzmann (Stuttgart 1857. 8. und Schulausgabe. 1858. 1863. 8.). — Die ältesten Ausgaben des NL. sind die von Bodmer (Chrimhilden Rache und die Klage. Zürich 1757. 4.), die nur den 2. Theil, nach C, enthält; von Myller (in seiner Sammlung Bd. 1), die den bei Bodmer fehlenden Theil aus A ergänzte; von v. d. Hagen (Berlin 1810. 8.) und von Zeune (Berlin 1815. 16°.). So unkritisch wie diese ist auch die Ausgabe von Nabert (Hannover 1855. 8.). — Von den zahlreichen Uebersetzungen sind zu nennen die von Simrock. Berlin 1827. 8.; 21. Aufl. Stuttg. 1871; zugleich mit dem Original in der 19. Aufl. Stuttg. 1868. 8.; und die von Bartsch. Leipzig 1867. 8.

beiter eine Anzahl von Strophen hinzusetzte, in zwei verschiedenen Abstufungen, erst eine kleinere, dann eine grössere Zahl. Jene kleinere gieng im dreizehnten Jahrhundert in eine Gruppe von Handschriften der andern Bearbeitung über, und auch sonst hat diese Gruppe Beeinflussung der anderen Textgestalt erfahren. Wiederum eine andere Mischung der Bearbeitungen gieng daraus hervor, dass im vorderen kleineren Theile ein Exemplar der einen, in dem grösseren eine Handschrift der andern Bearbeitung zu Grunde gelegt wurde. — Der Name des Dichters ist uns nicht überliefert und wird sich auch niemals mit Sicherheit feststellen lassen[9]. Nicht über die Wahrscheinlichkeit hinaus lässt sich die Vermuthung erheben, dass der österreichische Ritter von Kürenberg (§ 111) der Verfasser des Gedichtes in seiner ursprünglichen Gestalt sei[10]. In keinem Falle aber verdanken wir dasselbe einem blossen Sammler und Ordner, der eine Anzahl von Volksliedern zusammengestellt und durch grössere und kleinere Zusätze vermehrt zu einem Ganzen vereinigt habe[11]. Denn

---

9) Ganz unhaltbar sind die Vermuthungen von der Hagens (MS. 4, 186), wonach Walther v. d. Vogelweide, und K. Roths (Altdeutsche Predigten S. 6), wonach Rudolf von Ems das NL. verfasst haben soll.   10) Vgl. Pfeiffer, Der Dichter des Nibelungenliedes. Wien 1862. 8. (wiederholt in: Freie Forschung S. 3—52); und Bartsch, Untersuchungen S. 352 ff. Die versuchte Widerlegung Zupitzas (über Franz Pfeiffers Versuch, den K. als den Dichter der N. zu erweisen. Oppeln 1867. 8.) ist zurückgewiesen von Bartsch in der Germania 13, 211—244.   11) Diess war die Ansicht Lachmanns, welche er mit grossem Scharfsinn in seiner Schrift über die ursprüngliche Gestalt des Gedichtes von der Nibelunge Noth (Berlin 1816. 8.) und in seinen Anmerkungen (1836) zu begründen versuchte. Eine etwas abweichende Ansicht W. Müllers (über die Lieder von den Nibelungen. Göttingen 1845. 8.) kam nicht recht zur Geltung. Die Abfassungszeit der (20) Lieder setzte L. zwischen 1190 bis 1210; er nahm an, sie seien in der von ihm hergestellten Gestalt einzeln umhergesungen und hätten Fortsetzungen von andern Verfassern erhalten. Die Sammlung der Lieder sei wahrscheinlich in Thüringen geschehen (Anmerk. zu 1277, 1; Müllenhoff in Haupts Zeitschr. 11, 271; dagegen Zarncke in der German. 4, 427 ff., Bartsch, Untersuch. S. 69). — Eine ganz entgegengesetzte Ansicht in Bezug auf Entstehung und das Verhältniss der Hss. stellte Holtzmann auf: Untersuchungen über das Nibelungenlied. Stuttgart 1854. 4., indem er einen Dichter und allmähliche Verkürzung des Textes von C zu A annahm. Ihm trat bei Zarncke, zur Nibelungenfrage. Leipzig 1854. 8.; Beiträge zur Erklärung der Geschichte des NL. (Berichte der sächs. Ges. d. Wiss. 8, 153—266); Herrmann (Widersprüche in Lachmanns Kritik der Nib. Wien 1855. 8.) und Fischer (Nibelungenlied oder Nibelungenlieder? Hannover 1859. 8.); während Rieger (zur Kritik der Nibelunge. Giessen 1855. 8.) und neuerdings W. Wackernagel (Sechs Bruchstücke einer Nibelungenhandschrift. Basel 1866. 4.), mit Beschränkungen, Müllenhoff (Zur Geschichte der Nibelunge Not. Braunschweig 1855. 8.; beurtheilt von Holtzmann, Kampf um der Nibel. Hort. Stuttg. 1855. 8.; von Zarncke im Litt. Centralbl. 1855, 128; und W. Müller in den Gött. GA. 1855, S. 689 ff.), v. Liliencron (Ueber die Nibelungenhandschrift C. Weimar 1856. 8.) und Zacher (in N. Jahrb. f. Phil. u. Pädag. 73,

es müsste, um diess glaublich zu machen, erst erwiesen werden, dass die Nibelungenstrophe die allgemein übliche Form für Lieder der Heldensage gewesen, da es sonst wunderbar erscheint, dass alle Volkssänger derselben Strophenform sich bedienten.

§. 101.

Nicht so weit zurück, als die Entstehung der Nibelungen, lässt die der Kudrun[1] sich verfolgen. Was sich in diesem Gedicht zunächst deutlich herausgestellt, ist die Verknüpfung dreier, ursprünglich gewiss nicht zu einander gehöriger Theile, deren erster, nach seinem mehr märchenhaften Inhalt und seiner Darstellung zu schliessen, vielleicht gar nicht auf heimischer, im Volksgesang lebender Ueberlieferung beruhte, während die beiden andern sicher echte Volkslieder wenigstens zur Grundlage hatten[2]. Diese aus dem erhaltenen Texte des Ganzen auszuscheiden, ist zwar mehrfach versucht[3], der Angemessenheit und Richtigkeit des Verfahrens aber begründeter Zweifel entgegengesetzt worden[4]. Denn schon das spricht entscheidend gegen die Annahme, es seien uns in den ausgeschiedenen Strophen wirkliche Volkslieder erhalten, dass die Strophenform, in der das Gedicht überliefert ist, ihrem ganzen Charakter nach niemals eine volks-

---

Heft 2) unbedingt Lachmanns Standpunkt festhielten. Die seitdem sehr angewachsene Literatur über das NL. hier aufzuführen erspart uns das vollständige Verzeichniss der sämmtlichen Literatur in Zarnckes Ausgabe, wo alle Schriften in chronolog. Folge aufgeführt sind. Anerkennenswerth ist auch die Uebersicht der Literatur bei E. Beauvois, histoire légendaire des Francs et des Burgondes, Paris 1867. S. S. 516 ff.

§ 101. 1) Die Schreibung Gudrun ist nicht berechtigt, die Hs. hat *Chautrun* oder *Chaudrun*, was ins Mhd. umgeschrieben nur *Kûtrûn* oder *Kûdrûn* gibt, wie im Nib. die Hss. *Chriemhilt*, die Ausgaben *Kriemhilt* schreiben. Vgl. Bartsch in der German. 10, 49; wogegen Hildebrands Bemerkung (Zeitschr. f. deutsche Philol. 2, 468 Anm.) nichts beweist. Einen Ortsnamen *Cautrawn* (d. i. *Kûtrûn*) weist Zingerle in der German. 10, 475 f. in Tirol im J. 1285 nach.   2) Ueber die Sage vgl. § 33, 11 und dazu noch C. Hofmann in der Allgem. Zeitung 1868, Beilage 21, so wie K. H. Keck, die Gudrunsage. Drei Vorträge über ihre älteste Gestalt und Wiederbelebung. Leipzig 1867. 8., über das Fortleben der Sage in Deutschland Bartsch in der German. 12, 220—221, und Bartsch und Schröer, ebend. 14, 323—336.   3) Zuerst von L. Ettmüller: Gudrunlieder. Zürich 1841. 8.; er zerlegt, nach Ausscheidung von mehr als der Hälfte sämmt"cher Strophen, das, was von dem Gedichte noch übrig bleibt, in dreizehn Lieder, wovon das erste und zweite auf die beiden ersten Theile, die elf folgenden auf den dritten Theil kommen. Dann von K. Müllenhoff, Kudrun, die echten Theile des Gedichts. Kiel 1845. 8., und von W. v. Ploennies, Kudrun. Uebersetzung und Urtext. Leipzig 1853. 8.   4) In Bezug auf Ettmüllers Ausg. von W. M(üller) in GGA. 1841, Nr. 140 f.; bezüglich der beiden andern Ausg. von Bartsch, Beiträge zur Geschichte und Kritik der Kudrun. Wien 1865. 8. (aus der German. 10, 41—92; 148—224 abgedruckt), auf welcher Schrift die hier gegebene Darstellung hauptsächlich beruht.

mässige gewesen sein kann. Sie ist der Nibelungenstrophe (§ 72)
nachgebildet und unterscheidet sich von derselben dadurch, dass die
zweite Hälfte klingend gereimt ist und dass die letzte Halbzeile fünf
Hebungen enthält. Das nachgeahmte Vorbild macht sich noch darin
bemerklich, dass, namentlich im Anfang, nicht selten wirkliche Ni-
belungenstrophen mit unterlaufen, die eine letzte Durcharbeitung des
Dichters wahrscheinlich beseitigt haben würde. Des Dichters Heimath haben wir in Oesterreich zu suchen, specieller vielleicht noch
in Steiermark; er dichtete im letzten Zehent des zwölften Jahrhunderts, sicherlich vor dem Anfang des folgenden, da Wolfram in
seinem ein Bruchstück gebliebenen Jugendwerke, dem Titurel, die
Strophenform des Gedichtes vor Augen gehabt und umgebildet hat[5].
Von ungleichem dichterischen Werthe, und namentlich in dem ersten
Theile schwach, wo der Dichter Sagenzüge verschiedener Gebiete
frei gestaltend verarbeitet hat, zeigt sein Werk im letzten Theil, in
welchem sich die Blüthe des Gedichtes öffnet, eine so feste Geschlossenheit der Fabel, eine so trefflich durchgeführte Charakteristik der handelnden Personen, und eine so gleichmässige Darstellung, dass schon aus diesen Gründen nur an einen Dichter gedacht
werden kann[6]. Eine Umarbeitung, die sich zunächst auf die Form,
die Einführung der mehr und mehr beliebten Cäsurreime, aber vielleicht auch auf den Inhalt theilweise erstreckte, erfuhr das Gedicht
im dreizehnten Jahrhundert[7], es scheint aber in der Folgezeit wenig
gelesen worden zu sein, wie man daraus schliessen darf, dass es
nur in einer einzigen ganz jungen Handschrift, vom Anfang des
sechzehnten Jahrhunderts, die allerdings auf einer beinahe dreihundert
Jahre älteren Vorlage beruht, erhalten ist[8]. — Mit dem Gehalt dieser

5) Vgl. § 73, 9.   6) Vgl. W. Grimm, Heldensage S. 370 f.   7) Nach
Bartsch um 1215, nach R. Schröder (in Zachers und Höpfners Zeitschrift 1, 261)
nach 1231, weil Horant, wiewohl Lehensträger, das Geleitsrecht hat, welches bis
dahin ein Regal, im genannten Jahre durch Heinrich, Friedrichs II Sohn, auch den
Fürsten als Recht in ihrem Gebiete zuerkannt wurde.   8) In der sogenannten
Ambraser Hs, welche Maximilian I anfertigen und zusammenstellen liess: danach
gedruckt in v. d. Hagens und Primissers Heldenbuch Bd. 1 (mit Anmerk. und Verbesserungen am Ende des 2. Bdes; neue Vergleichung der Hs. durch Fr. Gärtner
in der German. 4, 106 bis 108; vgl. Bartsch in der German. 7, 270 f.). Danach zuerst in mhd. Sprachformen umgeschrieben von A. Ziemann: Kutrun. Quedlinb. u.
Leipz. 1835. 8.; dann herausg. von Ettmüller (1841, s. Anm. 3): zu beiden Ausg.
vgl. Hahn in der Hall. Litt. Ztg. 1837, Ergänz. Bl. 12 und Haupt in den Hall.
Jahrb. 1839, Nr. 133); von Müllenhoff (s. Anmerk. 3; danach: Echte Lieder von
Gudrun nach M's Kritik als Manuscript f. Vorles. von Hahn. Wien 1853. 8.);
von A. J. Vollmer. Leipzig 1845. 8.; von W. von Plocunies (s. Anm. 3); die
neueste und beste von Bartsch. Leipzig 1865, 2. Aufl. 1867. 8. Kritische Beiträge zur Textverbesserung gaben ausserdem Haupt in seiner Zeitschr. 2, 380 ff.

beiden, auch in der äussern Form vollendetsten Dichtungen dieser Klasse lässt sich nichts, auch nur entfernt, vergleichen, was sonst noch von der epischen Volkspoesie dieses Zeitraums erhalten ist; ihr durchaus deutscher Charakter erhebt sie aber zugleich zu den kostbarsten Ueberbleibseln unsers poetischen Alterthums überhaupt, woraus uns der Geist, die Gesinnung, die Sitten, das ganze innere und äussere Leben des deutschen Mittelalters viel reiner und unmittelbarer entgegentreten, als selbst aus den vortrefflichsten Werken der höfischen erzählenden Poesie[9].

§. 102.

Von den übrigen Gedichten dieser Klasse gehören der Alphart, so wie Walther und Hildegunde, noch der bessern Zeit an. Jenes reicht seiner Grundlage nach sicher noch in das zwölfte Jahrhundert zurück[1], und behandelt in rhapsodischer Weise den tragischen und ergreifenden Tod des jungen Alphart. In der Ueberarbeitung, in der wir es allein besitzen, einer Handschrift des fünfzehnten Jahrhunderts[2], sind zu dem altepischen Kerne so viele Interpolationen von ganz abweichendem Charakter und Stile gekommen, dass man, auch wenn man diese losschält[3], nicht dahin gelangen kann, die reine Gestalt der ursprünglichen Dichtung zu geniessen. Walther und Hildegunde, das Werk eines steirischen Dichters, ist uns nur in spärlichen Bruchstücken erhalten, die dem Ende des Gedichtes angehören[4], und beruht auf derselben Sage, wie der latei-

---

3, 186 f.; 5, 504 ff.; Bartsch in den genannten Beiträgen; E. Martin, Bemerkungen zur Kudrun. Halle 1867. 8.; C. Hofmann in den Sitzungsber. der Münch. Akad. 1867, II. 205—220; 357—374; Hildebrand in Zachers Zeitschr. 2, 468—478. — Uebersetzt von A. Keller, Stuttg. 1840. 8.; von K. Simrock, Stuttg. u. Tübing. 1843. 9. (1. Aufl. 1858. 16.) von A. Bacmeister, Reutling. 1860. 8.; freie Bearbeitung von S. Marte, Berlin 1839. 8.   9) Vgl. Gervinus 1, 380 f. (1³, 283; 1⁵, 419 f.).

§ 102. 1) Vgl. § 83, 9; Pfeiffer, der Dichter des Nibelungenliedes S. 43; Bartsch, Untersuchungen über das Nibelungenlied S. 351. Gödeke, Grundriss S. 65 vermuthete eine niederdeutsche Grundlage; vgl. dagegen Pfeiffer in der Germania 2. 502.   2) Die Hundeshagensche, jetzt auf der Berliner kgl. Bibliothek. Die bisherigen Ausgaben beruhen auf einer für v. d Hagen 1810 gemachten Abschrift (jetzt auch auf der Berliner Bibliothek), da die Hs. selbst nicht zugänglich war. Zuerst in uhd. Bearbeitung veröffentlicht in v. d. Hagens Heldenbuch, Berlin 1811. 8.; dann der Originaltext in v. d. Hagens Heldenbuch, Berlin 1855. S. I, 279—315; kritisch bearbeitet von E. Martin im 2. Bande des Deutschen Heldenbuchs (Berlin 1866. 8.) S. 1—54, dazu S. I—XXXIII; übersetzt (mit Ausfüllung einiger Lücken) von Simrock in seinem kleinen Heldenbuch, Stuttg. und Tübing. 1844. 1859. 8.   3) Wie es Martin, a. a. O. Einleitung, versucht hat.

4) Herausgeg. durch v. Karajan in der Frühlingsgabe für Freunde älterer Litteratur, Wien 1839. 8. S. 1 ff.; wiederholt mit Verbesserungen und Ergänzungen von Massmann und Bemerkungen von Haupt in Haupts Zeitschr. 2, 216 ff.; auch

nische Waltharius (§ 34). Darstellung und Stil weisen auf den Anfang des dreizehnten Jahrhunderts; die Strophe des Gedichtes ist
eine Variation der Nibelungenstrophe, von der nur darin abgewichen
ist, dass die vorletzte (siebente) Halbzeile zwei Hebungen mehr be-
kommen hat; der Mittelreim scheint häufig angewendet gewesen zu
sein, wenn man aus den Bruchstücken auf die Form des Ganzen
schliessen darf. — Jünger, sich aber, wie Kudrun und Alphart, auf
ältere niedergeschriebene Darstellungen berufend[5], sind Ortnit,
Wolfdietrich und der grosse Rosengarten. Von diesen ist
der erste[6] seiner Grundlage nach wahrscheinlich zwischen 1225—26
gedichtet, da darin Beziehungen auf gleichzeitige Ereignisse im Morgenlande zu Tage treten[7], aber die uns erhaltenen Texte[8] sind
schwerlich frei von Ueberarbeitung. Ohne Frage ist der Ortnit das
Werk eines einzigen Dichters, der allerdings volksthümlichen Stoff
benutzte, aber in ganz freier und willkürlicher Weise verarbeitete.
In den meisten Texten wird der Ortnit mit dem Wolfdietrich
verknüpft, und dieser als eine Art Fortsetzung jenem angereiht.
Stärker als beim Ortnit gehen hier die Bearbeitungen auseinander:
die mit A bezeichnete, der Wolfdietrich von Kunstenopel[9], rührt
von einem Nachahmer des Ortnit, ist aber doch zu verschieden von
diesem, um denselben Dichter darin zu erkennen; die ursprüngliche
Gestalt mag noch der ersten Hälfte des dreizehnten Jahrhunderts
angehören, aber sie lässt sich schwerlich rein herstellen. Ungefähr

---

in v. d. Hagens Germania 5, 114 ff. Ein Grätzer Bruchstück gab Weinhold heraus
im 9. Hefte der Mittheilungen des histor. Vereins für Steiermark (1859); wiederholt
von Müllenhoff in Haupts Zeitschr. 12, 280 ff. Vgl. noch Bartsch, Untersuchungen etc. S. 360 f. und in Pfeiffers Germania 12, 88 f.; Jänicke in Haupts Zeitschrift 11, 418.   5) Die Nibelungen sind das einzige Gedicht dieser Klasse,
das sich nur auf mündliche Ueberlieferung beruft.   6) Der Name wurde sonst
Otnit geschrieben.   7) Vgl. Müllenhoff, das Alter des Ortnit, in Haupts Zeitschrift 13, 185—192.   8) Ueber die Handschriften (des Ortnit und der Wolfdiet-
riche) vgl. Deutsches Heldenbuch 3 (Berlin 1871), S. V—VIII. Nach der Wind-
hagener Hs. herausgeg. von L. Ettmüller: Künec Ortnîdes mervart unde tôt,
Zürich 1838. 8.; auf dem Texte der Heidelberger Hs. 365 beruht hauptsächlich
Mone's Ausgabe, Berlin 1821. 8.; vgl. dazu Lachmann in der Jen. Litt. Zeit. 1822,
Nr. 13 ff.; den Text der grossen Ambraser Hs. gab v. d. Hagen, Heldenbuch
1855, 1, 1—69 heraus; dieselbe Hs. liegt auch der neuesten Ausgabe: Deutsches
Heldenbuch, 3. Bd. Berlin 1871 (nach Müllenhoffs Vorarbeiten hsg. von A. Amelung)
S. 1—77 zu Grunde, die den vollständigen kritischen Apparat und Untersuchungen
über die Geschichte der Texte enthält. Ueber spätere Umbildungen dieses Ge-
dichts wie anderer aus dem deutschen Sagenkreise, und ihre Aufnahme in alte
Drucke vgl. § 145.   9) Er steht allein in der Ambraser Handschrift: danach
herausgeg. in v. d. Hagens Heldenbuch (1855) 1, 72—151, kritisch bearbeitet von
A. Amelung, Deutsches Heldenbuch 3, 81—152; Stücke aus einem überarbeiteten
Text in der Dresdener Hs. 103, ebendas. 3, 153—163; vgl. S. XXXI—LIV.

gleichzeitig ist der Wolfdietrich von Salnecke (B)[10]; von einem dritten, dem Wolfdietrich von Athen (C), sind uns nur Bruchstücke übrig[11], wogegen der vierte, der grosse Wolfdietrich (D), uns vollständig erhalten ist[12]; in ihm entfernt sich die Darstellung am weitesten von dem echten und alten Kerne der Sage und ist des phantastischen, aus heimischer und fremder Sage zusammengetragenen Stoffes eine Fülle hinzugekommen[13]. Der grosse Rosengarten reicht in seiner Grundlage wohl in die Mitte des dreizehnten Jahrhunderts hinauf, aber von den erhaltenen Texten ist schwerlich einer älter als die zweite Hälfte desselben[14]; die Einkleidung des Gartens ist dem älteren, zum Unterschiede auch 'der kleine Rosengarten' genannten Laurin entnommen, die Gegenüberstellung der beiden gefeiertsten Helden, Dietrich und Siegfried, fand der Verfasser schon in dem Biterolf vorgebildet[15]. Von den unter einander mannigfach abweichenden Darstellungen trägt nur eine bruchstückweise erhaltene ein etwas höfisches Gepräge[16]; die übrigen sind bereits stark bänkel-

---

10) Aus der Wiener Hs. 2947 (526 Strophen), welche die Geschichte von Hugdietrich, dem Vater Wolfdietrichs, ganz und von der Geschichte des Sohnes den Anfang gibt, sind die ersten 21 im altd. Museum 1, 618 ff., sämmtliche nach einer Abschrift Frommanns in Haupts Zeitschrift 4, 401 ff. gedruckt. Hugdietrichs Geschichte zeigt in dieser Abfassung etwas weniger Armuth in den Reimen als das Stück des Wolfdietrich, daher beide von vornherein nicht verbunden gewesen zu sein scheinen. Kritisch bearbeiteter Text (durch O. Jänicke) im deutschen Heldenbuche 3, 167—301, vgl. S. LV—LXXI.   11) Herausgeg. in v. d. Hagens Heldenbuch (1855) 1, 155—166 (Kinderlings und Eberts Blätter); über andere Bruchstücke vgl. Deutsches Heldenbuch 3, S. V f. Die Bearbeitungen C und D werden den 4. Band dieses Heldenbuchs bilden.   12) Aus der Oehringer Hs. ist Hugdietrichs Geschichte bekannt gemacht durch F. F. Oechsle: Hugdieterichs Brautfahrt und Hochzeit. Oehringen u. Stuttgart 1834. 8., andere Bruchtheile durch Schönhuth in Gutenbergs Archiv, 2. Ausg. Schwäbisch Hall 1848. 2, 3—12; das ganze Werk mit den Lesarten der verschiedenen Texte durch A. Holtzmann: Der grosse Wolfdieterich. Heidelberg 1865. 8.   13) Die ganze Dichtung Wolfram von Eschenbach beizulegen, wird jetzt wohl niemand mehr einfallen, wiewohl sein Name darin eingeschwärzt ist; vgl. W. Grimm, Heldensage S. 229; Holtzmann a. a. O. S. LXXXVI. — Zur Literaturgeschichte des Wolfdietrich vgl. noch Liebrecht in der Germania 14, 226—238 (dieselbe Abhandlung steht auch in Gosche's Archiv für Litteraturgeschichte 1, 48—67); nebst einem Nachtrage 15, 192 ff.   14) Die früheste Erwähnung ist die in Ottackers Reimchronik. Müllenhoff (in Haupts Zeitschr. 12, 361 f.) setzt die älteste Fassung noch vor 1250, und Einleitung zu Laurin S. LIII in die erste Hälfte des 13. Jahrhunderts; vgl. auch zur Geschichte d. Nib. Not. S. 9.   15) Ueber die Sage vgl. ausser Grimm's Einleitung zu seiner Ausgabe besonders Uhland, der Rosengarten von Worms, in der Germania 6, 307—350, und Uhlands Schriften z. Gesch. d. Dichtung u. Sage 1. Band (besonders 1, 229 ff. 217 ff. 267 ff. 281 ff.).   16) Herausgeg. von W. Grimm, in den Abhandl. der Berliner Akademie 1859, S. 453 bis 500; danach von Bartsch, in der Germania 8, 196—205. Neue Bruchstücke der-

sängerisch gefärbt. Der eine Text, handschriftlich erhalten, aber noch nicht herausgegeben, liegt dem Texte des alten Heldenbuches zu Grunde[17]; nach einem zweiten, der verloren gegangen, ist der Text des sogenannten Heldenbuches von Kaspar von der Rhön (§ 145) gearbeitet; der dritte ist in einer ehemals Frankfurter Handschrift aufbewahrt[18], ein vierter aus Heidelberger und Strassburger Handschriften bekannt[19], ein fünfter in Pommersfelden erhalten[20]. Nur in dem alten Heldenbuche und bei Kaspar von der Rhön ist die strophische Abtheilung durchgeführt, die in den Handschriften nur noch theilweise erkennbar ist. Das alte Mass der Nibelungenstrophe ist hier wie im Ortnit und Wolfdietrich bereits zerstört, indem die achte Halbzeile bei weitem überwiegend nur noch drei Hebungen zählt. — Ob endlich schon in diesem Zeitraum der Hörnen Siegfried aus einzelnen Liedern zusammengetragen ward, lässt sich nicht mehr bestimmen: die uns bekannte, äusserst rohe, aber sehr augenfällige Zusammensetzung beurkundende Gestalt dieser Dichtung rührt offenbar von jüngerer Hand her[21].

§ 103.

2. **Volksmässige Gedichte in andern Strophenarten.** Hierunter sind vier, die sämmtlich in das dreizehnte Jahrhundert fallen, in einer dreizehnzeiligen Strophe, der sogenannten **Berner Weise**[1] und in einem wenig edlen Stile abgefasst. Es sind diess die Dichtungen von dem Zwergkönig **Goldemar**, dem Riesen **Siegenot**, das **Eckenlied**, und das umfangreichste von allen, das Gedicht von **Dietrichs Drachenkämpfen**. Als Verfasser des ersten, von dem wir nur wenige Strophen besitzen[2], nennt sich

selben Bearbeitung, mehr aus dem Anfang des Gedichts, durch Müllenhoff in Haupts Zeitschr. 12, 530—536. 17) Von W. Grimm mit A bezeichnet; eine Ausgabe bereitet Zarncke vor. 18) Herausgeg. von W. Grimm (mit sorgfältiger Einleitung): *Der Rosengarte*. Göttingen 1836. 8.; die Hs. ist nicht ohne Lücken; die Bearbeitung nennt Grimm C. 19) In einem aus beiden Hss. gemischten Texte gedruckt in v. d. Hagens und Primissers Heldenbuch, Bd. 1; von Grimm mit D bezeichnet; 19 Blätter aus Meusebachs Bibliothek, jetzt in der Berliner Bibliothek, ein verwandter Text, D* bezeichnet, sind veröffentlicht durch W. Grimm in Haupts Zeitschrift 11, 536—562. Ein Stück der Bearbeitung D in gereinigtem Texte steht in Wackernagels altd. Lesebuch; zwei Abschnitte daraus, kritisch bearbeitet, im Anhange von W. Grimms Ausgabe. 20) Herausgeg. von Bartsch, in der Germania 4, 1—33. — Von einer dramatisierten sehr rohen Bearbeitung hat W. Grimm Bruchstücke aufgefunden und in Haupts Zeitschrift 11, 243—253 veröffentlicht. 21) W. Grimm, Heldensage S. 255. Ueber die Sage vgl. J. Grimm in Haupts Zeitschr. 8, 1—6. Das Gedicht ist nur in alten Drucken vorhanden und daraus aufgenommen in v. d. Hagens und Primissers Heldenbuch, Bd. 2.

§ 103. 1) Vgl. § 73, 11. 2) Nach einer dem Freiherrn v. Aufsess ge-

·· x

206   III. Von Anfang des zwölften bis Mitte des vierzehnten Jahrhunderts.

Albrecht von Kemenaten, in welchem man denselben Dichter
zu erblicken glaubt, den Rudolf von Ems zuerst im Wilhelm, also
vor 1243³, dann im Alexander als dichtenden Zeitgenossen rühmt⁴.
Der Geschlechtsname kommt in Tirol wie auf alemannischem Gebiete
mehrfach vor⁵, ein Albrecht von Kemenaten ist um die Zeit Rudolfs
in Tirol nachgewiesen⁶. Uebereinstimmung in der Sprache und im
Ausdruck, wie die Gleichheit der Strophonform hat darauf geführt,
jenen Albrecht auch als Verfasser der drei andern Gedichte anzu-
sehen⁷; wobei jedoch die Verschiedenheit des Stils vielleicht nicht
hinreichend berücksichtigt worden ist⁸. Immerhin ist diese Ansicht
besser begründet als diejenige, die den von Rudolf gleichfalls genannten Heinrich von Leinau zum Verfasser des Eckenliedes macht⁹.
Siegenot und Ecke sind in der ältesten Fassung, die wir kennen¹⁰,
durch eine Uebergangsstrophe, welche den Schluss des Siegenot
bildet, mit einander verknüpft. Eckenlied beruft sich schon in
diesem ältesten Texte, der des Schlusses entbehrt, auf frühere Ueber-
lieferung¹¹, und für diese sprechen auch andere Zeugnisse¹²; aber

---

hörigen, jetzt im german. Museum befindlichen Hs. herausg. von Haupt in seiner
Zeitschrift 6, 520 ff., wiederholt durch v. d. Hagen. Heldenbuch (1855), 2, 525 ff.;
am besten von Zupitza im Deutschen Heldenbuch 5, 203 f. (vgl. S. XXIX f.), der
auch nachwies, dass ein paar Strophen des Gedichts der letzten der vier genannten Dichtungen angehöre.   3) Nicht 1242, wie man allgemein angegeben findet;
vgl. Bartsch in den Germanist. Studien 1, 3. Genauer vor 1235, vgl. Bartsch
a. a. O. 1, 4.   4) Haupt in seiner Zeitschrift 6, 525; J. Zupitza, prolegomena
ad Alberti de Kemenaten Eckium, Berlin 1865. 8. Wackernagel (Litter. Geschichte
S. 212) und Uhland (in Pfeiffers Germania 1, 324) haben sich gegen die Identität
dieses Albrecht mit dem von Rudolf gerühmten ausgesprochen; vgl. dagegen Zupitza a. a. O. 42—45. Uhland bemerkt, dass der Verfasser den Namen Albrechts
nur benutze wie der j. Titurel und das Heldenbuch den Namen Wolframs.
5) Haupt a. a. O. S. 525.   6) Durch Zingerle in Pfeiffers Germania 1, 293.
Gleichwohl spricht sich Zupitza, Heldenbuch a. a. O. S. L für alemannische Heimat
aus.   7) Haupt a. a. O. nimmt die Autorschaft Albrechts für Goldemar, Ecke,
Sigenot in Anspruch; Müllenhoff fügte die Drachenkämpfe hinzu (zur Geschichte
der Nib. Not S. 9 f.); Zupitza, Heldenbuch 5, S. XLVII ff. sucht die Autorschaft
für alle vier durch weitere Gründe zu stützen.   8) Vgl. Gervinus 2², 238.
9) v. Lassberg in v. Aufsees Anzeiger 1832, Sp. 149 ff.; Uhland in Pfeiffers
German. 1, 319 ff., dem Holtzmann, Wolfdieterich S. XCVII beipflichtet.   10)
In v. Lassbergs Handschrift; danach hsg. von Lassberg: Ein schön und kurzweilig
Gedicht von einem Riesen, genannt Sigenot etc. 1830. 8.; wiederholt in v. Hagens Heldenbuche (1855) 2, 13—17; kritische Ausg. durch Zupitza im D. Heldenbuch 5, 207—215 (vgl. S. XXX—XXXIV). — Eckenlied, hsg. durch Meister Sep-
pen von Eppishusen (d. i. den Freiherrn v. Lassberg) 1832. 8.; wiederholt bei
v. d. Hagen 2, 19 ff.; im D. Heldenbuch 5, 219—264 (vgl. S. XXXV—XLVI). —
Beide zusammen (mit der Klage) herausgeg. von Schönhuth, Tübingen 1839. 12.
(neue Titel-Ausgabe 1846).   11) Str. 106, 3 *daz wizzent von den lieden* (Hs.
lieben).   12) W. Grimm, Heldensage S. 211.

der Dichter hat mit dieser volksthümlichen Unterlage ganz frei ge-
schaltet. Auch der Siegenot bezieht sich auf eine geschriebene
Quelle, welche wahrscheinlich eine Localsage, die nicht weiter benannt ist und sonst nirgends erwähnt wird, auf Dietrich von Bern
übertrug[13]. Beide Gedichte haben Ueberarbeitungen und Erweiterungen erfahren, die namentlich in alten Drucken sehr verbreitet
waren[14]. Am schwächsten unter allen ist unbedingt das vierte Gedicht, welchem man auch den Titel Dietrich und seine Gesellen[15], oder Dietrichs erste Ausfahrt[16], oder nach der
Königin Virginal[17] gegeben hat. Die längste, in unendlichen
Wiederholungen des Erzählten sich bewegende Fassung ist uns im
wesentlichen nur in einer jungen Handschrift des fünfzehnten Jahrhunderts aufbewahrt[18], eine kürzere und vielfach abweichende in
einer ebenfalls jungen Handschrift[19]. Formell unterscheiden die vier
Gedichte sich darin, dass in den Drachenkämpfen und im Goldemar
die letzte Zeile der Strophe vier[20], im Ecke und Siegenot nur drei
Hebungen hat, und dass die reimlose vorangehende Zeile in jenen
männlich nach der vierten, in diesen klingend nach der dritten
Hebung ausgeht. — Die in einer sechszeiligen Strophe gedichtete
Rabenschlacht[21], die mit Bestimmtheit demselben Heinrich dem
Vogler beigelegt werden darf[22], der Dietrichs Flucht (§ 104) gedichtet hat, mit welchem Gedichte die Rabenschlacht in den Handschriften auch immer zusammen überliefert ist[23], beruht stofflich auf
echter alter Sage, die Gegenstand des Volksgesanges war. Es gab,
wie wir aus einer Erwähnung im Meier Helmbrecht[24] ersehen, ein

---

13) Zupitza a. a. O. XXXIII.   14) Ueber diese jüngern Texte vgl. v. d.
Hagens Grundriss S. 24 ff.; Gödeke's Grundriss S. 51; Zupitza a. a. O. XXXI u.
XXXV f. Einen Nürnberger Druck des Sigenot und einen Strassburger des
Ecke hat O. Schade (Hannover 1854. 8.) neu abdrucken lassen; einen hebräischen
Druck des Sigenot bespricht Frommann im Anzeiger f. Kunde d. d. Vorzeit 1868,
Sp. 127 ff.   15) v. d. Hagen in seiner Ausgabe, Heldenbuch (1855) 2. 105—508.
16) Stark in seiner Ausgabe, Stuttgart 1860. 8. (Litt. Verein LIII), nach Anlei-
tung der von ihm edierten Hs. des Piaristencollegiums.   17) Zupitza im D.
Heldenbuch 5, 1—200, vgl. S. V—XXIX.   18) Der Heidelberger 324; Ausgaben von v. d. Hagen und (kritisch) von Zupitza. Vgl. schon Zupitza, Verbesserungen zu den Drachenkämpfen. Oppeln 1869. 8.; dazu Bartsch in der
Germania 15, 249 ff.   19) Vgl. Anm. 16. Zu derselben Bearbeitung gehören
auch die von Lexer in Haupts Zeitschrift 13, 377 ff. abgedruckten Blätter; vgl.
Zupitzas Ausgabe S. XI.   20) Dieselbe formale Eigenthümlichkeit in dem
strophischen Gedichte von Herzog Ernst; vgl. § 91, 29.   21) Herausgeg. in
v. d. Hagens und Primissers Heldenbuch Bd. 2, in v. d. Hagens Heldenbuch
(1855) 1, 349—542; und kritisch durch E. Martin im D. Heldenbuch 2. 219 bis
326.   22) W. Grimm zu Athis C, 74. Schon Uhland erkannte die Identität
der Verfasser, vgl. Schriften z. Geschichte d. Dichtung und Sage 1, 145.   23)
Ueber die Hss. vgl. Martin a. a. O. XXXIII ff.   24) Vers 76 ff.

Lied vom Tode der Söhne Helchens; dieses liegt zu Grunde, aber
es herauszuschälen ist vergebliche Mühe[25], da es sicher ist, dass es
gar nicht dieselbe strophische Form hatte. Die Strophe, in ihrer
ersten Hälfte der zweiten der Nibelungenstrophe nachgebildet, in
ihrer zweiten an den Schluss der Kudrunstrophe angelehnt, hatte
ursprünglich wohl in der ersten und dritten Zeile keine Reime, die
erst durch Ueberarbeitung hereingekommen sind[26].

§ 104.

3. Gedichte über deutsche Heldensagen in kurzen
Reimpaaren. Sie bilden, obschon in anderer Beziehung, als die
kleinen Erzählungen, wieder eine Art von Mittelglied zwischen dem
eigentlichen Volksepos und den höfischen Dichtungen. Die ältesten
Werke dieser Klasse nach dem Ruther sind die Klage und der
Biterolf. Jene[1], durch ihren Inhalt eine Art von Fortsetzung der
Nibelunge Noth, besitzen wir, entsprechend dem Nibelungenliede,
in doppelter Textgestalt[2] aus dem letzten Zehent des zwölften Jahrhunderts, in welcher eine ältere, noch in Assonanzenform gedichtete,
spätestens um 1180 zu setzende Dichtung möglichst dem Bedürfnisse
reiner Reime, doch keineswegs mit Consequenz, nahe gebracht ist[3].
Diese uns verlorene assonierende Form beruht ihrerseits wiederum
auf einem älteren Werke, ausserdem benutzte der Dichter das Nibelungenlied in seiner ursprünglichen Gestalt, vielleicht auch ein
lateinisches Werk, auf welches er sich am Schlusse bezieht, eines
Schreibers Konrad, der im Dienste des Bischofs Pilgrim von Passau
die Geschichte der Nibelungen aufgezeichnet haben soll. Ob er
auch wirkliche Volkslieder gekannt hat, deren Zusammenfügung man
noch zu erkennen glaubt, ist unsicher und zweifelhaft[4]. Der Bite-

---

25) Wie es L. Ettmüller versuchte: *Daz maere von vroun Helchen sünen.*
Zürich 1846. 8.   26) Daher man sie vielleicht besser als vierzeilige Strophen-
form ansieht, wie Pfeiffer, der Dichter des Nibelungenliedes S. 14 thut; vgl. schon
Rieger in Ploennies' Kudrun S. 300.

§ 104. 1) Vgl. über die Klage im Allgemeinen Lachmanns Anmerkungen zu
den Nibel. und zur Klage S. 287 ff. und W. Grimm, Heldensage S. 108 ff.   2)
Die eine vertreten durch die St. Galler Hs. (B) und die zu ihr gehörigen Hss.,
unter denen auch A; die andere durch die Lassbergische Hs. (C) und ihre Sippe
(vgl. Bartsch, der Nibelunge Nôt [1870] I, S. XVII). Ausgaben nach jener Klasse
sind die Lachmanns (hinter den Nibelungen) und Vollmers (ebenfalls hinter den
Nib.), beide nach A; eine kritische Ausgabe nach B wird von Bartsch vorbereitet.
Ausgaben nach der Textklasse C hinter Chriemhilden Rache von Bodmer; in Müllers
Sammlung Bd. 1; genauer Abdruck von C in Lassbergs Liedersaal, Bd. 4, und
durch Schönhuth (§ 103, 10); Ausgabe durch v. d. Hagen. Berlin 1852. 8.;
kritische Ausgabe des Textes C durch A. Holtzmann. Stuttgart 1859. 8.   3)
Vgl. Bartsch, Untersuchungen über das Nibelungenlied S. 325 ff.   4) Rieger

rolf³, ebenfalls die Umarbeitung eines älteren Werkes⁴, hat zwar
vielen alten Sagenstoff in sich aufgenommen, aber die ganze Composition, die Gegenüberstellung Siegfrieds und Dietrichs, ist eine
unsagenmässige und willkürliche⁵; daher man in ihrem Inhalte weniger einen nachgewachsenen Zweig echter Heldensage, als eine
willkürlichere Weiterbildung einzelner Bestandtheile derselben sehen
darf. Der Einfluss britischer Romane macht sich in der Anlage,
auch in der Vorgeschichte des Vaters des Helden bemerklich, die
man wegen mancher formellen und inhaltlichen Abweichungen einem
andern Verfasser beigelegt hat⁶. In der jetzigen Fassung kann das
Gedicht höchstens dem Schluss des zwölften Jahrhunderts angehören⁷;
die Heimath des Dichters werden wir in Steiermark zu suchen ha-
ben¹⁰. Zwischen Klage und Biterolf findet sich so vielfache Uebereinstimmung, dass an denselben Dichter für beide Werke gedacht
worden ist¹¹, wogegen doch wieder die Abweichung in der Sagen-
kenntniss als Bedenken ins Gewicht fällt¹². — In seiner Grundlage
reicht auch der Laurin¹³ oder der kleine Rosengarten¹⁴ in das

---

in Haupts Zeitschrift 10, 241—255 versuchte dieselben nachzuweisen; vgl. schon
vorher: E. Sommer, die Sage von den Nibelungen wie sie in der Klage erscheint,
nebst den Abweichungen der Nibelunge Noth und des Biterolf, ebendas. 3, 193
bis 218. Die zu Grunde liegenden Lieder setzte Lachmann, zu den Nibel. n.
zur Klage S. 290 in die 80er, höchstens in die 70er des 12. Jahrhunderts und
nach Oesterreich. Anders W. Grimm, Heldensage S. 115 f.: nach ihm war die
nächste Quelle der Klage ein älteres Gedicht, welches von einem Meister abgefasst
war und, wie zum grossen Theil durch seinen Inhalt, so auch wahrscheinlich
durch seine strophische Form unseren Nibelungen glich. Von diesem Gedicht
nahm der Verf. der Klage dann die Ende zum Hauptgegenstande einer besondern
Darstellung. 5) Herausgeg. in v. d. Hagens und Primissers Heldenbuch
1. Bd., und kritisch durch O Jänicke im D. Heldenbuch Bd. 1. 6) Dasselbe
war nach W. Grimm, Heldensage S. 123, Lachmann zu den Nibel. 1141, 4 aus
Liedern entstanden. 7) Vgl. § 102, 15. 8) Jänicke a. a. O. 1, S. XV ff.
9) Jänicke setzt es zwischen 1212—1215. Dagegen folgert W. Grimm, zur
Geschichte des Reims S. 49, dass Biterolf und Klage auch in ihrer uns vorliegenden
Gestalt älter sind als das Nibelungenlied (in den uns erhaltenen Texten). Weinhold, über den Antheil Steiermarks an der deutschen Dichtkunst des 13. Jahrh.
(Wien 1860. 8.), setzt den Biterolf in das Ende des 13. Jahrh. 10) W. Wakkernagel, in Hagens MS. 4, 440, Anm. 9, sieht in ihm einen Landsmann Neid-
hards, also einen Baiern. Weinhold a. a. O. bestreitet die steierische Herkunft.
11) W. Grimm, Heldensage S. 150 ff.; ihm trat Lachmann, zu den Nibel. S.
297, und Müllenhoff, Kudrun S. 101 f. bei. Gegen die Identität sprach sich Gödeke, deutsche Dichtung im Mittelalter S. 304 aus. 12) Jänicke, Einleitung
zum Biterolf, wo diese Frage eingehend geprüft ist. 13) Die älteste urkundlich nachweisbare Form des Namens ist Luaran: vgl. Müllenhoff in Haupts Zeitschrift 7, 531. 12, 310 f. 14) Kritische Ausgabe unter Benutzung aller handschriftlichen und gedruckten Hülfsmittel im 1. Bande des Deutschen Heldenbuches:
Abdrücke einzelner Hss. und alter Drucke in Nyerups Symbol. ad litter. teuton.;
in Ettmüllers Kunech Luarin, Jena 1829. 8.; durch O. Schade. Leipzig 1854. 8.;

zwölfte Jahrhundert hinein[15], aber auch er ist uns nur überarbeitet erhalten, doch so dass die ursprüngliche Gestalt noch vielfach erkennbar und herstellbar ist[16]. Er ist aus einer in Tirol heimischen Zwergensage hervorgegangen, und scheint, nach der grossen Zahl von Handschriften zu schliessen, ein sehr beliebtes Gedicht gewesen zu sein. Dass der Verfasser, wie einige Ueberarbeitungen angeben, Heinrich von Ofterdingen geheissen habe, ist unbegründet; wir wissen von diesem Heinrich weiter nichts, als dass er nach den Liedern und Sagen vom Wartburgkriege in diesem eine Hauptrolle gespielt haben soll, und dass er einem Meister aus dem Schlusse des dreizehnten Jahrhunderts[17] für einen der älteren und berühmteren Liederdichter galt[18]. — An den Laurin schliesst sich der Walberan[19] als eine Art Fortsetzung an, aber eine viel jüngere und sehr armselige, die sicher nicht älter als der Ausgang des dreizehnten Jahrhunderts ist. Aelter und besser ist das Bruchstück von Dietrich und Wenezlan[20], welches den Kampf Dietrichs mit dem Polenkönige Wenczlan erzählt; da die einzige Handschrift, welche das Bruchstück überliefert, aus dem dreizehnten Jahrhundert ist, so darf man die Abfassungszeit wohl in die erste Hälfte desselben hinaufrücken. Jedenfalls ist es älter als Dietrichs Flucht[21], als deren Verfasser sich ein Heinrich der Vogler nennt, derselbe, dem man auch die Rabenschlacht zuerkennen muss[22], und der in der zweiten Hälfte des Jahrhunderts lebte und dichtete[23]. Durch seine weitschweifige und matte Erzählung blickt doch echter Sagenkern hindurch, der vermuthlich auch Gegenstand des Volksgesanges war; vielleicht ist an einer Stelle sogar ein älteres Lied wörtlich benutzt[24]. Dem Hauptgedichte geht eine kurze Geschichte von Dietrichs Ahnen voraus[25], welche, auf Grund einer älteren Vorlage, von dem Dichter der Flucht gearbeitet ist[26].

durch Schöer, Presburg 1857. 4., durch Zacher in Haupts Zeitschrift 11, 501 ff. Wiederabdruck des Textes des alten Heldenbuches durch Keller, Stuttgart 1867 (Litt. Verein. 87. Publicat.).   15) Vgl. Lachmann, über Singen u. Sagen S. 6. 15. 16) Sie ist mit grossem Geschick im Deutschen Heldenbuche I hergestellt. 17) v. d. Hagen MS. 4, 872.   18) Vgl. Haupt in seiner Zeitschrift 6, 525 f.   19) Herausgeg. in Nyerups Symbolae Sp. 47—82; und kritisch im 1. Bande des deutschen Heldenbuches.   20) Abgedruckt durch W. Wackernagel in den altdeutschen Blättern 1, 329 ff.; kritisch bearbeitet durch Zupitza im D. Heldenbuch 5, 267—274.   21) Herausgeg. in v. d. Hagens und Primissers Heldenbuch Bd. 2, und kritisch durch E. Martin im Deutsch. Heldenbuch Bd. 2.   22) Vgl. § 103, 22.   23) Nach Martin zwischen 1265—90; nach Scherer (im literar. Centralbl. 1868, Nr. 36) zwischen 1255—59. Nach letzterem war er ein Landsmann und Zeitgenosse Ulrichs von Liechtenstein.   24) In den Versen 2921—36; vgl. Martin S. XLIX f.   25) Der Haupttheil der Flucht beginnt dem Stoffe nach etwa mit V. 2543; vgl. Martin S. XLIX.   26) Vgl. Martin a. a. O. S. XLVI.

E. Vortragsart der erzählenden Dichtungen.

§ 105.

Auch in diesem Zeitraum sind die technischen Ausdrücke für den Vortrag der Gedichte Singen und Sagen geblieben; sie werden nun aber oft einander entgegengesetzt[1], und dann darf das Sagen (wofür auch Sprechen und Lesen gebräuchlich[2]) nicht mit Gesang verbunden gedacht werden. Das Singen erhielt sich vornehmlich in der lyrischen Poesie, wogegen es in der erzählenden sehr zurücktrat. Alle Dichtungen nämlich in kurzen Reimpaaren ohne strophische Abtheilung, mochte der Inhalt sein, welcher er wollte, waren nur zum Sagen und Lesen bestimmt, und eben so verhielt es sich während der bessern Zeit mit allen kunstmässigen Erzählungen in Strophenform. In dem Volksepos hörte zwar der Gesang nie ganz auf, doch trat schon frühzeitig, wenigstens in der zweiten Hälfte des zwölften Jahrhunderts, daneben die andere Vortragsweise ein, wie das Gedicht von Salman und Morolt lehrt, das von einem Fahrenden für Lohn vorgelesen wurde[3]; ja in der Blüthezeit der höfischen Poesie scheinen die Volksdichter, die damit gewiss eher Beifall und Lohn von den Höfen erwarten konnten, sogar viel mehr gesagt, als gesungen zu haben. Denn nur ein einziges Mal geschieht in dieser Zeit des epischen Gesanges Erwähnung[4], und daher wird man auch annehmen dürfen, dass Werke, wie unsere Nibelungen und Kudrun, gleich von vorn herein zum Vorlesen bestimmt und niemals gesungen worden seien. Später jedoch, mit dem Verfall der höfischen Poesie, kommt das Singen wieder häufig vor, und nun waren es nicht bloss einzelne rhapsodische, auf deutsche Heldensagen bezügliche Lieder[5], die auf diese Weise vorgetragen wurden, sondern selbst grössere Dichtungen in Strophenform[6].

---

§ 105. 1) Vgl. aber auch W. Grimm in Haupts Zeitschrift 1, 31 f. 2) Vgl. Wackernagel in Haupts Zeitschr. 8, 508. 3) Dasselbe gilt vom Orendel: vgl. E. H. Meyer in Haupts Zeitschr. 12, 393. 4) Vgl. indess auch Müllenhoff, zur Geschichte der Nib. Not S. 9. 5) Dass dergleichen in der zweiten Hälfte des 13. Jahrh. noch wirklich vorhanden waren und theilweise der Nibelungen Sage angehörten, beweist ausser der Vilkina Saga vorzüglich der Marner, MS. 2, 176a (v. d. Hagen, 2, 251b); vgl. Lachmann, über Singen und Sagen (worauf ich überhaupt zu diesem § verweise) S. 9 und W. Grimm, Heldensage S. 161.

6) So sang z. B. der Dichter der Rabenschlacht; und auch einzelne Stücke aus dem jüngern Titurel scheint man so vorgetragen zu haben; s. Lachmann a. a. O. S. 18 und v. d. Hagen in seiner Germania 2, 269 f.

Vierter Abschnitt.

Lyrische und didaktische Poesie. — Prosa.

A. Lyrische Poesie.

§ 106.

Eigentlich lyrische Gedichte in deutscher Sprache lernen wir erst in diesem Zeitraum kennen, und kaum ist es glaublich, dass es deren schon in frühern Jahrhunderten gegeben habe, die für uns verloren gegangen sein könnten; vielmehr wird wohl Alles, was vor dem zwölften Jahrhundert von Laien, wie von Geistlichen gedichtet und gesungen wurde, im Ganzen epischer Natur gewesen sein[1], wie es die nicht untergegangenen Werke des fränkischen Zeitalters wirklich sind, selbst die ältesten Ueberbleibsel des sich schon damals bildenden religiösen Volksgesanges[2] nicht ausgeschlossen. Streift doch noch sogar die Darstellungsweise der frühesten lyrischen Gedichte häufig an die Form der Erzählung, oder geht geradezu in diese über[3], worin zugleich ein Beweis vorliegt, dass die neue Gattung sich nicht auf einmal, sondern erst allmählig von der alten abzulösen und frei zu gestalten vermochte. Indessen einzelne Keime zu einem lyrischen Gesange mag die deutsche Dichtkunst schon in sehr früher Zeit gehegt, wenn auch erst in diesem Zeitraum, seit dem stärkern Heraustreten des subjectiven Princips, entwickelt haben. Von der geistlichen ist es sogar ausgemacht, da in Otfrieds Evangelienbuche genug lyrische Stellen von grösserem und kleinerem Umfange vorkommen. Von weltlichen verlorenen Liedern dürften sich vielleicht diejenigen am weitesten von dem Charakter des rein epischen Gedichts entfernt und dem des lyrischen am meisten genähert haben, die an Volksfesten zum Tanz, oder bei Umzügen zur Begrüssung einzelner Jahreszeiten gesungen wurden[4]. Es wäre möglich, dass sich gerade aus solchen Elementen einige besondere Arten der lyrischen Poesie des dreizehnten Jahrhunderts herausgebildet hätten, die auch noch in ihrer kunstmässigen Gestaltung am meisten einen volksmässigen Ursprung verrathen[5], obschon die ältern Ueberbleibsel

---

§ 106. 1) Vgl. § 37.   2) Vgl. § 43. Die dort erwähnte Bearbeitung eines Psalms hat wenigstens einen epischen Eingang erhalten.   3) Vgl. Lachmann, über Otfried S. 279.   4) Vgl. § 37.   5) Die Frühlings-, Herbst- und Winterlieder. Tänze und Reien, besonders die der höfischen Dorfpoesie; vgl. § 112 und v. Liliencron in Haupts Zeitschr. 6, 72.

der ganzen Gattung vor ihrer höfischen Ausbildung keine Mittelglieder
gewähren, die hierin zur Ueberzeugung führen könnten.

§ 107.

Wenn die erzählende Poesie dieses Zeitraums von Seiten ihrer
Stoffe nur in einem sehr beschränkten Masse auf Originalität Anspruch machen kann, so darf dagegen die lyrische auch in dieser
Beziehung als ein einheimisches Gewächs betrachtet werden. Ihre
kunstmässige Gestaltung verräth zwar, besonders in einer ihrer
Hauptarten, dem Minneliede, eine gewisse, sich selbst bis auf viele
einzelne Züge erstreckende Verwandtschaft mit der provenzalischen
und nordfranzösischen Kunstpoesie[1]: diese rührt aber in der Regel
nicht von eigentlicher Nachbildung her, sondern hat ihren Grund in
der Natur des Gegenstandes dieser Dichtungsart und in der eigenthümlichen Farbe, die er durch den Charakter der Zeit erhielt; wobei immerhin in der Ausbildung von Haupt- und Nebenzügen die
fremde Kunst auf die heimische eingewirkt haben mag[2]. Unmittelbare Uebertragung des Inhalts romanischer Lieder ins Deutsche[3]
zeigt sich eben so ausnahmsweise, als Nachahmung ihrer Form[4].
Ein grosser Reichthum von Gegenständen lässt sich aber dieser
poetischen Gattung nicht nachrühmen. Die ältesten, in ihrer Form
noch ganz volksmässigen Ueberbleibsel bestehen in Liebesliedern,
religiösen Gesängen, gnomischen Stücken und einem Lob- und Klagelied auf Verstorbene. Von diesen vier Arten bleiben auch in der
kunstmässigen Lyrik die drei ersten die vornehmsten. Daneben
finden sich noch Preis- und Klaggesänge beim Empfang oder Ab-
schied der Jahreszeiten, Darstellungen aus dem Dorfleben, Lob- und
Straflieder an einzelne lebende Personen, oder an ganze Stände und
Geschlechter gerichtet, politische, satirische und allegorische Gedichte,

---

§ 107. 1) Vgl. Görres, altd. Volks- und Meisterlieder S. XLI ff. Diez, die
Poesie der Troubadours S. 235—238; 261 Anm. 2) Diez a. a. O. S. 262 ff.
3) Bodmer (neue kritische Briefe, 13. 14) hat zuerst auf die Lieder des
Grafen Rudolf von Neuenburg (in der Schweiz) aufmerksam gemacht, die grossentheils Nachahmungen der provenzalischen Folquet's von Marseille sind. Vgl. über
das Nähere der Uebertragung, so wie über das, was dem deutschen Dichter eigenthümlich zugehören dürfte, Diez a. a. O. S. 267 ff.; Wackernagel, Verdienste der
Schweizer S. 31; v. d Hagen, MS. 4, 50 ff. und besonders Bartsch in Haupts
Zeitschrift 11, 145 ff. Für Friedrich von Hausen hat die Benutzung eines Liedes
von Folquet dargethan Bartsch in Pfeiffers Germania 1, 480 ff., der auch nachwies, dass derselbe Dichter in einem andern Liede eine Strophenform Bernarts
von Ventadorn genau nachahmte: Berthold von Holle S. XXXVII f. Ferner hat
Berger von Horheim ein altfranz. Lied, das Chrestien de Troies beigelegt wird,
nachgeahmt: Mätzner, altfranz. Lieder S. 260; des Minnegesangs Frühling 172,
1—9 und S. 275. 4) Vgl. § 76, 1.

deren meiste sich indess mehr oder weniger nahe mit einer oder
der andern jener drei Hauptarten berühren. Was die Dichter an
betrifft, so haben sich im Ganzen nur wenige in mehreren Richtungen zugleich·versucht: die fürstlichen und adeligen beschränkten
sich in der Regel nur auf die Abfassung von Minnepoesien, die daher auch während der Blüthezeit des höfischen Gesanges entschieden
vorherrschen; wogegen später durch die bürgerlichen Meister den
religiös- und sittlich betrachtenden und den allegorischen Dichtungen
das Uebergewicht verschafft ward[5]. Am weitesten hat noch Walther von der Vogelweide die Grenzen seiner Kunst ausgedehnt,
der überhaupt der reichste und tiefste unter allen Lyrikern dieses
Zeitraums ist. Ihm haben die Liebe, die Religion, die grossen
öffentlichen Verhältnisse der Zeit, Ereignisse des Tages, die sein
Gemüth mehr oder weniger unmittelbar berührten, die Verbindung,
in welcher er mit den Oberhäuptern und den Grossen des Reichs
stand, sein Bestreben, die Zeitgenossen von dem Verkehrten und
Schlechten abzuhalten und zum Rechten, Guten und Ehrenvollen
hinzuleiten, in früherer Zeit seine Freude an vaterländischer Zucht
und Sitte, in späterer seine Trauer über deren Verfall, sein Schmerz
über das Verschwinden deutscher Grösse und Herrlichkeit, sein Zorn
über die Anmassung der Hierarchie — den Stoff zu Gedichten von dem
verschiedensten Charakter und den mannigfaltigsten Formen gegeben[6].

§ 108.

Rücksichtlich dieser letztern überhaupt ist noch das Verhältniss
im Allgemeinen anzugeben, das zwischen ihren verschiedenen Arten
und den Gegenständen, zu deren Einkleidung sie dienten, wahrgenommen werden kann, wobei, ausser der bereits oben[1] näher bezeichneten Entgegensetzung zwischen der eigentlich strophischen und
der Leichform, auch der Unterschied zu erwähnen ist, der, wo jene
stattfindet, zwischen Liedern und Sprüchen gemacht werden muss.
Ein Lied nämlich besteht gewöhnlich aus mehrern Strophen, ein
Spruch dagegen meist nur aus einer einzigen[2]; dort ist das Mass

---

5) Näheres über den Charakter dieser Dichter enthält ein trefflicher Aufsatz
von Docen: Ueber die deutschen Liederdichter seit dem Erlöschen der Hohenstaufen bis auf die Zeiten Kaiser Ludwigs des Baiern, abgedruckt im Archiv für
Geogr., Histor.. Staats- und Kriegskunst, Jahrg. 1821, Nr. 50—54. Eine Charakteristik der Hauptzüge der höfischen Lyrik gibt Bartsch in der Einleitung zu
seinen „Deutschen Liederdichtern des 12. bis 14. Jahrhunderts. Eine Auswahl.“
Leipzig 1864. 8.; die beste Arbeit ist aber Uhlands Abhandlung 'der Minnesang'
in seinen Schriften zur Geschichte der Dichtung und Sage 5, 113—282.   6)
Vgl. das Nähere über ihn in § 111. 40 ff.

§ 108. 1) § 74.   2) Erst gegen Ende des 13. Jahrhunderts wurde es
Sitte, mehrere Sprüche, gewöhnlich drei, zu einem ganzen, dem Liede entspre-

der Verse in der Regel kürzer, der Bau leichter schwebend, das
Ganze musikalischer, als hier, wo alles mehr auf eine gemessenere
Vortragsweise berechnet zu sein scheint[3]. Daher dient die Form
des Liedes vorzugsweise zu Ergüssen von Gefühlen und Empfindungen,
die des Spruchs zum lyrischen Ausdruck gedankenvoller, reflectiren-
der Stimmung und zu mehr ruhiger Schilderung von Gegenständen,
die auf das Gemüth des Dichters gewirkt haben; daher herrscht jene
auch in der Minnepoesie[4], diese in den gnomischen, politischen, satirischen, allegorischen und in Lob- und Strafgedichten entschieden
vor, während sich in die religiöse Lyrik beide Formen ziemlich
gleichmässig getheilt haben. Die eigentlichen L e i c h e, d. h. die
Gedichte, die diesen Namen wirklich führen, sind meist religiösen
und verwandten Inhalts; doch ist diese Form auch zu Liebesgedichten
gebraucht worden[5]. Die im Aeussern davon gar nicht unterscheid-
baren R e i e n und T ä n z e[6], neben denen auch T a n z l i e d e r gefunden
werden, haben gemeiniglich das Lob des Frühlings und Sommers
und die Freuden und Leiden der Liebe zum Gegenstande. — Dass
alle Lieder, Leiche und Reien zum Gesange bestimmt waren, darf als
gewiss angesehen werden[7], und dass es sich auch mit den Sprüchen,

---

chend, zu vereinigen. Frauenlob scheint einer der ersten gewesen zu sein, die
dies thaten (vgl. Bartsch, Meisterlieder der Kolmarer Hs. S. 153); doch schon
vor ihm der Meissner (Scherer, Deutsche Studien. Wien 1870. S. 47).   3)
Also etwa derselbe Unterschied, der in neuerer Zeit zwischen dem eigentlichen
Liede und dem Sonett statt findet. Vgl. Simrocks Walther 1, 175 f. Lachmann
(über Singen und Sagen S. 7) lässt es übrigens noch dahin gestellt sein, ob man
die Sprüche als eine besondere Gattung betrachten dürfe.   4) Mehrere Arten
von Liedern führt eine bei v. d. Hagen, MS. 3, 330b, bei Wackernagel, LB. 519
(⁴ 555), in Lachmanns Walther S. 165 f., in Wackernagel-Riegers Walther S. 258,
und bei Bartsch, Liederdichter S. 125 (vgl. S. XL) abgedruckte Strophe auf, die
gemeiniglich, aber ohne ausreichenden Grund (s. Lachmann a. a. O. und S. 205,
Anm.) Reinmar dem Fiedeler beigelegt wird (über Reinmar vgl. auch Müllenhoff,
z. Gesch. der Nib. Not. S. 19): die Bedeutung der meisten Namen darin ist deut-
lich, ein Paar erklärt Lachmann, über die Leiche, S. 419, Anm. 1; vgl. Grimm,
Gramm. 2, 505. 506. Beachtenswerth sind auch die Ueberschriften der Lieder in
Ulrichs von Liechtenstein Frauendienst. Aus späterer Zeit gibt ein Gedicht der
Kolmarer Hs. mehrere Benennungen von Dichtungsarten, ebenso ein Lied unter
Konrads von Würzburg Tönen (gedruckt im altd. Museum 2, 224 f.); vgl. Bartsch,
Meisterlieder der Kolmarer Hs. S. 369 ff. 664 f.   5) Lachmann, über die
Leiche, S. 421 ff. „Ein Leich vom Niederrhein" herausgeg. von E. Sommer in
Haupts Zeitschr. 3, 218 ff. gehört auch hierher. Sommer hat ihn aus vier Stücken
einer Haager Hs. zusammengesetzt: vgl. Zacher in Haupts Zeitschr. 1, 227 ff.
Nr. 74—77.   6) Ueber Reien und Tänze, so wie deren Verhältniss zu ein-
ander vgl. v. Liliencron, über die höfische Dorfpoesie, in Haupts Zeitschr. 6, 79 ff.
über die metrischen Formen der Reien (die nicht Leiche sind) ebendas. 83 ff.
7) Diess erleidet jetzt Einschränkung: die von W. Grimm in Haupts Zeit-

zum wenigsten in der besten Zeit, so verhielt, ist sehr wahrscheinlich'. Deshalb hatte ein lyrisches Gedicht ausser seinem Ton
(Mass) auch seine Weise (Melodie); beide wurden dem Wort
(dem Ausdruck der Empfindungen und Gedanken in Worten, dem
Texte) entgegengesetzt'.

§ 109.

Die Verwandtschaft des Inhalts und der Form zwischen der
kunstmässigen Lyrik und dem ältern Volksgesange beweist noch
hinlänglich, dass jene aus diesem erwachsen ist'. Beide bestanden
nachher gewiss neben einander; ihr gegenseitiges Verhältniss lässt
sich aber weit weniger aufhellen, als das, welches zwischen der
höfischen erzählenden Poesie und dem Volksepos stattfand. Was
darüber im Allgemeinen vermuthet werden darf, ist schon oben
(§ 79) vorgebracht worden. Wir würden genauer urtheilen können,
wenn sich mehr eigentliche Volkslieder erhalten hätten: allein ausser
einigen der ältesten, vor Friedrich von Hausen fallenden Reste
des lyrischen Gesanges' und einer Anzahl namenlos auf uns ge-
kommener Stücke aus dem dreizehnten Jahrhundert, die grossentheils
wirkliche Volkslieder gewesen zu sein, oder solchen angehört zu
haben scheinen', findet sich nichts, was vollen Anspruch auf diese
Benennung hätte, wenn gleich nicht zu leugnen ist, dass die Werke
der höfischen und meisterlichen Dichter nicht selten einen ganz volksmässigen Charakter an sich tragen, viele auch sicherlich in die
Liederbücher der fahrenden Leute aufgenommen', von diesen ge-

---

schrift 10, 1—142 herausgeg. Marienlieder aus dem Ende des 12. Jahrh. waren
zum Lesen bestimmt.   8) Lachmann, über Singen u. Sagen S. 7.   9)
Doch wird von den Dichtern selbst gewöhnlich dem Wort die Weise allein entgegengesetzt, als Mass und Melodie umfassend; vgl. § 35 u. § 158 die Anmerkun-
wort, gleich dem romanischen mot, wirklich in der Bedeutung Vers gebraucht
worden sei, wie Diez (Poesie der Troubadours S. 263 f.) aus einer Stelle bei
Frauenlob (Ettmüllers Ausg. 172, 12) folgert, ist mir nicht wahrscheinlich.

§ 109. 1) Vgl. § 78, 1.   2) Mehrere namenlose des 12. Jahrhunderts in
des Minnesangs Frühling S. 3 ff.   3) Gedr. in Docens Misc. 2, 197 ff. (auch
bei v. d. Hagen, MS. 3, 443 ff.; mehrere darunter, und gerade nicht die züchtig-
sten, mischen lateinische und deutsche Zeilen; vgl. § 158 die Anmerkungen und Hoffmann, In dulci jubilo, Hannover 1854, S. 5), bei Hoffmann, Gesch.
d. deutschen Kirchenliedes etc.; vgl. § 113 die Anmerk. Sämmtliche Stücke
dieser Hs., lateinische wie deutsche, sind herausgeg. (von Schmeller) als Carmina
Burana. Lateinische und deutsche Lieder und Gedichte aus einer Hs. aus Bene-
dictbeuern. Stuttgart 1847. 8. (in der 16. Publicat. d. litter. Vereins S. 1—275).

4) Docens Vermuthung (a. a. O. S. 193), dass eben die Handschrift, woraus
er jene Reste hat abdrucken lassen, in den Händen solcher wandernden Sänger
gewesen, ist später von ihm selbst gegen eine wahrscheinlichere vertauscht worden;
vgl. Lachmanns Walther S. IX f.

sungen und so durch weite Verbreitung zu einem wahren Volks-
eigenthum geworden sein werden[5]. Es kann demnach, wie sie schon
in dem bisher Gesagten vorzugsweise berücksichtigt werden musste,
auch in dem Folgenden fast nur von der kunstmässigen Lyrik dieses
Zeitraums die Rede sein; das wenige Besondere, was noch über das
Volkslied zu bemerken ist, wird sich füglicher dabei gleich mit anbringen, als abgesondert aufführen lassen.

§ 110.

1. **Minnepoesie.** Die besondere Scheu und Ehrfurcht, welche
die Deutschen von jeher dem weiblichen Geschlecht bewiesen haben[1], nahm unter dem Einflusse des Ritterthums einen eigenthümlich
schwärmerischen Charakter an: es entstand jener Frauendienst, der,
zugleich auf die Verherrlichung des ganzen Geschlechts ausgehend[2], im
Besondern einer einzelnen Geliebten gewidmet war und der ideelle
Träger der Liebespoesie dieser Zeit wurde[3]. Indess darf diese keineswegs als der ausschliessliche Ausdruck einer bloss geistigen
Leidenschaft gefasst werden, vielmehr tritt in einer sehr grossen Anzahl von Minnegedichten die Sinnlichkeit mächtig genug hervor, ja
in vielen hat sie das Uebergewicht und geht bisweilen selbst über
das erlaubt Natürliche und Derbe hinaus[4]. — Was den Inhalt und
die Behandlung der Gedichte dieser Klasse im Besondern betrifft,
so beschränken sie sich nicht bloss auf Bitten um Liebeserwiederung,
auf Ausbrüche der Freude oder des Schmerzes über das Glück oder
Unglück in der Liebe. Viele haben das Lob der Frauen im Allgemeinen oder der besondern Herzensgebieterin, die Verherrlichung
der Minne, oder Hülferuf und Vorwurf, die an sie gerichtet werden,
auch Klagen über die Merker oder Aufpasser zum Gegenstande.
Andere sind voll Scherz und heiterer Laune u. s. w. Oefter werden
Lieder Frauen in den Mund gelegt[5], oder es sind Wechselgesänge
zwischen dem Liebenden und der Geliebten, vielleicht mitunter die
poetische Einkleidung wirklich geführter Gespräche[6]; Boten singen

---

5) So musste das schöne Lied Walthers (Lachmann, S. 56. 57) in einigen
Gegenden des südlichen Deutschlands gangbar sein; vgl. Frauendienst S. 240 und
dazu Uhlands Walther S. 58 f. Von einem andern (Lachmann, S. 14 ff) befindet
sich die erste Strophe unter den Volksliedern bei Docen S. 207; des Schenken
Ulrich von Winterstetten Lieder führte alles Volk im Munde. Wackernagel,
Verdienste der Schweizer S. 13. 30.

§ 110. 1) Vgl. J. Grimm, Mythologie S. 369 ff. (1. Ausg. S. 225 u. Anm. 2).
2) Vgl. Bartsch in der Germania 4, 309, und das von Pfeiffer in Haupts Zeitschrift 7, 478—521 herausgeg. Gedicht des Strickers, Frauenehre.   3) Vgl.
F. Bech, Hartmann von Aue 2, S. XIII.   4) Vgl. Lucae, Leben und Dichten
Walthers v. d. Vogelweide S. 12.   5) Vgl. Bartsch in der German. 13, 212.
6) Vgl. Wackernagel in seiner Ausgabe Walthers S. XXII.

vor Frauen und suchen ihnen Neigung für ihre Herren einzuflössen; oder die Lieder werden selbst als Boten gesandt, bisweilen nur als Grüsse aus der Ferne. Manche sind ganz dramatisch, sie schildern Scenen, wie sie zwischen Liebenden und denen vorfallen, die ihre heimlichen Zusammenkünfte bewachen und vor der Gefahr der Ueberraschung warnen: die sogenannten Tage- und Wächterlieder[7]. Andere sind dazu bestimmt gewesen, im Freien, öfter ·wohl von ganzen Chören, gesungen zu werden, wie die Reien und Tänze, deren schon näher gedacht ist; und solche Stücke sind es, in denen mehr noch, als in andern, ein Hauptzug dieser gesammten Liebespoesie, die Empfänglichkeit des Gemüths für die Eindrücke der Natur und die Entfaltung der innern Empfindung gegenüber der Frühlingslust und der Sommerwonne, hervorzutreten pflegt. — Bei alle dem lässt sich diese Minnepoesie im Allgemeinen von einer gewissen Beschränktheit und Einförmigkeit des Gehaltes und der Behandlung nicht ganz freisprechen, wozu gewisse conventionelle Beschränkungen, wie die dass der Gegenstand der Huldigung im Liede durch nichts verrathen oder angedeutet werden durfte, auch beigetragen haben[8]. Daher sind ungeachtet der sehr beträchtlichen Zahl der erotischen Dichter ihrer doch nicht gar viele, deren Werke sich durch einen Reichthum an individuellen Zügen auszeichnen. Es muss indess in Anschlag gebracht werden, dass in der lyrischen Poesie auch geringes Talent und blosse Liebhaberei sich eher, als in jeder andern Gattung zu versuchen pflegen, und diess wird besonders in einem Zeitalter der Fall gewesen sein, wo das Dichten von Liebesliedern mit zu

---

7) Für den Erfinder dieser lange in Gebrauch gebliebenen Liederart hält Lachmann (Wolfram S. XIII) den Wolfram von Eschenbach, gibt aber zu, dass er darauf durch die provenzalischen Gedichte ähnlicher Art, die sogenannten *albas* (Diez, Poesie der Troubad. S. 115; 151; 265) geführt sein könne. Diesen in der Anlage näher stehenden Gesänge, die nur das morgenliche Scheiden der Liebenden schildern, ohne den von der Zinne warnenden und zur Trennung auffordernden Wächter mit einzuführen, seien allerdings schon vor Wolfram in Deutschland gedichtet worden, wie sich aus einem von der Pariser Handschr. dem Dietmar von Eist zugeschriebenen Liede (bei Lachmann a. a. O.; Wackernagel, altd. Leseb. Sp. 214; ' 223, Minnesangs Frühling 39, 18—29 und Bartsch, Liederdichter S. 5) genugsam ergebe. — Man wird diesem Urtheil eines so gründlichen und umsichtigen Forschers wohl beipflichten müssen, nachdem er es im Wesentlichen auch Walther[2] S. 204 f. wiederholt hat; sonst könnte das altfranzösische Tage- und Wächterlied, das A. Keller in der Hall. Litt. Zeit. 1838, Nr. 52, S. 415 beschreibt, zu der Vermuthung verleiten, Wolfram habe diese Liederart, deren Anlage Ulrich von Liechtenstein (Frauendienst 509, 14 ff.) verbessern zu müssen glaubte, nicht sowohl erfunden, als nordfranzösischen Vorbildern zuerst nachgeahmt. Vgl. jetzt noch besonders Bartsch, die romanischen und deutschen Tagelieder, im Album d. liter. Vereins in Nürnberg 1865, S. 1—75. 8) Wackernagel. Walther v. d. Vogelweide S. VIII.

den Moden der vornehmen Welt gehört zu haben scheint. — Aufbewahrt sind uns die Lieder und Sprüche in einer Anzahl von
Liederhandschriften, von denen die frühesten im Laufe des dreizehnten Jahrhunderts aus Liederbüchern der Fahrenden entstanden
sind[9]. Die reichste, aber nicht älteste Quelle für die mittelhochdeutsche Lyrik, die Pariser Handschrift[10], lehrt uns über 130 lyrische
Dichter dieses Zeitraums kennen, von denen bei weitem die meisten
nur Liebespoesien abgefasst haben. Aelter und wichtiger ist die
mit ihr verwandte Weingartner Handschrift (B)[11], aber beide stehen
an Werth zurück gegen die Heidelberger Nr. 357 (A)[12], während die
zweite Heidelberger (Nr. 350, D) geringere Bedeutung hat[13]. Einen
mehr meistersängerischen Charakter trägt schon die Jenaer[14] und in
noch höherem Grade die lange für verloren gehaltene, erst neuer-

---

9) Vgl. Benecke, Beiträge S. 301; Müllenhoff, zur Gesch. d. Nib. Not S. 19;
Wilmanns, Walther v. d. Vogelweide S. 24 ff.   10) Von Lachmann mit C
bezeichnet. Sie hiess früher ohne Grund die manessische, 'denn wir wissen nicht
einmal, ob die Manessen in Zürich ein Liederbuch geschrieben oder schreiben
lassen: Johann Hadloub sagt in der bekannten Stelle, MS. 2, 187ᵃ [Hagen 2, 280,
Nr. III; Ettmüller S. 17 ff.] nur, dass sie Liederbücher sammelten.' Lachmanns
Walther² S. VI. Was v. d. Hagen, MS. 4, 627 f. zur Rechtfertigung der Benennung anführt, überzeugt nicht. — Aus ihr gab Bodmer zuerst „Proben der
alten schwäbischen Poesie". Zürich 1748. 8.; dann den grössten Theil der Hs.
(er liess mehr als 800 Strophen u. Leichsätze aus) als „Sammlung von Minne-
singern aus dem schwäbischen Zeitpunkte", etc. Zürich 1758—59. 2 Bde. 4.
Ergänzungen dazu gab Rassmann im altd. Mus. 1, 313—444, und aus der gold-
astischen Abschrift zu Bremen, Benecke im 1. Theile seiner Beiträge. Göttingen
1810. 8. Auf ihr beruht auch wesentlich v. d. Hagens grosse Ausgabe, Minnesinger. Leipzig 1838. 4 Bde. 4., die im 1. 2. Bde einen berichtigten Abdruck der
Pariser Hs., im 3. Ergänzungen aus den übrigen Hss., Lesarten, Register, im 4.
Abhandlungen über die Dichter enthält, und 4, 895 ff. von den Hss., Ausgaben
etc. der Minnesinger handelt. Dazu als 5. Theil: Bildersaal altdeutscher Dichter.
Berlin 1856. 4., worin die Bilder der Hs. zum Theil mitgetheilt und erläutert sind.
Ein Facsimile der Hs. und Bilder begann B. C. Mathieu, Minnesänger aus der
Zeit der Hohenstaufen [mit Geschichte der Manesseschen Hs. von F. H. v. d.
Hagen]. Leipzig 1866. fol.   11) Einzelnes, was in Bodmers MS. nicht steht,
in Müllers Samml. Bd. 2. 3; in Graffs Diutiska 1, 76 ff. Vollständiger genauer
Abdruck durch Pfeiffer in der Bibliothek d. litterar. Vereins. Stuttgart 1843 (4.
Publication).   12) Die Strophenanfänge in Haupts Zeitschr. 3, 305 ff. (durch
Lachmann); vollständiger genauer Abdruck durch Pfeiffer in der erwähnten Bibl.
Stuttg. 1844. 8. (9. Publicat.)   13) Die Strophenanfänge durch Lachmann
mitgetheilt in Haupts Zeitschr. 3, 333 ff. Mittheilungen aus den Heidelberger
Hss. geben auch Adelung, Nachrichten v. altd. Gedichten, u. Fortgesetzte Nach-
richten. Königsberg 1796. 99. 8.; und Görres, altd. Volks- und Meisterlieder.
Frankf. a. M. 1817. 8.   14) Aus ihr (J) mehreres bei Wiedeburg, ausführl.
Nachricht von einigen altd. Mss. Jena 1754. 4.; das Meiste aber in Müllers
Sammlung Bd. 2: Ein alt Meistergesangbuch. Ergänzungen in Docens Miscell.
1, 96—100; 2, 278—286.

dings wieder aufgefundene Kolmarer Handschrift[15], welche nur noch
wenig aus dem Liederschatze des zwölften und dreizehnten Jahrhunderts in sich aufgenommen hat[16].

§ 111.

Die ältesten, etwa von der Mitte des zwölften Jahrhunderts anhebenden Liebeslieder[1] im Volkston sind theils namenlos oder unter
falschen Namen auf uns gekommen[2], theils werden sie ritterlichen
Sängern zugeschrieben[3]. Unter den letztern der älteste ist der
von Kürnberg[4], aus einem ritterlichen Geschlechte an der Donau
in der Nähe von Linz[5]. Verschiedene Glieder dieses Geschlechtes
sind durch das zwölfte Jahrhundert hindurch nachweislich[6], und da
kein Vorname in der einzigen Handschrift[7] genannt wird, so lässt
sich nicht feststellen, welcher der Dichter ist[8]. So viel aber ergibt

---

15) Einzelnes daraus im altd. Mus. 2, 146—225; vollständige Inhaltsangabe
und Text von 187 Liedern in Meisterlieder der Kolmarer Hs. herausgeg. von K.
Bartsch. Stuttg. 1862. S. (68. Publicat. d. litter. Vereins).   16) Aus andern
Hss. verschiedene Lieder und Strophen stehen in Graffs Diutiska, den altd. Blättern, und in Haupts Zeitschr. — Eine kritische Auswahl aus den Liederdichtern
(mit literarischer Einleitung) gab Bartsch, Deutsche Liederdichter des 12. bis 14.
Jahrhunderts. Leipzig 1864. 8.; eine nhd. Bearbeitung von 220 Liedern L. Tieck:
Minnelieder aus dem schwab. Zeitalter. Berlin 1803. 8., mit einer noch immer
lesenswerthen Vorrede; eine wirkliche Uebersetzung K. Simrock, Lieder der
Minnesinger. Elberfeld 1858. 12. — Nach diesen allgemeinen Nachweisungen
werde ich im Folgenden nur noch in besondern Fällen bei den einzelnen Dichtern
Abdrücke und Ausgaben ihrer Lieder anführen.

§ 111. 1) Dass es schon vor 1163 sehr üblich sein musste, den Frauen
Liebeslieder, oder wie es damals hiess, *trûtliet* zu singen, ergibt sich aus einer
Stelle in Heinrichs Gedicht von des Todes Erinnerung (s. § 69, 3 und § 118),
Z. 568—573. Vgl. auch das § 72, 10 erwähnte Liedchen.   2) Sie stehen beisammen in des Minnesangs Fühling, S. 3—6; vgl. S. 221—229.   3) Ueber die
ältesten namhaften Lyriker überhaupt s. Lachmanns Walther[2] S. 198 f., womit
zu vergleichen Haupts Vorrede zu Hartmanns Liedern, Büchlein etc. S. XIV ff.
Die Lyriker des 12. Jahrhs. sind jetzt in kritischer Bearbeitung vereinigt in des
Minnesangs Frühling herausg. von K. Lachmann und M. Haupt. Leipzig 1857.
8.; vgl. dazu die Recensionen von Bartsch und Pfeiffer, Germania 3, 481—508
(die Recens. Pfeiffers ist, mit Weglassung des textkritischen Theiles, auch aufgenommen in: Freie Forschung. Wien 1867. 8.) und Haupts Entgegnung in seiner
Zeitschrift 11, 563—593, so wie Pfeiffer in der Germania 4, 232—237; Bemerkungen von Haupt, a. a. O. 13, 324—329.   4) Die ihm beigelegten Strophen sind am besten zu lesen in dem Texte Wackernagels in den Fundgr.
1, 263 ff. (zuerst selbständig erschienen Kiurenbergii et Alrammi Gerstensis
carmina rec. G. Wackernagel. Berol. 1527. 8.); MFr. 7—10; Bartsch, Liederdichter Nr. I.   5) Früher setzte man ihn in den Breisgau; so noch Wackernagel, Litt.-Gesch. S. 228; Gödeke, Grundriss S. 18. Oesterreich als Heimath
wies ihm zuerst Holtzmann, Untersuchungen über das Nibel. Lied S. 135 zu.

6) Die urkundlichen Belege in MFr. 229 f.; Pfeiffer in der German. 2, 492 f.
7) Der Pariser (C).   8) Pfeiffer, der Dichter des Nibelung. S. 17, ver-

sich aus der Art seiner Reimfreiheiten, dass er nicht später als höchstens 1150 gesetzt werden darf[9]. Seine meist einstrophigen Lieder in Form der Nibelungenstrophe[10] und einer Variation derselben sind von hoher Einfachheit und dichterischer Schönheit[11]. Ihm reiht sich sein Landsmann Dietmar von Eist[12] an, der urkundlich von 1143 bis 1170 erscheint[13], und 1171 sicher schon todt war; doch zeigen seine Strophen und Lieder neben grosser Alterthümlichkeit schon kunstreichere rhythmische Formen, die mit der Zeit vor 1170 sich schwer vereinigen lassen, daher anzunehmen ist, dass manches ihm mit Unrecht beigelegt worden[14]. Von solchem kunstreichen Gepräge ganz frei sind die Strophen Meinlohs von Sevelingen[15], eines Schwaben aus der Gegend von Ulm[16], und die dem Burggrafen von Regensburg[17] beigelegten, während die des Burggrafen von Rietenburg[18] künstlicher sind[19]. Diese kunstreicheren Formen bilden den Uebergang zu denjenigen Dichtern, die die romanischen Kunstformen in die deutsche Lyrik eingeführt haben: Friedrich von Hausen und Heinrich von Veldeke. Jener[20], aus einem in der Pfalz nahe bei Mannheim angesessenen Geschlechte[21], kommt urkundlich bereits 1171 vor; er war mehrmals in Italien und zog 1189 mit Friedrich I ins heilige Land, wo er noch in demselben Jahre in einem Gefechte bei Philomelium fiel[22]. Er war der erste, der in Deutschland die Weise des höfischen Minnesanges feststellte[23], der erste auch, der proven-

---

muthet in ihm den Magnes von K., zwischen 1120—1140; Thausing (Nibelungen-studien S. 19) hält ihn für Konrad (1140—1147). 9) Vgl. darüber Bartsch, Untersuchungen S. 355 ff. Lachmann (Anmerk. z. d. Nib. S. 5) setzte ihn eher nach als vor 1170. 10) Ueber die mögliche Autorschaft des Kürenbergers beim Nib. vgl. § 100, 10. 11) Die Autorschaft bezweifelt des MFr. S. 229 f.; ebenso Zupitza in der § 100, 10 angeführten Schrift; vgl. jedoch die ebenda angeführte Recens'on von Bartsch. 12) Die Eist. urkundl. Agasta, Agast, Agist, ist ein Bach, der bei Mauthausen in die Donau fällt. Dietmars Lieder stehen kritisch bearbeitet in MFr. 32—41. 13) Die urkundlichen Nachweise: MFr. 245 f. und Pfeiffer, German. 2, 493. 14) Vgl. Bartsch, Liederdichter S. XXVII. 15) MFr. S. 11—15. 16) Ein jüngerer M. v. S. (jetzt Söflingen), wahrscheinlich ein Enkel des Dichters, ist 1240 urkundlich nachgewiesen: des MFr. S. 231; vgl. German. 7, 111. 17) MFr. S. 16 f.; vgl. 232 f. 18) MFr. 18 f.; 233 f. 19) Die Identität beider Burggrafen, die v. d. Hagen (MS. 4, 155. 450) vermuthete, findet Haupt, MFr. 232 f., nicht wenig wahrscheinlich; doch hat der Burggraf von Rietenburg, von dem Strophenbau abgesehen, schon überschlagende Reime, vgl. Bartsch, Liederdichter S. XXIX. 20) Seine Lieder im MFr. 42—55. Vgl. über ihn Müllenhoff, zu Friedrich von Hausen, in Haupts Zeitschr. 14, 133—143. 21) Lachmann, über die Leiche S. 426, setzte ihn in die Gegend von Trier. 22) Die urkundlichen Nachweise gab Haupt, Hartmanns Lieder S. XVI ff.; MFr. 249 f.; vgl. Lachmann z. Iwein[2] S. 316; Walther[2] S. 199, Anm. 23) Vgl. Müllenhoff a. a. O. und Denkmäler S. XXV.

zalische Lieder in deutscher Gestalt nachahmte[21]. Gleichzeitig mit
ihm, beide unabhängig von einander, dichtete Heinrich von Veldeke[25], nur dass dieser sich mehr nordfranzösischen Vorbildern
anschloss. Diesen beiden Meistern reihen sich unter den berühmtesten
Sängern, von denen wir in dem feinern und vornehmern Ton der
eigentlichen Hofpoesie gedichtete Minnelieder besitzen, zunächst an
Ulrich von Gutenburg[26], ein Ritter aus dem Klettgau[27], den
Heinrich vom Türlein unter den verstorbenen Dichtern beklagt[28],
einer der ersten, der Liebesleiche in kunstreichen Formen dichtete;
Graf Rudolf II von Fenis oder von Neuenburg[29], der, dem
südfranzösischen Sprachgebiete zunächst wohnend, dort auch seine
Vorbilder suchte[30]; Heinrich von Rucke[31], ein Schwabe, der
zwischen 1175 und 1178 urkundlich auftritt[32] und in seinem Leich
den Tod Friedrichs I beklagt; Heinrich von Morungen[33], ein
thüringischer Ritter aus der Gegend von Sangerhausen[34], unter den
Lyrikern vor Reinmar und Walther unbestritten der ausgezeichnetste
und durch Tiefe und Mannigfaltigkeit bedeutendste[35]; Hartmann
von Aue[36], und der unmittelbare Vorgänger des grössten Lyrikers,
Reinmar[37], zum Unterschiede von dem jüngern Reinmar von
Zweter auch der Alte genannt[38], ein Elsässer und höchst wahrscheinlich jene Nachtigall von Hagenau, deren Tod Gottfried von Strass-

---

24) Bartsch in der German. 1, 180 ff.; Berthold von Holle S. XXXVII f.
·25) Seine Lieder stehen vor Ettmüllers Ausgabe der Eneit, Leipzig 1852, und im
MFr. S. 56—68; vgl. S. 251 ff., dazu Pfeiffer, in der German. 3, 492 ff. Vgl.
über ihn § 92, 3.   26) Seine Lieder und Leiche in des MFr. 69—79.
27) Vgl. MFr. 260.   28) Krone 2438 ff., zugleich mit Hartmann, Reinmar,
Dietmar von Eist, Heinrich von Rücke, Friedrich von Hausen und Hug von Salza,
von welchem wir keine Lieder besitzen.   29) Jenen Namen führt er in der
Weingartner, diesen in der Pariser Hs. V. d. Hagen sah in ihm mit Unrecht den
Enkel desselben, Rudolf III. Seine Lieder stehen MFr. 80—85; vgl. S. 261.
30) Er ahmte Folquet von Marseille und Peire Vidal nach; vgl. § 107, 3.
31) Seine Lieder und sein Leich: MFr. 96—111.   32) Pfeiffer in der German. 7, 110—112.   33) Seine Lieder: MFr. S. 122—147; ein Theil derselben
in ihrer ursprünglichen Mundart hergestellt bei Bartsch, Liederdichter Nr. XIV.
34) J. Grimm. Gramm. 1², 455 vermuthete ihn in der Nähe von Göttingen
heimisch.   35) Es fällt daher auf, dass er von Heinrich vom Türlein (Anm.
28) nicht auch erwähnt wird, sondern erst ganz spät bei Hugo von Trimberg
(Hagen, MS. 4, 873) und bei dem sogen. S. Helbling (Haupts Zeitschr. 4, 23).
Eine Nachahmung eines seiner Lieder durch einen italienischen Dichter des 13.
Jahrh. wies Bartsch nach, German. 15, 375 f.   36) Vgl. § 94, 1 ff.; seine
Lieder am besten in der mehrerwähnten Ausgabe von Haupt; im MFr. 205 ff.;
und im zweiten Theile von Bechs Ausgabe von Hartmanns Werken. Vgl. dazu
W. Wilmanns, zu Hartmann von Aue Liedern und Büchlein in Haupts Zeitschr.
14, 144—155; Höfer in der Germania 15, 411 ff.   37) Seine Lieder im MFr.
150—204.   38) In der Pariser Handschrift.

burg beklagt"", also wohl um 1207 bereits gestorben. Er lebte am österreichischen Hofe und sang im Dienste Herzog Leopolds VI, den er auf dem Kreuzzuge (1190) begleitete. Reinmar, der fruchtbarste und vielseitigste unter den Lyrikern des zwölften Jahrhunderts, wird in beiden Rücksichten nur von Walther von der Vogelweide[40] übertroffen. Walther, zwischen 1160 und 1170 geboren[41], ohne dass wir bestimmt angeben könnten, welche Gegend von Deutschland

---

39) In der bekannten literärischen Stelle des Tristan. Die Vermuthung wurde zuerst von Docen ausgesprochen; v. d. Hagen (MS. 4, 487. 757) suchte die „Nachtigall" in Leutold von Seven. . 40) Vgl. §. 107. Walthers Lieder sind zuerst kritisch herausgeg. von Lachmann. Berlin 1827. 8.; vgl. W. Grimm in den GGA. 1827, Nr. 204, und J. Grimm in Seebode's kritischer Bibliothek 1828, Nr. 5): 2. Ausg. 1843; 3. und 4. Ausg. (besorgt von Haupt) 1853 und 1864; die zweite kritische Ausgabe von W. Wackernagel und Rieger. Giessen 1862. 8.; die dritte von Pfeiffer. Leipzig 1864. 8.; 2. Aufl. 1866; 3. Aufl. (von Bartsch besorgt) 1870; die vierte von Wilmanns, Halle 1869. 8. (vgl. Jänicke in der Zeitschr. f. d. Gymnasialwesen 1869, S. 592—599, Bartsch in den Jahrbüch. f. Philol. u. Pädag. 1869, S. 407—420; Hildebrand ebenda 1870, S. 73—83); die fünfte von Simrock. Bonn 1870. 8. Uebersetzt mehrfach (von Koch, Halle 1848; von Weiske, Halle 1852), am besten von Simrock (mit lehrreichen Erläuterungen von dem Uebersetzer und W. Wackernagel), Berlin 1833. 2 Theile. 8.; 2—4. Ausg. (ohne die Anmerkungen) Leipzig 1853. 1861. 1869. Ein sorgfältig gearbeitetes Glossar nebst Reimverzeichniss lieferte A. Hornig. Quedlinb. 1844. 8. Kritsche Beiträge zu Walthers Liedern gaben Pfeiffer in der German. 5, 21—44; Bartsch ebendas. 6, 187—214; Wilmanns in Haupts Zeitschr. 13, 217—249; Bechstein in der German. 12, 475 ff. 15, 434 ff.; Höfer ebenda 11, 416 f. 41) Ueber sein Leben vgl. ausser der öfter angeführten geistreichen und gehaltvollen Schrift Uhlands (W. v. d. V. ein altdeutscher Dichter. Stuttg. und Tübingen 1822. 8.; wiederholt in Uhlands Schriften zur Geschichte der Dichtung und Sage 5, 1—109) und den Anmerkungen zu Lachmanns etc. Ausgaben und zu Simrocks Uebersetzung, noch besonders Pfeiffer in der German. 5, 1—20; M. Rieger, das Leben Walthers v. d. V. Giessen 1863. 8.; R. Menzel, das Leben Walthers v. d. V. Leipzig 1865. 8.; W. Wackernagel, Leben und Wirken Walthers v. d. V. in den Ergänzungen zu Herzogs Real-Encyclopädie für protestant. Theologie und Kirche; Lucae, Leben und Dichten Walthers v. d. V. Halle 1867. 8.; ferner (meist zu einzelnen Parthien seines Lebens) Reuss, Walther von der V. Eine biographische Skizze. Würzburg 1843. 8.; Böhmer, Fontes rerum germanicarum 1, S. XXXVI; W. Grimm in Haupts Zeitschr. 5, 381—384; v. Karajan, über zwei Gedichte Walthers v. d. V. in den Sitzungsberichten der Wiener Akad. 1851 (auch besonders Wien 1851. 8.); O. Abel, über die Zeit einiger Gedichte Walthers v. d. V., in Haupts Zeitschrift 9, 135—144; Daffis, zur Lebensgeschichte Walthers v. d. V. Berlin 1854. 8.; Weiske, die Minneverhältnisse Walthers v. d. V. im Weimar. Jahrbuch 1, 357—371; H. Kurz, über Walthers v. d. V. Herkunft und Heimath, Programm der Aargauischen Kantonsschule 1863. 4.; Wilmanns in Haupts Zeitschr. 13, 249 bis 288; Thurnwald, zur Spruchdichtung Walthers v. d. V. (Programm) Wien 1869. 4. Verfehlt ist die Schrift von E. H. Meyer, Walther v. d. V. identisch mit Schenk Walther von Schipfe. Eine auf Urkunden gestützte Untersuchung. Bremen 1863. 8.; vgl. German. 8, 127.

seine Geburtsstätte ist[42], lernte, wie er selbst angibt, in Oesterreich
singen und sagen[43], d. h. er empfieng dort seine dichterische Aus-
bildung, was auf ein frühes Verlassen seiner Heimath hindeutet[44].
Er war adeligen Standes, führte ein Wanderleben, stand mit König
Philipp und den Kaisern Otto IV und Friedrich II, so wie dem
Landgrafen Hermann von Thüringen, dem Markgrafen von Meissen,
mehreren österreichischen Herzögen und andern weltlichen und geistlichen Herren in Verbindung und lebte bis gegen 1230; um diese
Zeit starb er in Würzburg, vermuthlich auf dem Lehen, welches
Friedrich II dem alternden Dichter auf seine Bitte ertheilt hatte, und
ward in dem Collegiatstift des neuen Münsters begraben[45], nachdem
er wenige Jahre zuvor den Kreuzzug Friedrichs II (1227—28) mitgemacht hatte[46]. Die historisch bestimmbaren unter seinen Liedern
lassen sich von 1198—1227 verfolgen. Wie hoch er von seinen
Zeitgenossen geehrt wurde, geht unter anderm aus Gottfrieds Tristan[47]
hervor, der ihm die durch Reinmars Tod verwaiste Stellung als
Leitefrau der lyrischen Nachtigallen zuerkennt. Mit Walther vergleicht sich auch unter den Späteren Keiner; Wolfram von
Eschenbach[48], so bedeutend er als Epiker ist, und so originell
er auch in seinen Liedern erscheint, hat doch zu wenig Lieder uns
hinterlassen, um daraus den Reichthum seiner Empfindung kennen
zu lernen, und diese wenigen gehören fast ausschliesslich der Gattung des Tageliedes an[49]. Ein jüngerer Zeitgenosse Walthers und
an ihm gebildet ist Leutold von Seven[50], ein Tiroler, also vielleicht Landsmann des grossen Dichters, mit dessen Liedern die
seinigen daher in den Handschriften vermischt werden[51]. Auch noch

---

42) Die meisten Ansprüche hat Tirol (vgl. Pfeiffers Einleitung zu seiner Ausgabe und P. Anzoletti, ist W. v. d. V. ein Tiroler? Programm des Gymnas. zu
Bozen 1870) oder Franken (Wackernagel bei Simrock 2. 191, Pfeiffer in der German. 5, 1 ff.); früher hielt man die Schweiz für seine Heimath (Uhland S. 5 ff);
W. Grimm (*Vridanc* S. CXXX, vgl. S. XLI) sah in ihm einen Schwaben, vgl.
auch Weinhold, Alemannische Grammatik S. VIII f.   43) Vgl. § 77. 3.
    44) Aber grade darum, dass er Oesterreich in diesem Zusammenhange nennt,
darf man nicht mit Lachmann (Walther² S. 221) folgern, dass er von Kind auf
für einen Oesterreicher gegolten, oder, wie Andere es bestimmter fassten, ein
Oesterreicher gewesen sei.   45) Vgl. Haupts Zeitschr. 1, 33.   46) Die
Theilnahme an demselben behaupteten gegen Lachmann (Walther S. 181) zuerst
Wackernagel (bei Simrock 2, 190 ff.) und W. Grimm (*Vridanc* S. CXXIX). Auf
die Kreuzfahrt von 1198 bezog Walthers Kreuzlieder Pfeiffer (German. 5, 33 ff.),
nahm aber in seiner Ausgabe diese Ansicht zurück.   47) V. 4791 ff.
48) Vgl. § 91, 12 ff. Seine Lieder sind kritisch bearbeitet in Lachmanns Wolfram
S. 3—10.   49) Vgl. § 110, 7.   50) Kritische Ausgabe seiner Lieder im
Anhange von Wackernagels und Riegers Walther.   51) Wackernagel und
Rieger haben Leutold mehrere von Lachmann Walthern zuerkannte Lieder zugesprochen: vgl. ihre Ausgabe S. XXI.

der besten Zeit gehören an Otto IV von Botenlauben[52], Graf von Henneberg, der urkundlich seit 1196 auftritt und 1254 starb, nachdem er der Welt entsagt und in dem von ihm gestifteten Kloster Frauenrode Probst geworden war, und Ulrich von Singenberg[53], Truchsess zu St. Gallen, ein Schüler Walthers von der Vogelweide, dem er einen schönen dichterischen Nachruf gewidmet hat[54]. Aus der grossen Zahl der jüngern Minnesänger mögen hier nur einige der vorzüglichsten oder merkwürdigsten herausgehoben werden, und zwar von denen, die noch vor oder in der Mitte des dreizehnten Jahrhunderts dichteten: Christian von Hamle, über dessen Leben wir nichts wissen[55], der aber, wie seine Sprache zeigt, im mittleren Deutschland, wahrscheinlich in Thüringen zu Hause war[56]; Gottfried von Neifen[57], ein Schwabe, der urkundlich von 1234 bis 1255 vorkommt[58] und wie sein Zeitgenosse und Landsmann, Burkart von Hohenfels[59], in der Umgebung von Friedrichs II kunstliebendem Sohne, König Heinrich, lebte, ein an Reimtändeleien, aber auch am Volksthümlichen sich erfreuender Dichter[60], wie Burkart die gleiche Neigung zeigt[61]; Rudolf von Rothenburg, ein Schweizer, der 1257 urkundlich auftritt[62], und besonders als Leichdichter

---

52) L. Bechstein, Geschichte und Gedichte des Minnesängers Otto von Botenlauben Grafen von Henneberg. Leipzig 1845. 4. Er dichtete schon 1208 oder 1218—19 (Lachmanns Walther S. 132, Anm., vgl. S. 205 Anm.). 53) Kritische Ausgabe durch Wackernagel und Rieger im Anhange Walthers. 54) Die Strophe steht auch in Lachmanns Walther S. 105, und zwar als eine Walther zugehörige Strophe, und in Pfeiffers Walther S. 309. Urkundlich kommt Ulrich von 1209—1230 vor; vgl. v. d. Hagen, MS. 4, 230 ff., und Wackernagel, Verdienste der Schweizer S. 30, 30. 55) v. d. Hagen, MS. 4, 911 setzt ihn um 1225. 56) Bartsch, Liederdichter S. XLI. v. d. Hagen macht ihn zu einem Alemannen. 57) Seine Lieder sind herausgeg. von Haupt. Leipzig 1851. S. 58) Die urkundlichen Nachweise bei v. d. Hagen 4, 80; in Mone's Anzeiger 1835, Sp. 136, und bei Stälin, wirtemberg. Geschichte 2, 552—555. 576; Bartsch, Liederdichter S. XLIII. Wackernagel, Walther von Klingen S. 14 bezeichnet ihn als Thurgäuer, und als den eigentlichen Meister in allen metrischen Spielereien. 59) Aus der Gegend von Ueberlingen am Bodensee; urkundlich 1226—1229; vgl. v. d. Hagen 4, 115; Mone's Anzeiger a. a. O. 139; Stälin a. a. O. 2, 765; Bartsch a. a. O. XLII. Ausserdem: Bader, B. v. H., der Minnesänger, seine Familie und Heimath (In Badenia. Herausgeg. von J. Bader. 3. Bd. Heidelberg 1866); O. Richter, Burghart v. Hohenfels, eine literar-historische Skizze aus der Blüthezeit des Minnegesangs, im N. Lausitz. Magazin 47, 65 ff.; Barack, über den Minnegesang am Bodensee und den Minnesänger B. v. H., in den Schriften des Vereins f. Geschichte des Bodensee's, 2. Heft. Lindau 1970. 8. 60) W. Grimm, zur Geschichte des Reims S. 92; Pfeiffer, der Dichter des Nibel. S. 44; Bartsch a. a. O. XLIII; und O. Richter, Gottfried von Neifen als volksthümlicher Dichter, im 41. Bde. des N. Lausitz. Magazins. 61) Ausserdem hat Burkart v. H. in seinen Liedern eine Vorliebe für Bilder aus dem Jagdleben. 62) v. d. Hagen 4, 106; Wackernagel scheint ihm eine andere Heimath zuzuweisen, da er ihn bei Aufzählung der Schweizer Dichter

sich hervorgethan hat; Heinrich von Sax, wohl aus dem alten
Hause Hohen-Sax in Rhätien, unter mehreren gleichnamigen wahrscheinlich der, der 1258 urkundlich nachzuweisen ist[62]; Ulrich von
Liechtenstein[63], dessen Lieder etwa 1222—23 anheben und durch
rhythmischen Wohllaut und gefällige Form sich vortheilhaft von
seinem Frauendienste unterscheiden; Schenk Ulrich von Winterstetten, ein schwäbischer Ritter, aber schwerlich ein Bruder des
Schenken Konrad von Winterstetten, der unter Friedrich II eine bedeutende Rolle spielte und der Gönner Rudolfs von Ems und Ulrichs
von Türheim war[65], urkundlich 1239—1269 vorkommend[66], ein
munterer, lebensfroher Sänger, dessen Lieder sehr verbreitet waren
und auf allen Gassen gesungen wurden[67]; Hildebold von
Schwangau[68], wahrscheinlich der von 1221—1263 erscheinende
Hildebold[69], wobei nur auffiele, dass er in einem zu seiner Zeit nicht
mehr üblichen Umfange romanische Weise nachahmte[70]; Walther
von Metz, wahrscheinlich ein Tiroler[71], sicherlich nicht identisch
mit dem französischen Dichter der Mappemonde, Gautier de Metz[72],
auch er zur Schule Walthers gehörend[73]; endlich Reinmann von
Brennenberg, ein bairischer Ritter aus der Gegend von Regensburg, der urkundlich 1238 vorkommt und vor 1276 erschlagen wurde[74].
Von den Späteren, deren mehrere schon in den Anfang des vierzehnten Jahrhunderts herübergreifen, seien erwähnt Konrad Schenk
von Landeck, ein Thurgäuer, der urkundlich 1271—1304 vorkommt, und bereits 1276 dichtete[75]; Herzog Heinrich von Bres-

Verdienste der Schweizer S. 12 ff.) nicht erwähnt. Das Wappen der Pariser Hs.
stimmt allerdings nicht zu dem der schweizer. Rothenburger.   63) v. d. Hagen
4, 98 ff.; Wackernagel a. a. O. S. 31, 35.   64) Vgl. § 97. 5.   Bester Text
in Lachmanns Ausgabe des Frauendienstes.   65) Vgl. § 94, 67.   66)
Die urkundlichen Nachweise bei Stälin a. a. O. 2, 615. 765.   67) Vgl. Wakkernagel, Verdienste der Schweizer S. 13. 30; und § 109, 5.   68) Seine Lieder
sind besonders (doch ganz unkritisch) mit Uebersetzung herausgeg. von Schrodt.
Augsburg 1871. S.   69) v. d. Hagens MS. 4, 190.   70) Bartsch, Liederdichter S. XXXV setzt ihn daher früher an.   71) v. d. Hagen 4, 243 ff. Doch
gab es auch in der Rheinpfalz Herren von Metz: Minnes. Frühl. S. 225.
72) Minnes. Frühling a. a O.   73) Wilmanns, Walther S. 23.   74)
Docen (altd. Mus. 1, 140) hielt ihn für den Reinmann, der um 1324 erwähnt wird
und mit dem sein Geschlecht erlosch, doch schienen ihm die Lieder des Dichters
einer etwas frühern Zeit anzugehören; auch Wackernagel setzte ihn früher (altd.
LB.[2] 791) in den Anfang des 11. Jahrhunderts. Nachdem aber v. d. Hagen eine sonst
von Wackernagel (Verdienste der Schweizer S. 30, 30) ohne Angabe des Grundes
(vgl. Lachmann, über Singen und Sagen S. 8, Anm. 2) dem Marner beigelegte
Strophe (MSH. 3, 331a), deren Verfasser den Walther v. d. Vogelweide seinen
Meister nennt, richtig dem Brennenberger zugewiesen hat (MS. 3, 451b; 4, 280),
wird man mit ihm in dem Dichter den ältern Reinmann oder Reinmar sehen
dürfen.   75) Vgl. Wackernagel, Verdienste der Schweizer S. 13. 32; Uhlands

lau, ohne Zweifel Heinrich IV (1266—1290)[75]; Markgraf Otto von Brandenburg, d. h. Otto IV mit dem Pfeile (1266—1308)[77]; und Meister Johann Hadlaub[78], ein bürgerlicher Sänger, der meist in Zürich und dessen Umgebung, mit den Manessen und andern Herren der Schweiz befreundet, lebte und dichtete[79].

§ 112.

Eine besondere Abtheilung in dieser Klasse bilden die Lieder und Reien, welche nicht das Liebesleben der höhern, sondern der niedern Stände, so wie deren Freuden überhaupt, Tanz, Spiel, allerlei Muthwill, der oft mit Schlägerei endigt, zum Inhalt haben, deren Scene meist das Dorf oder der Anger ist, worin Bauern und Bäuerinnen, Hirten, Knechte und Mägde, gewöhnlich aber auch der Dichter selbst, der sein Herz einer ländlichen Schönen zugewandt hat, die Hauptrollen spielen. In Rücksicht der Form unterscheiden sie sich nur insofern von andern kunstmässigen Gedichten der Gattung, als im strophischen Baue das sonst herrschende Gesetz der Dreitheiligkeit viel weniger strenge beobachtet wurde; auch waren sie gewiss in der besten Zeit nicht zur Unterhaltung der Bauern, sondern des Hofes gedichtet[1], da die vornehme Welt hier und da schon frühzeitig ein grosses Wohlgefallen an dergleichen derb-kräftigen, oft sehr ausgelassenen Darstellungen fand, die von dem weichen, zarten und sentimentalen Ton der eigentlichen Minnelieder scharf abstachen. Man darf aber vermuthen, dass diese Dichtungsart, die ihrem Ursprung und ihrer nächsten Bestimmung gemäss mit dem Namen der höfischen Dorfpoesie bezeichnet worden ist[2], in einem nahen Verwandtschaftsverhältniss zu dem ältern ländlichen Volksgesange stand und darin ihre Grundlage hatte[3]. Für ihren Erfinder muss man einen adeligen Sänger, Neidhart von Reuenthal[4] (so be-

---

Walther S. ٭; v. d. Hagen 1, 307 ff.; Bartsch in der German. 9, 149.   76) Vgl. v. d. Hagen 4, 20 ff.; Rückert, der Minnesinger Heinrich von Breslau, in: Schlesische Fürstenbilder des Mittelalters von H. Luchs, Breslau 1869, 9. Heft, Anhang.   77) v. d. Hagen 4, 25 ff.   78) Ausgabe seiner Lieder von L. Ettmüller. Zürich 1840. 8.   79) Um 1300; vgl. Wackernagel a. a. O. 35, 58; v. d Hagen 4, 625 ff.

§ 112.   1) Nach Liliencron, in Haupts Zeitschr. 6, 105 ff. ist die Darstellung der bäuerlichen Scenen, der Dörpereien, in Neidharts Winterliedern eine Satire auf das Leben der höheren Stände und das Hofleben.   2) Von Lachmann zu Walther 65, 32.   3) Vgl. Wackernagel zu Simrocks Walther 2, 170 und in v. d. Hagens MS. 4, 439; besonders aber v. Liliencron, über Neidharts höfische Dorfpoesie, in Haupts Zeitschr. 6, 69—117; ausserdem K. Schröder, die höfische Dorfpoesie des deutschen Mittelalters, in Gosche's Jahrbuch für Litt.-Gesch. 1, 41—95, und Gosche, Idyll und Dorfgeschichte im Alterthum und Mittelalter, in seinem Archiv f. Litt.-Gesch. 1, 169—227.   4) Kritische Ausgabe seiner Genannt nach einem von seiner Mutter ererbten Gute), halten, der bereits um 1217 berühmt war*, und von dem auch die meisten und vorzüglichsten der hierher gehörigen Lieder auf uns gekommen sind. Ein Baier von Geburt*, nahm er 1217—19 an dem Kreuzzuge Leopolds VII von Oesterreich Theil, und wandte sich, nachdem er die Huld des Herzogs von Baiern durch die Umtriebe eines Ungenannten verloren hatte, um 1230 nach Oesterreich, dessen Fürst, Friedrich der Streitbare, ihn gütig aufnahm. Den Tod desselben (1246) scheint er nicht mehr erlebt zu haben; wenigstens reichen die geschichtlichen Spuren in seinen Liedern nur bis zum Jahre 1236*. Diese sind nicht sämmtlich auf uns gekommen, und die erhaltenen sind häufig verfälscht und mit einer grossen Menge untergeschobener Stücke vermischt*; ja seine eigene geschichtliche und dichterische Persönlichkeit entgieng nicht der gröbsten Entstellung und Verrückung aller Zeitverhältnisse*. — In gleichem oder ähnlichem Geschmack gedichtete Lieder haben sich unter Goeli's[10] Namen, von Stamheim, wahrscheinlich einem Ritter aus der Passauer Gegend, wo

---

dichte von Haupt. Leipzig 1858. S.; vgl. Bartsch in der German. 4, 247—250. Die Texte der besten, der Riedegger Hs., gab Benecke im 2. Theile seiner Beiträge (1832); Verbesserungen und Ergänzungen zu seiner Ausg. Haupt in seiner Zeitschr. 13, 175 ff.; vgl. auch Germania 15, 431 ff.   5) Wolfram erwähnt seiner im Willeh. 312, 12. Liliencron (S. 111) setzt die Zeit seines Dichtens ungefähr von 1210—1240. Dass Walther von der Vogelweide, wie Uhland a. a. O. S. 99 vermuthet hat (ihm schliessen sich Wackernagel und Pfeiffer an), mit seiner Klage über das Emporkommen des unhöfischen, bäuerischen Gesanges auf den Burgen (Walther 64, 31—65, 32) auf Neidharts Poesien anspiele, hält Haupt, Neidhart S. 217, für unbegründet.   6) Nach J. Grimm, Gramm. 1³, 203 war er ein Oesterreicher. Vgl. noch C. Hofmann, über die Heimath des N. v. R. in den Münchener Sitzungsberichten von 1865, II, 19—21.   7) Ueber sein Leben vgl. Wackernagel in v. d. Hagens MS. 4, 435—442, und O. Richter, Neidhart von Reuenthal als Hauptvertreter der höfischen Dorfpoesie, im N. Lausitz. Magazin 45. Bd., 2. Heft.   8) Eine Anzahl solcher unechten Stücke gibt Haupt am Schlusse der Einleitung seiner Ausgabe; eine viel grössere Zahl, und darunter auch viel spätere, v. d. Hagen, MS. 3, 155—313. 4684—4688.   9) Wackernagel sieht in dem angeblichen Hofnarren Otto's des Fröhlichen von Oesterreich († 1339) Neidhart Fuchs nur den ältern, von der Sage in diese Zeit herabgedrückten Liederdichter, während Gervinus 2, 333 (vgl. 2⁵, 518) wirklich einen jüngern Neidhart am Hofe Otto's anzunehmen scheint, mit dem der ältere späterhin vermischt worden sei (vgl. auch Blätt. für litter. Unterhalt. 1838, Nr. 139 f.). Für die Existenz eines jüngern Neidhart zeugt auch die Grabschrift, welche Bergmann in den Mittheilungen der k. k. Centralcommission f. Erforschung und Erhaltung der Baudenkm., 15. Jahrgang, mitgetheilt hat; eine andere Fassung veröffentlicht demnächst Steffenhagen in der Germania.   10) Wackernagel a. a. O. S. 439, Anm. 1, findet es mehr als wahrscheinlich, dass dieser Name aus der Reihe der altdeutschen Dichter ganz zu streichen ist, und dass die ihm zugeschriebenen Gedichte gleichfalls dem Neidhart zugehören.

dieser Name urkundlich nachgewiesen ist[11], Burkart von Hohenfels[12] u. a. erhalten; auch der Tanhäuser, vermuthlich ein Salzburger oder Baier, der an den Höfen Friedrichs des Streitbaren (den
er überlebte) und anderer Fürsten sich aufhielt und ein unruhiges
Wanderleben geführt zu haben scheint[13], rührt in einigen seiner
meist aus Tanzweisen sehr verschiedenen Inhalts bestehenden Gedichte an diesen Geschmack. Im niedrigsten Stil abgefasst sind
Lieder dieser Art von Steinmar, einem thurgäuischen Ritter, der
von 1251 an urkundlich vorkommt[14], mehrmals im Gefolge Rudolfs
von Habsburg war[15] und noch 1294 dichtete, und von Johann
Hadlaub[16], welche beiden Dichter uns auch die ältesten, in nicht
höherm Ton gehaltenen Ernte-, Herbst- und Schmauselieder[17] hinterlassen haben.

§ 113.

2. **Religiöse lyrische Gedichte.** — Dass im zwölften
und auch im dreizehnten Jahrhundert ein religiöser Volksgesang,
die Fortbildung jener frühen Ansätze dazu im fränkischen Zeitalter
(§ 43), bestand, unterliegt keinem Zweifel, obschon an Einführung
desselben bei dem Hauptgottesdienst in der Kirche wohl noch gar

---

11) Von Haupt in seiner Zeitschr. 6, 395; dazu stimmt auch, wie Haupt bemerkt, seine Stellung in der Pariser Hs. zwischen bairischen und österreichischen Dichtern. Seine Zeit setzt v. d. Hagen 4, 911 um 1230; vgl. S. 419 f.
und Wackernagel, Verdienste der Schweizer S. 33, 53.   12) S. § 111, 59.
13) Daraus und aus einem ihm beigelegten Bussliede (v. d. Hagen 3, 48) scheinen die
Elemente zu der Rolle, die er in der Sage spielt, entnommen zu sein. Vgl. über
sein Leben und den Tanhäuser der Volkssage v. d. Hagen 4, 421—434; H. Holland, die Sage vom Ritter Tanhauser, dessen Leben und Lieder, im Abendblatt
d. N. Münch. Zeitung 1860, Nr. 305. 308. 310; über die Sage Grässe, die Sage
vom Ritter Tannhäuser, Dresden u. Leipzig 1846. 8. Jüngere Hss. legen ihm
noch mancherlei Gedichte bei: vgl. den Anhang bei Grässe und Zingerle in der
German. 5, 361 ff. Auch eine „Hofzucht", ein didaktisches Gedicht in vierzeiligen
Strophen, besitzen wir unter seinem Namen (herausgeg. von Haupt in seiner Zeitschrift 6, 488—496); auf ihm beruht wieder eine jüngere Tischzucht (bei Haupt
7, 174—177).   14) 1251—1270 erscheinen die beiden Brüder Konrad und
Berthold: v. d. Hagen 4, 468 ff. Wackernagel, Walther v. Klingen S. 6, bezeichnet ihn als Unterthanen Walthers und als Bürger von Klingenau, der bei Walther
wohlangesehen war. War er einer jener Brüder (das Prädicat „Herr" zeugt für
einen Adeligen), so befremdet nur, dass er noch 1294 ein Lied wie das 12. bei
v. d. Hagen gedichtet haben sollte.   15) Nach einer Stelle in seinen Liedern
machte er die Belagerung Wiens unter Rudolf (1276) mit; schon vorher war er
bei der Winterfahrt Rudolfs nach Meissen.   16) S. § 111, 78.   17) Ein
ähnliches Lied, das unter Neidharts Namen geht (v. d. Hagen 3, 309 ff.; 798 ff.;
Liederbuch der Hätzlerin S. 69 ff.) ist ihm untergeschoben; vgl. Wackernagel in
v. d. Hagens MS. 4, 439, Anm. 2 und v. Liliencron a. a. O. S. 115 f.

nicht gedacht wurde. Man sang geistliche Lieder auf Bittgängen, Wallfahrten, beim Antritt und im Verfolg von Seereisen, vor, während und nach der Schlacht, auch wohl bei Umzügen an Kirchenfesten, bei Aufführung geistlicher Schauspiele und andern zur Andacht auffordernden Gelegenheiten. Für alle solche Lieder scheint der Name Leise oder Leison üblich gewesen zu sein, der sich auch noch später lange erhielt und als eine Verkürzung von dem alten Ruf Kyrie eleison zu betrachten ist[1]; daneben war auch der Name Ruf namentlich für Bittlieder an die Heiligen gebräuchlich[2]; beide Namen scheinen sogar gleichbedeutend verwendet worden zu sein[3]. Mit dem Aufkommen ketzerischer Secten im dreizehnten Jahrhundert entstanden auch Ketzerlieder, die gewiss in ganz volksmässigem Tone abgefasst waren. — Von diesen oder ähnlichen alten Gesängen in den einfachen Formen der Volkspoesie haben sich aber in der ursprünglichen Gestalt nur wenige erhalten: unter den namenlosen unter andern das Loblied und der alterthümliche Leich auf die Jungfrau Maria, deren schon oben[4] gedacht wurde, ein Marienlob, welches mitten in eine Bearbeitung der Bücher Mosis eingefügt ist[5], ein Paternosterleich aus zwölfzeiligen nicht ganz gleichgebauten Strophen[6], ein Leich von der Siebenzahhl, ebenfalls in zwölfzeiligen Strophen, wohl erst aus der zweiten Hälfte des zwölften Jahrhunderts[7], ein ebenfalls als Leich dargestellter Messegesang[8], ein Hymnus Laudate dominum[9], verschiedene Weihnachts-, Oster-[10]

---

§ 113.   1) Nach Hoffmann, Kirchenlied S. 35 (3. Ausg. S. 45 f.); W. Wackernagel, Wörterb. unter *leich*, liess ihn früher aus dem altfranz. lais entstehen (die neueste Bearbeitung 1861 stimmt Hoffmann bei); Ph. Wackernagel (das d. Kirchenl. S. XIII f.) gibt Hoffmanns Herleitung des Namens zu, lässt ihn aber nur für eine bestimmte Klasse geistlicher Gesänge in deutscher Sprache gelten.
    2) Vgl. Grieshaber in der Germania 1, 443, wodurch Hoffmanns frühere Zweifel (Kirchenlied S. 67, Anm. 66) ob *ruof* schon im 13. Jahrh. üblich gewesen, erledigt werden.   3) Vgl. Bartsch in der German. 5, 459.   4) § 68, 31.
15.   5) In Strophen von je 24 Zeilen (aber in der ersten Strophe eine Lücke von 3 Zeilen) dargestellt bei Müllenhoff und Scherer, Denkmäler Nr. XL, vgl. S. 389 ff.; Schade, veter. monum. decas S. 46 f. betrachtet dagegen die letzten 24 Zeilen dieses Gedichtes als besonderen Leich und zerlegt ihn in 3 Absätze.
6) In Mone's Anzeiger 8, 39—44; nach einer andern Hs. in Karajans Sprachdenkmalen S. 67—70; kritisch bearbeitet und als Leich dargestellt Denkmäler Nr. XLIII; vgl. S. 396 ff.   7) In der Innsbrucker Hs., unmittelbar hinter dem Paternosterleich; Mone 8, 44—46; Denkmäler Nr. XLIV u. S. 403 ff.   8) K. Roth, Denkmäler der deutschen Sprache, München 1840, S. XII; 46 f.; Schmeller in Haupts Zeitschr. 8, 117—119; Denkmäler Nr. XLVI; vgl. S. 408.
    9) In Diemers Gedichten des 11. und 12. Jahrh. S. 354, 8—355, 23, in Arnolts Gedicht von der Siebenzahl eingefügt; Denkmäler Nr. XLV, vgl. S. 407.
10) Ein Osterlied, welches sicher noch dem 12. Jahrh. angehört, bei Hoffmann, Kirchenlied[3] S. 38 f.; Bartsch, die Erlösung S. 189. Ph. Wackernagel, Kirchenlied 2, 43. setzt es ins 14. Jahrhundert.

und Pfingstlieder etc., mitunter freilich blosse Liederanfänge"; und
von namhaften Dichtern einige Stücke ähnlichen Inhalts von dem
Spervogel, einem der ältesten Lyriker des zwölften Jahrhunderts",
die durch ihre Einfachheit und Innigkeit, durch die Volksmässigkeit
des Stiles ganz besonders anziehen. Nicht zum Gesange, sondern
zum Lesen bestimmt, waren die gegen Ende des zwölften Jahrhunderts als letzte Arbeit eines Priesters gedichteten Marienlieder
in niederrheinischer Sprache, die den lateinischen Kirchenliedern
nachgebildet sind"; sie sind keineswegs alle strophisch, sondern
die Mehrzahl besteht aus Absätzen von ungleicher Zeilenzahl". Sie
tragen ein wenig volksthümliches Gepräge, und sind von geringem
poetischen Werthe. — Unter den religiösen Gedichten in eigentlich
kunstmässigen Formen, Leichen, Liedern und Sprüchen", sind Lobgesänge auf die Jungfrau Maria und die Dreieinigkeit die vornehmsten und zahlreichsten; die Verehrung der ersten war in diesem
Zeitraum erst recht in Aufnahme gekommen", und zu schwärmeri-
scher Liebe gesteigert, rief sie eine geistliche Minnepoesie hervor,
in welcher sich jener weltliche Frauendienst, so zu sagen, nur ver-
klärt zeigte. Andere schildern Scenen aus der Leidensgeschichte,
oder suchen das Geheimniss der Menschwerdung Gottes zu versinnlichen. Manche haben den Charakter des Gebetes oder nähern sich
ihm: öfter werden darin die Gottheit und die Jungfrau um die Be-
freiung und Beschützung des heiligen Grabes, oder um das Wohl
und den innern Frieden der Christenheit und des Vaterlandes an-
gefleht. Noch andere enthalten Aufforderungen zu einem Kreuzzuge,
oder die Dichter drücken das sie beseelende Gefühl aus, wenn sie

11) So von dem vielleicht ältesten, das nach Müllenhoff, Denkmäler S. 329 f.,
wohl noch ins 9. Jahrh. zurückreicht: *Helfen uns alle heiligen* oder *Die heiligen
alle helfen uns*: Denkmäler Nr. XXIX; vgl. German. 5, 459. Vgl. über diese alten
Lieder u. Liederfragmente das Nähere bei Hoffmann a. a. O. S. 20—62, 3. Ausg. S.
30—73, wo auch die erhaltenen Verse abgedruckt sind; ebenso bei Ph. Wackernagel, das deutsche Kirchenlied. Bd. 2, wo auch sämmtliche religiöse Lieder der
Kunstdichter wieder abgedruckt sind.   12) Ueber Spervogel (s. § 72), bei dessen
Namen v. d. Hagen, MS. 4, 911, sehr unpassend das Jahr 1230 setzt, vgl. Hoffmanns Fundgruben 1, 268; Lachmanns Walther S. 199; des Minnesangs Frühling S. 20—30 (wo sie mit denen eines andern Spervogel vermischt stehen) und
S. 237; Pfeiffer in der German. 2, 493 f.; Bartsch ebenda 3, 481 f.; Bartsch,
Lyrderdichter Nr. III und S. XXVIII; Scherer, deutsche Studien I. Wien 1870.
8. — Ganz ohne Grund setzt ihn Gradl, Lieder und Sprüche der beiden Meister
Spervogel. Prag 1869. 8., nach Eger, wo der Name Spervogel im 13. Jahrh. vorkommt; vgl. Strobl in der German. 14, 237 ff.   13) Herausgeg. von W. Grimm
in Haupts Zeitschr. 10, 1—142.   14) In einem Gedichte der letzteren Form
kommt auch die Stelle vom Lesen vor (122, 18).   15) Ueber den theologischen Inhalt derselben vgl. Christmann, theologumenou poetarum lyricorum theotiscorum saec. XII et XIII selecta capita. Königsberg 1862. 8.   16) Vgl.
W. Grimms Einleit. zu Konrads goldener Schmiede.

selbst im Begriff stehen, eine Gottesfahrt anzutreten, oder wenn sie
schon auf dem geheiligten Boden wandeln. — Das Streben, alles zu
allegorisieren und mystisch zu deuten, zeigt sich auch in vielen
dieser Gedichte, besonders seit der Mitte des dreizehnten Jahrhunderts; später drängt sich dann noch eine seltsam prunkende Gelehrsamkeit und ein, wie es scheint, absichtliches Haschen nach
Dunkelheit im Ausdruck und nach entlegenen Bildern und Anspielungen in sie ein[17], so dass nun freie Ergüsse wahrhaft religiöser
Empfindungen, wie sie sich in der bessern Zeit nicht selten finden,
immer sparsamer werden. — In den kunstmässigen Formen der lateinischen Sequenzen bewegen sich zwei namenlose Loblieder auf
Maria, das eine aus Muri[18], das andere aus St. Lambrecht stammend[19], dieses das ältere, aber auch jünger als die Mitte des zwölften
Jahrhunderts[20].   Unter den namhaften Dichtern besitzen wir religiöse
Gesänge von Heinrich von Rucke[21], der seinen kunstvoll gegliederten Leich[22] gleich auf die Nachricht von Friedrichs I Tode
dichtete und darin zu einer neuen Kreuzfahrt aufforderte[23], Hartmann von Aue und Walther von der Vogelweide, während
der unter dem Namen Gottfrieds von Strassburg überlieferte
Lobgesang auf Maria und Christus[24] nicht von Gottfried, sondern
von einem in der Gegend des Bodensees heimischen jüngeren Nachahmer desselben nicht früher als gegen Ende des dreizehnten Jahrhunderts verfasst ist[25].   Unter den jüngern[26] zeichnen sich als religiöse Dichter aus Reinmar von Zweter[27], ein Dichter ritterlicher

---

17) Namentlich gilt diess, wie von den meisten, so insbesondere von den
geistlichen Gedichten Frauenlobs.   18) Vgl. § 68, 16.   19) In Diemers
Gedichten des 11. und 12. Jahrh. S. 384; kritisch bearbeitet bei Müllenhoff und
Scherer Nr. XLI.   20) Denkmäler S. 392 f.   21) Vgl. § 111, 31.
22) Zuerst herausgeg. von Docen in Schellings Zeitschr. 1, 415 ff.; kritisch in
des MFr. S. 96—99.   23) Nach Pfeiffer in der German. 7, 111 ist der Leich
im Spätjahr 1191 gedichtet.   24) Er ist in keiner Hs. ganz überliefert; was
B und C enthalten, gibt v. d. Hagen, MS. 3, 454 ff.; 2, 266 ff. (über seine Anordnung der Strophen vgl. 3, 706). Nach Auffindung eines Bruchstücks in einer
dritten Hs. hat ihn kritisch (doch immer noch nicht in seinem ursprünglichen
Umfange) herausg. Haupt in seiner Zeitschr. 3, 513 ff.   25) Den Nachweis
der Unechtheit führte Pfeiffer, über Gottfried von Strassburg, in der German. 3,
59—80, aus Anlass der Schrift von J. M. Watterich, Gottfried von Strassburg,
ein Sänger der Gottesminne. Leipzig 1858. 16., worin mit mehr Phantasie als
Kritik aus Gottfrieds Werken höchst bedenkliche biographische Thatsachen gefolgert werden.   26) Eine Auswahl geistlicher Dichtungen, fast alle anonym
und meist erst aus dem 14. Jahrhundert, enthält der Anhang zu Bartschens Ausgabe der Erlösung. Quedlinb. und Leipzig 1858. 8.; die vollständigste Sammlung
aller geistlichen Lieder von der ältesten Zeit an gibt Ph. Wackernagels Deutsches
Kirchenlied. Leipzig 1864 ff. gr. 8.   27) Ueber sein Leben und seine Gedichte vgl. K. Meyer, Untersuchungen über das Leben Reinmars von Zweter

Abkunft, der am Rheine geboren, in Oesterreich erwachsen, bereits
1227 dichtend[28], später in Böhmen lebend[29], fast alle seine Gedichte,
der Gegenstand derselben mag sein welcher er wolle, in einer und
derselben Strophenart abgefasst hat; der Hardecker, vielleicht
der Schweizer Adelige, Heinrich von Hardecke, der urkundlich 1227
bis 1264 erscheint[30]; Konrad von Würzburg[31], dessen zur Verherrlichung der Jungfrau gedichtete goldene Schmiede[32] allerdings nur dem Inhalt, nicht der Form nach hierher gehört, der aber
auch andere religiöse Gedichte in lyrischen Formen gedichtet hat,
und dem später auch manches der Art untergeschoben wurde[33];
Raumsland oder Raumeland, ein Sachse bürgerlichen Standes,
der ein Wanderleben führte und noch über 1287 hinaus lebte[34];
Bruder Eberhard von Sax, ein Dominicaner aus dem Rhein-
thal unweit Feldkirch[35], der 1309 urkundlich nachgewiesen ist[36], ein
Nachahmer von Konrads von Würzburg goldener Schmiede[37]; end-

und Bruder Wernhers. Basel 1866. 8.; W. Wilmanns, Chronologie der Sprüche
Reinmars von Zweter, in Haupts Zeitschr. 13, 434—463.   28) Vgl. ausser
den in Anm. 27 angeführten Schriften Kobersteins Abhandl. über den Wartburgkrieg S. 25 ff.; v. d. Hagen, MS. 4, 492 ff. Dass er aber noch in einem unmittelbaren Verhältniss zu Walther v. d. Vogelweide gestanden, folgt nicht so zweifellos aus einer Strophe Reinmars, wie v. d. Hagen 4, 184. 505, glaubt; vgl.
Lachmanns Walther S. 151.   29) Wie er selbst sagt, MSH. 2, 204b. Wie
lange er gedichtet, darüber gehen die Meinungen auseinander: nach Wilmanns
S. 455 lässt sich kein Spruch mit Sicherheit später als Ende 1245 setzen; nach
Meyer dichtete er bis 1257 und starb zwischen 1260—1270.   30) So nach
v. Lassberg und v. d. Hagen, MS. 4, 446 (vgl. Bartsch, Liederdichter S. XLVII).
Eine Strophe von ihm setzt K. Meyer, Untersuchungen über Reinmar von Zweter
S. 44, ins Jahr 1237. Ueber sein von Lachmann gemuthmasstes Zusammen-
fallen mit dem sagenhaften Klinsor (dem die Wiltener Hs. ein längeres Gedicht
[25 Str.] der helle krieg beilegt: vgl. Zingerle in der German. 6, 295—304) im
Wartburgkriege und bei Hermann dem Damen s. Jen. Litt. Zeit. 1823, Nr. 194,
S. 209.   31) Vgl. § 95, 9 ff.   32) § 71, 9. Herausgeg. in den altd.
Wäld. 2, 193 ff.; im Kolocz. Codex S. 3 ff.; am besten in einer besondern Ausgabe von W. Grimm, Berlin 1840. 8. Eine Nachahmung der goldenen Schmiede
sind die von Pfeiffer in Haupts Zeitschr. 4, 274—298 herausgegebenen Mariengrüsse; über deren Form vgl. § 71, 33.   33) So das Ave Maria bei v. d.
Hagen 3, 337 ff.; vgl. W. Grimms Einleit. zur goldenen Schmiede S. XII, Anm.
und Haupts Engelh. S. VIII. Ueber die unter Konrads Namen im altd. Mus. 2,
202 ff. aus der Kolmar. Handschr, abgedruckten Lieder s. v. d. Hagen, MS. 4,
728; 906.   34) Verschieden von dem gleichnamigen Schwaben, dem die Jenaer
Hs. einige Strophen zutheilt: vgl. v. d. Hagen 4, 716 und Bartsch, Liederdichter
S. LV.   35) Pfeiffer in der German. 3, 65.   36) Von Lütolf in der Germania 9, 463. v. d. Hagen 4, 911 setzt ihn 1212—1236, obgleich er S. 99 bemerkt hat, dass die Predigermönche erst in der Mitte des 13. Jahrh. in der
Schweiz feste Sitze gewannen; Docen im altd. Mus. 1, 204 hatte richtiger seine
Lebenszeit um 1260 vermuthet. Er ist wohl kaum aus demselben Geschlechte
wie Heinrich von Sax (§ 111, 63).   37) Vgl. W. Grimms Einleitung S. XIX.

lich Heinrich von Meissen, genannt Frauenlob[38], nach der gangbarsten Meinung daher, dass er im Widerspruch mit andern Dichtern älterer und seiner Zeit[39] von den beiden Benennungen Frau und Weib jene über diese erhob[40], — ein fahrender Sänger bürgerlicher Herkunft[41], der 1318 zu Mainz gestorben der Sage nach von Frauen zu Grabe getragen wurde[42], ein durch Schwulst und Prunken dessen mit Gelehrsamkeit den Zeitgenossen imponierender Dichter[43], unter zahlreichen Gedichten[44] viele geistliche sind, die Prachtstücke seiner Manier zwei Leiche, einer auf die Jungfrau Maria, dem das hohe Lied zu Grunde liegt, der andere vom heiligen Kreuze[45].

§. 114.

3.   Die an einzelne Fürsten und Edle gerichteten Lob- und Strafgedichte, so wie die Klaggesänge auf berühmte Verstorbene[1], giengen theils aus den besondern Verhältnissen der Dichter zu den von ihnen gefeierten oder getadelten Personen, theils aus dem Antheil hervor, den mehrere unter ihnen an den öffentlichen Angelegenheiten der Zeit nahmen. Aus diesem Antheil entsprangen auch die politischen Gedichte, worin die Verfasser die Gegner der Meinung bekämpften, die sie für die richtige und dem öffentlichen Wohl zuträglichste erkannten, oder worin sie die Zeitgenossen zu dem ermahnten, was ihnen nöthig schien, um die Ehre des Vaterlandes und das Ansehen der Kirche aufrecht zu erhalten.   Mit dem Verfall des Reichs verlieren sie das individuelle Interesse, beschränken sich meist nur auf allgemeine Klagen über die politische Verwirrung Deutschlands und über die Ausartung der

---

38) Vgl. § 78. Die Pariser Hs. führt ihn zweimal auf, einmal als Meister . Heinrich Frauenlob, dann als der junge Meissner (s. § 115. 8).   39) J. Grimms Mythol.² 276.   40) Vgl. v. d. Hagen, MS. 4, 735.   41) Gewiss nicht, wozu ihn seiner Gelehrsamkeit wegen die spätere Zeit gemacht hat, Doctor der Theologie.   42) Vgl. über sein Leben v. d. Hagen 4, 730 ff.; Ettmüllers Vorrede zu seiner Ausgabe; Bartsch, Liederdichter S. LX.   43) Ueber seinen dichterischen Charakter vgl. auch W. Grimm, über Freidank (1850) S. 19.
44) Vollständigste Ausgabe derselben durch L. Ettmüller. Quedlinb. u. Leipzig 1843. 8. Die jüngern Hss., wie die Kolmarer, haben vieles unechte in seinen Tönen gedichtete, darunter aber auch manches, was wenigstens seiner Zeit und Reimart nicht widerspricht: vgl. Bartsch, Meisterlieder der Kolmarer Hs. S. 168. 275.   45) Der Kreuzleich und ein dritter, der Minneleich, sind auch besonders von Ettmüller herausg. im Programm der Züricher Kantonsschule 1842.
§ 114. 1) Auch berühmter Dichter Tod ist zuweilen Gegenstand von Klageliedern, vgl. z. B. das schöne Gedicht Walthers auf Reinmar den Alten (bei Lachmann 83, 1 ff.), das Ulrichs von Singenberg auf Walther (§ 111, 51) und das höchst gezierte Frauenlobs auf Konrad von Würzburg (Ettmüller, S. 180, 313; Bartsch, Liederdichter Nr. LXXIX, 250). Andere, die mehrere Dichter zugleich als verstorben aufführen und rühmen, findet man bei v. d. Hagen. MS. 4, 571 f.

Geistlichkeit, der Fürsten, des Adels und des Volkes und werden
allmählig immer seltener. Dagegen häufen sich gegen das Ende des
dreizehnten Jahrhunderts die an weltliche und geistliche Herren gerichteten Lobgedichte, die nun aber immer gezierter, schmeich-
lerischer und manierierter ausfallen, und denen man es nur zu oft
ansieht, dass sie ihren Verfassern die sich im Geben erweisende
Gunst der Grossen erwerben oder bewahren sollen, wie auf der andern Seite jetzt nicht leicht etwas strenger von den Sängern gerügt
wird, als wenn ein Machthaber sich karg gegen sie gezeigt hat [2]. —
Das älteste Gedicht dieser Klasse ist ein Klagelied Spervogels [3];
ein anderes, recht schönes, das den Tod Leopolds VI von Oesterreich beklagt und wahrscheinlich 1195 gedichtet ist [4], besitzen wir
von Reinmar dem Alten [5]; die vortrefflichsten hierher fallenden Lieder und Sprüche hat aber Walther von der Vogelweide [6] gedichtet. Unter den jüngern Dichtern dichteten noch
manches Werthvolle oder wenigstens Charakteristische von dieser
Art Reinmar von Zweter, Bruder Wernher [7], ein Laie und
vielleicht Laienbruder in einem Kloster [8], ein Nachahmer Walthers
von der Vogelweide, bereits vor 1220 dichtend [9] und noch bis um
1266 thätig [10]; der Marner, ein fahrender Sänger aus Schwaben,
der, da er Walthern seinen Meister nennt, schon vor 1230 gedichtet
haben muss, und vor 1287 als alter blinder Mann ermordet wurde [11],
ein gelehrter Dichter, der auch lateinische Gedichte verfasst hat [12]
und im Renner als zweier Sprachen im Gesange mächtig gerühmt

---

2) Vgl. hierzu Docen, über die deutschen Liederdichter seit dem Erlöschen
der Hohenstaufen etc. S. 203 ff.   3) MS. 2, 227b; v. d. Hagen, MS. 2, 374,
MFr. S. 25; Bartsch, Liederdichter Nr. III. Ueber den Dichter vgl. § 113, 12.
   4) Leopold starb in den letzten Tagen des Jahres 1191; vgl. Lachmanns
Walther S. 198.   5) MFr. 167, 31; Wackernagel, LB. [1] 331, 30; Bartsch XV,
199.   6) Ueber Walthers patriotische Lieder und Sprüche vgl. auch Hallersleben im Programm des Arnstädter Gymnas. von 1853. 4. S. 6 ff.   7) Vgl.
über ihn K. Meyer, Untersuchungen über das Leben Reinmars von Zweter und
Bruder Wernhers. Basel 1866. 8. S. 76 ff. K. Schröder, Heimath und Dichter
des Helmbrecht, in Pfeiffers German. 10, 455 ff., suchte ihn mit Wernher dem
Gartener (§ 98, 15) zu identifizieren; und Meyer a. a. O. 111 ff. ist nicht abgeneigt, ihm beizustimmen; vgl. dagegen F. Keinz, zur Helmbrechts-Kritik in Pfeiffers
Germania. München 1866. 8.   8) Nach v. d. Hagen, MS. 4, 514 wahrscheinlich aus Oesterreich, gewiss ist, dass er sich dort aufgehalten hat. Ob aber v. d.
Hagen S. 516 die Bezeichnung 'Bruder' richtig gedeutet, weiss ich nicht.
9) Vgl. Lachmann zu Walther 84, 20.   10) Nach Lachmann a. a. O. nur
bis 1248; vgl. jedoch Meyer S. 100 f.   11) Lachmann, über Singen u. Sagen
S. 8, Anm. 2; und zu Iwein [2] S. 347 f.   12) Hoffmann, Kirchenlied S. 159,
Anm. 169; v. d. Hagen 2, 257 f. und 3, 333; Wattenbach im Anzeiger f. Kunde
d. deutschen Vorzeit 1871, Sp. 88.

wird[13]; Friedrich von Sunburg[14], der schon vor 1253 und wenigstens bis 1274 dichtete, aber auch bereits vor 1287 starb, und
der in besonders nahem Verhältniss zum bairischen Hofe gestanden
haben muss, Konrad von Würzburg, der Schulmeister von
Esslingen, ein Zeitgenosse Rudolfs von Habsburg, über dessen
Unmilde er bittere Klage führt[15], Raumsland, Hermann der
Damen, wahrscheinlich, wie Frauenlob, dessen älterer Zeitgenosse
er war, aus Obersachsen, auch er ein wandernder Sänger, und endlich Frauenlob.

§. 115.

4. Wenn schon nicht wenige Gedichte der beiden vorigen
Klassen in das Gebiet der didaktischen Poesie hinüberstreifen, so
gehören im Allgemeinen die gnomischen Lieder und Sprüche
durch ihren Inhalt ganz dieser Gattung an, und nur ihre Form und
Vortragsweise kann es rechtfertigen, wenn sie als eine besondere
Art der lyrischen Dichtkunst aufgeführt werden[1]. Sie sind theils
rein betrachtend und moralisierend, theils belehrend und zurecht-
weisend, theils satirisch und strafend, und die bessern und besten
enthalten eine Fülle echter Lebensweisheit. Zuweilen gleichen sie
in der Behandlung schon ganz der Dichtart, die späterhin mit dem
Namen Priamel[2] bezeichnet wurde; öfter auch sind es wahre

---

13) v. d. Hagen, MS. 4, 873.   14) Sunburg schreibt Lachmann, zu
Walther 5, 29; so lautet der Name auch nach der Würzb. Handschr.; in andern
weicht er von dieser Form mehr oder weniger ab, und darnach ist die Heimath
dieses Meister Friedrichs in sehr verschiedenen Landschaften, zuletzt in Tirol
gesucht worden (v. d. Hagen, MS. 4, 647 ff.). Allein mir scheint auch dieses tiro-
lische „Suoneburg, Suonenburg" noch immer etwas zweifelhaft, wenn ich die heu-
tige Form Sonnenburg dazu halte.   15) v. d. Hagen, MS. 4, 448 vermuthet
nicht ohne Grund, dass dieser namenlose Schulmeister der Magister Henricus,
rector scholarum seu doctor puerorum in Ezzelingen war, der in einer Urkunde
von 1280 vorkommt, neun Jahre später aber gestorben sein musste.

§ 115. 1) Vgl. über die didaktischen Lyriker W. Grimm, über Freidank S.
15 ff.   2) Das Wort gilt für eine Entstellung von Präambel, weil in diesen
kleinen Gedichten „zur Erregung grösserer Erwartung erst lange präambuliert
wird, bis endlich im letzten Verse der Aufschluss erfolgt" (s. Oberlins Glossar
S. 1241, Eschenburgs Denkm. S. 390 f. und Weckherlin, Beiträge S. 55); vgl.
indess Docen, über die deutschen Liederdichter etc. S. 201, Anm. 11. Lessing
war geneigt, darin das ursprünglich deutsche Epigramm zu sehen. Nach W.
Grimm, *Vridanc* S. CXXII, dürfte diese eigenthümlich volksmässige Form in
Deutschland höher hinauf gehen, als er zur Zeit nachzuweisen vermochte: sie
findet sich schon bei Spervogel. Wo sie sonst im 13. Jahrh. vorkommt, hat
Grimm angegeben. Vgl. jetzt besonders Wendeler, de pracambulis eorumque historia in Germania. Partic. I. Halis 1870. 8.; auch F. G. Bergmann, la priamèle
dans les différentes littératures anciennes et modernes. Strasbourg et Colmar
1868. 8. Ueber den Namen vgl. Wendeler p. 20 ff.

Beispiele[3] oder Fabeln, die in die Spruchform gefasst sind, wie
dergleichen sich namentlich unter den Gedichten Spervogels[4], Reinmars von Zweter, des Marners und Konrads von Würzburg (späterer
Meister zu geschweigen) findet; oder der darzulegende Gedanke ist
durch Gleichniss versinnlicht und nicht minder häufig ganz in das
Gewand der Allegorie gekleidet[5]. — Mit der Zeit tritt auch hier
eine ähnliche Ausartung wie in der religiösen Lyrik ein. — Von
den Gnomikern ist wieder der älteste bekannte Spervogel[6], der
der erste gewesen zu sein scheint, der Sprichwörter zur Lehre und
Ermahnung aneinander reihte[7]; unter seinen Nachfolgern gehören
die meisten der in der dritten Klasse aufgeführten Dichter auch
hier zu den ausgezeichnetsten, neben welchen noch besonders genannt zu werden verdienen: Stolle, der unter Rudolf von Habsburg lebte, aber schon 1256 dichtete; der Meissner, Frauenlobs
älterer Zeitgenosse und Landsmann, dessen dichterische Thätigkeit
vornehmlich zwischen 1200 und 1280 fällt, und der neben Konrad
von Würzburg nach dem Tode des Marners von Hermann dem
Damen der vorzüglichste damals lebende Dichter genannt wird[8];
Boppe oder Poppo, wahrscheinlich ein Baseler und derselbe
starke Boppe, den die Kolmarer Annalen zum Jahre 1270 erwähnen, noch 1287 am Leben, da er in einem seiner Sprüche[9] von
Konrad von Würzburg als einem Verstorbenen spricht[10]; der Kanzler, etwas jünger als der vorige und ein Nachahmer Konrads[11];
Meister Alexander, auch der wilde Alexander genannt,
ebenfalls dem Ausgang des dreizehnten Jahrhunderts angehörend[12];

---

3) Mittelhochdeutsch *bispel* (auch *bischaft*), eigentlich jede Gleichnissrede
und Erzählung, worin es auf Belehrung abgesehen war, auch für Spruch- und
Sprichwort gebraucht; vgl. W. Grimm a. a. O. S. LXXXIX und Schulze in
Haupts Zeitschr. 8, 376 ff.   4) Ueber spätere Umschreibungen einiger seiner
Beispiele und Sprüche s. v. d. Hagen, MS. 4, 691 f.; MFr. 235 ff.   5) Vgl.
Pfeiffer, Forschung und Kritik 1, 46.   6) Seinem Namensgenossen, dem jun-
gen Spervogel, will Pfeiffer die Sprüche beilegen, die in der Heidelberger Hs. des
Freidank stehen: vgl. Pfeiffer zur deutschen Litt.-Geschichte S. 49; dagegen W.
Grimm, über Freidank, 2. Nachtrag S. 13 und H. Paul, über die ursprüngliche
Anordnung von Freidanks Bescheidenheit. Leipzig 1870, S. 57 ff.   7) W. Grimm,
über Freidank (1850) S. 17.   8) Er ist wohl zu unterscheiden von dem jungen
und dem alten Meissner der Pariser Handschr. (MS. 2, 155b—157b; v. d. Hagen,
MS. 2, 222—224). Ueber jenen s. § 113, 39; dieser verdankt sein Dasein wohl nur
einem alten Missverständniss; vgl. Docen im altd. Mus. 1, 196; v. d. Hagen, MS.
4, 513.   9) v. d. Hagen, MS. 2, 383b.   10) Vgl. über ihn Haupts Zeitschr.
3, 239 und Wackernagel ebenda 8, 347 f.   11) Vgl. Bartsch, Liederdichter
S. LIX. Die Nachricht, dass er aus Steiermark gewesen, beruht bloss auf den
Ueberlieferungen der spätern Singschulen; über seine wirkliche Heimath sind wir
im Dunkeln.   12) Dahin setzen ihn viel richtiger Docen, altd. Mus. 1, 136;
über d. d. Liederdichter etc. S. 199 f. und Wackernagel, LB. Sp. 695, als v. d.
Hagen, MS. 4, 911 (vgl. S. 665 ff.), um 1239.

und Regenbogen, seines Handwerks ein Schmied, der dasselbe
aber aus Liebe zur Dichtkunst verliess und sich nach Mainz begab,
wo er mit Frauenlob, den er überlebte, zusammentraf und im Gesange wetteiferte[13]. — Endlich ist hier noch der Hafte oder
Räthsel[14] in lyrischer Form, so wie der zwischen verschiedenen
Dichtern geführten Liederstreite zu gedenken, von welchen letztern jene, obgleich sie auch vereinzelt vorkommen, gewöhnlich
einen Hauptbestandtheil ausmachen. Ihrem Inhalte nach verschieden, berühren sich diese Dichtungen bald mit dieser, bald mit einer
der beiden zunächst vorhergehenden Klassen. Der berühmteste
unter den poetischen Wettkämpfen ist der Krieg auf Wartburg[15],
der in der zweiten Hälfte des dreizehnten Jahrhunderts[16] von einem
thüringischen Dichter verfasst wurde, und in welchem die bedeutendsten Dichter aus dem Anfange des Jahrhunderts mit einander
streitend eingeführt werden[17].

---

13) Vgl. v. d. Hagen im altd. Mus. 2, 168 ff. und in MS. 4, 633 ff.
14) Das Räthsel ist eine der volksthümlichsten Formen lehrhafter Dichtung in
Deutschland. „Die deutsche Poesie", sagt W. Wackernagel in einem hier einschlagenden Aufsatze (Haupts Zeitschr. 3, 25 ff.) „zeigt sich ganz durchdrungen
von einem Zuge nach räthselhafter Anschauung und Rede." Ueber die Räthsel
bei den Lyrikern vgl. Mone's Anzeiger 1838, Sp. 372 ff.   15) Vgl. § 78, 2;
andere Streitgedichte § 78, 5. Herausgeg. ist der Wartburgkrieg MS. 2, 1 ff.;
v. d. Hagen, MS. 2, 3 ff.; was die Jenaer Hs. allein hat bei Wiedeburg, ausführl.
Nachr. S. 55—70, und in Docens Miscell. 1, 115 ff.; v. d. Hagen 3, 170 ff.; vgl.
auch altd. Mus. 1, 642 ff.; 2, 192; v. d. Hagen, MS. 3, 330; besondere, aber ganz
unbrauchbare Ausgaben von Zeune. Berlin 1818. 8., und Ettmüller. Ilmenau 1830.
8. Zuletzt und am besten (nebst Uebersetzung) von K. Simrock. Stuttg. 1858. 8.
(unter Benutzung der wiederaufgefundenen Kolmarer Hs.). Bruchstücke einer Hs.
sind mitgetheilt von Zacher in Haupts Zeitschr. 12, 515—527. Bruchstücke einer
andern wird K. Meyer demnächst in der Germania veröffentlichen. Französ. Uebersetzung von Artaud-Hausmann. Paris 1865. 8. Näheres über den Wartburger
Krieg bei J. Grimm, über den altd. Meistergesang S. 77 ff.; Lachmann, Jen. Litt.
Zeit. 1820, Nr. 96. 97; Koberstein, über das wahrscheinl. Alter u. die Bedeutung
des Gedichts vom Wartburger Kriege. Naumburg 1823. 4.; Lachmanns Recens.
Jen. Litt. Zeit. 1823, Nr. 194. 195; Lucas über den Krieg von Wartburg (in den
Abhandlungen der königl. deutschen Gesellsch. zu Königsberg). Königsberg 1838.
8.; H. v. Plötz, über den Sängerkrieg auf Wartburg nebst einem Beitrage zur
Litteratur des Räthsels. Weimar 1851. 8.; O. Richter, der Sängerkrieg auf
Wartburg im N. Lausitz. Magazin, 46. Bd., und in Simrocks Ausgabe. Vergl.
auch Funkhänel, der tugendhafte Schreiber im Sängerkriege auf Wartburg in
der Zeitschr. f. thüring. Geschichte 2, (Jena 1856) 195 ff., wo es als nicht unwahrscheinlich bezeichnet wird, dass der am Ende des 12. Jahrh. urkundlich
vorkommende Heinricus scriptor notarius et protonotarius mit dem tugend-
haften Schreiber identisch sei. Ueber den Namen dieses Dichters vgl.
J. Grimm in Haupts Zeitschr. 6, 186 f.   16) Vgl. Pfeiffer in der German.
3, 65.   17) Wenn Ettmüller (Hall. Litt. Zeit. 1833, Nr. 32 f. und Heinrichs
von Meissen Leiche etc. S. 383 ff.) „die Möglichkeit des Gedankens an einen
solchen Sängerkampf bei den Dichtern des ersten Drittels des 13. Jahrh. bezwei-

B. Didaktische Poesie.

§. 116.

Wie die lyrische, so entwickelt sich die didactische Poesie[1] als besondere Gattung erst in dieser Periode, obgleich Ansätze zu derselben in den geistlichen Dichtungen früherer Zeiten wieder ganz unverkennbar sind[2], ja in Otfrieds Evangelienbuch den epischen Bestandtheilen von den didaktischen schon so ziemlich das Gleichgewicht gehalten wird. Auch ist der Zusammenhang zwischen den ältern geistlichen Werken und einigen der frühesten Denkmäler der neuen Gattung noch insofern nachweisbar, als diese nur selbständigere Fortbildungen dessen sind, was in jenen schon vorbereitet war. Eben so ist gewiss, lange bevor es einzelnen Dichtern einfiel, daraus einen Hauptbestandtheil des Lehr- und Sittengedichts zu entlehnen, unter dem Volke eine Spruchweisheit in kurzen gereimten Sätzen lebendig gewesen[3]; und in der heimischen Thiersage müssen seit uralter Zeit schon genug Elemente der eigentlichen Fabelpoesie gelegen haben, mag diese letztere, wie wir sie in diesem Zeitraum kennen lernen, auch nur zum geringsten Theil aus ihnen unmittelbar erwachsen sein. Denn, um diess gleich hier zu bemerken, die mittelhochdeutsche didaktische Poesie hält rücksichtlich der Herleitung ihrer Stoffe gewissermassen die Mitte zwischen der epischen und lyrischen.

---

feln möchte." dagegen „Frauenlob für den Verfasser des Gedichts hält, wie es uns überliefert ist": so will ich den Grund seines Zweifels dahingestellt sein lassen; aber seine an beiden Orten vorgebrachten Beweisgründe für die Abfassung des Wartburger Krieges und des Lohengrins durch Frauenlob können mich, nachdem ich Lachmanns beide Recensionen wieder gelesen habe, nicht überzeugen, um so weniger, als Ettmüller sich selbst widerspricht, wenn er einmal die geschichtlichen Berichte über den Wartburger Krieg nicht auf wirkliche Thatsache, oder mindestens auf gangbare Sage fussen lässt, sondern allein auf das Gedicht, und dann ausdrücklich bemerkt, dass dieses Gedicht sammt dem Lohengrin in Frauenlobs früheste Zeit auf jeden Fall nicht zu setzen sei. Somit hätte er sie gewiss nicht vor den Achtzigern abgefasst, und doch soll daraus allein bereits 1259 Dietrich v. Thüringen die Geschichte von dem Sängerstreit und dem zu dessen Schlichtung herbeigerufenen Klinsor mittelbar oder unmittelbar empfangen haben!

§ 116. 1) Vgl. über die Entwickelung derselben auch W. Grimm, über Freidank (1850) S. 15 ff. 2) Wie schon im Muspilli und im Heliand; vgl. Lachmann, über Otfried S. 278b. 3) Vgl. W. Grimm, *Vridanc*. S. LXXXVIII ff.; sehr alter Sprichwörter in deutscher Sprache ist § 51, 5 gedacht, und dass viele, die erst später vorkommen, wohl schon in heidnischer Zeit im Gebrauch waren, darf man aus dem nordischen *Hávamál* schliessen; s. Dietrich in Haupts Zeitschr. 3, 385 ff. Die mittelhochd. Sprichwörter sind gesammelt von J. V. Zingerle. Wien 1864. S. .

Wo sie mehr objectiv ist, also in die erstere hinübergreift, wie namentlich in der Fabel und dem damit Verwandten, beruht sie vorzugsweise auf fremder Ueberlieferung[4]; wo sie dagegen eine mehr subjective Farbe trägt, in ihr sich Gesinnung, Erfahrung, praktische Klugheit, Ermahnung, Vorschrift, Reflexion, Empfindung aussprechen, kurz, wo sie mehr auf unmittelbare Darlegung und Einschärfung einer populären Lebensphilosophie ausgeht, ist sie grossentheils als volles Eigenthum des deutschen Volks anzusehen. Denn Einschränkungen muss man allerdings auch hier machen, die sich hauptsächlich nach dem grössern und geringern Masse der einzelnen Dichtern eigenen Gelehrsamkeit richten. Unter den Verfassern der grössern und berühmtern Spruch- und Sittengedichte scheint Freidank am wenigsten mit fremder Gelehrsamkeit ausgestattet gewesen zu sein (vielleicht konnte er gar nicht einmal lesen), und darum schon müssen wir sein Werk als das reinste Abbild der damaligen Volksweisheit betrachten. Bei weitem unterrichteter ist der Verfasser des welschen Gastes: er zeigt Bekanntschaft mit der alten Geschichte und mit den Lehren der griechischen Philosophen; vielleicht war er auch nicht unbewandert in der Rechtskunde. Er bekennt selbst, dass er sich nicht gescheut habe, zum Ausbau seines Werkes fremdes Material zu benutzen[5]. Noch viel mehr gelehrte Kenntnisse und eine sehr grosse Belesenheit verräth Hugo von Trimberg. Unter seinen Quellen nennt er nebst der Bibel eine Reihe von Kirchenvätern und Theologen des Mittelalters, und dabei zeigt er nicht bloss genauere Bekanntschaft mit den Dichtern und Prosaisten des classischen Alterthums, sondern hat auch viele von ihnen bei Abfassung seines Gedichts benutzt[6]. Doch ist zu erwägen, dass manches der Art, was aus dem römischen Alterthum oder anderswoher geborgt scheinen möchte, eben so gut ursprünglich deutsch

---

4) So schwer es auch fallen dürfte, hier überall das Einheimische von dem Eingeführten zu sondern, so tragen doch unter den Beispielen und fabelartigen Erzählungen dieses Zeitraums, selbst wenn sie sich nicht zunächst mit der deutschen Thiersage berühren, mehrere eine so volksmässige Farbe, dass sie kaum fremden Ursprungs sein können. Anderes der Art scheint hingegen durch vielfache Mittelglieder aus dem Orient nach Deutschland gelangt und hier neu·bearbeitet zu sein (vgl. J. Grimm, Reinhard Fuchs S. CCLXXII ff.); meistens aber liegen den deutschen Beispielen die ältern und jüngern lateinischen Umarbeitungen und Nachbildungen der äsopischen Fabeln zum Grunde, die seit dem 12. und 13. Jahrh. zuerst in Frankreich und dann auch in Deutschland bekannt wurden (J. Grimm, a. a. O. S. CCLXIX); vgl. auch Lessings sämmtliche Schriften, Ausgabe von Lachmann 9. 50.   5) Vgl. Gervinus 1, 461 (5. Ausg. 2, 20); W. Grimm, Götting. GA. 1835, Nr. 42 und besonders Rückert in seiner Ausgabe S. XI.   6) Gervinus 2, 122 ff. (2⁵, 279 f.). Ueber Wernher von Elmendorf vgl. § 118, 36.

sein, oder sich, wie so viele kirchliche, auch unter den Laien allmählig gäng und gäbe gewordene Lehren, Bilder und Gleichnisse,
früh das Heimathsrecht erworben haben kann.

§ 117.

Der didaktische Charakter, dem sich die mittelhochdeutsche
Poesie überhaupt schon in der Zeit ihrer schönsten Blüthe zuneigt,
und den sie im Laufe des dreizehnten Jahrhunderts immer entschiedener annimmt, gestattet es nicht, die Grenzen ihrer drei Haupt-
gattungen so genau abzustecken, dass bis hierher Alles hätte ver-
spart werden können, was seinem Inhalte nach mehr oder weniger
der dritten zufällt. Es werden demnach hier insbesondere diejenigen
Dichtungen zu berücksichtigen sein, die sich durch eine ganz entschieden erbauliche und lehrhafte Tendenz, oder durch den fest-
gehaltenen Ton der Betrachtung und Ermahnung von den mehr rein
erzählenden, und durch ihre Form und Vortragsweise von den
lyrisch-didaktischen absondern, d. h. in kurzen Reimpaaren abgefasste und unstreitig allein zum Lesen[1] bestimmte ascetische und
Spruchgedichte, Beispiele, mystisch-allegorische Werke und Sendschreiben; woran sich dann auch noch einige grössere Lehrgedichte
in Strophenform anschliessen, die man wahrscheinlich auf gleiche
Weise vorgetragen haben wird. — Uebrigens berechtigt weder der
Inhalt noch die Form der uns aus der bessern Zeit erhaltenen Gedichte dazu, einzelne, als der eigentlichen Volkspoesie angehörig,
den übrigen gegenüberzustellen. Was etwa hierher gezogen werden
könnte, das Traugemundes- oder Tragemundeslied[2], das
allerdings der Spielmannspoesie angehört[3] und mit seinen Fragen
und Antworten, seinen aufgegebenen und gelösten Räthseln das
volksmässige Gegenbild zu dem meistersängerischen Räthselspiel im
Wartburger Kriege abgibt[4], ist erst, wenigstens der uns bekannten
Gestalt nach, in eine spätere Zeit zu setzen, etwa in den Anfang
des vierzehnten Jahrhunderts[5].

§ 118.

Zu den frühesten, bereits in das zwölfte Jahrhundert fallenden
Werken dieser Gattung, die sich durch ihren Inhalt zunächst an

---

§ 117. 1) Vgl. indess § 120. 27. 29.   2) Uhlands alte hoch- und niederdeutsche Volkslieder Nr. 1; Müllenhoff und Scherer. Denkmäler Nr. XLVIII.
3) Lachmann zu den Nibel. S. 290.   4) Wackernagel in Haupts Zeitschrift 3, 25. Ein Fastnachtspiel, welches ein ähnliches Frage- und Antwort-
spiel ist, gibt Keller in den Fastnachtspielen des 15. Jahrh. 2. 553 ff.; vgl. 3,
1513 f. Vgl. auch Bartsch in der German. 4, 308 ff. Wilmanns in Haupts Zeitschr.
14. 530 ff. 15, 166 ff.   5) Wackernagel. Leseb. Sp. 831 ff. (¹965 ff.); Müllenhoff
und Scherer setzen es ins 12. Jahrh.; vgl. jedoch Bartsch in der German. 9, 66.

einige geistliche Dichtungen des vorigen Zeitraums[1] anschliessen und
die Erzählungspoesie gleichsam in die didaktische hinüberführen, gehören mehrere Gedichte, die theils auf Belehrung über geistliche
Dinge, theils auf erbauliche Ermahnung und fromme Warnung ausgehen.   Dieser Art sind die Schilderungen des jüngsten Gerichts, welche in Deutschland seit dem Ende des elften Jahrhunderts aufkamen und sämmtlich auf der bald dem Augustin, bald
Alcuin, auch Hrabanus Maurus zugeschriebenen Schrift des Adso beruhen[2]; die älteste poetische Darstellung in deutscher Sprache[3] reicht
vielleicht noch ins elfte Jahrhundert hinauf[4].   Damit hängen zusammen die Dichtungen von den fünfzehn Zeichen, die dem
jüngsten Gericht voraufgehen, wie eine solche aus dem zwölften
Jahrhundert sich erhalten hat[5], und von der Ankunft und Herrschaft des Antichrists, der theils Bearbeitungen der evangelischen
Geschichte angehängt ist[6], theils selbständig bearbeitet wurde, einmal im zwölften[7], dann im dreizehnten Jahrhundert[8].   Dann die
Schilderung des himmlischen Jerusalems in der Vorauer Handschrift[9], eine freie Bearbeitung eines Theils der Apokalypse, und die
wegen ihrer eigenthümlichen Form schon oben[10] erwähnte Schilderung des Himmelreichs aus dem zwölften Jahrhundert[11], so wie
die dem vierzehnten angehörige Bearbeitung der ganzen Offenbarung Johannis durch Heinrich Hesler[12], ein Gegenstand,
der schon im zwölften Jahrhundert von einem niederdeutschen

---

§ 118. 1) Vgl. § 41.   2) Zarncke über Muspilli S. 215.   3) Ein Bruchstück, hsg. von Lappenberg in Aufsess' Anzeiger 1834, Sp. 35 ff.; dann in Hoffmanns
Fundgr. 2, 135 ff. und in Wackernagels LB. 1[2], 173 ff. (1[4], 154 ff.).   4) Wacker-
nagel setzt es in der 4. Aufl. noch vor die Bücher Moses (§ 90); vgl. Pfeiffer, über
Wesen und Bildung der höfischen Sprache S. 13.   5) Herausgeg. in Haupts
Zeitschr. 1, 117—126; ein lateinisches Gedicht theilt Sommer ebendas. 3, 523 ff.
mit, der auch die Quellen und übrigen Darstellungen behandelt.   6) Vgl.
§ 90, 13. 14.   7) Hoffmanns Fundgruben 2, 106 ff.   8) Herausgeg. in
Haupts Zeitschr. 6, 369; vgl. 2, 9.   9) Diemer, Gedichte des 11. und 12.
Jahrb. S. 361—372; vgl. S. L.   10) § 67, 4. 5.   11) Herausgeg. von
Schmeller in Haupts Zeitschr. 8, 145—155.   12) Sie ist noch ungedruckt:
einen Auszug gibt Köpke in v. d. Hagens Germania 10, 81—102; Bruchstücke
verschiedener Handschriften sind mitgetheilt in K. Roths kleinen Beiträgen 1,
32 ff., 9, 191 ff.; in desselben Dichtungen des deutschen Mittelalters S. 1—26
(vgl. S. I—IV); in Pfeiffers altdeutsch. Uebungsbuche, Wien 1865, S. 23—26; in
der Germania 11, 70—74. 15. 203—206; vgl. auch Steffenhagen in Haupts Zeitschrift 13, 514 f. Ueber eine die Metrik behandelnde Stelle seines Gedichts vgl.
§ 68, 1 gegen Ende. Demselben H. Hesler legt Pfeiffer a. a. O. S. 1 auch das
Evangelium Nicodemi bei, welches nach dem Pseudoevangelium Nicodemi
(in Thilo's codex apocryphus N. T. 1, 487—802 und in Tischendorfs Evangelia
apocrypha S. 203—410) gearbeitet ist. Abdruck der (unvollständigen) Schweriner
Hs. mit den Lesarten der übrigen in Pfeiffers altd. Uebungsbuche S. 1—22, wo

Dichter bearbeitet wurde[12]. Ebenfalls aus diesem Zeitraum ist eine **Summa theologiae**[13], ein **Loblied auf den heiligen Geist** von einem Priester **Arnolt**[15], eine Auslegung des **Vaterunsers**, die sich in zwei Handschriften erhalten hat[16], ein Gedicht von der **Siebenzahl**[17], eine Deutung der **Messgebräuche**[18], und die **Litanei aller Heiligen**, welche wir in zwei Recensionen besitzen[19], in deren einer ein **Heinrich** sich als Verfasser nennt[20]. Die Glaubenslehre behandelt Hartmann, wohl ein Geistlicher, in seiner **Rede von dem heiligen Glauben**[21], seiner Sprache nach im mittleren Deutschland zu Hause[22], die Hauptpunkte des canonischen Rechtes das **Gedicht vom Rechte**[23], den Sündenfall und die Erlösung das **von der Hochzeit**[24], so wie die Bruchstücke eines gereimten **Bussgebetes**[25] und das halb erzählende Lehrgedicht von der Weltschöpfung, dem Sündenfall und der Erlösung, das **Anegenge** genannt[26]. Abwechselnd in Versen und Prosa abgefasst ist das erbauliche Werk die **geistlichen Lilien**[27], welches sprach-

---

auch S. 1 Nachricht über die übrigen Hss. und gedruckten Stellen gegeben ist. Eine Ausgabe bereitet R. Wülcker vor. 13) Nur Bruchstücke sind erhalten, von drei verschiedenen Handschriften: die der einen gab Hoffmann in den altd. Blätt. 1, 253–256 heraus, sämmtlich sind sie veröffentlicht durch Massmann in v. d. Hagens Germania 10, 125–154. 14) Bei Diemer S. 93–103 mit der Bezeichnung 'die Schöpfung'; in Müllenhoffs und Scherers Denkmälern Nr. XXXIV unter obigem Titel, vgl. S. 359–374. 15) Diemer S. 333–357.

16) Nach der Innsbrucker in Mones Anzeiger 8, 39–44; nach der Milstater in v. Karajans Sprachdenkm. S. 67–70; nach beiden mit der Bezeichnung 'Paternosterleich' bei Müllenhoff und Scherer Nr. XLIII (dazu S. 396–403); vgl. dagegen Bartsch in der Germania 9, 64 ff. 17) In Mones Anzeiger 8, 44–46; bei Müllenhoff und Scherer Nr. XLIV wiederum als Leich; vgl. Bartsch a. a. O. S. 66. Die Hs. hat die Aufschrift *de septem sigillis*, die jedoch nur auf die ersten Verse passt. 18) Herausgeg. von Pfeiffer in Haupts Zeitschrift 1, 270–284. Das Gedicht steht mitten in einer Sammlung deutscher Predigten des 12. Jahrh. und ist, mit diesen, herausgeg. auch bei Kelle, Speculum ecclesiae S. 144–157.

19) Die eine, in der Strassburger Hs. in Massmanns Gedichten des 12. Jahrh. S. 43–63; die andere, in der Grätzer Hs. in Hoffmanns Fundgr. 2, 216–235. 20) In der Grätzer; doch ist der Name wahrscheinlich eingeschwärzt: vgl. W. Grimm, zur Geschichte des Reims S. 40 ff. In diesem Heinrich wollte Diemer, Gedichte S. XXXV, den Verfasser des Gedichtes vom gemeinen Leben sehen; dagegen spricht aber die Vergleichung der Reime: W. Grimm a. a. O. S. 42. 21) Sein Werk ist aus der einzigen bekannten (gegen das Ende hin lückenhaften) Hs. herausgeg. von Massmann a. a. O. S. 1–42. . 22) Weshalb er nicht der Sohn der österreichischen Klausnerin Ava sein kann, wie Diemer wollte (vgl. § 90, 16), dem Gödeke, Grundriss S. 15, beistimmt. Vgl. K. Reissenberger, über Hartmanns Rede vom Glauben. Dissertation. Leipzig 1871. 8. 23) In Karajans Sprachdenkm. S. 3–16. 24) Bei Karajan S. 19–44. 25) Vgl. § 71, 11.

26) Gedruckt in Hahns Gedichten des 12. und 13. Jahrh. S. 1–40. Ueber die ähnlich angelegte Dichtung, die Erlösung, vgl. § 96, 34. 27) Auszüge daraus theilt Hoffmann v. Fallersleben in der Germania 3, 56 ff. mit.

16 *

liche Hinneigung zum Niederdeutschen, sogar zum Niederländischen
verräth. — Auch das eigentliche Sittengedicht, das strafende,
wie das belehrende, war dem zwölften Jahrhundert nicht mehr
fremd. Hier sind besonders hervorzuheben die beiden Dichtungen
Heinrichs, eines Adligen, der als Laienbruder in das Kloster Melk
trat, das Gedicht von des Todes Erinnerung[28], dessen Eingang[29]
auch die Bezeichnung vom gemeinen Leben führt, wahrscheinlich zwischen 1159—1163[30] entstanden; und das Pfaffenleben[31],
das uns leider nicht vollständig erhalten ist. Ferner ein geistliches
Gedicht von den vier Scheiben (d. h. Rädern), als dessen Verfasser am Schlusse sich ein Pfaffe Wernher bezeichnet[32], seiner
Sprache nach vom Niederrhein, vielleicht aus Köln[33], und zu unterscheiden von dem Wilden Mann, der vier in derselben Handschrift stehende Dichtungen, darunter zwei geistliche Lehrgedichte
von der Gierheit und christliche Lehre, verfasst hat, und
zwar auch dem Niederrhein angehört, aber jünger ist[34]. Wernher
von Elmendorf, ein Geistlicher, dichtete eine zum grossen Theil
aus Sittensprüchen alter Classiker[35] geschöpfte „Rede“, eine Tugendlehre[36], wozu er die Bibliothek Dietrichs von Elmendorf, Probstes
zu Heiligenstadt, benutzte. Endlich mehrere Bruchstücke moralischen und belehrenden Inhalts[37], unter denen eins aus einem poetischen Sendschreiben rührt[38], und also auch diese Dichtart

---

28) Herausg. von Massmann a. a. O. S. 343—357, aber mit Auslassung von 38
Zeilen, die J. Grimm in den Gött. GA. 1838, S. 556 f. nachgeliefert hat; dann nebst
Abhandlung, worin Heinrich als der Sohn Ava's zu erweisen gesucht wird (vgl.
§ 90, 16), in Diemers klein. Beiträgen, Th. 3; am besten von R. Heinzel, Heinrich von Melk. Berlin 1867. 8.   29) Bis V. 450, fast die Hälfte des Ganzen.
    30) Er nennt einen Abt Erchenfried, in dem man mit mehr Recht den Mel-
ker († 1163) als den Göttweiher († 1130), wie Diemer will, erblickt.   31)
Herausgeg. von Haupt in den altd. Blättern 1, 217—238; und bei Heinzel, der es
'Priesterleben' nennt. Dass es ein Werk Heinrichs sei, sprach schon Haupt S.
237 aus. Vgl. über das Gedicht noch Diemer a. a. O. S. 39—67; über die metrische Form vgl. § 71, 12.   32) Herausgeg. von W. Grimm, Wernher vom
Niederrhein. Göttingen 1839. 8.; zugleich mit den gleich zu nennenden Gedichten
des Wilden Mannes; vgl. dazu W. Grimm in Haupts Zeitschr. 1, 423 ff.
33) Nach Müllenhoff in Haupts Zeitschr. 12, 358 „ohne Zweifel ein Cölner“.
34) Den Nachweis dieser Unterscheidung führte Pfeiffer in seiner Germania 1,
223 ff. Er erklärt beide Dichter für älter als Heinrich v. Veldeke, und gab zugleich viele Textverbesserungen, wie auch C. Hofmann, ebenda 2, 439 f.   35)
Er citiert Cicero, Horatius, Ovidius, Seneca u. a.   36) Herausgegeben (bis
auf den fehlenden Schluss) nach einer Handschr. des 14. Jahrh. von Hoffmann in
Haupts Zeitschr. 4, 284 ff.; Bruchstücke aus einer ältern Handschr. waren schon
früher in den altd. Blättern 2, 207 ff. erschienen.   37) Unter andern das in
Massmanns Denkm. 1, 80 ff. abgedruckte, woraus es zum Theil Wackernagel in
sein altd. Leseb.[2] 271 ff. (1 251 ff.) aufgenommen hat.   38) Es gibt Lehren

schon dem zwölften Jahrhundert sichert. — Eben so weit reicht auch die Fabel oder das Beispiel zurück, worüber das Nähere weiter unten angegeben werden soll.

§ 119.

Die bedeutendsten und berühmtesten Spruch- und Sittengedichte fallen erst in das dreizehnte Jahrhundert. Unter ihnen stehen durch Inhalt, Form und Behandlungsart in der nächsten Verwandtschaft der wälsche Gast Thomasins von Zerclar[1], gedichtet 1215 bis 1216[2], Freidanks Bescheidenheit, 1229 abgefasst, und der Renner des Hugo von Trimberg, der auf der Scheide des dreizehnten und vierzehnten Jahrhunderts vollendet ward. Thomasin, ein Dienstmann des Patriarchen Wolfger von Aquileja, aus dem edlen Geschlechte der Cerchiari im Friaul[3], also ein Welscher, ein Italiener, daher er sich als „Gast" auf dem Boden deutscher Dichtung betrachtet, hatte vor seinem grösseren, in zehn Bücher abgetheilten Werke[4] ein welsches Buch über höfisches Leben und höfische Sitten geschrieben, das aber verloren gegangen zu sein scheint[5]. Freidank[6], ein wirklicher, und nicht angenommener

---

über die Minne und ist bei Docen, Misc. 2, 306 f. abgedruckt; vgl. Lachmann, über den Eingang des Parz. S. 3; Haupt, Hartmanns Lieder etc. S. VIII f.

§ 119. 1) Der Name lautet in den Hss. verschieden, *Zerclacre, Zerclar, Zirklere* etc.; in Rückerts Ausgabe steht die lateinische Form Zirclaria. 2) Nach des Dichters eigener Aussage 28 Jahre nach der Wiedereroberung Jerusalems durch Saladin (1187). 3) Den urkundlichen Nachweis des Geschlechtes lieferte v. Karajan in Haupts Zeitschr. 5, 241 f.; jetzt ist auch der Dichter selbst nachgewiesen, durch J. Grion in Zachers und Höpfners Zeitschr. 2, 431 f.; er war Canonicus von Aquileja und starb vor 1238. 4) Kritische Ausgabe des wälschen Gastes durch Rückert. Quedlinb. und Leipzig 1852. 8.; vorher waren nur einzelne Stellen daraus gedruckt in Eschenburgs Denkm. S. 121 ff., Lachmanns Walther S. 135 f.; 160 ff., v. Aufsess' Anzeiger 1834, Sp. 260 ff., J. Grimms Reinh. Fuchs S. 383 ff. und Wackernagels altd. Lesebuch. Eine ausführliche Analyse des Gedichtes bei Gervinus 1[2], 457 ff. (2[3], 9 ff.), der dessen Werth aber wohl zu hoch stellt; vergl. W. Grimm, Götting. GA. 1835, Nr. 42. 5) Die Behauptung Grions, dass 28 Verse davon aufgefunden seien (a. a. O. S. 432), ist ganz aus der Luft gegriffen. 6) Eine vortreffliche Ausgabe mit einer Vorrede über das Verhältniss der Handschr. unter einander, einer sehr lehrreichen Einleitung über den Dichter, seine Zeit, die von ihm verarbeiteten Stoffe und den Gesichtspunkt, von welchem sein Werk aufzufassen ist, den Lesarten der Handschriften und erklärenden Anmerkungen hat W. Grimm geliefert: *Vridankes Bescheidenheit*, Göttingen 1834. 8.; 2. Ausg. 1860. 8., in der jedoch die Einleitung und die Anmerk. weggeblieben sind, dagegen der kritische Apparat beträchtlich vermehrt ist. Vgl. auch Gött. GA. 1835, Nr. 41. 42; Haupts Zeitschr. 4, 398 und Lambel in der German. 10, 339—342; auch K. Janicke, Freidank bei Hugo von Trimberg, ebenda 2, 418 ff. Abdruck einer Handschrift in Müllers Sammlung, Bd. 2. Uebersetzung von Simrock, Freidanks Bescheidenheit. Ein Laienbrevier. Stuttgart 1867. 8.; vgl. auch Lemcke, Fri-

Name, hinter dem 'man keinen geringern als Waltber von der Vogelweide erblickt hat', — wir wissen nicht, ob ein Bürgerlicher oder
Adeliger' — nannte sein wenigstens zum Theil in Syrien abgefasstes
Werk' Bescheidenheit, was in der alten Sprache soviel als Verstän-
digkeit, Einsicht, richtige Beurtheilung der Dinge bedeutet. Das
Gedicht war sehr beliebt und verbreitet, wie die ausserordentlich
grosse Zahl von Handschriften beweist, die in ihrer Anordnung stark
von einander abweichen und von denen wohl keine es in seiner
ursprünglichen Begrenzung und Vollständigkeit enthält¹⁰. Noch
Jahrhunderte nach ihrer Entstehung wurde die Bescheidenheit in
den damit von Sebastian Brant vorgenommenen Bearbeitungen
fleissig gelesen¹¹. Dass der Dichter in Italien starb und in Treviso
begraben wurde¹², ist jetzt widerlegt¹³; ebenso wenig begründet ist
die Vermuthung, dass er mit Bernhard Freidank identisch sei¹⁴ und
dass er noch andere Werke als die Bescheidenheit verfasst habe¹⁵.

dangi discrecio, Freidanks Bescheidenheit. Lateinisch und deutsch. Stettin
1868. 8.   7) Die Identität beider Dichter suchte W. Grimm in der Einleitung
seiner Ausgabe darzuthun, und sie weiter zu begründen in seiner akadem. Abhandlung über Freidank. Berlin 1850. 4.; dazu ein Nachtrag 1851. 4. Ihm trat
W. Wackernagel (im altd. LB. und der Litt.-Geschichte) bei; Lachmann hielt die
Hypothese für möglich, aber nicht für wahrscheinlich (vgl. Germ. 12, 382); J. Grimm
aber glaubte nie daran (vgl. German. 11, 122 und Gedichte auf Friedrich I. S. 8 ff.,
wiederholt in den kl. Schriften 3, 7 ff.). Eine gründliche Widerlegung der Hypothese gab Pfeiffer, zur deutschen Literaturgesch. Stuttgart 1855. 8. S. 37 ff.
(wiederholt in Freie Forschung. Wien 1867. 8. Nr. VI), welche Entgegnungen
W. Grimms (Ueber Freidank. Zweiter Nachtrag. Berlin 1851. 4., und in Haupts
Zeitschrift 11, 209 ff. 238 ff.) hervorrief, aber doch in ihrem Hauptresultate
als gesichert zu betrachten ist (vgl. noch Pfeiffer in der German. 3, 367 f).
8) Müllenhoff (zur Gesch. d. Nib. Not S. 14) und Pfeiffer (zur deutsch. Litt.-
Gesch. S. 66 ff., und Germania 3, 134 ff.) erklären ihn für einen Bürgerlichen,
wozu stimmt, dass die Kolmarer Annalen ihn als Fridancus ragus bezeichnen;
W. Grimm u. andere für einen Adeligen.   9) Er war dahin in den Kreuz-
heere Friedrichs II gekommen.   10) Vgl. Herm. Paul, über die ursprüngliche Anordnung von Freidanks Bescheidenheit. Leipzig 1870. 8.   11) Sie
wurde 1508 gedruckt und bis 1583 noch siebenmal aufgelegt; vgl. Eschenburg
a. a. O. S. 83 ff.; Eberts bibliograph. Lexicon Nr. 7915; W. Grimms Ausg. S. X
und CVIII; und besonders Zarncke's Ausg. des Narrenschiffs S. 164 ff.   12)
Die Grabschrift steht in Haupts Zeitschrift 1, 30 ff.; 4, 246.   13) Durch
J. Grion in Zachers und Höpfners Zeitschr. 2, 172 ff., der nachwies, dass der in
Treviso begrabene Freidanc zwischen 1384—88 gestorben. Aber desselben Verfassers Abhandlung Fridanc, ebendas. 2, 408—440 ist voll der gewagtesten und
unbegründetsten Hypothesen.   14) Diese Vermuthung suchte Pfeiffer, Ueber
Bernhard Freidank, Germania 2, 129 ff. (auch in Pfeiffers Freie Forschung abgedruckt) zu begründen.   15) Wackernagel, Litt.-Gesch. S. 280, nahm ein
verlorenes Werk Freidanks an, das mit hereinbrechenden Tönen lyrischer Empfindung von der Liebe gehandelt habe; vgl. dagegen Pfeiffer a. a. O. 2, 137 f.
Pfeiffer nimmt in Uebereinstimmung mit W. Grimm an, Freidank habe ein Ge-

Hugo von Trimberg[16], in Werna, wahrscheinlich dem heutigen
Wernfeld geboren, war ein Laie und zwischen 1260—1309 Magister
und Rector der Schulen an dem Collegiatstift der Theuerstadt, einer
Vorstadt Bambergs. Er hatte bereits vor dem Renner mehrere
deutsche, auch lateinische Bücher geschrieben[17], wovon eins, im
Jahre 1266 abgefasst, den Titel der Sammler führte und mit jenem
von gleichem Inhalt war. Den Namen Renner gab der Dichter
seinem Werke, wie er selbst in dem Eingange sagt, „weil es durch
alle Lande rennen sollte,“ erläutert ihn aber besser an einer
andern Stelle[18]. Der Renner war ebenso wie Freidank im Mittelalter ein viel gelesenes Buch und wurde im sechzehnten Jahrhundert bereits wieder gedruckt[19]. Moralische Lehrgedichte im
heutigen Sinne des Worts darf man sich unter den drei genannten Werken nicht vorstellen. Im Allgemeinen besprechen sie, jedes
in eigenthümlicher, mehr oder minder freier Weise, bald einen
deutlicher hervortretenden, bald einen versteckter liegenden Faden
verfolgend, der mitunter auch wohl ganz fallen gelassen zu sein
scheint, die Verhältnisse und Erscheinungen des geistigen, sittlichen
und leiblichen Lebens in ihrer Vielgestaltigkeit, handeln von Tugenden und Lastern, von Weisheit und Thorheit, theils die allgemeine Menschennatur, theils die Eigenthümlichkeiten einzelner
Völker, Geschlechter und Stände, oder die grossen öffentlichen An-

---

dicht von K. Friedrichs I Meerfahrt und Tod gedichtet: a. a. O. S. 144 f. Vgl.
§ 97, 1.   16) Vgl. über sein Leben und seine Schriften K. Janicke in der
Germania 2, 363—377; dazu desselben Aufsatz, Hugos von Trimberg Weltan-
schauung, ebendas. 5, 385—401; auch die in Anm. 6 angeführte Abhandlung von
Janicke.   17) Erhalten hat sich das Registrum multorum auctorum (herausg.
von Haupt in den Monatsberichten der Berliner Akad. 1854, S. 142—164) und
die Laurea sanctorum (herausg. von Grotefend im Anzeiger für Kunde d. d. Vorzeit 1870, Sp. 279 ff. 301 ff.; vgl. dazu Latendorf ebenda 1871, Sp. 65 ff.); vgl.
Janicke in der Germania 2, 367 f.   18) Vs. 13860.   19) Dieser älteste,
sehr seltene Druck, worin der ursprüngliche Text sehr erweitert und andrerseits
wieder verstümmelt ist, erschien Frankfurt a. M. 1549; aber nicht, wie man früher
annahm, unter Betheiligung von Seb. Brant; vgl. Zarncke's Ausgabe des Narrenschiffs S. 168. Anstalten zu einer neuen Ausgabe traf schon Lessing. Aber erst
neuerlich ist von dem historischen Verein zu Bamberg der Abdruck einer alten
Handschr. besorgt worden. Bamberg 1833. 1834. 3 Hefte. 4. In den Vorreden
stehen Nachrichten über des Dichters Leben; ausserdem sind die zahlreichen Hss.,
von denen man Kunde hat, und das, was daraus früher einzeln gedruckt worden
(worüber auch zu vergleichen sind Jördens Lexic. 2, 480 ff.; 6, 353 ff. und v. d.
Hagens Grundriss S. 384 ff.), aufgeführt. Für ein letztes Heft waren Nachweisungen über das Verhältniss der Hss. zu einander, Erörterungen über das Gedicht und dessen Sprache, so wie ein Wörterbuch versprochen, es ist aber nicht
erschienen. Auch von dem Renner gibt Gervinus 2, 115 ff. (2³, 277 ff.) eine ausführliche Analyse.

gelegenheiten des Tages dabei berücksichtigend; knüpfen daran
Lehren, Ermahnungen und Warnungen, die sowohl die Sicherung
des Seelenheils der Menschen, als die Förderung ihrer irdischen
Wohlfahrt und die Sittigung ihres wechselseitigen Verkehrs be-
zwecken. Im wälschen Gast ist der Ton des Ganzen mehr
trocken moralisierend und abhandelnd, woher diess Werk in seiner
Hauptmasse auch noch am ersten eine gewisse systematische Anlage
und Ausführung zeigt, die ihm einige Aehnlichkeit mit dem modernen Lehrgedicht verleiht. Freidanks Bescheidenheit dagegen scheint, so zu sagen, zum grössten Theil aus der von einem
poetischen Geiste gesammelten und in ihm geläuterten Spruchweisheit des Volkes[20] erwachsen zu sein, so dass die einzelnen Theile
des Gedichts in der Regel nur aus ganzen Reihen ähnlicher und
verwandter, mit bewundernswürdiger Geschicklichkeit an einander
gefügter Sprichwörter bestehen, die einen bestimmten Hauptgedanken
von verschiedenen Seiten versinnlichen und eindringlich machen
sollen: selbst da, wo der Dichter sich mehr der eigentlichen Betrachtung oder Schilderung hingibt, behält seine Darstellung immer
den spruchartigen Charakter bei. Der Renner endlich lässt sich
seiner ganzen Anlage nach am füglichsten mit einer weit aus-
gesponnenen, bei einzelnen Haupt- und Nebenpartien oft übermässig
lange verharrenden und dann wieder in häufigen Abschweifungen
sich ergebenden Strafpredigt vergleichen, die gegen das in Sitten-
verderbniss aller Art versunkene Zeitalter gerichtet und durch viele
eingewebte, meist gut und natürlich erzählte Fabeln, Geschichtchen,
Schwänke und Anekdoten[21] belebt ist. In Rücksicht des poetischen
Werthes, so wie der Vollendung der äussern Form nimmt unter allen
dreien unstreitig die Bescheidenheit den ersten Platz ein. — Von
andern Lehr- und Sittengedichten des dreizehnten Jahrhunderts verdienen hier noch besonders hervorgehoben zu werden der Winsbeke und die Winsbekin, oder wie der echte Name beider Gedichte lautet, des Vaters Lehre und der Mutter Lehre[22],
jenes von einem bairischen Ritter aus dem Geschlechte von Winds-
bach[23] verfasst, dieses eine etwas jüngere Nachahmung[24], beide
Lehren und Ermahnungen enthaltend, die ein ritterlicher Vater
seinem Sohne und eine adelige Mutter ihrer Tochter auf den Weg

---

20) Vgl. W. Grimm, über Freidank S. 17 f.   21) Vgl. Janicke, die Fabeln und Erzählungen im Renner des Hugo von Trimberg, im Archiv f. d. Studium der neuern Sprachen 32, 161—176.   22) Haupts Ausgabe S. XII.
23) Haupt a. a. O. S. X. XII; Pfeiffer in der German. 2, 501; Stälin, Wirtemberg. Geschichte 2, 765.   24) Sie hat nach Wackernagel in den altd. Blättern
2, 129 schwerlich von jeher zum Winsbeken gehört.

durchs Leben mitgeben. Sie sind strophisch abgefasst und das erste
am Anfang des dreizehnten Jahrhunderts²⁵ entstanden²⁶. Durch ihre
Einkleidung erinnern sie einerseits an einzelne didaktische Stellen
in einigen der berühmtesten Rittergedichte, andrerseits an ähnliche
ältere, in fremden Sprachen geschriebene und damals in Deutschland
bekannt gewordene Werke, namentlich an die Disciplina clericalis des
Petrus Alfonsi und deren französische Bearbeitungen²⁷. Beide, besonders
aber der Winsbeke, gehören zu den schönsten Ueberbleibseln unserer
ältern didaktischen Poesie²⁸. Verwandten Inhalts sind die Lehren
König Tirols von Schotten an seinen Sohn Friedebrand²⁹,
die auf ein älteres in derselben strophischen Form gedichtetes Lehrgedicht zurückweisen, von welchem sich Bruchstücke erhalten
haben³⁰. Eine grosse Bedeutung haben die Verdeutschungen der
unter dem Namen des Cato³¹ bekannten lateinischen Distichen,
von denen die älteste noch der ersten Hälfte des dreizehnten Jahrhunderts angehört, und die bis ans Ende des Mittelalters und dar-

---

25) Vgl. Pfeiffers Ausg. des Wigalois S. XVII; derselbe, zur deutschen Litt.
Gesch. S. 45 f.; W. Grimm, über Freidank S. 11.   26) Zuerst (zugleich mit
Tirol und Friedebrand, vgl. Anm. 29) herausgegeben (nach der alten Abschrift
der Pariser Handschr.) und erläutert in Goldasts Paraenet. veter. 1604 und darnach, mit Zusätzen und Besserungen aus der Urschrift, von Scherz in Schilters
Thesaur. II; die blossen Texte (nach der Pariser Handschr. selbst) in MS. 2, 218 ff.
Nach der Gothaer Hs. in Benecke's Beitr. 1, 455 ff., wo das erste Gedicht nicht
alle Strophen enthält, welche die andern Drucke geben, dafür aber wieder eigene,
diesen fehlende liefert; auch ist die Ordnung der Strophen nicht dieselbe. Benecke
vermuthet, dass das, was nicht in beiden Recensionen steht, dem ursprünglichen
Texte fremd sein dürfte. Die Winsbekin dagegen stimmt hier fast ganz mit den
frühern Drucken überein. Nach einer Berliner Hs. in v. d. Hagens Germania 2,
152 ff.; 240 ff.; vgl. 1, 271 ff. Einen Text beider Gedichte, dem aus den übrigen Hss. das eingefügt ist, was der Pariser mangelt, gibt v. d. Hagen, MS. 1,
364 ff.; vgl. 3, 465 f.; 465 d. (Ueber noch andere Abdrücke des von Bodmer gelieferten Textes mit Erläuterungen und Uebersetzungen s. v. d. Hagens Grundriss
S. 370 und dessen MS. 4, 314). Eine kritische Ausgabe lieferte Haupt, der Winsbeke und die Winsbekin, mit Anmerkungen. Leipzig 1845. 8. Zu dem kritischen
Material, welches in dieser Ausgabe benutzt ist, kommt noch die Kolmarer Hs.,
vgl. Bartsch, Meisterlieder S. 82 f.   27) Vgl. § 87, 10—12 und Gervinus 1, 402.
28) Vgl. über beide auch W. Grimm, Thierfabeln der Meistersänger, Berlin
1855. 4., S. 19.   29) Mit dem Winsbeken zusammen in Goldasts Ausgabe;
in Bodmers MS. 2, 248 ff.; und bei v. d. Hagen, MS. 1, 5 ff.   30) Herausg. von
J. Grimm in Haupts Zeitschr. 1, 7 ff.; vgl. dazu Bartsch in der German. 12, 87 f.
Pfeiffer, der Dichter des Nibel. S. 14 hält die beiden Räthsellieder von Tirol und
Friedebrand für Denkmäler der Spielmannspoesie.   31) Zarncke, der deutsche
Cato bis zur Veränderung durch die Uebersetzung Seb. Brants. Leipzig 1852. 8.
Vgl. über zwei (lateinische) gereimte Uebertragungen der s. g. Disticha Catonis
Zarncke in den Berichten der sächs. Gesellsch. d. Wissensch. 1863 (Separatab-
druck 58 S. 8).

über hinaus sich grosser Beliebtheit erfreuten. Geringer an Kunstwerth, aber sehr wichtig für die Sittengeschichte der zweiten Hälfte dieses Jahrhunderts sind Ulrichs von Liechtenstein Frauenbuch[32] und die Gedichte des sogenannten Seifried Helbling, deren schon oben mehrmals gedacht ist[33]; ebenso das nach einer Beziehung in den letztgenannten Gedichten dem Meister Konrad von Haslau beigelegte Werk, der Jüngling[34], und das von einem Deutschordensritter aus Süddeutschland[35] 1276 oder 1277 nach einem lateinischen Gedichte, Sermones nulli parcentes, verfasste Buch der Rügen[36].

§ 120.

Die Beispiele[1], die hier besonders in Betracht kommen, sind entweder wirkliche Thierfabeln, oder kleine weltliche und geistliche, märchenhafte und allegorische Erzählungen, denen eine bestimmte, daran in gedrängterer oder umständlicherer Ausführung angeschlossene Moral abgewonnen ist. Von solchen Stücken ist ausser denen, die in grössere Dichtungen, wie in die Kaiserchronik[1], die Rede Wernhers von Elmendorf[2], den wälschen Gast[4], die Bescheidenheit und den Renner eingefügt sind, und denen, welche sich, wie oben bemerkt wurde, bei den lyrischen Dichtern des zwölften und dreizehnten Jahrhunderts finden[5], noch eine beträchtliche Anzahl, entweder vereinzelt oder gesammelt, auf uns gekommen, die theils von bekannten, theils von unbekannten Verfassern herrühren[6]. Unter den ersten nehmen diejenigen, welche dem Stricker zugeschrieben werden müssen, eine vorzügliche Stelle ein[7]. Die Handschriften, worin sich mehr oder weniger Beispiele dieses Dichters beisammen

---

32) Herausgeg. von J. Bergmann in den Wien. Jahrbüch. für Litter. 1840 und 1841; besser hinter dem Frauendienst von Lachmann. Das Frauenbuch ist 1257 gedichtet.   33) Vgl. § 58, 1. — § 58, 5. 71, 35.   34) Herausgeg. von Haupt in seiner Zeitschr. 8, 550—587.   35) Scherer im liter. Centralbl. 1868, Sp. 979 hält ihn für einen Oesterreicher.   36) Herausgeg., mit dem latein. Original, von Th. G. v. Karajan in Haupts Zeitschr. 2, 6—92. Die auf den Deutschorden bezüglichen Stellen sind auch in den Scriptores rer. pruss. 2, 167 abgedruckt und erläutert.

§ 120. 1) Vgl. § 115, 2 und Gervinus 1², 483.   2) Wo die darin vorkommende Thierfabel zu finden ist, gibt § 81, 2 an.   3) Das Beispiel von Xerxes, Z. 153 ff.   4) Eine Fabel daraus bei J. Grimm, Reinh. Fuchs S. 353 ff. und bei Wackernagel, LB. Sp. 505 ff.   5) Vgl. § 115, 3. Besonders abgedruckt aus MS. und erläutert von C. P. Conz ist eine Anzahl dieser Fabeln in Bragur IV, 1, 92 ff.; 2, 131 ff.   6) Eine Sammlung anonymer Beispiele gab in kritischer Bearbeitung heraus Pfeiffer in Haupts Zeitschrift 7, 318 — 382.

7) Wie verbreitet seine Beispiele in seiner Heimath waren, bezeugt ein Stück in einer gereimten Weltchronik, wahrscheinlich Enenkels Werk: vgl. Bartsch in der Germania 8, 46 f. Dass dieselben von dem Dichter unter dem allgemeinen

finden, geben sie, meist ohne den Namen des Strickers, mit andern,
ihm nicht angehörigen Stücken untermischt*. Eine andere, in neuerer
Zeit sehr berühmt gewordene, mit dem poetischen Vor- und Nachwort ihres Verfassers uns erhaltene Sammlung von hundert Beispielen ist der Edelstein des Bonerius*, aus der ersten Hälfte
des vierzehnten Jahrhunderts. Boner, mit dem Vornamen Ulrich,
Predigermönch aus Bern in der Schweiz, zwischen 1324—1349 in
Urkunden mehrfach genannt*, hat, wie er selbst im Epilog angibt,
sein Buch, dessen bei weitem grösster Theil aus eigentlichen Fabeln
besteht, das am Schlusse aber auch Schwänke einmischt, aus dem
Lateinischen ins Deutsche gebracht*, daneben aber auch, ohne seine
Quelle zu nennen, eine gute Anzahl Sprüche aus Freidank in seine
Fabeln eingefügt*. — Von den jüngern ascetischen, symbo-
lischen und mystisch-allegorischen Dichtungen*, die besonders gegen das Ende dieses und während der ersten Hälfte des
folgenden Zeitraums in Aufnahme kamen, verdienen als einige der

---

Titel „die Welt" zusammengestellt worden seien, nahm man früher an; Docen in
den altd. Wäldern 2, 1; vgl. dagegen Pfeiffer a. a. O. S. 319.   8) Beispiele
des Strickers (vgl. § 94, 51 ff.) und anderer unbekannter Dichter des 13. und 14.
Jahrh. (meist eigentliche Fabeln) sind gedruckt in Docens Miscell. 1, 51; 2, 209 ff.,
der Brüder Grimm altd. Wäldern 2, 1 ff.; 3, 169 ff., v. Lassbergs Liedersaal,
J. Grimms Reinh. Fuchs S. 291 ff., Wackernagels altd. Leseb.; v. d. Hagens Germania 2, 85 ff.; altd. Blätter 1, 14 f.; 108 ff.; Haupts Zeitschr. 1, 393 ff.; in Hahns
kleinern Gedichten von dem Stricker. Quedlinb. u. Leipzig 1839. 8.; in Pfeiffers
Germania 6, 457 ff., und in Pfeiffers altdeutsch. Uebungsbuch S. 27—38. Vgl.
über Beispiele, welche ausser den bei Hahn gedruckten dem Stricker mit Gewiss-
heit zugeschrieben werden können, Lachmann, Ausw. S. VI, Anm. 2; J. Grimm,
a. a. O. S. CLXXXI f. und besonders Bartsch, Einleitung zu des Strickers Karl
S. XLIX ff.   9) Von einem alten Druck, Bamberg 1461, der 85 Fabeln enthält,
sind, so viel bekannt ist, nur zwei Exemplare vorhanden. Aus Hss. sind herausgegeben von Scherz, in Philosophiae moral. Germ. med. aevi Specim. I—XI,
Strassb. 1704 ff. die ersten 51 Fabeln mit Commentar; durch Breitinger, Fabeln
aus den Zeiten der Minnesinger. Zürich 1757. 8. (94 Stück); alle hundert (mit
den bemerkenswerthesten Abweichungen der Lesarten und einem guten Wörterbuch) von Benecke, der Edel Stein, Berlin 1816. 8. und von Pfeiffer (als vierter
Band der Dichtungen des deutschen Mittelalters), Leipzig 1844. 8. In der Sprache
erneuert sind auch alle Fabeln beisammen in Boners Edelstein von Eschenburg,
Berlin 1810. 8. Weitere literarische Nachweisungen findet man bei v. d. Hagen,
Grundriss S. 379 ff. und Jördens, Lexic. 1, 161 ff.; 5, 769 ff.; 6, 252.   10) Vgl.
Götting. GA. 1820, S. 717 ff.; Docen in den Wiener Jahrb. d. Litt. 1821, Bd.
15, Art. 6, und M. v. Stürler, das bernische Geschlecht der Boner, in der Germania 1, 117 ff., wo unentschieden gelassen wird, ob Ulrich oder der 1272 vorkommende Kuono der Dichter sei; doch vgl. Pfeiffer S. 120, Anm.   11) Hauptsächlich benutzte er die Fabeln des Avianus und des Anoymus von Nevelet; vgl.
über die Quellen Lessing (Lachmanns Ausgabe) 10, 349 ff., Docen a. a. O. und
in v. Aretins Beiträgen 1807, S. 1235 ff.   12) Vgl. W. Grimm, in den Götting.
GA. 1835, Nr. 41.   13) Vgl. Pfeiffer, Forschung und Kritik 1, 46.

merkwürdigsten, noch zwischen der Mitte des dreizehnten und dem
Anfange des vierzehnten Jahrhunderts entstandenen besonders hervorgehoben zu werden Heinrichs von Krolewiz", eines meissnischen Geistlichen, Umschreibung des Vater Unser", die zwischen
1252 und 1255 gedichtet wurde; Konrads von Würzburg lehr-
haftes Lobgedicht auf die Jungfrau Maria, genannt die goldene
Schmiede", deren schon mehrfach gedacht worden ist", worin
die Gleichnisse und Attribute der heiligen Jungfrau nach der alten
kirchlichen Tradition zusammengestellt sind "; die Tochter von
Syon des Bruders Lamprecht von Regensburg, eines Fran-
ciscaners, der von dem Provinzial Gerhard den Stoff erhielt und
noch vor dem Schlusse des dreizehnten Jahrhunderts diess Gedicht
verfasste", das eine mit der Zeit immer beliebter werdende und
auch einem gleich betitelten etwas jüngeren Gedichte eines ungenannten Dichters" zu Grunde liegende Vorstellung, der Seele Vermählung mit Gott, versinnlicht; Gottes Zukunft", ein zwischen
Erzählung und Lehrgedicht mitten inne stehendes Werk Heinrichs
von der Neuenstadt, eines gelehrten Wiener Arztes, der nach
seinem Geburtsort von der Neuenstadt genannt, in den letzten
Zehnten des dreizehnten und den ersten des vierzehnten Jahrhunderts lebte", und seinem Gedichte den Anticlaudianus des Alanus

---

14) d. h. Cröllwitz an der Saale: vgl. Haupt in seiner Zeitschr. 7, 263.
15) Herausgeg. von Lisch. Quedlinb. u. Leipzig 1839. 8.; vgl. dazu R. Bechstein,
die Sprache Heinrichs von Krolewiz, in der Germania 8, 355—362.   16) Mit
dem Bruchstücke eines strophischen latein. Gedichtes „aurea fabrica de laudibus
virginis gloriosae" in Haupts Zeitschr. 2, 168 ff. hat Konrads Gedicht so gut wie
nichts gemein.   17) Vgl. § 71, 9. 113, 32. W. Grimm, in seiner Ausg. S.
XI f. hält das Gedicht für eines der spätesten, das er wohl erst in den Achtzigern des 13. Jahrh. abfasste (dann aber kann der Dichter des jüngern Titurels
es nicht gekannt haben; vgl. W. Grimm S. XII f.); Pfeiffer dagegen (Germania
12, 28) lässt es in Strassburg entstanden sein, etwa um 1260.   18) Pfeiffer
in der German. 3, 75 f.   19) Noch ungedruckt: Nachrichten darüber und
Stellen daraus in den Heidelb. Jahrbüch. 1816, S. 714 ff.; in Hoffmanns Fundgr.
1, 307 — 316, und in Weinholds mittelhochd. Lesebuch, 2. Aufl., Wien 1862,
S. 180—186. Das Gedicht gehört zu denen, welche die kurzen Reimpaare in den
Abschnitten durch eine andere Art der Reimbindung unterbrechen. Lamprecht
hat ausserdem ein gereimtes Leben des heil. Franciscus verfasst, aus welchem
Pfeiffer in seinem altd. Uebungsbuch S. 60 — 72 Stücke mitgetheilt hat.   20)
Gedruckt in Graffs Diutisca 3, 3 ff. und bei Merzdorf, der Mönch von Heilsbronn S. 129 ff. (vgl. § 165, 1); kritisch herausgeg. von Schade. Berlin 1849.
8. Uebersetzt von Simrock. Bonn 1851. 8.; vgl. Hoffmann a. a. O. 316, Anm.
und besonders Pfeiffer, deutsche Mystiker 1, S. XLIII.   21) Bis auf einzelne
Stellen (v. d. Hagens Grundriss S. 460; Wilken Gesch. d. Heidelb. Bibliothek S.
167) noch ungedruckt; den Inhalt gibt Gervinus 2, 151 ff. (2⁵. 377 ff.) an.
22) Vgl. F. Wolf in den Wien. Jahrbüch. 56 (1831), 257 und Hoffmann, Verzeichn. d. Wiener Hss. S. 149 f.

, ab Insulis[23] zu Grunde legte[24]; endlich Konrads von Ammenhusen, eines Mönchs und Leutpriesters zu Stein am Rhein, um
1337 gedichtetes Schachzabelbuch[25], worin nach dem lateinischen
Schachbuche des Jacobus de Cessolis das Schachspiel allegorisch
auf alle Lebensverhältnisse und Stände gedeutet wird[26]. — Zum
Schlusse sei hier auch noch der in kurzen Reimpaaren abgefassten
Liebesbriefe oder Büchlein gedacht, die bisweilen sehr ausführlich und sinnreich die Angelegenheiten des Herzens besprechen.
Die ältesten, die wir von namhaften Dichtern besitzen, sind von
Hartmann von Aue[27] und von Ulrich von Liechtenstein[28];
die jüngern, die zeither bekannt worden sind[29], rühren zumeist erst
aus dem vierzehnten und fünfzehnten Jahrhundert her.

C. Prosa.

§ 121.

In welchem allgemeinen Verhältniss die deutsche Prosa während dieses Zeitraums zu der Poesie stand, ist bereits oben (§ 52)
angedeutet worden. Was von prosaischen Schriften, entweder vollständig oder bruchstücksweise aufgefunden und bekannt gemacht
ist, besteht hauptsächlich theils in Werken von geistlichem oder dem

---

23) Lebte im 12. Jahrhundert.   24) Ausserdem hat Heinrich, auch nach
einem lateinischen Buche, die aus Griechenland stammende, in Deutschland aber
schon früher (schon Lamprechts Alexander bezieht sich darauf) bekannt gewordene
Sage von Apollonius von Tyrland oder Tyrus gedichtet. Auch aus dieser
sehr weitschichtigen Erzählung sind nur einzelne Stellen gedruckt; vgl. v. d.
Hagen a. a. O. S. 206; Massmanns Denkm. 1, 10; Hoffmann a. a. O. und Grässe,
Sagenkreise S. 459.   25) Im Auszuge mitgetheilt durch Wackernagel in Kurz'
und Weissenbachs Beiträgen zur Geschichte und Literatur 1. Bd., Aarau 1846.
S. Es wurde schon 1483 zu Strassburg gedruckt. Der Dichter nennt seinen
Namen in einem quodlibetischen Akrostichon am Schlusse des Gedichtes; vgl.
Wackernagel a. a. O. S. 48 ff.   26) Ein jüngeres niederdeutsches Gedicht von
gleichem Inhalt, von einem Dichter Stephan, existiert in einem alten Drucke um
1498; vgl. Gödeke's Grundriss S. 1157.   27) Vgl. § 94. Beide Büchlein be-
finden sich in Haupts Ausg. von Hartmanns Liedern etc. und in Bechs Ausgabe
von Hartmanns Werken, Bd. 2. Der Leich, womit das erste schliesst, ist gesungen worden; vgl. § 71, 35. Das zweite, namenlos überliefert, ist nicht mit voller
Sicherheit Hartmann, dem es Haupt zuerkennt, beizulegen; vgl. Bech 2, S. 107 f.
R. Bechstein (Tristan S. XXXV) vermuthet darin eine Jugendarbeit Gottfrieds.
Vgl. dagegen Wilmanns in Haupts Zeitschr. 14, 153 ff.   28) Vgl. § 97, 5.
Auch von dem dritten dieser Büchlein war der lyrische Schluss bestimmt gesungen
zu werden; vgl. § 71, 15 die darauf bezüglichen Citate.   29) S. die Nachweisungen bei Haupt a. a. O. S. VIII und Sechs Briefe und ein Leich, herausgeg.
von L. Ettmüller, Zürich 1843. S.

verwandten Inhalt, theils in Aufzeichnungen und Sammlungen von
Rechtsformeln, Rechtsgewohnheiten, Gesetzen und Urkunden. Andere
Gattungen ungebundener Darstellung tauchen daneben erst in ein-
zelnen Anfängen auf. — a) Die Denkmäler der. ersten Klasse sind
vornehmlich übersetzte und erläuterte Psalmen, die sogenannten
Windberger Psalmen[1], eine in bedeutenden Bruchstücken erhaltene Evangelienübersetzung[2], die wahrscheinlich alle vier
Evangelien umfasste und auf einer älteren Grundlage beruht[3], die
Uebertragung einer religiös-moralischen Abhandlung, nämlich von
Nortperts († 1134) Tractatus de virtutibus[4], die um die Mitte des
zwölften Jahrhunderts entstanden sein mag und sich durch Reinheit
der Sprache und eine freie Weise des Uebersetzens auszeichnet;
ferner des sogenannten Lucidarius, einer Weltbeschreibung, an
welche eine Glaubenslehre geknüpft ist, in dialogischer Form und
aus dem zwölften Jahrhundert[5], dem auch noch die älteste bekannte
deutsche Bearbeitung zufällt[6]; endlich Gebete, Homilien, Predigten und andere erbauliche Schriften[7]. Indem sie alle zunächst
von der ältesten deutschen Prosa zu der dieser mittlern Zeiten her-
überleiten, zeigen sie das allmählige Losringen von früherer Ge-
bundenheit und Unselbständigkeit der prosaischen Darstellungsweise
zu ihrer ersten lebensvollen und freien Bewegung. Zumal gilt diess
von den Predigten[8]. Während die ältern Homilien aus dem

---

§ 121. 1) Vgl. § 50, 19 und Wackernagel, LB. 249 ff. (¹ 303 ff.), wo die
Windberger Psalmen erst in die zweite Hälfte des 12. Jahrh. gesetzt sind; vgl.
Graffs Ausg. S. VI.   2) Die Bruchstücke sind theils in München, theils in
Wien, jene bekannt gemacht durch Keinz in den Münchener Sitzungsberichten
1869, I. 549 ff., diese durch Jos. Haupt in der Germania 14, 410 ff.   3) Vgl.
J. Haupt a. a. O. S. 441 ff.   4) Die bisher aufgefundenen Abschnitte sind gedruckt in Graffs Diut. 1, 281 ff.   5) Ueber das lateinische Buch und andere
Bearbeitungen oder Nachbildungen desselben s. Wackernagel, Basel. Hss. S. 19 ff.;
Hoffmanns Fundgr. 2, 103, Anm. 6 und v. Karajan in den altd. Blätt. 2, 5 f.
6) Bruchstücke derselben sind in Mone's Anzeiger 1834, Sp. 311 ff. gedruckt.
7) Zu den erbaulichen Schriften gehört ein in nicht ungewandter Rede abgefasstes
ascetisches Werk des 13. Jahrh., die Fittiche der Seele, wovon Bruchstücke
in den altd. Blätt. 1, 353 ff. stehen. Vgl. auch die geistlichen Lilien § 118, 27.
8) Homilien, Predigten und Gebete aus dem 12. Jahrh. sind zum Theil bruchstückweise, zum Theil ganz abgedruckt in Graffs Diut. 2, 277 ff.; 288 ff.; 380 ff.;
die an der letzten Stelle stehenden Bruchstücke vollständiger bei Hoffmann, Fundgruben 1, 66 ff., wo dann noch andere aus demselben Jahrh. folgen. Anderes in
Wackernagels LB.; in Haupts Zeitschr. 1, 285 ff. und in Pfeiffers Germania 1,
411 ff.; 10, 464 ff. — Eine Sammlung von deutschen Predigten des 12. Jahrh. gab
Kelle unter dem Titel Speculum ecclesiae altdeutsch. München 1858. 8. heraus;
vgl. darüber Bech in der Germania 4, 494 ff. Den Zusammenhang zwischen diesen
Predigten und den in der Germania 1. 441 ff. veröffentlichten Bruchstücken wies
Bartsch nach. Germania 5, 456 ff.; es ergibt sich, dass beide Sammlungen aus einer
ältern aus der ersten Hälfte des 12. Jahrh. flossen; vgl. auch Pfeiffer, über Wesen

zwölften und dem ersten Drittel des dreizehnten Jahrhunderts noch
zum grössten Theil, wenn auch nicht als eigentliche Uebersetzungen,
doch als Nachbildungen lateinischer Muster aus den frühern Zeiten
der Kirche angesehen werden dürfen, hebt gegen die Mitte des dreizehnten Jahrhunderts eine freiere und volksmässigere Art deutscher
Predigten an, die wohl vorzüglich von den Predigermönchen, welche
sich seit ihrer Festsetzung in Deutschland mit regem Eifer der religiösen Bildung des Volks annahmen, ausgegangen ist[8]. Aus ihrer
Mitte giengen auch die besten geistlichen Volksredner hervor, wie
die Minoriten Bruder David und dessen Schüler, Bruder Berthold, der berühmteste von allen. Bruder David[10], genannt Teu-
tonicus, zwischen 1210 und 1220 geboren, lehrte zuerst in Regensburg, und seit 1243 in Augsburg[11], wo er dem Orden der Minoriten
angehörte und als Novizenmeister am 15. November 1271 starb.
Ausser seinen zahlreichen lateinischen Schriften[12] hat er auch verschiedene geistliche Tractate in deutscher Sprache verfasst[13]. Bert-

---

und Bildung d. höfischen Sprache S. 13. Eine andere längst gedruckte Predigtsammlung des 12. Jahrh. von Wackernagel wird demnächst erscheinen. — Predigten
aus dem 12. 13. und 14. Jahrh. auch entweder ganz oder stellenweise bei Hoffmann
a. a. O. 1, 70 ff. (sie sind von einem Geistlichen zum Muster für andere geschrieben und wahrscheinlich auch wirklich gehalten worden, Lachmann, über Singen
und Sagen S. 1 f), bei H. Leyser (deutsche Predigten des 13. und 14. Jahrh.
Quedlinb. u. Leipzig 1839. 8.), K. Roth (deutsche Predigten des 12. und 13. Jahrh.
Quedlinb. u. Leipzig 1839. 8.), in den altd. Blätt. 2, 32 ff.; 159 f.; 167 ff.; 376 ff.,
in Haupts Zeitschr. 2, 227 ff., bei Grieshaber (Aeltere noch ungedruckte deutsche
Sprachdenkmale religiösen Inhalts, Rastatt 1812. 8. und deutsche Predigten des
13. Jahrh. herausg 2 Abtheilungen. Stuttg. 1844—46; Mittheilungen aus andern Hss. derselben Predigtsammlung durch Weigand in Haupts-Zeitschrift 6,
393 ff. und durch Wackernagel ebenda 7, 139 ff.; als Verfasser betrachtet Wakkernagel, Litt. Gesch. S. 324, einen Johannes Freund, und räumt ihm unter
den geistlichen Rednern des 13. Jahrh. einen ehrenvollen Platz ein; nach Pfeiffer,
Germania 1, 483, ist Freund, oder vielmehr Freyndel, nur der Schreiber der
Predigten) in Mone's Anzeiger (wo Predigten theils namhafter Verfasser, theils
namenlos an verschiedenen Orten abgedruckt sind) und in Pfeiffers altd. Uebungsbuche S. 179 ff.; 182 ff. — Predigtentwürfe aus dem 13. Jahrhundert sind bekannt gemacht durch Diemer in der Germania 3, 360 ff.   9) Vgl. hierzu
Leysers Einleitung zu den von ihm herausgegebenen Predigten, und Pfeiffer,
deutsche Mystiker 1, S. IX f.   10) Vgl. über sein Leben Pfeiffer, Deutsche
Mystiker 1, S. XXVI—XLIII.   11) Dass Augsburg sein Geburtsort gewesen, wurde, wie Pfeiffer nachwies, ohne Grund angenommen; mehr Ansprüche
darauf hat Regensburg.   12) Vgl. Pfeiffer a. a. O. S. XXX f.   13) Im
1. Bande von Pfeiffers Mystikern sind deren acht veröffentlicht; doch ist der
vorletzte nach S. XXXV der Einleitung wahrscheinlich als David nicht gehörig
auszuscheiden. Ein anderer ist von Pfeiffer mitgetheilt und nebst einem noch
unbekannten lateinischen besprochen in Haupts Zeitschr. 9, 1—67, wo auch wahrscheinlich zu machen gesucht wird, dass David der Verfasser des Schwabenspiegels sei. Dieser Ansicht schloss sich Wackernagel, LB.[4] 723 ff. (vgl. Litt. Gesch.

hold", wahrscheinlich in Regensburg geboren", jedenfalls dort erzogen und gebildet, und Bruder des Ordenshauses daselbst, trat zuerst
1250 in weiteren Kreisen als Prediger auf, und zwar zunächst in Nieder-
baiern, dann am Rhein, im Elsass und in der Schweiz, und wirkte
in diesen verschiedenen Gegenden bis 1259, um welche Zeit er sich
nach Osten, nach Oesterreich, Mähren, Böhmen und Schlesien wandte
(1261 und 1262); die letzte Zeit seines Lebens beschränkte er seine
Wirksamkeit auf Baiern, und starb in Regensburg am 13. December
1272, wo er in der Minoritenkirche begraben wurde. Seinen grossen
Ruhm, der ihn noch lange überlebte, bezeugen zahlreiche Erwähnungen seiner und der Wirkungen, die er hervorbrachte, bei gleichzeitigen Schriftstellern". Oft predigte er vor vielen Tausenden auf
freiem Felde, von Bäumen herab; eine alte Nachricht" nennt ihn
daher mit Recht den Landprediger. Seine Predigten " wurden
wahrscheinlich nicht von ihm selbst, sondern von einem seiner Zu-

---

S. 327) im wesentlichen an, nahm dies jedoch in dem Vorwort S. VI zurück: vgl.
Anm. 29.   Früher waren von David gedruckt eine wörtliche Uebertragung einer
seiner Predigten (durch Herm. Kurz) im Morgenblatt 1843, Nr. 307—309; eine
geistliche Lehre oder Abhandlung in Klings Ausg. von Bertholds Predigten S.
95 ff.; zwei andere Stücke in der d. Litteraturgesch. etc. von G. Scholl und F.
Scholl, 1, 297 ff.   14) Dass er mit seinem Familiennamen Lech geheissen,
ist ein von Pfeiffer, in seiner Ausgabe Bertholds S. VIII, widerlegter Irrthum.
Ueber sein Leben und Wirken vgl. J. Grimms treffliche Recension von Klings
Ausg. in den Wiener Jahrb. d. Litt. 1825, Bd. 32, 194—257 (wiederholt in den
klein. Schriften 4, 296 ff.); Wackernagel, Verdienste der Schweizer S. 14 ff.;
K. Schmidt, Berthold von Regensburg, in den Theolog. Studien und Kritiken
1864, 1. Heft; B. Greiff, Berthold von Regensburg in seiner Wirksamkeit in Augsburg. (Programm) Augsburg 1865. 4.; Joh. Schmidt, über Berthold von Regensburg. (Programm) Wien 1871. 8., und besonders. Pfeiffers Einleitung zu seiner
Ausgabe.   15) Wackernagel a. a. O. S. 14. 35. 36 nahm irrthümlich Winterthur als Geburtsort an, berichtigte diese Annahme aber Litt. Gesch. S. 324;
vgl. Pfeiffer a. a. O. S. X.   16) Die alten Zeugnisse über sein Leben und
Wirken sind gesammelt bei Pfeiffer S. XX—XXXII; dazu vgl. C. Hofmann
in den Münchener Sitzungsberichten 1867, II, 374—394 und derselbe ebenda
1868, II, 101 ff.; das Gedicht Frauenlobs über ihn s. in v. d. Hagens MS. 3, 356;
in Ettmüllers Ausg. S. 42 f., und bei Pfeiffer S. XXX f.   17) In Haupts
Zeitschr. 4, 575.   18) Elf seiner Predigten mit Auszügen aus den übrigen,
welche die benutzte Heidelb. Hs. enthält, hat Ch. F. Kling. Berlin 1824. 8. herausgegeben (vorher schon Proben in Neanders Denkwürdigkeiten etc. 2. 303 ff.);
aus derselben Hs. ein Stück einer Predigt, von der Kling S. 310 ff. nur den Inhalt mittheilt, bei Scholl a. a O. Sp. 311 ff.; aus andern Hss. ist Einzelnes gedruckt in v. d. Hagens Germania 2, 313 und in den altd. Blätt. 2, 120. ' Eine
vollständige kritische Ausgabe seiner sämmtlichen deutschen Predigten verdanken
wir Franz Pfeiffer: der 1. Band, die Predigten der Heidelberger Hs. 24 und die
Einleitung enthaltend, erschien Wien 1862. 8.; der zweite, die übrigen Predigten,
Lesarten und Wörterbuch umfassend, wird aus Pfeiffers Nachlass erscheinen. In
einer seiner Predigten ist auch schon ein Predigtmärlein enthalten, welches
Pfeiffer, Germania 3. 407 f., mitgetheilt hat.

hörer aufgeschrieben; sie sind uns nebst einer Anzahl lateinischer
Predigten[19] von ihm in mehreren, aber nicht sehr alten Hand-
schriften[20] aufbewahrt. Seine und Davids Predigten gehören zu
dem Besten, was die altdeutsche Prosa-Literatur aufzuweisen hat.
Nach ihnen sank die geistliche Beredsamkeit wieder von der Höhe
herab, zu der sie besonders Berthold erhoben hatte[21], bis sie durch
Meister Eckhart[22] und seine Schüler und Nachfolger im vierzehnten
Jahrhundert einen neuen Schwung erhielt. — b) Unter den Rechts-
verhältnisse betreffenden Denkmälern, deren gegen das Ende dieses
Zeitraums immer häufiger werdende Abfassung die Ausbildung der
deutschen Prosa von einer andern, aber auch, wie die Predigt, den
nächsten Interessen des Volkslebens zugekehrten Seite förderte, fallen
einige kleinere, wie das schwäbische Verlöbniss und der
Erfurter Judeneid[23], die durch Inhalt und Form gleich merkwürdig sind, noch in das zwölfte Jahrhundert. Aus dem dreizehnten
sind die bedeutendsten und wichtigsten die beiden grossen, unter
den Namen Sachsenspiegel[24] und Schwabenspiegel[25] bekannten Rechtsbücher[26]: das erste von dem sächsischen Ritter Eike
oder Ecko von Repgow zwischen 1224 und 1235 in niederdeutscher Mundart aus den im nördlichen Deutschland gültigen Gesetzen
und Rechtsgewohnheiten zusammengestellt[27], dann auch ins Oberdeutsche umgeschrieben[28] und in beiden Gestalten vielfach über-

---

19) Vgl. Leyser a. a. O. S. XVII.   20) Vgl. Leyser S. XVI f. und altd.
Blätter 2, 161 ff.   21) Ueber einige Prediger aus dem Anfange des 14. Jahrh.
und ihre Reden vgl. Leyser a. a. O. S. XVIII und altd. Blätter 2. 163 ff.
22) Er starb wahrscheinlich 1328 und gehört also noch in diesen Zeitraum; ich
halte es aber für angemessener, ihn von den Mystikern des folgenden nicht zu
trennen; vgl. § 171.   23) Beide Stücke sind zu finden bei Wackernagel, LB.
189 und 303 (4. Ausg. 157 und 317) und bei Müllenhoff und Scherer, Denkmäler
Nr. XCIX und C; vgl. S. 535–537.   24) Die neueste kritische Ausgabe vom
Sachsenspiegel (und den verwandten Rechtsbüchern) hat Homeyer, Berlin 1835 bis
1844, 3 Bde. 8.; 3. Ausg. 1861, geliefert.   25) Kritische Ausgabe des Schwabenspiegels (aber nur das Landrecht in ältester Gestalt) von W. Wackernagel. Zürich
u. Frauenfeld 1840. gr. 8.; zugleich mit dem Lehnrecht von Frh. von Lassberg. Tü-
bingen 1840. gr. 8.; das Landrecht auch von Gengler. Erlangen 1853. 12.   26)
Im Allgemeinen verweise ich über diese, so wie die übrigen Rechtsbücher und ihre
Literatur auf Eichhorns deutsche Staats- und Rechtsgeschichte, Thl. 2, § 277 ff.;
Homeyer, die deutschen Rechtsbücher des Mittelalters. 2. Aufl. Berlin 1856. 8.;
Stobbe, Geschichte der deutschen Rechtsquellen. Braunschweig 1864. 8. und
Zöpfl, deutsche Rechtsgeschichte. 4. Aufl. 1. Band. Braunschweig 1871. 8.
27) Vgl. Ficker, über die Entstehungsart des Sachsenspiegels und die Ableitung
des Schwabenspiegels aus dem Deutschspiegel. Innsbruck 1859. 8., angezeigt von
H. Siegel in der Germania 4, 251 ff.   28) Nach einer mitteldeutschen (der
Leipziger) Hs. herausgeg. von J. Weiske. Leipzig 1840. kl. 8.; 4. Aufl. bearbeitet
von R. Hildebrand. Leipzig 1870.

arbeitet, abgeändert und durch Zusätze erweitert; das andere nach dem noch unerweiterten Sachsenspiegel, als seiner Hauptgrundlage, und mit Benutzung anderer, fremder und heimischer Quellen, höchst wahrscheinlich von keinem andern als Bruder Berthold[29] zwischen 1256 und 1268 abgefasst[30], aber auch allmählig immer mehr durch Umbildungen und Einschaltungen um seine Urgestalt gebracht. Das vermittelnde Glied zwischen beiden bildet der erst neuerdings aufgefundene Spiegel deutscher Leute[31], der nach 1235 verfasst sein muss, da er bereits den Mainzer Landfrieden kennt[32]. Neben und nach diesen Gesetzbüchern werden dann viele einzelne Land- und Stadtrechte[33], so wie die sogenannten Weisthümer[34] noch im Laufe des dreizehnten Jahrhunderts und in der ersten Hälfte des folgenden aufgezeichnet. Auch wird es gegen das Ende dieser Zeit immer üblicher, sich in Urkunden statt der lateinischen Sprache der deutschen zu bedienen[35]. — c) Dass die Anfänge geschichtlicher Darstellung in deutscher Prosa in diesen Zeitraum fallen, beweisen, ausser einer Stelle bei einem Dichter[36] des dreizehnten Jahrhunderts, die sogenannte repgowische oder Sachsenchronik[37], die

---

29) Vgl. Laband, über den Verfasser und die Handschriftengenealogie des Schwabenspiegels. Heidelberg 1861. 8. und Rockinger, in den Sitzungsber. d. Münchener Akad. 1867, S. 408 ff. Ueber die Vermuthung, dass David von Augsburg der Verfasser sei, vgl. Anm. 13.   30) Vgl. R. Schröder, die neuesten Untersuchungen über die Abfassung des Schwabenspiegels in Zachers Zeitschr. 1, 273 f.   31) Entdeckt und herausgeg. von J. Ficker. Innsbruck 1859. 8.; vgl. Anm. 27 und Fickers Abhandlung, über einen Spiegel deutscher Leute und dessen Stellung zum Sachsen- und Schwabenspiegel. Wien 1857. 8.   32) Vgl. Schröder a. a. O. S. 273.   33) Das älteste Stadtrecht in deutscher Sprache ist nach Pfeiffer (in Haupts Zeitschr. 9, 4) das Augsburger von 1276.   34) Eine reiche Sammlung deutscher Weisthümer hat J. Grimm veranstaltet. Göttingen 1839—1863. 4 Bde. 8.; fortgesetzt und vollendet von R. Schröder (5. 6. Bd.) Göttingen 1866—69.   35) Eine deutsche Urkunde von 1240 steht in Wackernagels LB.⁴ 609; eine von 1272 (aus Höfers Auswahl der ältesten Urkunden deutscher Sprache im Archiv zu Berlin, 1835), LB.² 723 ff.; über eine viel ältere vgl. § 48, den Schluss der Anmerk. Zu den ältesten niederdeutschen Urkunden gehören die von Sintenis in Haupts Zeitschr. 3, 226 ff. veröffentlichten vom J. 1294. Vgl. über deutsche Urkunden des 13. Jahrh. Böhmer in Haupts Zeitschr. 9, 261 ff.   36) Herrant von Wildon (vgl. § 98) beruft sich auf eine deutsche ungereimte Chronik als Quelle einer seiner Erzählungen; die Stelle steht bei v. d. Hagen, MS. 4, 303, Anm. 5.   37) Nähere Nachweisungen über dieses Werk und die früheren Drucke finden sich bei Hoffmann, Verzeichniss der Wiener Handschr. S. 208 f., in Menzels Literaturblatt, 1842, S. 507 und in der Beilage zur Augsb. allgem. Zeit. 1843, Nr. 85. Eine neue Ausgabe lieferte Massmann: Das Zeitbuch des Eike von Repgow in ursprünglich niederdeutscher Sprache und in früher lateinischer Uebersetzung herausgeg. Stuttg. 1857. 8. (Biblioth. d. litt. Vereins XLII). Vgl. über die Chronik noch Frid. Pfeiffer, de chronico Ecconi de Repgow addicto majore dissertatio. Berol. 1853. 8., und dessen Untersuchungen über die

in nieder- und oberdeutscher Sprache auf uns gekommen ist[38], und
denselben **Eike von Repgow** zum Verfasser hat, dem wir den
Sachsenspiegel verdanken[39], so wie das St. Galler Geschichtsbuch
Christians des Küchemeisters[40]. — Eben so fand bereits jetzt
der **Prosaroman** bei uns Eingang, wie sich aus dem Bruchstück
eines aus dem Französischen ins Niederdeutsche übersetzten **Lancelot**
ergibt[41]. — Eine Art wissenschaftlicher Auffassung der Natur begegnet uns gleichfalls schon am Schlusse des dreizehnten Jahrhunderts in der **Meinauer Naturlehre**[42], deren Verfasser wohl ein
Zeitgenosse und wahrscheinlich ein Ordensbruder Hugos von Langenstein war[43], und in der ersten Hälfte des vierzehnten, mehr syste-
matisch, in **Konrads von Megenberg Buch der Natur**[44],
welches um 1349—51 geschrieben ist[45], — und endlich finden sich
neben den häufiger vorkommenden gereimten Briefen auch einige
in ungebundener Rede bei **Ulrich von Liechtenstein** im
Frauendienst[46].

repegow'sche Chronik. Breslau 1854. 8. (vgl. dazu Franz Pfeiffer in der Germania 1, 381 ff.) und G. Schoene, die repgauische Chronik, das Buch der Könige.
Elberfeld 1859. 4. Grosse Stücke aus ihr finden sich auch in Massmanns Kaiserchronik 2, 655 ff.   38) Das Niederdeutsche ist jedoch ebenso wie beim
Sachsenspiegel 'das Original.   39) Nach Homeyer, Sachsenspiegel 1, S. 4,
wäre die Erwähnung Eike's in der gereimten Vorrede nur als eine Anspielung
auf eine Stelle in der gleichfalls gereimten Vorrede des Sachsenspiegels anzusehen; doch vgl. Franz Pfeiffer in der Germania 1, 383 f., Ficker, über die Entstehung des Sachsenspiegels etc. und Siegel in der Anzeige dieser Schrift in der
Germania 4, 254. Hiernach ist die Chronik in ihrer ursprünglichen Gestalt 1232
oder sehr'bald nachher entstanden.   40) Die neuen Casus monasterii S. Galli
aus dem Anfang des 14. Jahrhunderts. Eine Stelle daraus bei Wackernagel, LB.
837 ff. (4. Ausg. 939 ff.)   41) Die Hs., wovon Docen das Bruchstück fand
und in Büschings wöchentl. Nachrichten 2, 109 ff. bekannt machte (daraus aufgenommen in Wackernagels LB.² 773 ff., ein Theil auch in die 4. Aufl. 905 f.)
setzte er ungefähr in das Jahr 1300; den Nachweis, dass es aus dem Lancelot
sei, führte Hofmann in den Sitzungsber. der bayer. Akademie 1870, II, 39—52,
wo der Text aufs neue kritisch herausgegeben ist.   42) Bruchstücke daraus
bei Wackernagel a. a. O. ² 767 ff. (⁴ 907 ff.), vollständige Ausgabe durch Wakkernagel in der Biblioth. d. litt. Vereins XXII. Stuttg. 1851. 8. Vgl. Die Meinauer Naturlehre und das Buch der Natur. Ein Beitrag zur Geschichte der Naturwissenschaften im 14. Jahrh. Programm des Gymnasiums in Znaym 1862.
43) Vgl. Wackernagel im Vorwort zu seiner Ausgabe.   44) Herausgeg.
von Pfeiffer. Stuttgart 1861. 8.; vgl. das Anm. 42 angeführte Programm.
45) Ueber den Verfasser, die Entstehungszeit des Buchs der Natur und die übrigen Schriften Konrads vgl. Pfeiffers Einleitung, und über seine politischen Schriften, C. Höfler, Aus Avignon (in den Abhandl. der kön. böhm. Gesellsch. der
Wissensch. 6. Serie, 1. Band).   46) Ein Schreiben von Frauenhand S. 32,
ein offener Brief von Ulrich selbst S. 162 ff. (der erste auch bei Wackernagel,
LB.² Sp. 623 f.).

17 *

Vierte Periode.

Von der Mitte des vierzehnten bis zum Ende des sechzehnten Jahrhunderts.

Erster Abschnitt.

Allgemeinster Charakter der deutschen Literatur in diesem Zeitraum; Andeutung der denselben bedingenden Ursachen; politische Lage des Landes und Umgestaltung seiner innern Verhältnisse, Wendung des sittlichen, wissenschaftlichen und religiösen Lebens der Nation. — Begünstigungen, welche die Wissenschaften fanden.

§ 122.

Je grösser der Umschwung ist, den die gesammte geistige, sittliche und religiöse Bildung der Deutschen in dieser Uebergangsperiode von dem Mittelalter zu der neuern Zeit nimmt, und je bedeutender das, was von der bildenden Kunst hervorgebracht, in der Wissenschaft begründet und ausgeführt wird, in einem desto unvortheilhafteren Lichte erscheint daneben und im Verhältniss zu ihren frühern Entwickelungsstufen die vaterländische Poesie[1]. Wo sie auf dem alten Wege fortgeht, auf den sie besonders nach der Mitte des dreizehnten Jahrhunderts gerathen war, da zeigt sich im Allgemeinen nur zunehmender Verfall und Ausartung; wo sie neue Richtungen einschlägt, offenbart sich zwar ein frischer, lebenskräftiger Geist, doch vermag dieser noch nicht sich nach allen Seiten hin frei zu entwickeln und noch weniger zu kunstmässiger Gestaltung zu gelangen, da diese Jahrhunderte allen Sinn für Angemessenheit und Schönheit der dichterischen Formen verloren zu haben

---

§ 122. 1) Eine allgemeine Charakteristik der ersten Hälfte dieses Zeitraums (vor der Reformation) gibt die treffliche Einleitung zu W. Wackernagels Abhandlung „der Todtentanz" in Haupts Zeitschr. 9, 302 ff.

scheinen. — Dagegen tritt die deutsche Prosa nunmehr viel selbständiger hervor, als in früherer Zeit: indem sie ihr Gebiet ausdehnt
und darin überall festen Fuss fasst, erlangt sie, bei aller Verwilderung der Sprache, schon vor dem sechzehnten Jahrhundert einen
bedeutenden Grad von Gefügigkeit und Bestimmtheit und erstarkt
dann während der Reformationszeit mit der Festigung und neuen
Beseelung der hochdeutschen Sprache zu noch viel höherer Tüchtigkeit. — Manches, was in den Verhältnissen dieser Zeit ungünstig
auf die Poesie wirken musste, oder sie wenigstens nicht förderte,
trug zur schnellern und reichern Entwickelung der prosaischen Literatur bei.

§ 123.

1. Die Grenzscheide zwischen diesem und dem vorigen Zeitraum bezeichnet eine Reihe grosser Unglücksfälle, die über Deutschland einbrachen. Die feindliche Stellung Ludwigs des Baiern zum
Pabste hatte dem Reiche das Interdict zugezogen; auf wiederholte
Ueberschwemmungen, Misswachs und Hungersnoth folgte eine
furchtbar verheerende Pest. Je ernster und trüber die Stimmung
war, die dadurch unter allen Ständen erzeugt wurde, um desto
mehr musste auf eine Zeit lang die Neigung zum Dichten, so weit
sie noch vorhanden war, unterdrückt, oder, wenn sie dennoch
durchbrach, zur Ergreifung düsterer Gegenstände und zum Ausdruck
peinlich-ängstigender, in schwerer Busse Beruhigung suchender Ge-
fühle gedrängt werden. Als diese schwere Zeit vorübergegangen,
hob allerdings wieder eine grössere und vielseitigere poetische Regsamkeit an, ja sie steigerte sich nach und nach bis ins Unglaubliche,
wenn man bloss die Zahl der Dichter, die in allen Theilen Deutschlands und unter allen Ständen aufstanden, so wie die Menge ihrer
uns erhaltenen Werke in Anschlag bringt; allein ein eigentliches
Blüthenalter trat für die Poesie darum noch nicht ein. Was sich
dem bis zum Anfang des sechzehnten Jahrhunderts in
den Weg stellte, soll nun zunächst angedeutet werden.

§ 124.

Durch die politische Lage Deutschlands konnte unmöglich ein
neuer, grossartiger Aufschwung in die Poesie kommen. Es gab keine
Unternehmungen mehr nach aussen, welche entweder alle, oder
doch mindestens die bevorzugten Stände und Klassen im Reich zu
einmüthigem Handeln verbunden und zur Entwickelung der im
Volke ruhenden Kräfte angeregt hätten, keine, durch welche das
Nationalgefühl geweckt und erhoben, die Phantasie befruchtet worden wäre; und auch im Innern fehlte es bis zur Reformation an

jedem grossen, den Volksgeist neu belebenden, die allgemeine Theilnahme in Anspruch nehmenden Ereigniss, ohne dass das Land in
ruhig stätiger Entwickelung seiner Zustände hätte vorschreiten können. Denn die innere Zerrüttung, die unter dem Interregnum so
weit um sich gegriffen, und der Rudolfs Nachfolger bis auf Ludwig
den Baiern nie ganz hatten Einhalt thun können, dauerte noch
immer fort. Was Karl IV that, um die Verfassung des Reichs festzustellen, brachte nichts weniger, als einen lebendigen Zusammenhang unter den verschiedenen Gliedern des grossen Verbandes hervor. Die Kaiser besassen nicht mehr das Ansehen und die Macht,
die stets weiter reichenden Ansprüche der Grossen zu beschränken
und den Fehden vorzubauen, welche, seitdem das Faustrecht die
Stelle des Gesetzes eingenommen zu haben schien, von den Fürsten,
dem Adel und den Städten unaufhörlich geführt wurden. Alles,
was bis auf Maximilian I geschah, unter dem endlich, aber nur
auf kurze Zeit, nach Einführung des ewigen Landfriedens und Ein-
setzung des Reichskammergerichts Ruhe im Innern eintrat, wirkte
zusammen, die politische Kraft des Reichs zu zersplittern und zu
brechen, das Zerfallen der von der Vorzeit überkommenen Einrichtungen zu beschleunigen, die freie Gestaltung sich neu bildender zu
erschweren, der Nation das Bewusstsein ihrer Würde und innern
Einheit zu rauben, endlich mit der Herrschaft der niedrigsten Lei-
denschaften Rohheit und Verwilderung der Sitten in allen Ständen
und allen Lebensverhältnissen bis zum Uebermass zu steigern. Wie
hätte daran eine höhere dichterische Begeisterung sich entzünden
und wahrhaft Grosses und Schönes schaffen können? Die Fehden
und Kriege im Innern und an den Grenzen des Reichs konnten nur
eine Reihe historischer Volkslieder hervorrufen, die immer, sei es
durch ihre Form, oder durch Gehalt und Form zugleich, von einem
beschränkten Werthe blieben. Im Allgemeinen musste das öffentliche Leben dieser Zeiten, wenn es auf die poetische Thätigkeit
einwirken sollte, sie nur zur Didaktik und Satire hinlenken, und
zwar um so mehr, je fühlbarer, vorzüglich in den mittlern Volksklassen, das Bedürfniss nach einer gründlichen und durchgreifenden
Sittenverbesserung wurde.

§ 125.

Unterdessen änderte sich die Stellung der einzelnen Stände in
Deutschland, die schon in der zweiten Hälfte des vorigen Zeitraums
nicht mehr dieselbe war, die sie in der ersten gewesen, noch viel
sichtlicher. Immer mehr arbeiteten sich die mittlern und untern
Volksklassen zu freierer Geltung und grösserer Unabhängigkeit empor. Insbesondere erhoben sich die Städte ungeachtet des herr-

schenden Faustrechts und der mannigfaltigen Bedrückungen und
Störungen, welchen sie durch den raub- und beutelustigen Adel ausgesetzt waren, unter dem begünstigenden Schutze der Kaiser und
Fürsten durch Handel, Gewerb- und Kunstfleiss und durch den tüch-
tigen, tapfern Sinn ihrer Bewohner zu stets wachsender Macht und
höherem Ansehen im Reich.   Dagegen nahm ganz unverkennbar
mit dem um sich greifenden Verderbniss in der Kirche und mit dem
Verfall des Ritterthums die innere Schwächung der beiden bevor-
rechteten Stände zu.   Natürlich mussten sich diese Veränderungen
auch in dem Charakter der sittlichen und geistigen Bildung des
deutschen Volks immer bemerklicher machen: Alles deutete darauf
hin, dass dieselbe nun nicht mehr, wie in frühern Jahrhunderten,
von der Hierarchie und der Adelsaristokratie, sondern von dem
Bürgerthum getragen werden sollte.   Es war also nicht anders zu
erwarten, als dass auch die Poesie je länger, je mehr aus den
höhern Kreisen der Gesellschaft in die mittlern und untern herab-
stieg.   Indem sie hierbei das Gewand conventioneller Standessitte,
das ihr die adeligen Dichter des vorigen Zeitraums angelegt hatten,
abstreifte, gewann sie allerdings im Allgemeinen wieder den Charakter und die Farbe grösserer Volksmässigkeit; allein ihre Erhebung und kunstmässige Gestaltung konnte damit, wenigstens fürs
erste, nicht herbeigeführt werden.   Denn je ausschliesslicher noch
der Bürgerstand bloss praktische Richtungen im Leben verfolgte, je
weniger frei und mannigfaltig sich die in ihm ruhenden idealleren
Bildungselemente erst entwickelten, je geringere Anregung die Phantasie jedes Einzelnen in seiner unmittelbaren Umgebung und in den
Zeitverhältnissen fand, je allgemeiner endlich schon das Gefühl für
die Schönheit der Form durch die ausgeartete Sprache und Verskunst der alten Dichtweise abgestumpft war; desto weniger waren
die bürgerlichen Dichter dieser Zeit zu einer umfassenden und durchgreifenden Regeneration der Poesie in Gehalt und Form berufen.
Nur da, wo der dem Volke inwohnende dichterische Geist, um sich
frei zu regen, weniger von der Gunst allgemeiner äusserer Bedingungen, als von Stimmungen des Gemüthes durch einzelne Ereignisse und Verhältnisse, durch besondere Neigung und Leidenschaft
abhieng, und wo er nicht erst aus einem reich und fein gebildeten
Leben Nahrung zu ziehen brauchte, trieb er wieder frische Blüthen.
Daher konnten wohl einige Arten des epischen und lyrischen Volksliedes gedeihen, aber die in den Städten neu aufkommende dramatische Poesie sich nicht über die ersten rohen Anfänge erheben;
und was in andern Dichtungsarten entstand, die bereits während
des vorigen Zeitraums zur Blüthe gelangt waren, deren Formen nun
aber oft zur Einkleidung der allerprosaischesten Stoffe dienten,

musste fast ohne Ausnahme weit hinter dem zurückbleiben, was
darin die frühere Zeit hervorgebracht hatte.

§ 126.

Auch die in dieses Zeitalter fallende Wiederbelebung des classischen Alterthums, so sehr sie auch die wissenschaftliche Bildung
der Deutschen beförderte und der bevorstehenden Reform in der
Kirche vorarbeitete, konnte auf die Nationalpoesie noch keinen
Epoche machenden Einfluss ausüben. Eine verständige Reinigung
und Regelung des in ihr herrschenden, verwilderten Geschmacks
nach dem Muster der Alten, die dem Volksmässigen keine Gewalt
anthat, hätte zunächst von den eigentlichen Gelehrten ausgehen
müssen. Allein schon dass die meisten lieber lateinisch als deutsch
schrieben, und dass sich gerade die ausgezeichnetsten und mit dem
classischen Geiste vertrautesten unter ihnen am allerwenigsten um
die vaterländische Literatur bekümmerten, konnte nicht dahin führen;
und was einzelne andere thaten, um durch Uebersetzungen[1] die
Alten und die durch das Studium derselben schon genährten und
gebildeten Italiener dem Volke näher zu bringen, erweiterte zwar
dessen Ideenkreis und beförderte die Ausbildung der deutschen
Prosa, bereicherte auch die Dichtkunst mit neuen Stoffen, wirkte
aber in keiner Weise auf die Veredelung und Verfeinerung ihrer
Formen ein. Eben so wenig trugen dazu die deutschen Gedichte
bei, die hin und wieder von Mitgliedern des Gelehrtenstandes abgefasst wurden; denn wenn sie auch auf einer breitern Unterlage
von positiven Kenntnissen ruhten, und eine tiefere und vielseitigere
Verstandesbildung durch sie durchblickte, unterschieden sie sich
doch im Ton und in der Einkleidung so gut wie gar nicht von den
übrigen ihnen durch Inhalt verwandten Werken dieser Zeit. Die
gelehrten Dichter hatten gar nicht die Absicht, die gesunkene Volks-
kunst zu idealer Höhe zu erheben, sie wollten nur durch die Poesie
auf das Volk in religiösem und politischem Sinne wirken; daher
bedienten sie sich der dem Volke geläufigen Form, die aus diesem
Grunde auch in den Händen der Gelehrten eine wenig bessere Gestalt gewann[2]. Endlich war in Deutschland der Gegensatz zwischen
der eingeführten classischen und der bis dahin herrschend gewesenen volksthümlichen Bildung zu gross, als dass beide sich so bald
hätten durchdringen und versöhnen können. So lange sich aber

---

§ 126. 1) Dergleichen erschienen schon nicht sparsam vor dem 16. Jahrhundert und wurden nach Erfindung der Buchdruckerkunst schnell nach allen
Seiten hin verbreitet.   2) Vgl. Höpfner, Reformbestrebungen auf dem Gebiete
der deutschen Dichtung des 16. und 17. Jahrhs. Berlin 1866. 4. S. 3 f.

die Mischung so verschiedenartiger Elemente noch nicht abgeklärt hatte, konnte sich auch keine neue Blüthe der Poesie entwickeln[3].

§ 127.

Zuletzt ist hier noch als eine der allgemeinen Ursachen, aus welchen sich der in so vielen Beziehungen dürftige und rohe Charakter der poetischen Literatur der Deutschen bis zum Anfang des sechzehnten Jahrhunderts erklären lässt, die geringe Aufmunterung zu erwähnen, welche die Dichter bei den höhern Ständen fanden[1]. Denn so wie nun viel seltener, als im dreizehnten Jahrhundert, einer von Adel getroffen wurde, der sich selbst mit dem Dichten befasste, so hatte auch die Liebe zu poetischen Genüssen auf den Ritterburgen und an den Fürstenhöfen im Vergleich mit frühern Zeiten sehr abgenommen[2]. Die Ritter dachten meist nur an Fehden, Wegelagern, Turniere, Jagden und Trinkgelage, und die Fürsten hatten in der

---

3) Anders war es in den romanischen Ländern, wo, abgesehen von andern die Zeitigung neuer National-Literaturen begünstigenden Umständen, schon die Sprachen der lateinischen bei weitem näher standen, und wo zum Theil, wie namentlich in Italien, die eifrigsten Beförderer der classischen Studien als Musterschriftsteller in der Volkssprache auftraten.

§ 127. 1) Daher beschuldigte Aeneas Sylvius im 15. Jahrhundert vorzüglich die Fürsten wegen des Verfalles der Poesie. Man vgl. die von Gervinus 2[3], 241 in den Noten citierte Stelle aus seinen Werken.   2) Dass es indess in den höhern Ständen immer viele Freunde und Liebhaber der alten höfischen Dichtungen und namentlich der berühmteren Rittermären gegeben, darf man schon aus den zahlreichen Handschriften davon aus dem 14. und 15. Jahrhundert folgern (vgl. auch die alte Buchhändleranzeige in Haupts Zeitschr. 3, 191 f. und das Bücherverzeichniss in Pfeiffers Germania 4, 189 f. Anmerk.); denn die meisten derselben sind doch wohl im Besitz fürstlicher und adeliger Herren oder Frauen gewesen. Hier und da suchte man auch dergleichen schon so vollständig wie möglich zusammenzubringen. Ein solcher Sammler war der baierische Ritter Jacob Püterich von Reichertshausen: er führt die Ritterbücher, die er besass, in einem poetischen Ehrenbriefe auf, den er im Jahre 1462 schrieb und der verwittweten Erzherzogin von Oesterreich Mathildis übersandte, klagt darin aber zugleich über den Spott, den er seiner Liebhaberei wegen von den Hofleuten dulden müsse. Die für die Literaturgeschichte wichtigen Stellen dieses Ehrenbriefes sind mit Anmerkungen herausgegeben von J. C. Adelung: Jac. Püterich von Reichershausen. Leipzig 1788. 4. (vgl. dazu Docens Bemerkungen in v. Aretins Beiträgen, 1807, S. 1198 ff.) und auch bei v. d. Hagen, MS. 4, 883 ff. zu finden; der ganze Ehrenbrief ist nach der Hs. (dieselbe ist jetzt in der Stiftsbibliothek zu Herzogenburg) neu herausg. von Karajan in Haupts Zeitschr. 6, 31 bis 59. Im 16. Jahrhundert muss aber das Interesse für die alten Rittergedichte ganz geschwunden sein, sonst würden sie, wie das Heldenbuch und andere Stücke des deutschen Sagenkreises, die das Volk noch nicht so bald fahren liess, öfter gedruckt worden sein. (Der Druck des Parzivals und des Titurels gehört noch dem 15. Jahrhundert an.) Man las nun statt ihrer in den höhern Kreisen die prosaischen Ritter- und Liebesromane.

Regel zu viel mit ihren landesherrlichen Angelegenheiten zu thun,
um sich als besondere Beschützer und Begünstiger der Dichtkunst
zu zeigen: blieben doch selbst die dramatischen Spiele bis gegen das
Ende des Zeitraums so gut wie ganz von den Lustbarkeiten der Höfe
ausgeschlossen und den Bürgern der Städte überlassen. Einzelne
grosse Herren gewährten zwar noch immer den wandernden Dichtern Schutz und Unterhalt; jedoch die Kunst der letztern war schon
so tief gesunken, dass sie wieder zu heben selbst grösseren Talenten schwer gefallen wäre, und solche waren unter ihnen nicht mehr
zu finden. Allmählig wurden die Fahrenden auch von den Hofnarren
verdrängt, wenn sie anders nicht selbst deren Rolle übernahmen.
Hier und da erwachte wohl schon an den Höfen ein höheres geisti-
ges Interesse, besonders durch den Einfluss einiger kunstliebenden
fürstlichen Frauen; es kam aber weniger der vaterländischen Poesie,
als der diese in ihren bisherigen Rechten schmälernden prosaischen
Literatur zu Gute[3]. Anderswo wurden selbst kurz vor dem völligen
Untergange des Ritterthums von oben herab Versuche gemacht, dasselbe wieder aufzurichten und damit zugleich die alte ritterliche
Dichtung zu Ehren zu bringen; allein was auf diesem Wege entstand,
ermangelte durchaus aller innern Wärme und geistigen Frische, und
so gewann die deutsche Dichtkunst im Grunde nicht viel mehr durch
diese ihr namentlich von Maximilian I gewährte Aufmunterung[4], als
durch die Ehre, die den Meistersängern schon früher Karl IV erwiesen haben soll[5], der ausserdem nichts für sie that, so sehr er
auch nach dem Namen eines Freundes und Beförderers der Künste
und Wissenschaften geizte[6].

§ 128.

Auch das sechzehnte Jahrhundert war der Poesie im Allgemeinen nicht günstig. Gleich in den Anfang desselben fiel die Reformation, ein Ereigniss, bei dem allerdings wieder einmal die ganze

---

3) Vgl. Gervinus 2², 240 ff. (2⁵, 336 ff.).   4) Ueber Maximilians unmittelbaren und mittelbaren Antheil an einigen berühmt gewordenen Werken dieser
Zeit s. § 147 und § 168. Dass er ein Freund der ältern Poesie war, erhellt
unter andern aus den Abschriften, die er für sich von mittelhochdeutschen
erzählenden Werken nehmen liess; vgl. v. d. Hagens Germania 1, 265 f.; Haupts
Erec S. IV und Pfeiffers Germania 9, 381 ff. Von andern Fürsten, welche auf
Wiederbelebung des Ritterthums ausgiengen und auch die Wiederaufnahme der
alten epischen Stoffe begünstigten, ist noch besonders Albrecht IV, Herzog von
Baiern, zu erwähnen.   5) Er soll ihnen ein eigenes Wappen gegeben, oder
ein schon vorhandenes vervollkommnet haben. Wagenseil von der Meistersinger
holdsel. Kunst. S. 515.   6) Karl war zu sehr zum Böhmen geworden, als
dass er überhaupt hätte Sinn und Achtung für deutsche Eigenthümlichkeit haben
können; vgl. Bouterwek 9, 179 und Gervinus 2², 175 (2⁵, 368 f.).

Nation und jeder Einzelne betheiligt war, und das die Geister vielfach aufregen musste. Was lange und von verschiedenen Seiten vorbereitet worden, das kam jetzt zu vollem Ausbruch und zur Entscheidung: der Kampf um Gewissens- und Glaubensfreiheit. Aber so viel herrliche Früchte daraus auch gleich unmittelbar erwuchsen, in die Poesie, wenn man das Kirchenlied ausnimmt, brachte er an und für sich keinen höhern Schwung. Der Geist des deutschen Volks, in die religiöse Bewegung unwiderstehlich hineingezogen, blieb zu sehr auf das gerichtet, was allein wünschenswerth schien, die Erhaltung der alten Kirche von der einen, und die Begründung und Sicherung der neuen von der andern Seite, als dass noch andere geistige Bestrebungen daneben hätten aufkommen können, wenn sie nicht gleichsam Stützen und Beförderungsmittel für das werden mochten, was man zu erhalten oder aufzubauen suchte[1]. In demselben Grade, in welchem dabei der Verstand in Anspruch genommen wurde und sich energisch Bahn brach, ward die Phantasie zurückgedrängt und gelähmt. Zwar veranlassten die kirchlichen Streitigkeiten eine fast unübersehbare Masse religiöser und moralischer, satirischer und polemischer Gedichte; allein diese Produkte, soweit sie sich erhalten haben, sind meist so rohe und armselige Reimereien, dass sie mehr, als alles Andere, den tiefen Verfall der deutschen Poesie in diesem Jahrhundert beurkunden. — Auch die Begebenheiten, welche mit der Kirchenverbesserung zusammenfielen oder auf sie folgten, waren nicht geeignet, der poetischen Thätigkeit einen neuen und kräftigen Anstoss zu geben. Denn die Bauernaufstände und die zwischen Karl V und den protestantischen Ständen, von jenem zum Theil mit fremden nach Deutschland gezogenen Heeren, geführten Kriege erschütterten bis um die Mitte des sechzehnten Jahrhunderts wieder vielfach das Innere des Reichs und liessen die Nation nicht frei aufathmen. Der Religionsfriede im Jahre 1555 brachte zwar eine scheinbare Ruhe in den Reichskörper, aber die Spannung der Gemüther liess darum nicht nach, und wenn man nicht mehr mit dem Schwerte stritt, so bekämpften sich um so heftiger in ihren Schriften Protestanten und Katholiken, ja jene selbst wieder unter einander in ihrer Trennung als Lutheraner und Calvinisten. Aus jenen Aufständen und Kriegen hatte doch noch das historische Volkslied einige Nahrung gezogen; diese theologischen Zänkereien verschlangen aber so sehr alle andern Interessen und führten den Geist in so dürre Wüsten, dass sich alle Lust am Dichten aus dem Volke verlieren

---

§ 124. 1) Charakteristisch in dieser Beziehung ist der Brief von Wentzeslaus Link (1539) hinter L. Culmans „Ein christlich Teutsch Spil" etc. (1539); vgl. Gödeke, Every Man etc. Hanover 1865. 8. S. 220.

zu wollen schien. — Dann nahmen sich auch Fürsten, Adel und Gelehrte in diesem Jahrhundert der vaterländischen Poesie nicht viel mehr an, als in den beiden vorhergehenden.   Die letztern namentlich beharrten, wenn sie nicht unmittelbar auf das Volk wirken wollten (und diess geschah doch fast nur in Glaubenssachen), im Allgemeinen bei der Verachtung der Muttersprache und dichteten lateinisch². So konnten, ausser dem Kirchenliede, nur diejenigen poetischen Richtungen mehr oder weniger gedeihen, die unter den ungelehrten mittlern und niedern Ständen aufgekommen, oder von ihnen aus älterer Zeit beibehalten waren, vornehmlich das Volkslied, das Drama und die novellen- oder schwankartige Erzählung. An eine eigentliche Wiederbelebung oder kunstmässige Umgestaltung der ältern deutschen Dichtung war dagegen jetzt weniger als je zu denken, da die Protestanten, die sich schon das Recht erobert hatten, der neuern deutschen Bildung die Bahn vorzuzeichnen, sich immer mehr von allem dem abwandten, was das Mittelalter im Gebiete des Geistes hervorgebracht hatte, weil es ihnen, wie jene Zeit überhaupt, in Finsterniss und Aberglauben gehüllt erschien.

§ 129.

2. Die Entwickelung der prosaischen Literatur musste schon im Allgemeinen dadurch begünstigt werden, dass in dem geistigen Leben der Nation der Verstand ein so grosses Uebergewicht über die Phantasie erhielt, und dass der frühere poetische Enthusiasmus vor den praktischen Tendenzen der Zeit zurücktrat. Denn wenn in die alten poetischen Formen, für welche die Vorliebe nicht aufhörte, auch fortwährend Stoffe gezwängt wurden, deren ganze Natur sich dagegen sträubte, so konnte es doch nicht fehlen, dass dergleichen, sobald sie sich häufiger zur Darstellung drängten, auch immer mehr sich der gebundenen Rede entzogen und die ihnen allein angemessene Behandlungsart suchten. Ausserdem waren aber auch mehrere besondere Umstände wirksam, die Ausbildung einzelner Gattungen der Prosa und des prosaischen Ausdrucks überhaupt zu fördern. Dahin gehört der Eifer, womit die Predigermönche, aus deren Mitte

---

2) „Was hätte nicht die poetische Eingebung eines Eobanus Hessus, Petrus Lotichius, Nicodemus Frischlin und vieler Anderer auferbauen mögen, wenn sie der Muttersprache zu Statten gekommen wäre! Diese Dichter zogen das Scheinleben einer vollendeten, unnachahmlichen Form dem wahren vor, das sich auf verwildertem, aber fruchtbarem Boden des Vaterlandes selbständig und schöpferisch erzeugt hätte." J. Grimm, latein. Gedichte des 10. und 11. Jahrh. S. VI. Eine höchst rühmliche Ausnahme macht Fischart; vgl. Wackernagel, Joh. Fischart von Strassburg S. 94 f. Ueber Nic. Frischlin vgl. § 163.

ja schon im vorigen Zeitraum die vorzüglichsten deutschen Prosaisten hervorgegangen waren [1], auch im vierzehnten Jahrhundert sich
der religiösen Bildung des Volks annahmen, gerade zu der Zeit,
wo der traurige Zustand Deutschlands so sehr zur Abkehr von der
Welt aufforderte. Das Mangelhafte der Befriedigung fühlend, welche
dem religiösen Bedürfniss einerseits in dem blossen Ceremonien-
dienst, andrerseits in den trockenen und unfruchtbaren Grübeleien
der Scholastik geboten wurde, erstrebten insbesondere diejenigen
unter ihnen, die gemeiniglich Mystiker genannt werden, in Predigten und ascetischen Schriften die Erweckung eines innern geistigen
Lebens durch die Erwärmung und Läuterung des Herzens und die
Ergründung des Zusammenhanges der Seele mit Gott. Durch sie
ward die rednerische Prosa, wenn auch kaum mit gleicher Gewandtheit, wie von Bruder Berthold gehandhabt, doch aufs Neue gehoben [2]
und in lebendiger Wirksamkeit erhalten und dabei, wie der unter
ihren Händen und ihrem Einfluss sich selbständig entwickelnde Lehrstil, zur Darstellung von Gedanken und Empfindungen geschickt
gemacht, die entweder ganz neu waren, oder für die man bis dahin
andere Einkleidungen gewählt hatte [3]. So war schon im vierzehnten
Jahrhundert die Bahn für die geistliche Prosa breiter gebrochen und
den Kanzelrednern und prosaischen Didaktikern der Folgezeit vor-
gearbeitet. — Zu der Ausbildung der weltlichen Prosa trug vor dem
sechzehnten Jahrhundert besonders dreierlei bei: fürs erste das allmählige Uebergehen der Geschichtschreibung aus den Händen der
Geistlichkeit in die der Laien, womit immer mehr die lateinische
Sprache in ihrem frühern ausschliesslichen Rechte auf rein historische
Darstellungen beschränkt wurde; dann die mit ältern poetischen
Werken, namentlich Rittergedichten, novellen- und schwankartigen
Erzählungen, halb historischen Dichtungen und Legenden vorgenom-
menen Auflösungen in ungebundene Rede, wozu wahrscheinlich der
erste Anstoss von Frankreich ausgieng, von wo auch viele ähnliche
Umbildungen nach Deutschland herüberkamen und hier übersetzt
wurden, so dass nun jene eigene, bereits im vorigen Zeitraum auf-
tauchende Mittelgattung, poetische Stoffe in prosaischer Form [4], die
eben dieser ihrer Natur wegen dem Charakter und Geschmack des
Zeitalters vorzüglich zusagte, in der Unterhaltungsliteratur ein weites
Feld gewann; endlich die Uebersetzungen der alten Classiker und

---

§ 129. 1) Vgl. § 121, 9.		2) Vgl. § 121, 22.		3) Eine interessante
Stelle über die mit Absicht und Bewusstsein gewählte prosaische Form für über-
sinnliche und heilige Gegenstände hat Gervinus aus einem in die Mitte des 14.
Jahrh. fallenden Werke, 2², 115 f., Note 153 (2⁵, 271 f., Note 329) mitgetheilt.
4) Vgl. § 121, 42 über das Bruchstück eines prosaischen Lancelot.

der Italiener, deren schon oben (§ 126) gedacht ist. — Inwiefern im sechzehnten Jahrhundert vor Allem L u t h e r höchst erfolgreich auf die Bildung und Festigung des prosaischen Ausdrucks im Allgemeinen einwirkte, und inwiefern er einzelne Gattungen der Prosa noch besonders in ihrer Entwickelung förderte, wird sich schicklicher in dem folgenden Abschnitt andeuten lassen.

§ 130.

3. Für die Wissenschaften begann in dieser Periode ein neues Leben. Das Beispiel, welches Karl IV durch Stiftung der Universität P r a g (1348), nach dem Muster der Pariser, gegeben hatte, fand unter den deutschen Fürsten bald Nachahmung. Noch vor Ablauf des vierzehnten Jahrhunderts erhielten W i e n, H e i d e l b e r g, C ö l n und E r f u r t Hochschulen, und in den ersten Decennien des fünfzehnten folgten W ü r z b u r g, L e i p z i g, I n g o l s t a d t und R o s t o c k. Indess beschränkten sich die Vorträge auf diesen Lehranstalten anfangs meist nur auf positive Theologie und Jurisprudenz, auf Medicin und scholastische Philosophie[1], bis in der zweiten Hälfte des fünfzehnten Jahrhunderts durch Männer, wie R u d o l f A g r i c o l a, K o nr a d M e i s s e l, genannt C e l t i s[2], und J o h a n n R e u c h l i n[3], das zunächst in Italien wiederbelebte Studium der alten classischen Literatur auch in Deutschland Eingang fand und bald mit Begeisterung auf Universitäten und Schulen betrieben wurde. Auf die letztern hatte besonders die Brüderschaft des gemeinsamen Lebens eingewirkt, die G e r a r d G r o o t e[4] zu Deventer schon im vierzehnten Jahrhundert gestiftet hatte. Schnell breitete sie sich über die Niederlande und Deutschland aus[5], und überall legten ihre Mitglieder Schulen und Gymnasien an, welche wieder die ersten Pflanzstätten der Wissenschaften und namentlich des Sprachstudiums, sowie einer liebevollen Förderung der Muttersprache[6] in Deutschland wurden[7].

---

§ 130. 1) Eichhorn, Gesch. d. Litt. II, 1, 133; Bouterwek 9, 195 f. und K. Hagen, Deutschlands literarische und religiöse Verhältnisse im Reformationszeitalter 1, 79—99; 132 ff.; 278 ff.; sodann aber auch 3, 192 ff.   2) Geb. 1459, gest. 1508. Die Namensform Celtis, wie R. Köpke (Hrotsuit von Gandersheim. Berlin 1869. 8.) durchgängig schreibt, ist die richtige. Vgl. über ihn Aschbach, die früheren Wanderjahre des Conrad Celtes und die Anfänge der von ihm errichteten gelehrten Sodalitäten. Wien 1869. 8.   3) Geb. 1454, gest. 1521. Vgl. über ihn Geiger, Johann Reuchlin, sein Leben und seine Werke. Leipzig 1871. 8.   4) Geb. zu Deventer 1340, gest. 1384.   5) Die meisten Brüderhäuser wurden zwischen 1425—1451 gestiftet; sie dehnten ihre Wirksamkeit nördlich bis Kulm, südlich bis nach Schwaben aus.   6) Vgl. Hoffmann, Geschichte des deutschen Kirchenliedes[3] S. 153 f.   7) Vgl. hierzu Schäfers Handbuch d. Geschichte d. deutschen Litteratur 1, 200 ff., wo auch die Schriften

Die Erfindung der Buchdruckerkunst und die ältere, Papier aus
Lumpen zu bereiten, erleichterten die Verbreitung der wissenschaftlichen Bildung und die Anlegung von Bibliotheken an den Universitäten und Schulen, und die Fürsten liessen es nicht an Aufmun-
terungen und Begünstigungen fehlen, um die unter ihrem Schutze
stehenden gelehrten Anstalten in Aufnahme zu bringen. — Im sechzehnten Jahrhundert konnte die wissenschaftliche Bildung durch
den Geist, den die Reformation erweckte, auch nur gewinnen. Die
Zahl der Universitäten mehrte sich, und mehrere Klöster wurden in
gelehrte Schulen verwandelt. Hier wie dort studierte man gründlich
die alten Sprachen, zunächst als Schlüssel zur tiefern Erforschung
der heiligen Schriften, dann aber auch um ihrer selbst und um der
Meisterwerke willen, die in ihnen abgefasst waren. Das Studium
der Geschichte, der Mathematik und der Naturwissenschaften, wenn
auch nicht gleichen Schritt mit den philologischen Bestrebungen
haltend, ward doch keineswegs in Deutschland vernachlässigt[7]. —
Auch des Volksunterrichts[8], für den bis dahin nur noch wenig geschehen war, nahm sich Luther mit Eifer an, und er besonders ist
als Begründer der Bürger- und Landschulen anzusehen, welche
sich bald im protestantischen Deutschland neben den gelehrten Anstalten erhoben[10].

Zweiter Abschnitt.

Sprache. — Verskunst. — Dichterklassen; Singschulen.

§ 131.

1. Einen nur einigermassen befriedigenden Umriss von der
Gestaltung der deutschen Schriftsprache in diesem Zeitraum zu geben, ist mit den allergrössten Schwierigkeiten verbunden und gegenwärtig noch fast unmöglich. Denn da man es nun nicht mehr, wie

---

nachgewiesen sind, die hierüber ausführlich handeln; ferner Delprat, die Brüderschaft des gemeinsamen Lebens. Deutsch von G. Mohnike. Leipzig 1840. 8.; Hagen
a. a. O. 1, 71 ff.; 79 f.; Wildenhahn, die Schulen der Brüder vom gemeinsamen
Leben. Programm der Realschule zu Annaberg 1867. 8) Eichhorn, III, 1,
251 ff. Wachler, Vorlesungen 1, 160. 9) Vgl. Hagen a. a. O. 2, 344 f.
10) Wachler a. a. O. 1, 173. 189. Die ersten Volksschulen wurden jetzt freilich nicht eingerichtet; denn schon im 13. und 14. Jahrhundert waren hie und da
eigene Kirchspielschullehrer bestellt.

im dreizehnten Jahrhundert, mit einer grammatisch fest begrenzten, fast in der gesammten Literatur sich wesentlich gleich bleibenden Sprachniedersetzung, vielmehr mit allen möglichen in die Poesie wie in die Prosa eingedrungenen Dialektverschiedenheiten zu thun hat, unter denen überdiess, besonders bis in den Anfang des sechzehnten Jahrhunderts, so vielfache Uebergänge und Mischungen statt gefunden haben, dass sie sich noch viel weniger scharf gegen einander abgrenzen lassen, als die vornehmsten Unterdialekte, welche vom siebenten bis zum zwölften Jahrhundert gesprochen und geschrieben wurden: so müsste die Sprachforschung hier nothwendig erst auf das Einzelnste eingegangen sein, bevor das Verwandte der verschiedenen Mundarten in allgemeine Uebersichten zusammengestellt und das von einander Abweichende nach Zeitabschnitten, Landschaften und den merkwürdigsten Autoren in Hauptgruppen gesondert werden könnte. Aber gerade dieses Zeitalter der Geschichte unserer Sprache ist bis jetzt am allerwenigsten zum Gegenstand gelehrter Untersuchungen gemacht worden, ja, in Vergleich mit den übrigen, so gut wie ganz unberücksichtigt geblieben[1]. Hiernach sind die folgenden sehr dürftigen und nur das Allgemeinste berührenden Andeutungen zu beurtheilen.

§ 132.

Von den beiden in Deutschland gesprochenen Hauptmundarten blieb die hochdeutsche nach der Mitte des vierzehnten Jahrhunderts zwar die vorherrschende in der Literatur, doch that sich daneben die niederdeutsche bei weitem mehr auf, als in dem vorigen Zeitraum, so dass jetzt wieder eine nicht unbeträchtliche Zahl poetischer und prosaischer Werke in ihr entstand. In so weit also stellte sich das Verhältniss, in welchem beide Dialekte während der zweiten Periode zu der Literatur gestanden hatten, wieder her; es änderte sich aber dadurch, dass sie sich nicht mehr in der Unabhängigkeit von einander erhielten, wie damals. Einerseits nämlich hatte schon, wie oben bemerkt wurde, in der Uebergangszeit vom Althochdeutschen zum Mittelhochdeutschen der nördliche auf den südlichen durch Zuführung von Wörtern, Formen und Wendungen eingewirkt, und wenn die höfische Dichtersprache des dreizehnten Jahrhunderts dergleichen fremdartige Bestandtheile auch wieder zum grössten Theil ausgestossen hatte, so waren ihr doch noch immer einzelne Züge geblieben, welche auf jene Einflüsse zurückwiesen. So wie nun aber der Norden Deutschlands wieder einen thätigeren Antheil an

---

§ 131. 1) Warum diese Zwischenperiode in J. Grimms Grammatik leer ausgeht, ist I², S. X. XI nachzulesen.

der Literatur zu nehmen anfieng und seine Dichter und Prosaisten
in der ihnen angebornen Mundart häufiger schrieben, trat auch eine
erneute Einwirkung der niederdeutschen auf die hochdeutsche Schriftsprache ein, die in demselben Verhältniss zunehmen musste, in welchem der Verkehr zwischen den nördlichen und südlichen Landschaften durch Handel, Reisen etc. wuchs, die literarische Betrieb-
samkeit der Nation sich vermehrte und die Mittel zu leichter und
schneller Verbreitung schriftlicher Werke vervielfältigt wurden. Auf
der andern Seite hatte sich gewiss auch schon in der Zeit, wo es
in Deutschland eine allgemeine Dichtersprache gab, das Niederdeutsche des Eindringens mannigfacher hochdeutscher Elemente
nicht erwehren können. Noch weniger vermochte es diess seit dem
Anfange dieses Zeitraums, da die Umstände, welche seinen Einfluss
auf das Oberdeutsche vermittelten, es wenigstens in gleichem Grade
den Einwirkungen dieses letztern aussetzten, wozu noch kam, dass
im vierzehnten und fünfzehnten Jahrhundert Vieles, was ursprünglich hochdeutsch geschrieben war, ins Niederdeutsche übertragen
wurde, und je weniger genau man es dabei mit der Unterscheidung
der jeder Hauptmundart allein zukommenden Ausdrücke, Formen
und Fügungen nahm, desto mehr schlich sich von den Eigenthümlichkeiten derjenigen, woraus übersetzt wurde, in die ein, worein
man übersetzte. Indess darf man sich die Wechselwirkung beider
Dialekte auf einander nicht so tief in ihre Natur eingreifend denken,
dass dadurch die Verschiedenheit ihres Grundcharakters aufgehoben
worden wäre; selbst in allem Einzelnen ihrer Gestaltung blieb noch
immer der sichtlichste Abstand zwischen ihnen, wo sie nicht, wie
in den einzelnen Untermundarten des mittlern Deutschlands[1], sich
unmittelbarer berührten und eben dadurch sich auch gegenseitig
stärker modificierten. — In der besondern Betrachtung eines jeden
Hauptdialekts verdient nun wieder der hochdeutsche die meiste Berücksichtigung, theils wegen seiner ungleich grössern Wichtigkeit für
die Literatur dieses Zeitraums, theils und vorzüglich, weil er in den
folgenden Jahrhunderten als Schriftsprache zu voller Alleinherrschaft
in Deutschland gelangte und zwar hauptsächlich in Folge der neuen
Belebung, die er bereits im sechzehnten Jahrhundert empfieng.

§ 133.

a. Wenn die hochdeutsche Schriftsprache nach der hohen
Ausbildung, welche sie besonders durch die höfischen Dichter erhalten hatte, schon gegen den Ablauf des vorigen Zeitraums sehr merk-
liche Kennzeichen der beginnenden Ausartung an sich trug, so ver-

---

§ 132. 1) Ueber die sogenannten mitteldeutschen Mundarten vgl. § 62, 1.

wilderte sie völlig von der Mitte des vierzehnten bis in den Anfang
des sechzehnten Jahrhunderts. Denn nicht allein dass mit dem
Herabsteigen der Literatur aus den höhern Klassen der Gesellschaft
in die mittlern und niedern das Gefühl für Adel, Zierlichkeit, Einstimmung und Angemessenheit der Rede fast ganz erlosch, so drangen
nun auch, da kein Stand, keine Provinz oder Stadt in ihr den Ton
angab, in die Poesie, wie in die Prosa immer mehr die roheren
Volksmundarten ein[1], und da sich keine eigentlich selbständig ausbildete, vielmehr die ältere Dichtersprache noch immer mehr oder
weniger der Grundbestandtheil der Schriftsprache des obern Deutschlands blieb, so schritt in dem Masse, in welchem die Mischung oft
weit von einander abliegender Wortformen um sich griff, auch die
Vergröberung des ganzen Sprachorganismus vor. In Allem, vom
Grössten bis in das Kleinste herab, gerieth der Sprachgebrauch ins
Schwanken und verwirrten sich die früher herrschend gewesenen
grammatischen Regeln. — Was zunächst den Gebrauch der Buchstaben in den Wurzeln der Wörter anbetrifft, so galt darin, auch
abgesehen von der barbarischen Schreibung, die allmählig einriss,
durchaus keine Gleichförmigkeit mehr, besonders schwankten nach
Landschaften und Zeiten die Vokale. Dabei verlor sich nach und
nach, zunächst allerdings wohl in Folge des einseitigen Drucks, den
der Ton auf die Stammsilben seit der Zeit ausübte, dass ihm in
vollklingenden Endungen kein Gegengewicht gehalten wurde, dann
aber auch sicherlich durch die Nachlässigkeit der Dichter im Reimen,
die noch im dreizehnten Jahrhundert fast durchgehends streng beobachtete Unterscheidung organischer Kürzen und Längen in den
Wortstämmen[2], indem nun die erstern zum allergrössten Theil entweder durch Dehnung des Vokals, oder durch Verdoppelung des
darauf folgenden Consonanten verschwanden, und damit fielen noch
mehr ursprünglich ganz verschiedene Wortformen, als im Mittelhochdeutschen, zusammen. Die Endungen der Wörter hatten schon vor
dem vierzehnten Jahrhundert so grosse Einbussen erlitten, dass sie
in und nach demselben nicht viel weiter abgestumpft werden konnten; indess verwischte sich auch in ihnen noch mancher Unterschied,
den die Sprache zu ihrem Vortheil in der mittelhochdeutschen Zeit
festgehalten hatte, um so schneller, je willkürlicher und roher gerade
Ableitungen und Flexionen von Dichtern und Prosaisten behandelt

---

§ 133.   1) „Im 14. Jahrhundert hatte das Mittelhochdeutsche längst aufgehört, Sprache der Gebildeten und der Dichter zu sein: mit dem deutschen Reiche
sank auch sie, und an ihrer Stelle machten sich die verschiedenen, früher zu-
rückgedrängten Mundarten geltend." Pfeiffer, deutsche Mystiker S. XI.
2) Vgl. Bartsch in Pfeiffers Germania 1, 202.

wurden³. Natürlich ward mit dieser einbrechenden Verwirrung der
einfachsten Elemente der Sprache der ganze etymologische Theil der
Grammatik vielfach zerrüttet: die Verschiebungen und Uebergänge
in den verschiedenen Declinations- und Conjugationsweisen, die zwar
schon in frühern Zeiten, aber immer noch sehr mässig angehoben
hatten, häuften sich und benahmen der Gliederung des Sprachbaues
unglaublich viel von seiner ehemaligen Geschlossenheit und Durch-
sichtigkeit⁴. Im Wortreichthum dürfte freilich das Hochdeutsche
dieser Jahrhunderte kaum dem des zwölften und dreizehnten nach-
stehen, vielleicht eher überlegen sein, da der Sprachgeist die ihm
durch Abschleifung der Endungen entweder ganz entzogenen, oder
doch sehr beschränkten Mittel zur Wortbildung dadurch zu ersetzen
wusste, dass er einen ausgedehnteren Gebrauch von der Zusammensetzung machte, und überdiess aus den Volksmundarten eine grosse
Anzahl sonst nicht üblicher Ausdrücke in das Schriftdeutsch Eingang fand: allein der Zuwachs der ersten Art musste die Sprache
in ihrer Bewegung schwerfälliger machen, und das, was sie auf dem
andern Wege erhielt, ihre Verbauerung befördern. Was endlich
den Satz- und Periodenbau anlangt, so verlor derselbe in der Poesie
unendlich viel von der Geschmeidigkeit, Leichtigkeit, Rundung und
kunstgerechten Haltung, die er unter den Händen der vorzüglichsten
mittelhochdeutschen Dichter erlangt hatte; wogegen er in der Prosa
im Ganzen sich weniger roh und ungewandt zeigte, wenngleich in
Uebersetzungen der Sprache manche Wortfügung und Ausdrucksweise aufgezwungen wurde, die ihrer Natur widerstrebte⁵. Ueberhaupt machte sich die Gesunkenheit der Sprache viel fühlbarer in
der Poesie, als in der Prosa, wie denn auch im Allgemeinen der
prosaische Stil im Vortheil gegen den poetischen stand. Denn jener war doch meist lebendiger und natürlicher, als dieser, der bald
zur niedrigsten Plattheit herabsank, bald in den geschmacklosesten

3) Vgl. F. Stark, Dietrichs erste Ausfahrt S. XVIII.   4) Wie vergröbert
die poetische Sprache schon in der zweiten Hälfte des 14. Jahrhunderts war,
lehren unter andern die Gedichte von dem Oesterreicher Peter Suchenwirt, der
gewiss nicht zu den schlechtesten Dichtern seines Zeitalters gehörte (vgl. meine
Abhandlungen: Ueber die Sprache des österreichischen Dichters P. Suchenwirt,
und Quaestiones Suchenwirtianae, Naumburg 1828 und 1842. 4.). Und doch erscheint seine Sprache sogar noch rein und edel, wenn man sie gegen die um
hundert Jahre jüngere hält, wie sie z. B. in den Werken Michael Beheims, namentlich in seinem gleichfalls in Oesterreich abgefassten Buch von den Wienern
gefunden wird.   5) Schon im 15. Jahrhundert fieng die Unart an, dass man
die deutsche Prosa, besonders in Uebersetzungen, nach der lateinischen zu modeln
suchte. Selbst ein so vorzüglicher Schriftsteller, wie Niclas von Weyl, verfiel in
diesen Fehler; vgl. Gervinus 2³, 262 (2⁵, 357).

18*

Ueberladungen sich gefiel und nur selten sich eine gesunde Frische bewahrte. Unter den Händen mancher Schriftsteller, namentlich bei den Mystikern, erreichte die deutsche Prosa sogar schon im vierzehnten Jahrhundert einen hohen Grad von Vollendung, indem sie selbst für den Ausdruck philosophischer Gedanken gefügig gemacht wurde[6].

§ 134.

Das Verdienst, die hochdeutsche Sprache zuerst ihrer Verwilderung entrissen zu haben, gebührt Luthern. Er bediente sich des zu Anfang des sechzehnten Jahrhunderts üblichen Schrifthochdeutsch in der besondern Färbung, die es im mittlern Deutschland und namentlich in Obersachsen empfangen hatte[1]. Allein nicht nur brachte er in dasselbe grammatische Festigkeit und Einstimmung, er hauchte ihm auch einen neuen lebensfrischen Geist dadurch ein, dass er in die Tiefen des Sprachgeistes eindrang, sich des Reichthums der in ihm ruhenden Mittel bemächtigte, sie individuell beseelte und mit bewundernswürdiger Umsicht, Sicherheit und Geschicklichkeit handhabte. So schuf er wieder eine Sprache, die, wenn ihr äusserer Organismus auch in vielfacher Beziehung im Nachtheil zu den ältern gebildeten Mundarten stand, sich doch durch Reinheit, Kraft, Verständlichkeit und Schärfe der Bezeichnung, so wie durch Fülle,

---

6) Es ist daher, wie Pfeiffer (Germania 3. 409) mit Recht bemerkt, eine ganz unrichtige Vorstellung, wenn man meint, die deutsche Prosa habe sich erst im 16. Jahrhundert entwickelt.

§ 134. 1) Er selbst sagt in seinen Tischreden (Ausgabe von 1723. fol.) S. 699a: „Ich habe keine gewisse, sonderliche, eigene Sprache im Deutschen, sondern gebrauche der gemeinen deutschen Sprache, dass mich beide Ober- und Niederländer verstehen mögen. Ich rede nach der sächsischen Canzelei, welcher nachfolgen alle Fürsten und Könige in Deutschland. Alle Reichsstädte, Fürstenhöfe schreiben nach der sächsischen und unsers Fürsten Canzelei, darum ist's auch die gemeinste deutsche Sprache. Kaiser Maximilian und Kurfürst Friedrich, Herzog zu Sachsen etc., haben in römischem Reich die deutschen Sprachen also in eine gewisse Sprache gezogen." (Vgl. über die kaiserliche Canzleisprache auch Kinderling, Geschichte d. niedersächs. Sprache, Magdeburg 1800. 8. S. 390 ff.; v. d. Hagen, Gesammtabenteuer 1, S. XXV f.; Pfeiffer, Nicolaus von Jeroschin S. IX; R. v. Raumer in Pfeiffers Germania 1. 160 ff.; Dittmar, zur Einleitung in die Geschichte der neuhochd. Grammatik, im Programm des Marburger Gymnasiums 1861. 4. S. 12 ff.; Müllenhoff, Denkmäler S. XXV ff.) Die Canzeleien galten auch noch zu der Zeit, da Opitz seine Poeterey schrieb, „für die rechten Lehrerinnen der reinen Sprache;" s. M. Opitzens Gedichte in der Ausgabe der Schweizer S. 50. Ueber Luthers Sprache vgl. besonders Opitz, die Sprache Luthers, Halle 1870. 8. Ueber das „Gemeine Deutsch" des 15. Jahrhunderts vgl. R. v. Raumer, gesammelte sprachwissenschaftl. Schriften S. 159 ff.; 321 ff.; 355 ff.

Wärme, Innigkeit und Adel auszeichnete und vermöge des gewaltigen Einflusses, den seine Schriften auf die Zeitgenossen und die Nachwelt ausübten, „Kern und Grundlage der n e u h o c h d e u t s c h e n Sprachniedersetzung wurde"[2]. — Indess kam es noch nicht so bald dahin, dass Luthers Sprache zur alleinherrschenden in der deutschen Literatur wurde. Nicht nur sträubten sich lange die katholischen Schriftsteller gegen ihre Annahme, auch in den Werken der Protestanten dauerten neben ihr das ganze sechzehnte Jahrhundert hindurch jene ältere hochdeutsche Mischsprache in ihren verschiedenen Schattierungen oder niederdeutsche Mundarten fort. Vornehmlich zeigte sich diess in der Poesie dieser Zeit, auf welche Luther, da er hauptsächlich nur als Dichter von Kirchenliedern aufgetreten war, nicht so unmittelbar und so vielseitig eingewirkt hatte, als auf die Prosa. Daher erhob sich die hochdeutsche Sprache in den meisten Gedichten nicht über die Stufe, auf welche sie in den beiden letztverflossenen Jahrhunderten herabgesunken war: sie blieb im Ganzen roh und ungeschlacht. Selbst in Luthers Liedern muss sie oft rauh und hart genannt werden, und in den Werken Hans Sachsons, des ausgezeichnetsten Dichters dieser ganzen Periode, kann sie, bei allen ihren sonstigen Vorzügen, mindestens nicht für rein und feingebildet gelten. Dass dabei der poetische Stil keine bemerkenswerthen Fortschritte machen konnte, versteht sich von selbst: nur selten zeichnet sich darin ein Dichter durch eine gewisse Leichtigkeit, Gefügigkeit und natürliche Anmuth, fast nie durch Zartheit, Ebenmass, Würde und Adel aus. Dagegen hatte schon Luther selbst ein allgemeines Muster reiner und edler Prosa in seiner unvergleichlichen Bibelübersetzung aufgestellt, die nach ihrem Erscheinen[3] im

---

2) Vgl. Grimm, Grammatik 1[2], S. XI. Eine Abhandlung über Luthers Verdienste um die Ausbildung der hochdeutschen Schriftsprache von Grotefend steht in den Abhandl. des Frankf. Gelehrten Vereins für deutsche Sprache, St. 1, S. 24—152; vgl. auch das Vorwort zu Ph. Dietz' Wörterbuch zu Dr. M. Luthers deutschen Schriften. 1. Band. Leipzig 1870. 8. — Auch die Rechtschreibung, die Luther in seiner frühern Zeit sehr vernachlässigte, suchte er später zu regeln; vgl. darüber Hupfeld in d. N. Jen. Litt. Zeit. 1842, Nr. 251 f. 3) Sie entstand und wurde nach und nach herausgegeben zwischen den Jahren 1522 bis 1534 (das Neue Testament wurde schon 1522 in Wittenberg gedruckt; mit dem ganzen Alten zusammen zuerst Wittenberg 1534); eine Revision des ganzen Bibelwerks unternahm Luther dann 1539 mit Zuziehung von Melanchthon, Creuziger, Bugenhagen, Justus Jonas u. a. Die letzte unter seinen Augen gedruckte Ausgabe ist die von 1545. Auf ihr beruht die von Bindseil und Niemeyer veranstaltete kritische Ausgabe. 7 Theile. Halle 1850—55. 4. (vgl. darüber R. v. Raumer in Pfeiffers Germania 2, 111.) Auch ins Niederdeutsche wurde Luthers Uebersetzung umgeschrieben und in dieser Gestalt bis in den Anfang des 17. Jahrhunderts herein häufig gedruckt. — Vgl. Geschichte der deutschen Bibelübersetzung Dr. Mart. Luthers etc. von H. Schott, Leipzig 1535. 8. Ueber die

protestantischen Deutschland bald zum überall gelesenen Volksbuch
und zum Canon der protestantischen Kirchensprache wurde, und
ausserdem noch durch seine eigenen deutschen Schriften[1], namentlich durch seine Sendschreiben und Ermahnungen an Fürsten, Edle
und Städte, seine Erbauungsbücher und Predigten, den Brief- und
Lehrstil, so wie den oratorischen ausnehmend vervollkommnet. Um
so natürlicher war es, dass diejenigen seiner Zeitgenossen, die sich
seinen Bestrebungen zunächst anschlossen, wenn sie deutsche Prosa
schrieben, sich ihn zum Vorbild nahmen, sich seine Sprache und
seinen Stil anzueignen suchten, und dass dann seine Schreibart auch
auf solche Prosawerke protestantischer Schriftsteller Einfluss erlangte,
die gerade nicht mit den unmittelbarsten Zwecken der Reformatoren zusammenhiengen. Auf diese Weise zog die prosaische Literatur
bereits in der Reformationszeit den grössten Gewinn aus dem, was
durch Luther für die Festigung und Veredlung der Sprache geschah.
In der zweiten Hälfte des sechzehnten Jahrhunderts, als in ihr die
freieren und lebendigeren Richtungen, welche die Begeisterung der
Reformatoren hervorgerufen hatte, immer mehr von einer starren
Dogmatik und zelotisch-finstern Polemik verdrängt wurden, sank
sie freilich im Allgemeinen zusammt der Sprache wieder tief von
der Höhe herab, zu der sie sich erst kurz zuvor erhoben hatte; indess fällt in diese Zeit noch J o h a n n F i s c h a r t, ein Schriftsteller,
der nächst Luther wohl der merkwürdigste, originellste und sprach-
gewaltigste Prosaist dieser Periode ist, ihm jedoch in der Einwirkung
auf die Sprache und Literatur der Mit- und Nachwelt auch nicht
entfernt verglichen werden kann.

§ 135.

b. Die n i e d e r d e u t s c h e Sprache hatte in der Zeit vom
neunten bis zum zwölften Jahrhundert ungefähr dieselben Verände-

---

Bibelübersetzungen vor Luther vgl. Panzers Annalen der deutschen Litteratur,
Götzens Historie der gedruckten niedersächsischen Bibeln, Halle 1775. 4., Eberts
bibliogr. Lexie. Nr. 2162 ff. und Kehrein, zur Geschichte der deutschen Bibelübersetzung vor Luther nebst 34 verschiedenen deutschen Uebersetzungen des 5.
Cap. aus dem Evangelium des h. Matthaeus. Stuttgart 1851. Eine der ältesten
dürfte die handschriftlich in Leipzig aufbewahrte Uebertragung der Evangelien
sein, welche 1343 für M a t h i a s v o n B e h e i m, Klausner zu Halle, gefertigt
wurde: herausg. von R. Bechstein, des Mathias von Beheim Evangelienbuch in
mitteldeutscher Sprache. Leipzig 1867. 8.; vgl. dessen Einleitung und Pfeiffer
in der Germania 7, 227 ff. Aus einer etwa gleichzeitigen ebenfalls mitteldeutschen
Evangelienübersetzung sind Bruchstücke mitgetheilt durch Heppe in Haupts Zeitschrift. 9, 264 ff.   4) Die erste Sammlung derselben erschien Wittenberg
1539—59. fol.; das vollständigste Verzeichniss von Luthers deutschen Schriften
s. bei Dietz a a. O. 1, S. XXV—LXXXVI.

rungen, wie die hochdeutsche erlitten: von der ehemaligen Fülle
ihres äussern Organismus war durch Abschleifen und Zusammenfallen der Wortendungen immer mehr verloren gegangen. Was aber
ihrer fernern Entwickelung zum besondern Nachtheil gereichte und
sie verhinderte, ihre Einbusse an leiblicher Vollkommenheit durch
innere, geistige Ausbildung zu ersetzen, war ihr fast gänzliches Zurücktreten in der poetischen Literatur des dreizehnten Jahrhunderts[1].
Das vierzehnte überkam sie daher nur in einzelnen, mehr oder minder von einander abweichenden Volksmundarten, die zwar damals
gewiss auch noch von den höhern Ständen des nördlichen Deutschlands gesprochen wurden, von denen aber keine die Regelung und
Verfeinerung erlangt haben konnte, die der mittelhochdeutschen
Dichtersprache zu Theil geworden war. Sie blieben nun auch in
der poetischen und prosaischen Literatur dieses Zeitraums neben
einander bestehen, doch so, dass ausser der stärkern oder schwächern
Einwirkung, die sie vom Hochdeutschen und dann auch vom Niederländischen erfuhren[2], woraus besonders poetische Werke übersetzt wurden, unter ihnen selbst vielfache Berührungen und
Mischungen stattfanden. Dass eine dieser Untermundarten in einer
hervorstechenden Weise vor den übrigen vervollkommnet wäre und
über sie ein entschiedenes Uebergewicht gewonnen hätte, lässt sich
eben nicht behaupten[3]. — Vergleicht man im Allgemeinen die niederdeutsche Sprache dieses Zeitraums mit der hochdeutschen, so
steht die letztere in Rücksicht des Vorrathes an grammatischen Formen und auch wohl an Wörtern im Vortheil gegen die erstere; auch
ist jene, was sie schon früher war, die vollere, kräftigere, männ-
lichere geblieben, Vorzüge, die durch die grössere Weichheit und
Naivetät der andern[4] nicht aufgewogen werden können[5]. — Nach

§ 135. 1) Die poetische Blüthe, die sich gegen Ende des 13. und in der
ersten Hälfte des 14. Jahrhunderts in den Niederlanden entwickelte (Hoffmann,
Horae Belgicae, Pars I. Ed. secunda. Hannover 1857. 8., Jonckbloet, Geschiedenis
der middennederlandsche Dichtkunst. 3 Theile. Amsterdam 1851—55. 8.; desselben Geschichte der niederländischen Literatur, deutsche Ausgabe von W. Berg,
1. Bd. Leipzig 1870. 8. Mone's Uebersicht der niederländischen Volks-Litteratur
älterer Zeit, Tübingen 1838. 8.; Martin in Zachers und Höpfners Zeitschr. I,
157—171) darf nicht mehr als der Geschichte der deutschen Literatur im engern
Sinne angehörig betrachtet werden, wenngleich die niederländische Sprache ursprünglich nur eine besondere Mundart der niederdeutschen war.   2) Ueber
die Beziehungen der deutschen zur niederländischen Literatur vgl. Martin a. a.
O. und besonders Gervinus 2², 183—226.   3) Beiträge zur Kenntniss des
Mittelniederdeutschen hat Regel in Haupts Zeitschr. 3, 53—94 geliefert. An
einer grammatischen Gesammtdarstellung fehlt es noch; für ein beschränktes Gebiet leistet Treffliches Nergers Grammatik des meklenburgischen Dialektes älterer
und neuerer Zeit, Leipzig 1869. 8.   4) Vgl. Lappenbergs Ausgabe der Scherz-
gedichte von J. Lauremberg, Stuttgart 1861. 8. S. 153 f.   5) Dagegen ist.

der Mitte des sechzehnten Jahrhunderts fieng das Niederdeutsche wieder an aus der Literatur zu verschwinden[*]; seit dem Anfang des siebzehnten wurde es so gut wie ganz daraus verdrängt und sank, je ausgedehntere Geltung sich nach und nach das Hochdeutsche auch ausser dem Schriftgebrauch unter den gebildeteren Klassen verschaffte, um so mehr zur blossen gemeinen Volkssprache in Norddeutschland herab, die erst in unserm Jahrhundert durch begabte Dichter wieder einen Platz in unserer Literatur sich errungen hat.

§ 136.

2. Dass die mittelhochdeutsche Verskunst bereits gegen das Ende des dreizehnten und besonders in der ersten Hälfte des vierzehnten Jahrhunderts sich sichtlich zu vergröbern anfieng, ist oben (§ 75) bemerkt und zugleich angedeutet worden, worin sich diess vorzüglich kund that. Weit entfernt nun, dass der Ausartung der alten metrischen Formen in dieser Periode ein Ziel gesetzt, sie wieder gefestigt und verfeinert worden wären, griff vielmehr im Allgemeinen ihre Verwilderung immer weiter um sich, so dass sie zuletzt zu einer Rohheit herabsanken, die der, aus welcher sie sich in den ersten Jahrzehnten des vorigen Zeitraums glücklich herausgearbeitet hatten, nicht nur nichts nachgab, sondern in vielen Stücken sie noch überbot. Die allgemeinen Ursachen dieser Erscheinung waren die, welche auch den Verfall der Sprache, des Stils und Gehaltes der Poesie während dieser Jahrhunderte herbeiführten, worauf schon im Vorhergehenden hingewiesen ist. Eine besondere muss in der oben (§ 133) berührten Verlängerung fast aller ursprünglich kurzen Wurzelsilben gesucht werden, die auch eine Veränderung in dem alten Verhältniss zwischen tonlosen und stummen Silben und in der damit zusammenhängenden Bestimmung der Nebenaccente mehrsilbiger Wörter bewirkte[1], und, weil sie nicht auf einmal, sondern erst allmählig eintrat, zuerst ein Schwanken und dann, bei zunehmender Verwilderung der Sprache, eine rohe Willkür in der Veranschlagung des Silbenwerthes nicht nur beim Reimen, sondern auch bei dem ganzen Versbau zur Folge hatte.

§ 137.

a) Versmessung. — Der Versbau dieses Zeitraums erscheint zwar überhaupt äusserst ungeschlacht im Vergleich mit dem mittel-

---

dem nahverwandten Mittelniederländischen gegenüber, in den lautlichen, grammatischen und etymologischen Erscheinungen das Mittelniederdeutsche nicht selten im Vortheil, indem es deutlichere Wortformen und durchgebildetere Gesetze darbietet, vgl. Regel a. a. O. S. 55.   6) Vgl. Kinderling a. a. O. S. 393 ff.

§ 136. 1) Vgl. Wackernagel. Lesebuch 2, S. XVI.

hochdeutschen, indessen beruht er wenigstens immer noch auf dem
alten Grundgesetze, zumal wie es seit der Mitte des dreizehnten
Jahrhunderts angewandt zu werden pflegte[1], so lange sich in den
Verszeilen eine Unterscheidung stärker und schwächer betonter Silben wahrnehmen lässt. Diess ist im Allgemeinen wirklich noch der
Fall in Gedichten, die vor dem sechzehnten Jahrhundert entstanden
sind, mögen die Verse durch harte Wortkürzungen und durch fehler-
hafte oder ganz unstatthafte Betonung auch oft noch so rauh und
holperig gerathen sein, oder gar, wenn durch Häufung oder Uebergewicht der Silben in den Auftacten und Senkungen das richtige
Verhältniss der letztern zu den Hebungen zu grob verletzt ist, ganz
aus einander zu fallen drohen[2]. Völlig entartet zeigt sich die Versmessung erst da, wo keine andere Regel in ihr waltet, als die blosse
Zählung der Silben ohne alle Beachtung ihres Tonwerthes. Zu
dieser tiefsten Stufe eines rohen Mechanismus finden wir sie vornehmlich im sechzehnten Jahrhundert herabgesunken[3], jedoch auch
hier nicht in allen poetischen Werken auf gleiche Weise. Vielmehr
macht sich noch ein Unterschied bemerkbar, je nachdem sie ent-

----

§ 137. 1) § 68, 25. Den Unterschied zwischen der Silbenzählung der älteren
und der späteren Zeit (im 15. und 16. Jahrhundert) betreffend vgl. noch Höpfner,
Reformbestrebungen S. 5 f.   2) Wie weit es schon bei Hugo von Montfort
mit der Ungeschlachtheit der Versmessung gekommen war, zeigt an einzelnen
Beispielen Weinhold in seiner Schrift über diesen Dichter S. 29 f. Vgl. auch
Stark, Dietrichs erste Ausfahrt S. XVIII. — Wie für die wissenschaftliche Behandlung der Sprachgeschichte dieses Zeitraums bis jetzt so gut wie gar nichts
geschehen ist, so liegt auch noch die Geschichte der Veränderungen, welche in
ihm die alten metrischen Formen erlitten haben, völlig im Argen. Man wird hier
gleichfalls erst den Vers- und Reimgebrauch vieler einzelnen Dichter, so wie die
Art, wie sie in unstrophischen Gedichten die Zeilen an einander gereiht, in strophischen zu wiederkehrenden Gliedern zusammengefasst haben, erforschen müssen,
bevor man zu allgemeinern Ergebnissen gelangen kann; und diese werden sich
dann gewiss wieder sehr mannigfaltig von einer noch immer anerkennenswerthen
Höhe der Kunstübung bis zur äussersten Tiefe des rohen Handwerks abstufen.
Denn dass insbesondere der Theil der metrischen Kunst, der mit der Zeit am
meisten ausartete, der eigentliche Versbau, in der zweiten Hälfte des 14. Jahrhunderts bei einzelnen Dichtern sich noch ziemlich genau an die hundert Jahr
früher beobachteten Regeln hielt, zeigen Suchenwirts Gedichte; vgl. meine Quae-
stion. Suchenwirtianae, S. 3—5, und meinen Beitrag zum Pförtner Jubiläums-Pro-
gramm: Ueber die Betonung mehrsilbiger Wörter in Suchenwirts Versen. Naumburg 1843. 4. Was vom Suchenwirt gilt auch von Suchensinn, einem Zeitgenossen
von jenem: vgl. Bartsch, Meisterlieder der Kolmarer Handschrift S. 181 f. und
Nr. 171—179.   3) Ich sage vornehmlich: denn stark dazu hin neigte bereits der Meistergesang des 15. Jahrhunderts. Man lese z. B. die in der Sammlung für altd. Litter. u. Kunst, S. 37 ff. abgedruckten Stücke von Mich. Beheim,
worin die Rohheit des Versbaues fast noch mehr in die Augen fällt, als in seinem
Buch von den Wienern.

weder in mehr volksmässigen und einfacher geformten Dichtungen
zur Anwendung gekommen, oder in den auf grössere Künstlichkeit
Anspruch machenden Stücken, die in dem engern Bereich der meisterlichen Singschulen entstanden und darauf beschränkt geblieben
sind.   Dort nämlich ist im Durchschnitt noch immer viel mehr von
der Nachwirkung des alten Grundgesetzes zu spüren, ja der Versbau einzelner Dichter steht an äusserer Regelmässigkeit kaum dem
ihrer bessern Vorgänger aus dem vierzehnten und fünfzehnten Jahrhundert nach; wogegen hier an eine verschiedene Veranschlagung
der Silben nach der Stärke oder Schwäche ihres Tons so gut wie
gar nicht gedacht ist[4]. — Dieser äussersten Entartung den deutschen
Versbau zu entreissen und ihn überhaupt wieder durch b e w u s s t e
Anwendung des Betonungsgesetzes zu Regelmässigkeit und Festigkeit zurückzuführen, gelang erst den Dichtern des siebzehnten Jahrhunderts und namentlich O p i t z e n, mit dem daher auch in der Geschichte der deutschen Metrik ein neuer Zeitraum anhebt.   Der
Weg, den er und seine Nachfolger einschlugen, war allerdings kein
völlig neuer; bereits im sechzehnten Jahrhundert war diese Reform
von einigen Männern angebahnt worden[5], die theils durch Beispiel,
theils durch Lehre die beiden dem Charakter der neudeutschen
Sprache am meisten zusagenden, in der Folgezeit auch vorherrschend
gebliebenen regelmässigen Versarten, die j a m b i s c h e und die t r o -
c h ä i s c h e, mit diesen aus der antiken Metrik entlehnten Benennungen in unsere Literatur einzuführen suchten.   Besondere Erwähnung verdienen in dieser Hinsicht Paul Rebhun, in dessen Schauspielen Susanna[6] und die Hochzeit zu Cana[7] genau jambische und
trochäische Verse unterschieden werden[8] und der Grammatiker Joh.
Clajus[9], der in seiner Grammatica Germanicae linguae[10] eine mit
Beispielen begleitete Reihe prosodischer Regeln gegeben hat, die

---

4) Vgl. Wagenseil, von der Meistersinger holdsel. Kunst S. 518 f. Belege
dazu kann man unter andern in den gedruckten Meisterliedern von Hans Sachs
(Auswahl derselben durch Gödeke in den Deutschen Dichtern des 16. Jahrh.
4. Band. Leipzig 1870. 8.) finden, wenn man sie mit seinen nicht strophisch abgefassten Dichtungen vergleicht. Man sehe nur die Strophen, welche in der
Samml. f. altd. Litt. u. Kunst S. 212—217 stehen, oder die Strophen von dem
Magdeburger Valentin Voigt (geb. 1487, gest. nach 1557; vgl. Gödeke's Grundriss
S. 240), die er in einzelnen frauenlobischen Tönen gedichtet hat, in Ettmüllers
Ausgabe von Frauenlobs Gedichten S. XIII ff.   5) Vgl. über die im 16. Jahrhundert versuchten Reformen die gründliche Ausführung von E. Höpfner in dem
mehrfach citierten Programm.   6) Aufgeführt 1535, gedr. 1536.   7) Gedruckt
1538.   8) Vgl. Gottsched, Nöthiger Vorrath zur Geschichte der deutschen dramat.
Dichtkunst I, 66 ff.; 78 f. Gödeke's Grundriss S. 307; Palms Ausg. S. 153; Höpfner
a. a. O. S. 11 f.; Tittmann, Schauspiele des 16. Jahrh. I. S. XXII.   9) Geb.
1530, gest. 1592.   10) Zu Leipzig 1578 gedruckt und bis 1720 oft aufgelegt.

theils von den Griechen und Römern, theils aus der Natur der
deutschen Sprache entnommen sind[11]. Etwas eigentlich Neues waren
dergleichen Verse in deutscher Sprache freilich nicht: alle alt- und
mittelhochdeutschen Zeilen, in denen Hebungen und Senkungen nach
der jetzt üblichen Weise regelmässig wechseln, können, vom neudeutschen Standpunkte angesehen, jambisch und trochäisch genannt
werden. Aber damals war dieser regelmässige Wechsel noch in
die Willkür des Dichters gestellt, der seit der Zeit, wo man die
Namen jener antiken Versarten in der deutschen Metrik allgemeiner
zu gebrauchen anfieng, in deren Nachbildungen nothwendig wurde;
auch war in den altdeutschen Versen, die man als jambische und
trochäische bezeichnen kann, die Verschleifung zweier Silben auf
der Hebung und der Senkung gestattet, so dass sie doch anders
aussehen, als unsere modernen, bei denen die bestimmte Zahl von
Silben ein wesentliches Erforderniss ist. Ausser jambischen und
trochäischen Versen finden sich auch im sechzehnten Jahrhundert,
ja schon weit früher, Nachbildungen anderer antiker Versarten, insbesondere des Hexameters und des Pentameters, theils gereimt,
theils reimlos. In ihnen ist aber durch mehr oder minder folge-
rechte Anwendung der Regeln der antiken Prosodie auf die deutsche
Sprache dieser Gewalt angethan, was in jambischen und trochäischen
Versen niemals der Fall gewesen, da im sechzehnten wie im siebzehnten Jahrhundert und späterhin ihr Bau allein durch das Gesetz
der Betonung bestimmt worden ist[12]. Auch antike lyrische Versarten wurden in diesem Zeitraume schon nachgeahmt, jedoch meist
so, dass der Tonfall der lateinischen Worte, nach ihrem prosaischen
Accente ausgesprochen, im Deutschen nachgebildet wurde, so dass

---

11) Vgl. Gottscheds deutsche Sprachkunst (Ausgabe von 1762) S. 559 ff. und
574 ff.; Wackernagel, Geschichte des deutschen Hexameters und Pentameters bis
auf Klopstock, S. 27 ff. und Höpfner a. a. O. S. 16 ff. Auf andere Vorgänger
Opitzens werde ich weiter unten zu sprechen kommen. 12) Die in deutscher
Sprache vom 14. bis 16. Jahrhundert gedichteten Hexameter und Pentameter
findet man zum grössten Theil (die merkwürdigsten rühren von K. Gesner, Fischart
und Joh. Clajus her) in Wackernagels lehrreicher, so eben angeführter Schrift
S. 6 ff.; vgl. dessen Leseb. 2, 117 f.; 135 ff.: andere von Wackernagel noch nicht
erwähnte Belege des deutschen Hexameters sind in Johannes Rothe's Gedicht des
Rathes Zucht (vgl. Bech in der Germania 6, 273 ff. 7, 359 ff.); in der Minne
Regel von Eberhard Cersne (vgl. Bech a. a. O. 7, 482); in der deutschen Uebersetzung der Gesta Romanorum (herausgeg. von Keller. Quedlinburg und Leipzig
1841. 8.); vgl. auch Haupts Zeitschr. 5, 413 ff.: der älteste deutsche (halblatei-
nische) Hexameter findet sich im Rudlieb (vgl. Bartsch in der Germania 7, 370);
vgl. auch das oben (§ 67, 4) angeführte Gedicht vom Himmelreich. — Ueber Fischarts
Hexameter und Pentameter vgl. noch Wackernagel. Johann Fischart S. 94;
Höpfner a. a. O. S. 10 f.

aus dem sapphischen Verse ein elfsilbiger jambischer Vers mit weib-
lichem Ausgang, aus den längeren asklepiadeischen mit Cäsur in der
Mitte ein dem Alexandriner vollkommen gleicher, nur immer männlich ausgehender Vers wurde[13]. Alle diese Versuche, so fern sie
sich über jambische und trochäische Masse verstiegen, können jedoch
nur als eine Curiosität in unserer Literatur gelten; auch wurden
dergleichen Bemühungen theils von den Anhängern am Alten geradezu bekämpft[14], theils standen sie zu vereinzelt da und wurden
auch nicht gleich allgemein genug beachtet, um in dem deutschen
Versbau schon vor Ablauf dieser Periode eine Reform im Ganzen
und Grossen zu bewerkstelligen.

<h2 style="text-align:center">§ 138.</h2>

b) Reime. — Wie in der mittelhochdeutschen Zeit blieben gereimte Versarten die einzig üblichen[1], und reimloser Zeilen oder
sogenannter Waisen bediente man sich auch jetzt nur noch in der
Art, dass man sie zwischen gebundene einschob. Aber in dem
Reimgebrauch trug sich eine wesentliche Veränderung mit dem
Wegfall aller Kürzen in den Stämmen mehrsilbiger Wörter zu: denn
dadurch giengen alle zweisilbig stumpfen und alle dreisilbig klingenden Reime der zweiten mittelhochdeutschen Art[2] verloren, und
es blieben nur noch einsilbig stumpfe[3], zweisilbig klingende und
dreisilbig gleitende übrig[4], von denen die letzte Art jedoch wenig
benutzt wurde[5]. Diese Beschränkung der alten Reimarten scheint

---

13) Sapphische Strophen hat zuerst, so viel bekannt, der Mönch von Salzburg (Ende des 14. Jahrhunderts) nachzubilden versucht (vgl. Höpfner a. a. O.
S. 6); im 16. Jahrhundert (1532) finden sie sich bei Johann Kolross (gest. 1558
oder 1569), der auch Chöre nach antiker Weise im Drama dichtete (vgl. Höpfner
S. 8; Gödeke, Every Man S. 77; Tittmann, Schauspiele des 16. Jahrh. 1. S. XXI f.).
Asklepiadeische Verse, die wie Alexandriner klingen, versuchte Martin Myllius
(† zu Ulm 1521) in seiner Passio Christi (vgl. Höpfner S. 6 ff.; Hoffmann, Kir-
chenlied³ S. 482 ff.). Ueber ähnliche Versuche von Sixt Birk (Betulius, † 1554),
Hermann Haberer, Semler, Zachar. Richter u. a. vgl. Wackernagel, Litt. Gesch.
S. 454; Weimar. Jahrbuch 4, 209; und besonders Höpfner a. a. S. 9 ff.
14) Vgl. die Stellen aus den Vorreden von P. Rebhun zu der neuen Ausgabe seiner
Susanna und von Ad. Puschmann zu der „Comedia von dem Patriarchen Jacob
etc." (gedr. 1592) bei Gottsched a. a. O. S. 88; 129 ff., in Palms Ausgabe von
Rebhuns Dramen und bei Gervinus 3², 88 f. (3¹, 86).
§ 138. 1) Die wenigen Beispiele von reimlosen, welche antiken Metren nachgebildet sind, können hierbei gar nicht in Anschlag kommen.   2) Vgl. § 70.
3) Einige Dichter, wie Erasmus Alberus und Barth. Ringwald bedienen sich
in kurzen Reimpaaren nur stumpfer Reime.   4) So wurden z. B. die früher
stumpfen Reime *tagen : sagen; sitte : ritte* zu den klingenden *tägen : sägen; sitte :
ritte,* und die dreisilbig klingenden *edele : wedele; sigelle : rigelle* zu zweisilbig
klingenden, *edel : wedel,* oder zu gleitenden, *sigelle : rigelle.*   5) Die Tabu-

im fünfzehnten Jahrhundert schon völlig durchgedrungen zu sein; in
der zweiten Hälfte des vierzehnten zeigt sich noch ein schon früher
hier und da wahrnehmbares Schwanken in der Verwendung mehrsilbiger, insbesondere zweisilbiger Wörter, indem dieselben, wenn
die Wurzel ursprünglich kurz war, bald zu stumpfen, bald zu klingenden Reimen dienen[6]. — Doch auch in anderer Beziehung ist
ein grosser Abstand zwischen dem Reimgebrauch dieses Zeitraums
und dem des dreizehnten Jahrhunderts. Das Gesetz genauer Bindung nämlich ward nun bei weitem nicht mehr so streng beobachtet;
vielmehr brach auch hierin, wie in der Versmessung, eine mit der
Zeit stets wachsende Willkür ein[7]. Nicht nur dass das Volkslied
sich statt des Reimes oft mit der blossen Assonanz begnügte und
selbst diese aufgab, wenn sie sich nicht gleich darbot, auch in allen
übrigen Dichtarten, sogar in der Liederpoesie der Meistersängerschulen, deren Tabulaturen doch so sehr auf Reinheit und Correct-
heit der Reime drangen[8], reichte häufig eine grössere oder geringere
Aehnlichkeit des Klanges zum Zusammenhalten der Zeilen hin. Am
wenigsten genau nahm man es mit der Uebereinstimmung der Vokale: lagen sie etwa in Reimwörtern, wie sie die gemeine Dichtersprache gab, zu weit aus einander, so half man sich mit provinziel-
len Formen dafür, die nun freilich den Missklang verdeckten, aber
auf Kosten der Sprachreinheit. Nicht minder suchte man durch
falsche Betonung, durch gewaltsames Zusammenpressen und Ver-
stümmeln, oder durch sprachwidriges Ausrecken und Anflicken von
Silben[9] passende Reimwörter zu erlangen[10], und je mehr die Abge-

laturen der Meistersänger führen sie nicht mit auf (vgl. Puschmann in der Sammlung f. altd. Litteratur S. 175 f., der nur von einsilbig stumpfen und zweisilbig
klingenden Reimen spricht); sie waren also wohl dem Schulgesange versagt. In
kurzen fortlaufenden Reimpaaren aber bedient sich Hans Sachs noch bisweilen
solcher Bindungen, wie *doderer : ploderer ; beleydigen : verteydigen*. 6) Ziemlich frühe Beispiele sind zu finden bei Wackernagel, altd. Leseb.[3] Sp. 689, 10.
16; 790, 9 (1. Ausg. Sp. 545, 32; 546. 5; 617. 20), wo die eigentlich nur zum
Stumpfreim tauglichen Formen *habe, rabe, loben, toben, geschehen, sehen* klingend
gebraucht sind; vgl. auch v. d. Hagen, MS. 1. 70 (wo sogar schon *imme — ime, im*
vorkommt) und 4, 632, Anm. 4; 723, Anm. 4 und Stark, Dietrichs erste Ausfahrt S.
XVIII. Aus der zweiten Hälfte des 14. Jahrhunderts führe ich besonders den Peter
Suchenwirt an, in dessen Reimen sich dieses noch nicht über gewisse Grenzen
hinausgehende Schwanken zeigt, wie ich ausführlich in meiner Abhandlung über
diesen Dichter 1, 6 ff. dargethan habe. 7) Ueber die Reimungenauigkeiten
bei Hugo von Montfort vgl. Weinhold in seiner Schrift über den Dichter S. 30 f.
8) Man lese nur Puschmann, a. a. O. S. 184 ff. nach, wo er erklärt, was ein
halbes Wort, ein Laster, ein Anhang, Milben seien, und vgl. damit die Strafarti-
kel S. 181 ff. und 193 ff. 9) Die unorganische Anfügung eines *e* im Reime
war schon um die Mitte des 14. Jahrhunderts gar nichts Ungewöhnliches; vgl.
Pfeiffer, Nicolaus von Jeroschin S. LVIII und Bartsch, Herzog Ernst S. 220.
10) Belege zu diesen verschiedenen Arten schlechter Reime wie *Praun:*

storbenheit des Gefühls für grammatische Richtigkeit hierbei Vorschub leistete, desto weniger nahm man Anstand, die Sprache auf diese Weise zu misshandeln und den Reimgebrauch von aller grammatischen Fessel zu entbinden. Zwar machten sich nicht alle Dichter dieser Nachlässigkeiten und Rohheiten in gleicher Art und Ausdehnung schuldig, ganz frei davon ist aber keiner zu sprechen".

§ 139.

c) Versreihen; Strophen; Leiche. — Der alte Vers von vier Hebungen in seiner grössern oder geringern Entartung blieb auch während dieses Zeitraums bei weitem der vorherrschende in nicht strophisch gegliederten Dichtungen[1]. In den poetischen Gattungen, für welche er schon in früherer Zeit vorzugsweise verwandt wurde, behauptete er noch immer sein Vorrecht, obschon, wegen des häufiger gewordenen Gebrauchs der Strophe, nicht mehr in derselben Ausdehnung. Ausserdem wurde er für die neu aufkommende dramatische Poesie die üblichste metrische Form. Seine Behandlung jedoch änderte sich zunächst insofern, als die Verlängerung der klingend ausgehenden Zeilen um eine Hebung, die schon früher vorbereitet war, aber bei den Dichtern des dreizehnten Jahrhunderts erst mehr ausnahmsweise eintrat[2], nun zur Regel wurde. Zu allgemeiner Geltung scheint sie ungefähr um dieselbe Zeit gekommen zu sein, wo sich mit dem geschwundenen Gefühl für die ursprüngliche Kürze vieler Wortstämme die zweisilbig stumpfen Reimwörter in klingende umsetzten, also bald nach dem Eintritt des fünfzehnten Jahrhunderts; denn bis dahin trifft man noch auf einzelne Dichter, die dem alten

---

staun (= stân), zaber (= zauber): aber, Traun: faun (= von), tuon: fun (= von), hiener: giener (= hûener: jener); swertern: wern; turne: wurne (= wâren), Hans: lans (= landes), künk (= künig): dünk, ere (= er): mêre, iste (= ist): wiste, dase: wase (= daz: was) etc. können u. a. in Mich. Beheims Buch von den Wienern auf jeder Seite gefunden werden.   11) Gewiss war Peter Suchenwirt auch als Reimer nicht der schlechtesten einer zu seiner Zeit, und kaum dürften ihm unter den Dichtern der beiden folgenden Jahrhunderte viele durch grössere Feinheit der Reimkunst überlegen sein, und wie oft und gröblich verletzt er schon das mittelhochdeutsche Reimgesetz!

§ 139.   1) Er war „dermassen zur Herrschaft gelangt, dass die Grammatiker und Prosodiker ein Vorkommen anderer Versarten und Versverbindungen nur in den Kirchenliedern oder im Volksliede (wenn sie derselben im Vorbeigehen gedachten) erwähnen konnten. Und mit welcher an Dünkel grenzenden Selbstgenügsamkeit diese Armuth betrachtet ward, verräth die damalige Kritik, nach welcher, ähnlich wie das 17. Jahrh. vom Alexandriner dachte, der acht- oder neunsilbige Vers uns Deutschen den Hexameter der alten ersetzte" (A. Ostrofranci Teutsch Grammathica Bl. 120): Höpfner a. a. O. S. 4 f.   2) Vgl. § 68, S. 109 ff. und § 71, 2.

Gebrauch treu bleiben[3]. Dann aber gelangen auch jene andern, bereits im vorigen Zeitraum hier und da vorfindlichen Paarungen von nur dreimal gehobenen Vorsen mit stumpfem Reim[4] jetzt zu ausgedehnterem Gebrauch, indem sie, bald stumpf, bald klingend gebunden, bisweilen durch ganze Gedichte durchgeführt werden[5]. Endlich ist unter den auffallenderen Abweichungen von der frühern für die kurzen Reimpaare gültigen Regel noch die besonders zu erwähnen, dass die Reime nun nicht mehr ausschliesslich je zwei unmittelbar auf einander folgende Zeilen binden, sondern dass sie auch überschlagend oder sich kreuzend gebraucht sind[6], jedoch mit der Einschränkung, dass diese Bindeart, so viel ich weiss, sich nie mit der ältern und noch immer viel üblichern in einem und demselben Gedichte zugleich angewandt findet[7]. — Dass die feinern Mittel, wodurch die ältern Dichter Mannigfaltigkeit des Ausdrucks in diese Versart brachten und das gleichmässige und eintönige Zusammenklappen der Reime vermieden[8], in dieser Zeit selbst denjenigen ganz verloren gegangen waren, die noch das meiste Geschick in der äussern Technik des Dichtens bewähren[9], bedarf kaum der Erinnerung.

---

3) So namentlich Peter Suchenwirt, der sich fast noch nie klingende Zeilen mit vier starken Hebungen erlaubt (vgl. meine Abhandlung 1, 15 ff.; v. d. Hagens Angabe im Gesammtabenteuer 1, S. XIX ist falsch), während sein Zeitgenosse und Landsmann, der Teichner, schon der neuen Regel folgt; vgl. Pfeiffer in der German. 1, 377 f., der auch bemerkt, dass der Teichner seine Verse fast durchgehends nach trochäischem Masse bildet.   4) Vgl. § 68 zu Ende.   5) Vgl. z. B. das Liederbuch der Hätzlerin S. 252, mehrere Stücke im Meister Altswert, herausg. von Holland und Keller, Stuttg. 1850. 8. (21. Publicat. des Litter. Vereins) und ein Gedicht von Hans Sachs in Wackernagels Leseb. 2, 107 ff. 6) Das älteste mir bekannte Beispiel der Art findet sich unter Suchenwirts Gedichten S. 112 ff. Denn hier möchte ich nicht, wie wohl in andern seiner Stücke mit überschlagenden Reimen, strophisch abtheilen, weil die stumpfen und klingenden Zeilen nicht so regelmässig, wie dort, abwechseln In gleicher Weise, nur in viel freierm Versbau, ist Joh. Rothe's Ritterspiegel (herausgeg. in Bartsch, Mitteldeutsche Gedichte. Stuttg. 1860. 8. S. 98 ff.) und Eberh. Cersne's Minneregel (herausgeg. von Wöber. Wien 1860. 8.; vgl. Bech in der Germania 7, 482) abgefasst, bei letzterem aber ist die strophische Abtheilung ersichtlich, wiewohl kein regelrechter Wechsel von stumpfen und klingenden Zeilen stattfindet; Rothe hat wenigstens den Eingang in Strophen, aber auch hier werden männliche und weibliche Ausgänge promiscue gebraucht. Auch Hans Rosenblüts Erzählung von dem Siege bei Hempach hat diese Form; s. § 147.   7) Ausgenommen in solchen Dichtungen, in die einzelne lyrische Stellen eingeschoben sind, wie in dramatischen Werken.   8) Vgl. § 71.   9) Treffend bemerkt Vilmar (die zwei Recensionen der Weltchronik S. 23, Note), erst ganz am Ende der alten Zeit finde sich ein Ohr, welchem das gewöhnliche Geklapper der kurzen Reimpaare zuwider gewesen: Fischarts. „Er bedient sich in allen seinen Dichtungen eines und desselben sinnreichen und zweckmässigen Mittels, um die tödtende Einförmigkeit der

§ 140.

Was den Bau der Strophen betrifft, so dauern dafür die in
der mittelhochdeutschen Poesie aufgekommenen und ausgebildeten
Gesetze im Ganzen fort, namentlich das der Dreigliedrigkeit, und
zwar entzieht sich demselben nie das eigentliche Kunstlied der
Singschulen[1], wogegen es in manchen volksmässigen Tönen, zumal
wenn die Strophe nur wenige Zeilen zählt und zu den einfachen
Formen des ältern Volksgesanges zurücklenkt, weniger deutlich heraustritt, mitunter auch gar nicht mehr äusserlich nachweisbar ist,
wo es dann, wenn auch nicht immer, durch den musikalischen
Vortrag hervorgehoben werden mochte[2]. Man wird jedoch dem
eigentlichen Volksliede neben dem in ihm, sei es in der Strophen-
gliederung selbst, sei es in der Melodie, noch immer vorwaltenden
dreitheiligen Bau auch noch eine zweigliedrige Grundform zugestehen
müssen, besonders wo die Gesätze vier- oder gar nur zweizeilige
sind[3]. — Im Besondern ist noch Folgendes zu bemerken. In den
Singschulen erhielten sich zum Theil die Töne älterer Meister, oft
jedoch mehr oder weniger verändert[4]; dazu wurden aber fortwährend neue erfunden, da niemand, wenigstens in der spätern Zeit,
ohne Aufstellung eines ihm eigenthümlichen den Grad der Meisterschaft erlangen konnte[5]; was jedoch wohl nicht so zu verstehen ist,
dass ein Ton nur dann für neu gelten konnte, wenn es die metrische
Zusammensetzung und die Melodie zugleich waren: denn bei dem
grossen Gewicht, welches gerade auf die letztere gelegt wurde[6],
genügte es gewiss schon oft, wenn nur sie neu erfunden und
einer schon bekannten Strophenart angepasst war. Die neuen
Töne pflegte man nach ihren Erfindern zu benennen und durch charakteristische, oft lächerliche und geschmacklose Beisätze noch
näher zu bezeichnen[7]. Eine Folge der Sucht, immer neue Töne

kurzen Reimpaare durch Abwechselung des Tones zu beleben, und an diesem
Mittel sind Fischarts Verse unter Tausenden auf der Stelle zu erkennen."

§ 140. 1) Wenn jetzt auch Lieder angetroffen werden, in denen zu Ende
des Abgesanges noch ein viertes, das Mass eines Stollen wiederholendes Glied
folgt, so ist diess wenigstens nicht Regel; J. Grimm, Meistergesang S. 40. Ueber
andere scheinbar abnorme Fälle vgl. daselbst S. 68 f.; über das Voranstellen von
drei Stollen vor den Abgesang, wie es sich in einigen Ins Deutsche übersetzten
geistlichen Gesängen der böhmischen Brüder findet, s. Ph. Wackernagel, das
deutsche Kirchenlied S. XXXIII f.   2) J. Grimm a. a. O. S. 41 f. und 175.
3) Vgl. das deutsche Volkslied, in der deutschen Vierteljahrsschrift, 1843,
Heft 4, S. 147 ff. und Gödeke und Tittmann, Liederbuch aus dem 16. Jahrhundert S. XIV f.   4) J. Grimm a. a. O. S. 108 ff.; Ettmüllers Frauenlob S.
XIII—XVIII; v. d. Hagen, MS. 4, 907a oben und besonders Bartsch, Meisterlieder
der Kolmarer Handschrift S. 155 ff.   5) Wagenseil a. a. O. S. 533.   6)
Wagenseil S. 532.   7) Die Namengebung geschah, wenigstens in der spätern
Zeit, unter Zuziehung von zwei Gevattern; Wagenseil a. a. O. S. 533 ff. Beson-

zu erfinden, war, dass an die Stelle der Kunst immer mehr Künstelei
und damit auch Geschmacklosigkeit trat, die sich vornehmlich in
übermässiger Erweiterung der Zeilenzahl für die Glieder der Strophen, im häufigen Gebrauch überkurzer Verse, oder sogenannter
Schlagreime und Pausen, und in Häufung und Stellung der Reime
kund gab[8]. Dass einige verwickeltere Töne auch schon ziemlich
früh für volksmässige Dichtungen benutzt worden, ist bereits oben[9]
erwähnt: in diesem Zeitalter hat es noch häufiger stattgefunden,
doch herrschen die einfachen, theils ältern, theils neuaufgekomme-
nen Strophenarten in dem eigentlichen Volksliede, sowohl dem epischen wie lyrischen, und auch in den übrigen mehr volksmässigen,
als meisterlichen Dichtarten entschieden vor[10]. Dabei erlaubt sich
das Volkslied manche Freiheiten, die dem Kunstliede versagt sind
und die nur bei einzelnen zum Volksmässigen neigenden Kunstdichtern,
wie bei Hugo von Montfort begegnen[11]; denn ausser der vorhin
erwähnten Sorglosigkeit im Binden der Verse lässt es auch, wenn
es aus mehreren Strophen besteht, schon oft willkürlich stumpfe
durch klingende Reime vertreten und umgekehrt[12], und erweitert
oder kürzt die Strophe durch Einfügungen und Auslassungen[13].
Uebrigens sind gegen den Ausgang des sechzehnten Jahrhunderts
hin nicht mehr alle Strophenarten von rein deutscher Erfindung[14]:
schon damals hob die Nachbildung welscher Versarten mit den
Uebertragungen der Canzonetten, Villanellen, Motetten, Madrigalen,
Galliarden etc. an[15]. Doch waren diess, dem gegenüber, was in

---

dere Namen für einzelne Töne finden sich übrigens schon hin und wieder in der
vorigen Periode; vgl. J. Grimm a. a. O. S. 106 ff.   8) Unter den 222 Tönen
des spätern Meistergesanges, die Wagenseil kennt und S. 534 ff. aufführt, sind
nur einer von 5, einer von 6, acht von 7 und sieben von 9 Reimen, dagegen
dreissig, die deren 20, und sechzehn, die 21 zählen. Aber er kennt noch Strophenarten von viel mehr Reimen und zwar sechs und siebenzig, die darin von 22 bis
zu 31 steigen (über den überzarten Ton, dem Wagenseil 31, V. Voigt aber 48
Reime beilegt, vgl. Bartsch, Meisterlieder S. 168), ja es hat deren von 97 bis 122
gegeben.   J. Grimm a. a. O. S. 74; vgl. auch S. 71, Anm.   9) Vgl. §§ 73 und
79.   10) Einige der beliebtesten Strophenarten der Volkspoesie führt J. Grimm
auf, a. a. O. S. 135 f.; 179 f.; vgl. damit altd. Mus. 1, 119, die Note.   11)
Ueber Unregelmässigkeiten in seinem Strophenbau vgl. Weinhold a. a. O. S. 31 ff.
12) Dies findet sich übrigens auch bei einigen andern Kunstdichtern, wie bei
Johannes Rothe und bei Eberhard Cersne; vgl. § 139, 6.   13) Vgl. Gödeke
und Tittmann a. a. O. S. 6 f.   14) Ueber die Nachbildung antiker Strophenformen vgl. § 137, 13.   15) Sie war zunächst eine Folge der zu dieser Zeit
aufkommenden grossen Vorliebe für italienische Musik. Mit der Einführung der
fremden Melodien verband man die Uebersetzung ihrer Texte, oder ahmte beides
nach; vgl. Hoffmann, die deutschen Gesellschaftslieder des 16. und 17. Jahrhunderts (2. Aufl. Leipzig 1860. 8.) S VIII ff.; Liederbuch Pauls v. d. Aelst vom
Jahre 1602 von Hoffmann im Weimar. Jahrb. 2. 320 ff. (besonders S 324 f); und

ähnlicher Art im folgenden Jahrhundert eintrat, nur vereinzelte, eben keinen bedeutenden Einfluss auf die deutschen metrischen Formen im Ganzen ausübende Erscheinungen. — Die Zahl der zu einem Liede verbundenen Strophen, die man mit dem Namen Bar oder Gesätz bezeichnete[16], war im Volksliede an keine bestimmten Regeln gefesselt; die zünftigen Meisterlieder bevorzugten im Ganzen die drei- und fünfstrophigen Lieder. Merkwürdig ist was die Limburger Chronik[17] über eine Abänderung berichtet, die im Jahre 1360 in der deutschen Liederpoesie erfolgt sei; bis dahin, heisst es, habe man lange Lieder gesungen mit fünf oder sechs Gesätzen; in jenem Jahre aber seien von den Meistern neue Lieder mit drei Gesätzen gemacht, auch die Musik vervollkommnet worden[18]: eine Nachricht, die noch immer nicht befriedigend gedeutet ist[19]; denn was auf der Hand zu liegen scheint, es seien von jener Zeit an zuerst dreistrophige Lieder in Gebrauch gekommen, dem widersprechen unzählige ältere Beispiele[20]. — Die Leichform scheint in der weltlichen Kunstlyrik während dieses Zeitraums nicht mehr in Anwendung gekommen zu sein[21]; der geistliche Gesang aber hielt sie, selbst unter den Protestanten, noch bis ins sechzehnte Jahrhundert in den Sequenzen fest[22].

§ 141.

3. Die Fasslichkeit und allgemeine Verbreitung der im drei-

Höpfner a. a. O. S. 23. Ueber andere bereits in das 16. Jahrhundert fallende Nachbildungen romanischer Formen, wie Alexandriner, Terzinen, Sonette etc. vgl. den zweiten Abschnitt der folgenden Periode.   16) Vgl. Grimm, Meistergesang S. 77, Anm. 61, und S. 193; Wagenseil a. a. O. S. 521 f. Aeltere Belege liefert die Kolmarer Handschrift von Meisterliedern.   17) Von ihr mehr in § 155.   18) Koch, Compend. 2, 71.   19) Vgl. J. Grimm a. a. O. S. 133, Anm. 122.   20) Vgl. J. Grimm a. a. O. S. 46 f. und v. d. Hagen, im altd. Mus. 2, 175 f.; MS. 1, S. XXXIII f.   21) Was Lachmann, über die Leiche S. 419, sagt, die Leiche hätten im 14. Jahrhundert schon aufgehört, könnte eben nur von weltlichen Gedichten dieser Art gelten.   22) Von geistlichen Leichen ich hier beispielsweise an aus der Mitte des 14. Jahrhunderts den Leich oder Leis der Geiselbrüder (Ph. Wackernagel a a. O. S. 605—610 und dessen grösseres Werk 2, 333 ff.; vgl. W. Wackernagel, LB. 931 ff.; Hoffmann, Kirchenlied 1 95 ff. 3. Ausg. 145 ff.; vgl. § 158), der in der alten Magdeburger Schöppenchronik (v. d. Hagen Germania 4, 124) auch ein *reye* genannt wird, und von dem es in Closeners Chronik (Ph. Wackernagel a. a. O. S. 606) heisst, die Brüder hätten ihn gesungen, „also man zu Tanze noch singet"; ferner Peter von Reichenbachs Hort (Bartsch, Meisterlieder der Kolmarer Hs. Nr. VII) und ein Frauenlob untergeschobener Leich, sein *tougen hort* oder *slôzhort* (Bartsch a. a. O. Nr. VI, vgl. S. 630); aus dem 15. Jahrhundert die geistlichen Leiche Heinrichs von Laufenberg (vgl. F. Wolf, über die Lais, S. 151 und v. Aufsess' Anzeiger 1832, Sp. 43; 1833, Sp. 270), aus dem 16. die Sequenzen von Erasmus Alberus (bei Ph. Wackernagel a. a. O. Nr. 305 und 306).

zehnten Jahrhundert beliebtesten volksmässigen Dichtformen auf der
einen, und die rohe Willkür, die sich in deren Fortgebrauch die
Folgezeit gestattete, auf der andern Seite erleichterten das Dichten
ganz ausserordentlich. Schon deshalb darf es nicht Verwunderung
erregen, dass in diesem Zeitraum so überaus Vieles und Verschie-
denartiges, von der Poesie oft weit Abliegendes, von Leuten aus
allen Volksklassen zusammengereimt wurde[1], und dass noch viel
weniger, als in frühern Jahrhunderten, die Dichter im Allgemeinen
einen eigenen, in sich geschlossenen Stand bildeten. Indessen lassen
sich von der grossen Zahl derer, welche die Dicht- und Sangeskunst
in mehr freier Weise zu eigener und fremder Lust oder Erbauung
übten, in zwei Hauptklassen diejenigen absondern, die sie als ausschliessliches oder mithelfendes Erwerbsmittel benutzten, und die,
welche zu besondern Vereinen zusammengetreten eine Art von Lyrik
trieben, die vorzugsweise für kunstmässig gelten sollte, d. i. die
Meistersänger. — Was nun zunächst die Dichter von Gewerbe
betrifft, so lässt sich an deren Fortdauer während dieser ganzen
Periode gar nicht zweifeln, wenn sie zum Theil auch in ein anderes
Verhältniss zu den übrigen Ständen der Nation traten, als ihre Vorgänger in der alt- und mittelhochdeutschen Zeit[2]. Mitunter wussten
sie sich noch Eingang und Unterhalt an den Höfen zu verschaffen,
und selbst in eine oder die andere Art von ehrenhaftem Verhältniss
zu den Fürsten zu treten, gelang einzelnen unter ihnen, wie dem
vielgewanderten Michael Beheim[3], der, nachdem er das bei seinem
Vater erlernte Weberhandwerk aufgegeben[4], als Kriegsmann und
Dichter in die Dienste mehrerer Fürsten und Herren, namentlich
auch Kaiser Friedrichs III trat und selbst ausserhalb Deutschlands,

---

§ 141. 1) Vgl. Gervinus 2³, 8; 178 f.; 428 (2³, 658 f.). 2) Noch ganz
jenem alten Volksdichter, dem wir den Salman und Morolt verdanken (§ 91), gleichen die Leser, die sich in den niederdeutschen, wahrscheinlich in den Anfang
dieses Zeitraums (nach Sommer, Flore und Blanscheflur S. XVI wahrscheinlich
in die erste Hälfte des 11. Jahrb.) fallenden Gedichten von Flos und Blancflos
(bei Bruns, romantische und andere Gedichte etc., dasselbe beruht auf dem altfranz. von J. Bekker herausgegebenen Gedichte in interpolirter Gestalt, vgl.
Sommer a. a. O. S. X) und von Valentin und Namelos (§ 146) an mehreren Stellen
zu erkennen geben. Schwerlich aber war Caspar von der Röhn im 15. Jahrhundert ein solcher wandernder Volksdichter, der seine rohen Bearbeitungen deutscher Heldensagen selbst las oder sang (vgl. altd. Wälder 2, 156 und W. Grimm,
Heldensage S. 372 f.), denn wir wissen jetzt „dass er nicht nur dem gelehrten Stande
angehörte, sondern auch ein vornehmer Mann war" (Zarncke in den Berichten
der sächs. Gesellsch. d. Wissensch. 1870, S. 207). 3) Geb. 1416 zu Sülz-
bach bei Weinsberg, gest. nach 1474. 4) Er trieb es später aber noch daneben, weil er durch die Poesie sein Brod nicht verdienen konnte; vgl. Holtzmann
in der Germania 3, 307.

19*

am dänischen Hofe, eine ehrenvolle Aufnahme fand[5]. Vielen Beifall scheinen insbesondere, so lange die Turnierlust sich lebendig erhielt, bei grossen Herren und angesehenen Rittern die sogenannten Wappendichter gefunden zu haben. Sie verfertigten gereimte Wappenbeschreibungen, die gewöhnlich mit poetischen Lob- und Ehrenreden auf die Träger der geschilderten Wappen verknüpft waren, und gehörten, scheint es, in der Regel der besondern Klasse von Knappen an, aus welcher auch die Herolde genommen wurden. Die berühmtesten sind Peter Suchenwirt[6] und aus späterer Zeit Hans Rosenblüt[7]; beide haben jedoch keineswegs ihre Kunst bloss auf dergleichen Ehrenreden und Wappenbeschreibungen beschränkt, sondern auch andere Dichtarten geübt[8]. Den Wappendichtern ähnelten in mancher Beziehung die mit den Schützenfesten aufkommenden Pritschenmeister, die bei den genannten Festen ungefähr dasselbe Amt verwalteten, zu welchem bei den Turnieren der Herold bestimmt war; nur waren sie zugleich Lustigmacher der Gesellschaft. Zu den Obliegenheiten des Pritschenmeisters gehörte auch die Anfertigung von Spruchgedichten auf die Festlichkeiten, bei denen er Dienste geleistet. Der bekannteste, von dem noch Beschreibungen von Freischiessen in Reimsprüchen vorhanden sind, ist Lienhard Flexel aus dem sechzehnten Jahrhundert[9]. Mit den Pritschenmeistern wiederum berührten sich von einer andern Seite die zuerst an den Fürstenhöfen und späterhin vornehmlich bei dem Bürgerstande beliebten Spruchsprecher, die sich an den Höfen wohl bis ins vierzehnte Jahrhundert, wo nicht weiter zurück verfolgen lassen[10] und denen es oblag, zumal in späterer Zeit, als sie besonders in den Städten gefunden wurden, bei Hochzeiten und andern festlichen Gelegenheiten die versammelten Gäste durch Verse zu belustigen, die sie aus dem

---

5) Vgl. v. Karajans Einleitung zu M. Beheims Buch von den Wienern S. XXVI ff.; Gervinus 2⁵, 411 ff.   6) S. § 147; sein Beiname ist gewiss ein angenommener, der auf seinen Beruf hindeutete, wie andere Fahrende in diesem Zeitraum Suchensinn (§ 137. 2 zu Ende), Suchendank etc. hiessen; vgl. Fichards frankfurtisches Archiv 3, 199; Aufsess' Anzeiger 1832, Sp. 213; v. d. Hagen. MS. 4, 618, Anm. 7; Schmellers baier. Wörterb. 3, 588.   7) S. § 147. 8) Vgl. über sie, sofern sie hierher gehören, und die Wappendichter und deren Geschäft überhaupt Primissers Einleitung zu P. Suchenwirts Werken, besonders S. XII ff. und Gervinus 2², 206 f. (2⁵, 397 f.)   9) Vgl. über die Pritschmeister Ubland, zur Geschichte der Freischiessen, vor Hallings Ausgabe von Fischarts glückhaftem Schiff, S. XXVIII ff. (Uhlands Abhandlung ist wiederholt in seinen Schriften z. Geschichte d. Dichtung und Sage 5, 293—321); Schmeller a. a. O. 1, 272 f.; Gervinus 3², 138 f. (3⁴, 144 f.) und Gödeke, Grundriss S. 293 ff. Aus dem Anfang des 17. Jahrh. (1602) ist H. H. Grobs Lobspruch der Schützen, mitgetheilt in Haupts Zeitschrift 3, 240 ff.   10) Vgl. Schmeller a. a. O. 3, 588 und Hoffmann, Horae Belg. 6, 202 f.

Stegreif machten". In der Regel aber mochten alle solche Leute, die gleich den ältern Fahrenden viel umherzuwandern pflegten, auch eben nicht in viel höherer Achtung stehen[12], zumal wenn sie bloss von ihrer Reimfertigkeit lebten[13].

<h2 style="text-align:center">§ 142.</h2>

Die Meistersänger, die sich selbst als die Forterhalter und Pfleger der von den höfischen und meisterlichen Dichtern des dreizehnten Jahrhunderts geübten lyrischen Kunst betrachteten[1], traten mit der Zeit zu allen übrigen Dichtern in einen um so schärfern Gegensatz, je ausschliesslicher sie aus dem Handwerkerstande hervorgiengen[2], und je strenger und innungsmässiger sich, der Ausbildung der städtischen Zünfte zur Seite, ihre Vereine oder Schulen in sich abschlossen. Insbesondere hörte fast jede Berührung zwischen ihnen und den Dichtern von Gewerbe seit dem Ausgange des fünfzehnten Jahrhunderts auf[3]. Denn bis dahin fanden sich noch bisweilen Meistersänger, die von ihrer Kunst lebten und zu dem Ende,

11) Kaiser Karl V sah sich 1548 veranlasst, dem von ihnen und andern Fahrenden verübten Unfuge gegen sie, welches 1577 von Rudolf II wiederholt ward, zu steuern, woraus man sehen kann, wie allgemein verbreitet sie sein mussten; vgl. Wagenseil S. 491 f., der sich weitläufig über sie auslässt. Durch ihn ist der Nürnberger Spruchsprecher Wilhelm Weber aus dem 16. Jahrhundert, von dem er auch einige elende Reimereien aufbewahrt hat (S. 464 ff.), am berühmtesten geworden. 12) Dass unter dem alten Vorurtheil, welches auf den fahrenden Leuten lastete, als wäre ihnen bei Ausübung ihres Gewerbes nur an Geld und Gut gelegen, an der persönlichen Ehre dagegen nichts, auch oft die von besserer Gesinnung unter ihnen leiden mussten, erhellt aus der Art, wie sich einmal der Teichner (in der zweiten Hälfte des 14. Jahrhunderts) über sie ausspricht (vgl. Docen, über die deutschen Liederdichter S. 201 f.). Man wird auf diesen sonst so ernst gesinnten Mann gewiss nicht den Verdacht werfen wollen, er habe hier eine Gesinnung vorausgesetzt, die nirgend mehr bei den Gehrenden anzutreffen war: das verbieten schon andere Stellen in seinen Gedichten, wo er die feilen Lobsinger rücksichtslos tadelt, oder die Uebertreibungen der Wappendichter verspottet (s. Gervinus 2², 183 f.; 2⁵, 382), obgleich er mit einem der letztern, eben jenem P. Suchenwirt, in freundschaftlichem Verhältniss gestanden zu haben scheint; vgl. Suchenwirts Werke S. 64 f. 13) Am wenigsten missachtet mögen noch wohl die Wappendichter vermöge ihrer anderweitigen Stellung zum Adel gewesen sein.
§ 142. 1) Vgl. § 78. 2) Beispiele, dass Meistersänger auch aus andern Ständen waren, sind in der spätern Zeit sehr selten. Ein solches liefert Wagenseil S. 547 ff. in Ambrosius Metzger, Magister und Lehrer am Nürnberger Gymnasium; ein zweites bietet ein Verzeichniss Kolmarer Meistersänger, Magister Peter Pfort, Diacon in Strassburg zum jungen St. Peter (1591); vgl. Bartsch, Meisterlieder S. 3. 3) In dem § 141, 11 erwähnten Erlasse Karls V und Rudolfs II gegen „mancherlei leichtfertig Volk, die sich auf Singen und Sprüche geben," werden „diejenigen, so Meistergesang singen", ausdrücklich als solche bezeichnet, die von der Obrigkeit nicht zu verfolgen und zu bestrafen seien.

gleich den übrigen fahrenden Leuten, im Lande umherzogen und den Hoflagern nachgiengen[4]. Im sechzehnten aber übten sie die Dichtkunst immer nur neben ihrem bürgerlichen Gewerbe als Mittel zur Verbreitung der Ehre und der Furcht Gottes, so wie zur Beförderung eines ehrbaren christlichen Wandels und als einen sittsamen Zeitvertreib[5]. Dabei liessen sie sich mit der besondern Art lyrischer Gedichte, deren Abfassung und Vortrag sie allein berechtigte, den Namen Meistersänger zu führen, nicht leicht mehr anderswo vernehmen, als in den Singschulen[6], in die sie entweder als Mitglieder eingeschrieben waren, oder in denen sie auf Reisen und auf der Wanderschaft vorsprachen[7]. Versuchten sie sich aber auch in andern, nicht schulmässigen Dichtarten[8], so thaten sie auch diess nur aus freier Neigung, entweder zu eigener Gemüthsergetzung, oder zur Unterhaltung und Belehrung aller derer im Volke, die ihre Werke selbst lesen, oder sie sich von andern vorlesen, vorsingen und vorstellen lassen wollten, niemals aber um sich damit ihren Lebensunterhalt zu erwerben.

§ 143.

Ueber die Beschaffenheit der Singschulen haben wir erst aus sehr später Zeit vollständigere Nachrichten, theils in den sogenannten Tabulaturen, deren Aufzeichnung sich nur bis zum Jahre 1493 mit einiger Sicherheit zurückverfolgen lässt[1] und die, ausser der fabelhaften Geschichte von der Entstehung der meisterlichen Kunst[2] die für die Abfassung und Vortragsweise von Meisterliedern

---

4) Wie namentlich die im vorigen Paragraph erwähnten Meister Michael Beheim und Hans Rosenblüt.   5) Vgl. Puschmann a. a. O. S. 166 f. und Hoffmann, Geschichte des deutschen Kirchenliedes[3] S. 452 ff.   6) Unter den Verpflichtungen, die zu erfüllen sich jedes in eine Schule neu eintretende Mitglied anheischig machen musste, und die Wagenseil S. 547 aufführt, schreibt die vierte vor, dass man kein Meisterlied auf öffentlicher Gasse, auch nicht bei Gelagen, Gastereien oder andern üppigen Zusammenkünften etc. singen solle. Nur vor Fremden, die besonderes Verlangen darnach trügen, dürfe man sich hören lassen, wenn man vor ihrem Spotte sicher sein könne.   7) Dass wandernde Handwerksburschen, die schon die meisterliche Kunst gelernt hatten, fremde Schulen besuchten und sich darin hören liessen, ist aus der von ihm selbst in Reimen abgefassten Lebensbeschreibung Hans Sachsens bekannt; vgl. auch Ranisch S. 32 ff.; und unter den Fremden, die beim Freisingen auftreten durften (Wagenseil S. 543), sind doch wahrscheinlich auch nur nicht am Orte ansässige Meistersänger zu verstehen.   8) Wie Hans Sachs noch ausser seinen Meisterliedern unendlich viel gedichtet und gerade dadurch am allermeisten, ja fast ausschliesslich auf seine Zeitgenossen in weitern Kreisen gewirkt und seinen Ruhm bei der Nachwelt begründet hat.
§ 143. 1) Vgl. Schilters Thesaurus 3, 88 f. und J. Grimm, Meistergesang S. 26.   2) Vgl. § 78, 12. Cyr. Spangenberg, in der bei Anm. 7 citierten Schrift,

gültigen Gesetze und Ordnungen enthalten[3], theils in einigen ältern, auf den Tabulaturen, auf mündlichen Mittheilungen und der Verfasser eigener Erfahrung und Anschauung beruhenden Werken, die auch Tabulaturen im Auszuge oder ganz geben, namentlich in Adam Puschmanns Gründlichem Bericht des deutschen Meistergesangs[4] und in dem Gründlichen Bericht der deutschen Reimen oder Rithmen[5], Cyriacus Spangenbergs[6] Schrift von der Musica und den Meistersängern[7] vom Jahre 1598, Joh. Christoph Wagenseils Buch von der Meister-Singer holdseligen Kunst Anfang, Fortübung, Nutzbarkeit und Lehrsätzen[8], und die von Memminger Meistersingern ausgegangene Kurze Entwerfung des deutschen Meistergesangs[9]. Wir dürfen jedoch aus einzelnen Anspielungen in ältern Meister- und Volksliedern[10] schliessen, dass schon lange vorher manche der

---

berichtet: „Kayser Otto der Erste des Namens hat den zwölff Meistersengern zu seiner Zeit eine schöne guldene Cron verehret, so noch zu Meintz vorhanden undt daselbst bewahret würdt" S. 17, vgl. aber auch S. 118. Ein Meisterlied der Kolmarer Handschrift (Bartsch Nr. 66) führt den Ursprung des Meistergesangs auf Heinrich I zurück.   3) Ihr wesentlicher Inhalt ist in jedem ältern Handbuch der deutschen Literaturgeschichte mitgetheilt, bei Bouterwek 9, 279 ff., in Wachlers Vorles. 1, 117 f. Aus einer handschriftl. Tabulatur in München (Cod. germ. 5000) sind die Capitelüberschriften mitgetheilt bei Bartsch, Meisterlieder S. 2. Ueber die Nürnberger Tabulaturen insbesondere vgl. Gödeke und Tittmann, Liederbuch aus dem 16. Jahrh. S. 320 f.   4) Görlitz 1571 (Höpfner, Weckherlins Oden und Gesänge S. 11, Anm. 32, führt eine Ausgabe von 1573 an); vermehrt, Breslau 1584.   5) Frankfurt a. d. O. 1596; gewissermassen eine neue Auflage der ersten Schrift: beide liegen zum Grunde der von Büsching angefangenen, aber nicht vollendeten Abhandlung „der Meistersänger holdselige Kunst" in der Samml. f. altd. Litt. S. 164 ff.   6) Geb. 1528 zu Herden im Fürstenthum Kalenberg, gest. 1604 zu Strassburg.   7) Herausgeg. nach der Strassburger Originalhs. von Keller. Stuttgart 1861. 8. (62. Publicat. des litter. Vereins). Spangenberg übt Kritik an Puschmann, besonders in Betreff der von diesem überlieferten Geschichte von den 12 ältesten Meistern; vgl. S. 119 f.   8) Hinter seinem Buch de civitate Noriberg. Altdorf 1697. 4. S. 433—575.   9) Stuttgart 1660. 4. Darin zeigt sich aber schon ganz entschieden der Einfluss Opitzens auf die Regeln über Versbau und Reime. Später haben über den Meistergesang gehandelt Hasslein, in Bragur 3, 17 ff. (ziemlich roh und verworren) und Beischlag, Beiträge zur Gesch. der Meistersänger, Augsburg 1807, womit die § 78, 8 angeführten Streitschriften zu vergleichen sind.   10) Einige sprechende Stellen aus Meisterliedern gibt Gervinus 2³, 268 ff. (2³, 452 f.) in den Noten, Holtzmann in der Germania 3. 307 ff.; Zingerle, Bericht über die Wiltener Meistersängerhandschrift. Wien 1861. 8.; und besonders Bartsch, Meisterlieder der Kolmarer Handschrift (wo in der Einleitung über noch andere Handschriften älterer Meisterlieder gehandelt ist); damit ist zu vgl. § 78, 2. 4. und Gervinus 2³, 23 f. Einer Singschule zu Augsburg, in der oben auf den Stuhl gesetzt ward, wer übel von den Pfaffen redete, ohne dass dem der Rath steuerte (also gewiss keiner geistlichen), wird in einem Volksliede aus der Mitte des 15. Jahrhunderts (vgl. Liederbuch der Clara Hätzlerin S. 41 a, und von Soltau's histor. Volkslieder 8.

seitdem gültigen Einrichtungen und Gebräuche[11] bestanden haben.
Diese liefen der Hauptsache nach auf Folgendes hinaus. Jede Singschule bildete einen in sich geschlossenen Verein, dessen Mitglieder
nach dem von jedem erlangten und bewährten Grade der Kunstfertigkeit mehrfach abgestuft und dem gemäss benannt waren.
Nach Wagenseil[12] hiess der, welcher die Tabulatur noch nicht recht
verstand, ein S c h ü l e r; der alles darin wusste, ein S c h u l f r e u n d; der
etliche Töne vorsingen konnte, ein S i n g e r; der nach andern Tönen
Lieder machte, ein D i c h t e r; der einen Ton erfand, ein M e i s t e r, alle
aber, so in die Gesellschaft eingeschrieben waren, wurden G e s e l l -
s c h a f t e r genannt. Wer eintreten wollte, musste zuvor bei einem
anerkannten Meister in die Lehre gehen und dann eine Prüfung bestehen, wonach die Aufnahme unter gewissen Feierlichkeiten erfolgte.
Bei den grossen angesagten Zusammenkünften[13] war jedes Mitglied
der Schule verbunden zu erscheinen. Sie begannen mit dem sogenannten Freisingen[14], bei dem noch nicht gemerkt wurde; diess
geschah erst bei dem Hauptsingen. Die M e r k e r waren eigens erwählte Richter aus der Zahl der Meister, die darauf zu achten hatten,
ob der Sänger die Vorschriften der Tabulatur genau befolgte[15], oder
sie in irgend einer Art verletzte, in welchem letztern Falle nach
Verschiedenheit der Fehler feststehende Strafen auferlegt wurden.
Endlich wurden denen, die sich im Singen am meisten ausgezeichnet hatten, denn eine andere Vortragsart der Meisterlieder fand gar
nicht statt[16], herkömmliche Preise zuerkannt[17]. Diese Verfassung
behielten die Meistersängerschulen auch noch im siebzehnten Jahrhundert bei, in welchem jedoch die meisten eingiengen; nur in ein

---

156) und in einem Gedichte von U l r i c h W i e s t (1419) gedacht (Uhland, Volkslieder 1, 423; v. Liliencron, die historischen Volkslieder Nr. 89).   11) Ueber
die Einrichtungen der Schulen vgl. auch Gödeke und Tittmann, Liederbuch aus
dem 16. Jahrhundert S. 322 f.   12) a. a. O. S. 533.   13) Sie fanden in
Nürnberg an Sonn- und Feiertagen Nachmittags in einer Kirche statt.   14)
In ihnen durften zu der Zeit, von der Wagenseil Genaueres weiss, ausser den in
der heil. Schrift stehenden Geschichten „auch wahre und ehrbare weltliche
Begebnisse sammt schönen Sprüchen aus der Sittenlehre" gesungen werden; wogegen in den Hauptsingen nur der Vortrag solcher Lieder erlaubt war, deren
Gegenstände aus der Bibel entlehnt waren; S. 543.   15) Was einer zu be-
obachten habe, der „meisterlich singen" wolle, gibt auch ein von W. Grimm aus
einer Hs. Nürnberger Meistergesänge in der Berliner Bibliothek bekannt gemach-
tes Meisterlied „Ein Schulkunst" an: in Haupts Zeitschr. 10, 309 f.   16)
Wagenseil S. 491, womit zu vgl. J. Grimm a. a. O. S. 67, Anm. 52.   17) In
Nürnberg wurde dem, der den ersten Preis gewonnen, eine lange silberne
Kette, die später mit einem andern Schmuck vertauscht ward, umgehängt; der
zweite bestand in einem aus seidnen Blumen gefertigten Kranze: Wagenseil S.
544 ff.

Paar Städten fristeten sie noch bis tief ins achtzehnte und neunzehnte herein ein kümmerliches Dasein [*].

Dritter Abschnitt.

Poetische Literatur.

A. Epische Poesie.

§ 144.

Auch in dieser Periode blieben mündliche und schriftliche Ueberlieferungen der Vorzeit, bestehend in einheimischen und fremden, mittelaltrigen und antiken, kirchlichen und weltlichen Sagen, Geschichten und Anekdoten, nebst dem, was sich im Laufe dieser Zeiten selbst Merkwürdiges zutrug und in weitern oder engern Kreisen das Interesse des Volkes erregte, die bei weitem vorherrschenden Gegenstände der erzählenden Poesie. Stoffe rein zu erfinden, gehörte in Deutschland noch immer zu den grossen Seltenheiten und geschah, streng genommen, vielleicht niemals anders, als etwa zum Behuf allegorischer und lehrhafter Dichtungen in Erzählungsform, obgleich auch diese gar häufig, und die letztern in der Regel, sich an ältere Ueberlieferungen anlehnten. Die nicht ersonnenen, in Deutschland heimischen oder aus der Fremde eingeführten Stoffe waren zum Theil dieselben, die schon die Dichter des vorigen Zeitraums behandelt hatten, oder diesen verwandte, zum Theil ganz neue. Unter jenen traten gerade diejenigen, aus welchen in der besten Zeit der mittelhochdeutschen Dichtkunst die grössten und vollendetsten Werke hervorgegangen waren, am meisten zurück: manche wurden ganz bei Seite geschoben, andere tauchten wohl wieder hier und da in poetischen Bearbeitungen auf, konnten aber zu ausgedehnterer Geltung nur in prosaischen Umbildungen gelangen. Dagegen wurden von den Gegenständen, die besonders nach der Mitte des dreizehnten Jahrhunderts beliebt geworden, viele noch

---

[18] Vgl. Bragur 3, 97 f. und 107 f. In Ulm waren noch 1530 zwölf Meistersänger; als neun Jahre später davon nur noch vier übrig waren, vermachten sie, nach einem gescheiterten Versuch zur Auffrischung der Gesellschaft, ihr Eigenthum oder Kleinod dem Ulmer Liederkranze. Berlin. Nachrichten von Staats- und gelehrten Sachen 1839, Nr. 265, Beilage.

immer fleissig und wiederholt bearbeitet, obschon auch hier neben
der poetischen die prosaische Behandlungsart eintrat. Neue Stoffe
wurden, wie gesagt, in den Zeitereignissen dargeboten und ausserdem vielfältig aus den poetischen und prosaischen Werken des
classischen Alterthums, so wie aus der italienischen Literatur entnommen. — Was die Formen der erzählenden Poesie anbetrifft, so
zeigt sich darin ebenfalls eine Fortdauer der alten Arten neben der
Einführung von neuen, oder vielmehr der modificierten Wiederaufnahme von noch ältern, die in der vorigen Periode, wo nicht ganz
verdrängt, doch sehr zurückgeschoben waren. Denn ausser kleinen
unstrophischen Erzählungen von dem verschiedensten Inhalt wurden
noch immer, wenn auch nicht mehr in so grosser Zahl, als in frühern
Zeiten, umfangreichere Geschichten, theils strophisch, theils in kurzen
Reimpaaren gedichtet. Auf der andern Seite aber erwuchs nun, und
zwar in sehr verschiedener Art von jenen kleinern Erzählungen, sowohl aus historischem, wie aus sagenhaftem Grunde eine Fülle von
andern kleinen Poesien, die mit der gemeinsamen Benennung epischer Volkslieder bezeichnet werden können, und die ihrem allgemeinsten Charakter, wie ihrer Entstehungsart nach jenen ältern
Volksgesängen glichen, die sich vor der Mitte des zwölften Jahrhunderts über heimische Sagen und Begebenheiten gebildet hatten.
Gleich diesen wurden sie auch wohl vorzugsweise gesungen, wenigstens immer für den Gesang bestimmt. Von andern erzählenden
Gedichten scheint man bloss strophische, selbst wenn sie von grösserem
Umfange waren, bisweilen gesungen[1], alles aber, was in kurzen
Reimpaaren abgefasst war, nur gelesen zu haben. — Im Allgemeinen
verfiel unter den poetischen Gattungen die epische in diesem Zeitraum am meisten. Einzelne ihrer Arten starben allmählig ganz ab,
und unter den fortdauernden oder neu aufkommenden bewahrten
sich nur wenige eine frischere Lebenskraft und entwickelten sich
zu einer Art Blüthe. Sie bei dem, was über jede einzelne noch im
Besondern anzuführen ist, in diese beiden Hauptklassen zu theilen,
dürfte zur leichtern Uebersicht des Ganzen das Angemessenste sein.

---

§ 144. 1) Aus dem 15. Jahrhundert kann dafur, dass grössere strophische
Gedichte sowohl gesungen als gelesen wurden, Michael Beheim Zeugniss ablegen.
Er dichtete unter anderm sein weitschichtiges Buch von den Wienern in einer
Strophe, die er die Angstweise nannte, „zu lesen als einen Spruch, oder zu sin-
gen als ein Lied:“ s. v. Karajans Ausgabe S. VII; LXXX. In Caspars v. d.
Röhn Heldenbuch ist ebenso vom Lesen, wie vom Singen die Rede. S. 159; 221;
233; es scheint aber, dass letzteres nur bei den kürzern Stücken stattgefun-
den hat.

§ 145.

1. **Absterbende epische Dichtarten.** — a) Die deutsche Heldensage lebte zwar theilweise im eigentlichen Volksgesange diesen ganzen Zeitraum hindurch fort, was nicht nur durch mehrfache Berufungen darauf bei einzelnen Schriftstellern bis gegen das Ende des sechzehnten Jahrhunderts[1], sondern auch durch das Volkslied von Hildebrand bezeugt wird, welches sich in der vom fünfzehnten bis nach der Mitte des siebzehnten Jahrhunderts gangbaren Abfassung erhalten hat[2]; allein dass daraus grössere epische Dichtungen neu entstanden wären, lässt sich kaum annehmen. Die wenigen ausführlichen, in diesen Fabelkreis fallenden Darstellungen, die wir jetzt zuerst kennen lernen, der Hörnen Siegfried[3] und Etzels Hofhaltung[4], beide äusserst roh und ungeschlacht, und die zweite noch dazu von dem dürftigsten, wohl gar nicht auf alter, ächter Sage beruhenden Gehalt, lassen ältere Gestaltungen vermuthen, wovon sie wohl nichts als Ueberarbeitungen sind[5]. Dergleichen wurden auch mit andern umfangreichen Darstellungen deutscher Heldensagen vorgenommen, die im vorigen Zeitraum zu Stande gekommen waren, und für welche sich noch immer eine grosse Vorliebe unter dem Volke erhielt. Die bemerkenswertheste ist die in einer Handschrift[6] erhaltene Umarbeitung der Nibelungen, unter dem Titel der Nibelunger liet[7], welche sich hauptsächlich an

---

§ 145. 1) Sie sind zusammengestellt von W. Grimm, deutsche Heldensage S. 301 ff. vgl. S. 378.   2) Es ist in der alten vierzeiligen Strophe und früh auf fliegende Blätter gedruckt worden: nach einem o. O. u. J. zuerst bekannt gemacht von Eschenburg im d. Mus. 1776. 1, 391 ff. und mit erneuter Orthographie in seinen Denkm. S. 437 ff.; besser in der Gebr. Grimm Ausg. der beiden ältesten d. Gedichte, S. 53 ff. (wo auch weitere literarische Nachweisungen gegeben sind); zuletzt in einem von dem grimmischen etwas abweichenden Texte in Uhlands alten hoch- und niederd. Volksliedern 1, 330 ff. Eine niederdeutsche Fassung, in einem Drucke aus der ersten Hälfte des 16. Jahrhunderts erhalten, ist nach Ausweis der Reime nur eine Uebersetzung aus dem Hochdeutschen: sie ist herausgegeben von Bartsch in der Germania 7, 284 ff.; vgl. Gödeke im Weimar. Jahrb. 4, 11 f. Ein Paar Bruchstücke aus Handschriften in v. d. Hagens und Primissers Heldenbuch 2, 234 (hinter Caspars v. d. Röhn Heldenbuch); über ein Bruchstück einer Hs. von 1493 vgl. Wagner im Anzeiger f. Kunde d. deutschen Vorzeit 1863, Sp. 439 f.   3) S. § 102; über die Literatur des Gedichts vgl. auch v. d. Hagens Grundriss S. 48.   4) Nur aus Caspars v. d. Röhn Heldenbuch bekannt; vgl. W. Grimm, Heldensage S. 277.   5) Vgl. auch den Spruch von König Etzel in Kellers Erzählungen aus altd. Handschriften, Stuttgart 1855. S. (35. Publicat. des litter. Vereins), der ebenfalls nur Bearbeitung eines ältern Gedichtes ist (Bartsch im Anzeig. f. Kunde d. deutsch. Vorzeit 1855, Sp. 301). Zu dem Stoffe vgl. R. Köhler in der Germania 14, 243 ff.   6) Der des Piaristencollegiums zu Wien.   7) Mittheilungen daraus gab Holtzmann in der Germania 4, 315—337.

die zweite Textklasse (C) des älteren Gedichtes anlehnt, aber die
unvollständige Vorlage aus einer Handschrift der anderen Textklasse
ergänzte⁸. Auch wurden die Nibelungen noch im fünfzehnten und
sechzehnten Jahrhundert mehrfach mit zeitgemässer Umänderung der
Sprachformen abgeschrieben und in einzelnen Handschriften mit
Interpolationen, besonders aus dem Liede vom Hörnen Siegfried
vermehrt⁹; die Kudrun ist uns sogar nur in einer Abschrift aus
dem sechzehnten Jahrhundert erhalten: aber mit grösserer Vorliebe
wendete man sich nicht den älteren und ausgezeichnetsten epischen
Dichtungen dieses Kreises, sondern den jüngern und schwächeren
zu. Diese wurden nicht bloss in der Sprache verjüngt, sondern auch
zum Theil in eine andere Versart umgesetzt, oder mehr und weniger
erweitert und nachher vom Ende des fünfzehnten bis kurz vor Ausgang des sechzehnten Jahrhunderts fleissig gedruckt. Dahin gehören
Ortnit, Wolfdietrich, der grosse Rosengarten und Laurin,
welche zusammen, die ersten drei aus den alten vierzeiligen Strophen in achtzeilige gebracht, unter dem Titel der Helden Buch
oft herausgegeben wurden¹⁰; ferner das Eckenlied oder Ecken
Ausfahrt¹¹ und Riese Siegenot¹², die, in der alten dreizehnzeiligen Strophe gelassen, aber in weiterer Ausführung, einzeln erschienen. Ausserdem wurden alle diese Dichtungen nebst Dietrichs
Drachenkämpfen, dem Hildebrandsliede und Etzels Hofhaltung, obschon zum Theil nach andern, als den gangbarsten, in die alten
Drucke aufgenommenen Recensionen¹³, auch noch besonders, meist

---

8) Vgl. Holtzmann a. a. O. und Bartsch, der Nibelunge Nôt 1, S. XXVIII f.
9) Der Art war die Handschrift, von welcher nur das von Weigand in Haupts
Zeitschr. 10, 142 ff. mitgetheilte Aventiurenverzeichniss (aus dem Anfang des 15.
Jahrhunderts) erhalten ist; vgl. Bartsch a. a. O. 1, S. XXV ff. Anderer Art sind
die Interpolationen der Hundeshagenschen Handschrift; vgl. Zarncke in der 3.
Ausgabe des Nibelungenliedes S. 423 ff. und Bartsch in der Germania 13, 196 ff.
10) Die älteste Ausgabe o. O. u. J. in fol., die jüngsten Frankfurt. a. M.
1590 in fol. und in 4. Einen Wiederabdruck der ältesten Ausgabe veranstaltete
Keller: Das deutsche Heldenbuch. Nach dem muthmasslich ältesten Drucke neu
herausgeg. Stuttg. 1867. 8. (87. Public. des litter. Vereins). Vgl. über die weitere Literatur v. d. Hagen a. a. O. S. 11 ff.; Gödeke's Grundriss S. 63; Keller
a. a. O. S. 764 ff.   11) Aelteste Ausgabe Augsburg 1491. 8.; über andere v. d.
Hagen a. a. O. S. 36 ff., W. Grimm a. a. O. S. 213 und v. d. Hagen, Heldenbuch
(1855) 1, S. XLV ff. Ein Wiederabdruck des Strassburger Druckes von 1559
durch Schade. Hannover 1853. 8.   12) Heidelberg 1490 und öfter; v. d. Hagen,
Grundriss S. 26; W. Grimm S. 271; v. d. Hagen, Heldenbuch (1855) 1, S. XXXVII ff.
Wiederabdruck der Nürnberger Ausgabe von Gutknecht um 1560 durch Schade.
Hannover 1850. 8. Dieses Gedicht nebst dem Eckenlied und einigen andern in
diesen Kreis fallenden in halb erneuter Sprache bearbeitet in v. d. Hagens Heldenbuch, Berlin 1811. 8.   13) Vgl. W. Grimms Heldensage S. 213 ff.; 227;
235; 270 f.; 276. Der Ortnit und Wolfdietrich ist nach dem Texte gearbeitet,

sehr verkürzt, bearbeitet in dem um 1432 geschriebenen Dresdener Heldenbuch[14], welches gewöhnlich nach dem einen der beiden Schreiber[15] das Heldenbuch Kaspars von der Röhn[16] benannt wird. In dieser überaus rohen, geistlosen und von Seiten der Sprache ganz barbarischen Behandlung[17] zeigt sich das volksthümliche Epos vor seinem völligen Erlöschen auf der tiefsten Stufe der Entartung. Die im sechzehnten Jahrhundert versuchte Einkleidung einzelner ihm bis dahin eigenthümlich gebliebener Stoffe in die dramatische Form[18], wovon mehr weiter unten, vermochte auch nichts weniger, als in diesen einen sie neu belebenden Geist zu erwecken.

§ 146.

b) Grössere romanartige Dichtungen, wie die alten Rittermären gewesen, konnten auch nicht wieder recht in Aufnahme und zu einer Art Blüthe kommen, obgleich bis tief in das fünfzehnte Jahrhundert herein dergleichen immer noch bisweilen in Helden-, Liebes-, Wunder- und Prüfungsgeschichten, öfter freilich blossen Uebersetzungen, hervortraten. So das niederdeutsche, auf kärlingischer Sage beruhende Gedicht von Valentin und Namelos[1],

---

den wir in der Ambraser Hs. besitzen; für die Drachenkämpfe lag ihm die Bearbeitung vor, welche in der Piaristen-Hs. (herausgeg. von Stark) erhalten ist: den Rosengarten bearbeitete er nach einem verlornen Texte (§ 102, S. 205); über die Bearbeitung des Laurin vgl. Deutsches Heldenbuch 1 (Berlin 1866), S. 293 ff. Ueber das Verhältniss dieses Heldenbuches zu den älteren Texten vgl. noch Gödeke in Pfeiffers Germania 1, 239 ff.   14) Ausserdem enthält es noch ein Gedicht, das Meerwunder genannt, und eine Bearbeitung von Herzog Ernsts Geschichte (letztere eine Verkürzung des alten Druckes, aber beide Texte auf einen älteren Text des 14. Jahrhunderts weisend; vgl. Bartsch, Herzog Ernst S. LXXIX ff. und § 91, 29). Alle Stücke sind entweder in der achtzeiligen Strophe oder in der Berner Weise. Herausgegeben in v. d. Hagens und Primissers Heldenbuch.

15) Die beiden Schreiber unterschied zuerst Zarncke (in der Germania 1, 53—63); nach ihm hat Kaspar den Ecke, den Rosengarten, Sigenot, Meerwunder, Herzog Ernst und Laurin geschrieben; am Schlusse des letzteren nennt er sich. Vgl. auch Gödeke a. a. O. S. 239.   16) Im Jahre 1474 wurde in Leipzig in der Nation der Baiern immatriculiert *Casper von der Rön de Münderstadt;* am Schluss des Laurin nennt er sich *Kasper von der Roen purdich ron münerstat in Francken.* Vgl. Zarncke in den Berichten der sächs. Gesellsch. d. Wissensch. 1870, S. 207.   17) Ueber den poetischen Werth vgl. W. Grimm a. a. O. S. 372 f. und Gervinus 2³, 104 ff. (2⁴, 257 ff.)   18) Eine schon im 15. Jahrhundert gemachte sehr rohe dramatische Bearbeitung des Rosengartens wurde oben (§ 102, 20) erwähnt.

§ 146. 1) Vgl. § 141. 2. Vollständig gedruckt in Staphorsts Hamburg. Kirchengeschichte 4, 231 ff., besser bei Klemming, Samlingar utgifna af svenska fornskriftsällskapet (Stockholm 1846. 9.) 3, 67 ff.; von einer Uebersetzung ins Oberdeutsche ist ein Bruchstück gedruckt im d. Museum 1784. 2. 91 ff. Näheres über die Literatur in v. d. Hagens Grundriss S. 163 und 538, und Grässe, Sagen-

wahrscheinlich zu Anfang dieses Zeitraums nach einem niederländischen Werke bearbeitet, und die demselben Fabelkreise angehörigen,
im fünfzehnten Jahrhundert gleichfalls aus dem Niederländischen in
schlechtes, mit niederdeutschen Reimwörtern gemischtes Hochdeutsch
wörtlich übertragenen Geschichten von **Malagis**, **Reinold von
Montalban** und **Ogier von Dänemark**: allen drei Gedichten[2],
wovon die beiden ersten ihrem Inhalt nach sich an einander reihen,
liegen Sagen aus der zweiten Hälfte des ganzen kärlingischen Kreises
zum Grunde[3]; vom Ogier gibt es zwei Bearbeitungen, eine kürzere,
welche die Jugendgeschichte des Helden, und eine längere, die auch
dessen spätere Abenteuer enthält und sich auf jene bezieht[4].   Eben-

---

kreise S. 277 f.; über die Sage vergl. Schmidt, Wien. Jahrb. 31, 136 ff.   Ob die
nächste Quelle des deutschen Gedichts das niederländische gewesen, von dem
Hoffmann, altd. Blätter 1, 204 ff., eine Probe bekannt gemacht hat, weiss ich
nicht (es ist gewiss, wie die übrigen in diesem § erwähnten niederländischen
Werke nach einem französischen bearbeitet). Nach der Probe muss das nieder-
ländische viel ausführlicher gewesen sein.   2) Bruchstücke aus ihnen stehen
in Fr. Adelungs fortgesetzten Nachrichten S. 55—69; 92—97; in den Heidelberger
Jahrbüchern 1809, S. 416 ff. und in Mone's Anzeiger 1837, Sp. 189 ff. (zu dem
Anfang dieses Bruchstückes findet man den niederländischen Text bei Hoffmann
a. a. O. 5, 91, Z. 1665 ff.).   Aus dem Reinold gab Görres in Fr. Schlegels d.
Museum 1, 298 ff. Proben, aber in modernisierter Sprache. Die Geschichte des
Malagis, nach den Handschr. in Prosa bearbeitet von Follen, steht im Morgenbl.
1829, Nr. 1—6; 16—32; vgl. Gervinus 2², 74—89 (2³, 216 ff.).   3) Vgl. § 85,
8 und zu den dort angezogenen Werken Schmidt a. a. O. S. 110—115; 126 bis
129, und Mone's Anzeiger 1836, Sp. 63 ff.; 314 f. Der franz. Renaus de Montauban ist herausgegeben von H. Michelant. Stuttg. 1862. 8. (67. Publicat. d.
litt. Vereins); doch kann dieser Text dem niederländischen Gedichte nicht vorgelegen haben; der franz. Ogier ist herausgegeben von Barrois. Paris 1842, der
Roman de Maugis ist noch unediert (Hs. in Paris, Nr. 766, früher 7183). Ueber
die niederländischen Gedichte und die davon erhaltenen Bruchstücke vgl. Hoffmann (Horae Belgicae 1, 57—60 (2. Ausg. S. 7—10); 5, 45 ff.; Gervinus 2², 74;
98 (2³, 218 ff.) und Jonckbloet, übers. von W. Berg 1, 99. 169. 172.   4) Den
Urheber der deutschen Uebersetzungen vermuthete Hoffmann (Horae Belg. 5,
100 ff) in Johann von Soest (s. Anm. 21), der sich daran früher versucht habe,
als an der Uebertragung der Kinder von Limburg, aber doch erst nach 1471.
Gervinus (2², 90, Anm. 108; 2⁴, 72, Anm. 88) hält es dagegen für ganz unmöglich, dass Johann von Soest der Uebersetzer des Malagis, des Reinolds und der
beiden Theile des Ogiers gewesen sei; Hoffmann (Hor. Belg. 1², 9) hält neuerdings den Johann den clerk, der sich in der Bearbeitung des Ogier nennt, nicht
für den deutschen Uebersetzer, sondern für den herübergenommenen Namen des
niederländ. Dichters, in dem er Jan de Clerc (Jan Boendale) erblickt; Gervinus
(2³, 223) stimmt damit nur insofern nicht, als er jenen Johann den Clerk nicht
mit Jan Boendale verwechselt wissen will. Martin endlich (in Zachers und Höpfners Zeitschr. 1, 277) nimmt den Johann unbedenklich für Johann von Soest.
Ich vermag mich für keine dieser Ansichten zu entscheiden, weil ich alle diese
Gedichte, von denen noch keins vollständig gedruckt ist, zu wenig kenne.

falls eine kärlingische, vorzugsweise in den Niederlanden entwickelte Sage behandelt das in mitteldeutscher Sprache wohl erst im fünfzehnten Jahrhundert verfasste Gedicht von **Karl und Elegast**[5], welches in der Darstellung ganz von der mittelniederländischen, in die niederrheinische Compilation des **Karlmeinet**[6] aufgenommenen Dichtung[7] abweicht. Ferner gehören hierher die theils auf einheimischen, theils auf fremden Ueberlieferungen beruhenden Geschichten von **Reinfried von Braunschweig**[8], einer jüngeren Fassung der Sage von Heinrich dem Löwen[9], die ein alemannischer Dichter[10] nach 1291[11], wahrscheinlich erst im vierzehnten Jahrhundert dichtete; von **Friedrich von Schwaben**[12], einer Umbildung der Wielandsage[13], die, nach der metrischen Rohheit zu urtheilen, sicherlich nicht älter als die erste Hälfte des fünfzehnten Jahrhunderts ist[14], und der **Königstochter von Frankreich**[15], gedichtet durch den Bühel er oder **Hans von Bühel**, der, wie er selbst angibt, in Poppelsdorf bei Bonn lebte, aber, wie seine Sprache beweist,

---

5) Mittheilungen darüber gab Bech in der Germania 9, 320—337. 6) Vgl. über diese § 92, 9 f. 7) Herausgegeben von Hoffmann im 4. Theile der Horae Belgicae und von Jonckbloet 1859. Der niederrheinische Text in Kellers Ausgabe des Karlmeinet S. 575—606; vgl. dazu Bartsch, über Karlmeinet, Nürnberg 1861, S. 76—87. 8) Einen Auszug aus dem unvollständig erhaltenen Gedichte gab Gödeke im Archiv des historischen Vereins für Niedersachsen 1849, S. 179 ff.; jetzt ist das Ganze nach der einzigen Handschrift in Gotha herausgeg. von Bartsch, Stuttgart 1871. S. (109. Publicat. des litter. Vereins). Es gehört der Zeit nach noch der vorigen Periode an, stellt sich aber dem Charakter nach besser zu den hier erwähnten Dichtungen. 9) Ueber die Sage vgl. Gödeke a. a. O.; Feifalik, zwei böhmische Volksbücher zur Sage von Reinfrit von Braunschweig, Wien 1859. 8. und Nachtrag 1860; und Bartsch, Herzog Ernst S. CXXX ff. 10) Er war ein Zeitgenosse von Jacob Appet, von dem wir einen gereimten Schwank, der Ritter unterm Zuber (Gesammtabenteuer 2, 297 ff.) besitzen; vgl. Bartsch, Reinfried S. 809 f. 11) Er erwähnt die Eroberung von Ackers (Accon), die 1291 fällt. 12) Noch ungedruckt; Auszug und Stellen daraus in Bragur 6, 1, 181—189; 2, 190—205; 7, 1, 209—235, und in v. d. Hagens Germania 7, 95—115; vgl. F. Adelungs fortges. Nachrichten S. 109 ff. und v. d. Hagens Grundriss S. 188 f. Eine Ausgabe wird von Keller für den litter. Verein vorbereitet. Mittheilungen über Hss. im Anzeiger f. Kunde d. d. Vorzeit 1854, Sp. 212 und in der Germania 15, 356. 13) Vgl. v. d. Hagen in seiner Germania 7, 96; K. Meyer in der Germania 14, 285 ff. 14) Vgl. Gervinus 2², 110 (nach 2³, 265 spät aus dem 14. Jahrhundert); nach Docens Vermuthung (in v. Aretins Beitr. 1807, S. 1199) und der Jahreszahl in einer Handschrift (vgl. Hoffmanns Verzeichniss der Wiener Handschr. S. 175) fiele es erst zwischen 1462 und 1464; nach W. Grimm (Heldensage S. 402) noch in das 14. Jahrhundert. 15) Gedruckt 1500 in 'kl. fol. und 1509 fol. zu Strassburg; danach neu abgedruckt: Des Bühelers Königstochter von Frankreich mit Erzählungen ähnlichen Inhalts verglichen und herausgeg. von Merzdorf. Oldenburg 1867. 8. Auszüge gab Elwert im deutsch. Museum 1784. 2, 256 ff.; vgl. noch Görres, Volksbücher S. 137 ff.; v. d. Hagen, Grundriss S. 200 f. und Grässe, Sagenkreise S. 284 f.

aus dem Elsass gebürtig war[16] und im Februar 1401[17] jene Erzählung, die eine schon früher aus Frankreich nach Deutschland herübergenommene Geschichte zum Inhalt hat[18], verfasste. Der Dichter stand, wie er in einem zweiten Werke, der poetischen Bearbeitung der sieben weisen Meister (§ 149), angibt, im Dienste des Erzbischofs von Köln[19] und gehört unter den erzählenden Dichtern dieser Periode zu den besseren. Aus dem Niederländischen ins Hochdeutsche übersetzte die Kinder von Limburg oder Margarethe von Limburg[20], eine von Heinric van Aken zwischen 1280—1317 verfasste poetische Erzählung, die wiederum auf einem französischen Original beruht, Johann von Soest, eigentlich Johann Grumelkut, geboren 1448 zu Unna in Westphalen, der sich nach seinem Jugendaufenthalte von Soest nannte. Wegen seiner schönen Stimme liess ihn der Herzog von Cleve zum Sänger ausbilden; nach manchen Wanderungen kam er 1471 an den Hof zu Heidelberg, wo er kurfürstlicher Singermeister wurde. Später trat er als Arzt in verschiedenen Städten auf, zuletzt in Frankfurt am Main, wo er seine, uns bis auf eine grössere Lücke erhaltene Lebensbeschreibung in Reimen abfasste und im Jahre 1506 starb[21]. Den genannten Roman bearbeitete er für den Kurfürsten Philipp von der Pfalz wahrscheinlich im Jahre 1480[22]. Endlich verfasste sogar noch zwischen 1475 und 1508[23] Ulrich Füterer oder Fürterer, ein Baier, der auch als Maler[24] und als Verfasser einer prosaischen „Beschreibung vom Herkommen des Hauses Baiern"[25] bekannt ist, sein Buch

---

16) Vgl. R. Bechstein in den Blätt. f. liter. Unterh. 1868, S. 185, und Strobl in der Germania 12, 112.   17) Man findet meist angegeben 1400; der Dichter sagt aber V. 8221 *Als man schrib tusent und vierhundert jar und zwen monat.*

18) Es ist derselbe Stoff, den ein ungenannter Dichter des 13. Jahrhunderts in einem Gedichte in Reimpaaren, Mai und Beaflor (Erster Druck. Leipzig 1848. 8.) bearbeitet hat, und der auch dem Volksbuch von der geduldigen Helena zu Grunde liegt; vgl. Merzdorfs Einleitung.   19) Vgl. Kellers Ausg. von Diocletians Leben S. 211 f.   20) Das niederl. Original ist herausgeg. von Ph. van den Bergh. 2 Theile. Leiden 1846—47. 8. Die hochdeutsche Uebersetzung existiert handschriftlich in Heidelberg (Nr. 87; Wilken S. 337) und ist noch ungedruckt: Auszug in Mone's Anzeiger 1835, Sp. 164 ff.; vgl. Gervinus 2³, 90 f. (2⁵, 224 ff.) Ob mit der bei Jacob Püterich (S. 11) erwähnten Margarethe von Limburg ein älteres deutsches Werk, oder das niederländische gemeint sei, bleibt ungewiss.   21) Vgl. über ihn v. Fichards frankfurtisches Archiv 1, 75 ff.; Hoffmann in Prutz' literar. Taschenbuch 4, 191 ff. — Er schrieb auch noch andere Sachen; so 1495 ein Gedicht, wie man eine Stadt regieren soll (vgl. Anzeiger f. Kunde der deutschen Vorzeit 1865, Sp. 468); vgl. Gervinus 2⁵, 224, Anmerk. 260.

22) Die Heidelberger Hs. gibt 1470 an; diess muss aber, da er erst 1471 nach Heidelberg kam, für eine spätere Jahreszahl stehen, Hoffmann (Horae Belg. 5, 103) vermuthet daher 1480.   23) Nach Pfeiffer, Wigalois S. XVII, um 1480.

24) Vgl. F. Kuglers Handbuch der Geschichte der Malerei 2, 83.   25) v. d. Hagens Grundriss S. 170 f. Ausgewählte Stücke sind herausgeg. von Wörthmann

der Abenteuer[25], eine grosse cyclische Dichtung[27] von dem Ursprung der Helden- und Ritterorden, dem Argonautenzuge, dem trojanischen Kriege und den Helden des bretonischen Sagenkreises,
ist in der Strophe des jüngern Titurel abgefasst und in einem weit-
läufigen, den Herzog Albrecht IV († 1508) verherrlichenden und dem
Lanzelet voraufgehenden Prologe diesem Gönner gewidmet. Ein
Beispiel von noch späterer Erneuerung einer bereits in der ersten
Hälfte des dreizehnten Jahrhunderts bearbeiteten Ritter- und Liebes-
geschichte ist der 1522 in Herzog Ernsts Ton[28] umgedichtete Wilhelm von Orlens[29]. Fast alle diese Werke sind der Art, dass sie,
das eine mehr, das andere weniger, entweder durch Gehalt oder
durch Darstellungsweise und Form, oder auch durch beides den
tiefen Verfall der epischen Dichtart darthun, die im dreizehnten
Jahrhundert vor allen übrigen kunstmässig ausgebildeten reich und
voll geblüht hatte. — c) Gereimte Legenden wurden bis gegen
die Mitte dieses Zeitraums noch sehr häufig in beiden Hauptmundarten bearbeitet. So besitzen wir unter dem Titel der Maget Krone[30]
eine Legendensammlung aus der zweiten Hälfte des vierzehnten
Jahrhunderts, welche das Leben der Jungfrau Maria und eine An-

---

im Oberbayer. Archiv für vaterländ. Geschichte 5 (München 1841), 48 ff. Vgl.
auch v. Aretin, literär. Handbuch f. d. baier. Geschichte S. 161 ff. und Kluck-
hohn, über die bayer. Geschichtsschreiber Hans Ebran von Wildenberg und
U. Fürter, in den Forschungen zur deutschen Geschichte, 7. Bd., 1. Heft.
26) Gedruckt sind nur Bruchstücke: der Prolog in v. Aretins Beiträgen 1807,
S. 1212 ff.; die Geschichte des Iweins grossentheils in Michaelers Ausgabe des
hartmannschen Gedichts (§ 94, 11); aus dem Schluss des Lanzelets ein Stück,
welches Füterers sehr umfassende Kenntniss der alten Rittermären beweist, im
N. litterar. Anzeiger 1808, Nr. 4. 5. (vgl. Pischons Denkmäler der deutschen
Sprache 2, 22 ff.). Auszüge hat Hofstätter gegeben in seinen altdeutschen Gedichten aus den Zeiten der Tafelrunde. Wien 1811. 2 Bde.   27) Die darin
behandelten Helden- und Rittergeschichten findet man verzeichnet in v. d. Hagens
Grundriss S. 153 ff. (vgl. 537 f.) und bei Gervinus 2³, 66, Note 69 (2⁴, 182, Note
200); die ausführlichste ist die des Lanzelets, mit der das Ganze abschliesst.
Woraus er die einzelnen Geschichten entlehnte, ist, so viel ich weiss, noch nicht
zur Genüge ermittelt. Was bei ihm von der Geschichte des Wigalois vorkommt,
ist vielleicht, nach Benecke's Vermuthung (Wigalois S. XXVII), Auszug aus dem
gleichnamigen, 1472 abgefassten Prosa-Roman. Die Sage von Iwein scheint er
auch nicht von Hartmann v. Aue, sondern irgend anderswoher genommen zu
haben.   Den Lanzelet hat er sicher nicht nach Ulrichs Gedicht (§ 94, 33)
bearbeitet. Mehrmals beruft er sich auf den von ihm hochgepriesenen Albrecht von Scharfenberg (§ 94, 78; altdeutsch. Museum 1, 568—573). Dass
Füterer die Quellen unmittelbar benutzt habe, auf die Grässe a. a. O. S. 217
hinweist, bezweifle ich.   28) Vgl. § 73, 11.   29) Vgl. § 95; und Gervinus 2³, 108, Anmerk. 139 (2⁵, 262, Anmerk. 313).   30) Mittheilungen
darüber gab Zingerle, der Maget Krône, ein Legendenwerk aus dem 14. Jahrhundert, Wien 1864. 8. (Abdruck aus den Sitzungsberichten der Akademie). Dass

zahl von Legenden heiliger Jungfrauen behandelt, von einem ungenannten alemannischen Dichter. Von den niederdeutschen waren
viele blosse Uebertragungen älterer und jüngerer hochdeutscher oder
niederländischer; so wurde das verschiedentlich überarbeitete und,
wie die ausserordentlich zahlreichen Handschriften beweisen, viel gele-
sene Marienleben Bruder Philipps[31] aus dem dreizehnten Jahrhundert[32], in diesem Zeitraum auch ins Niederdeutsche übertragen[33].
Auch die Reisen des heiligen Brandanus, eine vielverbreitete[34]
und durch ihren Inhalt mit der Vision des Tundalus[35] (§ 90) verwandte Legende[36], sind aus dem Hochdeutschen ins Niederdeutsche
übersetzt[37]. Nach und nach wurden Legendendichtungen seltener
und von prosaischen verdrängt. Im sechzehnten Jahrhundert verschwand diese Dichtart unter den Protestanten natürlich ganz, oder
gieng in die moralische und komische Erzählung über, wie namentlich
bei Hans Sachs, dessen schwankartige Legenden allerliebst sind.
— Unter den spätern hochdeutschen Legenden in Reimen ist die
bekannteste das Leben der heiligen Elisabeth von Johannes
Rothe[38], aus dem ersten Viertel des fünfzehnten Jahrhunderts, deren

der Schreiber ein Baier war, suchte Birlinger in Kuhns Zeitschr. für vergleich.
Sprachforschung 14. 448 f. nachzuweisen.   31) Herausgeg. von H. Rückert:
Bruder Philipps des Carthäusers Marienleben. Quedlinb. und Leipzig 1853. 8.;
einen Auszug gab Docen, Miscell. 2, 70 ff.; vgl. weitere Nachweisungen in v. d.
Hagens Grundriss S. 256 ff.   32) Pfeiffer, Nicolaus von Jeroschin S. XXX f.
setzt Philipp in die erste Hälfte des 14. Jahrhunderts.   33) Rückert in seiner
Ausgabe betrachtet als die originale Gestalt des Gedichtes das Oberdeutsche (vgl.
auch Rückerts Ausgabe des welschen Gastes S. 506. 511); allein die Reime des
Dichters beweisen, dass er vielmehr im Nordosten Deutschlands zu Hause war,
so dass die niederdeutschen Hss. dem Originale beinahe näher stehen als die
oberdeutschen. Vgl. Jos. Haupt, Bruder Philipps Marienleben. Wien 1871. 8.;
und schon Pfeiffer, Nicolaus von Jeroschin S. XV.   34) Ueber die Geschichte
und Verbreitung dieser Legende s. La légende latine de S. Brandaines, avec une
traduction inédite en prose et en poésie romanes, publiée par Achille Jubinal,
Paris 1836. 8.   35) Niederdeutsch ist die Geschichte des Tundalus aus
H. Korners Chronik mitgetheilt von Pfeiffer in der Germania 9, 274—278.
36) Gedruckt bei Bruns, romantische und andere Gedichte in altplattdeut-
scher Sprache. Berlin 1798. 8., und besser bei C. Schröder, Sanct Brandan.
Ein lateinischer und drei deutsche Texte. Erlangen 1871. 8.   37) Vgl.
C. Schröder in der Germania 16, 60 ff. Dagegen erklärte Willems (Reinaert
de Vos S. XVIII f.) und nach ihm Blommaert (Oudvlaemsche Gedichten 1, 91)
den niederdeutschen Text für eine verkürzte Uebersetzung des niederländischen: umgekehrt lässt Martin (in Zachers und Höpfners Zeitschrift 1, 162) dem
niederländischen ein niederdeutsches Gedicht zu Grunde liegen, während Jonckbloet für das niederländische ein hochdeutsches Original annimmt (Geschiedenis der mnl. Dichtkunst 1, 413). — Ueber andere Legenden in niederdeutscher Sprache vergl. Kinderling, Geschichte der niedersächsischen Sprache S.
299 ff. und Gervinus 2⁴, 112; 272 f. (2⁵, 208. 457).   38) Gedruckt in Men-
kens Scriptt. Rer. Germ. II; der dort fehlende, in akrostichischen Strophen ab-

poetischer Werth aber, wie der ebenfalls von Rothe verfassten gereimten Passion[38] und der übrigen Legenden dieses Zeitraums, nur
sehr gering ist. Der Dichter, aus Kreuzburg gebürtig, Stadtschreiber
zu Eisenach, später Domherr an der Frauenkirche daselbst, und im
Jahre 1434 in hohem Alter gestorben[40], hat die Elisabeth in seiner
letzten Lebenszeit, nach seiner im Jahre 1421 vollendeten[41] thüringischen Chronik geschrieben[42], daher die dichterische Mattigkeit
wohl begreiflich und erklärlich ist. Von grösserem Werthe ist die
ebenfalls dem fünfzehnten Jahrhundert angehörige Legende von den
Jacobsbrüdern von einem sonst unbekannten Dichter Kunz
Kistener[43], welche einen auch sonst verbreiteten Legendenstoff
behandelt[44].

§ 147.

2. Fortdauernde und neu aufkommende; epische
Dichtarten: — a) Reingeschichtliche Dichtungen, denen
ähnlich, die gegen Ende der vorigen Periode schon häufig vorkamen[1],
wurden auch in dieser, noch ausser den eigentlichen Volksliedern
von historischem Inhalt, fortwährend abgefasst. Die poetischen
Weltgeschichten hörten zwar auf und die gereimten Landes- und
Ortschroniken machten gleichfalls allmählig der prosaischen Geschichtschreibung Platz[2]; aber einzelne in diesen Jahrhunderten auf-
tretende Personen, die irgend eine Rolle spielten, so wie öffentliche
Begebenheiten der verschiedensten Art, als Kriegszüge, Fehden,
Belagerungen, Bürgertumulte, Festlichkeiten u. a., gaben bis zu Ende
des sechzehnten Jahrhunderts bald zu grössern, bald zu kleinern

---

gefasste Prolog in Bragur 6, 2, 140 ff.; vgl. v. d. Hagen, Grundriss S. 299 ff. Eine
andere Fassung des Prologs theilt mit Witzschel, über das Leben der heil. Elisabet
(Separatabdruck aus der Zeitschr. d. Vereins f. thüring. Gesch. 7, 359—412).
39) Mittheilungen darüber gibt Bech in der Germania 9, 172 ff Auch einen Pilatus
hat Rothe gedichtet; vgl. Herschel im Anzeiger f. Kunde d. d. Vorzeit 1864, Sp. 364 ff.
40) Ueber den Dichter vgl. Michelsen in der Zeitschr. d. Vereins f. thüring.
Geschichte 3. Band, 1. Heft; und namentlich Bechs durch die aus den erkannten
Akrosticken gewonnenen Resultate überraschende Forschungen über Joh. Rothe
in der Germania 6, 45—80. 257—287. 7, 354—367. 9, 172—179.   41) Diese
Jahreszahl ergibt sich aus dem von Bech nachgewiesenen, durch die Chronik
hindurchgehenden Akrostichon; vgl. Germania 6, 47.   42) Dass die Legende
nach der Chronik entstanden ist, weist Witzschel a. a. O. S. 25 ff. des Separat-
abdruckes nach.   43) Herausgeg. nach der Wolfenbütteler Hs. von Gödeke.
Hannover 1855. 8.; das Gedicht wurde von Pamphilus Gengenbach erneuert; vgl.
Gödeke's Pamph. Gengenbach S. 629 ff. Bruchstücke einer zweiten Handschrift
haben sich in Frankfurt gefunden, und sind von R. Wülcker in der Germania
17, 55 ff. herausgegeben worden.   44) Vgl. R. Köhler, die Legende von den
beiden treuen Jacobsbrüdern, in der Germania 10, 447—455.
    § 147. 1) S. § 97.   2) Mehrere hoch- und niederdeutsche nach der
Mitte des 14. Jahrhunderts fallende führt Mone auf, Quellen und Forschungen

Reimwerken Helden und Gegenstände her[3]. Um das Poetische oder Unpoetische der Stoffe kümmerte man sich dabei wenig[4], und in der Regel war auch die Behandlung so beschaffen, dass ausser dem Reim nur etwa der Silbenfall einen Unterschied von der prosaischen Darstellungsweise bemerkbar machte. Von einzelnen Dichtern, die sich mit dergleichen Stoffen befasst haben, verdient aus dem vierzehnten Jahrhundert hier eine besondere Erwähnung Peter Suchenwirt[5], der uns Ehrenreden auf verschiedene Edle seiner Zeit, so wie andere, gleichzeitige Ereignisse besprechende Gedichte hinterlassen hat. Suchenwirt, ein Fahrender[6], den als den besten Wappendichter, mit wörtlicher Wiederholung eines bei ihm selbst vorfindlichen Ausspruchs, einer seiner Zeitgenossen rühmt[7], dichtete nach der Mitte des vierzehnten Jahrhunderts und lebte vielleicht bis über dessen Ende hinaus, meistens in Wien. Von seinen hierher fallenden Gedichten sind die meisten in kurzen Reimpaaren und nur wenige in ganz einfachen Strophen abgefasst: jene hat er gewiss immer nur gesagt, diese vielleicht gesungen. Die eigentlichen Ehrenreden, die vorzüglich Fürsten und Edle aus Oesterreich und den Nachbarlanden feiern, theils bei ihren Lebzeiten, theils nach ihrem Tode, sind fast alle in einer sehr bestimmten, sich in den Hauptzügen wiederholenden Manier abgefasst; die meiste Lebendigkeit, Frische und Freiheit von dieser Manier findet sich noch in dem

---

1, 215 ff. Noch 1599 schrieb Jacob Ayrer eine Bamberger Chronik in elenden Reimen, die Jos. Heller herausgegeben hat, Bamberg 1838. 8.   3) Vieles der Art ist noch ungedruckt oder zerstreut in den verschiedenartigsten Büchern. Eine Anzahl kleinerer Stücke ist zusammengetragen, aber in sehr unkritischen Texten, von O. L. B. Wolff in seiner Sammlung histor. Volkslieder und Gedichte der Deutschen. Stuttg. u. Tübing. 1830. 8. Auch biblische und andere Geschichten aus dem Alterthum wurden in Reime gebracht und vorzüglich zu erbaulichen und moralischen Erzählungen verarbeitet, wie namentlich von Hans Sachs; vgl. § 149.

4) So brachte z. B. ein gewisser Thomas Prischuch aus Augsburg im Jahre 1418 die Geschichte der Costnitzer Kirchenversammlung in Reime (des Concils Grundveste), die er dem Kaiser Sigismund widmete; herausgeg. in v. Liliencrons histor. Volksliedern Nr. 50; vgl. schon F. Adelung. fortgesetzte Nachrichten S. 199 ff.   5) Ausgabe seiner Werke von Al. Primisser: Peter Suchenwirts Werke aus dem 14. Jahrhundert. Mit Einleitung, historischen Bemerkungen und einem Wörterbuch. Wien 1827. 8. Auch die nicht darin aufgenommene Ehrenrede auf einen verstorbenen Grafen Wernher von Honberg in v. Lassbergs Liedern. 2, 321 ff., die v. d. Hagen. MS. 4, 92 ff., wo sie auch abgedruckt ist, ohne Grund in die erste Hälfte des 14. Jahrhunderts setzt, glaube ich mit Zuversicht Suchenwirt zusprechen zu dürfen: Grafen von Honberg sind bis 1360 nachweisbar (Wackernagel, Baseler Handschriften S. 5, Note). Vgl. auch § 165, die Anmerk. zu Suchenwirt. Suchenwirts auf den Deutschorden bezügliche Gedichte sind auch gedruckt und erläutert in den Scriptores rer. Prussic. 2, 155—161. Vgl. noch F. Kratochwil, der österreich. Didactiker P. Suchenwirt, sein Leben und seine Werke. Programm des Gymnas. zu Krems 1871.   6) S. § 141, 6.   7) S. F. Adelung a. a. O. S. 216 und Gervinus 2[3], 188, Note 244 (2[3], 388. Anm. 465).

Gedichte von Herzog Albrechts Ritterschaft. Aus dem fünfzehnten Jahrhundert Hans Rosenblüt, genannt der Schnepperer[8], unter seinen Zeitgenossen einer der merkwürdigsten, meist in Nürnberg lebend, aber als Wappendichter auch die Höfe aufsuchend[9], schon 1425 und noch 1460 und zwar in mehreren Gattungen als Dichter thätig[10], der u. a. den von den Nürnbergern über die sie bekriegenden Fürsten bei Hempach (1450) erfochtenen Sieg zu verherrlichen trachtete[11] und in seinem Lobspruch auf Nürnberg[12] (1447) die Verfassung und Institutionen dieser Stadt, die wahrscheinlich seine Vaterstadt war, warm und innig gepriesen hat[13]. Nicht sowohl wegen des poetischen Verdienstes seiner historischen Reimereien, als ihrer Zahl, ihres Umfangs und zum Theil auch ihres thatsächlichen Inhalts halber, ist zu nennen Michael Beheim[14]. Sein schon öfter erwähntes Buch von den Wienern[15], welches die von Beheim als Augenzeugen dargestellte Geschichte des Aufruhrs der Wiener unter Friedrich III, der Belagerung des Kaisers in seiner Hofburg und der nächstfolgenden Ereignisse in Oesterreich enthält (1462—1465), ist theils während dieser Nothzeit, theils bald nachher abgefasst. Ausserdem hat er ein grosses Gedicht über das Leben und die Thaten des Kurfürsten Friedrichs I von der Pfalz (des sogenannten bösen Fritz) 1469 angefangen, worin er hauptsächlich eine von dem Caplan Matthias von Kemnat wenig früher verfasste Prosachronik in Verse brachte[16]. Beide Werke Beheims sind

---

S) d. h. der Schwätzer, wie er auch wirklich daneben 'in den Handschriften heisst (vergl. Schmeller, baier. Wörterb. 3, 493; Gervinus 2², 202, Anmerk. 265; 2³, 407, Anmerk. 479; Schade im Weimar. Jahrb. 2, 93 f. und besonders Keller, Fastnachtspiele 3, 1077 ff.). 9) Vgl. § 141, 7. 10) Vgl über ihn Canzlers und Meissners Quartalschrift für ältere Litteratur und neuere Lectüre 1, 1, 51 ff., Gervinus 2², 202—210 (2³, 405—411), wo noch anderer Gedichte von ihm Erwähnung geschieht, die sich auf historische Personen und Begebenheiten beziehen; und besonders Keller a. a. O.; dazu auch R. Köhler in der Germania 6, 106—109. 11) Das Gedicht ist zuerst gedruckt in J. P. Reinhards Beiträgen zu der Historie Frankenlands etc. (Baireuth 1760) 1, 227 ff.; dann in Canzlers und Meissners Quartalsch. 3, 4, 27 ff.; bei Wolff a. a. O. 48 ff.; am besten bei v. Liliencron a. a. O. Nr. 93. Ueber die metrische Form des Gedichtes vgl. § 139, 6. 12) Herausgeg. von Lochner im Programm des Nürnberger Gymnasiums 1854. 13) Eine ergänzende Nachahmung, worin eine statistische Uebersicht namentlich der gewerblichen Thätigkeit Nürnbergs gegeben ist, verfasste am Schluss des Jahrhunderts der Nürnberger Kunz Haas (herausgegeben von Barack in der Zeitschr. f. deutsche Kulturgeschichte, Jahrg. 1858, S. 376 ff.; einen zweiten Druck des Gedichtes von 1492 wies Barack nach im Anzeiger für Kunde d. d. Vorzeit 1864, Sp. 95 f.): vgl. über diesen Lochner im Anzeiger f. Kunde d. deutsch. Vorzeit 1871, 110 ff.; 170 ff. Ueber ein anderes Sprachgedicht von ihm, von etlichen Stenden der Welt, vgl. Uhlands Schriften z. Gesch. d. Dichtung und Sage 2, 530 f. 14) Vgl. § 141, 3. 15) Herausgeg. durch v. Karajan, Wien 1843. 8.; neue (Titel-) Ausgabe Wien 1867. 8. 16) Von Beheims Werke ist das zweite Buch herausgeg. von C. Hofmann in

strophisch abgefasst[17]; das Gleiche gilt von den kleineren Stücken[18], worin Beheim seine Herkunft und Lebensgeschichte, so wie eine Reise über See erzählt, und von den historischen Gedichten auf die Türkenangelegenheiten, über die ungarischen Erbschaftsgeschichten zur Zeit Kaiser Friedrichs III etc.[19]. Nicht viel später (1474) verfasste der Neusser Stadtsecretarius Christian Wierstraat seine wegen ihrer künstlichen metrischen Form bemerkenswerthe Reimchronik von Neuss zur Zeit der Belagerung durch Karl den Kühnen[20]. Aus dem sechzehnten Jahrhundert ist hervorzuheben Johann Fischart[21], dessen glückhaftes Schiff (1576) bei aller seiner didaktischen Tendenz sehr vortheilhaft unter den übrigen hierher fallenden Stücken dieses Jahrhunderts hervorragt. Fischart, der sich vor und in seinen zahlreichen Schriften und Schriftchen, deren über fünfzig ihm mit Sicherheit beigelegt werden können[22], die verschiedensten Namen gibt, Menzer, Reznem, Elloposkleros u. s. w.[23], entweder zu Mainz oder zu Strassburg[24] um die

den Quellen und Erörterungen zur bayerischen und deutschen Geschichte, 3. Bd. München 1863. 8.; vgl. Koch, Compendium 2, 308 und v. Karajan a. a. O. S. LXVIII ff. Das Werk des Matthias von Kemnat ist ebenfalls von C. Hofmann (im 2. Bde.) herausgegeben; dass er darin seinen Freund, den Humanisten Peter Luder ausgeschrieben, zeigt Wattenbach in seiner Abhandlung über diesen in der Zeitschrift für Geschichte des Oberrheins 23. Band.   17) Vgl. §. 144, 1.
18) Sammlung für altd. Litter. S. 37 ff.; 54 ff.   19) Herausgegeben von Karajan: Zehn Gedichte Michael Beheims zur Geschichte Oesterreichs und Ungarns, mit Erläuterungen. Wien 1848. 4. (Aus den Quellen und Forschungen zur vaterländischen Geschichte. Wien 1849. 4. abgedruckt.)
20) Nach dem Drucke von 1494 herausgegeben von E. v. Groote. Köln 1855. 8.; vgl. Bartsch in der Germania 1, 242 f.   21) Ueber sein Leben und seine Werke vgl. besonders Vilmar in der Encyclopädie von Ersch und Gruber, 1. Section, 51. Theil, S. 169 ff. und W. Wackernagel, Johann Fischart von Strassburg und Basels Antheil an ihm, Basel 1870. 8.; ferner Heinrich Kurz in seiner Ausgabe von F's sämmtlichen Dichtungen. 3 Bde. Leipzig 1866—67. S. (als 8. bis 10. Band der Deutschen Bibliothek); Vilmar, zur Litteratur Johann Fischarts. Marburg 1846. 4. (Programm des Gymnasiums). 2. vermehrte Aufl. Frankfurt a. M. 1865. 8.; E. Weller, neue Originalpoesien J. Fischarts. Halle 1854. 8. (dazu Vilmars Recension in den Götting. GA. 1854, Nr. 136; Höpfner, Reformbestrebungen S. 20 ff.; L. Spach, Oeuvres choisies 1, 129—150. Ausserdem vgl. noch Hallings Einleitung zu der Ausgabe des Glückhaften Schiffs; Flögel, Geschichte der komischen Litteratur 3, 327 ff., Geschichte des Burlesken S. 234 f., Jördens 1, 518 ff.; 6, 93 ff. (die aber beide mit noch mehr Vorsicht zu benutzen sind, als Halling); v. Meusebach, der viele Jahre eine Ausgabe der von ihm gesammelten Werke Fischarts vorbereitete (seine Sammlungen sind in den Besitz der kgl. Bibliothek zu Berlin übergegangen) in der Hall. Litter. Zeitung 1829. Nr. 55 f. und Gervinus 3², 121 ff. (3⁴, 125 ff.), auch Herm. Kurz, Fischart in Tübingen? in der Germania 16, 79 ff.   22) Ein Verzeichniss sämmtlicher Schriften gibt Vilmar in dem genannten Artikel bei Ersch und Gruber und Gödeke's Grundriss S. 386 ff.   23) Vgl. Wackernagel a. a. O. S f.
24) Für Mainz entscheidet sich Gödeke, Grundriss S. 386; für Strassburg Wackernagel in der in Anm. 21 angeführten Schrift.

Mitte des sechzehnten Jahrhunderts²⁵ geboren, wurde in Worms von seinem Gevatter Kaspar Scheid erzogen, gieng zu Anfang der siebziger Jahre nach Strassburg, wo er 1574 auf der Universität immatriculiert und im Sommer desselben Jahres zum Doctor der Rechte promoviert wurde. Um eine feste Stellung bemüht, war er von 1581 bis 82 als Advocat am Reichskammergericht zu Speier thätig, wurde etwa 1583, jedenfalls mehrere Jahre vor 1586, Amtmann zu Forbach bei Saarbrück, starb aber schon im Winter 1589—90. Fischart war ein Mann von der wärmsten vaterländischen Gesinnung, kaum minder vertraut mit dem heimischen Alterthum, als mit dem classischen, und von einer staunenswürdigen Kenntniss aller Aeusserungen des deutschen Lebens zu seiner Zeit. Sein glückhaftes Schiff²⁶, worin er sich Ulrich Mansehr von Treubach nennt, hat die Wasserfahrt zum Gegenstande, welche eine Anzahl Züricher Schützen im Laufe eines Tages (20. Juni 1576) von ihrer Vaterstadt bis Strassburg, wo ein grosses Armbrustschiessen stattfand, ausführte, ein Ereigniss, das zu jener Zeit grosses Aufsehen machte und das der Nachwelt im Gedächtniss zu erhalten, auf verschiedene Weise Sorge getragen ward²⁷. — Bei der herrschenden Neigung zum Sinnbildlichen und zur Allegorie, die sich in alle poetischen Gattungen eindrängte, darf es nicht Wunder nehmen, dass man auch sehr häufig b) Allegorische Geschichten und Erzählungen dichtete, die gewöhnlich in das Gebiet der didaktischen und beschreibenden Poesie stark hinüberspielten. Dahin gehören zunächst viele von den kleinern Gedichten in Erzählungsform, die man unter die allgemeine Bezeichnung von Reden mit einbegriff, und in denen Gegenstände sehr verschiedener Art behandelt sind, mit besonderer Vorliebe aber die Minne²⁸. Bereits in der vorigen Periode, zumal nach der Blüthezeit der höfischen Poesie, waren dergleichen Minne-Allegorien nicht ungewöhnlich; unter ihnen verdient der Minne Lehre von Heinzelein von Konstanz²⁹, dem Küchenmeister des Grafen Albrecht

25) Nach Gödeke zwischen 1545—1550; nach Wackernagel S. 12 um 1550.

26) Von dem Gedichte sind zwei alte, aber sehr selten gewordene Drucke o. O. u. J. vorhanden. Nach einem derselben, dem gleichzeitigen Nachdruck des andern, herausgeg. von K. Halling. Tübingen 1828. 8., besser in der Ausgabe von Kurz. Nach Hallings Ausgabe, mit Auslassung eines kleinen Stücks, auch in Wackernagels LB. 2, 139 ff.   27) Vgl. über die Reise des Züricher Breitopfs etc. (von Ring), Baireuth 1797. 8.   28) Sie sind näher charakterisiert und mehrere davon aufgeführt bei Gervinus 2², 224 ff. (2³, 421 ff.)   29) Godruckt in Müllers Sammlung 1 (unter dem Titel: der Gott Amur); in Pfeiffers Ausg. der Weingartner Handschrift; kritische Ausgabe (worin auch die beiden andern Gedichte Heinzeleins, das Streitgespräch zwischen einem Ritter und einem Pfaffen, und das andere zwischen den beiden Johansen [dem Täufer und dem Evangelisten] enthalten sind) durch Pfeiffer: Heinzelein von Konstanz. Leipzig 1852. 8. Vgl. über den Dichter noch Lassberg, Liedersaal 2, S. XVII; Hoffmann,

von Hohenberg und Heigerloch († 1298), hervorgehoben zu werden,
ein heiterer Nachklang aus einer besseren, der Kunst günstigeren
Zeit[30]. Aus dem Anfang dieses Zeitraums gehören unter den Stücken
gleichen oder verwandten Inhalts, deren Verfasser wir kennen[31], zu
den bessern die Jagd von Hadamar von Laber[32], einem bairischen Ritter[33] im Dienste Ludwigs des Baiern, worin in der Strophenform des jüngeren Titurel der liebende Dichter sich als Jäger
darstellt, der mit seinem Herzen als Hunde das edle Wild, die Ge-
liebte, erjagen will; ferner einige Gedichte Peter Suchenwirts,
aus dem fünfzehnten der Minne Regel von Eberhard von
Cersne[34] aus Minden, im Jahre 1404 nach dem lateinischen Buche des
Kaplan Andreas bearbeitet[35], und aus dem sechzehnten Jahrhundert
viele Gedichte von Hans Sachs[36]. Eins der bekanntesten grössern
Werke dieser Art, das zum Theil eine sagenhafte Grundlage hat,
ist die Mohrin Hermanns von Sachsenheim[37] (1453), welche
der Dichter, der sein Werk einem bairischen Fürstenpaare gewidmet
hat, in hohem Alter verfasste[38]; der poetische Gehalt des Gedichtes

---

Wiener Handschriften S. 255 (dagegen Pfeiffer im Vorwort S. XV); Benecke zu
Iwein[2] S. 282, 1621.   30) Pfeiffer im Vorwort seiner Ausgabe.   31) Von
unbekannten Verfassern steht manches der Art in v. Lassbergs Liedersaal und
in der zweiten (gedruckten) Abtheilung des Liederbuchs der Clara Hätzlerin.
Besonders erwähnt sei hier ein nur bruchstückweise erhaltenes Gedicht auf
Ludwig den Baiern, welches Pfeiffer in seiner Forschung und Kritik auf dem
Gebiete des deutschen Alterthums I (Wien 1863. S.), 45—54 herausgegeben hat;
der Herausgeber vermuthet als Verfasser des Kaisers obersten Schreiber, Ulrich
von Augsburg; vgl. dagegen Liter. Centralblatt 1861, Nr. 7, Sp. 162 und Pfeiffers
Entgegnung, die Kanzleisprache Kaiser Ludwigs des Baiern, in der Germania 9,
159 ff.   32) Herausgeg. von J. A. Schmeller: Hadamars von Laber Jagd und
drei andere Minnegedichte seiner Zeit und Weise: des Minners Klage, der Minnenden Zwist und Versöhnung, der Minne Falkner. Stuttgart 1850. S. (20. Publicat. d. litter. Vereins.)   33) Ueber die Familie vgl. besonders Plass, die
Herren von Laber, in den Verhandlungen des hist. Vereins von Oberpfalz und
Regensburg, 21. Band.   34) Herausgeg. (mit einem Anhange von Liedern)
von Fr. X. Wöber. Unter Mitwirkung von A. W. Ambros (bezüglich der musikalischen Stellen), Wien 1861. S.; vgl. die Recension von Bech in der Germania
7, 481 ff. Den Familiennamen des Dichters weist aus Urkunden nach Bech in
der Germania 8, 268 ff.   35) Vgl. Bech a. a. O. 7, 481; dem Herausgeber
war der lateinische Text nicht zur Hand.   36) Vgl. über ihn § 149. Geb.
1494 zu Nürnberg, wo er sich auch nach vollbrachter Wanderschaft als Schuh-
macher niederliess und 1576 starb. Eine Lebensbeschreibung Hans Sachsens
von Ranisch erschien Altenburg 1765. S., Docen gab 1803 ein Andenken an
H. Sachs auf einigen Blättern heraus. Vgl. noch besonders J. L. Hoffmann,
Hans Sachs, sein Leben und Wirken und seine Dichtungen, Nürnberg 1847. S.
37) Sie erschien zuerst Strassburg 1512. fol. und dann in der ersten Hälfte
des 16. Jahrhunderts noch mehrmals; ein Auszug (nach der Ausg. von 1538) in
Reinhards Bibliothek der Romane 7, 41 ff.; eine Probe bei Wackernagel, LB.[2] 997 ff.
([4] 1209 ff.)   38) Er starb 1458. Wenige Jahre vorher (1455) verfasste er ein

verliert sich sehr in der breiten, oft höchst trockenen Darstellung.
Auch wirkliche Begebenheiten kleidete man in das Gewand der
Allegorie. So wurde eine Reihe von Abenteuern aus dem Leben
Kaiser Maximilians I[39], angeknüpft an seine Brautwerbung um
Maria von Burgund, in einen poetischen, zu seiner Zeit berühmt gewordenen und lange bewunderten Roman gebracht, der unter dem
Namen Theuerdank zuerst 1517 erschien[40], flach und ärmlich in
der Anlage, farblos und frostig in der Darstellung und voll der er-
müdendsten Wiederholungen. Den ersten Entwurf dazu hatte der
Kaiser selbst gemacht und ihn auch schon theilweise ausgeführt[41],
dann aber zur Ueberarbeitung und Vollendung an Melchior Pfinzing[42], seinen Geheimschreiber[43], übergeben, unter dessen Namen
er gewöhnlich geht.

§ 148.

c) Das Thierepos war in der vorigen Periode zwar nicht
ganz aus der poetischen Literatur der Deutschen verschwunden,
aber seit der im zwölften Jahrhundert unternommenen und im dreizehnten erneuten hochdeutschen Bearbeitung einer französischen
Auffassung der Sage[1] scheint bis zum Ende des fünfzehnten kein
ähnliches Werk im eigentlichen Deutschland zu Stande gekommen,

---

zweites Gedicht zu Ehren der Jungfrau Maria, genannt der goldene Tempel:
vgl. altd. Mus. 1, 612 ff. und v. d. Hagens Grundriss S. 451 ff. Keller in der Vorrede zu Meister Altswert ist geneigt, ihm auch die beiden Gedichte „des Spiegels
Abenteuer" und das „Sleigertüchlin" beizulegen; weitere Unterstützung dieser
Vermuthung gab Gödeke in der Germania 1, 361 f., wogegen sich Wackernagel,
Litt.-Gesch. S. 293 aus metrischen Gründen gegen dieselbe ausspricht.   39)
Geb. 1459, gest. 1519.   40) Diese erste, höchst prachtvolle Ausgabe erschien
zu Nürnberg. fol. Ihr folgten bis 1537 noch mehrere. Burkard Waldis arbeitete
das Gedicht, aber nicht zu dessen Vortheil, um (erste Ausg. Frankfurt a. M. 1553.
fol. und mehrmals aufgelegt; vgl. Buchenau, über B. Waldis im Marburger Gymnas. Progr. 1858. 4. S. 25 f.; 36 f.); eine noch schlechtere Umarbeitung unternahm Matth. Schultes, Ulm 1679. fol. Ganz frei in Alexandrinern ist die handschriftl. existirende Bearbeitung J. A. Jormanns vom Jahre 1650. Nach dem
1517. gedruckten Text ist der Theuerdank neu herausgegeben und mit einer histo-
risch-kritischen Einleitung versehen. von K. Haltaus, Quedlinburg und Leipzig
1836. S.   41) Ueber des Kaisers und Pfinzings Antheil am Theuerdank, so
wie über die Herausgabe dieses auch in der Geschichte der Buchdrucker- und
Holzschneidekunst merkwürdigen Werkes und dessen ganze Literatur vgl. ausser
dem neuesten Herausgeber einen Aufsatz von Heller in den Beiträgen zur Kunst-
und Litt. Gesch. Heft 1. 2. Nürnberg 1822. 8. S. LXXXVII ff.   42) Geb.
zu Nürnberg 1481.   43) Seit 1513 Probst zu St. Sebald in seiner Vaterstadt,
ohne sein altes Verhältniss ganz aufzugeben, dann kaiserlicher Rath und Pfründ-
ner an mehreren Stiftern, unter andern in Mainz, wohin er 1521 zog. Daselbst
starb er auch 1535.
§ 148. 1) S. § 91.

vielmehr die Thiersage im Ganzen hier allmählig verhallt und nur
hie und da in einzelnen damit in ursprünglichem Zusammenhang
stehenden Fabeln und Abenteuern eine Erinnerung daran geblieben
oder neu geweckt zu sein². Unterdessen hatte sie in Flandern, wahrscheinlich in der ersten Hälfte des dreizehnten Jahrhunderts, ihre
der Anlage wie Ausführung nach vollkommenste und kunstmässigste
Gestaltung in dem Reinaert³ erhalten, dessen Verfasser Willem⁴
nach der zwanzigsten Branche des französischen Renart⁵, die in den
Anfang des dreizehnten Jahrhunderts fällt, dichtete⁶, aber seinem
Original sich weit überlegen zeigt⁷. Im vierzehnten Jahrhundert

---

2) J. Grimm, Reinhart Fuchs S. CCVIII ff.   3) Zuerst herausg. aus der
Comburger Handschrift von Gräter in Odina und Teutona, Breslau 1812. 1, 276 ff.;
besser und mit einem Fragment der Fortsetzung von J. Grimm in Reinh. Fuchs S.
115 ff. Auch Willems (Reinaert de vos. Gent 1836. 8., 2. Ausg. 1850) hat für diesen
Theil den grimmischen Text beibehalten und die Abweichungen und Erweiterungen darunter gesetzt, welche die in der sogenannten holländischen Handschrift
aufbewahrte jüngere Ueberarbeitung darbietet, woraus denn auch, mit Benutzung
des schon früher gedruckten Fragments, die Fortsetzung als zweiter Theil vollständig geliefert ist. Auf Gräters und Willems' Texte beruht die Ausgabe von
Jonckbloet, van den Vos Reinaerde. Groningen 1856. 8. (vgl. Holtzmann in der
German. 3, 121 f.) Eine Uebersetzung ins Hochdeutsche ist von A. F. H. Geyder
erschienen (mit Anmerkungen), Breslau 1844. 8.   4) Er bezeichnet sich auch
als Verfasser eines Madoc, eines erzählendes Gedichtes, welches wahrscheinlich
auch auf französischer Quelle beruhte (nach Leo in Haupts Zeitschrift 4, 565 ff.
liegt ein keltisches Gedicht zu Grunde, welches die Thiersage behandelte; madog
heisst keltisch der Fuchs). In Willem erblickt Willems den Namen des
Ueberarbeiters und Fortsetzers und vermutbet diesen in einem auch sonst
bekannten Willem Utenhove: in Serrure's vaderlandsch Museum 2, 251 ist auf
einen 1198 vorkommenden Wilhelmus physicus hingewiesen (vgl. Martin in Zachers
Zeitschr. 1, 162 f.); J. Grimm sah mit besserem Rechte in Willem den ersten
Dichter.   5) Vgl. Knorr, die zwanzigste Branche des Roman de Renart und
ihre Nachbildungen. Eutiner Programm 1866. 4.   6) Die entgegengesetzte
Ansicht, dass der Reinaert ein ursprüngliches flämisches Werk sei, das wahr-
scheinlich schon den Verf. der ältesten Branche des Renart vorgelegen, suchte
Willems a. a. O. S. XXXIX ff. zu begründen; ihm trat Jonckbloet, in seiner
Geschiednis der mnl. Dichtkunst bei, der (ebenda 2, 71—74) im Reinaert eine
Parodie der lothringischen Heldengesänge (Chanson des Lorrains) erblickte; er
nahm aber seine Zustimmung in seiner Ausgabe und in seiner Etude sur le Ro-
man de Renart, Groningen 1863. 8. (vgl. dazu J. Grimms Recension in den Gött.
GA. 1863, S. 1361 ff.) zurück und vertritt hier die Uebersetzung aus dem Französischen.   7) Jünger als spätestens 1250 kann der Reinaert nicht sein, da
sich um diese Zeit schon Beziehungen darauf finden; nach Willems wäre der
erste Theil bereits 1170, die Umarbeitung und Fortsetzung in der Mitte des 13.
Jahrhunderts entstanden; vgl. J. Grimm, Reinhart S. CXLIX ff.; Willems S. XVI;
XXVI—XXXIX; J. Grimm in den Gött. GA. 1837, Nr. 88. — Vor 1280 wurde
das flämische Gedicht von einem Balduinus in lateinische Distichen übersetzt:
herausgegeben von Campbell. Hague 1859; und von Knorr: Reinardus Vulpes.
Eutini 1860. 8.   .

wurde das Gedicht Willems fortgesetzt[8], indem der Zweikampf zwischen Reinaert und Isengrim hinzukam; im fünfzehnten erfuhr es eine Umarbeitung durch Hinric von Alkmar, der Erzieher eines lothringischen Prinzen war, und das alte Werk mit Capitelüberschriften und einer prosaischen Glosse versah[9]. Diese erneute und weitergeführte flandrische Dichtung war es nun, die in fast wörtlicher Uebersetzung[10] nach Niederdeutschland herübergebracht, hier und dann durch verschiedene Uebertragungen und Bearbeitungen auch anderwärts dem Thierepos eine Aufnahme und Verbreitung verschaffte, wie keiner seiner frühern Gestaltungen in Deutschland, Frankreich und den Niederlanden zu Theil geworden war. Der Urheber dieses zuerst 1498 bekannt gewordenen niederdeutschen Reineke Vos[11], der nicht früher als in den letzten Jahrzehnten des fünfzehnten Jahrhunderts entstanden sein kann[12], und aus dem wir allein den Namen Hinrics von Alkmar erfahren, lässt sich mit Sicherheit nicht angeben: nach einer ziemlich alten, nicht ganz unglaubwürdigen Ueberlieferung soll er Nicolaus Baumann geheissen haben[13], nach den Ergebnissen anderer Untersuchungen

8) Diese Fortsetzung in der Ausgabe von Willems.   9) Von Hinrics Werke haben sich nur einige Blätter eines zwischen 1470—80 fallenden Druckes, im Besitz des Senators Culemann in Hannover, bis jetzt aufgefunden: dieselben sind abgedruckt im 12. Theile von Hoffmanns Horae Belgicae. Hannover 1862. 8.

10) Vgl. Willems a. a. O. S. L f.   11) Die erste Ausgabe erschien zu Lübeck 1498; die zweite Rostock 1517, der im Laufe des 16. und 17. Jahrhunderts noch sehr viele, aber immer schlechter werdende folgten (vgl. J. Grimm a. a. O. S. CLXXVII ff.; Gödeke's Grundriss S. 107). Den Druck von 1498 liess Hakemann vollständig wieder auflegen. Wolfenbüttel 1711. 4. Darnach der Text in Gottscheds Ausg. Leipzig 1752. 4. (mit einer Abhandlung von dem Urheber, wahren Alter und grossen Werthe des Gedichts, nebst prosaischer Uebersetzung und Auslegung), und etwas verändert in der von Bredow, Eutin 1798. 8. besorgten. Weniger Werth haben die Ausgaben von Scheller, Braunschweig 1825. 8. und Scheltema, Haarlem 1826. Am besten die von Hoffmann: Reineke Vos. Nach der Lübecker Ausg. von 1498. Mit Einleitung, Glossar und Anmerkungen. Breslau 1834. 8. (2. Ausg. 1852. 8.) und die von A. Lübben (mit Einleitung, Anmerkungen und Wörterbuch), Oldenburg 1867. 8., in der auch die von Hoffmann weggelassene prosaische Glosse mitgetheilt ist (vgl. Strobl in der Germania 12, 490—492 und Lübbens Entgegnung ebendas. 13, 127 f.). Eine neue Ausgabe bereitet C. Schröder vor. Zur Kritik und Erklärung vgl. auch Lübben, die Thiernamen in R. V. Oldenburger Programm 1863; denselben in der Germania 8, 370 ff.; Latendorf in der Germania 9, 207; 451—455, und in dem Schweriner Programm 1865. 4., Zur Kritik und Erklärung des Reineke Vos.; Schiller in der Germania 13, 160; Lübben in Zachers Zeitschrift 3, 306. — Ueber den Werth des Reineke im Vergleich mit dem Reinaert vergl. J. Grimm a. a. O. S. CLXVI, Hoffmann, Einleitung seiner Ausgabe und Gervinus 2³, 409 ff. (2⁴,638 ff.): die beiden letztern stellen es höher als Grimm.   12) Hoffmann in seiner Ausgabe S. V vermuthet zwischen 1470—1490.   13) Jedenfalls scheint er ein Niedersachse an der untern Elbe nach der Ostsee zu gewesen

war es der Drucker Hermann Barkhusen[14]. Wer aber auch der
Uebersetzer gewesen sein mag, seine Arbeit, mit vielem Geschick
ausgeführt, musste, bei der öffentlichen Stimmung in Deutschland
zur Zeit ihres Erscheinens, hier um so grössern Beifall finden[15], je
mehr sie, besonders in ihrer zweiten, dem ursprünglichen Reinaert
fremden, erst dem niederländischen Ueberarbeiter und Fortsetzer
angehörigen und dichterisch bei weitem schwächern Hälfte, sich als
Satire auf das Thun und Treiben der Gewalthaber und ihrer Vasallen
und Räthe, so wie auf das sittenlose und ränkevolle Leben der höhern Geistlichkeit darstellte. Seitdem ist diese Dichtung nie in
Vergessenheit gerathen und mehr, als jede andere aus dem Mittelalter, der neuern und neuesten Zeit verständlich und zusagend geblieben[16]. — In einer gewissen Verwandtschaft damit steht durch
den Gegenstand, aber tief unter ihr in Rücksicht des poetischen
Gehalts und der Darstellung der um etwa hundert Jahre jüngere
Froschmäuseler[17] von Georg Rollenhagen[18], ein Gedicht,
das zum Theil wirklich dem Reineke, wiewohl zunächst der Batrachomyomachie nachgebildet ist[19], dabei aber auch noch in Anlage

zu sein, der aber auch im rheinischen Westphalen gelebt haben muss. Diess
würde mit der Nachricht, die Rollenhagen in der Vorrede zum Froschmäuseler
von der Autorschaft Nic. Baumanns gibt, sehr gut stimmen. Was sich zu ihren
Gunsten sagen lässt, findet man bei J. Grimm a. a. O. S. CLXXIII ff. Die seitdem
von Lisch (im Anhange zur Geschichte der Buchdruckerkunst in Mecklenburg
bis zum Jahre 1540, Schwerin 1840. 8.) neu aufgenommene Untersuchung sichert
zwar N. Baumanns Aufenthalt am Mecklenburger Hofe zwischen 1507 und 1526
und seinen im letzten Jahre zu Rostock erfolgten Tod; aber über seinen Antheil
am Reineke hat auch diessmal kein befriedigendes Ergebniss erlangt werden
können.   14) Vgl. Zarncke in Haupts Zeitschr. 9, 374—388; und Leyerus
ebenda 11, 374 ff. Dagegen macht Latendorf in dem Anm. 11 angeführten Programm die aus Barkhusens bekannten Schriften sich ergebenden sprachlichen
Verschiedenheiten geltend; aber auch für Baumann ist Latendorf nicht.
15) Davon zeugen schon die zahlreichen Ausgaben. Auch eine hochdeutsche,
schlecht gerathene Uebersetzung des Reineke erschien bereits im 16. Jahrhundert
von Mich. Beuther, gedruckt als zweiter Theil des Buches Schimpf und Ernst,
Frankfurt a. M. 1544, und oft aufgelegt (vgl. Zacher, die deutschen Sprichwörtersammlungen, Leipzig 1852. 8. S. 37 f.). Ueber eine andere hochdeutsche Bearbeitung aus dem 17. Jahrhundert, woraus die verschiedentlich als Volksbuch gangbare Prosa hervorgegangen ist, so wie über lateinische, dänische, schwedische
Uebersetzungen des Gedichts vgl. J. Grimm a. a. O. S. CLXXIX f.   16)
Bekannt sind die neudeutschen Bearbeitungen von Goethe und Soltau, jene in
Hexametern (zuerst 1794 gedruckt), diese in der Versart des Originals, d. h. in
kurzen Reimpaaren (zuerst Berlin 1803. 8.).   17) Zuerst gedruckt Magdeburg 1595. 8., zuletzt Frankfurt und Leipzig 1730. 8.; eine ziemlich ausführliche Inhaltsanzeige bei Jördens 4, 378 ff.; im Auszuge bearbeitet von K. Lappe,
Stralsund 1816. 8.   18) Geboren 1542 zu Bernau in der Mark, gestorben
als Rector zu Magdeburg 1609; vgl. Bragur 3, 427 ff. und Lütken, Leben des
G. Rollenhagen, Berlin 1816—17.   19) In der Vorrede zu seinem Gedicht,

und Ausführung vieles enthält, das als eigenthümliche Erfindung des Dichters angesehen werden darf. Vorzüglich und absichtlich auf Belehrung ausgehend, braucht es die Thierfabel nur als Rahmen, um darin die verschiedenartigsten Dinge einzufassen, und gehört insofern fast noch mehr der didaktischen, als der epischen Gattung an.

§ 149.

d) Für keine der in früherer Zeit aufgekommenen und ausgebildeten epischen Dichtarten verringerte sich die Vorliebe bis gegen den Ausgang des sechzehnten Jahrhunderts weniger, und keine wurde auch mit besserm Erfolge geübt, als die kleine poetische Erzählung. An Stoffen dazu fehlte es weniger als je: zu den alten, von denen noch immer viele wiederholt benutzt wurden, war eine Menge neuer hinzugekommen. Dahin gehören, ausser dem, was griechische und römische Autoren in Uebersetzungen reichlich darboten[1], den sieben weisen Meistern und der Disciplina clericalis des Petrus Alfonsus[2], das von Heinrich Steinhöwel[3] verdeutschte Decameron des Boccaz[4], das auf einem indischen Originale beruhende[5], daraus ins Arabische[6], von da ins Hebräi-

in der er sich auch über die Vortrefflichkeit des Reineke Vos auslässt, berichtet Rollenhagen, wie er zuerst auf der Universität Wittenberg durch die Vorlesungen des Professors Veit Ortel von Winsheim über die Batrachomyomachie zu einer Uebertragung derselben ins Deutsche und dann durch den Rath seines Lehrers zu der weitern, mehr auf didaktische Zwecke gerichteten Ausführung seiner Arbeit veranlasst worden sei. — Die früher ausgesprochene Ansicht von Gervinus (3², 125), Rollenhagen habe sich Fischarts Flohhatz zum unmittelbaren Muster genommen, hat Gervinus selbst in der 4. Bearbeitung zurückgenommen; sie ist schon deswegen nicht haltbar, weil vor 1570, wo der Froschmäuseler, der Vorrede nach, in der Hauptsache schon fertig war, die Flohhatz sich nicht zurückverfolgen lässt; die erste bekannte Ausgabe erschien 1573. Gleichwohl kann auf die Gestalt, in welcher der Froschmäuseler gedruckt erschien, die Flohhatz eingewirkt haben; vgl. Wackernagel, Johann Fischart S. 113.

§ 149. 1) Worüber besonders Gervinus 2², 158 ff. und 472 (2², 313 ff) nachzulesen ist. 2) Vgl. über diese beiden Sammelwerke § 87, 9. 10. 3) Geb. um 1420 in Weilerstadt an der Wirm, promovierte 1442 als Doctor der Medicin in Padua, war Arzt in Esslingen, seit 1450 Stadtarzt in Ulm, wo er 1483 starb. Ueber sein Leben und seine sonstigen Schriften vgl. Keller hinter der Ausgabe des Decameron S. 673 ff. und die dort angeführten Schriften: dazu Rochholz in der Germania 14, 411 f. 4) Der älteste Druck o. O. u. J. ist wahrscheinlich ein Ulmer von 1472 (vgl. Keller a. a. O. S. 681 ff.); darauf eine ganze Reihe von Ausgaben im 15. und 16. Jahrhundert; vgl. Ebert, bibliograph. Lexicon Nr. 2551 ff. Einen Wiederabdruck der ältesten Ausgabe veranstaltete Keller: Decameron von Heinrich Steinhöwel. Stuttg. 1860. 8. (51. Public. d. Litt. Vereins). 5) Ueber die Geschichte dieser Beispielsammlung ist zu verweisen auf die Untersuchungen von Benfey in seinem Pantschatantra (vgl. § 87, 9), wonach Holland in seiner Ausgabe des deutschen Buchs der Beispiele S. 242 ff. die Resultate übersichtlich gegeben hat. 6) Calila et Dimna ou fables de

sehe', und daraus wieder von Johann von Capua, einem getauften
Juden, um 1270 unter dem Titel „Directorium humanae vitae, alias
parabolae antiquorum sapientum" ins Lateinische übersetzte Buch
der Beispiele der alten Weisen', welches Antonius von
Pforr', auf Veranlassung des Grafen Eberhard von Würtemberg verdeutschte[10], andere aus dem Lateinischen, Italienischen und Französischen übersetzte Prosa-Novellen und Romane, wovon unten mehr, und
die sogenannten Gesta Romanorum[11], eine in lateinischer Sprache
abgefasste Sammlung von kleinen Historien, Novellen, Anekdoten,
Beispielen etc. mit (sicher nicht ursprünglich dazu gehörigen) moralischen und mystischen Auslegungen, worin auch die Erzählungen
von den sieben weisen Meistern aufgenommen sind und von der es
auch eine alte deutsche Uebersetzung aus dem vierzehnten Jahrhundert gibt[12]; das lateinische Original ist aller Wahrscheinlichkeit nach
in England am Ende des dreizehnten oder am Anfang des folgenden
Jahrhunderts entstanden[13]. Da die ganze Masse des Stoffes sehr

Bidpai, en arabe p. p. Silv. de Sacy, Paris 1816. 4. Uebersetzt von Phil. Wolff,
Stuttgart 1837. 2 Bdchen. 12. 2. Ausgabe unter dem Titel: Das Buch der Weisen
in lust- und lehrreichen Erzählungen des indischen Philosophen Bidpai, Stuttg.
1839. 8. 7) Die hebräische Uebersetzung ist aller Wahrscheinlichkeit nach
vor 1250 beendigt; als ihr Verfasser wird ein Rabbi Joel genannt. 8) Nach
Handschriften und alten Drucken herausgeg. von W. L. Holland. Stuttgart 1860.
8. (56. Public. des Litt. Vereins). Ueber die Handschriften vgl. Holland S. 192 ff.,
über die alten Drucke S. 200 ff. und Gödeke's Grundriss S. 359, und über das
Werk überhaupt Götting. GA. 1843, Nr. 73 ff. 9) Dieser nennt sich als
Uebersetzer in einem Akrostichon, welches Bech in der Germania 9, 226 ff. aufdeckte. Er war 1477 Kirchherr der Pfarrkirche zu Rotenburg am Neckar, und
kommt urkundlich bereits 1458 vor; vgl. Bech a. a. O. S. 227 und Barack in der
Germania 10, 145 ff. 10) Nach Benfey und Holland ist es übrigens zweifelhaft, ob die Vorlage des deutschen Uebersetzers Johanns von Capua Directorium
gewesen: vgl. Holland S. 257. 11) Sowohl die lateinischen Texte, wie die
deutschen, englischen etc. Uebertragungen bezeugen mehrere, in der Zahl der
Geschichten und in den aufgenommenen Erzählungen selbst von einander abweichende Redactionen der Sammlung. Die gangbarste lateinische, die sich in einzelnen Geschichten wieder auf ein älteres gleichnamiges Werk bezieht, hat man,
besonders auf die Autorität von Warton (the history of english poetry, neue Ausg.
London 1824. 4 Bde. 8. 1, S. CCLVIII ff.), dem Benedictiner Petrus Berchorius
oder Pierre Bercheur (starb 1362) zugeschrieben und ihre Entstehung um 1340
gesetzt. Dieser kann jedoch zufolge der Nachricht, auf die sich Warton hauptsächlich stützt, höchstens für den Urheber der Moralisationen oder Auslegungen
gelten. In neuester Zeit ist von verschiedenen Seiten auf den Chronisten Heli-
nandus (gest. 1227) als den Verfasser oder Compilator der Gesten gerathen worden (vgl. Droncke in Mone's Anzeiger 1836, Sp. 454 und Grässe hinter seiner
Uebersetzung 2, 294 ff.). 12) Herausgeg. von Keller: Gesta Romanorum, das
ist der Roemer Tät. Quedlinb. u. Leipzig 1841. 8. Hs. in München. Vgl. auch
Schmeller in Haupts Zeitschr. 1, 411—416. 13) Vgl. Oesterley's Ausgabe S.
257 ff. Nach K. Roth in der Germania 4, 271 wären die Gesta Rom. aus der

verschiedenartig war, so giengen daraus auch Gedichte von dem
mannigfaltigsten Charakter hervor. Im Ganzen jedoch blieben die
Unterarten, die schon das dreizehnte Jahrhundert gekannt und geliebt hatte ¹⁴, die vorherrschenden; nur war es bei den ernstern jetzt
noch viel entschiedener auf Belehrung und Nutzanwendung abgesehen, und diese, wenigstens als Schluss angehängt, liebte man sehr
an heitern und komischen Erzählungen oder Schwänken. — Von
novellenartigen Geschichten verdienen hier aus dem vierzehnten und
fünfzehnten Jahrhundert besondere Erwähnung der Ritter von
Staufenberg ¹⁵, der, von einem unbekannten elsässischen Dichter ¹⁶,
einem Nachahmer Konrads von Würzburg, wohl nicht später als
am Anfang des vierzehnten Jahrhunderts ¹⁷ verfasst und am Schlusse
des sechzehnten von Fischart überarbeitet wurde ¹⁸, und zwei poe-

---

Mitte des 13. Jahrhunderts; nach Gödeke, Every Man S. 23 aus der Mitte des
14. Jahrhunderts und in England entstanden. Bezüglich der frühern Ansichten
verweise ich auf Warton a. a. O. 1, S. CLXXVII ff.; Ebert a. a. O. Nr. 8445;
Grässe a. a. O. 2, 285 ff. und Gervinus 2², 166 ff. (2⁵, 321 ff.) Die älteste lateinische Ausgabe (o. O. u. J.) ist zu Cöln 1472 in fol., die älteste deutsche zu
Augsburg 1489 in fol. erschienen. Zwölf Erzählungen, doch ohne die Auslegungen, sind aus einer wohl noch dem 14. Jahrhundert angehörenden deutschen
Handschr. der Gesten gedruckt hinter den Fabeln aus den Zeiten der Minnesinger (s. § 120, 9). In neuester Zeit sind herausgegeben von A. Keller Gesta
Romanorum, 1. Band (enthält den latein. Text), Stuttg. u. Tübing. 1842. 8. Eine
auf gründliche Vorarbeiten gestützte kritische Ausgabe hat H. Oesterley begonnen:
Gesta Romanorum. I. Berlin 1871. 8., wo in der Einleitung über die Geschichte
und die Handschriftenklassen des Werkes eingehend gehandelt wird. Vgl. auch
Oesterley in der Germania 14, 82 f.; 15, 104 f. Eine neudeutsche Uebersetzung
des latein. Textes, aber ohne die Moralisationen, mit zwei Anhängen (wovon der
erste die in der latein. Redaction nicht enthaltenen, aber entweder in der altd.
gedr. Bearbeitung, oder in einer grimmischen Handschr. befindlichen Geschichten,
der andere die von dem lateinischen abweichenden Erzählungen der englischen
Redaction übersetzt gibt), erklärenden Anmerkungen und einer·Abhandlung über
den wahren Verfasser, den Zweck und die Ausgaben der Gesta Roman. hat
Grässe, Dresden und Leipzig 1842. 2 Bde. 8. geliefert.   14) S. § 98.
15) Herausgegeben mit einer Einleitung (worin aber hinsichtlich des Verfassers
sehr fehl gegriffen ist) und lithogr. Platten von Ch. M. Engelhardt, Strassburg
1823. 8.; kritische Bearbeitung, worin die reinen mhd. Sprachformen hergestellt
sind, durch O. Jänicke in den Altdeutschen Studien, Berlin 1871. 8. S. 1–61;
über einen alten, wahrscheinlich um 1480 zu Strassburg erschienenen Druck vgl.
Engelhardts Einleitung S. 11 und 65 ff. und Gödeke, Grundriss S. 292.   16)
Vgl. J. Grimm, Reinh. Fuchs S. CXI.   17) Vgl. O. Jänicke a. a. O. S. 54 ff.
und schon Mone im badischen Archiv 1, 52. Früher setzte man es frühestens
an den Schluss des 14 Jahrhunderts: Gött GA. 1824, Nr. 84, S. 836; Hoffmann,
Fundgruben 1, 355.   18) Diese Ueberarbeitung ist öfter gedruckt worden;
vgl. Engelhardt a. a. O. S. 12 f.; Hallings Ausgabe des glückhaften Schiffs, S.
59 ff.; 254 ff.; v. d Hagens Grundriss S. 191. Nach Wackernagel, Joh. Fischart
S. 96, rührt von Fischart nur die Vorrede zu dieser Erneuerung her.

tische Bearbeitungen des Buches von den sieben weisen Meistern[19], deren eine, Diocletians Leben, von Hans von Bühel[20]
(1412) herrührt[21] und mit einer deutschen, aus dem Lateinischen
übersetzten Prosa einer Heidelberger Handschrift in nahem Zusammenhange steht[22]; die andere[22], roher und kürzer, ist aus dem Lateinischen von einem ungenannten Dichter übertragen. Zu den
besten Erzählungen und Schwänken gehören aus der Mitte dieses
Zeitraums die von Hans Rosenblüt[23]; andere, weniger bekannte
und auch wohl minder werthvolle, dichtete sein, wie es scheint,
etwas jüngerer Zeitgenosse Hans Folz[25], der, zu Worms geboren,
als Barbier und Meistersänger zu Nürnberg lebte[26]. Hans Wittenweiler's vor 1453 gedichteter Ring[27] darf auch zu den Schwän-

---

19) Vgl. § 87, 9.   20) Vgl. § 146, 9 ff.   21) Herausgeg. von Keller.
Quedlinburg und Leipzig 1841. 8.   22) Es ist die Heidelberger Hs. 149; vgl.
Gervinus 2², 172. 482 (2³, 329).   23) Gedruckt in Kellers altdeutschen Gedichten, Tübingen 1846. 8. S. 15—241. Früher waren einzelne Stellen daraus in
v. d. Hagens Grundriss S. 303 ff. und eine Erzählung in Kellers Einleit. zum
Roman des sept sages S. CIX ff. gedruckt. Daselbst S. CXXIV ff. und Diocletians Leben S. 39 ff. ist auch nähere Auskunft über die alten Drucke der deutschen Prosa von den sieben weisen Meistern gegeben (die ältesten o. O. u. J. und
Augsburg 1473).   24) Die vollständigsten Mittheilungen über die ihm beigelegten Gedichte findet man bei Keller. Fastnachtspiele S. 1082—1195, wo
auch die meisten abgedruckt sind; dazu Nachlese zu den Fastnachtspielen S.
301 ff. und R. Köhler in der Germania 6, 106—109; einige sind nur Umarbeitungen älterer Gedichte (vgl. Bartsch in der Germania 8, 41 ff.). Die in einer Dresdener Handschr. befindlichen verzeichnet v. d. Hagen a. a. O. S. 365 ff. Einige
sind auch gedruckt, aber zum Theil in erneuerter Sprache, im deutschen Museum
1782, October, in Canzlers und Meissners Quartalschrift 1, St. 1, in Bragur 5,
78 ff., in Wackernagels altd. Lesebuch, in Hans Sachs von Göz 3, 170 ff. und
im Liederbuch der Hätzlerin S. 290 ff.; über ältere Drucke vgl. v. d. Hagen
a. a. O. S. 367. Ueber Rosenblüts Schwank, Disputatz eines Freiheits mit einem
Juden (bei Keller S. 1115 ff.) vgl. R. Köhler in der Germania 4, 482—493; vgl.
auch Gödeke's Grundriss S. 98 und Liebrecht in der Germania 5, 487.   25)
Vgl. über ihn und die ihm zugeschriebenen Sachen besonders Keller a. a. O. S.
1195—1324, wo auch sehr viel von denselben nach Handschriften gedruckt ist;
dazu Nachlese S. 309 ff. Ein Meistergesang von ihm in dieser Nachlese S. 310 ff.
In einem Schwank von einem Pfarrer nennt er sich Hans Zapf zu Nürnberg,
Barbierer: er ist gedruckt in Kellers Erzählungen aus altdeutschen Handschriften.
S. 111 ff., wo auch S. 228 f.; 286 ff.; 357 ff. Schwänke von Folz stehen. Vgl. auch
altd. Museum 2, 317 ff.; v. d. Hagens Grundr. S. 368; 554; Zarncke in Haupts
Zeitschr. 8, 537 ff. und Anm. 26.   26) Seine dichterische Thätigkeit setzt
Schade im Weimar. Jahrb. 2, 110 ff. (wo eine Reihe von „Klopfan" von ihm
stehen) ins dritte Viertel des 15. Jahrhunderts, vielleicht auch noch etwas früher,
und wahrscheinlich bis in die Mitte der Achtziger; Wackernagel in Haupts Zeitschrift 8, 507 ff. (wo Spruchgedichte von Folz mitgetheilt sind) zwischen 1447
und 1480.   27) Herausgegeben von L. Bechstein, mit Einleitung von A. Keller.
Stuttgart 1851. 8. (23. Publicat. d. Litter. Vereins.)

ken gezogen werden, wenn auch die Absicht des Dichters eine lehrhafte ist und auf eine Anweisung im Hofieren und Kriegführen hinaus läuft; die hinein verwebte Erzählung einer Bauernhochzeit mit ihren Folgen bildet den Haupttheil und berührt sich mit einem älteren, den gleichen Gegenstand behandelnden Gedichte von Metzen Hochzeit[28]. Eine Menge anderer kleinerer Erzählungen, zum Theil sehr derber Natur, sind ohne Namen der Verfasser überliefert[29]; darunter ein viel beliebtes Gedicht, Bruder Rausch, welches, auf alter Sagenüberlieferung beruhend, in seiner ältesten bekannten Fassung aus dem fünfzehnten Jahrhundert niederdeutsch, in hochdeutscher Bearbeitung im sechzehnten Jahrhundert sehr verbreitet war[30]. Ganze Reihen von Schwänken und Schalksstreichen wurden, in ähnlicher Weise wie im Pfaffen Amis, in zwei Gedichten verarbeitet, dem Pfarrer vom Kalenberg[31] von Philipp Frankfurter, der zu Wien lebte[32], aus dem Schlusse des vierzehnten Jahrhunderts, und dem Peter Leu[33], gewissermassen der Fortsetzung des Kalenbergers (daher er auch der andere Kalenberger heisst) von Achilles Jason Widmann[34], aus dem sechzehnten. Die Helden beider Geschichten, von denen der erste, Weigand von Dewin[35], in die Zeit von Otto dem Fröhlichen († 1339)[36] fällt, haben, wie kaum zu bezweifeln ist, wirklich existiert[37]. In einer gewissen

28) Gedruckt in v. Lassbergs Liedersaal 3, 399 ff.; auch im Liederbuche der Hätzlerin S. 259 ff.   29) Die meisten sind enthalten in Kellers Erzählungen aus altdeutschen Handschriften. Stuttgart 1855. 8. (35. Publication des litterar. Vereins); einiges auch in Kellers altdeutschen Gedichten. Tübingen 1846. 8. (unter demselben Titel fortgesetzt in einzelnen Bogen. 2—5. Tübingen 1855 bis 1869. 8.). Zur Geschichte der behandelten Stoffe vgl. F. Liebrecht, Beiträge zur Novellenkunde, in der Germania 1, 257 ff.   30) Ueber die alten Drucke, so wie über dänische, schwedische und englische Bearbeitungen vgl. Schade im Weimar. Jahrb. 5, 357 ff., wo auch S. 355—399 der niederdeutsche, und S. 400—414 der zweitälteste hochdeutsche Text gedruckt ist; über einen unbekannten Nürnberger Druck vgl. Hoffmanns v. F. Findlinge S. 85. Die älteste hochdeutsche Bearbeitung, Strassburg 1515, ist neu herausgegeben von F. Wolf und St. Endlicher, Wien 1834.   31) Ueber die alten Drucke vgl. v. d. Hagens Grundriss S. 357 und dessen Narrenbuch, Berlin 1811. 8., worin sich auch eine Erneuerung des Gedichts befindet; so wie Gödeke's Grundriss S. 117. Eine Stelle aus einem Frankfurter Drucke von 1550 bei Wackernagel, LB.[2], 947 ff. ([1], 1205 ff.).   32) Vgl. Wackernagel, LB.[1] Sp. 862.   33) Der älteste Druck ist ein Frankfurter zwischen 1557—59; über andere Ausgaben vgl. v. d. Hagens Grundriss S. 360 ff.; Gödeke's Grundriss S. 117; Schade im Weimar. Jahrb. 6, 416 ff. Eine Erneuerung im Narrenbuch; Ausgabe nach dem ältesten Druck, verglichen mit der letzten Ausgabe von 1620, von Schade a. a. O. 6, 416—476.   34) Die Vornamen sind sicher angenommen; es ist von Schade a. a. O. S. 420 f. nachgewiesen, dass der Verfasser Georg Widmann hiess. Er war aus Hall in Schwaben und lebte noch 1596 in seiner Vaterstadt als juristischer Geschäftsführer des Stiftes Chomburg.   35) Dewen, Theben bei Wien.   36) Das Buch gibt irrthümlich 1350 an.   37) In Bezug auf Peter Leu vergl.

Verwandtschaft steht durch seinen Inhalt mit diesem und dem vorigen
Gedichte Salomon und Markolf, der in einer auch wohl erst
dem Anfange des fünfzehnten, frühestens der zweiten Hälfte des
vierzehnten Jahrhunderts angehörenden Bearbeitung[38] nach dem Lateinischen, und einer jüngeren (um 1450) von Gregor Heiden
verfassten[39] erhalten ist[40]. Ferner gehören durch ihren Inhalt, wenn
auch nicht durch ihre Form hierher die „wunderbarlichen Gedichte
und Historien" des Neidhart Fuchs, eine Sammlung sogenannter
„Neidharte", d. i. Schwänke, Schalksstreiche und Abenteuer mit
Bauern, deren Held Neidhart ist oder sein soll, in lyrischen Formen
und mit Eingangs- und Schlussstrophen, die auch einen lyrischen
Inhalt haben[41]. In allen Arten der poetischen Erzählung versuchte
sich Hans Sachs[42], der grösste deutsche Dichter dieser ganzen
Periode, und einer der fruchtbarsten überhaupt[43], der in seiner kurzen

Schade a. a. O.; und über diese Frage im Allgemeinen Leipzig. Litt. Zeitung
1812, S. 1292 fl.   38) Abgedruckt in v. d. Hagens Gedichten des Mittelalters
1; vgl. Docen in Schellings Zeitschr. S. 361 ff. und Narrenbuch, S. 498 ff.
39) Vgl. Docen im altd. Museum 2, 270 ff. und v. d. Hagens Grundriss S. 347 ff.
     40) Vgl. über die Dichtung, so wie den Kalenberger und Peter Leu zusam-
men Gervinus 2², 332 ff. (2⁵, 519 ff.)   41) Vgl. § 112, und besonders was
dort von Wackernagel und aus den Blättern für litterar. Unterhaltung angezogen
ist. Ueber zwei alte Drucke, die diese Sammlung enthalten, s. v. d. Hagens MS.
4, 441; 902b f. und Haupts Vorrede zu Neidhart von Reuenthal. Der eine,
Frankfurt 1566, ist bei den Stücken, die unter Neidharts Namen bei v. d. Hagen
a. a. O. 3, 185—313 stehen, theils neben Handschriften benutzt, theils allein zum
Grunde gelegt.   42) Ueber sein Leben vgl. § 147, 36; und zu der dort angeführten Schrift von Hoffmann die treffliche Charakteristik bei Gervinus 2², 458 ff.
(2⁵, 693 ff.); ferner K. A. Mayer, Hans Sachs, in Herrig's Archiv f. d. Studium
d. neuern Sprachen 40, 241—292.   43) Was er von seinen Werken der Auf-
bewahrung werth fand, mit Ausschluss der Meistergesänge und anderer lyrischer
Gedichte, wovon nur ein kleiner Theil in älterer und neuerer Zeit gedruckt ist
(die geistlichen Lieder und Psalmen nach alten Drucken bei Ph. Wackernagel, das
deutsche Kirchenlied Nr. 238—259 [das Lied: „Warumb betrübst du dich, mein
Hertz" ist jedoch wohl nicht von ihm; vgl. Bartsch in der Germania 3, 382] und in
dem grösseren Werke, Band 3, 55 ff.); Naumann, über einige Handschriften von Hans
Sachs nebst ungedruckten Gedichten. Leipzig 1843. 8., Hertel, ausführliche Mittheilung über die kürzlich in Zwickau aufgefundenen Handschriften von Hans
Sachs. Zwickau 1854. 4.; deutsche Dichter des 16. Jahrhunderts von Gödeke
und Tittmann, 4. und 5. Band, Leipzig 1870. S. [1: Geistliche und weltliche Lieder. 2: Spruchgedichte]), sammelte er und gab es heraus, Nürnberg 1558—1561.
3 Bde. fol. Mit vielen neuen Stücken vermehrt ist die Ausgabe, die in 5 Folio-
bänden (die ersten beiden noch bei Lebzeiten des Dichters) Nürnberg 1570—1579
erschien. Am vollständigsten ist die zwischen 1612—1616 in 5 Quartbänden zu
Kempten gedruckte Ausgabe. Einen Wiederabdruck der alten Ausgabe von 1558
hat Keller begonnen: Hans Sachs. Stuttgart 1870. 8. 5 Bde. (102—106. Public.
des litt. Vereins). Eine bibliographische Zusammenstellung gab E. Weller, der
Volksdichter Hans Sachs und seine Dichtungen. Eine Bibliographie. Nürnberg
1868. 8. Vier Dialoge von Hans Sachs gab R. Köhler heraus, Weimar 1858. 8.

poetischen bis zum Jahre 1567 reichenden Lebensgeschichte die Anzahl seiner grösseren und kleineren Gedichte, mit Einschluss von
4275 Meistergesängen, auf 6048 angibt, ein Mann von erstaunens-
würdiger Belesenheit, der sich fast in allen damals in Deutschland
geübten Dichtungsarten versucht und durch viele seiner kleinern
Stücke", die gleich auf fliegende Blätter gedruckt und unter dem
Volke verbreitet wurden, viel zum Gelingen des grossen Reforma-
tionswerkes mitgewirkt hat". Bei seinen Zeitgenossen in hohem
Ansehen stehend und noch von der Nachwelt bis gegen die Mitte
des siebzehnten Jahrhunderts geehrt, wurde er von da an ein Gegenstand des Spottes und der Verachtung, bis Goethe" und Wieland"
wieder seine Verdienste öffentlich anerkannten. Hans Sachs hat
eine erstaunliche Anzahl poetischer Erzählungen hinterlassen, deren
Stoffe er besonders aus der Bibel, den Uebersetzungen der Classiker,
den Gesta Romanorum, aus Boccaz und historischen Büchern entlehnte". Viele sind freilich weiter nichts, als höchst trockene und
langweilige Reimereien, das Verdienst vieler andern ist wenigstens
nicht erheblich; gleichwohl bleibt die Zahl der guten und vortrefflichen noch gross genug. Im Allgemeinen treten die ernsthaften
Stücke gegen die launigen, heitern und komischen sehr in Schatten;
unter diesen gehören, wenn man von den Mängeln der Sprache und
Versbildung absieht, nicht wenige zu dem Gelungensten, was die
deutsche Poesie überhaupt in dieser Art aufzuweisen hat. Viel weniger bedeutend, doch immer noch besonderer Anführung würdig,
sind die Schwänke von zwei andern Dichtern des sechzehnten
Jahrhunderts, von Burkard Waldis" und Lazarus Sand-

— Proben aus Hans Sachs Werken von Bertuch, Weimar 1778. 4. (Vorläufer
einer beabsichtigten Ausgabe); Hans Sachs sehr herrliche Gedichte, 1. Band.
Nürnberg 1781. 8. (von Hässlein, eine Auswahl); Auswahl von Büsching in 3
Bänden, Nürnberg 1816—24. 8.; Hans Sachs im Gewande seiner Zeit von Becker,
Gotha 1821. fol. (Wiederabdruck fliegender Blätter mit den Holzschnitten); Aus-
wahl von J. A. Göz, 4 Bde. Nürnberg 1824—30. 12.; von G. W. Hopf. 2 Bde.
Nürnberg 1856. 8. (vgl. Bartsch in der Germania 3, 381 ff.)   44) Auch durch
Flugschriften in Prosa; vgl. K. Hagen, Deutschlands literar. und religiöse Ver-
hältnisse im Reformationszeitalter 2, 178; 349 f.   45) Luthern feierte er be-
sonders in dem allegorischen Gedichte die wittenbergische Nachtigall (1523),
Buch II, Th. 1, S. 84 ff. der Ausgabe von 1560; bei Göz, Auswahl 4, 33 ff. Vgl.
auch Hallersleben, zur Geschichte des patriotischen Liedes, Arnstadt 1855, S.
23 ff.   46) Durch sein Gedicht, Hans Sachsens poetische Sendung. Welchen
Einfluss Goethe von H. Sachs erfahren, hat er im letzten Theil von Dichtung und
Wahrheit erzählt.   47) Im Nachwort zu dem Goethe'schen Gedichte, D. Mer-
kur 1776, April.   48) Viele Schriftsteller, die er entweder aus ihren Werken, oder doch dem Namen nach kannte, und auf die er sich beruft, führt Ranisch auf S. 133 ff.   49) Ueber sein Leben vgl. Gödeke, Burchard Waldis,
Hannover 1852. 8.; Mittler, Herzog Heinrichs von Braunschweig Klagelied, mit
einem Nachweise über das Leben und die Dichtungen des Burkard Waldis, Cassel

r u b. Burkard Waldis, geboren zu Allendorf an der Werra[49], in seinen jüngern Jahren Mönch zu Riga, wo er in Folge der Reformation mehrere Jahre in schwerem Gefängniss schmachten musste, später evangelischer Geistlicher und Pfarrer zu Abterode in Hessen, wo er noch 1554 lebte[51], war ein viel gereister, welterfahrener und gelehrter Mann, der sich auch in andern poetischen Gattungen versucht hat, namentlich in Bearbeitung von Psalmen und in Fabeln[52]. In die Sammlung dieser letztern, die unter dem Titel „Esopus ganz neu gemacht" erschien[53] und in vier Büchern 400 Fabeln und Erzählungen enthält, sind auch die Erzählungen und Schwänke aufgenommen. Waldis zeichnet sich darin durch eine gebildete Sprache und ein glückliches Erzählungstalent vortheilhaft vor vielen seiner Zeitgenossen aus[54]. Sandrub, der sich einen Studiosen der Philosophie und Theologie nennt, von dessen Lebensumständen aber sonst nichts weiter bekannt ist, verfasste eine Sammlung von gereimten, mit prosaischen Nutzanwendungen versehenen Schwänken unter dem Titel „Delitiae historicae et poeticae, das ist: Historische und poetische Kurzweil"[55].

§ 150.

c) Epische Volkslieder entstanden im Laufe dieser Jahrhunderte gewiss in unglaublicher Menge. Diess darf schon, wenn man erwägt, wie leicht gerade dergleichen kleinere Gedichte verhallen und untergehen konnten, aus der verhältnissmässig noch immer grossen Zahl der uns erhaltenen, dann aber auch aus den Hinweisungen geschlossen werden, die sich in gleichzeitigen Schriften auf einst gangbar gewesene und später verschwundene vorfinden; so sind schwerlich noch alle die wohl grossentheils hierher fallenden Gäuchlieder vorhanden, die Fischart kannte und anführt[1]. Unter

---

1855. 8.; Berkholz, Burchard Waldis im Jahre 1527 in Riga, Riga 1855. 4.; Napiersky, Burkard Waldis, in den Mittheilungen aus der livländischen Geschichte 8 (1856), 330—340; Buchenau, Leben und Schriften des Burkard Waldis, Marburg 1858. 4., und Kurz in der Einleitung seiner Ausgabe.   50) Nach Gödeke um 1490, nach Buchenau wohl ein halbes oder ganzes Jahrzehnt früher.
51) Kaum aber hat er das Ende des Jahres 1556 erlebt; vgl. Buchenau S. 29.   52) Ueber seine Schriften und deren Ausgaben vgl. Jördens 5, 186 ff.; Buchenau S. 33 ff., und Kurz in seiner Ausgabe des Esopus.   53) Zuerst Frankfurt a. M. 1548. 8. Neue Ausgabe von Heinr. Kurz, Esopus von Burkard Waldis, herausgegeben und mit Erläuterungen versehen, Leipzig 1862. 2 Bde. 8. (Deutsche Bibliothek 1. 2. Band; vgl. dazu Liebrecht in der Germania 7, 497 bis 508). Wegen der literarischen Nachweise vgl. auch Jördens 5, 186 ff.
54) Vgl. Gervinus 3², 51 ff. (3¹, 49 ff.)   55) Gedruckt Frankfurt a. M. 1618; Proben daraus in Bragur 3, 343 ff. und in Wackernagels LB. 2, 237 f.
§ 150.   1) In seiner Geschichtklitterung Cap. 1 und sonst; vgl. Wackernagel, Johann Fischart S. 54.

allen erzählenden Dichtarten dieser Zeit wurzelte sicher keine mehr
in dem eigentlichen Volksleben, als diese, und recht aus der Mitte
des Volkes, aus den niedern Ständen, giengen auch die allermeisten
dieser Lieder hervor, was sowohl im Allgemeinen der Ton und
Charakter der auf uns gekommenen darthut, als noch im Besondern
für eine eben nicht geringe Zahl durch die Namennennung oder
wenigstens Standesbezeichnung ihrer Urheber [2] bestätigt wird. In
ihrem poetischen Werthe ausserordentlich verschieden, sind von den
seither bekannter gewordenen Stücken [3] viele allerdings sehr roh,

---

2) Sie findet sich gemeiniglich in der Schlussstrophe; vgl. v. Soltau's Einleitung zu seiner in der folgenden Anmerkung näher bezeichneten Sammlung histor.
Lieder, S. LXVI ff.   3) Als im letzten Drittel des vorigen Jahrhunderts,
vornehmlich seit dem Bekanntwerden der im Jahre 1765 von dem englischen
Bischof Thom. Percy herausgegebenen Reliques of ancient English poetry und
des Macphersonschen Ossian, in Deutschland das Interesse für den Volksgesang
erwachte, und namentlich Herder zuerst auf dessen hohen Werth in seinen Blättern von deutscher Art und Kunst (1773) aufmerksam machte, fieng man an, die
deutschen Volkslieder, epische wie lyrische, die sich aus der Vorzeit theils handschriftlich oder gedruckt in alten Liederbüchern, auf fliegenden Blättern, in Ge-
schichtswerken und andern Schriften, theils in bloss mündlicher Fortpflanzung
erhalten hatten, entweder in Zeitschriften, oder in Sammelwerken für ältere
deutsche Literatur, Geschichte etc. vereinzelt, oder auch in eigens dafür bestimmten Büchern in alten oder modernisierten Texten herauszugeben, oder wenigstens
Nachricht darüber zu ertheilen. Von Zeitschriften und allgemeinere Zwecke ver-
folgenden Sammelwerken sind in dieser Hinsicht besonders zu nennen: das deutsche
Museum, J. C. Adelungs Magazin für die deutsche Sprache, Canzlers und Meissners Quartalschrift, des letztern Apollo, Gräters Bragur und dessen Odina und
Teutona, v. Hormayrs Taschenbuch für die vaterländische Geschichte, v. Fichards
frankfurt. Archiv für ältere deutsche Litteratur und Geschichte, Büschings wöchentl. Nachrichten, v. Aufsess' und Mone's Anzeiger; Weimar. Jahrbuch (4,
224 ff. 5, 216 ff.); Eschenburgs Denkmäler, Docens Miscellaneen (1, 261 ff.;
2, 210 ff.), F. Weckherlins Beiträge, Görres' altd. Volks- und Meisterlieder (in
erneuter Sprache), Hoffmanns Fundgruben u. dessen Horae Belgicae II, W. Wak-
kernagels deutsches Lesebuch, Band 1 u. 2 (unter denen rücksichtlich der gelieferten Texte auf Docen, Hoffmann und Wackernagel am meisten Verlass ist); —
von ganzen Liedersammlungen: Fr. Nicolai, Eyn feyner kleyner Almanach Vol
schönerr echterr liblicherr Volckslieder etc. 2 Jahrgänge. Berlin u. Stettin 1777
bis 1778. 12. (der Herausgeber wollte damit die erwachende Liebe zum Volksgesange lächerlich machen, bewirkte aber gerade das Gegentheil); Herder, Volkslieder, Leipzig 1778—79. 2 Bde. 8. (darin Lieder der verschiedensten Nationen
in Uebersetzungen und nur sehr wenige deutsche, die hierher gerechnet werden
können); A. Elwert, ungedruckte Reste alten Gesanges nebst Stücken neuerer
Dichtkunst. Giessen und Marburg 1784. 8. (enthält 12 deutsche Volkslieder);
L. A. v. Arnim und Clem. Brentano, des Knaben Wunderhorn, Heidelberg 1806 ff.
3 Bde. 8. (eine zwar sehr reiche und schätzbare Sammlung, die aber mehr lite-
rarhistorischen Werth haben würde, wenn die alten Texte nicht meist zu
willkürlich behandelt wären); Büsching und v. d. Hagen, Sammlung deutscher
Volkslieder, Berlin 1807. 12.; J. G. Meinert, Alte deutsche Volkslieder in der

und unbeholfen; nichts desto weniger bietet des Guten und Vortrefflichen wegen, was noch immer übrig bleibt, das epische Volkslied
mit die erfreulichste Seite der erzählenden Poesie dieses Zeitraums
dar, und wenn irgend einem ihrer Zweige eine Blüthe zuzusprechen

---

Mundart des Kuhländchens. Wien 1817. 8.; Frh. v. Erlach, die Volkslieder der
Deutschen, Manheim 1834—37. 5 Bde. (eine rohe Zusammenraffung von Stücken,
die in den bereits aufgeführten Büchern enthalten sind, vermischt mit andern
Poesien); A. Kretzschmer und W. v. Zuccalmaglio (v. Waldbrühl), Deutsche
Volkslieder mit ihren Original-Weisen. Berlin 1840. 2 Bde. 8. (auch in dieser
Sammlung darf man nicht zu stark auf die Echtheit der Texte bauen; L. Erk und
W. Irmer, die deutschen Volkslieder mit ihren Singweisen. Berlin und Crefeld
1838. 6 Hefte. 12.; Neue Sammlung, von L. Erk, Berlin 1841 ff.). Die erste
selbständige Sammlung, die eigentlich kritischen Werth hat, ist von Hoffmann
und E. Richter, Schlesische Volkslieder mit Melodien, Leipzig 1842. 8.; den
reichsten und zugleich zuverlässigsten Schatz haben wir beisammen in Uhlands
Werke, Alte hoch- und niederdeutsche Volkslieder mit Abhandlung und Anmerkungen, 1. Band, Stuttgart u. Tübingen 1844—45. 8.; der 2. Band, Abhandlung,
erschien in Uhlands Schriften zur Geschichte der Dichtung und Sage, 3. Band,
Stuttgart 1866. 8. (nach Uhlands Tode und leider unvollendet), die Anmerkungen
ebenda 4. Band, Stuttgart 1869, S. 1—325. Eine kritische Sammlung ist auch
die von Simrock, die deutschen Volkslieder. Frankfurt a. M. 1851. 8. In allen
diesen Sammlungen, so wie in dem, was Talvj (Frau Robinson) in ihrem Versuch
einer geschichtlichen Charakteristik der Volkslieder germanischer Nationen etc.
Leipzig 1840. 8. von deutschen Liedern aufgenommen hat, sind epische und lyrische Stücke; in mehrern, wie namentlich in der von Herder, dem Wunderhorn
und denen von Erlach, von Kretzschmer, von Erk und Irmer, auch viele Poesien,
die erst in neuerer und neuester Zeit entstanden sind, und wieder andere, die gar
nicht eigentlich Volkslieder heissen können. — Vorzugsweise historische Lieder
liefern: O. L. B. Wolff in § 147, 3 angeführten Sammlung; L. Rochholz in
seiner Eidgenössischen Lieder-Chronik, Sammlung der ältesten und werthvollsten
Schlacht-, Bundes- und Parteilieder (der Schweizer, beginnend von 1243 und bis
zur Reformation reichend, zum Theil in urkundlichen, zum Theil in übersetzten
oder frei bearbeiteten Texten, mit histor. Erläuterungen). Bern 1835. (zweite,
wohlfeile Ausgabe 1842) 8.; Fr. L. v. Soltau, Einhundert deutsche historische
Volkslieder, in den urkundlichen Texten chronologisch geordnet. Leipzig 1836.
8.; zweiter Theil, von Hildebrand bearbeitet, Leipzig 1856. 8. (in der lehrreichen
Einleitung zum 1. Theile dieser Sammlung, welche ausser eigentlichen Liedern
auch andere historische Gedichte enthält, die beiden vorigen aber bei weitem dadurch an Werth übertrifft, dass sie lauter alte beglaubigte Texte liefert, ist ausführlich über die Literatur des deutschen historischen Volksliedes gehandelt; vgl.
damit Mone's Anzeiger 1838, Sp. 56 ff.; 1839, Sp. 66 ff.; 186 ff.; 475 ff.),
und Ph. M. Körner, Historische Volkslieder aus dem 16. und 17. Jahrhundert
(nach fliegenden Blättern). Stuttgart 1840. 8. Die beste und vollständigste kritische Sammlung lieferte v. Liliencron, die historischen Volkslieder der Deutschen
vom 13. bis 16. Jahrhundert, Leipzig 1865—69. 4 Bde. 8. (mit einem Nachtrag,
die Töne und das alphabetische Verzeichniss enthaltend, 1869; diese treffliche
Sammlung schliesst mit dem Jahre 1554; vgl. Bartsch in der Germania 11, 102
bis 110. 15, 384): woran sich anschliesst die in den folgenden Zeitraum hinüber-
reichende Sammlung von E. Weller, die Lieder des dreissigjährigen Krieges. Basel
1855. 8. (mit Vorwort von W. Wackernagel); 2. Ausgabe 1858.

ist, die das dreizehnte Jahrhundert minder reich entfaltet hatte, so
ist es dieser. — Ueber die äussere Form dieser Dichtungen ist das
Allgemeinste bereits oben (§ 140) vorgebracht worden. Rücksichtlich ihrer Behandlung gilt ungefähr dasselbe, was von der Darstellungsweise in den Volksgesängen der zweiten Periode bemerkt ist
(§ 41): die Erzählung ist selten ruhig und gleichmässig fortschrei-
tend, meist skizziert, nur andeutend, springend und lückenhaft, der
Phantasie der Hörer oder Leser die Ergänzung und Ausfüllung fehlender Mittelglieder, der musikalischen Weise die innere Bindung
und Ausgleichung, so wie die harmonische Färbung des scheinbar
Abgerissenen und Unebenen und aller schroffen und grellen Gegen-
sätze in der Darstellung überlassend; dabei festhaltend an gewissen
Ausdrücken, Wendungen und Bildern, die entweder ganz unverändert,
oder nur mit geringer Abweichung in einzelnen Zügen wiederkehren[4].
Ihrem Inhalte nach beruhen sie theils auf Sagen, theils auf wirklicher Geschichte und Tagesereignissen, doch ist diess nicht bei
allen auf gleiche Weise in die Augen springend und nachweisbar.
In vielen nämlich sind oft mit Tilgung aller Eigennamen und individuellen Beziehungen, die ursprünglich gewiss immer mehr oder
weniger bestimmten Personensagen und Zeitbegebenheiten angehörenden Stoffe genereller gefasst und behandelt, so dass sie gewissermassen den Anschein frei erfundener erhalten haben[5]. Demnach
zerfallen die epischen Volkslieder in drei Klassen: in solche, die
auf namhaft gemachte Personen und Ereignisse bezügliche Sagen
darstellen; in eigentlich historische, die entweder geradezu, oder
unter sinnbildlicher Einkleidung Zeitbegebenheiten behandeln; und
in balladen- oder romanzenartige Gedichte, die in dem angegebenen
Sinne von allgemeinerem Inhalte sind[6]. Diese, durch ihren ganzen
Charakter dem lyrischen Volksliede noch näher, als die Stücke der
beiden andern Klassen verwandt, bilden am unmittelbarsten den
Uebergang von der epischen zu der lyrischen Gattung.

§ 151.

Was α) die Stücke der ersten Klasse betrifft, so ist bereits erwähnt worden (§ 145), inwiefern die deutsche Heldensage sich noch
lebendig im Volksgesange erhielt. Zu den übrigen grossen, im vorigen Zeitraum vorzugsweise für erzählende Gedichte benutzten Fabel-

---

4) Vgl. Lachmann, über das Hildebrandslied S. 3 und 37, Gervinus 2², 310 ff.
(2³, 490 ff.) und den Aufsatz in d. deutsch. Vierteljahrsschrift, 1843, Heft 3, S.
125—177.   5) Vgl. Gervinus 2², 295 ff. (2³, 442 ff.)   6) Auch eine Art
von Thiermärchen ist Gegenstand des Volksliedes geworden: dahin gehört besonders die Vogelhochzeit; vgl. Wackernagel, Leseb. 2, 229 ff. u. Hoffmann, Schles.
Volkslieder S. 71 ff.

kreisen scheint er sich wenig oder gar nicht gewandt zu haben.
Es waren besonders vereinzelte Wunder- und Liebesgeschichten, wie
die vom Herzog Ernst[1] in der nach dem Helden benannten Strophe,
von dem edlen Möringer[2], die nach einer Jahreszahl unter
einer Aufzeichnung des Liedes in einer Handschrift des fünfzehnten
Jahrhunderts schon um die Mitte des vierzehnten bekannt gewesen
sein muss[3] und ihrem Ursprunge nach sicher so weit hinaufreicht[4],
ein im fünfzehnten Jahrhundert vielfach umhergesungenes Lied[5];
von Heinrich dem Löwen, vielleicht noch am Schlusse des vierzehnten Jahrhunderts von einem im mittleren oder nördlichen Deutschland heimischen Dichter, Michel Wyssenhere, in einer das
Möringerlied nachahmenden Form[6], gedichtet[7], und ausserdem in
einer Bearbeitung des sechzehnten Jahrhunderts im Hildebrandston
vorhanden[8]; von dem Tanhäuser[9], dem Ritter Trimunitas[10]
u. a., welche der Volksgesang mit Vorliebe aufgriff und bald ausführlicher, bald gedrängter und knapper behandelte. — β) Zu historischen Liedern lieferten vorzüglich die in diese Zeit fallenden
zahlreichen Kriege und Fehden, Belagerungen und Erstürmungen

§ 151. 1) Gedruckt Erfurt 1502; nach dem Drucke „Nürnberg durch Kune-
gund Hergotin" wieder abgedruckt in Haupts Zeitschr. 8, 477—507; ein kürzerer
Text in der Dresdener Hs. des Heldenbuches (§ 145, 14); nach beiden in der
ältern Gestalt des 14. Jahrhunderts, die ihnen zu Grunde liegt, bei Bartsch, Herzog
Ernst S. 187 ff.; vgl. § 91, 29. Vgl. noch v. d. Hagens Grundriss S. 183 und Ebert,
bibliograph. Lexicon Nr. 6907. 2) Gedruckt in Bamberg 1493. 4. und aus
einer handschriftlichen Chronik von 1533 in Bragur 3, 402 ff., woraus es wieder
Büsching und v. d. Hagen ihrer Sammlung S. 102 ff. mit veränderter Schreibung
einverleibt haben; am besten bei Uhland S. 773—783. Mittheilung von Lesarten
durch v. Löffelholtz aus einer Chronik von Weissenhorn im Anzeiger f. Kunde
d. d. Vorzeit 1863, Sp. 215. Zwei Strophen darin sind grossentheils aus einem
Liede Walthers v. d. Vogelweide entlehnt; vgl. Lachmanns Walther[2] S. XI und
v. d. Hagen, MS. 3, 613a. 3) Vgl. Weckherlins Beiträge etc. S. 75.
4) Vgl. Bartsch, Herzog Ernst S. CX ff.; über die Sage vom Möringer vgl. Uhland
in der Germania 4, 50. 95 f. und Bartsch a. a. O. 5) Vgl. Mich. Behelm in
Mone's Anzeiger 1839, Sp. 561 und Seb. Brants Narrenschiff, Ausg. von Strobel
S. 204, 10. 6) Ueber das Verhältniss zum Möringer, so wie über Wyssenhere's Sprache und Zeit vgl. Bartsch a. a. O. S. CXIV. 7) Nach einer
Handschrift von 1474 gedruckt in Massmanns Denkm. 1, 123 ff. und bei O. L.
B. Wolff a. a. O. S. 22 ff. 8) Druck o. O. u. J. S. Vgl. Gödeke's Grundriss S. 292; Bartsch a. a. O. S. CXXI. Erneuert in Simrocks Volksbüchern 1,
1—40 und in dessen geschichtl. deutschen Sagen, Frankfurt a. M. 1850, S. 278
bis 304. Auszug in Reichards Bibliothek der Romane 8, 127 ff. 9) In alten
Drucken vorhanden, aus deren einem es in Mone's Anzeiger 1839, Sp. 468 ff.
steht; vgl. auch v. d. Hagen, MS. 4, 429, Note 2. 10) Von Martin Maier
von Reutlingen, der auch noch Anderes gedichtet hat (vgl. Koch, Compendium 1,
129, N. 36), 1507 verfasst; nach dem ältesten Drucke (Nürnberg bei Gutknecht)
bei Gödeke und Tittmann, Liederbuch aus dem 16. Jahrhundert, Leipzig 1867.
8., S. 340 ff.; aus einem Nürnberger Druck von 1532 in Adelungs Magazin 11,

von Städten und Schlössern", und daneben Geschichten von Wego-
lagerern, Land- und Seeräubern, berüchtigte Mordthaten und merkwürdige, ein allgemeineres Interesse in Anspruch nehmende Personen
reichlichen Stoff". So riefen im vierzehnten und fünfzehnten Jahrhundert unter den Schweizern die Bündnisse und Fehden einzelner Cantone, vornehmlich aber ihre ruhmvollen Schlachten gegen
Oesterreich und Burgund zahlreiche Lieder hervor", wovon die
ausgezeichnetsten und berühmtesten gedichtet haben Hans Halbsuter", ein Luzerner, der um 1382 urkundlich nachgewiesen ist,
und die Schlacht bei Sempach (1336), in welcher er selbst mitge-
fochten, in einem längeren Liede besang, welches später mit andern Liedern über dasselbe Ereigniss zu einem grössern Liede
vereinigt wurde"; und Veit Weber aus Freiburg im Breisgau,
der in den Reihen der Schweizer gegen Karl den Kühnen focht und
in fünf Liedern (seit 1474) die Verbindung der Schweizer gegen und
ihre Siege über Burgund feierte". Andere entstanden in Norddeutschland unter den Dithmarsen über ihre im fünfzehnten und beginnen-

2, 51 ff., aus einem andern iu Körners Sammlung S. 68 ff. aufgenommen. In
diesem Druck heisst der Ritter Driamus. in noch andern (s. Mone's Anzeiger
1838, Sp. 386; 1839, Sp. 361 f.) Triunimitas.   11) „Wie denn bey uns noch
der Landsknecht Brauch ist, die allweg von jren Schlachten ein Lied machen."
Aventin, bei Schmeller, baier. Wörterbuch 3, 439.   12) Vgl. Gervinus 2¹,
196 ff. (2⁵, 402 ff.)   13) Das älteste bekannte, noch in die vorige Periode gehörige ist das vom Bunde zwischen Freiburg und Bern (1243). Beisammeu stehen
viele dieser Lieder in der Sammlung von Rochholz und bei Wolff a. a. O. S.
448 ff., sämmtlich sind sie zu finden in v. Liliencrons historischen Volksliedern.
14) Wackernagel im altd. LB. 4. Ausg. schreibt nach Lachmanns unrichtiger
Vermuthung durchaus Kalbsuter. Vgl. Liebenau, der Dichter Hans Halbsuter, in
den Monatsrosen des Schweizer Studentenvereins 15, 186—200.   15) Vgl.
über das Verhältniss der verschiedenen Bearbeitungen O. Lorenz, die Sempacher
Schlachtlieder, Germania 6, 161—185; A. Lütolf, Lucerns Schlachtlieder-Dichter
im 15. Jahrhundert, besonders Hans Halbsuter und das Sempacherlied (Aus dem
Geschichtsfreund Bd. XVIII), Einsiedeln 1861. S.; und besonders v. Liliencron a.
a. O. 1, 115—145, wo sämmtliche verschiedene Redactionen kritisch mitgetheilt
sind. Das grössere Lied, welches Aeg. Tschudi in seiner Schweizer Chronik 1,
529 ff. aufbewahrt hat, ist in gutem Text zu finden bei Wackernagel, altd. LB.²
919 ff., das ursprüngliche ältere Lied bei Uhland S. 404—409; in übersichtlicher
Weise beide Texte combiniert bei Wackernagel⁴ 1105 ff. Die Schweizer Schlachtlieder sind auch von Ettmüller gesammelt herausgeg. in der Zeitschrift f. vaterländ. Alterthumskunde, Bd. 2, Zürich 1843. 4.   16) Sie stehen in Diebold
Schillings Beschreibung des burgundischen Krieges, S. 120; 146; 183; 275 und
347. Daraus (mit einem sechsten auf die Schlacht bei Granson, welches aber nicht
von Weber ist) herausgegeben von H. Schreiber: Kriegs- und Siegeslieder aus
dem 15. Jahrhundert von Veit Weber. Freiburg 1819. 8. Kritisch bearbeitet alle
fünf Lieder bei v. Liliencron Nr. 130. 133. 135. 137. 142; das schönste, auf den
Sieg bei Murten (1476), bei Wackernagel a. a. O.² 1049 ff. (⁴ 1247 ff.; 1. A. Sp.
603 ff.). Ueber V. Weber vgl. Mone's Bad. Archiv, 1 (1826), 70 ff.

den sechzehnten Jahrhundert gegen raub- und eroberungssüchtige
Edle und Fürsten siegreich ausgefochtenen Vertheidigungskämpfe[17];
sie wurden zum Theil beim Tanze gesungen und waren dann
eigentliche Balladen[18]. Auch im innern Deutschland fehlte es nicht
an historischen Liedern. Aus der Zeit, die der Reformation vorhergieng, finden sie sich zwar noch sparsamer, weil nichts Grosses
geschah, und Vorfälle von geringerer Bedeutung den Liedern, die
sie etwa veranlassten, gewiss nur selten weite Verbreitung verschaff-
ten und ihre Dauer sicherten. Desto häufiger aber werden sie in
den beiden ersten Dritteln des sechzehnten Jahrhunderts[19], wo sich
so Vieles zutrug, was das Volk zur allgemeinsten Theilnahme aufforderte, und worüber es seine Stimme laut werden liess. So wurden
die Helden der Reformation, die Ereignisse des Bauernkriegs, die
Schlacht bei Pavia, die Belagerung Wiens durch die Türken,
die darauf folgenden Kämpfe und Händel der Fürsten mit dem
Kaiser und jener unter einander etc. Gegenstände des Volksgesangs[20]. — γ) Die Lieder der dritten Klasse stellen meist glückliche
oder unglückliche Begebenheiten Liebender dar, so wie komische
Vorfälle des täglichen Lebens, wobei die Liebe aber auch gewöhnlich im Spiele ist, und können daher am füglichsten Liebesromanzen
und schwankartige Lieder genannt werden. Sie sind, da sie weit
seltener, als die der beiden andern Klassen, aufgeschrieben wurden
und sich Jahrhunderte lang meist nur in mündlicher Ueberlieferung
erhielten, häufig in mehrfachen, von einander stark abweichenden
Texten auf uns gekommen[21]. Von Seiten ihres poetischen Werthes

---

17) Gedruckt in Neocorus Chronik von Dithmarschen, in sächsischer Sprache
zum ersten Male herausgegeben von F. C. Dahlmann, Kiel 1827. 8. 2 Bde., unter
Benutzung handschriftlicher Quellen bei Uhland und bei v. Liliencron.   18)
Vgl. F. Wolf, über die Lais, S. 233, 69 und v. Liliencron in Haupts Zeitschrift
6, 96.   19) Ueber den Inhalt der historischen Lieder des 16. Jahrhunderts
vgl. Gödeke und Tittmann a. a. O. S. 256, wo auch (S. 257 ff.) historische Lieder
dieses Zeitraums, mit Angabe der Quellen, stehen. Auch hinter der Reimchronik
über Herzog Ulrich von Würtemberg, und seine nächsten Nachfolger, herausgeg.
von E. v. Seckendorff, Stuttgart 1863. 8. (74. Publication des litter. Vereins) S.
148 ff.; 152 ff.; 156 ff.; 161 ff.; 168 ff. finden sich historische Volkslieder des
16. Jahrhunderts.   20) Viele hierher fallende Lieder sind in den oben aufgeführten Zeitschriften und Sammlungen zerstreut gedruckt; ein gutes Theil findet man bei Wolff, v. Soltau und Körner beisammen, alle in guten Texten mit
den nothwendigen historischen Erläuterungen bei v. Liliencron. Auch Luther
hat sich im historischen Liede versucht: sein Gedicht von zwei Märtyrern Christi
(die 1522 zu Brüssel verbrannt wurden) ist eine Art geistlicher Ballade; gedruckt
bei v. Soltau S. 264 ff., W. Wackernagel, LB. 2, 14 ff. und (nach dem ältesten
Druck) bei Ph. Wackernagel, das deutsche Kirchenlied S. 140 f. und in dessen
gleichnamigem grösseren Werke 3, 3 f. Dergleichen wurden auch noch sonst
gedichtet; vgl. v. Soltau S. 345 ff.   21) Daher hat bei ihnen die Bestim-

stehen sie im Allgemeinen unter allen erzählenden Volksliedern am
höchsten, und manche darunter sind ganz vortrefflich: kühn und
keck im Entwurf, von dramatischer Lebendigkeit, voll des innigsten
und tiefsten Gefühls und dabei auch öfter überaus zart und lieblich
in der Darstellung.

B. Lyrische Poesie.

§ 152.

So sehr auch die lyrische Poesie dieses Zeitraums rücksichtlich
alles äusserlich Formellen im Nachtheil gegen die mittelhochdeutsche
steht, so entschieden ist sie ihr doch an Reichthum der Gegenstände
und an Mannigfaltigkeit der Arten überlegen. Nicht minder übertrifft sie sie im Allgemeinen durch Natürlichkeit und Wahrheit der
Empfindung und durch sinnliche Fülle und Anschaulichkeit der
Darstellung, wo sie nach ihrem Herabsteigen aus der conventionellen
Ritterwelt sich dem unbefangenen, muntern und frischen innern und
äussern Volksleben zugewandt hat und in die grossen religiösen und
sittlichen Interessen der Zeit auf die rechte Weise eingegangen ist.
Dagegen erlangt sie nicht nur diese Vorzüge nicht, sondern kommt
nach und nach überhaupt um allen lebendigen Gehalt, insofern sie
die ihr von den meisterlichen Dichtern nach der Mitte des dreizehnten Jahrhunderts gegebenen Richtungen festzuhalten sucht und aus
dem Leben sich immer mehr in die Singschulen zurückzieht. Dieser
Gegensatz in ihrer Gestaltung, als einer volksmässigen und einer
meisterlichen Lyrik, bietet sich von selbst als oberster Eintheil-
ungsgrund für das dar, was hier im Besondern über diese poetische
Gattung zu sagen ist.

§ 153.

1. Meistergesang. — Nach dem Abtreten der vielen Dichter, die noch nach der Mitte des dreizehnten Jahrhunderts bis in
den Anfang des vierzehnten herein den lyrischen Kunstgesang übten,
und um deren einen, den berühmten Frauenlob, zu Mainz die
erste Genossenschaft bürgerlicher Sänger zusammentrat und sich ver-

---

mung des Alters die meiste Schwierigkeit, und von ihnen, wie von der grossen
Mehrzahl lyrischer Volkslieder, gilt vorzüglich, was Wackernagel (LB. 2, S. X)
als Grenze der an Sammler und Herausgeber von Volksliedern zu machenden
(bisher freilich noch selten befriedigten) Anforderungen hinstellt. Unter den Her-
ausgebern der oben genannten Sammlungen haben vorzugsweise Hoffmann und
Uhland dieser Art von Liedern in der Wiedergabe der Textüberlieferungen ihr
volles Recht widerfahren lassen.

muthlich schon zu einer Art von Schule abschloss[1], entzieht sich
die meisterliche Poesie auf mehrere Jahrzehnte fast ganz unsern
Blicken[2]. Dass sie während dieser Zeit völlig ausgestorben gewesen,
ist nicht wahrscheinlich, wohl aber mögen die gerade damals auf
Deutschland lastenden Leiden und Trübsale[3] ihr Leben sehr nieder-
gedrückt und verkümmert haben. Erst nach der Mitte des vierzehnten Jahrhunderts treffen wir wieder auf Meistersänger, und von nun
an wächst die Zahl ihrer Schulen mit jedem Jahrhundert. Wie
jedoch die ältere Lyrik hauptsächlich im südlichen und mittlern
Deutschland blühte, so haftet auch der Meistergesang vorzugsweise
an den Städten jener Gegenden; nur wenige Schulen lassen sich
im Nordosten, und auch diese erst in sehr später Zeit nachweisen[4].
Seit der Reformation hegen ihn besonders protestantische Städte,
vor allen übrigen Nürnberg[5]. — Da die Veränderungen, welche im
Laufe der Zeit in den äussern Verhältnissen der Meister, in der
Einrichtung ihrer Schulen und in den Formen ihrer Poesie eintraten,
so viel davon uns bekannt ist oder hierher gehört, schon im vorigen
Abschnitt berücksichtigt sind, so bleibt nur noch übrig, ausser der
namentlichen Erwähnung einiger der merkwürdigsten oder bekanntesten unter ihnen, im Allgemeinsten die Gegenstände anzugeben,
an die sie sich bei Abfassung ihrer Lieder hielten, so wie die Weise,
in der sie dieselben behandelten, damit auch darin der mit der
Zeit zunehmende Verfall und das Absterben dieser Art von Kunst
sich darlege.

§ 154.

Im Ganzen blieben alle die Gegenstände, auf welche sich die
bürgerlichen Lyriker gegen das Ende der vorigen Periode mit Vorliebe geworfen hatten, die herrschenden bei den Meistersängern des
vierzehnten und fünfzehnten Jahrhunderts. Die ganze scholastische
Dogmatik mit ihren Grübeleien, Spitzfindigkeiten und Streitfragen,
soweit sie aus den Schulen der Theologen durch unzählige gereimte
und reimlose, auf Erbauung, Belehrung und Polemik gerichtete
Schriften ins Volk gedrungen war und fortwährend drang, vornehmlich Alles, was sich auf die Lehre von der Dreieinigkeit und der

---

§ 153. 1) Vgl. § 78.   2) Vgl. Docen, über die deutschen Liederdichter
etc. S. 211. Manches namenlose Lied, namentlich der Kolmarer Handschrift,
kann vielleicht diesem Zeitraume angehören, aber es lässt sich bei dem Mangel
an bestimmten Anhaltspunkten schwer das Alter festsetzen.   3) Vgl. § 123.
4) Näheres bei J. Grimm, über den altd. Meistergesang S. 129; 187.
5) Wagenseil sagt S. 517, Hans Sachs habe die Schule zu Nürnberg so sehr in
Aufnahme gebracht, dass es damals über drittehalb hundert Meistersänger dort
gab.

Erbsünde und auf den im fünfzehnten Jahrhundert fast noch mehr als früher in Aufnahme gekommenen Mariendienst bezog, die heilige Jungfrau verherrlichen, ihre unbefleckte Empfängniss vertheidigen sollte[1]; ferner die mystischen Bilder von der Seele Vermählung mit Gott, die schon ehemals im Schwange gewesenen phantastischen und nebelhaften Vorstellungen von natürlichen Dingen und deren Zusammenhang mit der übersinnlichen Welt, dazu biblische Geschichten und Visionen: diess Alles hielt man mit einer erstaunlichen Zähigkeit fest und suchte ihm in frostigen, stets wiederkehrenden, oft höchst geschmacklosen Gleichnissen und Allegorien Körper und Kleid zu geben, oder spielte es wohl gar in der Form des Räthsels noch mehr ins Unbestimmte und Unerfassliche hinüber[2]. Ebenso bewegten sich die Meister noch häufig in der Sittenlehre; schon seltener griffen sie Verhältnisse der unmittelbaren Wirklichkeit auf, um daraus Stoff zu Lob- und Strafliedern auf bestimmte Personen und Corporationen oder auf ganze Zustände zu gewinnen. Doch sowohl in den allgemein moralisierenden, als in diesen Gedichten von speciellerer Beziehung machten sich Dürftigkeit des poetischen Gehalts und Trockenheit und Geschmacklosigkeit der Behandlung immer fühlbarer. Mitunter wurden auch wohl für die Ballade und den Schwank geeignete Stoffe in Meistertöne gebracht, und Stücke dieser Art gehören in der Regel noch immer mit zu dem Besten, was diese ausgeartete Kunstpoesie geschaffen hat. Am seltensten scheinen die Liebe und die mit ihr in der ältern Lyrik so eng verbundene Freude an der Natur Gegenstände des meisterlichen Gesanges gewesen zu sein; wenigstens finden sich unter der grossen Masse anderer kunstmässiger Reimereien die Minnelieder ziemlich

---

§ 154. 1) Unter den Mariendichtungen des 14. Jahrhunderts sind mehr wegen ihrer künstlichen Form und ihrer Sprache als ihres poetischen Gehalts merkwürdig, die Marienlieder von Bruder Hans, nach 1391 in einer stark ans niederländische streifenden Sprache gedichtet, in der Form der jüngern Titurelstrophe, bestehend aus einem viersprachigen Einleitungsgedichte (abwechselnd deutsche, französische, englische, lateinische Strophen) und aus sechs Gesängen von je 100 Strophen, deren Anfangsbuchstaben den englischen Gruss bilden. Herausgeg. nach einer sehr fehlerhaften Handschrift in St. Petersburg: Bruder Hansens Marienlieder aus dem 14. Jahrhundert herausgeg von R. Minzloff, Hannover 1863. 8., vgl. dazu Bech's Recension in den Götting. GA. 1863, S. 1286 — 1310. Eine zweite Handschrift wies Bartsch in der Germania 12, 89 f. nach. 2) Vgl. hierzu, wie zu dem Folgenden überhaupt, das über das Kolmarer Meistergesangbuch (§ 110, 15) im altd. Museum 2, 146 ff. Mitgetheilte, Docens Beschreibung einer Sammlung alter Meistergesänge in v. Aretins Beiträgen 1811, S. 1128 ff. (wo auch Vieles daraus gedruckt ist), J. Grimm. a. a. O. S. 33 ff.; Gervinus, ausser den in den folgenden Anmerkungen bezeichneten Stellen 2², 150; 270 ff. (2⁴, 449 ff.) und besonders die Einleitung von Bartsch, zu den Meisterliedern der Kolmarer Handschrift, namentlich S. 154 ff.

sparsam³. Manche derselben, besonders wenn sie aus der frühern Zeit sind, erinnern noch durch Ton und Farbe an die blühende Minnepoesie des dreizehnten Jahrhunderts; doch blickt auch aus den besten eine gewisse Gezwungenheit und steife Geziertheit heraus⁴, wodurch sie eben so unerfreulich von der graziösen Leichtigkeit und empfindungsvollen Belebtheit der guten adeligen Minnelieder, wie von der natürlichen Frische und dem herzlichen Ausdruck der volksmässigen Liebeslieder abstechen. Im sechzehnten Jahrhundert änderten sich die Gegenstände des Meistergesanges insofern, als man in protestantischen Singschulen die scholastische Dogmatik, alles Mystische und jene wunderliche und bodenlose Naturlehre mit Allem, was daran hieng, fallen liess und sich aufs entschiedenste zu Luthers Bibel und Katechismus und demnächst zu weltlichen, besonders aus dem classischen Alterthum überlieferten Geschichten und Anekdoten, auch zur äsopischen Fabel wandte⁵, um mit diesen nach den Regeln der Tabulatur in Strophenform gebrachten und componierten Texten, völlig unbekümmert darum, inwiefern sie sich zu lyrischer Behandlung eigneten, und auch ohne das geringste Bestreben, ihnen eine poetische Seite abzugewinnen, aber in der besten Meinung von der Vortrefflichkeit, Nützlichkeit und zunehmenden Vervollkommnung dieser Kunst⁶, Gott zu preisen, sich und andere christlich zu erbauen, sittlich zu bessern und zu kräftigen, dann aber auch vorzüglich die neue Glaubenslehre zu befördern und zu befestigen. Noch andere Gegenstände, namentlich lustige, schwankartige Geschichten in Meistertöne zu fassen, oder von der Liebe zu singen, kam auch noch wohl vor, aber solche Dichtungen gelangten schwerlich zur Veröffentlichung in der Schule⁷. Allerdings sind die Lieder

---

3) Uebrigens ist nicht jedes Lied, das von der Liebe handelt, und von einem Meister berrührt, darum ein eigentlicher Meistergesang. Mancher Meister versuchte sich wohl schon im 14. und 15. Jahrhundert hin und wieder im Volkston, wie im 16. Hans Sachs that, der seine Buhllieder und Gassenhauer ebenso seinen eigentlich schulmässigen Gesängen entgegensetzt, wie seine volksmässigen Umdichtungen von Psalmen, seine Kirchengesänge (vgl. § 149, 43) und seine Lieder von Kriegsgeschrei. Sie waren, wie er sagt, „in Tönen schlecht (d. i. schlicht) und gar gemein", deren sechzehn er selbst erfunden hatte. Vgl. seine poetische Selbstbiographie und Ranisch. S. 120.   4) So die Liebeslieder von Muscatblüt, vgl. Anm. 15.   5) Vgl. die in Bragur 6, 2, 152 ff. gegebene Beschreibung der grossen rüdigerschen Sammlung von Meisterliedern, die sehr viele Stücke aus dem 16. und 17. Jahrhundert enthält, und was Hans Sachs a. a. O. als Inhalt seiner Meistergesänge angibt, so wie W. Grimm, Thierfabeln bei den Meistersängern, Berlin 1855. 4. S. 5.   6) J. Grimm a. a. O. S. 35, Note 21.
7) Hans Sachs a. a. O. nennt unter seinen Meistergesängen auch kurzweilige Schwänke, die nicht mit denen in kurzen Reimpaaren, in seine Spruchbücher geschriebenen zu verwechseln sind; vergl. auch J. Grimm a. a. O. S. 34 und § 143, 14.

dieser Zeit im Ganzen von einem viel gesundern und verständigern Inhalt, als die meisten aus den beiden vorhergehenden Jahrhunderten: allein an einen poetischen Werth ist bei ihnen nun auch nicht einmal entfernt mehr zu denken. — So wie die übergrosse Mehrzahl der Meistergesänge dieser Periode noch in Handschriften begraben liegt[8], und die wenigsten darunter auch den Druck verdienen möchten, so sind zeither auch nur wenige Meister aus der Masse der übrigen herausgehoben und dabei oft mehr ihrer sonstigen Werke als ihrer kunstmässigen Lieder wegen besonderer Beachtung würdig befunden worden. Diess letztere gilt auch, mit Ausnahme des zweiten und dritten, mehr oder weniger von den hier namentlich aufzuführenden[9], von denen die beiden ersten noch dem vierzehnten, die beiden folgenden dem fünfzehnten und die beiden letzten dem sechzehnten Jahrhundert angehören: Heinrich von Mügeln, ein meissnischer Dichter[10] zur Zeit Karls IV, dem er in einem seiner grösseren Werke ein Denkmal gesetzt hat, und in näherem Verhältniss zu Herzog Rudolf IV von Oesterreich, dem er seine ungrische Chronik widmete, ein Mann von gelehrter Bildung, der auch lateinisch zu dichten verstand[11] und im Jahre 1364 den Valerius Maximus verdeutschte[12], von den spätern Meistersängern sehr hoch ge-

---

8) Ausser den schon erwähnten (vgl. § 143, 10) enthalten noch unter den bekanntern die Heidelberger Nr. 109; 392; 680 Lieder aus dem 14. und 15. Jahrhundert, wovon manche in Görres' altdeutschen Volks- und Meisterliedern bearbeitet sind; ferner die Handschriften Nr. 312; 334; 351 Stücke von Michael Beheim, deren mehrere in der Sammlung für altd. Litteratur S. 37 ff. und in der Germania 3, 309 ff. 327 ff. gedruckt sind. Vgl. v. d. Hagens Grundriss S. 499 ff.; MS. 4, 906 ff. und v. Karajans Ausgabe des Buchs von den Wienern, S. LXXI ff. Aus dem 16. Jahrhundert gibt es sehr viele handschriftliche Sammlungen: in Dresden allein liegen zwei und zwanzig Bände, in Berlin vier; vgl. F. Adelungs fortges. Nachr. S. IX; v. d. Hagen, MS. 4, 907 b; 921 ff.   9) Ueber andere, wie Mülich von Prag, Graf Peter von Arberg, Peter von Reichenbach, Meister Meffrid, Meister Anker u. a., die noch dem 14. Jahrhundert angehören, vgl. Bartsch, Meisterlieder S. 179 ff.   10) Aus Mügeln bei Oschatz. Vgl. über ihn und seine Schriften K. J. Schröer, Die Dichtungen Heinrichs von Mügeln (Mogelin) nach den Handschriften besprochen (aus den Sitzungsberichten 55, 451—520), Wien 1867. 8.; Heinrich von Müglin, Fabeln und Minnelieder, herausgeg. von W. Müller, Göttingen 1848. 8.; Zwei Fabeln des Heinrich von Müglin (die nicht bei W. Müller stehen) mitgetheilt von W. Zingerle, Germania 5, 286 ff.; ein Gedicht auf den Zauberer Virgilius, in Müglins Tone und vielleicht auch von ihm, ebenda 5, 368 ff.; Bartsch, Meisterlieder etc. Nr. 127—128, vgl. S. 180; so wie schon altd. Museum 2, 190 ff. (wo S. 196 ein ihm zugeschriebenes Gedicht gedruckt ist) und Gervinus 2², 154 ff. (2⁵, 369 ff.)   11) Ein lateinisches Gedicht von ihm hat Wilmanns in Haupts Zeitschrift 14, 155 ff. mitgetheilt; vgl. dazu Schröer in der Germania 13, 212 ff.   12) Vgl. Hoffmann, Verzeichniss der Wiener Handschriften S. 202; 214, und Schröer, Dichtungen etc. S. 457.

halten und den Stiftern ihrer Kunst beigezählt[13]; Suchensinn, ein
wandernder Meistersänger am Ende des vierzehnten Jahrhunderts[14];
Muscatblüt[15], der wenigstens noch 1437 lebte, da er auf die
Wahl Albrechts II ein Lied gemacht hat[16], einer der reichsten und
mannigfaltigsten Dichter, was die Stoffe seiner Lieder betrifft, und
überhaupt wohl einer der Besseren seiner Zeit[17], der mit Glück und
Beifall an den Höfen gesungen haben soll[18]; Michael Beheim[19],
der in seinen Meisterliedern grosse Rohheit der Form, aber wie
Muscatblüt einen grossen Reichthum an Stoffen zeigt[20]; Hans
Sachs[21], der 1514 in München sein erstes Meisterlied sang und in
seinen zahlreichen Meistergesängen alle poetische Armuth, alle Mängel und Unformen der Schule zeigt[22]; und Adam Puschmann[23],
ein Schüler von Hans Sachs, dem er in einem meisterlichen Lobgedicht[24] ein Denkmal der Liebe gesetzt hat.

---

13) Vgl. Schröer S. 458.   14) Vgl. § 137, 2. 141, 6. Val. Voigt (MS.
4, 892 b) zählt ihn in seinem Verzeichniss mit auf; eben so erscheint er in der
Kolmarer Handschrift (altd. Mus. 2, 181, Bartsch a. a. O. 181 f.), und in einem
historischen Liede des 15. Jahrhunderts wird er neben Regenbogen, Neidhart
und Frauenlob gestellt (Menzels Litteratur-Blatt 1842, Nr. 91). Gedruckt ist eine
Anzahl Lieder, in demselben Ton gedichtet, in von Fichards frankfurt.
Archiv, 3, 223 ff., im Liederbuch der Hätzlerin S. 92 f. und bei Bartsch Nr. 171
bis 179; ein Lied, aber ohne seinen Namen, auch im Anhang der Erlösung, herausgeg. von Bartsch, S. 192 f.   15) Sein Name (Val. Voigt gibt ihm den Vornamen Haus; v. d. Hagen , MS. 4, 892 b) ist wahrscheinlich ein angenommener.
— Lieder Muskatbluts, erster Druck besorgt von E. v. Groote, Cöln 1853. 8.;
manches auch in der Kolmarer Hs., vgl. Bartsch S. 165; einzelnes in Aufsess'
Anzeiger 1832, Sp. 258 ff.; 1833, Sp. 230 f.; 268 f.; ein Liebes- und ein Früh-
lingslied im altd. Museum 1, 123 ff.; 2, 189 f.; das erste nebst andern, meist
geistlichen und auf die Jungfrau Maria bezüglichen Liedern, in welche auch lateinische Zeilen eingemischt sind, im Liederbuch der Hätzlerin, S. 96 ff. Seine
geistlichen Gedichte stehen auch bei Ph. Wackernagel, Kirchenlied 2, 497 ff.
        16) Sonst setzte man ihn in die zweite Hälfte des 14. Jahrhunderts; Docen
im altd. Museum 1, 188.   17) Cyr. Spangenberg, von der Musica S. 134 f.,
fand an ihm unter allen Meistersängern am meisten Gefallen.   18) So gibt
Michael Beheim an; vgl. Groote's Ausgabe S. V.   19) Vgl. Anmerk. 9 und
§ 147, 14. Ueber ihn als Meistersänger vgl. Uhlands Schriften zur Geschichte d.
Dichtung und Sage 2, 330 ff.   20) Ein Meistergesang von ihm auch in
Wackernagels altd. LB.² 1005 ff.; drei in der neuesten Ausgabe 1229 ff.; die
geistlichen Meistergesänge sämmtlich bei Ph. Wackernagel, Kirchenlied 2, 666
bis 689.   21) Vgl. § 149, 42 ff.   22) Docen, über die deutschen Liederdichter, S. 211. Günstiger urtheilt über ihn als Meistersänger Gödeke in der
Einleitung zu der Auswahl geistlicher und weltlicher Lieder von H. Sachs,
Deutsche Dichter des 16. Jahrhunderts, 4. Bd. Leipzig 1870. S. Geistliche Meistergesänge von H. Sachs stehen auch bei Ph. Wackernagel, Kirchenlied 2, 1136 ff.
        23) Geb. 1532 zu Görlitz, lebte als Schuhmacher zu Breslau, wo er 1600
starb. Vgl. auch § 143, 4. 137, 14.   24) Gedruckt bei Ranisch S. 317 ff.,
und daraus bei Wackernagel, LB. 2, 165 ff.

§ 155.

2. **Volksmässige Lyrik.** — Wenn das, was in der höfischen und meisterlichen Lyrik der mittelhochdeutschen Zeit eher auf gelehrter, als auf volksmässiger Grundlage ruhte, und mehr willkürlich zum Liederstoff gemacht war, als sich dazu vermöge seiner Natur aufgedrungen hatte, nebst der formellen Künstlichkeit den Meistersängern dieses Zeitraums als Erbtheil zugefallen war; so zog sich dagegen Alles, was in jener Kunst allgemein Menschliches und wahrhaft Volksthümliches gelegen hatte und ihr unverwüstliches Lebenselement ausmachte, mit den leichtern und fasslichern Formen in den lyrischen Volksgesang, der zwar sicher schon immer neben dem höfischen und meisterlichen Liede bestanden hatte, jetzt aber erst erkennbarer aus dem Dunkel heraustritt und für die Geschichte der deutschen Poesie bedeutender wird. Aus derselben Zeit, wo wieder nach Frauenlob und seinen Altersgenossen die ersten Meister erscheinen, erfahren wir auch zuerst etwas Näheres über das lyrische Volkslied und zugleich in der Andeutung, dass gleich nach der Mitte des vierzehnten Jahrhunderts die volksthümliche Musik vervollkommnet worden sei[1], eine der mitwirkenden Ursachen sowohl seines Aufschwunges, als der Wiederaufnahme des Meistergesangs. Diese Andeutung gibt die **Limburger Chronik**[2] des Stadtschreibers **Johannes**[3], die uns auch einzelne Strophen und die Anfänge mehrerer damals gangbaren Volkslieder[4] mit Nachrichten über deren Heimath und zum Theil weite Verbreitung aufbewahrt hat. Daraus

---

§ 155. 1) Doch „erst im 15. Jahrhundert hatte sich das Volksthümliche (in der Musik) so geltend gemacht, dass selbst die gelehrten Musiker anfiengen, irgend ein bekanntes Volkslied ihren Bearbeitungen zum Grunde zu legen, sogar in ihren contrapunktischen Messen." N. Jen. Litter. Zeitung 1842, Nr. 195, S. 803a; vgl. dazu Raff im Weimar. Jahrb. 1, 181. 2) Die erste Ausgabe erschien unter dem Titel: Fasti Limpurgenses, 1617. 8.; dann Wetzlar 1720. 8. (in der Sprache modernisiert); zuletzt, aber auch nicht in zuverlässigem Texte, herausgegeben von C. D. Vogel: Die Limburger Chronik, mit einer Einleitung und erläuternden Anmerkungen. Marburg 1826. 8. und neue Auflage 1828. Am besten von Rossel, die Limburger Chronik des Johannes, Wiesbaden 1860. 8. (ein genauer Abdruck der ersten Ausgabe). Die für die Geschichte des Volksliedes wichtigen Stellen bei Koch, Compend. 2, 69 ff.; Anderes in Bragur 6, 1, 82 ff.; vgl. auch Massmann in v. Aufsess' Anzeiger 1832, Sp. 23 ff. 3) Er begann dieselbe 1336 und lebte noch 1402 (85 Jahr alt); vgl. Hoffmann, Kirchenlied 3. Ausg. S. 141 f. Unrichtig ist Eberts Angabe (bibliograph. Lexic. Nr. 7363), der Stadtschreiber Tilemann († 1400) habe sie angefangen und bis 1399 geführt, worauf sie von Johann Gensbein (um 1473) abgeschrieben und mit einigen Zusätzen und Nachträgen versehen worden sei. 4) Vgl. über diese Lieder Chrysander, deutscher Volksgesang im 14. Jahrhundert, in seinen Jahrbüchern f. musikalische Wissenschaft 1. Bd. (Leipzig 1863. 8.); Gödeke und Tittmann, Liederbuch S. XI f.

geht als allgemeinstes Ergebniss hervor, dass um die genannte Zeit, wie auch schon früher, weltliche und geistliche lyrische Gesänge im Volkston vorhanden waren. Beide Hauptarten dauern diesen ganzen Zeitraum hindurch neben einander fort und gelangen auch ziemlich zu derselben Zeit zur Blüthe.

§ 156.

a) Das weltliche lyrische Volkslied[1] entwickelte sich so ziemlich in denselben Gegenden, in denen der ältere und jüngere Kunstgesang heimisch war, und kam eigentlich auch nur hier zur Blüthe. Diese trat für seine vorzüglichsten Arten gegen das Ende des fünfzehnten Jahrhunderts ein und dauerte ungefähr bis zum letzten Drittel des sechzehnten, wo es wieder in Verfall gerieth. Aus dieser Zeit, in welcher das deutsche Volksleben nach allen Seiten hin besonders rege war, hat sich eine bedeutende Zahl hierher zu rechnender Stücke erhalten, zumal in den gedruckten, seit dem Anfange des sechzehnten Jahrhunderts immer häufiger werdenden Liederbüchern, in welchen beliebte Texte mit ihren Melodien, oder auch ohne dieselben zusammengestellt sind[2]. Indessen auch schon

---

§ 156. 1) Zu diesem Paragraph und dem folgenden verweise ich überhaupt auf Gräter, in Bragur 3, 207 ff., auf den Abschnitt bei Gervinus 2[1], 292—329 (2[5], 475—514), auf die deutsche Vierteljahrsschrift 1843, 4. Heft, S. 125—177; Gödeke's und Tittmanns Liederbuch des 16. Jahrhunderts, die Einleitung, und besonders auf Uhlands Abhandlung im 3. Bande der Schriften zur Geschichte der Dichtung und Sage.   2) Bei den musikalischen Liederbüchern war es besonders auf Bekanntmachung und Verbreitung der gewöhnlich mehrstimmig gesetzten und für die gesellschaftliche Unterhaltung bei allerlei Festlichkeiten bestimmten Melodien abgesehen, daher denn oft unter diesen nur einzelne Strophen, ja Zeilen der als bekannt vorausgesetzten Texte gedruckt sind: vgl. was Georg Forster in der bei Ph. Wackernagel, das deutsche Kirchenlied S. 803 f. abgedruckten Vorrede zu seinem Liederbuche (Ein Auszug guter alter und neuer deutscher Liedlein etc. Nürnberg 1539; spätere Ausgaben erschienen unter dem Titel „Frische Liedlein") sagt, woraus auch hervorgeht, dass schon damals öfter die echten Texte der ältern Lieder mit neuen, von den Musikern selbst verfertigten vertauscht, oder wo jene nicht aufzutreiben waren, ersetzt wurden.   Siehe auch Hoffmann, die deutschen Gesellschaftslieder, S. VII; XIII.   Zwei der ältesten, die aber eben keine ausgezeichneten Lieder enthalten, sind die 1512 zu Augsburg und 1513 zu Mainz erschienenen; ein Frankfurter Liederbuch von 1582, „Lieder-Büchlein, darinn begriffen sindt zwey hundert zwey und sechzig allerhand schöner weltlicher Lieder", nach dem Exemplar der Ambraser Sammlung herausgeg. als „Ambraser Liederbuch" von J. Bergmann, Stuttgart 1845. S. (12. Publication des litter. Vereins).   Vgl. über ehemals oder noch vorhandene Liederbücher mit und ohne Melodien Koch, Compend. 1, 141 ff.; 2, 84 ff.; Bragur 5, 1, 27 ff.; Docen, Miscell. 1, 255 ff.; Hoffmann, a. a. O. in der Vorrede und in den Ueberschriften über den einzelnen Liedern und besonders Gödeke's Grundriss S. 123 ff.

aus früherer Zeit, wo man doch gewiss eben so selten, wo nicht seltener als epische, lyrische Volksgesänge aufschrieb, besitzen wir nicht wenige Lieder von volksmässigem Charakter, die damals, wie es scheint, weit verbreitet waren und vielfach gesungen wurden[3], wie deren eine Menge, und darunter auch wohl ältere, die von der Augsburger Nonne Clara Hätzlerin[4] 1471 geschriebene und nach ihr benannte Handschrift[5] enthält. Selbst viele von denen, die uns erst das sechzehnte Jahrhundert überliefert hat, mögen lange vor dem Niederschreiben und Drucken entstanden und gesungen sein, wie denn ja noch bis in die neuere Zeit herein eine eben nicht geringe Anzahl alter Lieder sich bloss in mündlicher Fortpflanzung erhalten hat. Daher lässt sich auch von den allerwenigsten Ueber- bleibseln des weltlichen lyrischen Volksgesangs dieses Zeitraums[6] das Alter genau angeben[7], und eben so mangelt es bei der über- grossen Mehrzahl an jeder nähern Hindeutung auf ihre Verfasser[8]. — Was ihren Inhalt betrifft, so ordnen sie sich darnach zuvörderst in drei Abtheilungen, je nachdem sie entweder als individueller Ausdruck menschlicher Leidenschaft, Empfindung und Betrachtung überhaupt anzusehen, oder durch die allgemeinen Zustände des öffentlichen Lebens, durch besondere Ereignisse in demselben und einzelne dabei vorzüglich betheiligte Personen hervorgerufen sind, oder in näherem Bezuge zu dem eigenthümlichen Leben und Treiben einzelner Stände im Volke stehen.

---

3) Eine Uebersicht handschriftlicher Sammlungen von Volksliedern (weltlichen und geistlichen) aus dem 15. Jahrhundert nebst einigen Auszügen und der Nach- weisung des daraus anderwärts Gedruckten gibt Hoffmann, Fundgruben 1, 328 ff. (vgl. auch v. Aufsess' und Mone's Anzeiger 1832, Sp. 14 f.; 1836, Sp. 333 ff.).
• 4) Ihr Name steht auch unter andern Handschriften des 15. Jahrhunderts; vgl. Wilkens, Geschichte der Heidelberg. Büchersammlung S. 488, Nr. 475; S. 519, Nr. 677.   5) Herausgegeben unter dem (wenig passenden) Titel „Lie- derbuch der Clara Hätzlerin" von K. Haltaus, Quedlinburg und Leipzig 1840. 8. Daselbst sind auch S. XXXVIII ff. aus einer andern Handschrift, die zum grossen Theil dieselben Lieder enthält, die Abweichungen in den Texten, so wie die Stücke angegeben, die anderwärts in Handschriften oder gedruckten Büchern zu finden sind.   6) Was davon in neuerer Zeit gedruckt ist, findet man grössten- theils in den § 150, 3 angeführten Zeitschriften, Sammelwerken und Liederbü- chern, bei Haltaus a. a. O., Ph. Wackernagel, das deutsche Kirchenlied S. 837 ff., Hoffmann, die deutschen Gesellschaftslieder des 16. und 17. Jahrhunderts, Leipzig 1844. 12. (3. Aufl. 1869. 8.), bei v. Reiffenberg, Nouveaux souvenirs d'Allemagne. Brüssel und Leipzig 1843 und in Gödeke's Grundriss S. 129 f.   7) Dasselbe gilt auch von den meisten vor die Reformationszeit fallenden religiösen Volksliedern.
8) Was § 150 über die Herkunft der epischen Lieder bemerkt ist, findet im Ganzen auch Anwendung auf die lyrischen, nur dass hier die Schlussstrophen von den Urhebern, wenn überhaupt etwas, doch nicht leicht mehr als den Stand angeben oder das Geschlecht: denn auch auf Dichterinnen weisen sie bisweilen.

§ 157.

Unter diesen drei Klassen befasst — aa) die erste nicht nur
die meisten, sondern auch die schönsten Stücke. Freilich finden
sich unter der grossen Zahl auch viele mittelmässige und schlechte;
viele sind durch eine zu grobe Sinnlichkeit entstellt oder arten geradezu ins Zotenhafte aus[1]. Solche unsaubere Gesänge giengen
besonders von sittenlosen Geistlichen und Mönchen aus und wurden
von ihnen auch bei Gelagen und Schmausereien oft gesungen, wie
diess nicht nur das häufig in sie eingemischte Latein[2], sondern auch
die von Fischart[3] mitgetheilten Proben von Liedern aus dem Klo-
ster- und Pfaffenleben bezeugen. Das Aergerniss, das so entartete
Schösslinge der Liederpoesie bei vielen erregen mussten, mag nicht
zum geringen Theil den Eifer verschuldet haben, mit dem ernster
und frömmer gesinnte Geistliche und Laien das weltliche Volkslied
überhaupt verfolgten. Sie hielten es, das erzählende nicht minder,
als das lyrische, für sündhaft und gottlos und vom Teufel einge-
geben[4]. So ergeht sich ein Prosastück des fünfzehnten Jahrhunderts[5]
in den härtesten Anschuldigungen gegen die beim Tanze gesungenen
Schamperlieder[6] und gegen die, welche sie dichten und vorsingen;
so sind die Vorreden zu den alten gedruckten Sammlungen geistlicher Lieder der Katholiken und besonders der Protestanten voll
von Anfeindungen des weltlichen Gesanges, ja diesen beim Volke
zu verdrängen, oder ihm mindestens entgegenzuwirken, war mit ein
Hauptzweck bei der Herausgabe solcher Liederbücher[7]. — Es lassen
sich in dieser ersten Klasse wieder mehrere Liederarten unterscheiden, von denen die wichtigsten sind: — α) das Liebeslied, auch
in diesem Zeitraum die vornehmste aller weltlichen lyrischen Dichtarten, indem keine andere ihr zugleich an Lebensfülle und Lebensfrische, an Reichthum innerer Entfaltung, Mannigfaltigkeit der
Formen und Anschaulichkeit der Darstellung gleich kommt, und

---

§ 157. 1) Namentlich gilt dies vom Liebesliede; auch das Trinklied verfällt
mitunter in einen rohen und gemeinen Ton. Mehrere Belege dazu aus beiden
Liederarten finden sich in der Handschrift des 15. Jahrhunderts, die v. Fichard
im Frankfurt. Archiv 3, 203—323 zum grössten Theil hat abdrucken lassen.
2) S. § 155, 38.   3) In der Geschichtklitterung, Cap. 4.   4) Wie
schon im 9. Jahrhundert Otfried (§ 46, 4) und im 13. Bruder Berthold (vgl. altd.
Blätter 2, 120).   5) „Was Schaden Tanzen bringt" (gedruckt in den altd.
Blättern 1, 52 ff.) S. 53 und 55.   6) Vgl. Weinhold, die deutschen Frauen
S. 370, und Keller, Nachlese zu den Fastnachtspielen S. 342, unten.   7)
Vgl. die Vorreden der alten Gesangbücher bei Ph. Wackernagel, das deutsche
Kirchenlied S. 788a; 791a; 793; 796b; 799b; 808a; 809a; 812b; 820b, und Ger-
vinus 3², 22 f. (3⁴, 20 f.)

nur wenige mit ihr die meisten dieser Vorzüge theilen'. In ihrer geschichtlichen Entwickelung lässt sich auch am deutlichsten der Zusammenhang der volksmässigen Lyrik dieser Zeiten mit der ältern höfischen wahrnehmen. Der Uebergaug dieser in jene zeigt sich schon in den von der Limburger Chronik aufbewahrten poetischen Bruchstücken, die grossentheils Liebesliedern entnommen sind, und von denen diejenigen, bei denen kein Verfasser genannt ist und die unter dem Volke gesungen wurden, durch Ton und Farbe theils dem ältern Minneliede, theils dem spätern Volksliede verwandt erscheinen, während man in den ersten Versen, welche dem Ritter Reinhard von Westerburg' (um 1340) beigelegt werden [10], geradezu eine Abkehr von dem alten sentimentalen Frauendienst gewahrt, wie auch in dem darauf folgenden Anfange eines andern Liedes, welches jener Ritter, als er von Kaiser Ludwig seines un-minniglichen Gesanges wegen getadelt worden, zur Besserung seines Fehls dichtete, nicht sowohl der Ausdruck wahrer Liebespein, als vielmehr eine Verspottung des alten Tons der Minnepoesie heraus-klingt. Allein allgemein aufgegeben war damals dieser Ton gewiss noch nicht. Wurde doch schon viel früher die übertriebene Senti-mentalität und vorgebliche Liebesnoth einzelner adeliger Dichter von andern, die derber und natürlicher fühlten, verspottet [11]. Noch be-stimmter als in jenen Bruchstücken lässt sich aber der Uebergang verfolgen in den lyrischen Poesien dreier namhafter Dichter aus dem Ende des vierzehnten und dem Anfange des fünfzehnten Jahrhun-derts, Hugo's von Montfort, Muscatblüts [12] und Oswalds von Wolkenstein. Hugo VIII, Graf von Montfort [13], Herr zu Bregenz, geboren 1357, gestorben 1423, schlägt in seinen lyrischen Gedichten, zu denen ihm einer seiner Diener, Burg Mangolt,

---

8) Ueber das Liebeslied vgl. Uhlands Schriften zur Geschichte d. Dichtung und Sage 3, 283—519.   9) Vgl. über ihn Martin in Haupts Zeitschrift 13, 372 f. und Lehmann, Geschichte und Genealogie der Dynasten von Westerburg, Wiesbaden 1866. 8.   10) Koch a. a. O. 2, 69 f.; Rossel's Ausgabe S. 14. 11) Vgl. v. d. Hagens MS. 3, 332 unter Gedrut und 2, 173a.   12) Vgl. § 154, 15.   13) Vgl. über ihn besonders Weinhold, über den Dichter Graf Hugo VIII von Montfort, Herren zu Bregenz und Pfannberg, Gräz 1857. 8. (Aus den „Mittheilungen des histor. Vereines für Steiermark", 7. Heft); vgl. dazu v. Aufsess' Anzeiger 1832, Sp. 175; 1833, Sp. 251 f. und Gervinus 2², 220 ff. (2³, 426 ff.). Aus der Heidelberger Hs. 329, die seine Gedichte enthält, sind Auszüge gedruckt in Fr. Adelungs fortgesetzten Nachrichten. S. 215 ff. und in v. Aufsess' und Mone's Anzeiger 1833, Sp. 251 f.; 296 f.; 1834, Sp. 200 f.; drei vollständige Stücke in Liederform bei Wackernagel, altd. LB.² 949 ff. (zwei Ge-dichte LB.⁴ 1151 ff.) und in der deutschen Litteraturgeschichte von G. und F. Scholl, 1, 453 ff.; noch anderes in Pischons Denkmälern 2, 127 ff. und bei Wein-hold S. 39 ff.

die Weisen machte, so wie in seinen übrigen Sachen[11] noch oft
den alten Ton des Minneliedes an, woneben sich aber der frischere
des Volksliedes bei ihm vernehmen lässt[12]. Gleiches gilt von Oswald von Wolkenstein[16], einem Tiroler, geboren 1367, gestorben 1445, der ein unstätes Wanderleben führte und in seinen zahlreichen Gedichten alle Richtungen der lyrischen Poesie eingeschlagen
hat. In den Liedern der drei genannten, so wie in andern wohl
ziemlich gleichzeitigen oder wenig jüngern, die namenlos auf uns
gekommen sind[17], kehren nicht nur allgemeine Züge der mittelhochdeutschen Minnepoesie wieder, sondern auch besondere Formen und
Behandlungsarten — wie die Tageweise oder das Wächterlied, von dem
zahlreiche, zum Theil recht hübsche Beispiele im Liederbuch der
Hätzlerin stehen[18], die Tanzlieder oder Reien, Wechselgesänge Liebender, Botenlieder, Neidharte[19] etc. — sind festgehalten[20] und
ziehen sich zum Theil bis in das volksmässige Liebeslied des sechzehnten Jahrhunderts herein[21]. — β) das Frühlings- und Som-

---

14) Er hat auch geistliche Lieder, Spruchgedichte oder sogenannte Reden
und Briefe verfasst.   15) Ueber seine dichterische Begabung und Kunst vgl.
Weinhold a. a. O. S. 23 ff.; über die Gattungen, worin er gedichtet, S. 27 f.
16) Ausgabe seiner Werke von Beda Weber (mit Einleitung, Wörterbuch und
Lesarten). Innsbruck 1847. 8. Dazu vgl. B. Webers Monographie, Oswald von
Wolkenstein und Friedrich mit der leeren Tasche, Innsbruck 1850. 8. Eine
kritische Ausgabe wird von Zingerle vorbereitet; als Vorläufer erschien: Beiträge
zur älteren tirolischen Literatur I. Oswald von Wolkenstein, Wien 1870. 8. Vgl. auch
Zingerle, Margarethe von Schwangau (Oswalds zweite ihn überlebende Frau) in der
Germania 16, 75 ff.; Hoffmann, Fundgruben 1, 23s (und Verzeichniss der Wiener Handschriften S. 174; vgl. Haltaus a. a. O. S. XIV ff.); daselbst auch S. 330 f. drei lyrische
Stücke, die Hoffmann ihm abspricht, Wackernagel, L.B.[2] 955 f. aber unter seinem Namen
giebt (das zweite ist nur der Anfang eines Liedes, die beiden ersten Stollen: voll-
standig steht es im Liederbuch der Hätzlerin S. 65 f.); ein viertes in v. Aufsess'
Anzeiger 1832, Sp. 212; zwei bei Wackernagel, altd. L.B.[1] 1155 f.; ein Paar andere im Liederbuch der Hätzlerin gedruckte Lieder können von ihm sein; vgl.
Haltaus a. a. O. S. XVI. — In mehreren Handschriften, die zumeist deutsche,
von dem Mönch von Salzburg (vgl. § 158) herrührende Bearbeitungen lateinischer
Hymnen und Sequenzen enthalten, werden dem Wolkensteiner auch einige Stücke
der Art beigelegt; vgl. Mone's Anzeiger 1838, Sp. 578; Hoffmann, Verzeichniss der Wiener Handschriften S. 172; altd. Blätter 2, 325.   17) Ueber
die gedruckten gibt § 156, 3 Nachweisungen.   18) Vgl. Bartsch, die
romanischen und deutschen Tagelieder S. 45 ff.   19) Vgl. § 149, 41.
20) Eine beliebte Form des Liebesliedes scheint im 14. und 15. Jahrhundert
auch die des Neujahrswunsches gewesen zu sein: bei der Hätzlerin finden sich
mehrere S. 57 ff. (Auch als Briefe in kurzen Reimpaaren wurden solche Wünsche
der Geliebten gesandt; s. ebendaselbst S. 196 ff., vgl. auch Grimm, Mythologie[2]
S. 716). Vgl. über diese Gattung besonders Schade im Weimar. Jahrbuch 2, 75
bis 147 (Klopfan, Ein Beitrag zur Geschichte der Neujahrsfeier), wo eine Menge
derartiger Gedichte mitgetheilt sind..   21) Vgl. Heidelberger Jahrbücher 1810,

merlied, als Ausdruck der Freude an der Natur, jetzt schon öfter
selbständig, und mit Glück, behandelt, obgleich auch noch häufig,
wie in früherer Zeit, sich mit dem erotischen berührend oder ver-
schmelzend. — γ) das Trinklied, das in der vorigen Periode
noch gar nicht vorkam", in dieser dagegen desto besser gedieh.
Denn die Zahl der namentlich im sechzehnten Jahrhundert gaug-
baren, den Wein preisenden und zur Erhöhung seines Genusses
gesungenen Lieder muss, wovon man sich am besten aus dem achten
Capitel von Fischarts Geschichtklitterung überzeugen kann, ausserordentlich gross gewesen sein. Viele davon sind auch noch auf
uns gekommen, entweder ganz oder bruchstücksweise. Sie stehen
im Allgemeinen den Liebesliedern rücksichtlich des poetischen Werthes am nächsten: nicht wenige sind höchst geistreich und witzig
in der Erfindung und von unübertrefflicher Belebtheit und sinnlicher
Frische in der Ausführung. Verwandt mit ihnen im Inhalt, wenn
auch in nicht lyrischer Form, sind die in kurzen Reimpaaren abgefassten Weingrüsse und Weinsegen von Hans Rosenblüt"
und anderen", und ebenso berühren sich damit die Schmauselieder, die schon in der mittelhochdeutschen Zeit üblich", auch jetzt

S. 45 ff. Wächterlieder und Tageweisen kommen u. a. bei G. Forster a. a. O.
und sonst vor; vgl. Ph. Wackernagel, Kirchenlied S. 840 f.; 556 f.; Hoffmann,
Gesellschaftslieder S. 51 f. Noch viel länger erhielten sich die Tauzlieder oder
Reien; vgl. Bragur 3, 225 ff. und Schmeller, baier. Wörterbuch 3, 499 f.
22) Wenigstens hat sich kein eigentliches Weinlied in deutscher Sprache aus
so früher Zeit erhalten. Wahrscheinlich fand etwas Aehnliches, wie in der Nor-
mandie, wo bis auf Basselins Zeit (Ende des 14. und Anfang des 15. Jahrhunderts), der die Vaux de Vire in der französischen Poesie aufbrachte, beim Weine
Mären erzählt oder Liebeslieder gesungen wurden (A. W. Strobel, Mittheilungen
aus dem Gebiete der alten Litteratur des nördlichen Frankreichs, Strassburg
1834. 8., 1, 21—24), auch in Deutschland statt. Aber lateinische Trinklieder
waren hier wohl schon früher bekannt: das berühmte Mihi est propositum etc.
nach der Vermuthung des Recensenten in der N. Jen. Litter. Zeitung 1843. Nr.
214. S. 866 vielleicht schon vor 1167. Dem Trinkliede durch den Inhalt verwandt sind auch Gedichte wie der Weinschwelg, das Selbstgespräch eines
Alleinzechers vor seiner Kanne (gedruckt in den altd. Wäldern 3, 13 ff., in Wak-
kernagels altd. LB. und mit Erläuterungen herausg. von Vernaleken in der Germania 7, 211—221), im 13. Jahrhundert, aber nach 1260 gedichtet (wo die Schule
von Treviso [vgl. V. 300] gestiftet wurde. Vernaleken a. a. O. S. 210), und das
schwächere Seitenstück, der Weinschlund (herausgeg. von Pfeiffer in Haupts
Zeitschrift 7. 405 ff.). 23) Am vollständigsten und besten herausgegeben von
Haupt in den altd. Blättern 1, 401 ff. (darnach Proben bei Wackernagel, altd.
LB.² 1009 ff. (¹ 1191 ff.); weniger gut von Herder im d. Museum 1780. 2, 483 ff.;
vgl. Keller, Fastnachtspiele S. 1168, und Nachlese S. 333. 24) Eine Reihe
nicht rosenblütischer, die vielleicht erst ins 16. Jahrhundert gehören, enthält eine
Dresdener Handschrift (Nr. 58 d); s. die Anfänge bei Keller, Fastnachtspiele S.
1343 f. 25) Vgl. § 112, 17.

fortdauerten, besonders die sogenannten Martinslieder[26]. — ð) das ermahnende, belehrende und rügende Sittenlied, so wie das ernsthaft oder humoristisch reflectirende und räsonnirende Lied: sie ertheilen bald Lebensvorschriften überhaupt, bald Verhaltungsregeln für einzelne Verhältnisse und Lagen; oder sie geben die Eindrücke wieder, die der Weltlauf im Allgemeinen oder besondere Nöthe und Verlegenheiten im menschlichen Gemüth hervorbringen; oder sie preisen die Sinnesart an, mit der man am leichtesten und besten durch die Welt komme etc. Auch unter den Gedichten dieser Art gibt es manche vortreffliche, zumal unter denen, die in einem heitern, launigen Tone gehalten sind, und auch hier ist der allmählige Uebergang von dem kunstmässigen Liede des dreizehnten Jahrhunderts zu dem rein volksmässigen der spätern Zeit in einer Reihe von lyrischen Gedichten sehr deutlich wahrzunehmen, die, obgleich sie von Meistersängern abgefasst sind, doch in den Handschriften mitten unter eigentlichen Volksliedern von anderm Inhalt stehen. Dahin gehören namentlich die Lieder von Suchensinn[27], von Georg Schilher[28] und mehrere anonyme im Liederbuche der Hätzlerin[29]. — bb) Die Lieder der zweiten Klasse, die man unter der allgemeinen Benennung der politischen zusammenfassen kann, und von denen sich manche sehr nahe mit den auf geschichtliche Begebenheiten und Personen bezüglichen erzählenden Volksgesängen berühren, sind theils Preis- und Loblieder, theils Mahn-, Rüge-, Schelt-, Spott- und Hohnlieder. Von den ältern sind besonders die an Deutschlands Fürsten und Ritterschaft gerichteten Mahn- und Rügelieder bemerkenswerth, welche die durch die Türken dem Abendland drohende Gefahr hervorrief. Die jüngern, welche die Mehrzahl bilden, gehören grösstentheils der Reformationszeit an[30]: wo sie nicht auf Verherrlichung oder Herabsetzung und Verunglimpfung der damaligen Lieblingshelden des Volkes ausgehen, enthalten sie hauptsächlich entweder Angriffe gegen den Papst und das gesammte katholische Kirchenwesen, oder sie bekämpfen den Kaiser in seinem Streben wider die deutsche Freiheit[31]. Im Ganzen sind die Stücke dieser Klasse[32] eben nicht zahlreich, und der dich-

---

26) Vgl. Fischart a. a. O. Cap. 4; Hoffmann, Kirchenlied S. 167 und Gesellschaftslieder S. 175 ff.; v. Liliencron in Haupts Zeitschrift 6, 115.   27) Vgl. § 154, 14.   28) In dem Münchener Meistergesangbuch Jörg Schiller; v. d. Hagens MS. 4, 907 a; Bartsch, Meisterlieder S. 186 f.; drei geistliche Meistergesänge von ihm stehen bei Ph. Wackernagel, Kirchenlied 2, 810 ff. 29) Nr. 28; 122—124; anderes in v. Fichards Handschrift.   30) Vgl. Hallersleben, zur Geschichte des patriotischen Liedes, im Arnstädter Gymnasialprogramm 1855, S. 14 ff.   31) Vgl. Joh. Voigt, über Pasquille, Spottlieder und Schmähschriften aus der ersten Hälfte des 16. Jahrhunderts. in v. Raumers histor. Taschenbuch 1838, S. 321 ff.   32) Mehrere stehen unter den durch

terische Gehalt der meisten ist ziemlich unerheblich.³²　— cc) In die
dritte Klasse³⁴ fallen diejenigen Jägerlieder und Bergreien, die
ganz eigentlich die Freuden und den Preis des Jäger- und Berg-
mannslebens zum Gegenstand haben, da ausserdem noch viele der
Liebesromanze, dem Liebesliede und andern Liederarten, weltlichen
und geistlichen, beizuzählende Stücke mit einer jener beiden Benennungen bezeichnet zu werden pflegen³⁵, und dann die Studenten-
und Soldatenlieder und die Lob- und Spottlieder auf die
verschiedenen Handwerke. Diese Arten des volksmässigen Gesanges scheinen sich unter allen am spätesten entwickelt zu haben³⁶,
und wenn man einzelne Stücke ausnimmt, so hat sich auch keine
in ihren Erzeugnissen über das Mittelmässige erhoben, obschon die
in ihnen wahrnehmbare charakteristische Ausprägung der Lebens-
und Empfindungsweise der Stände, von denen sie ausgegangen
sind; oder auf die sie sich beziehen, sie immer merkwürdigmacht.

§ 158.

b) Volksmässiges geistliches Lied¹. — Für die Entwicke-

---

von Soltau und Körner herausgegebenen historischen Volksliedern, so wie
in Wolffs Sammlung. Eine Anzahl Lieder aus der Reformationszeit, die
zugleich religiös und politisch sind, findet sich zerstreut bei Ph. Wackernagel, das deutsche Kirchenlied. Die reichhaltigste Sammlung von Satiren
und Pasquillen aus der Reformationszeit ist die von Schade. 3. Bde.
Hannover 1856 ff. 8., darunter gehört aber der kleinste Theil der Lyrik an.
33) Ein Grund davon darf, wenigstens für die Spott-, Schmäh- und Hohnlieder
aus der ersten Hälfte des 16. Jahrhunderts, in den strengen Verboten gesucht
werden, die seit 1524 der Kaiser durch die Reichstage gegen das Drucken und
Verbreiten von Pasquillen und Schmähschriften wiederholentlich erliess; vgl.
J. Voigt a. a. O. S. 351 ff.　　　34) Bei ihr verweise ich nochmals auf Bragur
3, 207 ff., auf Hoffmanns Sammlungen und v. Soltau a. a. O. S. LXXIII ff.
35) Man vgl. das über eine alte Sammlung von Bergreien in Mone's Anzeiger
1839, Sp. 358 ff. Mitgetheilte (es ist diess die von Schade herausgegebene Sammlung: Bergreien, eine Liedersammlung des 16. Jahrhunderts, Weimar 1854. 8.,
nach dem Exemplar der Weimar. Bibliothek, von 1534, dem einzigen dieses ältesten Liederbuches, denn eine ältere Sammlung von 1531 ist noch nicht aufgefunden)
und Gödeke's Grundriss S. 123 f. Ueber eine unbekannte Ausgabe vom Jahre 1574
vgl. Hoffmann von Fallersleben, Findlinge S. 71 ff. — Eigentlich bergmännische Lieder
enthält die zweite Abtheilung des 2. Hefts der von M. Döring herausgegebenen
„Sächsischen Bergreyhen", Grimma 1840. 12., wozu eine Nachlese gab R. Köhler,
alte Bergmannslieder, Weimar 1858. 12. Ursprünglich bezeichnete Bergreien wirklich die Lieder der Bergknappen, die durch das ganze Land zogen, und wurde
so ein allgemeiner Ausdruck für Volkslied: vgl. Wackernagel, Johann Fischart
S. 20.　　　36) Indessen kommt selbst schon von den Spottliedern auf Handwerke ein frühes Beispiel vor in dem „bösen Lied von der Gaiss", das gegen die
Schneider zu singen im Jahre 1469 zu Regensburg verboten ward; vgl. Schmeller,
baier. Wörterbuch 2, 73; Schade im Weimar. Jahrbuch 4, 320 ff. und besonders dessen deutsche Handwerkslieder, Leipzig 1865. 8.

§ 158. 1) Zu diesem und dem folgenden § vergl. die beiden ersten Theile

lung des religiösen Volksgesanges waren schon die beiden der Reformation zunächst voraufgehenden Jahrhunderte darum günstiger
als frühere Zeiten, weil er nicht mehr ganz von dem kirchlichen
Haupt-Gottesdienst ausgeschlossen blieb.   Denn bereits im vierzehnten wurden bei demselben hier und da von der Gemeinde deutsche
Lieder oder Leisen[2] angestimmt[3], und im fünfzehnten muss dieser
Gebrauch immer allgemeiner geworden sein[1], wenn er auch gewiss lange bei dem Clerus mehr Duldung als Vorschub erfuhr, da
erst im Jahre 1492 eine Provinzialsynode den Beschluss fasste,
dass es in Zukunft selbst Geistlichen erlaubt sein sollte, nach
der Messe statt lateinischer Responsorien ein deutsches Lied zu
singen[5], und kaum viel früher der alte weit verbreitete Ostergesang

von Rambachs Anthologie christl. Gesänge aus allen Jahrhunderten der Kirche,
Altona 1816—22. 4 Bde. S., Hoffmann, Geschichte des deutschen Kirchenliedes S. 62 ff. (3. Ausg. 73 ff.), K. E. Ph. Wackernagel, das deutsche Kirchenlied von Martin Luther bis auf Nic. Hermann und Ambr. Blaurer. Stuttgart 1841.
4. und dessen grösseres Werk, das deutsche Kirchenlied von der ältesten Zeit
bis zum Anfang des 17. Jahrhunderts (bis jetzt 3 Bde.), Leipzig 1864—70. gr. 8., so
wie, was die Quellennachweise betrifft, desselben Bibliographie zur Geschichte
des deutschen Kirchenliedes im 16. Jahrhundert, Frankfurt a. M. 1855. gr. S.
und die Ergänzungen dazu im 1. Bde. seiner neuen Bearbeitung des deutschen
Kirchenliedes. Ausserdem Frantz, Geschichte der geistlichen Liedertexte vor der
Reformation mit besonderer Rücksicht auf Deutschland, Halberstadt 1853; Hom-
mel, geistliche Volkslieder aus alter und neuer Zeit. Leipzig 1864. 8.; 2. Auflage
1871; Koch, Geschichte des Kirchenliedes und Kirchengesanges der christlichen
und insbesondere der deutschen evangelischen Kirche, 3. Aufl. 1.—7. Band. Stuttgart 1866—71. 8.; und Schletterer, übersichtliche Darstellung der kirchlichen
Dichtung und geistlichen Musik. Nördlingen, 1866. 8. so wie desselben Geschichte
der geistlichen Dichtung und kirchlichen Tonkunst. 1. Band, Hannover
1869. 8.   2) S. § 113, Hoffmann a. a. O. S. 68 (3. Ausg. 76 f.) und
Wackernagel a. a. O. S. 770 b.   3) Nach einer Urkunde, auf die sich Rambach 1, 381 beruft, soll diess in Baiern schon im Jahre 1323 geschehen sein;
vgl. Hoffmann, S. 66; 75 (3. Ausg. 75). Diese Angabe soll nach dem Anzeiger
f. Kunde d. d. Vorzeit 1854, Sp. 141 ff. auf einem Druckfehler beruhen für 1523,
denn in diesem Jahre habe Oekolampadius die ganze Ordnung der Messe in deutscher Sprache erscheinen lassen. und diese Ordnung sei wohl jene Urkunde. Aber
die Sache selbst ist um so weniger zu bezweifeln, als schon im 12. Jahrhundert
deutsche Lieder beim Gottesdienste gesungen erwähnt werden; vgl. die Predigt-
bruchstücke, welche Grieshaber in der Germania 1, 441 ff. mitgetheilt, und oben
§ 113, S. 230. In dem alten Osterliede aus dem 14. Jahrhundert, das Konrad
von Queinfurt beigelegt wird (s. Anm. 18), heisst es Str. 5: *lât klingen hellen
süezen klanc, ir lein in kirchen, ir pfaffen in den koeren, zem widergelt si iur
gesanc. nu singet: Christus ist erstanden wol hiute von des tôdes banden.*
4) Diess bezeugen unter andern auch die Ueberschriften und Vorbemerkungen
über nicht wenigen Liedern, die Ph. Wackernagel aus dem Psalter ecclesiasticus
durch G. Witzel aufgenommen hat, namentlich die Vorbemerkungen zu Nr. 128.
131. 136. 143. 144. Vgl. auch Hoffmann a. a. O. S. 106 ff., 3. Ausgabe 178 ff.
    5) Diese Synode wurde zu Schwerin gehalten. Sie stellte zunächst fest, dass

„Christ ist erstanden", der schon im vierzehnten Jahrhundert wohl bekannt gewesen sein muss, als zur Liturgie gehörig, allgemeinere Aufnahme in die lateinische Agende fand*. Viel häufiger jedoch als in der Kirche scheint man noch immer geistliche Volkslieder bei der häuslichen Andacht und bei solchen öffentlichen Veranlassungen gesungen zu haben, bei welchen sie bereits in früheren Zeiten üblich waren[7]. Besonders scheint man den Gesang solcher Lieder oder Leisen, die allgemein bekannt waren, auch bei der Darstellung geistlicher Schauspiele geliebt zu haben. Sie wurden dann entweder von der ganzen Versammlung, Darstellern und Zuschauern zugleich, an geeigneter Stelle, zumal im Anfange oder am Ende des Stücks,* oder von Chören der spielenden Personen allein angestimmt*. Dass nun aber auch alle lyrischen Gedichte von religiösem Inhalt und volksmässiger Form, die bis zum Anfang des sechzehnten Jahrhunderts entstanden, wirklich einmal bei einer oder der andern Art gottesdienstlicher Handlungen zu allgemeinerer Anwendung gekommen seien, lässt sich keineswegs behaupten. Was sich davon entweder vollständig oder bruchstücksweise erhalten hat[10], ist theils als unmittelbare und selbständige Fort- und Umbildung des ältern religiösen Volks- und Kunstgesanges zu betrachten, theils ist es andern Ursprungs und in früher, so viel wir wissen, noch nicht dagewesener Weise abgefasst. Zu den Ueberbleibseln der ersten Art gehören vornehmlich Lieder, die zu Weihnachten, Ostern und Pfingsten, in der Passionszeit, an Marienfesten und an andern Feiertagen, auf Bittgängen, Pilgerfahrten etc. gesungen zu werden

der Priester, wenn er das Amt der Messe gesungen, die nach den Beschlüssen der heiligen Canones vorgeschriebenen (lateinischen) Stücke (Gloria in excelsis, das Credo etc.) singen sollte, ohne etwas wegzulassen, zu mindern oder abzuschneiden; „oder, heisst es weiter, es sollen die Geistlichen (Clerici), die eben gegenwärtig sind, ein anderes Responsorium oder ein deutsches Lied (carmen vulgare) statt der oben angeführten auf der Orgel oder im Chore singen." Vgl. Hoffmann a. a. O. S. 115 f. (3. Ausg. S. 192 f.), wo dieser Synodalbeschluss auch im Originaltext zu finden ist; so wie S. 370 der dritten Ausgabe.   6) Vgl. Hoffmann a. a. O. S. 53—57; 116 ff.   7) Vgl. § 43 und 113.   8) Vgl. Hoffmanns Fundgruben 2, 285, 14 f.; 336, 7 ff., Geschichte d. d. Kirchenliedes S. 109 f. (3. Ausg. S. 76 f.), Mone's altdeutsche Schauspiele S. 144, 1178 f. und Ph. Wackernagel, Kirchenlied 2, 341 ff.   9) Wie in dem ersten der von Mone herausgegebenen Stücke (S. 31—42); hier singen zuerst die taufenden Apostel, dann die Täuflinge Strophen allbekannter geistlicher Lieder, aber nur die letztern chorweise und in deutscher Sprache, während von den Aposteln jeder einzeln und lateinisch singt.   10) Manches ist schon früh gedruckt, entweder auf fliegende Blätter oder in Sammlungen (die älteste bekannte ist die Heidelberger vom Jahre 1494); vgl. Hoffmann, Kirchenlied S. 174 ff. (3. Ausg. S. 450 ff.) und Wackernagel S. 718 ff. Ueber Handschriften, in denen sich vor der Reformation entstandene geistliche Lieder finden, s. Banga in v. Aufsess' Anzeiger 1833, Sp. 268 ff.; vgl. auch Mone's Anzeiger 1838, Sp. 577 ff.; 1839, Sp. 347 ff. Vieles aus

pflegten[11]. Dann die Stücke, welche nicht sowohl, wie jene, aus dem allgemeinen religiösen Volksleben hervorgegangen sind, als vielmehr, gleich den ältern Ketzerliedern, den besondern ascetischen Stimmungen und Richtungen einzelner Secten ihren Ursprung verdanken. Hier sind namentlich zu erwähnen die Leisen oder Bussgesänge der Geiselbrüder oder Flagellanten, deren Auftreten sich bereits in die vorige Periode erstreckt, indem schon 1260 die Geiselschwärmerei sich von Italien aus nach Deutschland verbreitet hatte. Wenn sie hier auch nur kurze Zeit dauerte, so muss doch von den damals aufgenommenen Bussliedern manches in lebendiger Erinnerung geblieben sein; wenigstens kehren die drei Zeilen, die uns aus jenen allein überliefert worden sind, in den Gesängen der spätern Flagellanten wörtlich oder nur mit geringen Abweichungen wieder[12]. Nachhaltiger wirkend treten sie um die Mitte des vierzehnten Jahrhunderts (1349—50) auf, als die Pest so grosse Verheerungen anrichtete, und durchzogen scharenweise das Land[13]. Sodann die gleichfalls mit dem Anfang dieses Zeitraums anhebenden Lieder der Mystiker[14], namentlich Johann Taulers, dessen Lieder jedoch, wenn sie wirklich von ihm herrühren, uns nur in stark überarbeiteter Gestalt erhalten sind[15]. Ferner einzelne lyrische

Handschriften oder alten Drucken steht in guten Texten bei Hoffmann, die vollständigste Sammlung alles Bekannten ist die von Ph. Wackernagel.

11) Hierher rechnet unter den von ihm mitgetheilten Stücken Wackernagel besonders Nr. 127—148; 163 und 164.   12) Vgl. Hoffmann S. 82 f. (3. Ausg. S. 132 ff.)   13) Ueber sie und die auf sie bezüglichen Schriften s. Hoffmann S. 79 ff. (3. Ausg. S. 130 ff.), wo auch ihre Gesänge, so weit sie sich erhalten haben, eingefügt sind. Den vollständigsten Bericht über die Geisler und ihre Lieder enthält Closeners Strassburger Chronik (er ist mitgetheilt bei Hoffmann 3. Ausg. S. 134 ff.): früher kannte man nur den unvollständigeren bei Closeners Fortsetzer Jacob Twinger von Königshofen. Einen andern Bericht enthält die Limburger Chronik (Rossel S. 16 ff., auch bei Hoffmann S. 141 ff.). Selbständig hat sich von den von ihnen gesungenen Leisen (s. § 140, 22) nur eines erhalten, und zwar in einer stark ans Niederländische streifenden Fassung (mitgetheilt von Massmann, Erläuterungen zum Wessobrunner Gebet S. 44 ff., und bei Wackernagel a. a. O. Nr. 723); ins Mittelhochdeutsche umgeschrieben bei Hoffmann, 3. Ausg. S. 145 ff. Die Geislerlieder stehen auch bei Ph. Wackernagel, Kirchenlied 2, 333 ff.   14) Vgl. § 129. Mehrere anonyme tiefsinnige mystische Lieder sind im Anhang von Bartschens Ausgabe der Erlösung mitgetheilt; so eines in dialogischer Form, ein Gespräch zwischen Gott und der Seele (S. 214 ff.), eine beliebte Form, die auch in der minnenden Seele (S. 216 ff.) und in dem Minnespiegel (S. 242 ff., übersetzt von A. Freybe, Ein Seel vor Gottes Füssen lag, Leipzig 1870. 8.) wiederkehrt.   15) Das bekannteste der ihm beigelegten Lieder, gemeiniglich in einem so stark überarbeiteten Texte gedruckt (bei Rambach 1, 404; Wackernagel Nr. 119), dass Banga (a. a. O. Sp. 268) jeden Antheil Taulers daran bezweifeln konnte, gibt in einer viel alterthümlichern Gestalt Wackernagel Nr. 729. Voran gehen lässt er ihm fünf andere Lieder Taulers (Nr. 724—728), entnommen der Kölner Ausgabe seiner Werke (1543. fol.), die sie uns

Gedichte geistlichen Inhalts, die im Ganzen einen volksmässigen Charakter haben, in denen aber noch mehr oder weniger der Ton des alten religiösen Kunstgesanges nachklingt, worunter eins der ältesten, ein zu seiner Zeit viel gesungenes Tagelied von der heiligen Passion, um die Mitte des vierzehnten Jahrhunderts ein Ritter gedichtet haben soll. So berichtet die Limburger Chronik zum Jahre 1356, und theilt den Anfang mit; die Kolmarer Handschrift, welche es zum grössten Theile enthält[15], legt es dem Grafen Peter von Arberg bei, welcher urkundlich 1348 nachgewiesen ist[17]. Das Lied ist merkwürdig durch seine Form; es steht gewissermassen in der Mitte zwischen Lied und Leich: zwei ganz verschiedene Strophenarten sind in regelmässiger Abwechslung von Anfang bis zu Ende durchgeführt. Ein anderes, ein berühmter, wahrscheinlich nicht viel jüngerer Ostergesang, wird Konrad von Queinfurt beigelegt, der Pfarrer zu Steinkirch am Queiss gewesen und 1382 gestorben sein soll.[18] Wie hier dem Ausdruck der geistlichen Festfreude eine Schilderung der zu neuem Leben erwachenden Natur voraufgeht, so füllt die Darstellung der Lust und Wonne, die um diese Zeit unter Menschen und Thieren, in Flur und Wald sich zu regen beginnt, fast ganz einen in volksmässiger Leichform von unbekannter Hand abgefassten niederdeutschen Ostergesang aus[19], dessen Entstehung wohl über das fünfzehnte Jahrhundert zurück reicht, wenn auch die Handschrift, aus der er bekannt gemacht ist, erst in dessen zweite Hälfte fällt. — Auch die religiösen Lieder Hugo's von Montfort sind, so viel sich nach den gedruckten Bruchstücken darüber urtheilen lässt, hierher zu rechnen[20], so wie manches, das in Klöstern gedichtet ist. Endlich die Nachbildungen und Ueber-

aber schwerlich in der ganz ursprünglichen Gestalt überliefert hat (eben daraus, hier und da aber in der Schreibweise verändert, hat sie auch B. Hüppe, Lieder und Sprüche der Minnesinger, Münster 1844. 8. abdrucken lassen). Hoffmann, Kirchenlied³ S. 96 ff., bemerkt zu dem einen aus der Cölner Ausg. entnommenen Liede „Schwerlich von Tauler, aber gewiss aus seiner Zeit". Vgl. auch S. 107. 109. Die ihm beigelegten Lieder stehen sämmtlich bei Ph. Wackernagel, Kirchenlied 2, 302 ff. Auch von zwei Liedern der Pfullinger Handschrift (a. a. O. Nr. 738 f.) dürfte er, wie Wackernagel meint, vielleicht der Verfasser sein. 16) Den vollständigsten Text enthält eine Strassburger Handschrift, danach mitgetheilt von Massmann in v. Aufsess' Anzeiger 1832, Sp. 25 ff., und nach Massmann bei Wackernagel Nr. 118 und bei Hoffmann, 3. Ausg. S. 83 f.; nach beiden Handschriften bearbeitet bei Bartsch, Meisterlieder der Kolmarer Handschrift Nr. 141, vgl. S. 179 f. Die verschiedenen Texte auch bei Ph. Wackernagel, Kirchenlied 2, 329 ff. 17) Vgl. Bartsch in der Germania 10, 90. 18) Vgl. Hoffmann S. 72 ff (3. Ausg. S. 80 f.), wo auch S 69 ff. (3. Ausg. S. 78 ff.) das Osterlied vollständig zu finden ist (darnach bei Wackernagel Nr. 120). Die neueste und beste Ausgabe in zwei Texten s. bei Wackernagel, Kirchenlied 2, 388 ff. 19) Abgedruckt in Haupts Zeitschrift 1. 546 f. 20) Vgl. § 157, 13 ff.

traguugen lateinischer Hymnen und Sequenzen, von denen vereinzelte Versuche bereits früher vorkommen[21], die aber häufiger zu
werden erst um das Ende des vierzehnten Jahrhunderts anfangen[22],
wo sich besonders der Mönch von Salzburg damit hervorthat.
Sein Vorname war nach zwei Handschriften, die Stücke von ihm
enthalten, Johannes, nach einer dritten, die inhaltreicher ist und
auch bestimmtere Nachrichten über den Dichter gibt, hiess er Hermann, war Benedictinermönch zu Salzburg und verfasste seine geistlichen (auch weltlichen) Gedichte in Gemeinschaft mit einem „Lay-
priester" Martin auf Begehren des Erzbischofs Pilgrim von Salzburg
(† 1396)[23], darunter eine der ältesten, wenn nicht die älteste[24] Uebersetzung des berühmten Stabat mater[25], die er selbst wieder umgearbeitet zu haben scheint[26]. Daneben finden sich auch geistliche
Lieder, die bloss auf die Melodien lateinischer Kirchengesänge gedichtet sind: so in der „Passio Christi" von dem Ulmer Chorherrn
Martin Myllius (Miller), einem der unmittelbarsten Vorgänger
Luthers im Kirchenliede, der 1521 starb[27]. Hier seien auch erwähnt
die deutschen Glossenlieder, deren Wesen darin besteht, dass
irgend ein lateinischer Kirchentext, gewöhnlich ein Gebet, Wort für

---

21) Vgl. Wackernagel unter Nr. 103. 113. 114.   22) Uebersetzungen
und Nachbildungen lateinischer Kirchenlieder im 14. und 15. Jahrhundert bei
Hoffmann S. 141 ff.; 3. Ausg. S. 237 ff. Vgl. auch Bartsch, Anhang zur Erlösung, und in der Germania 7, 276 ff.   23) Vgl. F. Pfeiffer in den altd. Blättern 2, 325 ff., wo auch ausführliche Nachrichten über diese Handschrift (mit Berücksichtigung der übrigen) ertheilt. so wie einige Gedichte vollständig abgedruckt
sind. S. auch F. Wolf in den altd. Blättern 2, 311 ff.; Hoffmann 3. Ausg. S. 239 ff.,
wo von den ihm beigelegten Sachen das Meiste zu finden ist; Bartsch, Meisterlieder der Kolmarer Hs. S. 184; Ph. Wackernagel, Kirchenlied 1, 365 ff.; 2, 409 ff.;
und Jos. Ampferer, über den Mönch von Salzburg, Salzburger Gymnasialprogramm, Salzburg 1864. 4. Eine Anzahl Stücke des Mönchs von Salzburg ist
ferner gedruckt im Liederbuch der Hätzlerin S. 253—259; 300—305 und bei Ph.
Wackernagel, Nr. 768. 769. 776. (vgl. S. 878 f.),der S. XIII ihm und Heinrich
von Laufenberg auch die unter Nr. 770—775; 777—785 gelieferten Gedichte, wenn
nicht alle, doch zum Theil zuschreiben möchte; vgl. Hoffmann S. 113 f. Die
vollständigste Sammlung von Gedichten des Mönchs gibt jetzt Ph. Wackernagel,
Kirchenlied 2, 409—455.   24) Nach Bartsch, Erlösung S. LVII f. gab es
vielleicht schon in der zweiten Hälfte des 13. Jahrhunderts eine Uebersetzung,
aus welcher ein paar Zeilen in den Mariengrüssen (Haupts Zeitschrift 8, 287) erhalten sein möchten.   25) Gedruckt altd. Blätter 2, 336 f.; Hoffmann S.
347 f. Nach Ph. Wackernagel, Kirchenlied 2, 459, wo die Uebersetzung nebst
zwei andern (S. 460 f.) steht, ist die Autorschaft des Mönchs nicht bezeugt und
aus sprachlichen Gründen zu bestreiten.   26) Vgl. Bartsch a. a. O. S LVII f.,
wo auch S. 290 ff. eine andere Recension und eine zweite Uebersetzung des 14.
Jahrhunderts, die mit einer bei Hoffmann S. 349 f. gedruckten theilweise stimmt,
mitgetheilt ist.   27) Vgl. Hoffmann S. 187 ff. (3. Ausg. S. 482 f.), Wackernagel Nr. 167—176 und in dem grösseren Werke Nr. 1336—1346.

Wort, mit einer gereimten Erklärung versehen wird[28]. — Neue Erscheinungen dagegen sind die geistlichen Texte, die, um ihnen desto eher Eingang und Verbreitung unter dem Volke zu verschaffen, oder auch um damit dem profanen Volksgesang entgegenzuwirken, entweder unmittelbar aus weltlichen durch anders gewandte Beziehungen umgebildet, oder in der Versart beliebter weltlicher Lieder gedichtet und deren Melodien untergelegt sind[29]. Von beiden Arten lassen sich frühe Beispiele aufweisen: von der ersten in zwei schon ins vierzehnte Jahrhundert fallenden Liedern, deren eines Umdichtung eines Liedes von Steinmar[30], das andere vielleicht aus einem Liede Neidharts, das aber nicht mehr nachweisbar, umgebildet ist[31], und denen sich zunächst ein Anzahl ähnlicher, von Heinrich von Laufenberg[32] und Andern unternommener Umdichtungen aus der ersten Hälfte des fünfzehnten anschliesst. Heinrich von Laufenberg, Priester zu Freiburg im Breisgau, seit 1445 im Johanniter-Kloster zu Strassburg, von 1415—1458 literarisch thätig, hat unter seinen zahlreichen geistlichen Liedern[33], die sich bald in den einfachen Rhythmen des Volksliedes, bald in den künstlicheren Formen des Meistergesanges bewegen, viele, die lateinischen Kirchengesängen nachgebildet[34], und mehrere, die offenbar aus weltlichen Liedern entstanden sind. Letzteres gilt auch von mehreren der sechzehn Lieder einer aus dem ehemaligen Frauenkloster Pfullingen stammenden Handschrift[35]. Die Stücke der zweiten Art, in denen nicht

---

28) Vgl. Hoffmann, In dulci jubilo, Hannover 1854. 8. S. 6 f. Zwei solcher Glossenlieder, das eine über Salve regina, das andere über Ave Maria, theilt Fröhner in Haupts Zeitschrift 11, 36 ff. mit.   29) Die fahrenden Geistlichen (Goliardi, Trutanni), die sich seit dem 12. Jahrhundert in Deutschland zeigen, scheinen zuerst Parodien geistlicher Lieder gedichtet zu haben; vgl. Hoffmann, 3. Ausg. S. 371 ff.   30) Vgl. § 112, 14.   31) Sie stehen beide in den altd. Blättern 2, 125 f.; bei v. d. Hagen, MS. 3, 468 cc f., bei W. Wackernagel, altd. LB. 893 f. (² 997 f.) und bei Ph. Wackernagel unter Nr. 110 (vgl. S. 837, wo das Original gedruckt ist) und Nr. 111.   32) Vgl. über ihn und seine Umdichtungen Massmann in v. Aufsess' Anzeiger 1832, Sp. 41 ff. und Hoffmann S. 196 f., 3. Ausg. S. 247 f.   33) Sie stehen bei Ph. Wackernagel Nr. 746 bis 767 und in dem grösseren Werke 2, 528—612. Vgl auch Anm. 23.   34) S. F. Wolf, über die Lais S. 151.   35) Sie wurde zuerst durch Weckherlin, Beiträge S. 84 ff. näher bekannt, der auch einzelne Stücke daraus mittheilte; alle findet man nun bei Wackernagel, Nr. 730—745 und in dem grössern Werke 2, 631 ff.; zwei aus weltlichen Texten umgebildete auch bei W. Wackernagel, altd. LB.² 975 ff. (⁴ 1151 ff.). Andere, auch noch vor der Reformation entstandene Umdichtungen weltlicher Lieder in geistliche, die Ph. Wackernagel in sein Buch aufgenommen hat, kann man darin leicht nach den von ihm S. 837 ft. und 893 f. gegebenen Nachweisungen auffinden. — Auch eine der beliebtesten Formen des ältern weltlichen Kunstliedes, das Wächter-, oder Tagelied, kehrt in der geistlichen Lyrik dieser Zeit wieder; vgl. Liederbuch der Hätzlerin S. 31;

der Text, sondern nur Strophenform und Melodie weltlicher Lieder
benutzt ist, reichen bis ins fünfzehnte Jahrhundert hinauf[36]. — Zuletzt
ist hier noch zu erwähnen, dass man in diesen Zeiten die schon in
der althochdeutschen Prosa und Poesie vorfindliche und hier und
da auch in mittelhochdeutschen Gedichten [37] auftauchende, jetzt aber
viel häufiger in Liedern, besonders in oft sehr unsaubern, das Heilige selbst parodierenden und entweihenden Liebes- und Trinkliedern, [38]
angewandte Mischung lateinischer und deutscher Zeilen oder Wörter
auch in die geistliche Lyrik einführte. Indessen scheint sie in dieser
gerade nicht zu ausgedehnterem Gebrauch gelangt zu sein und auch
nicht lange gedauert zu haben. Von den erhaltenen ernst religiösen
Liedern dieser Art pflegt man, doch ohne rechten Grund, das eine,
welches im fünfzehnten Jahrhundert sehr bekannt sein musste, das
Weihnachtslied „In dulci jubilo," dem angeblich um die Mitte desselben verstorbenen Peter von Dresden[39] zuzuschreiben; mehrere
andere hat Heinrich von Laufenberg[40], wieder andere Muscatblüt[41] verfasst, der, wie sich aus einem seiner Gedichte ergibt,
auch jenes älteste deutsch-lateinische Weihnachtslied gekannt hat[42].

§ 159.

Aus so verschiedenartigen Elementen war der religiöse Volks-
gesang zu Anfang des sechzehnten Jahrhunderts erwachsen, als die
Reformation ihn überkam und ihm zuerst, indem sie ihn in dem
Kirchenliede zu einem Hauptbestandtheil des öffentlichen Gottes-

---

Ph. Wackernagel Nr. 747, 749, 798, und Bartsch, die romanischen und deutschen
Tagelieder S. 65 ff.   36) S. Hoffmann S. 196; 199, 3. Ausg. S. 371 ff.
37) S. § 109, 3.   38) Vgl. über diese Poesien, so wie über die Geschichte
dieser Sprachmengerei in Deutschland überhaupt, Hoffmann S. 151 ff. und desselben „Kurze Geschichte der lateinisch-deutschen Mischpoesie" in der Schrift:
In dulci jubilo. Hannover 1854. S. (2. Ausg. 1861) S. 1 ff.; besonders S. 15 ff.;
74 ff. (Ergänzungen zu der 1. Ausg. im Weimar. Jahrbuch 6, 43 ff.) — Ein Paar
andere, nicht lyrische Stücke der Art, worein die lateinischen Worte des Vaterunsers und des Ave Maria verwebt sind, hat Zingerle in der Germania 14, 405 ff.
mitgetheilt.   39) Er soll 1440 als Lehrer zu Prag gestorben sein. Das ihm
beigelegte Lied, welches Rambach 1, 374 nur in einem spätern, überarbeiteten
Text mittheilt, ist in echter Gestalt zu lesen bei W. Wackernagel, LB. 1, 971 ff.
(1³, 1177 ff.); bei Ph. Wackernagel unter Nr. 125 (vgl. auch Nr. 791), in dessen
grösserem Werke 2, 483 ff., wo acht verschiedene Texte abgedruckt sind, und in
Hoffmanns Schrift In dulci jubilo S. 46 ff., wo S. 8 ff über das Alter des Liedes
gehandelt ist; es wird schon im Leben Suso's († 1365) erwähnt.   40) Bei
Ph. Wackernagel Nr. 763, 765, 767; vielleicht auch 774, 784; und bei Hoffmann,
In dulci jubilo S. 55—63 (vgl. S. 10 ff.).   41) Vgl. Liederbuch der Hätzlerin
S. 96; 102 ff.   42) Vgl. Hoffmann, In dulci jubilo S. 9 f. — Noch andere
von ungenannten Verfassern bei Hoffmann S. 64 ff.; vgl. S. 14 f.

dienstes und zu einem Hauptmittel der häuslichen Erbauung erhob[1], die rechte Gediegenheit und Selbständigkeit des Charakters und eine wahrhaft würdige Haltung verlieh. Von je grösserer Wichtigkeit er dadurch in Zukunft nicht nur für die religiöse und sittliche Bildung des protestantischen Deutschlands, sondern auch für unsere ganze neuere poetische Literatur wurde, indem das evangelische Kirchenlied lange die einzige poetische Gattung blieb, die, obgleich sie vorzugsweise von dem Gelehrtenstande geübt ward, doch immer einen volksmässigen Charakter in Stoff und Form[2] sich bewahrte und nie aufhörte, ein Eigenthum aller Stände und Klassen des Volks zu sein und von den höchsten bis in die tiefsten Schichten der Gesellschaft herab ihre wohlthätigen Wirkungen zu äussern: desto höher ist auch in dieser besondern Beziehung Luthers Verdienst um die Nation anzuschlagen, da nicht etwa bloss im Allgemeinen und mittelbar die Anregung zu dieser neuen Gestaltung der geistlichen Lyrik von ihm ausgieng, vielmehr er es war, der sie zunächst und gleich mit dem glücklichsten Erfolge unternahm. Indem er selbst eine Reihe von Liedern dichtete, die sich eben so vortheilhaft durch die Kraft der Gedanken und die tiefe, auf unerschütterlicher Glaubensfestigkeit beruhende Empfindung, als durch die Einfalt, Körnigkeit und Wärme des Ausdrucks auszeichnen[3], diesen zum Theil erweiterte Bearbeitungen alter lateinischer oder deutscher geistlicher Gesänge hinzufügte[4] und, von seinem Freunde Hans Walther[5] dabei unterstützt, den Choralgesang der Gemeinde, wenn auch nicht erst schuf,

---

§ 159.   1) Ueber die Literatur der Geschichte der ersten Einführung des deutschen Kirchengesanges in den protestantisch gewordenen Theilen Deutschlands vgl. K. E. P. Wackernagel S. XVIII.   2) Das Kirchenlied hat bei uns mehr, als irgend eine andere lyrische Dichtart, bis in die neueste Zeit herein den altdeutschen Strophenbau festgehalten und die Nachahmung romanischer und antiker Formen verschmäht.   3) Oefter hat Luther den Grundgedanken in seinen Liedern aus Psalmen entlehnt; nichts desto weniger sind sie als sein volles Eigenthum anzusehen.   4) Wie er bei der Bearbeitung und Erweiterung älterer deutscher Liedertexte verfuhr, kann man am besten ersehen aus W. Wackernagels LB. 2², 6 f. und bei Ph. Wackernagel aus Vergleichung von Nr. 191 bis 193; 197—199; 204; 208 mit den bei jeder dieser Nummern citierten ältern Liedern; vgl. auch Hoffmann S. 58; 122; 131 f. und Gervinus 3², 17 ff. (3¹, 13 ff.)   5) Er war kurfürstl. sächs. Kapellmeister ("Sengermeyster") und auch Liederdichter (s. Wackernagel Nr. 460 und das grössere Werk 2, 187 ff.). 1525 wurde er von Luther bei Anordnung des evangelischen Kirchengesanges zu Rathe gezogen.   Dass dieser selbst nicht nur die Musik sehr liebte (vgl. sein Gedicht Frau Musica bei W. Wackernagel a. a. O. Sp. 20 ff., bei Ph. Wackernagel Nr. 501 [in dem grössern Werke 3, 29] und ebendaselbst S. 790a Luthers Vorrede zum waltherschen Gesangbüchlein von 1525), sondern auch componierte, ist bekannt genug.   Auch viele andere Dichter des 16. Jahrhunderts waren zugleich Componisten ihrer geistlichen Lieder; vgl. Gervinus 3², 18 (3¹, 16).

doch unendlich vervollkommnete und ordnete⁶, wurde er der Vater
des evangelischen Kirchenliedes⁷, und bezeichnete er zugleich für
alle seine Nachfolger in dieser Dichtart den Weg, den sie zu verfolgen hatten, wenn sie sie in ihrer Würde und ihrer Wirksamkeit
auf das religiöse Leben des Volks bewahren wollten. Bald erwachte
auch unter seinen Anhängern in allen Ständen, vornehmlich aber
in dem geistlichen ein grosser Wetteifer in Abfassung und Bearbeitung frommer und erbaulicher Lieder, deren Zahl wie die der
sie enthaltenden Gesangbücher⁸ im sechzehnten Jahrhundert ausserordentlich wuchs⁹, von denen jedoch im Laufe desselben nur wenige

6) Das gründlichste und umfassendste Werk über den evangelischen Kirchengesang im 1. Jahrhundert der Kirchenverbesserung dürfte wohl das von C. v. Winterfeld sein: der evangel. Kirchengesang und sein Verhältniss zur Kunst des
Tonsatzes. Thl. 1. Leipzig 1843. 4.   7) Im Ganzen haben wir von Luther
36 Lieder: die erste Sammlung, in der Stücke von ihm enthalten waren, gab im
Ganzen acht Lieder, wovon aber nur vier Luthern angehörten, und erschien zu
Wittenberg 1524. 8.; doch bereits in demselben Jahre nahmen die Erfurter En-
chiridien 18 Lieder von ihm auf; von den durch Jos. Klug zu Wittenberg gedruckten Gesangbüchern enthielt das vom Jahre 1535 schon ihrer 30 und endlich
das von 1543 (1544) alle sechsunddreissig. Am besten sind sie bei Luthers Lebzeiten gedruckt in den „Geistlichen Liedern. Gedruckt zu Leipzig durch Val.
Babst." 1545. 4., woraus sie (mit Vergleichung der 2. Ausg. von 1547) Wackernagel unter Nr. 184 ff., in dem grössern Werke 3, 1—31, und in einer besonderen Ausgabe: Martin Luthers geistliche Lieder, Stuttgart 1848. 4. zuerst getreu
wiedergegeben hat. Wegen der Aufschlüsse über die ursprüngliche musikalische
Behandlung dieser Lieder ist unter allen neuern Ausgaben davon die vorzüglichste die von C. v. Winterfeld: D. M. Luthers deutsche geistliche Lieder. Leipzig 1840. 4. Was in die neuern, noch gangbaren Gesangbücher von Luther und
andern ältern Liederdichtern aufgenommen ist, pflegt gemeiniglich mehr oder
weniger umgearbeitet und verwässert zu sein. Eine höchst rühmliche Ausnahme
macht in dieser Rücksicht der „Versuch eines allgemeinen evangelischen Gesang-
und Gebetbuchs zum Kirchen- und Hausgebrauch" (von Bunsen). Hamburg 1833.
8., worin zwar auch nicht die Texte älterer Lieder mit urkundlicher Treue abgedruckt sind, aber die nach festen Grundsätzen (vgl. S. XCVIII) gemachten
Aenderungen nie Gedanken und Einkleidung eigentlich verletzen, vielmehr stets
von einer zarten, schonenden Hand zeugen (vgl. dazu Evangelisches Kirchen-
gesangbuch oder Sammlung der vorzüglichsten Kirchenlieder etc. Halle 1812. 8.).
Von Luther stehen darin 25 Lieder (vgl. die Nachrichten von den deutschen
Liederdichtern nach der Zeitfolge, S. 851). Ueber Luthers Verdienst um den
Kirchengesang ist insbesondere die unter diesem Titel, Hamburg 1813, erschienene
Schrift Rambachs nachzulesen.   8) Vgl. die „Aufzählung und Beschreibung
der deutschen Gesangbücher und Gesangblätter, welche vom Ende des 15. bis
um die Mitte des 16. Jahrhunderts gedruckt worden", bei Wackernagel S. 718 ff.
und dessen Bibliographie zur Geschichte des deutschen Kirchenliedes. Die gedruckten Gesangbücher bis 1524 verzeichnet Hoffmann, Kirchenlied ³ 480—485.
    9) Eine 1597 zu Greifswald gedruckte Sammlung enthält schon 600 Nummern.
Ganz erstaunlich mehrten sich die Gesänge der evangelischen Kirche aber in den
beiden folgenden Jahrhunderten: im ersten Viertel des 18. sammelte der dänische

an Werth den lutherischen nahe oder gar gleich kamen, die meisten
weit hinter ihnen zurück blieben. Eigene, ganz frei und selbständig
von ihren Verfassern gedichtete Lieder erschienen zunächst nicht so
gar häufig: die Mehrzahl der neuen geistlichen Gesänge bildeten
noch eine längere Zeit hindurch Bearbeitungen oder Uebersetzungen
von Psalmen, Umschreibungen anderer biblischer Stücke, wie einzelner Gebete, Lobgesänge, Evangelien, Episteln etc., und aus dem
Lateinischen übertragene Hymnen und Sequenzen[10]. Dabei dauerte
auch während dieses ganzen Jahrhunderts und selbst noch bis in
weit spätere Zeiten unter den Protestanten das Umbilden weltlicher
Lieder in geistliche[11] und das Unterlegen religiöser Texte unter
Melodien des weltlichen Volksgesanges fort[12], ja die Umdichtungen
nahmen bis gegen das Ende dieses Zeitraums eher zu als ab, weil
man nun auch nach Luthers Vorgang nicht selten alte katholische
Gesänge in deutscher Sprache auf diese Weise den neuen kirchlichen
Lehrbegriffen anzupassen suchte[13]. Von den Dichtern, die sich zur
Aufgabe gesetzt, das weltliche Volkslied geistlich umzuarbeiten, sind
die bekanntesten **Heinrich Knaust** und **Hermann Vespasius**[14],
von denen der erste sich dabei der hochdeutschen, der andere der

---

Justizrath v. Franckenau (gest. 1749) über 33000 geistliche Lieder in 300 Bänden,
und später brachte der Domdechant v Hardenberg sogar ein Liederregister zu
Stande, welches 72732 Anfangsverse zählte. Ueber ältere Schriften, die von der
Geschichte der Gesangbücher und der einzelner Lieder, so wie von den Dichtern
handeln, s. Koch, Compendium 2, 41 ff. und Rambachs Anthologie 2, 8; 20; 3. S.
V; über ihren Werth Wackernagel S. XIX; über die geschichtliche Entwickelung des evangelischen Kirchenliedes im 16. Jahrhundert Gervinus 3², 6 ff. (3⁴,
5 ff.)   10) Ueber lateinische Kirchengesänge, die übersetzt und umgearbeitet
in protestantische Gesangbücher aufgenommen sind, vgl. Mohnike's hymnologische
Forschungen, Stralsund 1831 f. 2 Bde. und v. Aufsess' Anzeiger 1832, Sp. 113 ff.
Zu vielen so entstandenen Liedern, die Wackernagel mittheilt, findet man bei ihm
auch die lateinischen Originale; in Wackernagels zweiter Bearbeitung enthält der
erste Band auch sämmtliche lateinische Texte, von denen in den folgenden Bänden Verdeutschungen vorkommen.   11) Vgl. Gödeke und Tittmann, Liederbuch aus dem 16. Jahrhundert S. 185.   12) Von den Umdichtungen der bei
Wackernagel S. 837 ff. gedruckten 39 Volkslieder fallen die meisten, die bei ihm
zu finden sind, erst in das 16. Jahrhundert. Wie viel Lieder noch nach den
Weisen weltlicher gedichtet wurden, kann man recht aus den Ueberschriften der
einzelnen Stücke in Wackernagels Buch ersehen. Selbst Luther hat, wie von
Winterfeld in der Vorrede zu seiner Ausgabe der lutherschen Lieder meint, höchst
wahrscheinlich die Melodien zu einigen seiner Stücke dem weltlichen Volksgesange entlehnt. — Auf solche Uebertragungen von Melodien und auf die geistlichen Umdichtungen bezieht sich auch eine Stelle in der Einleitung zu Fischarts
Geschichtklitterung (bei Wackernagel, d. Lesebuch 3, 474).   13) Vgl. Hoffmann S. 200; 3. Aufl. S. 399 ff.   14) Er hiess eigentlich Wopse, nannte sich
aber auch Wepse oder Wöpse, und war Pastor in Stade; vgl. K. E. H. Krause
im Programm des Rostocker Gymnasiums 1868. 4. S. 3 ff.

niederdeutschen Sprache bediente[15], und die beide geradezu die Absicht aussprechen[16], dass durch diese Texte die weltlichen verdrängt werden sollten[17]. So verschiedenartig diese geistliche Lyrik rücksichtlich der Herkunft ihrer Stoffe war, auf so mannigfaltige Art sollte ihr Inhalt nicht bloss beim kirchlichen Gottesdienst, sondern auch in und ausser dem Hause bei allen Verrichtungen und Begebnissen im Leben des Einzelnen wie der Familie als Mittel der Erbauung und der Befestigung im Glauben dienen. — In der Regel wurden geistliche Lieder in hochdeutscher und nur selten in niederdeutscher Sprache[18] abgefasst; aber viele übersetzte man aus jener in diese[19], da im nördlichen Deutschland noch längere Zeit in der heimischen Mundart gepredigt und gesungen wurde. — Zu rechter Selbständigkeit, Blüthe und Ausbreitung gelangte diese Lyrik nur unter den Lutherischen; die Reformierten machten darin zwar einen guten Anfang[20], beschränkten sich dann aber immer mehr auf blosse Psalmenlieder, die in dem gottesdienstlichen Gesange der Calvinisten in ausschliesslichen Gebrauch kamen. Die katholische Kirche bereicherte sich verhältnissmässig wenig mehr mit neuen Liedern: die Predigt abgerechnet, schloss sie fortwährend so viel wie möglich die Landessprache von der öffentlichen Gottesverehrung aus[21]. — Unter den Dichtern, die noch bei Luthers Lebzeiten oder kurz nach seinem Tode sich im geistlichen Gesange versuchten, gehören entweder wegen des innern Werthes ihrer Lieder, oder weil sie einzelne Arten und Richtungen der religiösen Lyrik vorzugsweise vertreten, zu den merkwürdigsten Paul von Spretten, genannt Speratus[22], Justus Jonas[23], Lazarus Spengler[24], Nicolaus

---

15) Die Sammlungen ihrer Lieder erschienen beide im Jahre 1571; vgl. die Lieder bei Wackernagel unter Nr. 693 — 719; das unter H. Knausts Namen bei W. Wackernagel, LB. 2, 120. 122 abgedruckte Lied hält sein Bruder, unter Nr. 676, nicht für sein Werk.   16) Vgl. die Vorreden zu den Gesangbüchern beider Dichter bei Wackernagel S. 833 b; 835 a.   17) Vgl. § 157, 7.
18) Z. B. von Joh. Freder, s. Wackernagel Nr. 310—319 (2. Ausgabe 3, 206 ff.); von andern namhaften Verfassern daselbst Nr. 451—454; von unbekannten Nr. 669—672. Vgl. auch Weinhold, Heinr. Christ. Boie, Halle 1868. 8., S. 2 f.
19) Vgl. Koch a. a. O. 2, 19 f; Wackernagel im ersten Anhange S. 755 f.; 761 f.; 777 f. etc. und Joachim Slüter's ältestes rostocker Gesangbuch vom Jahre 1531 herausgegeben von C. M. Wiechmann-Kadow, Schwerin 1858. 16.   20) Vgl. Wackernagel S. XXXV und 425 ff.   21) Indessen wurden noch immer katholische Gesangbücher, theils mit ältern, theils mit neu übersetzten oder bearbeiteten Hymnen, Psalmen etc. gedruckt, vgl. Gervinus 3², 46 f. (3⁴, 43 f.), Wackernagel S. 745 f.; 757 f.; 775; 785 f. und Nr. 819—850. Das älteste katholische Gesangbuch, von Michael Vehe (1537) ist neu herausgegeben von Hoffmann von Fallersleben, Hannover 1853. 8.   22) Geb. 1484 in Schwaben, gest. als evangelischer Bischof zu Liebmühl in Preussen 1554; vgl. über ihn J. C. Cosak, Paulus Speratus Leben und Lieder. Braunschweig 1861. und K. Hagen, Deutsch-

Decius[21], Michael Weisse[22], der für den Gebrauch der böhmischen Brüdergemeinde die schönsten Lieder, Antiphonien und Sequenzen der böhmischen Brüder, mit einigen eigenen vermehrt, übersetzte[27], und wiewohl er nicht zu der von Luther gegründeten Kirche gehörte, doch mit ihm in freundlicher Verbindung stand; Adam Reissner[28], Erasmus Alberus[29], dessen geistliche Lieder zu denen gehören, die mit am entschiedensten in Eifer und Spott alles papistische Wesen angreifen[30], Paul Eber[31], Nicolaus Hermann[32], Ambrosius Blaurer[33] und die Uebersetzer des ganzen Psalters Hans Gamersfelder[34] und Burkard Waldis[35]; unter denen aus späterer Zeit, wo auf die geistliche Liederpoesie die theologischen Streitigkeiten unwohlthätig einwirkten, ein trockner Dogmatismus und eine finstere Ascetik in ihr herrschend wurden, oder in entgegengesetzter Richtung ein schwülstiger Ton und ein Spielen

---

lands literar. u. religiöse Verhältnisse im Reformationszeitalter 2, 171 f. Lieder von ihm und den meisten übrigen hier genannten Dichtern gibt nach den besten alten Texten Ph. Wackernagel. 23) Geb. 1493, gest. als Generalsuperintendent zu Eisfeld in Franken 1555. 24) Geb. 1479 zu Nürnberg, wo er erster Rathsschreiber war, gest. 1534. 25) Von seinen Lebensumständen ist wenig bekannt: gegen 1521 war er Prediger zu Stettin. 26) Nicht Weiss (s. Wackernagel S. XXXI), aus Neisse in Schlesien, Pfarrer und Vorsteher der böhmischen Brüdergemeinde zu Landskron und Fullneck, gestorben um 1540. 27) Vgl. Wackernagel S. XXXIII und S. 245—310. 28) Geb. 1496, lebte als gelehrter Geschäftsmann zu Frankfurt a. M., wo er auch 1572 starb. Wackernagel, Kirchenlied 3, 133 ff., wo seine sämmtlichen Lieder gedruckt sind, nennt ihn Adam Reussner. 29) Geb. 1500 zu Sprendlingen in der Nähe von Frankfurt a. M. oder in der Wetterau, gest. 1553 als Generalsuperintendent zu Neubrandenburg im Mecklenburgischen. 30) Ueber seine andern satirischen und polemischen Schriften, deren der unruhige, vielfach umhergeworfene Mann viele verfasst hat, vgl. Flögels Geschichte der komischen Litteratur 3, 259 ff. 31) Geb. 1511 zu Kitzingen in Franken, zuerst Professor, dann Superintendent zu Wittenberg, gest. daselbst 1569. 32) Cantor zu Joachimsthal in Böhmen, wo er 1561 in hohem Alter starb. Wir haben von ihm zwei Liedersammlungen: „Evangelia auf alle Son- und Fest-Tage im gantzen Jar in Gesengen für die lieben Kinder im Jochimsthal." Wittenberg 1560. 8. und „Die Historien von der Sindfludt, Joseph etc. Für Christliche Hausveter und jre Kinder." Leipzig 1563. 8. 33) Er gehört der reformierten Kirche an; geb. zu Constanz 1492, wurde Geistlicher in seiner Vaterstadt, predigte aber auf Verlangen von Städten und Fürsten an vielen andern Orten; im Jahre 1548 verliess er Constanz und hielt sich nun hier und da in der Schweiz auf; er starb 1564 zu Winterthur; s. Wackernagel S. 821 ff., der auch S. 464 ff. (in der neuen Bearbeitung 3, 583 ff.) Lieder von ihm mittheilt. Vgl. auch K. Hagen a. a. O. 2, 365 f. 34) Bürger zu Burghausen in Oberbaiern. Sein Psalter ist Nürnberg 1542. 8. gedruckt. Ueber diese und andere Bearbeitungen sämmtlicher Psalmen vgl. Gervinus 3², 43 ff. (3⁴, 39 ff.) 35) S. § 149, 49. Der Psalter erschien Frankfurt a. M. 1553. 8.; vgl. Buchenau in dem oben angeführten Programm über B. Waldis S. 25; 35 f

mit Bildern und Allegorien in sie eindrang, Ludwig Helmbold[36], einer der fruchtbarsten Liederdichter seiner Zeit, in dem sich aber schon die ganze Gesunkenheit dieser jüngern Lyrik der protestantischen Kirche zeigt[37], Nicolaus Selnecker[38], Martin Schalling[39], Bartholomäus Ringwaldt[40], Philipp Nicolai[41], dessen berühmteste Lieder[42] „Wie schön leuchtet der Morgenstern"[43] und „Wachet auf, ruft uns die Stimme" beide im Jahre 1598 gedichtet sind, Johann Fischart[44], der ausser geistlichen Liedern auch eine Anzahl Psalmen gedichtet hat[45], und der Bearbeiter des ganzen Psalters Ambrosius Lobwasser[46], dessen Psalmen[47] nicht nach Luthers Uebersetzung, sondern nach versificierten Texten in französischer Sprache gefertigt sind[48].

C. Dramatische Poesie.

§ 160.

Bereits in sehr früher Zeit muss es in Deutschland verschiedene Arten mimischer, theils stummer, theils mit Gesang und Wechselreden verbundener Darstellungen gegeben haben, die einen durchaus volksmässigen Ursprung hatten und mit altheidnischen Festen,

---

36) Geb. 1532 zu Mühlhausen, wo er auch 1598 als Superintendent starb. Vgl. Thilo, L. Helmbold nach Leben und Dichten. Berlin 1851.   37) Nach Gervinus 3², 38 (3¹, 31).   38) Geb. 1532 in der Nähe von Nürnberg, gest. 1592 als Superintendent zu Leipzig. Seine Lieder wurden grösstentheils in dem von ihm Leipzig 1587 herausgegebenen Gesangbuch gedruckt. 39) Aus Strassburg, geb. 1532 und gest. 1608 als Pfarrer zu Nürnberg. 40) Geb. 1530 zu Frankfurt a. d. O.; nach Bekleidung mehrerer geistlichen Aemter seit 1567 Prediger zu Langfeld in der Neumark, gest. wahrscheinlich 1598. Vgl. über diesen besonders als Didaktiker merkwürdigen Dichter Hoffmann, Barth. Ringwaldt und Benj. Schmolcke. Breslau 1833. 8.; über ihn als Liederdichter Gervinus 3², 36 ff. (3¹, 33 f.)   41) Geb. 1556 zu Mengerichhausen im Waldeckischen, studierte in Erfurt und Wittenberg, wurde nach längerem Aufenthalte in der Heimath 1583 Pfarrer zu Herdecke in Westphalen, später in Nieder- und Alt-Wildungen, 1596—1601 Pfarrer in Unna, zuletzt Hauptpastor an der St. Katharinenkirche zu Hamburg, wo er 1608 starb. Vgl. über ihn C. Curtze, Dr. Phil. Nicolai's Leben und Lieder, Halle 1859. 8.   42) Ausserdem hat er noch drei gedichtet, von denen aber eins verloren gegangen ist.   43) Vgl. Keller, Simplicissimus 4, 930.   44) Vgl. § 147, 21 ff.   45) Johann Fischarts, genannt Mentzers, Geistliche Lieder und Psalmen, aus dem Strassburger Gesangbüchlein von 1576, auch dessen Anmahnung zu christlicher Kinderzucht und ein artliches Lob der Lauten, besonders herausgeg. (von Below und Zacher), Berlin 1849. 8.; vgl. auch Höpfner, Reformbestrebungen S. 20, und Gervinus 3², 136 (3¹, 39 f.; 138).   46) Geb. 1515 zu Schneeberg in Sachsen, gest. als preussischer Rath zu Königsberg 1585.   47) Sie erschienen 1573 zu Leipzig. 48) Vgl. über dieselben Höpfner a. a. O. S. 21 ff.

Spielen, Aufzügen etc. zusammenhiengen[1], von denen dann im Laufe
der Zeit gewiss viele verschwanden, andere christlichen Vorstellungen angenähert und mit Gebräuchen und Feierlichkeiten der
Kirche verbunden wurden oder auch so gut wie ganz darin auf-
giengen, einige aber sich unabhängiger und ihrem Ursprung getreuer
viele Jahrhunderte hindurch unter dem Volke erhielten und fortbildeten. In allen darf man die mehr oder minder fruchtbaren
Keime der während dieses Zeitraums zuerst zu einer gewissen Selbständigkeit sich entwickelnden dramatischen Poesie suchen[2]. Am
unmittelbarsten jedoch lehnte sich dieselbe in ihrer Herkunft, wie
in ihrer nächsten Fortbildung an zwei Arten mimischer Vorstellungen an, wovon die eine, in der das volksthümliche Element vor
dem kirchlichen entschieden zurücktrat, anfänglich eine doppelte
Bestimmung gehabt zu haben scheint, einmal die Feier gewisser
christlichen Feste zu erhöhen und deren Bedeutung den Laien zu
versinnlichen, und dann dem Volke für seine althergebrachten weltlichen Lustbarkeiten und Spiele, welche die Geistlichkeit als an-
stössig zu verdrängen suchte, einen Ersatz zu bieten; die andere,
in der sich der Charakter des rein Volksmässigen behauptete, zur
Vermehrung der Fastnachtslustbarkeiten diente. Jene ist nach der
gangbarsten Meinung aus dem kirchlichen Gottesdienst, der in seinen
Responsorien die Keime dramatischer Gestaltung barg, so zu sagen,
unmittelbar, obgleich erst allmählig erwachsen[3] und zunächst „aus

---

§ 160. 1) Als „den ersten rohen Keim der spätern Dramatik" sieht Wackernagel, Litt. Gesch. S. 40, das den Krieg bloss nachahmende Spiel des Waffen-
tanzes an, dessen Tacitus (German. c. 24) gedenkt. 2) Vgl. § 37 und ausser
dem daselbst Anmerk. 8 Angeführten noch Mythologie[2] S. 722—748 und Gervinus
2[3], 359 ff. (2[5], 554 ff.) — Im Allgemeinen verweise ich zu diesem § und den drei
folgenden auf Gottsched, Nöthiger Vorrath zur Geschichte der deutschen dramatischen Dichtkunst (vgl. dazu: Schauspiele der gottschedschen Sammlung von
1520—1620 [in der Weimar. Bibliothek, darunter mehrere von Gottsched nicht
aufgeführte] im Weimar. Jahrbuch 4, 202 ff.), Flögel, Geschichte der komischen
Litteratur 4, 278 ff., Tieck, Vorrede zum ersten Theil seines deutschen Theaters,
Hoffmann, Fundgruben 2, 239 ff., G. Freytag, de initiis scenicae poesis apud
Germanos (Berlin 1838. 8.), Mone, Einleitung zu den von ihm herausgegebenen
„Altdeutschen Schauspielen" (Quedlinburg und Leipzig 1841. 8.) und die Vorbe-
merkungen der einzelnen „Schauspiele des Mittelalters", 2 Bde., Karlsruhe 1846. 8.,
Gervinus a. a. O. und 3, 73 ff., Alt. Theater und Kirche in ihrem gegenseitigen
Verhältnisse historisch dargestellt, Berlin 1846. 8., Prutz, Geschichte des deut-
schen Theaters, Berlin 1847. 8., A. Pichler, über das Drama des Mittelalters in
Tirol, Innsbruck 1850. 8., Ed. Devrient, Geschichte der deutschen Schauspiel-
kunst, 3 Bde., Leipzig 1851. 8., K. Hase, das geistliche Schauspiel, Leipzig 1858.
8., Reidt, das geistliche Schauspiel des Mittelalters in Deutschland, Frankfurt
a. M. 1868. 8., und E. Wilken, Geschichte der geistlichen Spiele in Deutschland,
Göttingen 1872. 8. 3) Ueber den Zusammenhang der geistlichen Schauspiele

den Monologen und Dialogen herzuleiten, welche die römische Liturgie der Kirche an die Hand gab. Man habe zuerst einzelne Begebenheiten des neuen Testaments, zumal die Passionsgeschichte, die sich durch ihre ganze Fassung in den Evangelien schon von selbst zu dramatischer Anordnung dargeboten, hernach aber auch des alten in den Kirchen durch Geistliche selbst dargestellt; durch Einmischung der Laien und unter den Händen fahrender Leute seien diese unschuldig einfachen Spiele allmählig entartet und in weltliche Kurzweil übergegangen"[4]. Jene gab den Anlass zur Abfassung der ersten religiösen Dramen in deutscher Sprache, der sogenannten geistlichen Spiele oder, wie sie mehr anderwärts hiessen, Mysterien[5]; für diese wurden die ältesten weltlichen Stücke geschrieben, die man Fastnachtsspiele nannte. Anfänglich scheint zu den Mysterien, in denen man meist biblische Geschichten und Parabeln, dann aber auch Begebenheiten der Legende dramatisierte,

---

und insbesondere der Passionsspiele mit den Ceremonien der Messe ist besonders lehrreich Mone in den altd. Schauspielen S. 13 f. und in den Schauspielen des Mittelalters 1,5 ff.   4) Anders sieht J. Grimm, Götting. GA. 1838, Nr. 56, die Sache an. Ihm ist das weltliche und komische Element, das diese Spiele enthalten, das ursprünglichere. „Die uralte, heidnische oder weltliche Lust des Volks am Schauspiele drang auch in die Kirche und brachte die sogenannten Mysterien. Oster- und Weihnachtsspiele hervor, deren heitere und scherzhafte Folie gerade das echt dramatische Interesse begründet." Diess sei aber schon lange vor dem 12. Jahrhundert geschehen, wenngleich erst seit dieser Zeit einige solcher wirklichen Darstellungen aufgezeichnet worden. Ich glaube, man wird dieser Ansicht mindestens in so weit beipflichten dürfen, dass das weltliche Element des geistlichen Schauspiels in Deutschland nicht erst spätere Zuthat sei, sondern wie das liturgische einen seiner Grundbestandtheile bilde, sobald man sich daran erinnert, wie früh schon und wie spät noch selbst in die Kirchen das Volk mit seinen Lustbarkeiten eindrang (s. § 37), wie bereits gegen Ende des 10. Jahrhunderts in Klöstern Scenen aus der Thierfabel mimisch dargestellt wurden (vgl. F. Wolf, über die Lais S. 238 f.), und wie noch im 13. Jahrhundert Päbste und Bischöfe gegen den Unfug der theatralischen Spiele in den Kirchen und die Theilnahme der niedern Geistlichen daran eiferten (s. Hoffmann a. a. O. S. 241 ff.), allmählig aber, wie schon Gervinus 2², 364 f. richtig bemerkt hat, darin nachliessen. wohl aus keinem andern Grunde, als weil die Kirche sich mit der Zeit der mimischen Darstellungen so weit bemächtigt hatte, dass das eigentlich Anstössige zurückgedrängt und das Komische und Possenhafte nur solchen Figuren und Auftritten zugewiesen war, deren Einführung oder Vorstellung sich durch die heil. Schrift oder die kirchliche Ueberlieferung gewissermassen rechtfertigen oder entschuldigen liess (vgl. § 161, S. 370).   5) Dieser Name, zuerst nur von geistlichen Dramen gebraucht, in denen die Kreuzigung, Begräbniss und Auferstehung des Heilandes dargestellt wurden (s. Freytag, a. a. O. S. 34—36), war besonders in Frankreich, und hier noch in viel weiterem Sinne üblich; in Deutschland scheinen bis zu Anfang des 16. Jahrhunderts die allgemeinen Benennungen ludus und Spiel gewöhnlich gewesen zu sein, die man dann durch Beisätze. wie ludus paschalis, Osterspiel, ein geistlich Spiel von — etc. näher bestimmte.

und die von der Geistlichkeit nicht bloss gutgeheissen, sondern lange
Zeit auch gewiss vorzugsweise angeordnet und mit Hinzuziehung von
Laien in Kirchen und auf öffentlichen Plätzen aufgeführt wurden,
die lateinische Sprache, wenigstens für den ernsten Theil der Handlung, gebraucht worden zu sein. Der Art sind zwei aus Freisingen
stammende Dreikönigsspiele*, welche dem neunten bis elften
Jahrhundert angehören, das eine Herodes sive magorum adoratio, das andere Ordo Rachelis betitelt und die Klagen Rahels
über ihre gemordeten Kinder enthaltend; ferner das Osterspiel (ludus
paschalis) de adventu et interitu Antichristi⁷, welches in
Tegernsee entstanden ist und früher fälschlich dem Wernher von
Tegernsee beigelegt wurde*, so wie der jüngere*, aber auch
nicht später als in den Anfang des dreizehnten Jahrhunderts¹⁰ fallende Ludus scenicus de nativitate Domini¹¹, in welchem
von den Gesängen in der Regel nur die Anfänge, selten die ganzen
Texte mitgetheilt werden¹². Daneben findet sich bereits ziemlich
zeitig, in dem uns in einer Handschrift des dreizehnten Jahrhunderts überlieferten Leiden Christi¹³, welches man durchweg ge-
sangweise dargestellt haben muss¹¹, ein Beispiel, dass man auch
einzelne deutsche, nur gewissen Personen¹⁵ der Handlung in den
Mund gelegte Strophen oder Zeilen ernsten Inhalts zwischen den
lateinischen Text¹⁶ einschob. Sogar ein vollständig deutsches Pas-
sionsspiel¹⁷ aus dem Anfang des dreizehnten Jahrhunderts ist uns,

---

6) Gedruckt bei Weinhold, Weihnachtsspiele und Lieder aus Süddeutschland
und Schlesien. Graz 1853. S. S. 56—65.   7) Gedruckt bei Pez. Thesaurus
novissim. anecdot. II, 3, 185 ff. Vgl. Flögel a. a. O. S. 285 f., Freytag S. 43 ff.
Ein kurzes Osterspiel aus einer Hs. des 13. Jahrhunderts bei Mone 1, 15 ff.
8) Vgl. § 90, 22.   9) Das eben erwähnte Spiel vom Antichrist ist bereits
darin benutzt.   10) Die Begebenheiten, auf welche darin Bezug genommen
wird, fallen zwischen 1175—1208, vgl. Schmellers Vorerinnerung zu den Carmina
Burana S. XIII.   11) Gedruckt in Schmellers Carmina Burana, Stuttgart
1847. 8. (16. Publication des litter. Vereins) S. 80 ff.   12) Vor den Worten
der einzelnen Personen findet man meist *dicat* oder *dicens*, seltener *cantet*
oder *cantans*.   13) Zuerst herausgegeben von Docen in v. Aretins Beitr.
7 (1806), 497 ff., dann von Hoffmann a. a. O. S. 245 ff. und von Schmeller a. a.
O. S. 95 ff. Die Ueberschrift lautet Ludus paschalis sive de passione Domini.
Es ist in der Handschrift nicht vollständig erhalten: der erste Theil, die eigentliche Passion, beinahe ganz; vom zweiten, der Begräbniss, nur ein Paar deutsche
Strophen.   14) Indess steht auch hier bei den Personen öfter *dicit*, *dicat*,
dicunt, als *cantat*, *cantet*, *cantant*; auch *loquitur intra se* kommt vor.
15) Der Maria Magdalena, dem Kaufmann, der Jungfrau Maria, dem
Longinus, Joseph von Arimathia und Pilatus; die meisten darunter haben aber
auch lateinische Reden und Strophen zu singen.   16) Er hält sich, wo er
nicht strophisch ist, ziemlich genau an die Worte der Vulgata.   17) Unvollständig und mangelhaft herausgegeben von Oehler in Kurz' und Weissenbachs

wenn auch nur in Bruchstücken erhalten, und dadurch merkwürdig,
dass hier ein höfisch gebildeter Dichter in den reinen Formen der
höfischen Poesie und in massvoller, dem Komischen nur wenig Spielraum gestattender Darstellung den Versuch macht, das geistliche
Drama von der kirchlichen Sprache zu befreien[18]. Dieser Versuch
steht jedoch vereinzelt da; die übrigen etwa noch dem dreizehnten
und der ersten Hälfte des vierzehnten Jahrhunderts angehörigen
geistlichen Spiele, in denen die deutsche Sprache das entschiedene
Uebergewicht über die lateinische erlangt hat, zeigen kaum etwas
von höfischer Manier. Dahin gehört wegen der Sprache und noch
mehr wegen der Behandlung der deutschen Verse das Passionsspiel, aus welchem wir eine Art Auszug in der alten Pergamentrolle der Bartholomäistiftschule zu Frankfurt a. M. besitzen[19]; sie
diente wahrscheinlich bei der Aufführung des Spiels dem jedesmaligen
Ordner als Leitfaden und enthält daher nur die Anfänge der lateinischen und deutschen Reden und Gesänge, so wie Andeutungen
über das, was während des Ganges der Darstellung zu beobachten
war. Auch Marien Klage[20] stammt ihren Hauptbestandtheilen nach
aus einem Passionsspiel von ziemlich hohem Alter und sicher noch
aus dem dreizehnten Jahrhundert[21]. Und spätestens in den Anfang
des vierzehnten fällt ein Weihnachtsspiel, welches in einem
Bruchstücke erhalten[22], die Personen, wie Augustinus und Virgil
durchweg deutsch reden lässt, und welches dadurch Beachtung verdient, dass es der einzige bekannte Beleg eines zu einem geistlichen
Schauspiel verarbeiteten Gedichtes in Reimpaaren, der am Ausgang
des dreizehnten Jahrhunderts in Hessen gedichteten Erlösung, ist[23].

Beiträgen zur Geschichte und Literatur, Aarau 1846. 8, S. 223 ff.; vollständig
und genau von Bartsch in der Germania 8, 273 ff.   18) Nur die Bühnen-
anweisungen sind noch lateinisch geblieben.   19) Gedruckt bei v. Fichard,
Frankfurt. Archiv 3, 131 ff.   20) Bei Hoffmann S. 259 ff. Mone, Schauspiele des MA. 1, 31 ff.; Pichler, das Drama des MA. in Tirol, S. 30 ff.;
Wackernagel, Kirchenlied 2, 346 ff.   21) Diess beweist ihr Vorkommen
in einer Handschrift, die nicht jünger als das Ende des 13. Jahrhunderts
ist: vgl. Mone 1, 27.   22) Es ist zu finden in von Stade's Specimen lectionum antiquarum Francic. ex Otfridi libr. evangel., Stade 1705. 4. S. 34; und in
J. C. Dieterichs Specimen antiquitatum biblicarum, Marpurgi 1642. 4. S. 122,
woraus die Mittheilung in v. d. Hagens Germania 7, 319 f. stammt. Wenn Mone,
altd. Schauspiele S. 12 das Spiel dem Konr. Bachmann beilegt, so hat er sich
von Kinderling, Geschichte der niedersächs. Sprache S. 298, zu einem Irrthum
verleiten lassen: v. Stade berichtet nur, dass die Handschrift, der das Fragment
zuerst entnommen wurde, aus der Bibliothek des Dichters K. Bachmann her-
rühre.   23) Vgl. den Nachweis von Bartsch in der Germania 7, 35 f. und
§ 90, 34. Ein anderes Beispiel von Umarbeitung eines Gedichtes in Reimpaaren
zu dramatischer Form, aber zu einem weltlichen Spiele (Fastnachtsspiele), bietet

Diesem Spiele etwa gleichzeitig ist das Spiel von den klugen und thörichten Jungfrauen[21], welches 1322 zu Eisenach vor dem Landgrafen Friedrich aufgeführt wurde und ihn so mächtig ergriff, dass er vom Schlage getroffen den Rest seines Lebens hinfällig verbrachte[22]; eine Art Zusammenhang mit den Formen der höfischen Poesie lässt sich hier darin verfolgen, dass der Dichter, der ausserdem wahrscheinlich auch das in derselben Handschrift stehende Spiel von St. Katharina[23] verfasst hat, sich der Strophenform des Gedichtes von Walther und Hildegunde bedient[24]. Alle übrigen in einiger Vollständigkeit erhaltenen Stücke dieser Art dürften in die uns überlieferte Gestalt kaum vor der Mitte des vierzehnten Jahrhunderts gebracht sein. Die ersten bekannten Fastnachtsspiele, die, gleich den spätern, meistentheils in Possen bestehen, mitunter jedoch auch politisch-satirischen oder moralisch-belehrenden Charakters, und dann mehr ernst als komisch sind, werden nicht weit über die Mitte des fünfzehnten Jahrhunderts zurückreichen[25]. Wahrscheinlich aber waren schon lange zuvor mit den zu Fastnacht üblichen Verkleidungen mimische Darstellungen burlesker Scenen oder leicht verständlicher Allegorien verbunden, bei denen anfänglich vielleicht gar nicht, oder nur aus dem Stegreif deutsch gesprochen wurde. Auch können wir nicht wissen, ob die Dichter, welche zuerst darauf verfielen, zu

das Spiel von den sieben Farben (Keller S. 774—781), worin das ältere Gedicht (v. Lassbergs Liedersaal 1, 153 ff., Müllers Sammlung, Fragm. S. XXVI ff.) verarbeitet ist; vgl. Bartsch in der Germania 8, 38 f. 24) Zuerst herausg. von Fr. Stephan, Neue Stofflieferungen für die deutsche Geschichte, Mühlhausen 1847. 8. 2, 173 ff.; dann in L. Bechsteins Wartburg-Bibliothek I. Halle 1855. 8.; nach einer andern Handschrift (vom Jahre 1428) durch Rieger in der German. 10, 311 ff. Uebersetzt bei L. Bechstein und besonders von A. Freybe, das Spiel von den zehn Jungfrauen, eine Opera seria etc. Leipzig 1870. 8. Vgl. noch über dasselbe Funkhänel, über das geistliche Spiel von den zehn Jungfrauen, Weimar 1855; L. Koch, das geistliche Spiel von den zehn Jungfrauen zu Eisenach, nach Sinn und Tendenz beleuchtet, in der Zeitschr. d. Vereins f. thüring. Geschichte, 7. Bd., 1. Heft; und R. Bechstein, zum Spiel von den zehn Jungfrauen, in der Germania 11, 129 ff. 25) Vgl. Menken, Scriptores rer. German. 3, 326; L. Bechstein a. a. O. S. 3 ff.; und Freieslebens kleine Nachlese zu Gottscheds Nöthigem Vorrath S. 7 ff. 26) Gedruckt bei Stephan a. a. O. S. 149 ff. 27) Vgl. § 102. Daneben auch die Nibelungenstrophe in ihrer ursprünglichen Gestalt, mit vier Hebungen in der achten Halbzeile. 28) Nach Tittmann, Schauspiele aus dem 16. Jahrhundert 1, S. XII f. sind sie in der Geschichte der deutschen Literatur erst seit dem zweiten Drittel des 15. Jahrhunderts nachweislich, reichen jedoch jedenfalls in frühere Zeiten zurück; die ältesten uns aufbewahrten Spiele dieser Art sind in Nürnberg, Augsburg und Bamberg entstanden. Vgl. auch Gervinus 2⁵, 596, Anm. 676. Im 14. Jahrhundert war das Fastnachtsspiel sicherlich noch nicht entwickelt, sonst würde es in einem 1350 verfassten, die Fastnachtlust behandelnden Gedichte nicht unerwähnt geblieben sein; vgl. Keller, Nachlese S. 291.

solchem Zwecke etwas in dialogischer Form abzufassen, gerade diejenigen gewesen sind, deren Fastnachtsspiele für uns als die ältesten
gelten müssen.   Das aber lehren uns diese Stücke selbst, dass sie
nicht öffentlich, sondern in Privathäusern, wo sich etwa gerade Gesellschaften zu Fastnachtsschmausereien versammelt hatten, aufgeführt worden sind, vermuthlich von jungen Leuten aus dem Bürgerstande und ohne weitere scenische Vorbereitungen, als die im
Augenblick, wo die Spielenden eintraten, getroffen werden konnten.
Ueberhaupt darf vor dem Ende dieses Zeitraums noch an keine
ordentlich eingerichteten oder gar stehenden Bühnen und an Schau-
spielertruppen gedacht werden[29]. Denn auch im sechzehnten Jahrhundert blieben Kirchen, Märkte und andere grosse Plätze, Rath-
häuser, Universitäts- und Schulsäle, Gasthöfe, Fürsten- und Privat-
wohnungen die Orte, wo man geistliche und weltliche Spiele darstellte[30] und Personen aus allen Ständen, besonders aber Geistliche
und Schullehrer, Schüler[31] und Studenten, Handwerker[32] und andere
Bürger[33] die Darsteller[34]. Erst ungefähr um 1590 oder doch nicht

---

29) Merkwürdig ist folgende Angabe in Palms Ausgabe von Rebhuns Dramen:
S. 191: „Johann Schlayss, Diaconus zu Dettingen, lieferte auf Ansuchen eines
gewissen Pfister, welcher der Vorrede zufolge mit einer ehrbaren Gesellschaft
schon etliche deutsche Komödien gehalten hatte, 1593 eine Uebersetzung des
„Joseph“ von Aegidius Herrius, einem Wittenberger Theologen.“ Vgl. Gervinus
3⁴, 103.   30) Geistliche Stücke, die oft von mehrern Hunderten theils redender,
theils stummer Personen aufgeführt wurden, erheischten schon darum zu ihrer
Darstellung grosse Räume, zumal alle Mitspieler von Anfang an zugleich auf dem
Schauplatz erschienen und in mehrere Gruppen vertheilt, entweder auf ebener
Erde, oder auf eigens dazu erbauten Gerüsten von mehreren Stockwerken, sich
so lange ruhig verhielten, bis die Reihe sie traf, in die Handlung mit einzugreifen.
    31) Dass schon im 14. Jahrhundert bei Aufführung geistlicher Schauspiele
ausser Priestern auch besonders Schüler thätig waren, erhellt aus dem Schluss
der Auferstehung Christi, bei Mone, altd. Schauspiele S. 144.   32) An einigen Orten, wie namentlich in Augsburg, insbesondere die Meistersänger. Auch
in Nürnberg gaben die Singschulen der Meistersänger, wenigstens im 16. und 17.
Jahrhundert, nach geendigtem Gottesdienste Nachmittags zu St. Katharina dem
Volke zugleich etwas zu sehen und zu hören; es wurde dazu durch gedruckte
Anzeigen eingeladen: vgl. Tittmann, die Nürnberger Dichterschule S. 179.
33) Von Bürgern zu Kahla und zu Oelsnitz wurde Rebhuns Susanna gespielt;
vgl. Palm a. a. O. S. 177 f.   34) In einem 1589 am Berliner Hofe aufgeführten Stücke, „Eine kurtze Comödien von der Geburt des Herren Christi“
(vielleicht von Georg Pondo aus Eisleben und herausgegeben von G. Friedländer,
Berlin 1839, 8.) gehörten die Darsteller dem kurfürstlichen Hause, einigen adeligen Geschlechtern und Berliner Bürgerfamilien an. Die meisten waren noch
Kinder; die Rolle der Jungfrau Maria aber spielte ein sechzehnjähriges Fräulein
von Mansfeld. Sonst wurden Frauenrollen wohl in der Regel, zumal bei öffentlichen Aufführungen geistlicher und weltlicher Dramen von Männern und Knaben
gegeben (vgl. u. a. was Flögel 4, 289 f. von einem Schwanke Eulenspiegels beim

viel früher trifft man in Deutschland auf Schauspieler von Gewerbe, die sogenannten englischen Komödianten, die längere Zeit im Lande umherzogen und in Städten und an Fürstenhöfen ihre zum Theil wenigstens von England mitgebrachten und für die Deutschen bearbeiteten Stücke aufführten. Diese, von den Niederlanden in Deutschland eingewanderten Komödianten waren, wie jetzt zweifellos fest steht, wirkliche Engländer [35], die demnach ihre Stücke in Deutschland schwerlich gleich von vornherein auch in deutscher Sprache gespielt haben werden: vielmehr ist glaublicher, dass sie sie zunächst nur englisch gaben, und zwar an Höfen und in Handelsstädten, wo sie verstanden werden konnten, und erst allmählig, als ihre Truppen durch den Hinzutritt deutscher Mitglieder sich ergänzten und vermehrten, mochte die deutsche Sprache an die Stelle der englischen treten. Dafür spricht auch der Umstand, dass von den sogenannten „Englischen Comedien und Tragedien," die von diesen wandernden Truppen gespielt wurden, der erste Band

---

Osterspiel mittheilt), wohl aus dem Grunde, weil oftmals sehr Derbes auch in den weiblichen Rollen gesprochen wurde. Erst in der Mitte des 17. Jahrhunderts finden wir Frauen als mitspielend erwähnt. — An manchen Orten scheint sich im 16. Jahrhundert eine Art stehender Gesellschaften aus Bürgern und Studenten gebildet zu haben, die sich einem Dirigenten unterordneten und von Zeit zu Zeit Stücke aufführten; vgl. Gervinus 3², 99 f. (3¹, 103). 35) Tieck, deutsches Theater 1, S. XXIII ff. (wo er über sie und ihnen aufgeführten Stücke spricht) liess es unentschieden, ob es wirkliche Engländer waren oder junge Deutsche vom Comtoir der Hansa in London, oder Abenteurer und Liebhaber des Theaters, die auf Speculation nach London reisten, mit einem Vorrath von Manuscripten und einstudierten Rollen zurückkamen und so in Deutschland ihr Glück versuchten. Indessen schon Thom. Heywood in der Apology for actors (1612; vgl. Magaz. f. d. Litter. d. Auslandes 1841, Nr. 73) berichtet: „Der König von Dänemark, Vater des jetzt regierenden, hatte in seinem Dienst eine Gesellschaft englischer Schauspieler, die ihm vom Grafen von Leicester empfohlen worden war. Der Herzog von Braunschweig (vgl. Gervinus 3², 101) und der Landgraf von Hessen unterhalten an ihren Höfen gewisse englische Schauspieler von derselben Qualität. Ingleichen besoldet gegenwärtig der Kardinal von Brüssel Komödianten aus unserm Lande." Neuerdings ist durch eine Reihe von Forschungen englischer und deutscher Gelehrter diese Frage in ein helleres Licht gesetzt worden; vgl. Tittmann, Schauspiele aus dem 16. Jahrhundert 2, S. VIII ff., A. Cohen im Athenaeum 1850, Nr. 1185; Kobersteins Abhandlung „Ueber Shakespeare's allmähliches Bekanntwerden in Deutschland und Urtheile über ihn bis zum Jahre 1775" (in Vermischte Aufsätze zur Litteraturgesch. u. Aesthetik. Leipzig 1858. 8.); Fürstenau, zur Geschichte der Musik und des Theaters am Hofe zu Dresden, 2 Bde., Dresden 1861-62. 8. 1, 75 ff.; 96; Elze, die englische Sprache und Literatur in Deutschland, Dresden 1864. 8.: A. Cohen, Shakespeare in Germany in the sixteenth and seventeenth centuries: an account of English Actors in Germany and the Netherlands etc. London 1865. 8. und R. Genée, Geschichte der Shakespeare'schen Dramen in Deutschland, Leipzig 1870. 8.

nicht früher als 1620 erschien[36], bis wohin jene Umwandlung schon
vollständig erfolgt sein konnte. — Die scenischen Einrichtungen[37]
waren im Mittelalter und noch das ganze sechzehnte Jahrhundert
hindurch ausserordentlich einfach. Die geistlichen Spiele wurden
ursprünglich in den Kirchen aufgeführt, aber, als sie mehr und mehr
weltlichen Charakter anzunehmen anfiengen, aus diesen verbannt[38].
Die einfachsten Vorrichtungen, ein paar Bretter oder ein Fass, dienten
als erhöhte Scene, auf welche die jedesmal Agierenden traten. Eine
Vervollkommnung war es schon, wenn auch der Zuschauerraum,
damit Jeder sehen könnte, amphitheatralisch emporstieg. Wechsel der
Scene fand nicht statt; aus diesem Grunde wurden die verschiedenen
Schauplätze, auf denen die Handlung spielte, neben einander, oder
bei engem Raume über einander gelegt. Für die geistlichen Spiele
ergab sich durch die drei Schauplätze, Himmel, Erde und Hölle,
eine Dreitheilung: die oberste Abtheilung bildete der Himmel oder
das Paradies[39], die untere die Hölle, die mittlere oder eigentliche Bühne, welche die Erde darstellte, wird auch mit dem Namen
„Brücke" bezeichnet[40]. Gleich einfach war der Bühnenapparat; ein
Fass musste mitunter die Hölle oder einen Berg vorstellen; den
Donner ahmte ein Flintenschuss nach; die Seelen der Sterbenden
wurden durch Zettel angedeutet, welche die Engel in den Himmel
oder in die Hölle trugen, oder beim Judas durch einen schwarzen
Vogel, den er vor dem Munde hält. Mehr Kunst verwendete man,
wenn es irgend die Mittel erlaubten, auf das Kostüm, wie das
Mittelalter hierin überhaupt Farbenpracht und Glanz zu entfalten
liebte.

---

36) Den vollständigen Titel s. bei Gödeke, Grundriss S. 409. Dieser erste
Band ist 1624 und 1630 neu aufgelegt; ein zweiter, gleichfalls 1630 gedruckter,
der zugleich den Titel „Liebeskampf" führt, enthält schon bei weitem weniger
Stücke, die auf englischer Grundlage beruhen (vgl. ausser Gottsched 1, 182 f.;
189 f. und Tieck auch Gervinus 3², 117; 3¹, 122). Mehrere von diesen alten, in
einer schlechten Prosa abgefassten Schauspielen sind auch in die „Schaubühne
englischer und französischer Komödianten," 1670. 3 Bde. s. aufgenommen (vgl.
Gottsched 1, 226 f.); zwei, Titus Andronicus und Fortunat nach der Ausgabe des
1. Bandes von 1630 gedruckt bei Tieck.   37) Vgl. hierzu ausser Mone's
Sammlung, wo auch Pläne alter Bühnen gegeben sind, noch besonders Tittmann.
Schauspiele aus dem 16. Jahrhundert 1. S. XXXIII ff. Leibing, die Inscenirung
des zweitägigen Osterspieles vom Jahre 1583 durch Renwart Cysat. Mit 2 Tafeln.
Elberfeld 1869. 4., und Wilken, Geschichte der geistlichen Spiele S. 190 ff.
38) Hoffmann S. 212; Mone, Schauspiele des MA. 2, 368.   39) Daher ist
der Name Paradies für die Gallerie in unsern Theatern noch üblich geblieben.
    40) Die gleiche Bedeutung scheint der Name „Burg" gehabt zu haben, der
ursprünglich einen besondern erhöhten Raum der Bühne, später aber auch die
Bühne im Allgemeinen bezeichnet.

§ 161.

Von den geistlichen Spielen, die sich aus den beiden der Kirchenverbesserung voraufgehenden Jahrhunderten erhalten haben oder wenigstens wieder aufgefunden und theils gedruckt theils beschrieben worden sind, stellen die meisten neutestamentliche Geschichten oder Legenden dar; seltner bilden Begebenheiten des alten Testaments, entweder selbständig behandelt, oder zwischen evangelische Geschichten eingeschoben, ihren Inhalt, wie jenes in der ungedruckten Susanna einer Wiener Handschrift des fünfzehnten Jahrhunderts[1], dieses in einem zu Anfang des sechzehnten geschriebenen Passionsspiel[2] der Fall ist, worin die neutestamentlichen Geschichten durch vorbildliche Darstellungen aus dem alten Testamente unterbrochen werden[3]. Fast alle sind ohne die Namen ihrer Urheber auf uns gekommen, was weniger auffallen kann, wenn man sich durch ihre Vergleichung überzeugt, dass die, welche gleichartige Gegenstände behandeln, nicht bloss in der allgemeinen Anlage, sondern auch in der Ausführung des Einzelnen Vieles mit einander gemein haben, ja stellenweise oft wörtlich übereinstimmen, so dass gewiss nur selten solche Spiele von Anfang bis zu Ende ganz neu gedichtet wurden, viel öfter dazu eine schon vorhandene, ihrem Ursprunge nach vielleicht sehr alte Grundlage benutzt und neu bearbeitet, oder auch nur durch einzelne eingeschobene Gesänge, Reden, Auftritte erweitert ward[4]. Insbesondere wird diess der Hergang bei Abfassung der Passionsspiele gewesen sein, die von allen zur Aufführung gebrachten geistlichen Dramen, wie es scheint, die häufigsten waren[5] und in der Regel auch wohl zu den umfangreichsten gehörten, da ihre vollständige Darstellung auf zwei bis drei auf einander folgende Tage vertheilt zu werden pflegte. In einer solchen Vollständigkeit aber haben sich bisher nur ein paar Passionsspiele vorgefunden; das Alsfelder Passionsspiel[6], nach seinem in Hessen belegenen Fundorte benannt, und dort wahrscheinlich auch niedergeschrieben und aufgeführt, ist auf drei Tage vertheilt; ihm verwandt, nur in gekürzter Form ein Friedbergisches[7], und beiden wiederum sehr ähnlich[8], aber gewiss viel älter, ein 1498 zu

---

§ 161. 1) Vgl. Hoffmann. Verzeichniss der Wiener Handschriften S. 183 f. 2) In der Heidelberger Handschrift Nr. 402. 3) Vgl. Gervinus 2², 370 f. (2³, 551 f.). 4) Vgl. Vilmar in Haupts Zeitschrift 3, 478 f. 5) Vgl. über sie besonders Wilken a. a. O. S. 63 ff. 6) Eine Beschreibung davon und bedeutende Bruchstücke daraus hat Vilmar a. a. O. S. 477—518 gegeben.
7) Mittheilungen daraus durch Weigand in Haupts Zeitschrift 7, 545—556.
8) Viele Anfänge von Reden und Gesänge, so wie verschiedene Andeutungen der Scenerie, des Auftretens der Personen etc. stimmen wörtlich mit dem Alsfelder Stücke.

Frankfurt gegebenes, von dem wir ausser der Anlage und der Art
der Aufführung nur die Anfänge der einzelnen Reden und Gesänge
kennen[9], welches an zwei auf einander folgenden Tagen aufgeführt
wurde. Die gleiche Zeitausdehnung hat ein Donaueschinger
Passionsspiel[10], und das Luzerner Osterspiel, welches Renwart Cysat im Jahre 1583 in Scene setzte[11], während das umfangreichste von allen, das in einer Egerer Handschrift aufbewahrt ist[12]
und von Schülern auf dem Markte gespielt wurde, drei Tage dauerte, mit der Schöpfung und dem Sündenfall anfieng und mit der
Auferstehung schliesst. Die von Virgil Raber 1514 zu Botzen gegebene Passion nahm sogar sieben Tage, aber nicht unmittelbar auf
einander folgende, ein, sondern vertheilte sich auf die Festtage
zwischen Palmsonntag und Himmelfahrt[13]. Aber auch in eintägigen
Darstellungen liess man die ganze Heilsgeschichte vorüberziehen,
wie in dem Künzelsauer Fronleichnamsspiel[14] zu Ehren
des heiligen Kreuzes aus dem Jahre 1479, worin bereits ältere Stücke
benutzt sind, wie ein älteres Fronleichnamsspiel[15] und ein in
Reimpaaren verfasstes Gedicht[16], in welchem vor Gottes Throne die
vier Töchter Gottes, Erbarmen, Friede, Gerechtigkeit und Wahrheit
um den Menschen streiten. Ein dramatisiertes Leben Jesu[17] beginnt mit der ersten Wunderthat des Heilands bei der Hochzeit zu
Kana und führt seine Geschichte und seine Lehren durch die Passion bis zur Auferstehung hindurch. In andern Stücken besitzen
wir nur einzelne dramatisierte Theile der biblischen Geschichte, wie
in dem Spiele vom Sündenfall[18], welches Arnold von Immessen, ein Niederhesse, im fünfzehnten Jahrhundert in niederdeutscher
Sprache verfasste und das mit der Geburt Maria's schliesst; oder des
Lebens Christi, wie in der Kindheit Jesu[19], welche in die Klasse

---

9) In der § 160, Anm. 19 erwähnten Frankfurter Pergamentrolle.   10)
Gedruckt in Mone's Schauspielen des Mittelalters 2, 185 ff.   11) Vgl. die
§ 160, Anm. 37 angeführte Schrift von Leibing.   12) Vgl. Bartsch, über ein
geistliches Schauspiel des 15. Jahrhunderts, in der Germania 3, 267—297.
13) Vgl. Pichler a. a. O. S. 64.   14) Im Auszuge mitgetheilt von H. Werner
in der Germania 4, 338 ff.; der Anfang durch H. Bauer in der Zeitschrift des
histor. Vereins f. d. wirtemberg. Franken Bd. 6.   15) Es ist das in Mone's
altd. Schauspielen S. 145 ff. gedruckte; vgl. Werner a. a. O. S. 354. Ueber
die Fronleichnamsspiele vgl. Wilken a. a. O. S. 139 ff.   16) Herausgegeben
von Bartsch in der Einleitung zur Erlösung S. IX ff.; vgl. Werner a. a. O. S.
349 f.   17) Gedruckt in Mone's Schauspielen des Mittelalters 1, 49 ff. Es
ist einer St. Gallischen Handschrift des 14. Jahrhunderts entnommen.   18)
Der Sündenfall und Marienklage, zwei niederdeutsche Schauspiele, herausgegeben von O. Schönemann, Hannover 1855. 8.   19) Bei Mone 1, 132 ff.,
ebenfalls aus einer Handschrift des 14. Jahrhunderts zu St. Gallen.

der Dreikönig- oder Weihnachtsspiele[20] gehört, bestimmt an den Feiertagen nach Weihnacht aufgeführt zu werden, und in einem hessischen Weihnachtsspiel[21], welches ganz in dem burlesken Tone der Spielleute abgefasst ist[22]; oder der Leidens- und Auferstehungsgeschichte, wie in den Bearbeitungen von Marien Klage[23], worunter auch ein paar niederdeutsche[24], deren eine namentlich durch die beigefügten Bühneneinrichtungen von Interesse ist[25]; in der Grablegung Christi von Mathias Gundelfinger[26], deren Handschrift[27] auch die genaue Angabe der Procession der Darsteller enthält[28]; in den Darstellungen der Auferstehung Christi, von denen die bedeutendste das in niederdeutscher Sprache verfasste Redentiner Spiel[29] ist, so wie in Christi Himmelfahrt[30], welche da

---

20) Ueber die Weihnachtsspiele vgl. Weinhold, Weihnachtsspiele und Lieder aus Süddeutschland und Schlesien, Graz 1853. 8. und Wilken, Geschichte der geistlichen Spiele S. 1 ff.   21) Herausgegeben aus Vilmars Nachlasse von K. W. Piderit, Parchim 1869. 8.; vgl. Schröder in der Germania 15, 376 ff. Uebersetzt von A. Freybe, Parchim 1869. 8.   22) Vgl. Gervinus 2⁵, 575 f.
23) Von der einen, die zuerst durch Hoffmann (S. 259—279) bekannt geworden ist, war schon § 160, 20 die Rede: sie besteht aus zwei Theilen, dem planctus Marine virginis und dem ludus de nocte Paschae. Die Handschrift, die sie uns überliefert hat, gehört dem 15. Jahrhundert an. Auch diese Marien Klage „findet sich mit einigen Abweichungen, sodann aber mit ziemlich umfangreichen Zusätzen und einigen Auslassungen" in dem Alsfelder wie in andern Passionsspielen (auch in einem aus Schlesien stammenden Bruchstück, welches A. Schultz in der Germania 16, 57 ff. mitgetheilt hat) wieder. — Von der andern Bearbeitung hat sich nur ein kleines Bruchstück erhalten, welches zuerst Docen (Neuer litterar. Anzeiger 1806, Sp. 82 ff.) herausgab, und darnach Hoffmann (S. 280 ff.) Der erstere setzte die Abfassung dieses Stückes gegen das Ende des 14. Jahrhunderts. Es scheint mit der andern Marien Klage auf derselben Grundlage zu ruhen, da in einzelnen Stellen wieder wörtliche Uebereinstimmung ist. Ueber die Marienklagen vgl. Wilken a. a. O. S. 72 ff.   24) Vgl. Anmerkung 18.   25) Die eine nach einer Handschrift von 1391 bei Mone, altd. Schauspiele S. 109 ff. unter der Ueberschrift „Auferstehung Christi" gedruckt; von der andern, die einen Deutsch-Böhmen oder einen Schlesier zum Verfasser haben dürfte und wahrscheinlich 1472 niedergeschrieben worden ist, war zuerst nur der Prolog und ein ziemlich bedeutendes Bruchstück aus dem Spiele selbst durch Wackernagels altd. LB.¹ Sp. 781 ff. bekannt geworden, bis Hoffmann S. 290 ff. das Ganze unter dem Titel „Osterspiel" veröffentlichte. Die ernste Grundlage bildet hier nach Wackernagels Bemerkung (LB.² Sp. 1013 ff.) den vorhin erwähnte ludus de nocte Paschae.   26) Bei Mone, Schauspiele des Mittelalters 2, 119 ff.   27) Sie ist vom Jahre 1494 und das Stück wohl nicht viel älter.   28) Eine solche Procession vom Ende des 15. oder Anfang des 16. Jahrhunderts aus Zerbst ist auch mitgetheilt in Haupts Zeitschrift 2, 276 ff.   29) Gedruckt nach einer Handschrift vom Jahre 1464 bei Mone, Schauspiele des Mittelalters 2, 1 ff.; danach in reines Niederdeutsch umgeschrieben von Ettmüller, Dat spil fan der upstandinge, Quedlinburg u. Leipzig 1851. 8. Vgl. dazu noch Drosihn im Programm des Neustettiner Gymnasiums 1866, und Schröder in der Germania 14, 181 ff.
30) Bei Mone a. a. O. 1, 251 ff.; über die Himmelfahrtsspiele vgl. Wilken

anhebt, wo die Auferstehungsspiele schliessen. Wiederum in andern
ist das jüngste Gericht behandelt[31], und wahrscheinlich waren
diese bestimmt am letzten Sonntage des Jahres[32] zugleich als eine
Art Neujahrsspiel aufgeführt zu werden, wie denn darin ein Glück-
wunsch zu Neujahr sich findet[33], als Vorläufer der Neujahrsspiele,
deren eines sich erhalten hat[34]. Alle diese Stücke sind melodramatisch
behandelt, auch Tänze kommen darin vor, bisweilen unter sogenannten hebräischen oder jüdischen, d. h. kauderwelsch klingenden
Gesängen ausgeführt[35]; die Reden sind fast durchgängig deutsch,
die gesungenen Stellen oft noch lateinisch, zumal wenn ihr Inhalt
unmittelbar nachher in deutschen, gesprochenen Versen sich
wiederholt. Mit Ausnahme der Marien Klagen fügen sie
sämmtlich in den ernsten Gang der heiligen Handlung komische
und possenhafte Auftritte und Reden, wozu in der heiligen Geschichte
vornehmlich das Leben der Maria Magdalena vor ihrer Bekehrung,
die Höllenfahrt Christi und der Einkauf der Salben und Specereien
durch die drei Marien, bevor sie das Grab besuchen, Anknüpfungs-
punkte boten. Die komischen Figuren waren ausser einem Kaufmann oder Marktschreier, seinem Weibe und seinem Knechte besonders auch die Teufel[36]. In dem Alsfelder Spiele ist die Scene
zwischen dem Marktschreier und seinem Anhange auf einem der ein-
gelegte Stellen enthaltenden Zettel der Handschrift eingeheftet;
anderwärts findet sie sich in den Handschriften selbst[37]. Einige
Spiele leiten auch statt mit einem ernst gehaltenen Vorspiele die

a. a. O. S. 130 ff.   31) So in dem Spiele „der jüngste Tag" bei Mone 1, 265 ff.
Vgl. über derartige Spiele Wilken a. a. O. S.145 ff.   32) Auf diesen fällt das
Evangelium des jüngsten Tages, Matth. 24, 15—36.   33) V. 34.   34) Gedr.
bei Mone a. a. O. 2, 367 ff   35) Ueber Tänze im geistlichen Drama vgl. W. Wackernagel in Haupts Zeitschr. 9,312.   36) Vgl. hierzu Weinholdt, über das Komische im
altdeutschen Schauspiel in Gosche's Jahrbuch f. Litt. Gesch. 1, 1—44. und Pichler,
Eine Teufelscomödie, in der Germania 11, 96—99.   37) Am ausgeführtesten in
den beiden Osterspielen bei Mone und Hoffmann (s. Aumerk. 25). Auch die
Frankfurter Pergamentrolle deutet sie bestimmt genug an, ja selbst in dem alten
Spiel vom Leiden Christi (§ 160, 13) blickt, wie Hoffmann S. 297 richtig
bemerkt, schon die Grundidee dazu durch; sie würde sich wahrscheinlich von
ähnlicher, wenn auch vielleicht bescheidenerer Behandlung als in den späteren
Stücken (also ähnlich wie in dem ältesten deutschen Passionsspiele, § 160, 17)
zeigen, wenn uns von diesem Spiel der Theil aufbewahrt wäre, der die Auferstehungsgeschichte enthielt. Diess schliesse ich besonders daraus, dass zu Anfang
(S. 245) mit dem Kaufmann zugleich dessen Frau auftritt, die in dem uns erhaltenen Theil gar nichts zu thun hat und doch gewiss nicht umsonst erscheint. In
einem Spiel von der Kindheit Jesu aus dem 14. Jahrhundert (Mone, Schauspiele
1, 132 ff.) erblickt der Herausgeber (S. 135 f.) die erste Spur des späteren Hofnarren und Hanswursts.

Haupthandlung mit einer komischen Scene ein; so hebt das Alsfelder Stück nach dem Prolog mit einer Teufelsscene an, und in
einem Osterspiel[38] spricht gleich der Vorredner (Praecursor) in einem
burlesken Tone[39]. Zwischen diesen geistlichen Spielen von vorzugsweise biblischem Inhalt und denen, die ganz auf dem Boden der
Legende erwachsen sind, steht mitten inne Marien Himmelfahrt,
ein ziemlich altes, bis auf einige eingefügte lateinische Gesänge und
Predigttexte ganz in deutscher Sprache abgefasstes und im ernsten
Tone gehaltenes Werk[40], das mit der Theilung der Apostel anhebt,
zum Tode, dem Begräbniss und der Himmelfahrt Mariä übergeht
und wohl mit der Eroberung und Zerstörung Jerusalems schliessen
sollte, aber schon bei der Belagerung der Stadt abbricht. Dramatisierte Legenden[41] endlich besitzen wir ausser der schon erwähnten
heiligen Katharina[42], die noch dem vorigen Zeitraume angehört,
aus dem vierzehnten Jahrhundert in der heiligen Dorothea,
die wahrscheinlich nur der erste Theil eines ursprünglich weiter
ausgeführten Schauspiels ist[43], und in dem niederdeutschen Theophilus[44], der uns in drei verschiedenen Texten, die jedoch alle
auf eine gemeinsame ältere Quelle zurückweisen, erhalten ist[45]; aus
dem fünfzehnten in dem auf zwei Tage vertheilten Heilig-Kreuz-
Spiel[46], das die Legende der heiligen Helena, der Mutter Constan-

---

38) Hoffmann a. a. O. S. 297 f.   39) Dagegen eröffnete zufolge
jener Pergamentrolle das alte Passionsspiel der heil. Augustin, David, Salomon und mehrere Propheten durch ein Gespräch mit den Juden, welches wahrscheinlich von dogmatischem Inhalte war und mit dem bei Mone, altdeutsche
Schauspiele S. 145 ff. unter der Ueberschrift Fronleichnam gedruckten Stücke,
das nach des Herausgebers Meinung gleichfalls nur als Einleitung zu einem Schauspiel diente, Aehnlichkeit haben mochte.   40) Aus derselben Handschrift,
in welcher Christi Auferstehung und der Fronleichnam stehen, herausgegeben von Mone, altdeutsche Schauspiele S. 21 ff.   41) Vgl. über
Legendenspiele Wilken a. a. O. S. 159 ff.   42) Vgl. § 160, 26.
43) Nach einer Handschrift vom Jahre 1310 herausgegeben von Hoffmann
S. 284 ff.   44) Ueber die Legende von Theophilus s. Mone's Anzeiger 1834,
Sp. 266 ff.; J. Grimm, Mythologie² S. 969, Note 2.; E. Sommer, de Theophili
cum diabolo foedere (Dissertat.) Berlin 1844. 8. (vgl. § 96, 39); v. d. Hagen,
Gesammtabent. 3, S. CXXV ff.; Liebrecht in der Germania 1, 265; Köpke,
Hrotsuit von Gandersheim S. 49 ff.   45) Der älteste Text ist der der Helm-
städter Handschrift, herausgegeben bei Bruns, altplattd. Gedichte S. 296 ff. (vgl.
Sommer a. a. O. S. 39); von Ettmüller, Theophilus, der Faust des Mittelalters,
Quedlinb. u. Leipzig 1849. 8.; den Text der Trierer Handschrift gab Hoffmann
v. Fallersleben, Hannover 1853. 9., den einer Stockholmer Handschrift Dasend,
Theophilus in Icelandic, low German and other tongues, London 1845. 9. heraus;
am besten (mit dem Helmstädter Texte zugleich) Hoffmann von Fallersleben,
Theophilus, Niederdeutsches Schauspiel in zwei Fortsetzungen, Hannover 1854. 9.
46) In Kellers Nachlese S. 54 ff.

24*

tins, behandelt, dem Spiel vom heiligen Georg [47], welches vielleicht bei der Anwesenheit Kaiser Friedrichs III zu Augsburg (1473)
aufgeführt [48], sicher aber in Augsburg verfasst wurde, und in dem
Spiel von Frau Jutten, welches 1480 ein Mühlhäuser Geistlicher,
Theoderich Schernberg, gedichtet und welches die legendenartige Geschichte der Päbstin Johanna zum Inhalt hat, deren
ganzer Lebenslauf von dem Augenblick an, wo die Teufel sie zu
verführen beschliessen, bis zu ihrem Tode verfolgt wird, worauf dann
noch dargestellt ist, wie ihre Seele in der Hölle leidet, endlich aber
auf Fürbitte der Jungfrau Maria von dem Heilande begnadigt und
in den Himmel aufgenommen wird [49]. In diesen Stücken, von
denen das letzte wieder mit halb possenhaften Auftritten die ernsten
untermischt, kommen wenig oder gar keine lateinischen Worte vor;
das zweite aber ist das einzige, in welchem auch die sonst nie
fehlenden Gesänge vermisst werden: weil es sich jedoch noch dadurch von den andern unterscheidet, dass es in einigen, nicht schlechthin ausscheidbaren Zwischensätzchen [50] aus der dialogischen in die
Erzählungsform überspringt [51], so dürfen wir vermuthen, es liege uns
darin nur eine wohl gar nicht zur Aufführung bestimmte Bearbeitung
eines ältern, in seiner ganzen Form den übrigen Gedichten dieser
Gattung näher stehenden Spieles vor. — Wie in allen diesen geistlichen Dramen, von welcher Seite man sie auch betrachten mag,
die dramatische Kunst noch nicht über die allerschwächsten Anfänge
hinausgekommen ist, so zeigen sie auch die ältesten Fastnachtsspiele
in ihrer ersten Kindheit [52]. Sie sind in Nürnberg, derjenigen unter

---

47) Herausgegeben von Bened. Greiff in der Germania 1, 171 ff., und
danach bei Keller, Nachlese S. 130 ff.   48) Greiff vermuthet in dem
Dichter den auch sonst bekannten Schüttenhelm aus Augsburg; doch sind seine
Gründe als nicht ausreichend zu betrachten.   49) Die Nachricht
von dem Verfasser und dem Alter des Stückes gibt ein Mag. Tilesius
(vgl. über ihn L. Bechstein, Wartburg-Bibliothek 1, 8 f.), der es zuerst
drucken liess, Eisleben 1565; vgl. Gottsched 2, 81 u. 221, wo es auch
S. 84 ff. nach der alten Ausgabe wieder abgedruckt ist; wieder gedruckt in
Kellers Fastnachtspielen Bd. 2. S. 900 ff. — Vgl. über das Stück und den Dichter
Müller, zur Geschichte der Entwickelung des Dramas in Deutschland, Osterpro-
gramm des Posener Gymnasiums 1838 (wiederholt in den Blättern f. litter. Unter-
haltung 1846, Nr. 63—67); Kurz, Geschichte der deutschen Litteratur 1. 726; Keller,
Fastnachtspiele, Nachlese S. 322. 349; und R. Bechstein, zum Spiel von Frau
Jutten (mit Bemerkungen über Th. Schernbergs thüringische Mundart) im Deutsch.
Museum für Geschichte, Litteratur und Kunst. Neue Folge, Leipzig 1862. 8.
50) Ettmüllers Ausgabe hat dieselben allerdings entfernt.   51) Solchem
Uebergang von epischer in dramatische Form begegnet man vereinzelt auch sonst;
vgl. Bartsch in der Germania 7, 36; und Gervinus 2³, 567   52) Sämmtliche

allen deutschen Städten, wo das ältere volksthümliche Drama die
meiste Pflege fand und auch am besten gedieh, entstanden und
rühren, jedoch nur zum Theil, von Hans Rosenblüt[53] her. Unter
denen, die ihm mit mehr oder weniger Grund beigelegt werden[54],
ist nur eins, das in seiner Anlage, wenn auch nur sehr von fern,
an ein wirkliches Drama erinnert[55]: es behandelt einen Schwank,
der vielleicht schon früher in anderer Form dargestellt war. Die
übrigen, die wohl als reine Erfindungen des Dichters anzusehen sind,
geben weniger Handlungen, als dialogisierte Auftritte in Form eines
Eheprocesses[56], oder blosse Unterredungen und Verhandlungen, die
theils auf Ertheilung von Lehren und Rathschlägen ausgehen, theils
sich um Tagespolitik und Wochenmarktspässe drehen. Mehrere
zeichnen sich durch treffende Satire und derben Witz aus, der aber
nur zu häufig in die allergröbsten Zoten und Unflätereien ausartet.
Nicht besser sind die gleichfalls in Nürnberg gedichteten Fastnachtsspiele von Hans Folz[57], einem jüngeren Zeitgenossen Rosenblüts;
sie waren, wie man in ihrer Verbreitung in alten Einzeldrucken
sieht[58], bei den Zeitgenossen beliebt, und bezeichnen auch insofern
einen gewissen Fortschritt, als sie bereits eine etwas geschlossenere
Form zeigen[59] und auch im Versbau etwas strenger sind[60], aber in
Bezug auf Lascivität und Unflätigkeit überbietet Folz seinen Vorgänger. Ausser diesen beiden Namen wird kaum einer genannt:
Nicolaus Mercatoris, von dem wir ein Fastelabendspiel vom
Tode und vom Leben besitzen[61], ist der einzige Dichter von

---

bekannte Fastnachtsspiele des 15. Jahrhunderts sind gesammelt und herausgegeben von Keller: Fastnachtspiele aus dem 15. Jahrhundert, Stuttgart 1853. 8.
(28.—30. Publicat. d. litter. Vereins) und Nachlese, Stuttg. 1858. S. (46. Publication)
     53) Vgl. § 147, 9.   54) Feste Kriterien für oder gegen Rosenblüts Autorschaft
sind noch nicht gefunden. Man hat als solches den Schlussreim — uot oder — üet
nicht mit Unwahrscheinlichkeit geltend gemacht; doch können auch Stücke von ihm
sein, die dergleichen nicht tragen; ebenso spricht der Gebrauch der Priamel für ihn
als Autor, wenn gleich auch dies Kriterium nicht sicher ist. Gottsched und Tieck
legen ihm alle in der Dresdener Hs. (s. v. d. Hagens Grundriss S. 524) stehenden
zehn Stücke bei; andere enthält die Münchener Hs. mit der Bezeichnung schueper.
Vgl. hierüber Keller a. a. O. 3, 1081 ff. Gedruckt sind sechs aus der Dresdener
Hs. bei Gottsched 2, 13 ff., zwei davon auch bei Tieck 1, 1 ff.; sämmtlich bei
Keller.   55) Es hat die Ueberschrift „Von dem Bauer und dem Bock;" bei
Keller Nr. 46.   56) Die Form des Processes muss eine der beliebtesten für
das Fastnachtsspiel des 15. Jahrhunderts gewesen sein; die im altd. Museum 2,
321 und in Mone's Anzeiger 1839, Sp. 357 von Folz angeführten Stücke (aus
den ersten Proben bei Pischon, Denkm. 2, 180), so wie das von „Rumpolt und
Mareth" (Hoffmanns Verzeichniss der Wiener Handschriften S. 185; Keller,
Nr. 115. 130) haben sie gleichfalls, vgl. Gervinus 2³, 598 ff.   57) Vgl. § 149, 25.
58) Vgl. Gödeke's Grundriss S. 100 f.   59) Vgl. Keller 3, 1190.
60) Vgl. Wackernagel in Haupts Zeitschrift 8, 508.   61) Gedruckt bei

Fastnachtsspielen, der uns nach Niederdeutschland weist[61], wohin
sonst nur noch wenige anonyme gehören[62], während ausser Nürnberg nur noch einige oberdeutsche Gegenden, die Schweiz, und hier
besonders Basel und Lucern in Betracht kommen[63].

§ 162.

Auf dieser niedrigen Stufe blieb das deutsche Drama im sechzehnten Jahrhundert zwar nicht stehen, doch waren die Umstände,
unter denen es sich weiter entwickelte, nicht günstig genug, um es
in seiner innern und seiner formellen Ausbildung beträchtlich zu
fördern. Keine Stadt nahm in Deutschland eine Stellung ein, die
sie zum Mittelpunkt des öffentlichen Lebens, der gesellschaftlichen
Sitte und der geistigen Bildung der Nation machte; die Poesie war
im Ganzen schon zu tief gesunken, den Dichtern alles wahre Kunst-
gefühl und aller Kunstverstand zu fremd geworden: wie hätte da
gerade die poetische Gattung gedeihen sollen, die vor allen übrigen
der Anlehnung an einen solchen Mittelpunkt des Volkslebens bedarf,
von allen in ihrer Ausführung die schwierigste ist und einer künst-
lerischen Behandlung am wenigsten entbehren kann? Wenn es auch
nicht bloss ungelehrte Handwerker waren, die sich mit der Abfassung von Schauspielen abgaben, sondern auch viele Männer aus
dem Gelehrtenstande, besonders Geistliche und Schulmänner sich
darin versuchten, so fanden sich unter diesen doch nicht mehr, die
wahren Beruf dazu hatten und sich über die Rohheit und Geschmacklosigkeit des grossen Haufens erhoben, als unter jenen. Indessen
wurde jetzt wenigstens ein Anfang gemacht, die Form des deutschen
Dramas einer Art von Regel zu unterwerfen; es kam auch im Ganzen
mehr Handlung und Bewegung in dasselbe; selbst eine Annäherung
an das, was man unter der Schürzung und Lösung eines dramatischen Knotens versteht, fand sich bereits hier und da ein; die
Charaktere wurden mitunter, besonders in komischen und possenhaften Stücken, wenn auch nicht zu völliger Rundung ausgearbeitet,
doch in ziemlich bestimmten Umrissen gezeichnet; der Dialog strebte
bei einigen Dichtern schon nach der im Drama erforderlichen Raschheit und Gewecktheit, und einzelne Versuche, den gemein üblichen

---

Keller Nr. 121.   62) Nach Gödeke (Grundriss S. 298) war der Dichter ein Hol-
steiner, und fällt, wiewohl sein Spiel erst 1576 gedruckt ward, noch in ältere Zeit.
    63) Das bekannteste derselben ist Claus Bur, welches in Mecklenburg ent-
standen ist (Gödeke's Grundriss S. 298); neu herausgeg. von A. Höfer in: Denkmäler niederd. Sprache und Literatur (Greifswald 1850) 1. 1 ff. Ueber die Ausgaben vgl. Gödeke a. a. O. und Keller 3, 1469.   64) Vgl. Keller 3, 1076.

·Vers des deutschen Schauspiels¹ seiner Rohheit zu entreissen und durch neu eingeführte Masse Abwechselung und Mannigfaltigkeit in die äussere Form der Rede zu bringen, zeigten sich mindestens², wenn sie auch noch keineswegs im Allgemeinen Anerkennung und Nachfolge fanden. Was zunächst, ausser dem Talent einiger Dichter, zu dieser Vervollkommnung beitrug, waren die Uebersetzungen antiker Dramen, zuerst der Komödien des Terenz, von denen der von Hans Nydhart in Prosa übersetzte Eunuch 1486 in Ulm und die sämmtlich von einem unbekannten Uebersetzer ebenfalls in Prosa verdeutscht 1499 zu Strassburg im Druck erschienen. Auch von Plautus wurde früh Manches in deutscher Sprache bekannt: die Menächmen und die Bacchides von Albrecht von Eybe kamen zu Augsburg bereits 1511³ heraus⁴; von Aristophanes' Plutus muss es gleichfalls schon 1531 eine Uebersetzung gegeben haben, die Hans Sachs zu seiner Komödie „der Pluto ein Gott aller Reichthumb"⁵ benutzte: vielleicht war sie bei Gelegenheit der Aufführung dieses Stücks in der Originalsprache, die 1531 in Zürich zu Stande kam⁶, gemacht worden⁷. Dazu kamen die dem Terenz nachgebildeten lateinischen Stücke einiger Gelehrten des ausgehenden fünfzehnten und des sechzehnten Jahrhunderts⁸, die für die Schuljugend geschrieben und von dieser bei feierlichen Gelegenheiten

§ 162. 1) Ueber die metrischen Formen des Dramas und die ersten Prosastücke vor Opitz vgl. Zarncke, Geschichte des fünffüssigen Jambus, Leipzig 1865. 4. S. 23 f. 2) Zuerst, so viel ich weiss, bei Paul Rebhun (seine Dramen sind neu herausgegeben von H. Palm, Stuttg. 1859. S. als 49. Publication d. litter. Vereins). In der Susanna (vgl. § 137, 6) sind ausser den lyrischen, die vier ersten Acte schliessenden Stellen oder den Chören (drei davon bei Ph. Wackernagel, Kirchenlied Nr. 443 ff., nach einer Ausgabe von 1537; vgl. S. 747b; vier in der neuen Ausgabe 3, 775 f. nach der Ausg. von 1536) streng gemessene, wiewohl der starken Wortkürzungen wegen oft hart klingende jambische Verse von drei bis zu fünf, und trochäische von vier bis zu sechs Hebungen. Innerhalb einer Scene wird immer dieselbe Messung und auch dieselbe Reimart festgehalten; mit dem Scenenwechsel tritt gewöhnlich eine Aenderung entweder in beiden zugleich, oder doch in einer von beiden ein. Das gleiche Verfahren ist in der „Hochzeit zu Cana" beobachtet; ebenso in seiner „Klag des armen Mannes;" vgl. Friedländers Vorrede zu dem § 160, 34 angeführten Stück, S. VIII f.; über seine Verse vgl. auch Zarncke a. a. O. S. 23. In Betreff einiger jüngeren Dichter, die in der Bildung und in dem Gebrauch des dramatischen Verses als Rebhuns Nachfolger angesehen werden dürfen, verweise ich auf Gottsched 2, 214 f. und auf Gervinus 3², 88. 3) Aufs neue gedruckt Augsburg 1518. 4) Proben in der deutschen Litteraturgeschichte von G. und F. Scholl 1, 509 fl. 5) Gottsched 1, 61. 6) Vgl. Grüneisen, Nicolaus Manuel S. 41, Anm. 3. 7) Ueber jüngere Uebertragungen altlateinischer und griechischer Komödien und Tragödien vgl. Gottsched (nach Anleitung des 2. Registers hinter dem ersten Theile) und Gervinus 2³, 385 f.; 3², 80 f. 8) Ein viel älteres Beispiel von Nachbildung der terenzischen Form sind die sechs geistlich-moralischen

aufgeführt[8], dann aber auch häufig deutsch bearbeitet wurden. Dahin ·
gehört namentlich das, was **Johann Reuchlin**[10] in dieser Art
abfasste[11], dessen Scenica progymnasmata[12] 1497 in Heidelberg
gespielt, das Jahr darauf gedruckt und 1531 von **Hans Sachs**
unter dem Namen Henno als Komödie bearbeitet wurden[13]. Wie
Reuchlins Stücke auf deutscher Sitte und deutschem Leben beruhen,
so behandeln auch andere berühmte Latinisten, wie **Thomas Naogeorg**[14] und **Nicodemus Frischlin**[15] in ihren Schauspielen, von
denen viele gleichfalls ins Deutsche übertragen sind, gleich den
deutsch schreibenden Dramatikern ganz volksmässige, aus den kirchlichen Verhältnissen der Zeit, der Bibel, der heimischen Geschichte
und Sage geschöpfte Gegenstände[16]. Nun erst lernte man ein Schau-

---

Stücke der sächsischen Hrotsvith (oder Clamorvalidus, wie sie sich selbst übersetzt; vgl. J. Grimm, latein. Gedichte des 10. und 11. Jahrhunderts S. IX, Anmerkung), die gegen 980 als Nonne zu Gandersheim lebte. Sie sind jedoch nur
dialogisierte Erzählungen in lateinischer Prosa. Konr. Celtis gab sie mit den
übrigen Werken der gelehrten Nonne zuerst heraus, Nürnberg 1501. fol. Seitdem
sind sie oft herausgegeben worden, zuletzt von Barack, die Werke der Hrotsvitha,
Nürnberg 1858. ,S. (vgl. Bartsch in der German. 3, 375 ff.) und die Komödien
allein von Bendixen, Lübeck 1859. 1862. 6. Die Inhaltsangabe von allen und von
einem auch die Uebersetzung des ersten Actes findet man bei Gottsched 1, 5 ff.;
2, 20 ff. Die von Aschbach aufgestellte Behauptung (Rosuitha und Conr. Celtis.
Wien 1867. S., 2. Ausgabe 1868.), dass ihre Werke eine Fälschung von Celtes
seien, ist durchaus unhaltbar; vgl. darüber und über die Dichterin überhaupt
namentlich R. Köpke, Hrotsuit von Gandersheim, Berlin 1869. S. (besonders S.
237 ff.). Ihren Abraham übersetzte bereits 1503 Wernher vou Themar in's
Deutsche, nach Celtis' Ausgabe; vgl. Wilcken, Gesch. der Heidelberger Büchersammlung S. 394.   9) Ueber die Schuldramen vgl. Tittmann, Schauspiele aus
dem 16. Jahrhundert 1, S. XVII f.; über Schulkomödien in Sachsen: Fürstenau,
zur Geschichte der Musik und des Theaters am Hofe zu Dresden, Dresden 1861 f.
1, 59 ff.; Heiland, über die dramatischen Aufführungen im Gymnasium zu Weimar.
Ein Beitrag zur Geschichte der Schulkomödie (Weimar. Programm), Weimar 1858.
4.; und insbesondere über lateinische Schulkomödien: Fr. Straumer im Programm
des Gymnas. zu Freiberg 1868. 4.   10) Geb. 1454 zu Pforzheim, gest. 1521
zu Tübingen.   11) Siehe Flögel 3, 149 ff.; 4, 294 und Koch 1, 262 f.
12) Sie sind von Gottsched 2, 146 ff. aufgenommen.   13) Vgl. Keller,
Fastnachtspiele, Nachlese S. 349, und Herm. Grimm, das Luzerner Neujahrsspiel
und der Henno des Reuchlin in Gödeke's deutscher Wochenschrift 1854.
6. Heft, S. 1—12, so wie dessen Essays, S. 119 ff. Ueber den Zusammenhang mit der bekannten französischen Farce Maître Pathelin vgl. Geiger,
Reuchlin S. 82 ff.   14) Kirchmeyer, geb. 1511 zu Habelschmeiss bei Strau-
bingen in Baiern, war an sieben verschiedenen Orten Pfarrer, gest. 1563 zu Wis-
loch in der Pfalz. Vgl. über ihn auch Gödeke, Every-Man etc. S. 109 f.
15) Geb. 1547 zu Balingen in Würtemberg, gest. 1590. Vgl. über ihn Strauss,
Leben und Schriften des Dichters und Philologen N. Frischlin. Ein Beitrag
zur deutschen Culturgeschichte. Frankfurt a. M. 1856. S.   16) Vgl. über
diese und andere Verfasser lateinischer Schauspiele, über diejenigen ihrer Stücke,
die deutsch bearbeitet sind, so wie über theatralische Aufführungen auf Schulen

spiel in Acte und Scenen theilen¹⁷, führte in Nachahmung der Antike auch Chöre ins Drama ein¹⁸, gewann damit aber freilich noch immer wenig oder gar keine Einsicht in das, was die innere Oekonomie eines Stücks ausmacht, wie man denn auch mit den Benennungen Tragödie und Komödie, die man dem Alterthum entlehnte, ohne jedoch die alte allgemeine Bezeichnung Spiel (für jedes dramatische Gedicht) und die besondere Fastnachtsspiel (für die eigentliche Posse) aufzugeben, fortwährend sehr schiefe und unklare Vorstellungen verband¹⁹. — Ein wesentlicherer Vortheil erwuchs der dramatischen Poesie daraus, dass sie den Kreis ihrer Gegenstände allmählig bedeutend erweiterte, und dass darunter viele waren, die sich durch ihre ganze Natur weit mehr für sie eigneten und weit eher auf eine Verbesserung ihrer Formen führen konnten, als diejenigen, auf welche sie sich bis zum Anfang des sechzehnten Jahrhunderts beschränkt hatte. Die biblischen Stoffe hielt man allerdings noch lange mit grosser Vorliebe fest und manche von ihnen, nun vorzüglich alt-

---

(zuerst in lateinischer, dann aber auch in deutscher Sprache) und deren ursprünglichen Zweck Flögel 3, 293 ff.; 305 ff.; 4, 295 ff.; Koch 1, 263 ff.; Gottsched (nach den Seitenzahlen im 3. Register bei den Namen Naogeorg, Kirchmeyer, Frischlin, Hayneccius) und Gervinus 2², 383 f.; 3², 81—88; 95 ff. 17) Theils behielt man diese Ausdrücke bei, theils wählte man deutsche dafür. So finden sich für Act: Wirkung, Handel, Uebung, Ausfahrt; für Scene: Fürtragen oder Fürbringen und Gespräch. Uebrigens ist die Eintheilung in Scenen weit seltener, als die in Acte. Hans Sachs z. B. hat, wenn ich nicht irre, von jener nie Gebrauch gemacht, während er diese in seinen Tragödien und Komödien, nicht in den Fastnachtsspielen, immer anwendet. Er hat Stücke von einem bis zu zehn Acten. Andere Dichter giengen über diese Zahl noch hinaus: nach einem spanischen Original wurde eine Tragödie in neunzehn Acten bearbeitet und 1520 gedruckt; vgl. Gottsched 1, 52 ff.   18) So P. Rebhun (vgl. Anm. 2), und schon 1532 Kolross (vgl. Höpfner, Reformbestrebungen S. 8). Aber wenn der Dessauer Schulmeister Joachim Greff 1545 im Vorworte zu seinem Lazarus schreibt: „Wir wissen, dass man vor Zeiten in den alten actionibus zuweilen drein gesungen hat, latein und deutsch, welches nicht ungeschickt gewesen ist, sonderlich das Volk ein wenig munter und lustiger wird zu hören" (Höpfner, Reformbestrebungen S. 8), so bezieht er sich damit vielmehr auf die Gesänge der alten geistlichen Stücke.   19) Bouterwek hat (9, 398) behauptet, bei H. Sachs bestehe der Unterschied zwischen einer Komödie und einer Tragödie nur darin, dass in jener immer, in dieser nie eine oder mehrere Personen um's Leben kommen. Diess ist aber falsch, wie unter andern die Komödie von den ungleichen Kindern Evae zeigt, in welcher Abel getödtet wird (vgl. über den Stoff dieses Stückes J. Grimm in Haupts Zeitschrift 2, 257 ff. und Fr. Ilwof in der German. 10, 429 ff., wo auch [wie schon bei Grimm] einer dramatischen Aufführung der ungleichen Kinder Adams und Eva's gedacht wird, die bereits 1509 und 1516 zu Freiberg im sächs. Erzgebirge [also vor dem Stücke des H. Sachs, 1553] Statt fand). Richtiger dürfte es sein zu sagen: ein Stück hiess Tragödie, wenn es einen ganz traurigen, Komödie, wenn es einen erfreulichen oder mindestens tröstlichen Ausgang hatte.

testamentliche Geschichten, die dazu aber auch am ersten passten, wurden immer wieder aufs Neue bearbeitet, auch, ja vorzugsweise von Protestanten, nur dass diese sich in ihren geistlichen Spielen strenger an den Inhalt der Bibel hielten und sie überhaupt im Geist der neuen Kirchenlehre abfassten.   Luther selbst war dem Schauspiel, wo es Mittel der Erbauung und Sittenbesserung werden konnte, nicht abhold; er nahm es sogar in den Vorreden zu einzelnen Büchern des alten Testaments indirect in Schutz[20] und Paul Rebhun hat geglaubt, seine Susanna nicht besser empfehlen zu können, als indem er die Stellen aus jenen Vorreden, auf die er sich in der seinem Stücke vorgesetzten Zueignung bezieht, am Schlusse desselben wörtlich abdrucken liess. In so bescheidenen Grenzen jedoch, wie Rebhun, hielten sich nicht alle Verfasser geistlicher Schauspiele. Das ganze sechzehnte Jahrhundert hindurch und selbst noch lange nachher wurden geistliche Stücke von dem ungeheuern Umfang und in der rohen Manier der alten Mysterien abgefasst und auf öffentlichen Plätzen aufgeführt. Hans Sachs brachte 1558 die ganze Passion in eine Tragödie von zehn Acten, „vor einer christlichen Versammlung zu spielen"; der Saul[21] von Matthias Holzwart[22] wurde 1571 zu Basel[23] von hundert redenden und fünfhundert stummen Personen gespielt und brauchte zwei Tage zur Aufführung; Johann Brummer brachte gar die ganze Apostelgeschichte in eine Tragikomödie, die 1592 am Pfingstmontag zu Kaufbeuern von 246 Personen dargestellt ward[24]. Auch Legenden wurden im sechzehnten Jahrhundert dramatisiert, wie die vom heiligen Meinrad[25], welches Stück 1576 im Kloster zu Einsiedeln von den Geistlichen und „Waldleuten" an zwei Tagen gespielt wurde, und das Spiel von St. Ursen, dem Schutzheiligen von Solothurn, wo dieses Aufsehen erregende Stück von Johannes Wagner im Jahre 1581 gegeben worden ist[26]. Ausserdem aber benutzte man, seitdem Hans Sachs

---

20) Vgl. besonders Tittmann a. a. O. 1, S. XVII f.   21) Gedruckt zu Basel o. O. u. J.   22) Nach Wackernagel, Joh. Fischart S. 85, Anm. 187, ein geborner Harburger, wurde Stadtschreiber zu Rappoltweiler im Elsass.

23) Staat Gabel bei Gottsched 2, 230 ist ein Druckfehler; vgl. Gödeke's Grundriss S. 305, 100.   24) Gedruckt zu Lauingen 1592; vgl. darüber Deutsch. Museum 1776. 2, 752 ff. Dazu halte man noch die Beschreibung, die Gottsched 2, 210 ff. von Joh. Crigingers „Historia vom reichen Mann und armen Lazaro" (1555) gibt, und den Aufsatz in v. d. Hagens Germania 3, 150 ff. über Joach. Arentsee's zu Halberstadt im Jahre 1587 vollendete, noch ungedruckte „Komödie des geistlichen Malefizrechtes"; über die geistlichen Schauspiele des 16. Jahrhunderts überhaupt aber vgl. Gervinus 3², 92—95 (3⁴, 80 ff.)   25) Herausgegeben von P. Gall Morel, Stuttgart 1563. 8. (69. Publication des litter. Vereins); vgl. dazu Anzeiger für Kunde d. d. Vorzeit 1863, Sp. 411.   26) Vgl. Pfeiffer in der

darin vorangieng, zu den Tragödien und Komödien häufig geschichtliche Begebenheiten, wie Hans Sachs bereits 1527 nach dem Livius
seine Tragödie von der Lucretia dichtete und 1530 eine Virginia
folgen liess; den Inhalt berühmter Romane und Novellen, wie die
Geschichte der Magelona, die 1539 ein Student und später Sebastian
Wild, dieser sammt dem Kaiser Octavian und den sieben weisen
Meistern, dramatisierte, und mehrere derartige romantische Stoffe,
die Hans Sachs seit 1545 behandelte; bisweilen auch die alten
Volksepen, wie die Geschichte vom Hörnen Siegfried, welche Hans
Sachs 1557 zu einer Tragödie verarbeitete[27], und drei von Jacob
Ayrer verfasste Stücke, die Komödie von Hugdietrich und die Tragödien von Kaiser Ortnit und von Wolfdietrich, welche Producte aber
zu den rohesten gehören, die wir von beiden Dichtern besitzen.
Andere heimische Ueberlieferungen wurden ebenfalls dramatisiert,
wie in des Schweizers Jacob Ruef im Jahre 1545 verfasstem Spiel
von Wilhelm Thellen[28], einem Stoffe, den der Dichter schon früher
in einer Comedia de Wilhelmo Tello behandelt hatte[29]; oder es
waren Sagen und Fictionen, die schon im classischen Alterthum
oder bei den romanischen Nationen zu Fabeln von dramatischen
Dichtungen gedient hatten, wie z. B. Hans Sachs einzelne, ihm
durch Uebersetzungen alter Autoren bekannt gewordene tragische
Stoffe der Griechen[30] und die Fabeln von ein Paar Stücken des
Plautus und des Terenz[31] bearbeitete, und in einer Komödie den
Inhalt des aristophanischen Plutus verwendete[32], wie Albrecht von
Eybe seine Philogenia[33] nach einem italienischen, und ein ungenannter

---

Germania 2, 501. 27) Vgl. J. Grimm in Haupts Zeitschrift 8, 1. 28) Nach
einem alten Züricher Drucke von 1545 herausgegeben von Fr. Mayer, Pforzheim
1543. 8. Die Worte im Titel des Stückes „vorzyten gehalten zuo Ury und yetz
nüwlich gebessert" deuten auf ein älteres Spiel, das sich zu Uri im Munde des
Volkes fortpflanzte. Und ein solches Spiel scheint sich wirklich erhalten zu
haben; in der Gottschedschen Schauspielsammlung der Weimarer Bibliothek
findet sich: „Ein schönes Spiel gehalten zu Ury — von Wilhelm Thellen — sammt
dem Thellen Lied. Gedruckt im J. 1698." Vgl. Weimar. Jahrbuch 5, 52, wo
das Stück auch S. 53 ff. abgedruckt ist. Grundidee und Hauptinhalt des Ruef-
schen (oder vielmehr des von ihm gebesserten älteren) Stückes sind aus einem
alten Tellenliede entnommen: vgl. Götting. G. A. 1843, Nr. 192. 29) Von J.
Ruef (Ruof) giebt es noch andere dramatische Sachen, so „vom Wol- und Uebel-
stand einer löblichen Eidgnosschaft" 1538 (herausgeg. unter dem Titel Etter
Heini von H. M. Kottinger, Quedlinburg und Leipzig 1847: 8.), Adam und Eva,
gespielt 1550 (herausgeg. von Kottinger ebendas. 1848. 8.) etc.; vgl. Gödeke,
Grundriss S. 302 f. 30) Jocaste, 1550; Clytaemnestra, 1554. 31) Die
Menächmen des Plautus 1548, und den Eunuchen des Terenz 1563. 32) Vgl.
Anm. 5. 33) Gottsched 2, 171.

Dichter eine Tragödie nach einem spanischen Original verfasste[34].
Zu den Fastnachtsspielen wurden besonders Schwänke und Anekdoten
benutzt, die entweder schon früher in poetischer oder prosaischer
Erzählungsform in Umlauf gewesen, oder über Tagesereignisse sich
eben gebildet hatten. Ausserdem wurden auch noch öfter Fabeln
zu Komödien und Fastnachtsspielen ganz oder theilweise erfunden;
namentlich war diess bei allegorischen Schauspielen der Fall, so
wie bei denen, die bald mit einer rein moralischen, bald mit einer
satirischen und polemischen Tendenz Zustände der Gegenwart ver-
anschaulichen und Parteizwecken dienen sollten. Von dieser Art
sind die Fastnachtsspiele des Baseler Bürgers und Buchdruckers
Pamphilus Gengenbach[35], der zwischen 1509 — 1523 dichtete,
seine **zehn Alter der Welt**, die 1515 von Baseler Bürgern
gespielt wurden[36], der in dem gleichen Jahre und 1517 aufgeführte
Nollhart[37], und die **Gauchmatt der Buhler**[38], alle drei
von höchst einfacher Anlage und trotz ihrer Bestimmung, in der
ausgelassenen Faschingszeit gespielt zu werden, durchaus ernst und
insofern wesentlich von den Fastnachtsspielen des fünfzehnten Jahrhunderts verschieden. Das locale Leben der Zeit stellt **Valentin
Boltz** in seinem **Weltspiegel**[39] dar, welcher im Zusammenhange mit den auf alter dramatischer Grundlage ruhenden Todten-
tänzen[40] den Tod auf die Bühne brachte und 1551 von der Bürgerschaft zu Basel aufgeführt wurde. Zu den ausgezeichnetsten zählt
Burkard Waldis' Fastnachtsspiel vom **verlornen Sohn**, welches
der Dichter 1527 vor versammelter Bürgerschaft zu Riga aufführen
liess[41]. Nicht selten wurde das deutsche Schauspiel zur Polemik
und zum Pasquill gegen und auf das Pabstthum gebraucht. Von
diesem Charakter sind die beiden 1522 zu Bern aufgeführten Fastnachtsspiele des **Nicolaus Manuel**[42], ferner der neue deutsche

---

34) Nach der Celestina des Rodrigo Cota und seiner Fortsetzer. Vgl. Anmerk. 17. und v. Schack, Geschichte der dramatischen Litteratur und Kunst in
Spanien 1, 156 ff., 3, 553.   35) Pamphilus Gengenbach, herausgegeben von
K. Gödeke, Hannover 1856. S.   36) Wiedergedruckt in Kellers Fastnachtspielen Nr. 119 und bei Gödeke a. a. O. 76.   37) Bei Gödeke 77, die Interpolationen S. 463 ff.   38) Bei Gödeke 177 ff.   39) Vgl. Gödeke's Grundriss S. 303 und Wackernagel, Joh. Fischart S. 52.   40) Vgl. Wackernagels
Abhandlung über den Todtentanz in Basel im 14. Jahrhundert (1856) S. 385 ff.
410. Diese Abhandlung ist eine erweiterte Bearbeitung der gleich betitelten in
Haupts Zeitschrift 9, 302 ff. Dazu die von Schröer in der Germania 12, 284—309
herausgegebenen Todtentanzsprüche, und das seinem Inhalte nach verwandte
„Spiegelbuch" (herausgeg. von Rieger in der Germania 16, 173—211), welches,
wie der Herausgeber gezeigt hat, aus verschiedenen älteren Stücken zusammengesetzt ist.   41) Vgl. Buchenau, Burk. Waldis S. 11. Der vollständige Titel
steht S. 30; das einzige Exemplar des Druckes befindet sich in Wolffenbüttel.
    42) Geboren zu Bern wahrscheinlich 1484, zeichnete sich zugleich als Maler

Bileams-Esel[41], die „Komödie von der Reformation, gespielt zu Paris im Jahre 1524"[42], die durch ihren Inhalt in mehrfacher Verwandtschaft mit dem bekannten stummen Spiele steht, welches einst vor Karl V aufgeführt sein soll[43], u. a. Mit ausdrücklich erklärter moralischer Absicht ist der 1584 verfasste deutsche Schlemmer, ein geistlich Spiel, das, wie der Dichter selbst sagt, als ein Spiegel des ungöttlichen Wesens vieler ruchloser Menschen zu betrachten ist, von Johann Stricker oder Strizer[46] gedichtet[47], von ähnlichem Inhalt wie der viel bearbeitete Stoff des Hekastus, der auf der englischen Moralität Every-Man (1530) beruht, die bald darauf von Petrus van Diest ins Niederländische, unter dem Titel Homulus von Christ. Sterck in Köln ins Lateinische übertragen wurde, worauf sie der Verleger Jaspar Gennep ins Deutsche übersetzte[48]; der Hekastus selbst, eine freiere Auffassung desselben Stoffes, ist von Georg Leukveld (Macropedius) aus Gemerten bei Herzogenbusch lateinisch verfasst und von des Verfassers Schülern 1538 zu Utrecht aufgeführt, dann von Laurentius Rappolt deutsch bearbeitet und 1549 zu Nürnberg gegeben worden[49]. Eins der bessern dramatischen Sittengemälde ist auch B. Ringwaldts Komödie „Speculum Mundi"[50]. Mehreren Stücken, in denen theils aus der

---

und Dichter, als Krieger, Staatsmann und Reformator seiner Vaterstadt aus, gest. 1530. Von seinen Spielen giebt es mehrere alte Drucke (der älteste bekannte ist von 1521); sie sind neu herausgegeben Bern 1836. 8. und mit N. Manuels übrigen vorhandenen Schriften von Grüneisen, Niclaus Manuel. Stuttgart und Tübingen 1837. 8.; das zweite Fastnachtsspiel bei Grüneisen steht auch bei Tittmann, Schauspiele aus dem 16. Jahrbundert 1, 3—19 (mit Einleitung); ein anderes, Elslin Tragdenknaben, bei Keller, Fastnachtspiele 2, 861 ff.; vgl. Gödeke's Gengenbach S. XIX, Kellers Nachlese S. 349. Vgl. über ihn auch Gervinus 2², 454 f. (2⁵, 686 f.) und Tittmann 1, 6 ff.) Wie N. Manuel seinen ganzen gegenpäpstlichen Ingrimm auch als Maler ausgelassen hat, ist bei Wackernagel in Haupts Zeitschrift 9, 353 nachzulesen. 43) Gottsched erwähnt ihn 1, 54, setzt ihn aber etwas zu früh. 44) Nach einem alten Druck herausgegeben von Grüneisen in Illgens Zeitschrift für die historische Theologie 2 (1838), 156 ff. 45) Vgl. Gottsched 2, 201 ff. 46) Er war 1570 Pfarrer zu Cismar in Wagrien, wo er ein geistliches Spiel vom Falle Adams und Eva's schrieb, dann zu Gröbe, zuletzt zu Lübeck, wo er 1598 starb. Vgl. über ihn und sein Leben besonders Gödeke, Every-Man S. 111 ff. 47) Gedruckt Magdeburg 1588. 8. und niederdeutsch, Frankfurt a. d. O. 1593. 8.; vgl. Gottsched 1, 122; 132 ff. und besonders Gödeke a. a. O. S. 77. 112 f. 224 f. 48) Danach wurde sie 1539 aufgeführt. 49) Im Druck erschien Rappolts Bearbeitung erst Nürnberg 1552. Sie ist identisch mit Hans Sachsens Comedi von dem reichen sterbenden Menschen, Hecastus genannt. Vgl. über die Geschichte und weitere Verbreitung des Stoffes, der auf einer morgenländischen Fabel beruht, besonders Gödeke, Every-Man, Homulus und Hekastus. Ein Beitrag zur internationalen Litteraturgeschichte. Hannover 1865. 8.; dazu Tittmann a. a. O. 1, S. XXVIII ff. 50) Frankfurt a. d. O. 1590; vgl. Hoffmann, B. Ringwaldt und B. Schmolck, S. 31 ff. Ueber

alten Götterlehre und der volksthümlichen Sage, theils aus der
unmittelbaren Wirklichkeit entnommene Figuren die Zustände der
Zeit und die Verhältnisse einzelner Stände noch ganz in rosenblüt-
scher Weise, obgleich mit mehr Anstand, besprechen, und wozu die
Fabeln rein erfunden sind, begegnet man auch in Hans Sachsens
Werken. In der Regel gehören die allegorischen Stücke zu den
allerschwächsten, und man sieht aus ihnen recht deutlich, wie wenig
diese Dichter im Stande waren, einen Stoff zu dramatischer Lebendigkeit zu beseelen und an ihm eine in stätigem Fortschreiten sich
entwickelnde Handlung zur Anschauung zu bringen, wenn er ihnen
nicht schon selbst in seiner Natur und einer etwaigen frühern glücklichen Gestaltung die Mittel dazu entgegenbrachte. — Auf der Grenzscheide dieses und des folgenden Zeitraums endlich begannen auf
das volksthümlich deutsche Drama auch die Stücke, welche die englischen Komödianten mitbrachten und spielten, ihren Einfluss zu
äussern [51], sowohl in der Zuführung neuer Stoffe, als in der ganzen
Art der dramatischen Composition, die nun, freilich ohne sich damit
der alten Unbeholfenheit und Rohheit zu entwinden, im Allgemeinen
bunter, belebter und geräuschvoller ward, und in der, mochte der
Gegenstand ernst oder komisch sein, der eigentliche Narr und
Possenreisser kaum mehr fehlen durfte [52]. Auch geschah es vielleicht
in Folge der Form, die jene von den Engländern eingeführten Stücke
unter den Händen ihrer deutschen Uebersetzer oder Bearbeiter
erhielten, dass jetzt schon bisweilen deutsche Schauspiele in reimlosen fünffüssigen Jamben [53] oder in Prosa geschrieben wurden [54].

---

andere Stücke von vorzugsweise moralischem Inhalt s. Gervinus 3², 89 ff. (3⁴,
98 ff.).   51) Hierüber vgl. besonders Gervinus 3², 100 ff. (3⁴, 104 ff.)   52) Vorgebildet war er schon in den komischen und burlesken Figuren der alten geistlichen
Spiele; vgl. die oben (§ 161, 36) angeführte Abhandlung von Weinhold über das Komische im altd. Schauspiel. Unter seinen verschiedenen Namen ist Hanswurst
(vgl. Wackernagel in der Germania 5, 322 f.) noch keineswegs der üblichste: das
Wort kommt zuerst in dem niedersächsischen Narrenschiff vor (vgl. Tittmann
a. a. O. 2, S. XXIV), dann braucht es Luther im Jahre 1541 (s. Lessings sämmtliche Schriften 11, 176 f.); das älteste Stück, worin Hanswurst vorkommt, ist ein
Fastnachtsspiel (1553) von Peter Probst, einem Nürnberger (vgl. Gottsched 1, 33 ff.
und Flögel, Geschichte des Groteskkomischen S. 118 ff.); bei Hans Sachs findet
sich Wurst-Hans als fingierter Name von Fressern (Schmeller, baier. Wörterbuch
4, 158).   53) So wandte diese Versart 1613 Johannes Rhenanus in Cassel
in seinem dem Englischen nachgebildeten Speculum Aistheticum, abwechselnd mit
Prosa, an; vgl. Höpfner, Reformbestrebungen S. 39 ff.   54) Namentlich von
Herzog Heinrich Julius von Braunschweig; vgl. Gottsched 1, 126 f.; 138; 141; 156 f.
Er liess auch bisweilen einzelne Nebenfiguren nicht hochdeutsch, sondern in Volksmundarten sprechen. Dergleichen war aber schon früher nicht unerhört gewesen;
besonders liebte man es, Bauern, Hirten und Fremde plattdeutsch reden zu lassen.

§ 163.

Im sechzehnten Jahrhundert finden wir das Schauspiel nach und nach über alle Gegenden Deutschlands verbreitet; eine ganz besondere Pflege fand es in der Schweiz, und von hier aus angeregt, dann den Rhein abwärts, im Elsass, weiterhin in Franken und in Sachsen, wo namentlich das Schuldrama einen besonderen Aufschwung nahm. Unter den vielen dramatischen Dichtern, die im Laufe des sechzehnten und zum Theil auch noch zu Anfang des siebzehnten Jahrhunderts vor dem Erscheinen Opitzens auftraten[1], verdienen zunächst zwei besonders hervorgehoben zu werden, da in ihren Werken, wenn sie auch in verschiedenen Graden alle Mängel der übrigen theilen, doch im Allgemeinen die Fortschritte zumeist wahrnehmbar sind, welche die dramatische Poesie in diesem Zeitraum machte. Der eine ist Hans Sachs[2], der sich dieser poetischen Gattung mit dem meisten Eifer erst in seinen spätern Jahren, besonders seit 1545, zuwandte[3]; der andere, dessen vorzüglichste dichterische Thätigkeit um 1595 angehoben zu haben scheint[4], Jacob Ayrer[5]. Wie jener, so zeichnet sich auch dieser nicht bloss durch

So bedienen sich dieser Mundart die Bauern in des Güstrower Rectors Franz Omichius (eigentlich Oehmike, Goedeke, Every-Man S. 6) Komödie „von Dionysii Syracusani und Damonis und Pythiae Brüderschaft" (Rostock 1578) und die Hirten in der oben (§ 160, 34) angeführten Berliner Komödie, und ähnlich soll es sich mit einem anderen, fast um fünfzig Jahre älteren Weihnachtsspiel von Chaustin verhalten. In der 1595 zu Magdeburg erschienenen „schön christlich Action von der Geburt und Offenbarung unseres Herrn und Heylandts Jhesu Christi", von M. Joh. Cuno, Diaconus zu Calbe a. d. S., sind unter den 31 Personen auch vier Schafknechte, zwei gottesfürchtige, die thüringisch, und zwei böse, die sächsisch (d. h. niederdeutsch) reden; in der Vorrede wird der Grund dafür angegeben (vgl. Weimar. Jahrbuch 5, 77). Vgl. Gervinus 3², 104—106.

§ 163. 1) Ein langes Verzeichniss von dramatischen Stücken enthält Fischarts Gargantua im 26. Capitel; vgl. Wackernagel, Johann Fischart S. 52. Die vollständigste Uebersicht der dramatischen Literatur der Reformationszeit giebt Gödeke im 6. Kapitel des 4. Buches seines Grundrisses S. 295 ff.; vgl. dazu Pfeiffer in der Germania 2, 503 ff.   2) Vgl. § 149, 42 ff.   3) Vgl. Gervinus 2², 478 ff. (2³, 693 ff.); 3², 109 f. (3¹, 113 f.). Sein erstes Stück ist „das Hofgesind Veneris," ein Fastnachtsspiel vom Jahre 1517. Ueber die Reimbehandlung in seinen Dramen vgl. Rachel, Reimbrechung und Dreireim im Drama des H. Sachs und and. gleichzeit. Dramatiker. Freiberg. Progr. 1870. 4.   4) Nach der Dresdener Handschrift sind die Komödien und Tragödien 1595—99, die Fastnachtsspiele 1595 geschrieben.   5) Geboren wahrscheinlich zu Nürnberg; von seinen Lebensumständen ist wenig mehr bekannt, als dass er Notarius und Gerichtsprocurator zu Nürnberg war, wo er am 26. März 1605 starb. In der von 1599 datierten Bamberger Reimchronik (vgl. § 147, 2) sagt er, dass er nach der ersten Abfassung derselben, die bis 1570 reichte, noch 23 Jahre zu Bamberg gelebt habe: vgl. Tittmann 2, 123 f. Dass er seine Stücke schon in den Jahren 1570—1589 geschrieben, wie man behauptet hat, lässt sich gar nicht beweisen. Gottsched

eine grosse Fruchtbarkeit[6], sondern auch durch ein nicht gemeines Talent zu lebendiger Darstellung vor den übrigen Dramatikern dieser Zeit aus; er ist dem erstern sogar in der Kunst der Composition einigermassen überlegen, indem er schon, hauptsächlich in Folge seiner Bekanntschaft mit den von den englischen Komödianten gespielten Stücken[7], etwas einer Intrigue Aehnliches anzulegen und auszuführen weiss, steht ihm aber nach in der Behandlung der Sprache und des Verses und nicht minder an Gemüth und Menschenkenntniss, an Witz und Laune, so wie an Reinheit und Unschuld der Darstellung. Von beiden Dichtern besitzen wir Tragödien,

---

irrt, wenn er (1, 121) ein 1585 zu Speier gedrucktes Drama für eine ältere Ausgabe des durch Ayrer bearbeiteten Julius redivivus von Nicodemus Frischlin (1, 143) hält. Auf dem Titel jenes Stückes, wie ihn Gottsched selbst aufführt, steht gar nicht der Name von Nicodemus Frischlin, sondern von seinem Bruder Jacob (vgl. auch Keller Ausg. S. 3435), der Rector der Schule zu Waiblingen (Höpfner, Reformbestrebungen S. 18 giebt irrig an: zu Reutlingen) war und sich durch verschiedene eigene Schriften wie als Uebersetzer von Schriften seines Bruders bekannt gemacht hat (Gödeke, Grundriss S. 294 führt ihn unter den Pritschenmeistern auf, was jedenfalls nicht buchstäblich zu verstehen ist; vgl. Höpfner a. a. O. S. 18). Diese Verwechselung beider Brüder ist noch Tieck (1, S. XVII) entgangen (auch Schäfer, 1, 269, Anm. 28, ist sie nicht aufgefallen), der, so viel ich weiss, zuerst richtige Zeitbestimmungen für die Entstehung von Ayrers Schauspielen gefunden hat. An diesem Irrthum hält noch K. Schmitt in seiner nichts Neues bietenden Schrift, Jacob Ayrer, ein Beitrag zur Geschichte des deutschen Dramas, Marburg 1851. 8. fest. Wichtig sind die Mittheilungen von K. G. Helbig in Prutz' Literar-histor. Taschenbuch 1847, S. 441 ff. und die nachträgliche Berichtigung in den Blätt. f. liter. Unterh. 1847, S. 1312; ferner desselben Aufsatz „Zur Biographie und Characteristik des J. Ayrer" in Hennebergers Jahrbuch f. deutsche Literaturgeschichte I (Meiningen 1855. 8.), 32—41. Bezüglich der Literatur über Ayrer vgl. Kellers Ausgabe S. 3419 f. Vgl. über Ayrer ausser Tieck und Gervinus 3, 114 ff., auch Bouterwek 9, 466 ff.; Rückert, der Dramatiker Ayrer, in den Blätt. f. liter. Unterhaltung 1866, Nr. 4 und 5, und Lützelberger, das deutsche Schauspiel und Jacob Ayrer, im Album d. literar. Vereins in Nürnberg 1867, S. 110—155.   6) Wir besitzen von ihm 69 Stücke, von denen 66 in dem „Opus Theatricum" Nürnberg 1618. fol. vereinigt sind; drei hier nicht gedruckte Dramen stehen in einer Dresdener Handschrift und sind zuerst in Kellers Ausgabe: Ayrers Dramen, Stuttgart 1865. 5 Bde. 8. (76.—80. Publicat. d. litterar. Vereins) als Nr. 67—69 veröffentlicht (vgl. die Titel der einzelnen Stücke bei Gottsched 1, 142 ff., Jördens, 6. 558 ff. und Keller S. 3468 ff.). Einige davon bei Tieck 1, 167 ff., und bei Tittmann 2, 157—315, wo auch S. 123 - 156 über des Dichters literarische Bedeutung, seine Quellen etc. eingehend gehandelt ist; vgl. Pischon 2, 400 ff. Die Fastnachtsspiele sind schon 1610 gedruckt, aber wahrscheinlich erst mit den übrigen Stücken im Opus Theatricum ausgegeben (vgl. Keller S. 3425). Ausserdem soll er noch 40 Schauspiele gedichtet haben; sie sind aber nicht gedruckt, obgleich jene Sammlung selbst ihre Fortsetzung ankündigt.   7) Dass er bei mehreren seiner Dramen Werke der englischen Bühne benutzte, hat Tieck 1, S. XVIII ff. im Allgemeinen bemerkt und an einzelnen Stücken nachgewiesen; vgl. Gervinus a. a. O. und besonders

Komödien und Fastnachtsspiele in grosser Anzahl: Hans
Sachs sagt selbst (im Jahre 1567), dass er bei Durchmusterung
seiner achtzehn Spruchbücher „fröhlicher Comedi, trauriger
Tragedi und kurzweiliger Spil" im Ganzen 208 gefunden
habe, und setzt hinzu, dass die meisten in Nürnberg gespielt worden
seien, und dass man auch in andern nahen und fernen Städten sich
dieselben zu verschaffen gesucht habe[8]; von Ayrer sind 33 Komödien und Tragödien, darunter nur ein einziges geistliches Stück, und
36 Fastnachtsspiele[9]. Diese letzten, die bei Ayrer auch schon Possenspiele heissen, sind beiden, besonders Hans Sachsen, im Ganzen am
besten gelungen, bei weitem dramatischer als die rosenblütschen
und viele darunter in ihrer Weise vortrefflich zu nennen. Von Ayrer
gibt es auch eigentliche Singspiele[10], die ersten dieser Art, die
man in deutscher Sprache kennt[11]. Sie sind in verschiedenen, doch
in einem und demselben Stücke nicht neben einander vorkommenden
Strophenarten abgefasst und jedes der Melodie eines beliebten und
bekannten Volksliedes angepasst, wonach es bei der Aufführung von
Anfang bis zu Ende abgesungen sein muss. — Von den übrigen
Dichtern dieser Zeit, die sich im Schauspiel versucht haben, mögen
hier noch genannt werden Paul Rebhun[12], dessen Susanna und

A. Cohen, Shakespeare in Germany, London 1865. gr. 8.; Genée, Geschichte der
Shakespeare'schen Dramen in Deutschland, Leipzig 1869. 8.; Tittmanns Einleitung zu
seiner Auswahl von Ayrers Stücken; auch Lützelberger, Ayrers Phönizia und
Shakespeare's Viel Lärm um Nichts, im Album d. literar. Vereins in Nürnberg
1868, S. 1—72. In der Vorrede des Opus Theatr. heisst es, Ayrer habe in seinen
Dramen „alles nach dem Leben angestellt und dahin gerichtet, dass mans —
gleichsam auf die neue englische manier und art — alles persönlich agirn und
spilen kan;" vgl. Keller 1, 6.   8) Was er davon für den Druck bestimmte,
und von Gottsched verzeichnet ist, steht in den oben angeführten Ausgaben seiner
Werke. Einige Stücke, die zu seiner Charakterisierung als Dramatiker vortrefflich
ausgewählt sind, bei Tieck 1, 19 ff. und Wackernagel, Lesebuch 2, 57 ff.
        9) Unter diesen sind auch die Singspiele mitbegriffen. Gottsched verzeichnet
nur 31.   10) Er nennt sie Singets Spil, einigemal auch Singents Spiel (d. h.
singendes Spiel, ein zum Singen bestimmtes Spiel).   11) Auch in ihnen zeigt
sich Nachahmung englischer Vorbilder; vgl. Tieck 1, S. XVIII f. und XXIX unten.
Von ganz anderer Beschaffenheit waren, auch abgesehen vom Inhalt, die älteren
Schauspiele, in denen gesungen wurde, wie sich aus dem darüber in und zu den
vorhergehenden §§ Bemerkten ergibt.   12) Er nannte sich auch lateinisch
Paulus Perdix; sein Geburtsort ist unbekannt (nach Tittmann war er wahr-
scheinlich ein Berliner); er hatte zu Wittenberg in Luthers Hause gelebt, dann
Schulämter zu Kahla, Zwickau und Plauen verwaltet, wurde 1542 auf Luthers
Empfehlung Pfarrer zu Oelsnitz und Superintendent der im Bezirk Voigtsberg
gelegenen Pfarreien, und starb 1546. Ausgabe seiner Dramen von H. Palm,
Stuttgart 1859. 8. (49. Publicat. des litterar. Vereins), wo im Schlusswort des
Herausgebers (S. 175 ff.) auch des Dichters Leben und dichterischer Charakter
behandelt ist. Die Susanna steht auch bei Tittmann 1, 25—106. Vgl. § 137, 6. 162, 2.

Hochzeit zu Cana bereits oben erwähnt wurden, nächst Hans Sachs
vielleicht der begabteste unter den ältern, der mit jenem Stücke
das der Form nach zur Antike sich wendende Kunstdrama und dem
Inhalte nach die grosse Reihe biblischer Stücke des sechzehnten
Jahrhunderts eröffnet, Nicodemus Frischlin, der nicht nur
lateinische[13], sondern auch deutsche Dramen verfasst hat[14], und der
Herzog Heinrich Julius von Braunschweig[15], der sich unter
den jüngern auszeichnet, und dessen gleichfalls zum Theil von den
englischen Schauspielern angeregte Komödien[16] noch mehr Anlage
zeigen als Ayrers[17]. Ferner erwähne ich drei als Rebhuus Schüler
zu betrachtende Dichter, den Zwickauer Hans Ackermann[18],
Verfasser eines verlornen Sohnes (1536) und eines Tobias (1539),
Hans Tirolf aus Kahla, der die Heirath Isaaks (1539) bearbeitete[19]
und Naogeorgs Pammachius in fünffüssigen Jamben übersetzte, und
Johann Chrysaeus, der 1544 in seinem Hofteufel die Geschichte
Daniels in der Löwengrube dramatisierte; ferner Lienhart Kulman[20],

---

13) Vgl. oben § 162, 15.   14) Deutsche Dichtungen von Nicod. Frischlin
theils zum erstenmal aus den Hss., theils nach alten Drucken herausgeg. von
D. Strauss, Stuttgart 1857. 8. (41. Publication des litterar. Vereins). Es sind die
Comödie Frau Wendelgard, drei Comödien von Joseph, Ruth, eine Comödie und
die Hochzeit zu Cana. Frischlins Hohenzollersche Hochzeit ist herausg. von
Birlinger, Freiburg 1860. 8.   15) Geb. 1564, gest. 1613. Die Schauspiele des
Herzogs Heinrich Julius von Braunschweig. Nach alten Drucken und Hand-
schriften herausgeg. von W. L. Holland. Stuttgart 1855. 8. (36. Publication des
litterar. Vereins); dazu H. Grimm, das Theater des Herzogs Heinrich Julius von
Braunschweig, in Westermanns illustr. Monatsheften 1856. December-Heft. Er
bezeichnet sich in den Titeln seiner Stücke durch die aus den Anfangsbuchstaben
seiner Namen, Würden etc. gebildete, hier und da etwas abgeänderte Chiffre
Hibaldeha (gedeutet bei Gottsched 1, 139 und bei Gervinus 3², 115 [3¹, 118].
Holland S. 840 f.; etwas abweichend von Cohen, Shakespeare in Germany S. XL,
Anm. 2, wo eha als episcopatus Halberstadensis antistes erklärt wird.   16) Die
Entstehungszeit derselben lasst sich nicht näher bestimmen als durch die auf den
Drucken genannten Jahre 1593 und 1594.   17) Vgl. Gervinus 3², 114 ff. (3¹,
118 ff.), der für das wichtigste die in Prosa geschriebene „Komödie von Vincentio
Ladislao Satrapa von Mantua" erklärt, welche von Gottsched um 1591 angesetzt
(Hoffmann im Weimar. Jahrb. 4, 213 setzt sie 1591, aber fragend), wenigstens
schon vor 1601 abgefasst sein muss, da in diesem Jahre eine gereimte Bearbeitung
davon durch El. Herlicius erschien (Gottsched 1, 151; vgl. Weimar. Jahrb. 4, 214;
216 f.). Gervinus nennt es das „unstreitig eigenthümlichste und originalste Stück,
was diese Zeit aufzuweisen hat, obwohl es immer weit entfernt ist, irgend grosse
Ansprüche machen zu dürfen."   18) Vgl. über ihn und die folgenden drei,
sowie noch andere von Rebhun mehr oder weniger abhängige Dichter Palms Ausgabe
der Rebhuuschen Dramen.   19) Rebhun begleitete das zu Wittenberg erschienene
Stück mit einer poetischen Vorrede.   20) Geb. zu Krailsheim in Würtemberg 1498,
studierte in Erfurt und Leipzig, ward 1522 Rector an der Spitalschule zu Nürnberg, 1549 Prediger zu St. Sebald daselbst, verlor diese Stelle als Anhänger Osi-
anders, wurde 1556 Superintendent zu Wiesensteig, 1558 Pastor zu Bernstadt bei
Ulm und starb 1562.

dessen letztes Stück, die Wittfrau, gegen die communistischen Tendenzen der Wiedertäufer gerichtet, auch sein bestes ist[21]; Jacob Funkelin[22], der 1550 in Biel sein Spiel vom reichen Mann und armen Lazarus zur Aufführung brachte, in welches ein Zwischenspiel von dem Streit der Venus und Pallas[23] in drei Acten, vor der Tafel des reichen Mannes gegeben, eingeschoben ist; Sebastian Wild, der in seiner „Tragedi“ von dem Doctor und dem Esel[24] die alte Parabel vom Vater und Sohn mit dem Esel, die es der Welt nicht recht machen können, in die höchsten Lebenskreise versetzt behandelte[25] und damit Repräsentant einer aus dem alten Fastnachtsspiele hervorgegangenen dramatischen Gattung ist[26]; Petrus Meckel[27], dessen „Anklage des menschlichen Geschlechts“[28] die schon in den alten Fastnachtsspielen häufige Form des Rechtsstreites trägt, aber nicht zum Aufführen, sondern zum Lesen bestimmt war; Bartholomaeus Krüger[29], dessen „Action von dem Anfang und Ende der Welt“[30], die ganze Heilsgeschichte bis zur Wiederkehr Christi beim jüngsten Gericht umfassend, eines der ausgezeichnetsten Stücke des sechzehnten Jahrhunderts ist[31]; endlich hauptsächlich nur ihrer Fruchtbarkeit halber Joachim Greff[32], der zuerst 1535 zu Magdeburg eine gereimte Uebersetzung der Aulularia des Plautus erscheinen liess, worauf seine Tragödie Judith (1536), sein „Mundus, ein schön neues Spiel von der Welt Art und Natur“ (1537), die drei Historien

---

21) Die Wittfrau wurde 1544 zu Nürnberg gegeben; sie ist wieder gedruckt in Tittmanns Schauspielen aus dem 16. Jahrhundert 1, 113 ff. Vgl. über den Dichter 1, 102 ff. und Gödeke's Grundriss S. 320.   22) Aus Constanz, ward 1550 Prediger zu Biel, wo er seine Stücke aufführen liess. Vgl. über ihn Rochholz in der Germania 14, 412 ff. Er hat ausser Schauspielen auch geistliche Lieder gedichtet.   23) Das Zwischenspiel ist wiedergedruckt bei Tittmann 1, 169 ff.
24) Der Dichter nennt sich in der Widmung des Buches (1566) einen Bürger zu Augsburg, wo er wahrscheinlich der Meistersängerschule angehörte; vgl. Tittmann 1, 207, wo S. 209 —245 das Stück neu gedruckt ist.   25) Ueber andere dichterische Behandlungen der Parabel bei Boner und H. Sachs vgl. Tittmann S. 204 f.; über die sonstigen dramatischen Werke Wilds S. 206 f.
26) Vgl. Tittmann 1, S. XXIV.   27) Gebürtig aus Pfeddersheim und Schulmeister zu Neustadt an der Aisch.   28) Bei Tittmann 1, 255—286; über den Dichter vgl. ebenda 1, 249 ff.   29) Geboren zu Spernberg, war Organist und Stadtschreiber zu Trebin.   30) Gedruckt 1580. 8.; neu herausg. bei Tittmann 2, 7—120; vgl. über den Dichter S. 3 ff. Ausser einem zweiten Drama von geringerer Bedeutung (1580) erschien von ihm 1591 zu Berlin sein treffliches Volksbuch „Hans Clauerts wirckliche Historien“, welches die Schelmenstreiche eines Trebiner Stadtkindes berichtet. Tittmann S. 6.   31) Gödeke's Grundriss S. 312.   32) Aus Zwickau, studierte zu Wittenberg zu Anfang der dreissiger Jahre, wurde 1541 Schulmeister und Rector zu Dessau, wo er noch 1545 war. Sein Todesjahr ist unbekannt. Vgl. über ihn K. v. Webers Archiv für die sächsische Geschichte 4 (Leipzig 1866. 8.), 406; und oben § 162, 19.

der Patriarchen Abraham, Isaak und Jacob (1540), ein geistlich
Spiel auf das heilige Osterfest (1542) und 1545 sein Lazarus folgten[33];
Georg Mauritius[34] und Wolfhart Spangenberg[35].

D. Didaktische Poesie.

§ 164.

Wie entschieden auch immer die Wendung, welche die dichterische Thätigkeit bereits früher, vorzüglich aber seit der Mitte des
vierzehnten Jahrhunderts, durch die politischen, bürgerlichen und
gesellschaftlichen Zustände Deutschlands, das ganze geistige und
sittliche Leben der Nation und die Bewegungen in der Kirche erhielt,
sie der Didaktik zuführte, und eine wie grosse Menge ganz oder
hauptsächlich didaktischer Reimwerke des verschiedensten Inhalts
wir aus dieser Periode auch noch neben dem besitzen, was von
ähnlicher Beschaffenheit die übrigen Gattungen der Poesie hervorgebracht haben: so sind doch verhältnissmässig nur wenige darunter,
die einen Anspruch darauf haben, hier namhaft gemacht zu werden[1],
und auch bei diesen, die grossentheils eine moralische und nächst-
dem eine religiöse oder politische Tendenz haben, darf man dann
in der Regel viel weniger ihr poetisches Verdienst, als die Bedeutung in Anschlag bringen, die sie sonst für die Bildungsgeschichte
der Deutschen haben. Sie lassen sich am besten nach ihrer Dar-
stellungsform, die entweder vorzugsweise rede- und spruchartig,
oder erzählend, oder dialogisch ist, in drei Klassen ordnen.

§ 165.

1. Unter den didaktischen Gedichten, in denen die Rede-
und Spruchform vorherrscht, sind die merkwürdigsten: aus dem
Anfang dieser Periode, vielleicht noch in den Schluss der vorigen
hinüberreichend, das mystische Gedicht von den sieben Graden,

33) Sie sind mit Ausnahme der Aulularia sämmtlich zu Wittenberg in 8.
erschienen.   Er hat ausserdem eine Vermahnung an die deutsche Nation
wider den türkischen Tyrannen, Wittenberg 1541. 4., geschrieben.

34) Geb. zu Nürnberg 1539, wo er auch 1610 als Rector starb. Seine zehn
Schauspiele wurden zu Leipzig erst einzeln in den Jahren 1606 und 1607, dann
im letztern Jahre zusammen gedruckt.   35) Aus Mansfeld, lebte aber später
in Strassburg; er nannte sich auch Lycosthenes Psellionoros. Uebersetzungen
griechischer und lateinischer Dramen und eigene Stücke von ihm erschienen
zwischen 1603 und 1615. Vgl. Wackernagel, Johann Fischart S. 114 f.

§ 164. 1) Wie höchst unpoetisch schon oft die Gegenstände der didaktischen
Reimereien dieser Zeit sind, kann man unter andern aus den Titeln der Werke
entnehmen, die v. d. Hagen in seinem Grundriss S. 414 ff. aufführt.

unter denen der Dichter siebenerlei Gebete versteht, welche die Seele
gen Himmel leiten, und wahrscheinlich von demselben Mönch von
Heilsbronn verfasst, welchen ein gereimtes Nachwort zu dem im
übrigen prosaischen Buche von den sechs Namen des Fronleichnams
als Verfasser desselben nennt[1]; aus der zweiten Hälfte des vierzehnten Jahrhunderts die moralischen Reden Heinrichs des
Teichners[2], eines Oesterreichers, der von 1350—1377 dichtete[3]
und meistens in Wien lebte, eines älteren Zeitgenossen Suchenwirts,
der ihn in einer seiner Reden rühmt und seinen Tod beklagt[4], und
einige diesen ähnliche Stücke von Peter Suchenwirt[5]; aus dem
fünfzehnten der Ritterspiegel[6] von Johannes Rothe[7], der sich
in einem durch das ganze Gedicht laufenden Akrostichon als Verfasser nennt[8], wahrscheinlich zwischen 1400—1402 gedichtet, mit einem
Eingange in achtzeiligen Strophen, im Uebrigen aber strophenlos in
verschlungenen Reimpaaren; von demselben Dichter ein kleines Lehrgedicht, des Rathes Zucht[9], worin den Lenkern einer Stadt Vor-

---

§ 165. 1) Das Buch von den sieben Graden ist herausgegeben von Th. Merzdorf, der Mönch von Heilsbronn, Berlin 1870. 8. S. 69 ff. Hier ist in der Einleitung auch von der Wahrscheinlichkeit der von Pfeiffer und Gervinus herrühren-
den Annahme gehandelt, dass der Mönch die beiden genannten Werke und ausserdem die Tochter Syon (vgl. § 120, 20) und ein gereimtes Alexiusleben (gedruckt bei
Merzdorf S. 145 ff. und schon früher bei Massmann, Sanct Alexius' Leben in acht gereimten mhd. Bearbeitungen, Quedlinburg und Leipzig 1843. 8. S. 77 ff.) verfasst habe.
Vgl. auch Gervinus 2⁵, 304 ff. 2) Vgl. über ihn M. Schottky in den Wien. Jahrb. 1818,
Bd. 1, Anz. Bl. S. 26 ff. und besonders v. Karajan, über Heinrich den Teichner.
Ein Vortrag. Wien 1851. 8., und dessen grössere Arbeit, über Heinrich den
Teichner. Wien 1855. 4. (vgl. dazu Pfeiffers Kritik in der Germania 1, 375 ff.),
worin (wie bei Schottky) eine Menge grössere und kleinere Stellen aus den mehr
als 70000 Verse umfassenden 706 Gedichten des Teichners mitgetheilt sind. Drei
Gedichte sind in Docens Miscell. 2, 228 ff. gedruckt; andere ihm zugehörige (in
denen sich am Schluss der tichtnaer, d. h. der teichnaer, nennt) in v. Lassbergs
Liedersaal (vgl. Götting. GA. 1822, S. 1125 ff.); eins im Liederbuch der Hätzlerin
S. 186 f. Vgl. v. d. Hagens Grundriss S. 409 ff. und Hoffmanns Verzeichniss der
Wiener Handschriften S. 156 ff. Die auf den Deutschorden in Preussen bezüg-
lichen Gedichtstellen sind auch gedruckt und erläutert in den Scriptores rer.
Prussic. 2, 161 ff. 3) Die Annahme v. Karajans, dass das Gedicht „von
der bären kriec" zwischen 1328—1330 entstanden sei, ist von Pfeiffer a. a. O.
S. 379 widerlegt. 4) Vgl. § 141, 12. 5) Vgl. § 147, 5. Ein hierher fallen-
des Stück, das Primisser nicht kannte, befindet sich im Liederbuch der Hätzlerin
S. 203 ff. 6) Herausg. in den Mitteldeutschen Gedichten von Bartsch, Stuttgart
1860. 8. (53. Publication des litterar. Vereins) S. 98—211; vgl. Einleitung S. XXIV ff.
7) Vgl. § 146, 40. 8) Dieses vom Herausgeber nicht erkannte Akrostichon
wies Bech nach in der Germania 6, 52 ff. 9) Herausgegeben unter dem Titel:
von der stete ampten und von der fursten raigeben, von Vilmar, Marburg 1835.
4. Rothe als Verfasser wies Bech nach in der Germania 6, 273 ff. 7, 354 ff.,
der auch den richtigen Titel herstellte.

schriften ertheilt werden, zum Theil in leoninischen Hexametern
geschrieben, und ein anderes, von der Keuschheit[10], an dessen
Schlusse sich Johannes Rode nennt[11]; das Buch der Tugend[12]
von Konrad Vintler[13], 1411 nach dem um 1320 gedichteten und
dem Tommaso Leoni zugeschriebenen italienischen Werke Fiori di
virtù gearbeitet[14] und durch culturhistorische Schilderungen des Aber-
glaubens anziehend[15]; das von einem alemannischen Dichter in der
ersten Hälfte des fünfzehnten Jahrhunderts, wahrscheinlich während
des Constanzer Concils (1414—1418) verfasste Lehrgedicht des
Teufels Netz (segi)[16], worin in Form eines Gesprächs zwischen
einem Einsiedler und dem Teufel die Sünden und Laster aller
Stände scharf mitgenommen werden; ferner eine Anzahl weltlicher
und geistlicher Priameln[17], die theils von Hans Rosenblüt[18],
theils von andern bekannten Verfassern, wie von Hans Folz[19] und

---

10) Mittheilungen daraus machte Kinderling in Adelungs Magazin 2. St. 4.
S. 108 ff. Vgl. auch Bartsch in den Heidelb. Jahrbüchern 1872, S. 10 f.
    11) Vgl. Bech in der Germania 7, 366 f.   12) Gedruckt Augsburg 1486.
Ueber die Handschriften vgl. besonders Zingerle, Beiträge zur älteren Tirolischen
Literatur II. Hans Vintler. Wien 1871. S. (aus dem 66. Bde. der Sitzungsberichte).
Eine grössere Stelle aus einer Handschrift findet sich in Grimms Mythologie 1. Ausg.
Anhang, S. LI ff. Eine alte Bearbeitung der Bürgschaft, die sich schon im ital.
Original findet, theilt Zingerle mit in Zachers Zeitschr. 2, 85 ff. Eine genauere
Vergleichung mit dem Original findet sich in Zingerle's erwähnten Beiträgen. Vgl. auch
Adelungs Jac. Püterich S. 34 ff. Ueber das Ganze vgl. Gervinus 2², 357 ff. (2³, 610 ff.).
    13) Konrad heisst er in der Innsbrucker Handschrift, Hans in dem alten Drucke
von 1486; jene Angabe ist die richtige, vgl. Zingerle in Haupts Zeitschr. 10, 255 ff.
    14) Diesen Nachweis führte Lappenberg in Haupts Zeitschrift 10, 259 ff.
    15) Den hierauf bezüglichen Abschnitt glaubt Zarncke in einer Abhandlung
über Vintlers Werk in Haupts Zeitschr. 9, 68—119, als ein eingeschobenes Gedicht,
das nicht von Vintler herrührt, bezeichnen zu dürfen; vgl. dagegen Zingerle, Beiträge II, 67.   16) Des Teufels Netz, herausgeg. von Barack, Stuttgart 1863. 8
(70. Publicat. des litterar. Vereins), nach drei Handschriften, die durch ihre Abweichungen auf ein vollständigeres Original, als jede von ihnen ist, hinweisen.
Die erste Nachricht über das Gedicht gab Pfeiffer in seiner Germania 3, 21 ff.
    17) Vgl. § 115, 2. Viele sind gedruckt in Eschenburgs Denkmälern S. 394 ff.,
in Lessings Leben 3, 220 ff. (an beiden Orten aber in erneuter Schreibweise,
in Weckherlins Beiträgen (mit besseren Lesarten in einer alten Sammlung, s. Gött.
GA. 1812. S. 1869: diese Sammlung ist von Keller herausg. unter dem Titel „Alte
gute Schwänke“ Leipzig 1847. kl. 8.); andere hat Leyser zuerst bekannt gemacht
im Bericht an die Mitglieder der deutschen Gesellschaft in Leipzig 1837, S. 14—27;
wieder andere Rodler in der Germania 3, 368 ff., Zingerle ebenda 5, 44 ff. Vgl.
v. d. Hagen, Grundriss 412 f. und besonders Keller, Fastnachtspiele S 1161—1167.
und Nachlese S. 324.   18) Die Ueberschrift einer von Eschenburg benutzten
Handschrift gibt unter den Verfassern der darin enthaltenen Priameln den Schuep-
perer (Rosenblüt) an.   19) Er ist unter dem Palbirer in Eschenburgs Handschrift ohne Zweifel zu verstehen. Ein paar Spruchgedichte von ihm hat Wacker-

Sebastian Brant[20], meist aber von unbekannten herrühren[21], Johann von Morssheims Spiegel des Regiments, von der Untreue des Hoflebens handelnd, 1497 verfasst, aber erst 1515 veröffentlicht[22], und Sebastian Brants[23] Narrenschiff[24], das berühmteste Werk des als Schriftsteller äusserst thätigen Mannes[25], der seine Zeit zu beurtheilen und ihre Gebrechen mit kräftigem Pinsel abzuschildern verstand, ohne eigentlich poetisches Talent zu haben. Sein zu Basel verfasstes Gedicht, in welchem überall eine gründliche und umfassende Kenntniss der alten Classiker durchblickt, verspottet und geiselt die mancherlei Thorheiten und Gebrechen jener Zeit. Der ausserordentliche Beifall, den es fand, zeigt sich auch darin, dass es bald nach seinem Bekanntwerden ins Lateinische, Niederdeutsche, Holländische, Englische und Französische übertragen ward, und dass der berühmte Theolog Geiler von Kaisersberg[26] daraus noch bei Lebzeiten Brants die Texte zu Predigten nahm[27].

nagel in Haupts Zeitschrift 8, 507 ff. herausgegeben; eine andere Art sind die Wünsche enthaltenden Klopfan, über die ausführlich handelt Schade im Weimar. Jahrbuch 2, 75 ff., wo viele derselben mitgetheilt sind.   20) Sie sind gedruckt in Strobels neuen Beiträgen.   21) Ueber den Gebrauch der Priamel im Fastnachtsspiele vgl. Gödeke, Grundriss S. 95.   22) Oppenheim 1515. Neue Ausgabe von Gödeke. Stuttgart 1856. 8. (37. Publication des litterar. Vereins). Sein Gedicht wird mehrfach citiert und benutzt von Agricola u. a., vgl. über ihn auch Cyr. Spangenberg, von der Musica S. 135 f.   23) Geb. zu Strassburg 1458, lehrte zu Basel, wo er auch seit 1475 studiert hatte und 1485 Doctor juris geworden war, die Rechte, ward 1501 zum Rechtsconsulenten seiner Vaterstadt berufen, bald darauf (1503) auch zum Stadtschreiber (Kanzler) und von Kaiser Maximilian zum Rath und Pfalzgrafen ernannt und starb zu Strassburg 1521.   24) Es erschien zuerst, jedoch ohne die erst in späteren Ausgaben hinzugekommenen beiden Kapitel, die der Schlussrede vorhergehen, 1494 zu Basel. In demselben Jahre folgten noch drei Nachdrucke, im nächsten Jahre die zweite echte Ausgabe. Auch die späteren theilen sich in echte und unechte. Eine Ausgabe nach den Originaltexten der Baseler Drucke von 1494 und 1499 hat A. W. Strobel besorgt: Das Narrenschiff von D. Sebastian Brant, nebst dessen Freiheitstafel. Quedlinburg u. Leipzig 1839. 8. Musterhaft ist die von ausführlicher Einleitung und Commentar, wie von Mittheilungen aus Brants übrigen Gedichten begleitete Ausgabe von Zarncke: Sebastian Brants Narrenschiff. Leipzig 1854. gr. 8. Eine Uebersetzung in's Neuhochdeutsche, begleitet von Abdrücken der Holzschnitte der alten Ausgaben, erschien von Simrock, Berlin 1871. 4. Vgl. J. L. Hoffmann, S. Brants Narrenschiff, im Album d. literar. Vereins in Nürnberg 1849, S. 1—46. Ueber die dem Ganzen zu Grunde liegende Einkleidung vgl. ausser Zarncke noch Gervinus 2⁵, 619 f. und Zarncke, zur Vorgeschichte des Narrenschiffes, Leipzig 1868. 8. (aus dem Serapeum abgedruckt). 2. Mittheilung, Leipzig 1871. 8.
    25) Vgl. § 119, 11.   26) Vgl. § 171.   27) Vgl. über den Verfasser, den Werth und das Literarische des Gedichtes und andere deutsche und lateinische Werke von Brant die Einleitungen von Strobel und Zarncke, des letzteren Anhang; Gödeke's Grundriss S. 141 ff.; Gervinus 2², 391 ff. (2⁵, 614 ff.); Hagen, Deutschlands litterar. und religiöse Verhältnisse in Reformationszeitalter 1, 341 f.; 378 ff.; und W. Wackernagel, Johann Fischart S. 79 ff. 86. 87. 93. 107.

Aus dem sechzehnten Jahrhundert sind hervorzuheben die Narren-
beschwörung²⁸ und die Schelmenzunft²⁹ von Thomas Murner, einem Franciscanermönch aus Strassburg³⁰, der ein sehr
unruhiges Leben führte³¹, an den Religionsstreitigkeiten den lebhaf-
testen Antheil nahm und zu Luthers heftigsten Gegnern gehörte; in
Sprache und Darstellung tiefer als Brant stehend, ihn aber an Witz
übertreffend, der nur zu oft geschmacklos und fratzenhaft erscheint,
Verfasser zahlreicher Schriften, unter denen die beiden genannten
die besten sind, während zwei andere satirische Gedichte, die
geistliche Badefahrt³², und die in Prosa mit untermischten
Versen abgefasste Gäuchmatt³³ viel werthloser sind; Ulrichs von
Hutten³⁴ im Jahre 1520 gedichtete Klage und Vermahnung
gegen die Gewalt des Pabstes³⁵, worin er wie in allen seinen
lateinischen und deutschen Schriften (erst in der letzten Zeit fieng
er deutsch zu schreiben an) als ein rüstiger Kämpfer gegen das
Pabstthum und den Obscurantismus erscheint, und mit das Heftigste,
was zu Anfang der Reformationszeit in deutscher Sprache geschrieben

---

28) Sie erschien zuerst 1512 zu Strassburg und wurde mehrmals aufgelegt. Die echten Ausgaben sind sehr selten, häufiger wird die Umarbeitung von
Georg Wickram gefunden (zuerst gedruckt 1556).   29) Auch sie kam schon
1512 zu Frankfurt heraus und wurde dann wiederholt gedruckt; in neuerer Zeit
herausgegeben (nach dem Druck von 1513) durch G. E. Waldau, Halle 1788. 8.
30) Nicht aus Obernehenheim bei Strassburg (vgl. A. Stöber in der Revue
d'Alsace 1867, S. 129 ff.   31) Geboren 1475, studierte in Paris Theologie.
dann in Freiburg die Rechte, 1506 von Max I zum Dichter gekrönt, 1509 Doctor
der Theologie, von Heinrich VIII nach England berufen, von dort 1523 zurück-
gekehrt, starb etwa 1535 oder 1536. Ueber Murner und seine Schriften vgl.
G. E. Waldau, Nachrichten von Th. Murners Leben und Schriften. Nürnberg
1775. 8., Flögel, Geschichte der kom. Litteratur 3, 186 ff., Jördens 3, 738 ff.,
Strobel in seinen Beiträgen zur deutschen Literatur und Literaturgeschichte;
Gervinus 2³, 417 ff. (2⁵, 645 ff.), und besonders Lappenberg in seinem Ulenspiegel, Leipzig 1854, S. 387—411.   32) Strassburg 1514. 4.   33)
Basel 1519. 4.   34) Geboren 1488 auf seinem väterlichen Schlosse Steckel-
berg bei Fulda, gestorben 1523 auf der Insel Ufnau im Züricher See.   35) Herausgegeben mit anderen, theils poetischen theils prosaischen Stücken Huttens und
einigen seiner Zeitgenossen von Al. Schreiber unter der Ueberschrift „Klagred
Hutteni an alle hohe und niedere Stände deutscher Nation" (Gedichte von Ulrich
von Hutten etc.) Heidelberg 1810 und 1824. 8. Eine (wenig kritische) Gesammt-
ausgabe seiner Werke von E. Münch, Leipzig 1821 ff. 5 Bde. (der fünfte enthält
die deutschen Schriften, aber in erneuerten Texten); eine musterhafte kritische
Ausgabe sämmtlicher Schriften ist die von E. Böcking, Leipzig 1859—70. 5 Bde.
und Suppl. Band 1. 2. Uebersetzung der Gespräche von D. V. Strauss (Leipzig
1860. 8.), dem wir auch die treffliche Biographie Huttens verdanken: Ulrich von
Hutten, 2 Bde. Leipzig 1858; 2. Ausgabe 1871. 8.; vgl. dazu die schöne Charakteristik bei Gervinus 2³, 429 ff. (2⁵, 660 ff.), der auch die „Klage und Vermahnung"
im Auszuge gibt.

worden, aber nur von geringem poetischen Werthe; die besten unter
Hans Sachsens eigentlichen Spruchgedichten; eine Mahnrede
an die Deutschen von dem ersten Satiriker dieses Zeitraums,
Johann Fischart, ein kleines, aber für die Zeit, worin es ent-
standen, vortreffliches Gedicht, dessen nächster Anlass von einem
Deutschland als weibliche Figur darstellenden Bilde, das ihm vor-
gesetzt ist, entnommen wurde[36]; und die lautere Wahrheit von
Bartholomäus Ringwaldt[37], worin, was schon der vollständige
Titel sagt, gelehrt wird, „wie sich ein weltlicher und geistlicher
Kriegsmann in seinem Beruf verhalten soll." Alle diese Poesien
schliessen sich durch ihren Inhalt, wie durch ihre Behandlung mehr
oder weniger nahe an die grossen und kleinen Sitten- und Spruchgedichte der vorigen Periode an, nur dass sie sich im Allgemeinen
viel mehr und viel unmittelbarer auf die Zustände und Verhältnisse,
die Gebrechen, Thorheiten und Laster der Zeit einlassen, denen sie
ihre Entstehung verdanken. Der Ton, in dem sie abgefasst sind,
ist sehr verschieden: bald mehr ruhig betrachtend oder schildernd,
bald eigentlich belehrend und ermahnend, oder klagend, eifernd
und strafend, mitunter auch satirisch, und diess aufs entschiedenste
in dem berühmtesten aller didaktischen Werke dieses Zeitraums, in
dem Narrenschiff, und in den beiden, diesem nachgeahmten, nicht
viel später fallenden Gedichten Murners.

§ 166.

2. Von den didaktischen Gedichten, die entweder ganz in
Erzählungsform abgefasst sind, oder deren Hauptinhalt wenigstens eine erzählende Einrahmung erhalten hat, gehören mit die
besten kleineren Hans Sachsen an, der es liebte, diese Dar-
stellungsart bei allen möglichen moralischen Gegenständen in Anwendung zu bringen. Sie bestehen vorzüglich in Fabeln, Legenden,
Allegorien, fingierten Visionen[1], oder sie lehnen sich an irgend ein

---

36) Das Bild steht in den Eikones etc., einem Anhange zu dem Buche des
Matth. Holzwart (vgl. über ihn § 162, 22) „Emblematum tyrocinia etc." Strassburg 1581, wozu Fischart auch eine Vorrede geliefert hat. Das Gedicht findet
man in Bragur 3, 336 ff. (wo von S. 329 an auch nähere Auskunft über Holz-
warts Buch gegeben ist) und bei Wackernagel, Lesebuch 2², 161 ff. Ueber Fischart
als satirischen Dichter vgl. Hallersleben, zur Geschichte des patriotischen Liedes
S. 5 ff. — Das Gedicht „die Gelehrten, die Verkehrten" ist, wie Scherer in der
Zeitsch. f. d. österr. Gymnasien 1867, S. 485 nachweist, von Fischart nur überarbeitet
und aus zwei verschiedenen Gedichten zusammengesetzt; vgl. dageg. Literar. Centralblatt 1868. Sp. 483 f.   37) Gedruckt zuerst 1585 und dann öfter. Stellen
daraus in der § 159, 40 angeführten Schrift von Hoffmann und bei Wackernagel,
a. a. O. 2, 179 ff. Vgl. Hallersleben a. a. O. S. 9 f.

§ 166. 1) Eine solche ist der Landsknecht Spiegel, den Wackernagel, LB.

anderes wahres oder erfundenes Ereigniss an, oft bloss damit ein
Eingang gewonnen werde. Für die nicht der alten Sprache kundigen
Fabeldichter mehrten sich die Stoffe, die sich ihnen zur Bearbeitung
darboten, durch die prosaischen Uebersetzungen der Apologen des
A e s o p und anderer Fabelsammlungen, wovon mehr im Abschnitte von
der Prosa. Fabeln oder Beispiele, und zum Theil noch bessere als
jene, besitzen wir auch noch von andern, zum Theil älteren Dichtern,
theils in lyrischen, also der Form nach nicht hierher gehörigen
Gedichten, wie bei H e i n r i c h v o n M ü g e l n [2] und bei andern Meistersängern [3], theils in der gewöhnlichen Form der Reimpaare, wie bei
G e r h a r d, Dechant von Minden [4], der 1370 [5] in niederdeutscher
Sprache 102 Beispiele nach Aesop und dem Anonymus von Nevelet
nicht ungeschickt bearbeitete, und bei einem gleichfalls niederdeutschen, aber ungenannten Dichter, von welchem sich 125 Fabel-
erzählungen, jede mit einer vierzeiligen Nutzanwendung am Schlusse
versehen, in einer Wolfenbüttler Handschrift finden [6]. Auch beim
T e i c h n e r finden sich unter seinen zahlreichen kurzen Lehrgedichten
etwa ein Dutzend Fabeln [7]; aus dem vierzehnten und fünfzehnten
Jahrhundert besitzen wir eine Anzahl in Handschriften zerstreuter,
deren Dichter nicht bekannt sind [8]. Unter Hans Sachsens Zeitgenossen gehören hierher B u r k a r d W a l d i s, dessen Esopus bereits
bei den poetischen Erzählungen erwähnt wurde [9], und E r a s m u s
A l b e r u s [10], in dessen Fabeln viel Satire gegen Pabst- und Mönch-
thum ist [11], so wie mehreres unter den kleinen erzählenden Stücken,

2, 107 ff. aufgenommen hat.   2) Vgl. § 154, 10 ff.   3) Thierfabeln bei
den Meistersängern, Berlin 1855. 4. (Aus den Abhandl. der Berliner Akademie).
    4) Seine Beispiele sind von F. Wiggert aufgefunden worden, der Proben dar-
aus in seinem „Zweiten Scherflein zur Förderung der Kenntniss älterer deutscher
Mundarten und Schriften", Magdeburg 1836, S. 28—70, mitgetheilt hat.
    5) Dieses Jahr nennt die poetische Vorrede, welche Wiggert (wohl kaum mit
Recht) für einen späteren Zusatz hält. Auch der Zweifel, ob Gerhard etwa bloss
der Veranlasser der Sammlung gewesen (Wiggert 69), scheint unbegründet.
W. Grimm, Athis und Prophilias S. 7 gibt als Abfassungszeit 1378 an, verweist
dabei aber auch auf Wiggert.   6) Nachricht und Proben davon gab Hoffmann
von Fallersleben in der Germania 13, 469 ff., und liess dann folgen: Niederdeutscher Aesopus, Berlin 1869. 8.   7) Vgl. v. Karajan, über Heinrich den Teichner,
Wien 1855, S. 24.   8) Sie sind gedruckt in den Erzählungen aus altdeutschen
Handschriften gesammelt von Keller, Stuttgart 1855. 8. (35. Publication des litter.
Vereins).   9) Vgl. § 149, 49 ff. Die Sprichwörter in dem Esopus sind
behandelt von Sandvoss, Sprichwörter aus Burkhard Waldis, mit einem Anhang
zur Kritik des Kurzischen B. W. Friedland 1866. 8.   10) Vgl. § 159, 29.
    11) Sie sind unter dem Titel „Das Buch von der Tugent und Weissheit" zu
Hagenau 1534. 4. gedruckt. 2. Ausg. 1539. gr. 4.; erst die dritte Ausgabe (Frankf.
a. M. 1550. 4.) hat den längeren Titel (nach Weissheit); „nemlich, 49 Fabeln, der
mehrer Theil auss Esopo gezogen, unnd mit guten Rheimen verkleret"; vgl. Zarncke
in Haupts Zeitschr. 9, 375; Gödeke's Grundr. S. 360. Ein Paar Proben bei Pischon.

womit der einige Jahrzehnte später fallende Eucharius Eyring[1a]
die von ihm gesammelten lateinischen und deutschen Sprichwörter
erläutert hat[12]. — Von andern hierher fallenden grössern Compo-
sitionen verdienen eine besondere Erwähnung: aus dem vierzehnten
Jahrhundert ein allegorisch-didaktisches Gedicht, der Kranz der
Maide von Heinrich von Mügeln[14], in welchem Karl IV und
er selbst auftreten, und das von den Vorzügen der verschiedenen
als Jungfrauen personificierten Wissenschaften und Künste vor einander und von dem Verhältniss der einzelnen Tugenden zur Natur
handelt[15]; aus dem fünfzehnten zwei symbolisierend-ascetische Dichtungen, der Spiegel menschlichen Heils und das Buch der
Figuren von Heinrich von Laufenberg[16], jenes, vom Jahre
1437, nach dem Speculum humanae salvationis, dieses, vom Jahre
1441, wahrscheinlich nach einem andern lateinischen Originale bearbeitet, beide sehr umfangreich, meist Geschichten aus dem alten
Testament und andere weltliche enthaltend, die sämmtlich, weltliche
wie geistliche, als Figuren oder Symbole zu Ehren der Jungfrau
Maria betrachtet werden[17]; aus dem sechzehnten Bartholomäus
Ringwaldts Vision, christliche Warnung des treuen
Eckarts[18], eine Schilderung vom Zustande des Himmels und der
Hölle enthaltend, in die viele Ermahnungen und Warnungen ein-
gewebt sind. — 3. Ganz oder zum grossen Theil dialogisierte
didaktische Poesien des verschiedensten Tons wurden besonders im

---

Denkm. 2, 583 ff.   12) Geb. 1520 zu Königshofen i. Franken, trat von der katholischen
Kirche zur evangelischen über, wurde Pfarrer im Koburgischen und starb 1597.
Seine „Proverbiorum Copia, etlich viel hundert lateinischer und teutscher schöner
und lieblicher Sprichwörter etc., mit schönen Historien, Apologis, Fabeln und
Gedichten gezieret", erschien zu Eisleben 1601—1603 (vgl. Zacher, die Sprichwörtersammlungen S. 16), in 3 Theilen; vgl. Adelungs Magazin 1, 2, 154 ff. und
2, 1, 82 ff., wo auch Proben daraus mitgetheilt sind. — Ueber noch andere
Fabeldichter des 16. Jahrhunderts s. Bragur 3, 319 ff. und Eschenburgs Denkmäler S. 365 ff.   13) Sprichwörter in poetischer Form finden sich auch
häufig bei dem Teichner, vorzugsweise freilich aus dem Freidank entlehnt (vgl.
v. Karajan a. a. O. S. 251. Eine Sammlung gereimter Sprichwörter sind E. Alberus'
Praecepta morum utilissima ex variis autoribus Germanicis rhythmis non inepte
reddita, Frankfurt o. J.; vgl. Adelung a. a. O. 2, 1, 94; deutsch. Museum 1789,
2, 477; Zacher a. a. O. S. 12.   14) Vgl. § 154, 10 ff.   15) Es ist noch
nicht gedruckt. Näheres darüber in Wilkens Gesch. der Heidelberger Bibliothek
S. 309 fl. und bei Gervinus 2², 156 f. (2⁵, 370 ff.).   16) Vgl. § 159, 32
    17) S. über sie Engelhard in seiner § 149, 15 angeführten Ausgabe des Stau-
fenbergers S. 16 ff.; Ebert, bibliograph. Lexicon, Nr. 21576 ff., Massmann in v. Aufsess' Anzeiger 1832, Sp. 41 ff. und Gervinus 2², 275 ff. (2⁵, 459 ff.)   18) Das
Gedicht ist zuerst gedruckt zu Frankfurt a. d. O. 1589. 9.; auch in's Niederdeutsche
übertragen und als Comödie bearbeitet; s. Hoffmann, Barthol Ringwaldt etc. S.
22—28; 35—40, und Pischon. Denkmäler 2, 358 ff.

Reformationszeitalter beliebt[19]. Die werthvollsten finden sich bei Hans Sachs unter den Stücken, die er Kampfgespräche[20] oder schlechtweg Gespräche überschrieben hat, und in denen er theils göttliche und allegorische, theils menschliche Wesen über sittliche, religiöse und gesellschaftliche Zustände der Zeit sich unterreden lässt[21].

Vierter Abschnitt.

Prosaische Literatur.

A. Romane, kleinere Erzählungen, Fabeln und Legenden. — Satire.

§ 167.

Die zahlreichen hierher gehörigen Schriften, die nach dem Verfall und Zurücktreten der ältern Erzählungspoesie einen Hauptbestandtheil der Unterhaltungslectüre dieser Zeiten bildeten, behandeln grossentheils solche Gegenstände, wie sie während der vorigen Periode und auch noch während dieser von den epischen und den episch-didaktischen Dichtern bearbeitet wurden, oder diesen nah verwandte. Sehr viele sind geradezu aus andern Sprachen übersetzt, andere aus ältern deutschen, meist auf fremder Ueberlieferung beruhenden Gedichten aufgelöst, und von den übrigen, die auf eine freiere Weise entstanden sind, weist wenigstens eine grosse Zahl durch ihren Stoff auf nicht heimische Quellen zurück[1]. Indem sie also grösstentheils der Herkunft und den Stoffen nach eben so

---

19) Vgl. Gervinus 2, 451 f. (2⁵, 682 f.)   20) Solche Kampfgespräche finden sich schon in viel früherer Zeit; eines der ältesten Beispiele ist das Streitgedicht der beiden Johannes (des Evangelisten und des Täufers) von Heinzelin von Constanz; vgl. § 147, 29.   21) Bisweilen hat er die Gesprächsform auch zur Thierfabel benutzt; vgl. Wackernagel a. a. O. 2, 103 ff. (1. Ausgabe Sp. 77 ff.).

§ 167. 1) Wackernagel, Joh. Fischart S. 91, Anm. 193 führt eine Stelle aus Fischarts „Podagrammischem Trostbüchlein" (1577) an, worin Fischart als „erdichtete Geschichten" aufführt: „Kaiser Ottavian, Ritter Galmi, Pontus, Wigoleis vom Rad, Trew Eckart, Brissonet, Lewfrid mit dem Goldfaden, Peter mit den silbern schlüsseln, Ritter vom Thurn, Melusina, Tristant, König Loher und Maller, Hug Schappler, Valentin und Urso, Olivier und Artus, Reinhart und Gabrioto, Furiolus und Lucretia, Florio und Biancefora und das ganze Heldenbuch samt den Centonovella."

unvolksthümlich sind, als die meisten erzählenden Werke der frühern
Kunstpoesie, hat hier auch noch bei Aneignung des Fremden eine
freie, neugestaltende künstlerische Thätigkeit in ungleich geringerem
Grade gewaltet, als bei jenen ältern, nicht aus heimischem Boden
erwachsenen Dichtungen. In Rücksicht des Gehaltes und der Form
stuft sich ihr Werth sehr mannigfaltig ab. Im Ganzen jedoch findet
etwas Aehnliches statt, wie bei den erzählenden Gedichten dieses
Zeitraums: unter den kleinern Stücken trifft man verhältnissmässig
auf viel mehr gute, als unter den umfangreichern. Diess lässt sich
nicht bloss von den Uebersetzungen und den weniger freien Bearbeitungen, deren Werth, wie sich von selbst versteht, hauptsächlich
von dem der Originale abhängt, sondern auch von den übrigen
behaupten. Als Denkmäler der Sprachbildung und des Geschmacks
dieser Jahrhunderte bleiben aber auch unter den Werken, die in
anderer Hinsicht ganz unbedeutend und schlecht sind, noch immer
viele von Wichtigkeit.

§ 168.

Von den Romanen[1] sind bei weitem die meisten mehr oder
minder treue Uebersetzungen, vorzüglich französischer und lateinischer
Prosawerke. Insbesondere gilt diess von den Ritter-, Helden-, Liebes-
und Glücksgeschichten und den Wundererzählungen, deren Originale
theils eine sagenhafte und historische Grundlage haben, theils rein
erfunden sind. Dass dergleichen Werke nicht erst in diesem Zeitraum, sondern bereits früher bei uns Eingang fanden, konnte oben[2]
wenigstens an einem alten Beispiele gezeigt werden. Zu den
besten oder merkwürdigsten, die im Laufe des fünfzehnten und
sechzehnten Jahrhunderts durch Uebersetzungen eingeführt wurden,
gehören Loher und Maller[3], ein zum kärlingischen Sagenkreise
gehörender Roman, der im Jahre 1405 von Margarethe, Gräfin
von Widmont und Gattin Herzog Friedrichs von Lothringen, nach
einem lateinischen Buch französisch bearbeitet und dann ebenso wie

---

§ 168. 1) Im Allgemeinen verweise ich hier auf Reichards Bibliothek der
Romane, Th. 1—7. Berlin 1778—1781; Th. 8—21. Riga 1782—1794. 8., Kochs
Comp. 2, 230 ff., Görres, die deutschen Volksbücher, F. W. V. Schmidts Recensionen in den Wiener Jahrbüchern der Liter. 29, 71 ff. und 31,99 ff., Grässe, die
grossen Sagenkreise, Gervinus 2², 239—266; 329—355 (2³, 334—367, 514—554)
und Dunlop's Geschichte der Prosadichtungen, in Liebrechts deutscher Bearbeitung, Berlin 1851. gr. 8. 2) S. § 121, 41. 3) Von ihm gibt es
einen alten Strassburger Druck von 1514 (das Vorhandensein eines älteren von
1513 wird bezweifelt); nach einer Handschrift bearbeitet von Fr. Schlegel, Frankfurt a. M. 1805 und wieder abgedruckt im 7. Bande seiner Werke. Neue Bearbeitung auf Grund des alten Druckes von Simrock in seiner Bibliothek der Romane,
Novellen, Geschichten etc. Stuttgart 1868. 8.

der deutsche Hug Schapler[4], der die fabelhafte Geschichte von Hugo Capet behandelt[5], von ihrer Tochter Elisabeth, Gräfin von Nassau und Saarbrücken, 1437 ins Deutsche übersetzt wurde; Pontus und Sidonia, aus dem französischen erst um 1480 gedruckten Romane[6] zweimal übertragen, einmal[7] durch Eleonore, geborene Prinzessin von Schottland und Gattin Siegmunds von Oesterreich, mit dem sie von 1448 bis 1480 vermählt war[8], und dann von anderer Hand in einer nur handschriftlich erhaltenen Verdeutschung[9]; Melusine, von Thüring von Ringoltingen[10] aus Bern im Dienste des Markgrafen Rudolf von Hochberg 1456 verdeutscht[11]; Fortunatus, der, wir wissen nicht aus welcher Sprache, nicht unwahrscheinlich nach spanischer um die Mitte des fünfzehnten Jahrhunderts[12] aus älteren, vornehmlich wohl in Nordfrankreich heimischen Ueberlieferungen[13] entstandener Quelle, übersetzt[14], und dem Stoffe nach, was die Grundzüge eines Haupttheils betrifft, schon in den Gesta Romanorum enthalten[15]; Fierabras[16], ein Roman des kärlingischen

---

4) Gedruckt zu Strassburg 1500 und öfter; vgl. Deutsches Museum 1781. 2, 327 ff.   5) Das altfranzösische Gedicht von Hugues Capet ist jetzt herausgegeben in den Anciens Poëtes de la France, wo in der Einleitung auch über das deutsche Volksbuch gesprochen ist.   6) Ueber die Quellen des französischen Buches vergl. altdeutsch. Museum 2, 314 ff. und v. d. Hagens MS. 4, 594.   7) Der älteste unter den vielen bekannten deutschen Drucken ist der Augsburger von 1485. Dieser Roman wurde auch in das noch zwölf andere Ritter- und Liebesgeschichten enthaltende, von dem Buchdrucker Feierabend herausgegebene Buch der Liebe, Frankfurt a. M. 1587. fol. aufgenommen, und nach diesem Text und einem anderen alten Druck (von 1539) erneut in Büschings und v. d. Hagens Buch der Liebe, Berlin 1809. 8. 8) Sie stand in fortwährendem Verkehr mit Heinrich Steinhöwel und Niclas von Weyl; vgl. Keller in seiner Ausgabe von Steinhöwels Decameron S. 675. 9) In der Heidelberger Handschrift 142; vgl. Gervinus 2², 250 (2³, 351). 10) Oder wie Mone, Anzeiger 1838, Sp. 612 den Namen in einer Handschrift gefunden, Thüring von Ruggeltingen.   11) Gedruckt (Strassburg um 1474, vgl. Gödeke, Grundriss S. 120) und Augsburg 1474. fol., dann öfter auch im Buch der Liebe. Die literarisch wichtige Stelle, worin der Uebersetzer sich nennt, theilt Pfeiffer (Germania 12, 3 ff.) aus einer Handschrift des 15. Jahrhunderts vollständiger mit, als sie in den alten Drucken sich findet.   12) Nach Gödeke, Grundriss S. 119, um 1440.   13) Die britische Herkunft des Stoffes ist nach Zacher (in seiner Zeitschrift 1, 254), der auf den Artikel Fortunatus in Ersch und Grubers Encyclopädie verweist, sehr zweifelhaft.   14) Der älteste bekannte Druck des deutschen Buches ist 1509 in Augsburg erschienen.   15) Kap. 120 des latein. Textes. Vgl. F. W. V. Schmidts Uebersetzung von Thom. Deckers Zaubertragödie „Fortunatus und seine Söhne." Berlin 1819. 8. im Anhange S. 161 ff.   16) Die älteste bekanntere Ausgabe ist 1533 zu Simmern gedruckt; danach in Büschings und v. d. Hagens Buch der Liebe. Ausserdem gibt es eine Frankfurter o. J. und eine solche von 1594.

Sagenkreises, wiederum nach dem Französischen; die Haimons-
kinder, ein kärlingischer Roman, der in zwei verschiedenen Bearbeitungen, einer französischen und einer wahrscheinlich niederländischen nach Deutschland gekommen sein muss, nach jener unter
dem Titel „Eyn schön lustig Geschicht, wie Keyser Carle der gross
vier gebrüder, Hertzog Aymons sün, sechzehn jar lange bekrieget
etc.," zu Simmern 1535 erschienen, während aus der andern, die im
Inhalt mit dem auch aus dem Niederländischen übertragenen Gedicht
von Reinold von Montalban[17] gestimmt haben wird, und die
höchst wahrscheinlich ein Cölner Druck von 1604 enthielt, das noch
gangbare Volksbuch von den vier Haimonskindern geflossen
ist[18]: die schöne Magelone, aus dem französischen Originale,
welches auf einer in Südfrankreich[19] localisierten Sage[20] beruht, 1535
von Veit Warbeck übertragen und in demselben Jahre in Augsburg
gedruckt[21]; Kaiser Octavianus, nach einem französischen Originale, welches zunächst aus einem ältern gereimten umgebildet und
dieses wieder aus einer lateinischen Quelle geflossen sein soll[22], von
Wilhelm Salzmann deutsch bearbeitet; Euriolus und Lucretia[23],
ein von Aeneas Sylvius (Pius II) im Jahre 1444 lateinisch abgefasster
Roman, dem eine wahre, zwischen Kaiser Siegmunds Kanzler Caspar
Schlick und einer edlen Bürgerin zu Siena vorgefallene Geschichte
zum Grunde liegen soll, im Jahre 1462 von dem als Uebersetzer
auch sonst rühmlich bekannten Niclas von Weyl[24] aus Bremgarten

---

17) Vgl. §. 146.   18) Vgl. v. d. Hagens Grundriss S. 147; 539.
    19) Die Existenz eines vor dem Ende des 12. Jahrhunderts verfassten proven-
zalischen Werkes (Diez, Poesie der Troubadours S. 206) ist nicht zu erweisen.
    20) Stofflich verwandt mit der Magelone ist das altdeutsche Gedicht, der
Busant (in Meyers und Mooyers altd. Dichtungen. Quedlinburg und Leipzig 1833.
s. Nr. II und v. d. Hagens Gesammtab. 1, 337 ff.); vgl. über die Sage v. d. Hagen
a. a. O. S. CXXXIII ff.; Liebrecht in der Germania 1, 260 f. und R. Köhler
ebendaselbst 17, 1. Heft.   21) Dann öfter; auch im alten Buch der Liebe.
    22) In den Reali di Francia wird die Geschichte des Octavianus von Fiora-
vante, König von Frankreich, erzählt (Bd. 2, Cap. 42 ff.) und dieser zu einem
Ahnherrn Karls des Grossen gemacht. Wenn Grässe in den Anmerkungen zu
seiner Uebersetzung der Gesta Romanorum (2, 281) in der von ihm im ersten
Anhange (2, 152 ff.) mitgetheilten Erzählung „die gänzlich vereinfachte Geschichte"
des Romans vom Kaiser Octavianus zu finden meint (vgl. auch Hall. Litt. Ztg.
1842, Nr. 222, S. 557 f.), so irrt er: mit diesem hat sie nichts gemein als den
Namen des Kaisers, ihr Inhalt ist kein anderer als der der Crescentia: vgl. § 91, 6.
    23) Ueber die Erzählung vgl. Kellers Recension von E. v. Bülows Novellen-
buch in den Heidelberger Jahrbüchern 1837, S. 664 ff. und Gervinus 2³, 361 ff.
    24) Er war anfänglich Schulmeister zu Zürich, nachher (1445—1447, vgl.
Hagen, Deutschlands literar. und religiöse Verhältnisse im Reformationszeitalter
1, 95 f.) Rathsschreiber in Nürnberg, 1449 und noch 1462 Stadtschreiber zu Esslingen, wo er neben seinem Amte junge Leute im Schreiben und Dichten unter-

in der Schweiz verdeutscht[2]; endlich **Amadis aus Frankreich,** der berühmteste unter den Romanen, deren Stoff nicht aus älterer Ueberlieferung geschöpft, sondern erst in diesen Zeiten erfunden ist, ursprünglich spanisch verfasst und in Spanien seit dem vierzehnten Jahrhundert nachweislich[26], von dort nach Portugal durch Vasco Lobeira und als Amadis de Gaule nach Frankreich verpflanzt, womit der französische Bearbeiter Frankreich nur sein altes Eigenthum zurück zu erobern behauptet[27]. Er besteht ursprünglich nur aus vier Büchern, die bei weitem vorzüglicher sind als die Romane, die sich als Fortsetzungen in noch zwanzig Büchern und mehreren Anhängen nach und nach an ihn anschlossen.   Der Verfasser der ersten deutschen Bearbeitung[28] ist nicht bekannt, er muss aber Protestant und seiner Sprache nach ein Schwabe gewesen sein, bei dem die Anfänge der Sprachmengerei und des späteren Schwulstes bereits ersichtlich sind[29].   Von der Berühmtheit dieses Romans zeugt die

---

richtete, 1469 gab er in Folge von Streitigkeiten mit dem Rathe seine Stellung auf, und trat in die Dienste des Grafen Ulrich von Würtemberg, dessen Kanzler er 1470 wurde. Vgl. über ihn Pischon, Denkmäler 2, 229 f.; und besonders: Niclasens von Wyle zehnte Translation mit einleitenden Bemerkungen über dessen Leben und Schriften, hsg. von Heinr. Kurz, Aarau 1853; so wie Keller in seiner Ausgabe von Steinhöwels Decameron S. 674 f. und von N. v. W's Translationen S. 365 ff. und Gervinus 2³, 354 ff. Wahrscheinlich war Niclas auch Maler; vgl. Kurz a. a. O. und literar. Centralblatt 1853, Sp. 723. Ueber seine Sprache vgl. Kehrein im Archiv f. d. Studium der neueren Sprachen 7, 378.   25) Gedruckt Augsburg 1473 und öfter, namentlich auch in den Ausgaben von Niclasens „Translation oder Tütschungen etc. etlicher bücher Enee silvij: Pogii florentini etc." zuerst o. O. u. J. (um 1478), dann auch 1510. 1536. Neue Ausgabe: Translationen von Niclas von Wyle, herausg. von Keller, Stuttgart 1861. 8. (57. Publication des litterar. Vereins). Eine viel schlechtere Bearbeitung desselben Gegenstandes ist die Geschichte von Camillus und Emilia im alten Buch der Liebe; über andere vgl. v. Bülow's Novellenbuch, Leipzig 1834—1836. Th. 1, S. XXXVIII ff.   26) Der spanische Dichter Ayala (etwa 1342—1407) erwähnt ihn bereits in seinem Gedichte el rimado de palacio; vgl. Keller hinter seiner Ausgabe des 1. Buches des deutschen Amadis S. 439.   27) Dass der Amadis auf alter bretonischer Sage beruhe, die von nordfranzösischen Sängern zuerst poetisch gestaltet und dann nach Spanien gebracht wurde, ist nicht mit Sicherheit erwiesen und wird von F. Wolf geradezu bestritten; vgl. Keller a. a. O. S. 437 f. Ebert a. a. O. Nr. 479 findet es am wahrscheinlichsten, dass die ersten 13 Bücher in Spanien entstanden seien; vgl. damit und über die ganze Amadisliteratur F. W. V. Schmidt in den Wiener Jahrb. der Literatur Bd. 33, Grässe, S. 400 ff.; Dunlop a. a. O. S. 86; 147 ff.; 153 ff.; 167 f.; 450 und Keller a. a. O. S. 437 ff.   28) Das erste Buch erschien Frankfurt a. M. 1569, und ist von Keller, Amadis. Erstes Buch. Nach der ältesten deutschen Bearbeitung (Stuttg. 1857. 8.) als 40. Publication des litterar. Vereins herausgegeben. Alle 24 Bücher wurden, jedes einzeln, gleichfalls zu Frankfurt a. M. seit 1591 gedruckt: sie finden sich selten beisammen. Ueber die deutschen Ausgaben vgl. Keller S. 447 ff.

    29) Vgl. Keller S. 464 f.

Thatsache, dass man in Frankreich einen besondern Abdruck der in ihm vorkommenden Reden, Briefe und Monologe veranstaltete[30], der dann auch ins Deutsche übertragen wurde[31]. — Unter den Romanen, die prosaische Umarbeitungen älterer deutscher Gedichte sind, ist kaum einer, der in den Kreis der deutschen Heldensage eingreift, denn der Anhang zum Heldenbuch (§ 145), eine Art prosaischer, aber sehr verworrener Bearbeitung deutscher Heldensagen, der die Ueberschrift führt „von Helden, Gezwergen und Riesen" und in Auszügen aus älteren Gedichten, zum Theil denselben, die wir kennen, zum Theil anderen besteht[32], kann kaum zu den Werken erzählender Prosa gerechnet werden, so dass hier nur die noch als Volksbuch umgehende Prosa vom hörnen Siegfried in Betracht kommt, welche allerdings ausdrücklich angibt, dass sie auf einem französischen Buche beruhe[33], die aber diese Berufung wohl nur um sich zu empfehlen fingiert hat und vielmehr aus einem interpolierten Texte des uns erhaltenen Siegfriedsliedes[34] aufgelöst und erweitert ist[35]. Abgesehen von diesem einen Beispiele[36] beruhen die übrigen aus Gedichten aufgelösten Prosaromane auf höfischen Quellen; das, zwar nicht zur deutschen Heldensage im engern Sinne gehörige, aber doch heimische und früh bei uns eingeführte fremde Sagen behandelnde Volksbuch von Herzog Ernst ist nicht aus der Auflösung eines ältern Gedichts, sondern aus der Uebersetzung einer lateinischen Prosa geflossen[37]. Unter jenen sind die bekanntesten und zugleich werthvollsten der Wigalois, der 1472 aus dem gleichnamigen Gedichte Wirnts von Grafenberg[38] hervorging, aber erst 21 Jahre später gedruckt wurde[39] und der Tristan, nach dem

---

30) 1560 erschien in Paris eine Prosa-Sammlung aus den Büchern 1—12 unter dem Titel Trésor de tous les livres d'Amadis de Gaule, in 8.; vgl. Keller S. 444.   31) Er erschien unter dem Titel „Schatzkammer schöner zierlicher Orationen, Sendbriefe etc. Aus den 24 Büchern des Amadis" in mehreren Auflagen, zuerst Strassburg 1597. — Ueber eine dramatisierte Bearbeitung des Amadis vgl. Gödeke's Grundriss S. 313 und Keller S. 457; Fischarts Gedicht „Eine Vorbereitung in den Amadis" (vgl. Gödeke S. 387, Nr. 6) ist bei Keller S. 449 ff. abgedruckt.   32) Vgl. W. Grimm, Heldensage S. 297 ff.   33) Vgl. v. d. Hagens Grundriss S. 52, Lachmanns Kritik der Sage von den Nibelungen S. 439 und J. Grimm in Haupts Zeitschrift 8, 1 ff.   34) Vgl. § 145.   35) Vgl. Müllenhoff, zur Geschichte der Nibelunge Not, S. 40.   36) Denn die Existenz eines prosaischen Riesen Siegenot (v. d. Hagens Grundriss S. 30; 526) ist sehr zweifelhaft.   37) Vgl. Docen im altd. Museum 2, 248; v. d. Hagens MS. 4, 77, Note 2; Haupt in seiner Zeitschrift 7, 266 f. und besonders Bartsch, Herzog Ernst S. LXXII ff., wo S. 227 ff. der Text des Volksbuches nach einer Handschrift, mit den Lesarten der daraus hervorgegangenen Drucke herausgegeben wird. Ueber das lateinische Original vgl. § 91. 27.   38) Vgl. § 94.   39) Wigoleyss vom rade von grafenberg (sic!). Augspurg 1493. fol.; Strassburg 1519. fol. u. öfter;

Gedichte Eilharts von Oberge[40] von einem gleichfalls ungenannten
Verfasser bearbeitet[41], der am Schlusse sagt, er habe das ältere
Werk in diese Form „von der Leute wegen gebracht, die solcher
gereimter Bücher nicht Gnade hätten etc.“[42] — Ganz selbständig
der Abfassung nach und erwachsen aus volksthümlichen, zum Theil
aber auch der Fremde entlehnten und in Deutschland heimisch gewordenen Sagen, aus gangbaren Schwänken, Witzen und Scherzen sind
drei berühmte Volksromane, von denen der älteste, der die Abenteuer
und Schwänke von Tyll Eulenspiegel erzählt, dem Ende des fünfzehnten Jahrhunderts angehört. Die Geschichte dieses Lieblings der
untern Volksklassen, dessen historische Existenz mit Recht behauptet
worden ist[43], und auf den viele dem Pfaffen Amis beigelegte Streiche übertragen wurden[44], ist ursprünglich in niederdeutscher Sprache[45] abgefasst[46],
wie der Stoff auch in Niederdeutschland heimisch war, aber in dieser ältesten Gestalt nicht erhalten, sondern in einer daraus hervorgegangenen
hochdeutschen Bearbeitung[47], an welcher Thomas Murner[48] vielleicht

---

dann auch in das alte Buch der Liebe und in Reichards Bibliothek der Romane
2, 11 ff. aufgenommen; s. Benecke's Vorrede zum Wigalois, S. XXVII ff.
    40) Vgl. § 91. Es ergibt sich das aus der Schlussschrift, in welcher aber
des Dichters Name in Filhart von Obret entstellt ist.   41) Die älteste Ausgabe
dieser „History herren Tristants und der schenen Ysalden“ ist die Augsburger
von 1498; gleichfalls im alten Buch der Liebe und darnach erneut in Büschings
und v. d. Hagens gleichnamiger Sammlung. Vgl. über diesen Roman Leipz.
Litter. Zeitung 1812, St. 62 ff. und v. d. Hagens MS. 4, 588.   42) Vgl. v. d.
Hagens Grundriss S. 131.   43) Vgl. Hoffmanns Fundgruben 2, 213, Anm. 3, und
besonders Lappenberg in seiner gleich zu erwähnenden Ausgabe; die Existenz
bestritt W. Grimm in Haupts Zeitschr. 1, 32 f.   44) Vgl. § 98.   45) Darauf deutet das Dyl (statt Till) der ältesten Ausgabe und anderes; vgl. Gödeke im
Weimar. Jahrb. 4, 15 ff. und Grundriss S. 117.   46) Dass der Eulenspiegel
gegen 1483 von einem Laien in niederdeutscher Sprache abgefasst worden, schloss
Lessing (Leben 3, 136 f.; Sämmtl. Werke 11, 492 f.) aus dem alten zu Augsburg
1540 erschienenen Druck des hochdeutschen Textes. Diess alte niederdeutsche
Original hat Grässe (Lehrbuch der allgem. Literärgeschichte 2, 2, 1020) wirklich
in einer um 1495 gedruckten Ausgabe nachweisen wollen.   47) Der älteste
bekannte Druck in hochdeutscher Sprache ist der Strassburger von 1519. Auf
ihm beruht die musterhafte Ausgabe von Lappenberg: Dr. Th. Murners Ulenspiegel, Leipzig 1854. 8. Der zweite Druck ist der kölnische von Servais Kruffter,
den Lappenberg zwischen 1520—30 setzt (Kruffter druckte von 1518—1531, bis 1519 in
Basel, vgl. Gödeke's Grundriss S. 117); neue Ausgabe: Tyel Ulenspiegel in nieder-
sächsischer Mundart nach dem ältesten Drucke des Servais Kruffter photolitho-
graphisch nachgebildet, Berlin 1865. (Die Sprache dieser Ausgabe ist aber nicht,
wie der Titel angibt, niedersächsisch, sondern niederrheinisch; vgl. Blätter f. liter.
Unterh. 1866, S. 159).   48) Lappenberg sieht Murner als Verfasser an; vgl.
dagegen Gödeke im Weimar. Jahrbuch 4, 15 ff., der nur zugibt, dass Murner im
äussersten Falle den Eulenspiegel zuerst in's Oberdeutsche übersetzte.

einen Antheil hat, der aber in keinem Falle als Verfasser des Eulenspiegels angesehen werden darf, da in diesem hochdeutschen Texte Zeilen fehlen, welche in späteren Drucken sich finden, also nur aus älteren Exemplaren ergänzt sein können[49]. Er war das beliebteste Volksbuch, welches eine Menge Bearbeitungen erfuhr, und sich bald in einen protestantischen und katholischen Eulenspiegel schied, von Fischart in Verse gebracht[50] und in verschiedene Sprachen übersetzt[51], sowie von Hans Sachs und Jacob Ayrer mehrfach als Quelle benutzt wurde[52]. Die beiden andern Volksromane sind erst zu Ende des sechzehnten Jahrhunderts erschienen: die tragische Geschichte des Schwarzkünstlers Faust und die komisch-satirische von den Schildbürgern, auch das Lalenbuch genannt. Die älteste Bearbeitung von jenem Romane, dessen Träger eine zu ihrer Zeit viel besprochene Persönlichkeit war, deren die Sage sich bemächtigte[53], erschien 1587 zu Frankfurt am Main[54], und fand solchen Beifall, dass schon im folgenden Jahre eine neue Auflage nöthig wurde und gleichzeitig eine von Tübinger Studenten herrührende gereimte Bearbeitung zu Tage kam[55], und G. R. Widmann 1599 eine zweite Bearbeitung unternahm[56]. Die Schildbürger, welchen ein sehr alter Gedanke, „von Leuten, die klüglich reden und kindisch handeln", zu Grunde liegt[57], erschienen 1598[58] und wurden später

---

49) Vgl. Gödeke a. a. O., der die Existenz einer Ausgabe vor 1519 aus der Erwähnung in einer Schrift von 1515 (De generibus ebriosorum) nachweist.

50) „Eulenspiegel Reimensweis" in v. Meusebachs Besitz; vgl. Hallings Ausg. des glückhaften Schiffs S. 69 ff.; 259; Hall. Litt. Zeitung 1829, Nr. 55, Sp. 439.

51) Ueber die Uebersetzungen vgl. Lappenbergs Ausgabe. 52) R. Köhler im Weimar. Jahrb. 5, 177 ff. hat gezeigt, welche Abenteuer des Eulenspiegels H. Sachs bearbeitet hat. 53) Ueber die Bildung der Sage ist, ausser Görres S. 207 ff., besonders nachzulesen ein Aufsatz von Stieglitz in Fr. Schlegels deutsch. Museum 2, 312 ff., vervollständigt in v. Raumers histor. Taschenbuch 5, 125 ff. und E. Sommers Artikel Faust in Ersch und Grubers Encyclopädie 1, 42, 93 bis 115. 54) Bei Joh. Spies; sie ist wieder abgedruckt in Scheible's Kloster 2, 933—1072; und sorgfältiger in: Das älteste Faustbuch. Wortgetreuer Abdruck der Editio princeps des Spiesschen Faustbuches vom J. 1587. Nebst den Varianten des Unicums von 1590. Mit Einleitung und Anmerkungen von A. Kühne. Zerbst 1868. 8. 55) Gedruckt bei Scheible 11, 1—216. 56) Sie erschien 1599 zu Hamburg in 3 Bden. 8. Ein Abdruck der widmannschen Erzählung, ohne seine und eines späteren Ueberarbeiters (Pfitzers, Nürnberg 1674) weitschweifige Anmerkungen, besorgte Keller „Das ärgerliche Leben und schreckliche Ende des vielberüchtigten Erzschwarzkünstlers Joh. Faust." Reutlingen 1831. Ueber andere Ausgaben, Bearbeitungen, Uebersetzungen etc. vgl. Ebert a. a. O. Nr. 7371 ff. und Schade in Weimar. Jahrbuch 5, 243 ff. 57) Vgl. Vridank 82, 9 f. und W. Grimms Anmerkung dazu S. 356 f. 58) Der Verfasser nennt sich M. Aleph Beth Gimel, und als fingierten Druckort Misnopotamia, vgl. Gödeke. Grundriss S. 421 f.

mit einem zweiten Theile vermehrt[59]. — Hier mag auch noch zweier
anderer deutschen Romane gedacht werden, von denen der eine
gewiss, der andere wahrscheinlich Original ist. Jener ist der einen
ganz historischen Stoff, die Geschichte Kaiser Friedrichs III und
seines Sohnes Maximilian mit Verhüllung aller Eigennamen dar-
stellende Weiss-König, den Kaiser Maximilian I entworfen
und sein Geheimschreiber Marx Treizsauerwein 1512 ausgeführt
hat, ein Werk von sehr untergeordnetem Werth und das prosaische
Seitenstück zum Theuerdank[60]; der andere der Goldfaden von
Georg Wickram aus Kolmar, Stadtschreiber zu Burgheim, der
auch sonst noch als Romanschreiber und Verfasser eines vielgelesenen
Unterhaltungsbuchs (§ 169) bekannt ist und in der Mitte des sechzehnten Jahrhunderts lebte[61]. Der Goldfaden, der nicht zu den
schlechtesten erzählenden Prosawerken dieses Zeitraums gehört,
erschien zu Strassburg 1557[62]. — Zwar nicht eigentliches Original,
aber ganz freie, durch einen seltenen Reichthum an Kenntnissen
aller Art begünstigte und mit wahrhafter Genialität und bewundernswürdiger Sprachgewalt ausgeführte Umarbeitung und Erweiterung
eines französischen Originals ist Johann Fischarts berühmtestes
Werk, Geschichtklitterung oder, wie es ursprünglich hiess,
Geschichtschrift[63]. Es beruht auf dem ersten Buche des sati-

---

59) Mit diesem erschien das Ganze mit dem Titel „der Grillenvertreiber", Frankfurt 1603. 8. Von diesem Grillenvertreiber erschien ein
2. Theil Frankf. 1605 (unter dem Titel: Witzenbürger) und ein dritter noch in
demselben Jahre. Der erste Theil ist bearbeitet in v. d. Hagens Narrenbuch aufgenommen, von dem zweiten nur ein Auszug in dem Anhang, der auch von der
weiteren Literatur handelt, womit aber zu vergleichen ist Leipz. Litt. Zeitung 1812,
Nr. 161 ff.   60) Gedruckt Wien 1775. fol. mit vielen schönen Holzschnitten
(Proben in Pischons Handbuch der deutschen Prosa, Berlin 1818. 8. 1, 17 ff. und
in dessen Denkmälern 2, 220 ff.).   61) Ueber das Wenige, was wir aus seinem
Leben wissen, vgl. Heinr. Kurz in seiner Ausgabe des Rollwagen-Büchleins S. V ff.
Er gründete 1546 in Kolmar eine Meistersängerschule: vgl. Bartsch, Meisterlieder
S. 2. Ueber sein Fastnachtspiel vom treuen Eckart vgl. Gödeke's Grundriss S.
369 und Pfeiffer in der Germania 2, 505.   62) Danach herausg. von Clem.
Brentano, Heidelberg 1809. 8. (vgl. Heidelb. Jahrb. 1810. 2. 285 ff.); Inhalt und
Proben bei Pischon, Denkmäler 2, 436 ff.   63) Der ganze merkwürdige Titel
(der aber nicht vor allen Ausgaben gleich lautet) ist zu weitläufig, um hier ganz
mitgetheilt werden zu können (man findet ihn u. a. in Gödeke's Grundriss S. 390).
Er fängt in der 2. Ausgabe (1582), die zuerst den Titel Geschichtklitterung führt,
an „Affenthewrlich Naupengeheurliche Geschichtklitterung, von Thaten und Rahten
der vor kurtzen langenweilen Vollenwolbeschreiten Helden und Herren Grandgusier,
Gargantoa und Pantagruel etc." Fischart nennt sich hier Huldrich Elloposcleros.
Gedruckt zuerst 1575. 8. und dann oft bis 1631 (eine Ausgabe von 1552, die
Grässe nach der Hall. Litter. Zeitung 1842, Nr. 223. Sp. 562 noch besessen haben
will, nennt von Meusebach, dem hier wohl die erste Stimme gebührt, ein Trug-
bild) Vgl. über die Literatur das § 147 Citierte, worunter die Stücke der Hall.

risch-humoristischen Romans Gargantua und Pantagruel[64] von Fran-
çois Rabelais[65], dessen Stoff wiederum aus einem älteren, schon im
fünfzehnten Jahrhundert gedruckten französischen Buche entnommen
ist[66], und stellt „das Leben eines riesenhaften, in sinnlicher Fülle
überstrotzenden Geschlechtes" dar, in einer vom Originale so unab-
hängigen Weise[67], dass man sieht, wie Fischart nur der äusseren
Anregung bedurfte, um den ganzen Reichthum seines Geistes zu
entfalten[68]. Dagegen ist der Lügenroman, der Finkenritter,
dessen Grundidee schon in älteren gereimten Lügenmärchen vorgebildet ist[69], nicht von Fischart verfasst[70], der in mehreren seiner
Werke allerdings darauf Bezug nimmt[71], aber einmal in so ungenauer
Weise, wie es bei seiner Autorschaft nicht erklärlich wäre[72].

§ 169.

Was die vielen, in Novellen, moralischen Beispielen, Schwänken,
Anekdoten und Märchen bestehenden kleinern Erzählungen
betrifft, so kann hier eben so wenig auf ihre Entstehungsart[1], als
auf die Namhaftmachung der bedeutendsten und gelungensten näher

---

Litterar. Zeitung nicht zu übersehen sind. Proben bei Wackernagel, Lesebuch 2,
135 ff., 3, 2, 471 ff. und bei Pischon a. a. O. 2, 455 ff.   64) Der Titel
ist Vie, faicts et dicts heroicques de Gargantua et de son filz Pantagruel. Eine
vortreffliche Uebersetzung lieferte G. Regis, Leipzig 1832 ff. 8.
65) Geb. 1483, gest. 1553.   66) Vgl. Grimm, Mythologie² 509 (1. Ausg.
S. 313); über die mythische Grundlage des Gargantua besonders Gaidoz in den
Mémoires archéologiques 1871.   67) Nach Barthold, Gesch. d. fruchtbring. Gesellschaft S. 16 soll Fischart in der Umgebung Herrn Quirin Gangolfs von Gerolds-
eck, der mit dem Pfalzgrafen oft über die Vogesen gegangen, Rabelais' Gargantua
kennen gelernt haben; andere Vermuthung stellt Wackernagel, Joh. Fischart
S. 60, auf.   68) Vgl. die treffliche Charakteristik von Gervinus 3², 149 ff.
(3⁴, 152 ff.) und Wackernagel, Joh. Fischart S. 24 ff. 34 ff.   69) Vgl. Müllers
Sammlung 3, S. XIV; v. Lassbergs Liedersaal 2, 385; Massmanns Denkmäler 1,
105 ff.; Suchenwirt S. 148 f.; Haupts Zeitschrift 2, 560 ff.; Pfeiffers altd. Uebungsbuch S. 153 f.   70) Die Annahme beruhte auf mündlichen Aeusserungen
v. Meusebachs.   71) In der Geschichtklitterung, wenigstens in den Ausgaben
beider Werke von 1582; vgl. Haupt in v. Aufsess' Anzeiger 1833, Sp. 130, wo
auch Sp. 74 f. durch Hoffmann Nachricht von einem alten Druck gegeben ist.
Nach einem andern ist der Finkenritter aufgenommen in Reichards Bibliothek
der Romane 16, 63 ff. Vgl. über die Drucke Göekke, Grundriss S. 420.
72) Vgl. Wackernagel, Johann Fischart S. 96 f., Anmerk. 202.
    § 169. 1) Manche von ihnen sind aus älteren deutschen Gedichten aufgelöst,
wie einige der in den altd. Blättern 1, 117—163; 300 ff. aus einer Leipziger
Handschrift des 15. Jahrhunderts mitgetheilten; die letzte, die von Crescentia,
ist Bearbeitung des alten § 91, 6 angeführten Gedichts; sie steht auch in Wak-
kernagels altd. LB.² 987 ff. (⁴ 1219 ff.); vgl. Keller, Fastnachtspiele 3, S. 1139 ff.
Eine andere Bearbeitung der Crescentia findet sich in dem Anm. 10 erwähnten
Seelentrost.

eingegangen werden. Es wird genügen, einige der bekanntesten
und zu ihrer Zeit gelesensten Sammlungen anzugeben, worin dergleichen Stücke entweder schon vor ihrem Erscheinen in deutscher
Sprache vereinigt waren und bei ihrer Uebersetzung gelassen wurden,
oder in die sie erst deutsche Bearbeiter und Verfasser brachten.
Jenes gilt von den sieben weisen Meistern[2], den Gesten der
Römer, die schon im vierzehnten Jahrhundert in deutschen Prosen
vorhanden gewesen sind[3], dem Buch der Beispiele[4] und von
dem gegen Ende des fünfzehnten verdeutschten Decameron des
Boccaz, welchen wir Heinrich Steinhöwel verdanken[5], der die
Novelle von Griseldis auch einzeln übertrug, dabei aber nicht dem
italienischen Texte, sondern der lateinischen Uebersetzung von
Petrarca folgte[6], wie schon vor ihm Niclas von Wyle gethan, der
die Erzählung von Guiscard und Sigismunde nach der lateinischen
Uebersetzung von Leonardus Aretinus übertrug[7], während Albrecht
von Eybe dem Boccaz selbst dieselbe Geschichte nachbildete und
seinem Ehestandsbüchlein[8] einfügte[9]; dieses von dem Buche der
Seelen Trost, welches in der Gegend von Köln entstanden, die
Erklärung der zehn Gebote zum Gegenstande hat und bei diesem
Anlass eine bedeutende Anzahl von gut vorgetragenen Erzählungen
und Legenden als Exempel mittheilt[10], darunter eine Bearbeitung
der Geschichte von Amicus und Amelius[11], und eine Geschichte desselben Inhaltes, wie Schillers Gang nach dem Eisenhammer[12]; ferner

---

2) Vgl. § 87, 9. 10. und § 149, 19.   3) Vgl. § 149, 12.   4) Vgl. § 149, 4.
5) Vgl. § 149, 3. 4. Dass Steinhöwel der Uebersetzer sei, vermuthete schon
Panzer, und ist jetzt wohl nicht mehr zu bezweifeln; vgl. Kellers Ausgabe S.
681 ff.   6) Vgl. Keller S. 685.   7) Es ist die zweite seiner Translationen
(in Kellers Ausgabe S. 79 ff.); in der Einleitung zu derselben gedenkt er auch
seiner Uebersetzung der Griseldis; dies scheint demnach eine andere zu sein als
diejenige, welche Keller dem Steinhöwel beilegt.   8) Vgl. § 171.   9) Eine
andere Novelle in diesem Buche ist die, wie Albrecht sagt, aus dem Lateinischen
entlehnte, in Leonh. Meisters Beiträgen zur Geschichte der deutschen Sprache,
Heidelberg 1780, 1. 135 ff. aufgenommene Novelle vom jungen Procurator, die
Goethe wiedererzählt, aber wohl aus anderer Quelle geschöpft hat.   10) Der Titel
lautet in den alten Drucken „Der seelen trost mit manigen hübschen Exempeln
durch die Zehen gebot und mit ander guten lere" (Augsburg 1478 und 1483); aus
einer Handschrift in Stuttgart gab Pfeiffer in Frommanns Deutschen Mundarten
1, 170 ff.; 2, 1 ff.: 289 ff. eine beträchtliche Anzahl von Erzählungen. Vgl. noch
Latendorf, zur Literatur des Seelentrostes (Handschriften und Drucke), im
Anzeiger für Kunde der deutschen Vorzeit 1866, Spalte 307 ff.   11) Herausgegeben (aus v. Groote's Handschrift) von Carové im Taschenbuch für
Freunde altd. Zeit und Kunst 1816, S. 343 ff.; daraus in Wackernagels altd. LB.[2]
981 ff. ([1] 1133 ff.) und hinter Wackernagels Ausg. des armen Heinrich S. 91 ff.
Eine niederdeutsche Bearbeitung der Sage in den Anm. 13 erwähnten Erzählungen
(Germania 9, 261 ff.). Ueber die Fortdauer der Sage vgl. W. Grimm. Athis und
Prophilias S. 46.   12) Herausgeg. in v. Aufsess' Anzeiger 1833, Sp. 107;

von einer Reihe von Erzählungen, welche Hermann Korner in
die niederdeutsche Bearbeitung seiner Chronik aufgenommen hat[13];
von dem Buche Schimpf und Ernst[14], welches der durch treffliche Darstellungsgabe sich auszeichnende Barfüssermönch Johann
Pauli[15] zu Anfang des sechzehnten Jahrhunderts (1518) verfasste,
und von drei ähnlichen jüngern Unterhaltungsbüchern, Georg
Wickrams Rollwagenbüchlein[16], bestimmt, wie der Verfasser
selbst sagt, in Schiffen und auf den Rollwagen[17], desgleichen in
Scheerhäusern und Badstuben erzählt zu werden; Jacob Frey's[18]
Gartengesellschaft[19] und Hans Wilhelm Kirchhofs[20] im
Jahre 1562 geschriebenem Buch unter dem Titel Wend-Unmuth[21];

danach bei Wackernagel a. a. O. 986 ff. (4 1131 ff.); und nach der Stuttgarter
Handschrift bei Pfeiffer Nr. 33. Daselbst Nr. 78 derselbe Stoff, den Schiller in
der Burgschaft behandelt hat (vgl. § 165, 12). 13) Sie sind herausgeg. von
Pfeiffer in der Germania 9, 257—259 (auch besonders erschienen Wien 1864. 8.);
wo auch nachgewiesen ist, dass diese deutsche Bearbeitung von Korner herrührt;
sie ist 1431 beendigt worden. 14) Die älteste bekannte Ausgabe von Schimpf
und Ernst ist (mit einer Vorrede von 1519) zu Strassburg 1522 erschienen. Später
wurde das Buch vom Verfasser und auch von Anderen vielfach vermehrt und oft
gedruckt; s. Ebert a. a. O. Nr. 15996 und Lappenberg, Ulenspiegel S. 365. Schimpf
und Ernst von Joh. Pauli, herausg. von G. Th. Dithmar 1856. 8.; die beste Ausgabe
ist die von H. Oesterley, Stuttgart 1866. 8. (85. Publication des litterar. Vereins),
mit Nachweisen über Ursprung und Verbreitung der Erzählungen. 15) Um 1455
von jüdischen Eltern geboren und wahrscheinlich dieselbe Person mit dem anderweitig bekannten Johannes Pfedersheimer, lebte als Christ einige Zeit in Strassburg und später gegen vierzig Jahre lang als Lesemeister im Barfüsserkloster zu
Thann im Elsass; vgl. K. Veith, über den Barfüsser Joh. Pauli und das von ihm
verfasste Volksbuch Schimpf und Ernst, nebst 46 Proben aus demselben. Wien
1839; Lappenberg, Ulenspiegel S. 363, und die Einleitung Oesterley's zu seiner
Ausgabe. 16) Auch unter dem Titel Rollwagen von Schimpf und Ernst
gedruckt. Die älteste bekannte Ausgabe ist von 1555. 8. (o. O.); neue Ausgabe
im 7. Bande von Heinr. Kurz' Deutscher Bibliothek, Leipzig 1865. kl. 8.; wo im
Anhang die Zusätze der Ausgaben von 1557 und der Mühlhäuser o. J mitgetheilt sind; vgl. über das Buch und die beiden zunächst folgenden die Leipziger
Literar. Zeitung 1812. Nr. 161 ff. 17) Man verstand darunter Fuhrwerke,
die an bestimmten Tagen den Verkehr zwischen entfernter liegenden Ortschaften
vermittelten. 18) Der Verfasser war Stadtschreiber zu Maursmünster.
19) Gedruckt Strassburg 1557. 8. 20) Kirchhof, wahrscheinlich 1525 in
Cassel geboren, war Landsknecht gewesen, zog 1554 nach Marburg, um der Medicin obzuliegen, 1555 zu seinen kranken Eltern nach Cassel, wo er seinen Vater
in dessen Amtsgeschäften unterstützte, wurde um 1582 Burggraf zu Spangenberg
und scheint um 1603 gestorben zu sein. Vgl. über ihn G. Th. Dithmar. Aus und
über H. W. Kirchhoff, Programm des Marburger Gymnasiums 1867. 4. und besonders Oesterley im 5. Bde. seiner Ausgabe S. 3 ff. 21) Der erste und beste
Band erschien 1563 in Frankfurt a. M. (zweite Ausgabe Frankfurt 1565. 8.),
nachher folgten noch fünf Theile. Eine neue Ausgabe lieferte H. Oesterley,
Wendunmuth von H. W. Kirchhoff, 5 Bände. Stuttgart 1869 (95—99. Publication
des litterar. Vereins). Der fünfte Band enthält Nachweise über den Verfasser,

Schimpf und Ernst, das Rollwagenbüchlein und die Gartengesellschaft blieben bis tief in das siebzehnte Jahrhundert hinein beliebte Unterhaltungsschriften [22]. — Von prosaischen Fabeln, die in diesem Zeitraum erschienen, findet sich der grösste Reichthum in dem von Heinrich Steinhöwel [23] nach der Mitte des fünfzehnten Jahrhunderts aus dem Lateinischen übersetzten Aesop und den Anhängen dazu [24], worin auch viele Stücke stehen, die mehr eigentliche Erzählungen als Apologe sind. Steinhöwel muss zu den besten Prosaikern seiner Zeit gerechnet werden, und nimmt als Uebersetzer eine bedeutende Stellung ein, indem er ausser dem schon erwähnten Decameron des Boccaz und dem Aesop auch des Boccaz Werk von den berühmten Frauen (de praeclaris mulieribus) [25], den Apollonius von Tyrus [26] und anderes aus dem Lateinischen übertrug [27]. Aus dem fünfzehnten Jahrhundert hat sich auch ein handschriftliches Fabelbuch erhalten, in welchem die kurzgefassten und als Sprichwörter bezeichneten Lehren jedesmal der betreffenden Fabel vorausgehen [28]. Im sechzehnten Jahrhundert bearbeitete Luther etliche äsopische Fabeln, zunächst für seinen Sohn [29] und spricht sich in der Vorrede [30] mit der höchsten Anerkennung über den Werth der äsopischen Fabeln aus, verwirft aber den zu seiner Zeit gangbaren deutschen „Esopus" [31] und will dafür einen gereinigten („gefegten"), zu dem die von ihm bearbeiteten Stücke ein Anfang sein sollen; andere

---

sein Leben und seine Werke, so wie über Verbreitung und Quellen der im Wendunmuth vorkommenden Erzählungen.   22) Zwei andere Novellensammlungen sind die beiden Bücher von Michael Lindener, der erste Theyl Katzipori, 1558. 8., und Rastbüchlein, o. O. u. J. 8. und o. O. 1558. 8.; vgl. Gödeke, Grundriss S. 375 und Wackernagel, Johann Fischart S. 104.   23) Vgl. § 149, 3. 169, 5.   24) Seine Uebersetzung der Äsopischen und anderer lateinischer Fabeln, denen das sagenhafte Leben Aesops voraufgeht, erschien mit den lateinischen Texten zwischen 1476 und 1480 zu Ulm, dann auch ohne diese, und später noch mit Stücken von Seb. Brant vermehrt. Vgl. Lessings sämmtliche Schriften 9, 51 ff.; Ebert a. a. O. Nr. 250 ff. und Keller, Steinhöwels Decameron S. 677 ff.

25) Von etlichen frowen, 1473 der Herzogin Eleonore von Oesterreich zugeeignet und wahrscheinlich in demselben Jahre (zu Ulm) gedruckt; eine Ausgabe von 1571 (Augsburg) ist zu bezweifeln; vgl. Keller a. a. O. S. 683.   26) Gedruckt zu Augsburg 1571 fol. und öfter; vgl. Keller a. a. O. S. 679.   27) Vgl. über beide Uebersetzungen altd. Museum 2, 269, Massmann, Denkmäler 1, 10, Anm. 2, und die Litteraturgesch. der beiden Scholl 1, 513 ff.   28) Handschrift in Erlau; Beschreibung und Proben daraus in v. d. Hagens Germania 4, 126 ff.   29) Sie sind im Jahre 1530 und im 5. Bande der Jenaer Ausgabe seiner Werke gedruckt. Ueber Luthers „Ein newe Fabel Esopi newlich verdeutscht gefunden, vom Lewen und Esel", 1528. 4., die nicht nach Aesop ist, vgl. Pischon, Denkmäler 2, 516, Anmerk.   30) Bei Wackernagel, Lesebuch 3, 1, 193 ff.   31) Es ist diess wohl kein anderer als der von Steinhöwel.

verheisst er mit der Zeit zu „leutern und zu fegen." — Unter der
Menge der Legenden in ungebundener Rede mögen hier allein die
hervorgehoben werden, welche in einem grössern ascetischen Sammelwerke, dem Buch von der Heiligen Leben, enthalten sind, das
Hermann von Fritzlar[32], einer der bessern Prosaisten seiner Zeit,
schon auf der Scheide des vorigen und des gegenwärtigen Zeitraums
nach und aus vielen andern Schriften veranstaltete[33]. Zu den legendenartigen Erzählungen gehören auch die sogenannten Predigtmärlein[34], welche bereits im dreizehnten Jahrhundert vereinzelt[35],
aber in diesem Zeitraume häufiger vorkommen. Man verstand
darunter aber nicht allein Erzählungen von geistlichem, sondern auch
von weltlichem und nicht immer sehr erbaulichem Inhalte, welche
die Geistlichen zur Veranschaulichung der Moral ihrer Predigten in
dieselben einzuflechten liebten. Sie sind meist vortrefflich erzählt
und somit nicht werthlose Denkmäler der Prosa des fünfzehnten
Jahrhunderts[36]. — Satirische Schriften, grosse und kleine, entstanden auch noch in anderer Form, als der erzählenden, besonders
im Zeitalter der Reformation und auch noch später in ausserordent-
licher Zahl[37]. Zu den geistreichsten, witzigsten und zu ihrer Zeit

---

32) Ueber sein Leben vgl. Pfeiffer vor seiner Ausgabe S. XIII ff. Von seinen
Lebensumstanden ist wenig bekannt; sicher ist nur, dass er grössere Reisen nach
Italien und Spanien unternommen hat; auch in Paris war er. Dass er dem Do-
minikanerorden angehört, wie K. Schmidt (Tauler S. 471) vermuthete, hält Pfeiffer
für eben so unerweislich, wie dass er Franciscaner gewesen; nach Pfeiffer war
er wahrscheinlich ein begüterter Laie.   33) Herausgeg. von Pfeiffer im 1. Bde.
seiner deutschen Mystiker, Leipzig 1845. 8. Wie er selbst sagt, ist sein Buch,
das er durch einen Andern in den Jahren 1343 bis 1349 schreiben liess, „zusam-
mengelesen aus vielen anderen Büchern und aus vielen Predigten und aus vielen
Lehrern"; vgl. Wackernagel, altd. LB.¹, 556—558. Gedruckt waren früher nur
einzelne Legenden in Massmanns Denkmälern 1, 115 ff., in dessen Ausgabe von
S. Alexius S. 186 ff. und in der Litteraturgeschichte von G. und F. Scholl. 1.
399 ff.; andere Stellen aus dem Buch bei Wackernagel a. a. O. 675 ff.; (² 853 ff.,
¹ 1001 ff.), der auch von später aufgezeichneten Legenden die von den sieben
Schläfern aus einem Passionale aller Heiligen (in einer Handschrift von 1458) mittheilt, Sp. 977 ff. Die Legende von S. Silvester in Wackernagels Ausgabe des
a. Heinrich S. 79 ff. Ein früheres Werk Hermanns, die Blume der Schauung.
mystischen Inhalts, ist verloren: vgl. Pfeiffer a. a. O. S. XX.   34) Eine
Sammlung solcher aus dem 15. Jahrhundert hat Pfeiffer herausgegeben in der
Germania 3, 407 ff.; vgl. dazu Liebrecht ebenda 5, 48 f. Anm. Von ähnlichem
Charakter sind die niederrheinischen Erzählungen in dem Seelentrost (vgl. Anm.
10).   35) Vgl. § 121, 18 am Ende.   36) Ueber die sogenannten Ostermärlein vgl. Hoffmann, Kirchenlied 3. Ausg. S. 198 f.; Schmeller, baier. Wörterbuch 2, 606.   37) Die reichhaltigste Sammlung von Satiren des 16. Jahrhunderts verdanken wir Schade, Satiren und Pasquille aus der Reformationszeit
herausgegeben, Hannover 1856 ff. 3 Bde. 8.

gelesensten gehören mehrere von Johann Fischart, namentlich
Aller Practik Grossmutter, gegen das Unwesen der Kalender-
macher und Wahrsager jener Zeit gerichtet [38], angeregt durch Rabelais' Prognostication pantagrueline [39], aber mit starker Benutzung
einer kurz vorher zu Ingolstadt erschienenen ähnlichen Practik [40],
und der Bienenkorb des heiligen römischen Immenschwarms [41], der erweiterte Bearbeitung eines holländischen Werkes
ist [42] und ebenso wie das auf einem französischen 1576 erschienenen
Gedichte, Blason du bonnet carré, beruhende [43] Jesuiterbütlein [44],
und andere Schriften Fischarts den Jesuitenorden bekämpft.

B. Geschichtliche und beschreibende, rednerische, didaktische Prosa.

§ 170.

Auf die Bildung des rein geschichtlichen und des beschreibenden Stils sind die prosaischen Unterhaltungsbücher
dieses Zeitraums, so wie die Uebersetzungen der classischen Historiker gewiss nicht ohne Einfluss geblieben. Schon im vierzehnten
und fünfzehnten Jahrhundert und im ersten Jahrzehnt des sechzehnten
erschien neben den prosaischen Bearbeitungen mehrerer ältern Reimwerke, die bei den des Lateins unkundigen Laien lange die Stelle
wirklicher Geschichtsbücher vertreten hatten [1], eine ganze Reihe
geschichtlicher Darstellungen oder Chroniken in ungebundener Rede,
unter denen, ausser der schon erwähnten Limburger [2], zu den
merkwürdigsten gehören die im Jahre 1362 vollendete, auf der älteren
sogenannten repgowschen Chronik [3] beruhende strassburgische

---

38) Gedruckt 1572. 4. und öfter; Proben bei Wackernagel, Lesebuch 3, 1, 459 ff.
39) Vgl. Vilmar in Ersch und Grubers Encyclopädie, Fischart S. 180.
40) Vgl. Höpfner, Reformbestrebungen etc. S. 20.   41) Gedruckt zuerst
1579. 8.   42) Vgl. darüber, so wie über andere satirische Schriften Fischarts
Gervinus 3², 129 ff. (3⁴, 125 ff.) und die § 147 angeführten Bücher.   43) Den
Quellennachweis lieferte Heinr. Kurz in Herrigs Archiv f. d. Studium der neueren
Sprachen 34, 61 ff.   44) Gedruckt zuerst 1580. 8. Neu herausgegeben von
Chr. Schad, Leipzig 1845. 8. (nach der Ausgabe von 1593).
§ 170. 1) Die alte Kaiserchronik (§ 91) befindet sich prosaisch bearbeitet in
vielen Handschriften; vgl. Hoffmanns Verzeichniss der Wiener Handschriften S. 13
und besonders Massmann, Kaiserchronik 3, 53 ff. Ueber die Prosaauflösungen
von Rudolfs Weltchronik, die sogenannten Historienbibeln, vgl. § 97; über zwei
andere Prosawerke, die Auflösungen von Enenkels Weltchronik (§ 97) und einem
ähnlichen poetischen Werke sind, vgl. Massmanns Eraclius S. 371 f., Wackernagel, Baseler Handschriften S. 31 ff. und Massmann, Kaiserchronik 3, 44 f.
2) Vgl. § 155.   3) Vgl. § 121. 37.

Chronik' von Fritsche Closener' und die zum grossen Theil daraus geschöpfte, zwanzig Jahre später begonnene⁶ elsassische von Jacob Twinger von Königshofen⁷, der ausser Closener auch die gereimte, nicht die in Prosa aufgelöste Kaiserchronik benutzte⁸, die thüringische im Jahre 1421 vollendete von dem schon mehrfach⁹ erwähnten Eisenacher Geistlichen Johannes Rothe¹⁰, der sich in einem durch das ganze Werk gehenden Akrostichon als Verfasser bezeichnet und jene Jahreszahl nennt¹¹, die Berner von Diebold Schilling¹², der an den von ihm geschilderten Schlachten und Ereignissen des burgundischen Krieges selbst betheiligt gewesen war¹³, und Petermann Etterlins¹⁴ Chronik der Eidgenossenschaft¹⁵. Besonders an den beiden zuletzt

4) Herausgegeben nach der einzigen bekannten, in Paris aufbewahrten Handschrift, aber mit etwas veränderter Schreibung von A. Schott und A. W. Strobel, Stuttgart 1842. S. (1. Publication des litterar. Vereins, vgl. Massmanns Anzeige in den Münchener G. A. 1842, Nr. 256—259); danach in einer Prachtausgabe von Strobel und Schneegans im Code historique et diplomatique de la ville de Strasbourg I (Strassburg 1843. 4.). 1—158; am besten von Hegel im 1. Bande der Strassburger Chroniken (Chroniken deutscher Städte, 8. Band, Leipzig 1870. 8.). Eine Probe in der deutschen Litteraturgeschichte von G. und F. Scholl 1, 439 ff. 5) Geb. zwischen 1300 und 1320. war Chorherr zu Strassburg und starb 1384. 6) K. L. Roth, über den Zauberer Virgilius (Germania 4, 281, Anm. 86), setzt sie in's Jahr 1386; Massmann, Kaiserchronik 3, 249 zwischen 1382—86. 7) Geb. zu Strassburg 1360, gest. daselbst als Domherr 1420. Seine grössere Chronik, die er bis zum Jahre 1414 fortführte, ist erst neuerdings (in den Strassburger Chroniken von Hegel) gedruckt, eine von ihm selbst darnach gefertigte kleinere (die auch früher abbricht) herausgegeben von Schilter, Strassburg 1698. 4. Proben daraus, wie aus den meisten übrigen in diesem § erwähnten Schriftstellern, bei Wackernagel, deutsch. Lesebuch 1 und 3, 1 und bei Pischon, Handbuch der deutschen Prosa und Denkmäler, Bd. 2. 8) Vgl. Massmann a. a. O.; über andere Quellen S. 350 ff. 9) Vgl. § 146, 38. 165, 7. 10) Abgedruckt ist die Chronik bei Mencken, Scriptt. Rer. Germ. II, Nr. 24 und neu herausgegeben von R. v. Liliencron (im 3. Bande der thüringischen Geschichtsquellen), Jena 1859. 8. (vgl. Bech's Kritik in der Germania 5, 226—247). Vgl. auch Witzschel, die erste Bearbeitung der düring. Chronik von Joh. Rothe, Germania 17, 129 ff. und R. Bechstein, zu der thüringischen Chronik des Joh. Rothe, Germania 4, 472—482, worin die Spracheigenthümlichkeiten des Verfassers behandelt werden. 11) Das Akrostichon ist erkannt und besprochen von Bech, in der Germania 6, 45 ff. Dadurch ist der Widerspruch von Lucas (über den Krieg von Wartburg S. 39 f.), wonach Rothe nicht der Verfasser sei, hinfällig. 12) Er war aus Solothurn gebürtig und von 1465 an Gerichtsschreiber zu Bern. Von seiner Chronik ist nur der Theil, der die Zeit von 1468 bis 1480, und in dieser besonders die Kriege der Schweiz mit Burgund schildert, als „Beschreibung der Burgundischen Kriegen" etc. Bern 1743. fol. herausgegeben. 13) Er ist nicht zu verwechseln mit einem gleichnamigen, etwas jüngeren Diebold Schilling, der zwischen 1518—24 starb, und eine bis 1509 reichende Schweizerchronik schrieb (abgedruckt nach der Originalhandschrift Lucern 1862. 4.). 14) Lebte zu Anfang des 16. Jahrhunderts als Gerichtsschreiber zu Luzern. 15) Sie wurde gedruckt Basel 1507. fol. und 1752.

genannten Werken nimmt man die Fortschritte wahr, welche in der
Behandlung historischer Stoffe schon vor dem Eintritt der Kirchenverbesserung gemacht waren. Viel mehr noch vervollkommnete sich
die Form der geschichtlichen Darstellung im Laufe des sechzehnten
Jahrhunderts: es zeigte sich bald in einzelnen Geschichtsbüchern der
wohlthätige Einfluss von Luthers Schreibart. Bereits sein älterer
Zeitgenosse, Johann Thurnmayer, nach seiner Vaterstadt Aventinus genannt[16], schrieb seine baierische Chronik[17], die er zuerst
lateinisch verfasste[18], dann aber mit Erweiterungen deutsch bearbeitete und nach der Schlussschrift 1533 vollendete, in einer kräftigen,
körnigen Sprache und mit nicht zu verkennender historischen Kunst[19].
Nicht minder trefflich, wo nicht noch vorzüglicher von Seiten der
Form sind Sebastian Franks[20] bis auf das Jahr 1531 herabgehende Weltgeschichte[21] und dessen Chronik des ganzen
deutschen Landes[22], in denen sich mit am deutlichsten die Bildung erkennen lässt, welche in Folge von Luthers Verdienst um die
deutsche Prosa überhaupt auch bald die historische Schreibart
erlangte[23], die bis zum Jahre 1570 angelegte schweizerische
Chronik[24] von Aegidius Tschudi[25] und die zuerst niederdeutsch
ungefähr im Jahre 1532 geschriebene, nachher aber auch von dem
Verfasser selbst zweimal hochdeutsch bearbeitete pommersche[26]

---

16) Geboren zu Abensberg in Baiern 1477, lehrte an mehreren Universitäten,
ward dann Erzieher baierischer Prinzen, die ihn nachher bei seinen historischen
Studien in aller Art unterstützten, und starb 1534 zu Regensburg. Vgl. Th. Wie-
demann, Johann Turmair, genannt Aventinus. Freising 1858. 8.   17) Vollständig erst 1566 fol. zu Frankfurt a. M. herausgegeben.   18) Annales Bo-
jorum, gedruckt 1554.   19) Vgl. über ihn K. Hagen, Deutschlands litterar.
und religiöse Verhältnisse im Reformationszeitalter 1, 213 f.   20) Geb. 1500
zu Wörd (Donauwörth), gehörte zu der Secte der Wiedertäufer, hielt sich an
verschiedenen Orten des mittleren und südlichen Deutschlands auf, ohne je ein
öffentliches Amt zu bekleiden, und starb vermuthlich zu Basel um 1545. Er hat
zahlreiche Schriften, theils historischen und kosmographischen, theils didaktischen,
mystischen und polemischen Inhalts hinterlassen. Vgl. über sein Leben und
Wirken besonders Hagen a. a. O. 3, S. IX f.; 3, 314 ff. und K. Hase, Sebastian
Frank der Schwarmgeist, Leipzig 1869. 8., so wie Latendorf, S. Frank, ein unbe-
kanntes Werk zur Geschichte seines Lebens, im Anzeiger f. Kunde d. deutsch.
Vorzeit 1868. Sp. 5 ff.   21) Sie erschien in demselben Jahre zu Strassburg
als „Chronica, Zeytbuch und geschychtbibel von anbegyn etc."; mit einer Fort-
setzung, Ulm 1536. fol.   22) Die „Chronica. Des gantzen Tentschen lands, aller
Teutschen Völker Herkommen etc." ist gedruckt Augsburg 1538. fol. und öfter.
Vgl. über beide Jördens 1, 557 ff.   23) Ueber ihn als Historiker vgl. Hagen a. a.
O. 3, 391 ff.   24) Sie ist nur zum Theil (bis 1470 reichend) von Iselin herausgeg.
„Chronicon Helveticum", Basel 1734 u. 1736. 1 Bde. fol. Aus seinem beschrei-
benden Werk Rhaetia, Basel 1538. 4. gibt Wackernagel, Lesebuch 3, 1, 381 ff.
Einiges.   25) Aus Glarus, geb. 1505, zuletzt Landammann in seiner Vater-
stadt, wo er 1572 starb.   26) Die niederdeutsche Chronik ist zuerst nach

von Thomas Kantzow[27], auf dessen Stilbildung Luthers Beispiel
gleichfalls unverkennbar eingewirkt hat. Nicht um gleicher stilistischen Vorzüge willen, sondern vornehmlich nur als charakteristische
Denkmäler von der Sinnesart und Handlungsweise des Zeitalters
und besonders von dem Leben der höhern Stände verdienen die
Selbstbiographie des Ritters Götz von Berlichingen[28] und
die bis zum Jahre 1602 reichenden Denkwürdigkeiten des Ritters
Hans von Schweinichen[29] eine besondere Erwähnung. Eine
reiche Quelle für die Culturgeschichte im weitesten Sinne, Rechtsgeschichte, häusliches und öffentliches Leben, Mythologie und Volks-
glauben, Schwank und Novelle ist die Zimmerische Chronik[30],
welche Graf Froben Christoph von Zimmern[31] in Gemeinschaft mit

des Verfassers eigener Handschrift mit einer Auswahl aus seinen übrigen Schriften
herausgegeben von Böhmer, Stettin 1835. 8. In derselben Handschrift steht
auch seine erste hochdeutsche Bearbeitung des Werkes, herausgeg. durch
v. Medem, Anklam 1841. 8. (aber mit willkürlich geänderter Schreibung). Späterhin überarbeitete es Kantzow nochmals in hochdeutscher Sprache und führte es
viel mehr aus, als in den beiden ersten Abfassungen. In dieser Gestalt, aber
nach einer fehlerhaften Abschrift und mit Ergänzung der fehlenden Theile aus
Nic. v. Klemptzens Pommerania ist Kantzows Chronik von Kosegarten unter dem
Titel Pommerania herausgegeben, Greifswald 1816. 17. 2 Bde. 8. Die Originalhandschrift dieser zweiten hochdeutschen Bearbeitung ist erst 1837 wiederaufge-
funden worden: ein möglichst treuer Abdruck davon steht zu erwarten. Vgl.
Kosegarten, Nachricht von der Wiederauffindung der durch Th. Kantzow eigenhändig geschriebenen zweiten hochdeutschen Abfassung seiner pommerschen
Chronik etc. Greifswald 1842. 8.   27) Wahrscheinlich 1505 zu Stralsund
geboren, studirte zu Rostock, stand dann als Geheimschreiber in den Diensten
mehrerer pommerschen Fürsten, gieng 1538 nach Wittenberg, wo er in freund-
schaftliche Verbindung mit den Reformatoren, vorzüglich mit Melanchthon und
Buggenhagen kam, kehrte krank nach Stettin zurück und starb daselbst 1542.
     28) Geb. 1480 zu Hornberg, gest. daselbst 1562: er schrieb, wie er selbst
sagt, als alter, betagter Mann. Gedruckt ist sein Leben zu Nürnberg 1731 und
1775. 8. und darnach herausgegeben (in erneuerter Sprache) durch Büsching und
v. d. Hagen, Breslau 1813. 8. und C. Lang, Heilbronn 1832. 12.; zujüngst „Ritterliche Thaten Götz v. Berlichingens mit der eisernen Hand. Neuerlich aus den
verglichenen Handschr. gezogen und lesbar gemacht von M. A. Gessert." Pforzheim 1843. 8.   29) Geb. 1552, gest. 1616. Die Denkwürdigkeiten sind unter
dem Titel „Lieben, Lust und Leben der Deutschen des 16. Jahrhunderts in den
Begebenheiten des schlesischen Ritters H. v. Schweinichen" herausgegeben von
Büsching, Breslau 1820—23. 3. Bd. 8. Neue Bearbeitung von A. Diezmann, Leben,
Lieben und Thaten des Hans v. Schweinichen etc. 2 Bde. Leipzig 1868. 8. (Bibliothek der besten Werke des 18. und 19. Jahrhunderts. 15. und 16. Band).
     30) Herausgegeben von Barack. 4 Bde. Stuttgart 1869. 8. (als 91—94. Publi-
cation d. litterar. Vereins); vgl. dazu Liebrecht, Zur Zimmerischen Chronik, in
der Germania 14. 385—405, wo Nachweise über die Verbreitung einer Reihe von
Erzählungen gegeben sind.   31) Geb. 1519 zu Mespelborn, studirte in Tübingen, in Frankreich und den Niederlanden, starb zwischen 1566 und 1567. Vgl.
über ihn, seinen und Müllers Antheil an der Chronik Barack a. a. O. 4, 450 ff.

seinem Secretär, Johannes Müller[32], unter Benutzung von Aufzeichnungen seines Oheims, des Grafen Wilhelm Wernher, in den Jahren
1564—1566 verfasst hat. — Den historischen Werken durch ihren
Inhalt zunächst verwandt sind die Reise-, Länder- und Erdbeschreibungen, die dieser Zeitraum schon in beträchtlicher Zahl aufzuweisen
hat. Wie jene berühren sie sich in ihren Anfängen vielfach mit der
erzählenden Dichtung, indem die frühesten hierher fallenden Schriften
Wirkliches und Wahres mit fabelhaften Geschichten, Wundersagen
und märchenhaften Berichten in buntester Mischung durchflechten[33].
Diess ist z. B. der Fall bei der berühmtesten unter den ältern Reise-
beschreibungen, der des englischen Ritters John Maundeville[34],
die, im Jahre 1356 vom Verfasser wahrscheinlich zuerst in französischer Sprache geschrieben, aus dieser von ihm nachher auch ins
Englische übertragen, von wahrscheinlich fremder Hand in die
bekannte lateinische Bearbeitung, die gemeiniglich für die Urschrift
gehalten wird, redigiert[35], nach dem französischen Texte zu Anfang
des fünfzehnten Jahrhunderts zuerst ins Deutsche übersetzt[36], die
weiteste Ausbreitung fand[37] und lange ein vielgelesenes Volksbuch
blieb.   Erst allmählig treten Darstellungen dieser Gattung aus dem
Gebiet der Fabel mehr heraus und empfangen ihre Stoffe ausschliesslicher aus wirklicher Erfahrung oder aus gelehrter Ueberlieferung,
so dass sie dadurch auch für die Wissenschaft von grösserer Bedeutung zu werden anfangen, was unter den spätern insbesondere
von zwei Werken gilt, die sich überdiess noch sehr vortheilhaft
von Seiten der stilistischen Behandlung auszeichnen, von den
Erdbeschreibungen Sebastian Franks[38] und Sebastian
Münsters[39].

---

32) Johannes oder Hans Müller, zimmerischer Secretär zu Messkirch, später
zimmerischer Obervoigt zu Oberndorf am Neckar, wo er 1600 oder 1601 starb.
33) Vgl. Gervinus 2², 218 f. (2⁵, 344 f.).   34) Bekannter unter den Namen
Johannes de Mandeville und Joh. von Montevilla. Er machte in den Jahren 1322
bis 1355 eine Reise in den Orient und von da zurück.   35) Vgl. C. Schön-
horns bibliographische Untersuchungen über die Reise-Beschreibung des Sir John
Maundevile, eine zu Breslau 1840. 4. erschienene Glückwünschungsschrift.
36) Diese erste deutsche Uebersetzung ist von Michael Velser, gedr. Augsburg 1481; sie ist hochdeutsch. Eine niederdeutsche, die sich in einer Handschrift zu Berlin befindet, soll vom Jahre 1430 sein (eine Probe daraus bei Pischon,
Denkmäler 2, 224 ff.).   37) Namentlich in der um 1483 von dem Metzer Domherrn Otto von Diemeringen nach dem französischen und dem lateinischen Text
gemachten Bearbeitung, die auch dem Volksbuch zum Grunde liegt (vgl. über
dieses und die alten Ausgaben von Otto's Bearbeitung Görres, die deutschen
Volksbücher S. 53 ff. und altd. Museum 1, 246 ff.).   38) Sein Werk führt
den Titel „Weltbuoch: spiegel und bildtniss des gantzen erdbodens etc." Tübingen
1534. fol.   39) Geb. 1489 zu Ingelheim, erst Franciscaner, nach dem Austritt

§ 171.

Die Pflege der bereits um die Mitte des dreizehnten Jahrhunderts von den Franciscanern mit dem glücklichsten Erfolge ausgebildeten und gefestigten geistlichen B e r e d s a m k e i t übernahmen, wie oben bemerkt wurde[1], zunächst die Männer, welche sich zuerst ganz selbständig und gleich mit bewundernswürdigem Geschick der Muttersprache zur Einkleidung von Gegenständen des rein abstracten und speculativen Denkens bedienten und dadurch viel eigentlicher noch, als die alten St. Galler Mönche[2], die Väter unserer philosophischen Prosa wurden, die vorzüglich aus dem Dominicanerorden hervorgegangenen M y s t i k e r[3]. Sie beginnen mit dem schon früher[4] genannten M e i s t e r E c k h a r t[5], der mit seiner Wirksamkeit noch ganz in das Ende des vorigen Zeitraums fällt, aber wegen seines Zusammenhanges mit den Uebrigen besser hier behandelt wird. Bruder

aus dem Orden seit 1529 Professor zu Basel, wo er 1552 starb. Seine „Cosmographia. Beschreibung aller lender etc." wurde zuerst 1544 fol. in Basel gedruckt.
  § 171. 1) Vgl. S. 257 und 269.   2) Vgl. S. 83.   3) Ueber die Mystiker, ihre einzelnen, durch verschiedene Zwischenglieder vermittelten Parteien (Brüder des freien Geistes, Jünger der ewigen Weisheit oder Gottesfreunde etc.), ihre Stellung und Bedeutung in der Geschichte der deutschen Literatur und der religiösen und philosophischen Bildung vgl. Canzlers und Meissners Quartalschrift, Jahrg. 1, St. 1, S. 88; St. 2, S. 83 ff.; Docen im Morgenblatt 1807, S. 769 ff.; Gervinus 2², 135 ff. (2⁵, 290 ff.); W. Wackernagels Aufsatz „die Gottesfreunde in Basel" (in den Beiträgen zur vaterland. Geschichte, Basel 1843), und K. Schmidts in den folgenden Anmerkungen näher bezeichnete Schriften. Ihre Werke sind nach den Handschriften kritisch bearbeitet, in Pfeiffers Sammlung „Deutsche Mystiker des 14. Jahrhunderts" 1. Band, Leipzig 1845. 8. (enthaltend Hermann von Fritzlar, Nicolaus von Strassburg, Bruder David), 2. Band 1. Abtheilung 1857. (Meister Eckhart) vereinigt. Dazu kommen noch: Predigten und Tractate deutscher Mystiker, herausg. von Pfeiffer in Haupts Zeitschrift 8, 209—258, 422 bis 464, und Sprüche deutscher Mystiker, von demselben, in der Germania 3, 225—243. Die Namen der meisten Verfasser dieser Predigten und Sprüche sind unbekannt und nicht anderweitig nachgewiesen.   4) § 121, 22.   5) Seine Predigten, Tractate und Sprüche, und sein Liber Positionum sind von Pfeiffer im 2. Bde. (1. Abtheil.) seiner Mystiker herausgegeben. Dazu als Ergänzung Predigten von Eckhart, herausg. von Sievers in Haupts Zeitschr. 15, 373—439. Früher war nur Einzelnes gedruckt; die Stücke im Anhang zu den 1521 und 1522 zu Basel erschienenen Ausgaben von Taulers Predigten bieten keine echten und reinen Texte. Nach zwei Handschriften liess Fr. Pfeiffer eine Predigt und nach einer dritten ein Stück aus einem Tractat in der deutsch. Literaturgeschichte von G. und F. Scholl (1. 355 ff.) drucken; aus einer vierten Handschrift ist eine Predigt in Mone's Anzeiger 1837, Sp. 71 ff. mitgetheilt, zwei Predigten (von Pfeiffer bearbeitet) in Wackernagels altd. LB.[1] 917 ff. Der neue Tractat Meister Eckharts, den Preger in der Zeitschr. für histor. Theologie 1864, S. 163 ff. veröffentlichte, ist, wie Pfeiffer (Germania 10, 377) bemerkt, weder neu, noch von Eckhart, sondern von Bruder Franke von Köln, und von Pfeiffer herausgeg. in Haupts Zeitschrift 8, 213 ff.

Eckhart[6], wahrscheinlich in Thüringen um 1260 geboren, studierte zu
Paris, wo er auch zuerst als Lehrer auftrat und vielleicht schon
durch die Theorie der Begharden oder Brüder des freien Geistes
angezogen wurde. In Rom zum Doctor der Theologie ernannt,
nachdem er schon früher in den Dominicanerorden getreten, ward
er 1304 dessen Provinzial in Sachsen, wurde 1307 beauftragt die
Klöster in Böhmen zu visitieren, gieng 1311—12 nochmals nach
Paris zurück, und wirkte seit 1312 in Frankfurt und Köln, besonders aber in Strassburg, wo sich ein Kreis von Jüngern, vor allen
Tauler und Heinrich der Seuse, um ihn sammelte. Wegen seiner
pantheistischen und mystischen Lehren zerfiel er mit der Kirche, ohne
jedoch aus ihrer Gemeinschaft ganz auszutreten; aus der gegen ihn ein-
geleiteten Untersuchung frei hervorgegangen, wurde er zu Anfang des
Jahres 1327 nochmals vor ein von dem Erzbischof von Köln präsi-
diertes Inquisitionsgericht gefordert, dem gegenüber er eine Erklärung
abgab, die man als einen Widerruf auffasste[7], die aber nichts als
eine Widerlegung falscher Deutung einiger seiner Sätze war. Er
starb wahrscheinlich noch in demselben Jahre[8], jedenfalls vor 1329[9].
Eckhart ist der eigentliche Vater der deutschen Mystik, die er zuerst
zu einem tief durchdachten philosophischen Systeme ausgebildet hat.

---

6) Vgl. über sein Leben, seine Schriften und die Hauptsätze seiner Lehre
K. Schmidts Abhandlung: Meister Eckart, ein Beitrag zur Geschichte der Theo-
logie und Philosophie des Mittelalters, in den theolog. Studien u. Kritiken. 1839,
S. 663 ff.; Martensen, Meister Eckart, Hamburg 1842. 8.; Steffensen, Meister
Eckhart und die Mystik, in den protestant. Monatsblättern 1858. 5. Heft; Hol-
lenberg, über Meister Eckhart und die deutsche Mystik seiner Zeit, in
der Zeitschrift für christliche Wissenschaft 1858. Nr. 36 ff.; Joseph Bach,
Meister Eckhart, der Vater der deutschen Speculation. Als Beitrag zu einer
Geschichte der deutschen Theologie und Philosophie der mittleren Zeit.
Wien 1864. 8.; R. Heidrich, das theologische System des Meister Eckhart.
Posen 1864. 4.; Preger, kritische Studien zu Meister Eckhart, in der Zeitschr. f.
historische Theologie 1866. 1. Heft; A. Lasson, Meister Eckhart der Mystiker.
Zur Geschichte der religiösen Speculation in Deutschland. Berlin 1868. 8. und
Pregers Anzeige davon in der Germania 14, 373—380, so wie Preger, Meister
Eckharts Theosophie und deren neueste Darstellung, in der Zeitschrift für
luther. Theologie 1870, S. 59 ff.; Preger, Vorarbeiten zu einer Geschichte der
deutschen Mystik im 13. und 14. Jahrhundert in der Zeitschr. f. histor. Theologie
1869. 1. Heft, und dessen Abhandlung. Meister Eckhart und die Inquisition.
München 1869. 4: Jundt, essai sur le mysticisme de M. Eckart. Strasbourg 1871. 8.
Ein Gedicht auf M. Eckhart ist herausg. von Höfler in der Germania 15, 97 ff.   7) So
thut es noch Pfeiffer. Mystiker 2. S. XIV; vgl. dagegen Preger in der Germ. 14, 377 ff.
    8) In dem liber de viris illustribus ordinis praedic., von dem Mone im 2. Bde. der
Quellensammlung zur Badischen Landesgeschichte einen Auszug gibt, wird sein Tod
in's Jahr 1327 gesetzt; vgl. Preger a. a. O. S. 375.   9) In einer am 27.
März 1329 erlassenen päpstlichen Bulle wird seiner bereits als eines Verstorbenen
gedacht.

Die übrigen Mystiker fallen zum Theil in den Schluss der dritten, zum Theil erst in den Anfang dieser vierten Periode. Als Prediger zeichnen sich besonders, ausser Meister Eckhart selbst, Nicolaus von Strassburg und Johann Tauler aus[10]. Jener, zu Strassburg geboren, ebenfalls dem Dominicanerorden angehörig, war längere Zeit Lesemeister zu Köln, 1326 päbstlicher Nuntius und Aufseher über die Klöster seines Ordens in der deutschen Provinz[11], wurde bei der ersten gegen Eckhart gerichteten Untersuchung vom Pabste zum Specialinquisitor bestellt und ihm hauptsächlich ist wohl Eckharts Freisprechung zu verdanken; auch bei der zweiten nahm er sich seines Meisters und Ordensbruders warm an und erliess mit ihm einen Protest gegen das eingeleitete Verfahren[12]. Tauler, wahrscheinlich 1294 zu Strassburg, oder nach andern Angaben zu Köln geboren, lebte und predigte als Dominicanermönch an mehreren Orten Deutschlands, besonders in Strassburg, wo er auch nach zwanzigjährigem Aufenthalt im Jahre 1361 starb[13]. Nach ihnen verdient nur noch ein Kanzelredner vor der Kirchenverbesserung namentlich hervorgehoben zu werden, der berühmte, ihr unmittelbar voraufgehende und ihr vorarbeitende Johann Geiler von Kaisersberg. 1415 zu Schaffhausen geboren, nach dem Wohnort seines Grossvaters, der den früh verwaisten Knaben erzog, von Kaisersberg genannt[14], studierte er zu Freiburg im Breisgau und zu Basel, wo er Doctor der Theologie ward, lehrte und predigte zu Freiburg und Würzburg, ward 1478 als Prediger

---

10) Ueber die Predigten in Hermanns von Fritzlar „Buch von der Heiligen Leben", vgl. § 169, 32 f. Andere Prediger, von deren Lebensverhältnissen wir aber nichts wissen, sind Arnold der Rote, der Giseler, Bischof Albrecht, der von Kronenberg, Heinrich von Eywint, Bruder Albrecht der Lesemeister, der Kraft von Boyberg (sicher der Bruder Craft in den altd. Blättern 2, 97 ff.), Bruder Franke von Köln (vgl. Anm. 5), und Johannes von Sterngassen; vgl. Haupts Zeitschrift 8, 209 ff. Einer Reihe anderer Namen von Mystikern begegnen wir in den von Pfeiffer (Germania 3, 225 ff.) herausgeg. Sprüchen deutscher Mystiker.

11) Vgl. K. Schmidt, Joh. Tauler S. 57.   12) Predigten von ihm stehen im 1. Bande der deutschen Mystiker, S. 259 ff. (vgl. S. XXII—XXV); eine auch in dem Buche der beiden Scholl 1, 361 ff., drei in Mone's Anzeiger 1838, Sp. 271 ff. (von diesen steht die erste, nach einer anderen Handschrift mit den Lesarten einer dritten, auch in den altd. Blättern 2, 167 ff.).   13) Vgl. Karl Schmidt, Joh. Tauler von Strassburg, Hamburg 1841. 8.; Pischon in v. d. Hagens Germania 1, 276 ff. und § 155, 15. Luther schätzte ihn sehr hoch. Die älteste Ausgabe seiner Predigten erschien in Leipzig 1498. 4. In neuerer Zeit wurden sie in der Sprache verjüngt mehrmals herausgegeben, u. a. Frankfurt a. M. 1826. 3 Bde. 8. 2 Ausg. von Hamberger. 3 Bde. 1864. 8. Aus zwei Strassburger Handschriften gibt zwei Predigten Wackernagel, altd. LB.³ 957 ff. (⁴ 1019 ff.).

14) Gegen abweichende Ansichten neuerdings festgestellt von A. Stöber in der Revue d'Alsace 1566, S. 59 ff.; vgl. Wackernagel, Joh. Fischart S. 11, Anmerkung 26.

nach Strassburg (seit 1486 aus Münster) berufen, wo er bis zu seinem
1510 erfolgten Tode fast ununterbrochen verweilte[15]. Unter seinen
zahlreichen deutschen Schriften[16], deren Hauptmasse Predigten bilden[17], haben die 146 Predigten, die er im Jahre 1498 über Brants
Narrenschiff hielt[18], eine besondere Berühmtheit gewonnen[19].
Nach dem zweiten Jahrzehnt des sechzehnten Jahrhunderts ragt
Luther vor allen seinen Zeitgenossen auch als Redner hervor: sein
grosses oratorisches Talent offenbart sich nicht bloss in seinen
Predigten, sondern auch, und noch gewaltiger in seinen Sendschreiben,
Briefen und Streitschriften[20], denen nur etwa in der Kraft und über-
zeugenden Wahrheit der Gedanken und in der innerlichen Wärme
des Ausdrucks, aber nicht in der Handhabung der Sprache und in
der Benutzung ihrer Mittel einiges von dem an die Seite gesetzt
werden darf, was Ulrich von Hutten[21] und Ulrich Zwingli[22]

---

15) Vgl. v. Ammon, Geilers von Kaisersberg Leben, Lehren und Predigten.
Erlangen 1826. 8., und K. Hagen a. a. O. 1, 122 ff.   16) Sie sind wohl am
vollständigsten verzeichnet in Oberlins Dissertation „De Johannis Geileri Caesare-
montani scriptis germanicis", Strassburg 1786. 4. (vgl. auch Jördens 2, 592 ff.,
Pischon 2, 281 ff. und Gödeke's Grundriss S. 149 ff.).   17) Aus den davon
unter verschiedenen Titeln gedruckten Sammlungen gibt Wackernagel, Lesebuch
3, 1, 5 ff. ansehnliche Proben (aus der christlichen Pilgerschaft, dem Hasen im
Pfeffer, der Seelen Paradies und der Postille).   18) Vgl. § 165, 26.   19) Sie
wurden zuerst lateinisch gedruckt. Strassburg 1510; eine deutsche Uebersetzung
oder vielmehr Bearbeitung davon, „D. K. Narrenschiff uss latin in's tütsch bracht",
besorgte der Barfüsser Joh. Pauli, Strassburg 1520 (einige kleine Stücke daraus
bei Pischon 2, 288 ff. und bei G. und F. Scholl 1, 529 ff.), der auch andere
Predigten Geilers „aus dessen Munde", doch keineswegs treu, „aufgeschrieben",
oder im Auszuge als „aufgelesene Brosämlein" herausgegeben hat; vgl. Oesterley,
Einleitung zu Pauli's Schimpf und Ernst S. 1; Wackernagel, Johann Fischart
S. 46, Anmerk. 103, wo auch von der Bearbeitung der Narrenschiffpredigten durch
N. Höniger (Basel 1574. 8.) die Rede ist.   20) Von Luthers Predigten erschien die Sammlung, welche er selbst für sein bestes Buch hielt, unter dem Titel
„Kirchenpostille" zuerst Wittenberg 1527; unter seinen grösseren Sendschreiben
ist eins der herrlichsten und berühmtesten das „An den Christlichen Adel deut-
scher Nation: von des Christlichen standes besserung" (vom J. 1520). Eine
musterhafte Auswahl von Stücken aus Luthers prosaischen Werken (Sendschreiben
und Briefe [darunter auch sein Testament], den Glauben, Wider die stürmenden
Bauern, die [schon erwähnte] Vorrede zum verdeutschten Aesop und die letzte
Predigt) hat Wackernagel im deutsch. Lesebuch 3, 1, 85 ff. geliefert, theils nach
den ältesten Drucken einzelner Schriften und den alten Wittenberger Ausgaben der
Werke, theils nach dem Urschriften näher stehenden Manuscript der Ausgabe de
Wette's von Luthers Briefen, Sendschreiben und Bedenken, Berlin 1825 ff. 5 Thle. 8.
Ueber die verschiedenen Ausgaben von L.'s sämmtlichen deutsch geschriebenen
Werken, so wie über alte Drucke einzelner Schriften vgl. J. G. Walchs Ausgabe
(die sogenannte hallische, 1737—1753), Bd. 21, Jördens 6, 688 ff., Pischon 2, 516 ff.
und § 134, 4.   21) Vgl. § 165, 34.   22) Geboren wahrscheinlich
1484 zu Wildhausen in Toggenburg, studierte in Wien und verwaltete zuerst ein

in dieser Art geschrieben haben; von jenem sind in dieser Beziehung besonders merkwürdig die zuerst lateinisch abgefassten Sendschreiben „Die verteutscht clag an Hertzogen Fridrichen zu Sachsen", und „Ein Clagschrift an alle stend Deütscher nation", beide im Jahre 1520 veröffentlicht²³; dieser nimmt auch als Verfasser von Predigten²¹ unter den Prosaisten seiner Zeit eine ausgezeichnete Stelle ein. Von jüngern geistlichen Rednern ist Luthers Schüler Johann Mathesius²⁵ einer der gemüthvollsten und populärsten²⁶. — Wie die rednerische, so entwickelte und vervollkommnete sich auch die lehrhafte Prosa zuerst und hauptsächlich durch den Gebrauch, den man von ihr bei Behandlung von Gegenständen der Religion und der Sittenlehre machte. Wenn sie noch anderweitig zur Anwendung kam, so geschah diess entweder, wiewohl schon früh²⁷, nur mehr ausnahmsweise, indem gerade für den schriftlichen Lehrvortrag die lateinische Sprache am längsten ein ausschliessliches Recht zu behaupten suchte, oder die didaktischen Schriften von nicht rein religiösem oder rein moralischem Inhalt bewegten sich um die grossen kirchlichen und politischen Zeitfragen und griffen dann doch auch immer tief in das Gebiet der Religion und der Sittenlehre ein. Unter den religiös-didaktischen Schriften sind nun die wichtigsten die theils speculativ-theologischen, theils mystisch-ascetischen, die aus Eckharts Schule oder aus verwandten Geistesrichtungen hervorgiengen, zunächst die, welche ihn selbst zum Verfasser haben, sodann die Tractate von Nicolaus von Basel²⁸, dem Begründer des mystischen

---

Schulamt in Basel, dann nach einander mehrere geistliche Aemter, seit 1519 das eines Predigers am grossen Münster zu Zürich. Er fand seinen Tod in der Schlacht beim Kloster Kappel im J. 1531.   23) In Böckings Ausgabe; von jener der Anfang der Vorrede bei Pischon 2, 577 f., diese ganz bei Wackernagel, a. a. O. Sp. 211 ff.   24) Seine deutschen Schriften sind in neuerer Zeit herausgegeben von Schuler und Schulthess, Zürich 1828 ff. 3 Thle. 8. Von einigen der bedeutendsten und auch für die Geschichte unserer rednerischen und didaktischen Prosa wichtigsten (Predigten, „Usslegen und gründ der schlussreden oder Articklen" [1523], „Ein trüw und ernstlich vermanung an die frommen eidgenossen" [1524], „Antwurt über doctor M. Luthers buoch, bekenntnuss genannt" [1528] sind Proben bei Wackernagel a. a. O. Sp. 233 ff.; vgl. auch Pischon 2, 540 ff.

25) Geb. 1504 zu Rochlitz in Sachsen, wurde nach Vollendung seiner Studien in Wittenberg, wo er zu Luthers Tischgenossen gehört hatte, zuerst Schulmann, dann Pastor zu Joachimsthal in Böhmen und starb daselbst 1565 (oder 1566?).   26) Seine Predigten sind in mehreren Sammlungen erschienen. Aus der „Bergpostilla, oder Sarepta" (1562) gibt Wackernagel a. a. O. Sp. 417 ff. die erste vollständig; Bruchstücke aus anderen Sammlungen bei Pischon 2, 592 ff. Von den 17 Predigten, die er über Luthers Leben hielt, hat A. J. D. Rust eine neue Ausgabe besorgt: M. Joh. Mathesius, Leben Dr. M. Luthers, in 17 Predigten. Berlin 1841. 8.   27) Vgl. § 121 gegen das Ende.   28) Geboren etwa 1308 zu Basel, wirkte hauptsächlich in seiner Heimath, und wurde als

Vereins der Gottesfreunde[28]; von Rulmann Merswin, Nicolaus' Freunde und Gesinnungsgenossen, dem Verfasser des Buches von den neuen Felsen[29]; von Johann Tauler, der von Eckhart und dem eben genannten Nicolaus der mystischen Richtung zugeführt wurde und sie nach ihrer gemüthstiefen Seite, indem er die Lehre von der Liebe in den Vordergrund stellte, ausbildete, theils in seinen Predigten, theils in seinen Tractaten, unter denen vornehmlich sein ascetisches Werk die „Nachfolgung des armen Lebens Christi"[31] zu nennen ist; von Heinrich dem Seusen, aus dem edlen, unweit des Bodensees ansässigen Geschlechte der vom Berg um das Jahr 1300 zu Constanz geboren, in seinem achtzehnten Jahre in den Dominicanerorden getreten, in Köln zum Priester geweiht, und nun nach dem Geschlechtsnamen seiner Mutter sich Heinrich den Seusen nennend (daher sein latinisierter Name Suso), später nach Ulm gekommen, wo er lange lebte und 1365 oder 1366 starb, Verfasser vielverbreiteter mystischer Schriften[32], unter denen das „Büchlein von der ewigen Weisheit", in der Form von Wechselreden oder Disputationen zwischen der ewigen Weisheit und ihrem Diener abgefasst, das wichtigste ist[32]; von Heinrich von Nördlingen, der, ein Haupt der mehr kirchlichen Parthei der Gottesfreunde in Basel[34], ebenso wie Heinrich der Seuse[35] viele Briefe über religiöse

Begründer des Vereins der Gottesfreunde, der der Kirche gefährlich erschien, 1383 zu Wien, wohin er sich mit zwei Gefährten gewendet hatte, der Inquisition überliefert und verbrannt. Vgl. über sein Leben und seine Schriften K. Schmidt, Nicolaus von Basel. Leben und ausgewählte Schriften, Wien 1866. S.

29) Vgl. über diese ausser der eben angeführten Schrift von Schmidt, dessen Buch, die Gottesfreunde im 14. Jahrhundert. Historische Nachrichten und Urkunden. Jena 1855. 8., und über Joh. Tauler S. 191 ff.; Wackernagels in Anmerk. 3 citierter Aufsatz; Joh. Falke in der Zeitschrift für deutsche Kulturgeschichte 1. 295 ff.; v. d. Kemp, de duitsche Gottesfreunde en de Nederlandsche Devoten. Studien en bijdragen op't gebied der histor. Theologie 1871, 2 Heft.

30) Herausgegeben von K. Schmidt, Leipzig 1859. 8.   31) Strassburg 1621; in erneuerter Sprache von Casseder, Luzern 1823; die Vorrede bei G. und F. Scholl 1, 405 ff.   32) Sie wurden zuerst 1482, dann 1512 zu Augsburg gedruckt, in verjüngter Sprache durch M. Diepenbrock (Heinrich Suso's, genannt Amandus, Leben und Schriften. Regensburg 1829. 2. Ausgabe 1837. 8.) herausgegeben. Vgl. noch Amandus des seligen, genannt Heinrich Suso, Leben und Schriften, Wien 1863. 8.; L. Kärcher, Heinrich Suso, Abhandlung über Ort und Zeit seiner Geburt, im Freiburger Diöcesan-Archiv 1868; und W. Volkmann, der Mystiker Heinrich Suso, Programm des Gymnasiums in Duisburg 1869. S.

33) Stücke daraus nach Handschriften bei Wackernagel, altdeutsch. Lesebuch ² 871 ff. (¹ 1031 ff.), Grieshaber, Aeltere noch ungedruckte deutsche Sprachdenkm religiösen Inhalts. S. 36—47 und bei G. und F. Scholl 1, 413 ff., die auch zwei Bruchstücke aus „Seuse's Leben", von ihm selbst geschrieben, mittheilen. Vgl. auch Bormann in v. d. Hagens Germania 2, 172 ff.   34) Er war in Basel 1338, 1339, 1347 oder 1348; vgl. Wackernagel in Haupts Zeitschrift 9, 327, Anm.

35) Seine Briefe sind besonders herausgeg. von W. Preger, Leipzig 1867. S.

Dinge, meist an Frauen, unter andern an eine Klosterjungfrau, Margarethe Ebner[36], gerichtet hat[37]; und von Otto von Passau, der gegen Ausgang des vierzehnten Jahrhunderts als Minorit und Lesemeister zu Basel lebte und nach der gewöhnlichen Angabe im Jahre 1386[38] sein Buch „Die vier und zwanzig Alten oder der güldene Thron der minnenden Seelen", eine christliche Tugendlehre, vollendete[39]; ferner das von Luther hochgehaltene, aus dem Ende des vierzehnten Jahrhunderts herrührende Büchlein von der deutschen Theologie[40], welches Luther einem sonst unbekannten deutschen Herrn und Priester zu Frankfurt zuschreibt[41]; viele von

36) Die Briefe an M. Ebner sind gedruckt in Heumanns Opuscula, Nürnberg 1747. 4. Vgl. Pischon, Handbuch der deutschen Prosa S. 13 ff., wo auch Proben stehen. Ihre Schwester war Christina Ebner, die wahrscheinlich das mystische Büchlein von der genaden uberlast (herausgeg. von C. Schröder als 10s. Publication des litterar. Vereins, Stuttgart 1871. 8.) verfasst hat (Schröder S. 45 f.), ein Seitenstück zu den älteren Offenbarungen der Schwester Mechthild von Magdeburg (herausgeg. von P. Gall Morel, Regensburg 1869. 8.), in welcher E. Böhmer (Jahrbuch der deutschen Dantegesellschaft 3, 101 ff.) die von Dante erwähnte Matelda zu erblicken glaubt.   37) Dergleichen hat W. Wackernagel in seinem Anm. 3 angeführten Aufsatze mitgetheilt.   38) Nach dem Schluss der Heidelb. Handschrift (Wilkens Geschichte der Heidelberger Bibliothek S. 319, Nr. XXVII) erst 1418.   39) Gedruckt o. O. u. J., dann Augsburg 1450 und öfter. Zwei Bruchstücke aus einer Berliner Handschrift bei Pischon, Denkmäler 2, 245 ff. Andere Beispiele der Lehrprosa des 14. Jahrhunderts findet man bei Wackernagel, altd. Leseb. 2 Sp. 889—892; 901—906, und in Docens Miscell. 1, 140 ff. (ein von dem Herausgeber unpassend überschriebenes Bruchstück einer Rede oder Predigt über die Streitfrage, wie der Mensch selig sei? gegen Meister Eckhart gerichtet; vgl. Gervinus 2², 145, Anm. 174; 2⁴, 120, Anm. 151).   40) Schon 1516 erschien ein Theil davon unter dem Titel „Eyn geystlich edels Buchleynn von rechter underscheid vnd vorstand, was der alt und new mensche sey", wozu Luther eine Vorrede geschrieben hatte. Er besorgte auch die erste vollständige Ausgabe, Wittenberg 1518, der noch in demselben Jahre ein Leipziger Nachdruck folgte. Von den vielen neuen Auflagen und Bearbeitungen (vgl. über dieselben Pfeiffers Ausgabe S. III ff.) ist die Ausgabe von Grell, Berlin 1817, in der Sprache modernisiert, die von Biesenthal, Berlin 1842, nach dem Nachdruck von 1518 veranstaltet; am besten nach einer Handschrift herausgegeben von Pfeiffer, Stuttgart 1851. 8.; neue Ausgabe 1855; seitdem noch Deutsche Theologia d. i. ein edles Büchlein von rechtem Verstande, was Adam und was Christus sei. Mit dem Vorwort Dr. Martin Luthers und J. Arnds, Leipzig 1858. 16. Vgl. noch Lisco, die Heilslehre der Theologie deutsch. Nebst einem auf sie bezüglichen Abriss der christlichen Mystik bis auf Luther, Stuttgart 1857. 8.; und Reifenrath, die deutsche Theologie des Frankfurter Gottesfreundes aufs Neue betrachtet und empfohlen, Halle 1863. 8. Ueber die Literatur vgl. auch N. Jen. Litt. Zeitung 1842, Nr. 258.   41) Dass der Verfasser ein Frankfurter war, scheint auch die Ueberschrift in der von Pfeiffer edierten Handschrift zu bestätigen (Hie hebet sich an der Frankforter); vgl. Blätter f. literar. Unterhaltung 1861, S. 905 f. und den Aufsatz in Nr. 195 des N. Frankfurter Museums von 1561.

Luthers und Zwingli's grössern und kleinern deutsch abgefassten Werken, namentlich diejenigen, welche zur Erläuterung der heiligen Schrift und einzelner Bücher daraus, so wie zur Begründung und Auslegung der allgemein christlichen oder der besondern confessionellen Glaubenssätze bestimmt sind, noch eine sogenannte, aber von einem Gegner der Reformation, dem Bischof Berthold von Chiemsee, geschriebene, im Jahre 1527 beendigte deutsche Theologie" und mehrere von Sebastian Franks theologischen Schriften, vornehmlich sein Lob des „thorechten" göttlichen Wortes". Zu den vortrefflichsten Werken dieses Zeitraums, die eine praktische Lebensweisheit lehren und Vorschriften für besondere Lebensverhältnisse ertheilen, gehören aus dem fünfzehnten Jahrhundert Albrechts von Eybe" Ehestandsbuch" und sein Spiegel der Sitten", aus dem sechzehnten Johann Fischarts grossentheils nach dem Plutarch abgefasstes philosophisches Ehezuchtbüchlein". Unter den Prosaisten, die sich in andern Gattungen des Lehrstils versucht haben, sind die merkwürdigsten Albrecht Dürer", Luthers älterer Zeitgenosse, dessen mathematisch-artistische Schriften, unter ihnen die berühmteste, „Vier Bücher von menschlicher Proportion"", die ersten in deutscher Sprache sind, die Gegenstände dieser Art mit Klarheit und nicht ohne stilistische Gewandtheit behandeln, und die beiden, um wenige Jahrzehnte jüngern Ausleger

---

42) Sie wurde im nächsten Jahre zu München gedruckt. Proben bei Wakkernagel, Lesebuch 3, 1. 273 ff. Neue Ausgabe von Reithmeier, München 1852.   43) Mit anderen Schriften, die er theils selbst abgefasst, theils übersetzt hat (darunter auch „Ein Lob der Thorheit", Uebertragung des berühmten Werkes von Erasmus; vgl. K. Hagen a. a. O. 1, 408 ff.) zusammen gedruckt o. O. u. J. Stellen bei Wackernagel a. a. O. Sp. 343 ff.; Anderes von Frank, das hierher fällt, bei Pischon 2, 474 ff.   44) Er gehörte einem edlen, aus Franken stammenden Geschlechte an; geb. 1420. wurde er nach Vollendung seiner Studien beider Rechte Doctor, Archidiaconus in Würzburg. Domherr zu Bamberg und Eichstädt, auch Kämmerling des Papstes Pius II und starb 1475.   45) Von seinem Ehestandsbuch oder, wie der Titel eigentlich lautet, „Ob einem manne sey zu nemen ein elich Weib oder nit", worin mehrere Novellen eingeflochten sind (vgl. § 169, 9) und das er nach R. Köhler (Germania 14, 303) 1472 schrieb, ist die älteste bekannte Ausgabe o. O. u. J. (Nürnberg, Koburger 1472), dann zwei von 1472, und bis 1495 noch vier andere (kleine Proben bei Pischon 2, 242 ff. und G. u. F. Scholl 1, 509 f.); über spätere Ausgaben vgl. E. Weller im Anzeiger für Kunde d. d. Vorzeit 1857, Sp. 37.

46) Gedruckt Augsburg 1511. — Von Albrechts Uebersetzungen dramatischer Werke war oben (§ 162, 3. 33) die Rede.   47) Erste bekannte Ausgabe Strassburg 1578; Proben bei Wackernagel a. a. O. Sp. 501 ff.   48) Der berühmte Maler, geb. zu Nürnberg 1471, gest. daselbst 1528. Ueber sein Leben und seine übrigen Schriften vgl. Jördens 1, 397 ff.; J. Heller, A. Dürers Leben und Werke, Bamberg 1827. 2 Bde. 8. und A. v. Eye, Albrecht Dürer. Nördlingen 1860. 8. 2. Ausg. 1868.   49) Nürnberg 1528.

deutscher Sprichwörter, Johann Agricola[50] und Sebastian Frank, dessen Sammlung[51] die ausgezeichnetste unter den im sechzehnten und siebzehnten Jahrhundert veranstalteten ist[52]. — In der andern Hälfte des sechzehnten Jahrhunderts gerieth die deutsche Beredsamkeit wieder tief in Verfall. Die Kanzelvorträge wurden trocken, spitzfindig, gemein polemisch und mit todter Gelehrsamkeit überladen, und in den Streitschriften, welche die verschiedenen Religionsparteien wechselten, suchte man einander in der Regel nur an Bitterkeit, rohem Eifer und niedrigen Schmähungen zu überbieten, wobei auf Sprache und Darstellung weiter keine Sorgfalt gewandt wurde. Auch der Lehrstil gieng eher zurück, als vorwärts: Fischart steht auch darin um diese Zeit so gut wie einzig da. — In das sechzehnte Jahrhundert fallen auch die ersten auf uns gekommenen deutschen Grammatiken, unter denen die von Valentin Ickelsamer, so viel bekannt, die älteste ist. [53] Die nächste Grammatik ist die von Albert Oelinger, Notar zu Strassburg, die allerdings erst nach der von 1572 datierten des Laur. Albertus erschien (1573),

---

50) Er soll eigentlich Schnitter geheissen haben, geb. 1492 zu Eisleben, gest. als Hofprediger und Generalsuperintendent in Berlin 1566. Seine Auslegungen deutscher Sprichwörter erschienen in mehreren Sammlungen: die erste Ausgabe (300 Sprichwörter zu Hagenau 1529. 8., und dieser hochdeutsche Text ist, wie Latendorf (Agricola's Sprichwörter, ihr hochdeutscher Ursprung und ihr Einfluss auf die deutschen und niederländischen Sammler, Schwerin 1862. 8.) nachgewiesen hat, der ursprüngliche, denn die Annahme des niederdeutschen Druckes von 1528 ist nur der Dedication entnommen (er erschien zu Magdeburg o. J. 8.); der andere Theil (150 Sprichw.) erschien ebenfalls 1529; 1534 zusammen 750 Sprichwörter, von jeder Ausgabe gibt es mehrere Auflagen. Vgl. noch Franck, die Ausgabe der Sprichwörter Agricola's vom J. 1548 im Anzeiger f. Kunde d. d. Vorzeit 1865, Sp. 388 ff. : Latendorf ebendas. 1866, Sp. 207 ff. und 1868, Sp. 47 ff. Proben bei Pischon 2, 551 ff. Vgl. noch C. Schulze, Joh. Agricola und Seb. Franck und ihre Plagiatoren, im Archiv f. d. Studium der neueren Sprachen 32, 153—160. 51) Die erste Ausgabe der „Sprichwörter, Schöne, Weise, Herrliche Cluogreden, unnd Hoff sprüch etc." wurde gedruckt Frankfurt a. M. 1541. 4. und in demselben Jahre auch „Annder theyl der Sprichwörter etc." Proben bei Wackernagel a. a. O. Sp. 367 ff.; eine Bearbeitung von B. Guttenstein. „Des deutschen Wiedertäufers und Zeitgenossen Luthers Sebast. Franks Sprichwörter, Erzählungen und Fabeln der Deutschen. Frankfurt a. M. 1831. 12. Vgl. noch Latendorf, Seb. Franci de Pythagora eiusque symbolis disputatio. Sverini 1868. 4. 52) Vgl. W. Grimm, Vridanc S. CVIII f. — Ueber die ältesten Sprichwörtersammlungen vgl. Hoffmann v. Fallersleben im Weimar. Jahrbuch 2, 173 ff. Die älteste niederdeutsche ist die des Anton Tunnicius (1513), neu herausgegeben von Hoffmann, Berlin 1870. 8.; vgl. dazu Hoffmann in der Germania 15, 195 ff. 53) Gedruckt zuerst o. O. u. J. (wahrscheinlich 1531 oder bald danach), dann zu Nürnberg 1537. 8. Bruchstücke daraus bei Pischon 2, 601 ff. Andere deutsche Grammatiken des 16. Jahrhunderts führt Hoffmann, die deutsche Philologie im Grundriss S. 139 und R. v. Raumer, der Unterricht im Deutschen, 3. Aufl. Stuttgart 1857. 8. auf; vgl. noch besonders dessen Geschichte der germanischen Philologie S. 61 ff.

aber von letzterem bereits im Manuscript benutzt wurde.[54] Noch
früher wurde die deutsche Rechtschreibung, über deren Regelung
schon im fünfzehnten Jahrhundert Niclas von Wyle nachge-
dacht hatte,[55] zum Gegenstande besonderer Schriften genommen,
zuerst von Fabian Frangk,[56] der 1531 ein Buch „Teutscher Sprach
Art und Eigenschafft" herausgab, und dann in einer grossen Anzahl
ähnlicher Anleitungen, die aber wie jene älteren Grammatiken[57]
nur als die ersten unbeholfenen Versuche in der wissenschaftlichen
Auffassung und Darlegung des deutschen Sprachorganismus beachtenswerth sind.

---

54) Vgl. v. Raumer, Gesch. der germanischen Philologie S. 65.   55) Von
seinen Bemerkungen theilt er in der 19. Geschrift seiner „Translation" vom Jahre
1478 einige mit.   56) Vgl. Franz Weber, Magister F. Franck, der erste
deutsche Orthograph, Abdruck aus der Zeitschrift für Geschichte und Alterthum Schlesiens, Breslau 1863, S. 6 ff.   57) Ueber die von P. Rebhun schon
1543 unternommene, aber nie gedruckte deutsche Grammatik vgl. Palm, Rebhuns
Dramen S. 176 f.

REGISTER

ZUM ERSTEN BANDE.

Die den Seitenzahlen beigesetzte Zahl bezeichnet die Stelle der Seite, wo zunächst zu suchen ist; ein Strich bei der zweiten Zahl, dass die Anmerkung allein gemeint ist.

Abhandlung über Musik, althochdeutsche 82, 13.

Abkunft der Deutschen aus Asien 7 f.

Absagung des Teufels (*abrenuntiatio*) s. Taufgelöbniss.

Absalone, der von -, 187, 1.

Ackermann, Hans, Dramen, der verlorne Sohn und Tobias 386, 18.

Adalbert, der heil., s. Nicolaus von Jeroschin.

Adam und Eva, dramatisiert s. Joh. Ruef und Stricker (Strizer).

Adelger, Sage 52, 11. 12.

Aegidius, Gedicht 153, 28; vgl. 105, 8.

Aeneas Sylvius, Verfasser des lateinischen, ins Deutsche übersetzten Romans Euriolus und Lucretia 399.

Aeneïde Virgils, ihr Verhältniss zu den mittelalterl. Dichtungen v. Aeneas 146.

Aesop, ältere Uebersetzungen und Bearbeitungen überhaupt 394; besondere vgl. H. Steinhöwel und B. Waldis.

Aesops sagenhaftes Leben, von H. Steinhöwel 408, 24.

Agricola, Rudolf, 270.

Agricola, Johann, Auslegung deutscher Sprichwörter 423, 50.

Alanus ab Insulis, sein *Anticlaudianus* 253, 21.

Alber, Bearbeitung der Vision des Tundalus 154.

Alberich von Besançon, Verfasser eines altroman. Alexandergedichtes 161, 53; vgl. 174, 54.

Albertus Laurentius, seine deutsche Grammatik 423 f.

Albertus Magnus 96.

Alberus, Erasmus, Kirchenlieder 357, 29. 30; Sequenzen 290, 22; Fabeln 394, 10. 11; seine *Praecepta morum* 395, 13; Reimgebrauch 284, 3.

Alboin, Lieder über ihn 51, 8.

Albrecht, Verfasser des jüngeren „Titurel" 176 f.; vgl. 167, 3; Strophenbau 124, 9; 176, 79; vgl. auch 211, 6.

Albrecht IV von Baiern begünstigt die Wiederaufnahme der alten epischen Stoffe 266, 4.

Albrecht, Bischof, Prediger u. Mystiker 417, 10.

Albrecht von Eybe, Leben 422, 44; übersetzt einige Stücke des Plautus 375, 3; ein italienisches Schauspiel 379, 33; bearbeitet nach dem Italien. und Latein. Novellen 406, 8. 9; 422, 45; sein „Ehestandsbuch" und sein „Spiegel der Sitten" 422, 45. 46.

Albrecht von Halberstadt, Bearbeiter der Metamorphosen des Ovidius 162, 34. 35.

Albrecht von Kemenaten, nennt sich als Verfasser des „Goldemar" 205 f.; wird auch als Verf. von „Siegenot", „Eckenlied" und „Dietrichs Drachenkämpfen" angesehen 205 ff.

Albrecht der Lesemeister, Bruder, Prediger und Mystiker 417, 10.

Albrecht von Scharfenberg. 176, 78; 305, 27.

Albrechts (Herzog) Ritterschaft von Pet. Suchenwirt 308 f. vgl. 188, 7.

Alexander der Grosse, Sage 116 f. Gedichte über ihn s. Pf. Lamprecht und Rudolf von Ems.

Alexander von Bernay. 161, 15.

Alexander, Meister, oder der wilde Alexander, gnomischer Dichter, 237, 12.

S. Alexius' Legende in Konrads v. Würzburg und anderen Bearbeitungen 185, 28. 154, 30 u. 31; vgl. 389, 12.

Alkuin 21.
Allegorische Geschichten und Erzählungen 311 f.
Aller Practik Grossmutter s. J. Fischart.
Alliteration 34 f.
Alphart. Sage 139, 9'; Gedicht 202.
Alten Weibes List, Erzählung 194, 31.
Altswert. Meister, Didaktiker 257, 5'.
Altväter. Leben der -. Legendensammlung, vom Verfasser des Passionals 186, 43. 44; metrisches 118, 19.
Amadis de Gaule 400.
Amadis aus Frankreich. Roman 400 f.; dramatis. 401,31'; vgl. auch Fischart.
Amicus und Amelius. Sage 179; Sage. Fortdauer derselben 406, 11'; Erzählung 406, 11. 406, 11'.
Amis, Pfaffe, s. Stricker.
Ammonius (Tatianus) 70, 5.
Amur (Gott), s. Heinzelein von Konstanz.
Andreas. der heil., Gedicht 153, 29.
Andreas. Kaplan 312, 35.
Anegenge. Gedicht 243, 26.
Anker, Meister 335, 9'.
S. **Anno** 154; Annolied 154 f.; vgl. 98.
Anonymus von Nevelet. 251, 11'; 391.
Antichrist. alte Dichtungen über die Ankunft desselben 242, 6—8; vgl. 152, 14; *ludus paschalis de adventu et interitu Antichristi* 361, 7.
Antike Götter- und Heldensagen 146 f.; deutsche Dichtungen 161 f ; 151 f.; 305.
Antike Versarten im 16 Jahrh. nachgebildet, meist aber noch mit Reimen 252 ff.; vgl. jambische und daktylische Verse.
Antonius von Pforr, Uebersetzer des „Buches der Beispiele der alten Weisen" 318, 9.
Apollonius von Tyrland s. Heinrich von der Neuenstadt und H. Steinhöwel.
Arentsee. Joachim, Verf. eines geistlichen Schauspiels 378, 24'.
Aristophanes. sein Plutus früh übersetzt 375, 5.
Aristoteles' Organon, althochdeutsch 82, 6. 7.
Armer Heinrich s. Hartmann v. Aue.
Arminius Andenken in Liedern gefeiert 12. 17 (§ 10, 1)
Arnold. Priester, Gedicht von der Siebenzahl oder Loblied auf den heil. Geist 243, 15; in der Kaiserchronik benutzt 157, 8.
Arnold von Immessen, Verf. eines geistl. Spiels vom Sündenfall 368, 18.
Arnold der Rote, Prediger und Mystiker 417, 10'.

Artus oder **Arthur** als geschichtliche Person 143, 1'; im bretonischen Sagenkreis 143 ff.
Artusgedicht. mitteldeutsches, Bruchstücke 174, 58; metrische Form desselben 117, 15'.
Asklepiadeische Verse in Deutschland nachgeahmt 284, 13'.
Athis und Prophilias. Gedicht 164, 14—16; 105, 8.
Attila oder **Etzel** in der Heldensage 45 ff
Auferstehung Christi. geistl. Schauspiel 364, 31'.
Ava. Dichterin einer poetischen Evangelienbearbeitung 152, 16
Aventinus s. Thurnmayer.
Aventiure. Bezeichnung für ein erzählendes Gedicht 148, 1'; anderweitiger Gebrauch des Wortes bei den mittelhochdeutschen Dichtern 137, 1'; 148,1'.
Avianus' Fabeln 251, 11'.
Ayrer. Jacob, Leben 383, 5'; Dramen 379. 383 ff.; benutzt den Eulenspiegel als Quelle 403, 52; Bamberger Chronik 308. 2'; 383, 5'.

Babenbergische Herzoge den Dichtern günstig 92, 4'.
Badefahrt. die geistliche, s. Th. Murner.
Balders Fohlen. eins der Merseburger Gedichte 58; vgl. 37, 5; 36, 13'.
Balladen- u. romanzenartige Volkslieder 327; 330 f.
Bar. Bedeutung im Meistergesang 290; vgl. 15, 1.
Barden. 15, 1; vgl. 42, 3'.
Barditus 12, 4.
Barkhusen. Hermann, angeblicher Bearbeiter des Reineke Vos 315 f.. 14.
Barlaam und Josaphat, Dichtung eines Ungenannten 184, 17; s. auch Rudolf von Ems und Otto, Bischof.
Basselin und die Vaux de Vire in der französischen Poesie 343, 22'.
Bataille d' Aleschans, Quelle von Wolframs Wilhelm 180, 15.
Baumann. Nic., angeblicher Bearbeiter des Reineke Vos 315, 13.
Beheim. Mich., Leben 291 f.; 294, 4'; Sprache 275, 4'; Versbau 281, 3'; Reime 285, 10'; „Buch von den Wienern" 309, 15; vgl. 298, 1'; Gedicht über Leben und Thaten des Kurfürsten Friedrich I und kleinere Sachen 309 f.; Meistersänger 336, 19. 20; vgl. 335, 8'.
Beichtformeln. althochdeutsche, 78,11.
Beispiel (*bispel*, *bischaft*), Bedeutung in der altdeutschen Poesie 237,

3'; Sammlungen von Beispielen 250 f.; vereinzelte Beispiele bei den Lyrikern und in grösseren Gedichten 237, 3. 4.; 250; 394; vgl. auch Gerhard von Minden und Stricker.

Benno, Bischof, im Volksgesang 54, 21.

Benoit de Sainte-More, Verfasser eines altfranzösischen Gedichtes vom trojanischen Kriege 146; 152, 30; vgl. 182, 33; wahrscheinlich auch des Romans d'Eneas 163, 5. 6.

Berchorius, Petrus *(Pierre Bercheur)* 318, 11'.

Beredsamkeit, geistliche und weltliche, 253 ff.; 415 ff.

Bergreien 315.

Berlg. im gothischen Volksgesange 12 f.

Berlichingen s. Götz von Berlichingen.

Bernart von Ventadorn s. Friedrich von Hausen.

Berner Weise oder Herzog Ernsts Ton 125, 11. 12; 205, L.

Bernger von Horheim, ahmt ein Lied von *Chrétien de Troies* nach 213, 3'.

Bernlef, Volkssänger 62, 8.

Berthold, Bruder, Predigten 256 ff.; höchst wahrscheinlich Verfasser des Schwabenspiegels 258, 29.

Berthold von Herbolzheim, Verfasser eines verlorenen Alexandergedichtes 181.

Berthold von Holle, sein Gedicht „Crane" 161, 48'.

Berthold, Bischof von Chiemsee, „deutsche Theologie" 422, 12.

Bescheidenheit, Gedicht, s. Freidank.

Betulius s. Birk.

Beuther, Michael, übersetzt den Reineke Vos ins Hochdeutsche 316, 15'.

Bibelübersetzung des Ulfilas 75 f.

Bibelübersetzung Luthers und ältere 277 f.

Bidpai's Fabeln 317 f., 6'.

Bienenkorb s. J. Fischart.

Bienensegen, althochd., 59, 18.

Bileams-Esel, der neue deutsche, Schauspiel 380 f., 43.

Birk, Sixt (Betulius) 284, 13'.

Birne, die halbe, Erzählung 194, 32.

Biterolf, Verfasser eines verlorenen Alexandergedichts 181.

Biterolf, Sage 139; Gedicht 208 f.; ob vom Verfasser der Klage gedichtet 209, 11. 12.

Blason du bonnet carré, Quelle von Fischarts Jesuiterhütlein 410, 43.

Blaurer, Ambrosius, geistlicher Lyriker 357, 33.

Bligger von Steinach, Dichter eines erzählenden Werkes *„der umbehanc"*

193; vom Pleier benutzt 175, 65; 193, 22'.

Boccaz, sein Decameron verdeutscht 317, 4; vgl. 408; *„de claris mulieribus"*, verdeutscht durch H. Steinhöwel 408, 25'.

Boëthius, Trostbuch, althochdeutsch 92.

Boltz, Valentin, sein „Weltspiegel" 380, 39.

Bonerius, Ulrich, sein „Edelstein" 251.

Bonifacius (Winfried) knüpft die engere Verbindung der deutschen Kirche und des fränkischen Reiches mit dem römischen Bischof 20.

Bonus, der heil., Gedicht 117, 11.

Boppe von Poppo, gnomischer Dichter, 237, 9. 10.

Brandanus, des heil., Reisen 306, 34—37.

Brant, Sebastian, Leben 391, 23'; „Narrenschiff" 391; 393; Priameln 391, 20; Fabeln 408, 24'; bearbeitet Freidanks Bescheidenheit 246, 11; aber nicht den Renner Hugo's von Trimberg 247, 19'.

Bremen, Schule 24.

Bretonischer Fabelkreis von Artus, den mit ihm in näherer oder entfernterer Verbindung stehenden Helden und dem heil. Graal 143 ff.; deutsche Dichtungen 160; 167 ff.; 304 f.; 401 f.

Briefe, älteste, in deutscher Prosa in Ulrichs von Liechtenstein Frauendienst 259, 46; von Heinrich von Nördlingen und Heinrich dem Seusen 120 f., 34—37.

Brummer, Johann, seine Tragikomödie 378, 21.

Buch der Abenteuer s. Ulrich Füterer.

Buch der Beispiele der alten Weisen 318, 8.

Buch von den neun Felsen s. R. Merswin.

Buch der Figuren s. Heinrich von Laufenberg.

Buch der Heiligen Leben s. Hermann von Fritzlar.

Buch der Liebe von Feierabend 398, 7'.

Buch der Natur s. Konrad von Megenberg.

Buch der Rügen, didaktisch-satirisches Gedicht 230, 35. 36.

Buch von den sieben Graden s. Mönch von Heilsbronn.

Buch der Tugend s. K. Vintler.

Buch von den Wienern s. M. Beheim.

Büchlein oder Liebesbriefe in Versen 253.

Büchlein von der genaden uberlast, 421, 36'.

Buchstabenschrift (Runen) aus Asien

in Deutschland eingeführt 8 f.; ver-
drängt durch die lateinische 19 f.
Bühler (Hans von Bühel), Leben
303 f.; Königstochter von Frankreich
303 f., 15—18; Bearbeitung „der
sieben weisen Meister" in Versen
320, 20.
Bühneneinrichtung in ältester Zeit 366.
Burggraf von Regensburg, Lieder
221, 17; Strophenbau 121, 8.
Burggraf von Rietenburg 221, 18.
Burgundische Sage 45.
Burkart von Hohenfels, Lieder 225,
59. 61; 229, 12.
Bussgebet, gereimtes 243, 25; metrische
Form desselben 117, 11.

Caedmon, angelsächsischer Dichter
70, 1.
Calila und Dimna 317, 6'.
Camillus und Emilia, Roman 400, 25'.
Canzonette 289.
Carmina metrica und carmina
rhythmica 24, 5'.
Caspar von der Röhn, sein Helden-
buch 301; vgl. 205; 291, 2'; 298, 1'.
Cato, Lehrgedicht 249, 31.
Celestina des Rodrigo Cota und
seiner Fortsetzer 380, 34'; vgl. 377, 17'.
Celtis s. Meissel.
Cersne s. Eberhard von Cersne.
Charlemagne, altfranzösisches Ge-
dicht 142, 5'.
Chnustin, Weihnachtsspiel 383, 54'.
Chöre, antike, im Drama des 16. Jahr-
hunderts angewendet 377, 18.
Chrétien de Troyes, sein Erec 168,
7. 8; sein Chevalier au lion 169, 10;
sein Conte del Graal 170, 19; sein
Cliges 175, 68'; s. auch Bernger
von Horheim; vgl. 173, 50.
Chriemhilden (Kriemhilden) Rache
198, 8'.
Christenthum, Einführung desselben
in Deutschland in ihrem Einfluss auf
die vorhandene Volksdichtung 17 f.
Christi Himmelfahrt, geistliches Spiel
369, 30.
Christi Leben, altmitteldeutsches Ge-
dicht 152, 13; in oberdeutscher Sprache
153, 18.
Christi Wunder, Gedicht 153, 19.
Christian von Hamle, Lieder 225,
55. 56.
Christian der Küchenmeister, St.
Galler Geschichtsbuch 259, 40.
Christus und die Samariterin, alter
Leich 67; 39, 5'.
Chroniken, prosaische: älteste 255 f.;
Repgowische oder Sachsenchronik
255 f.; vgl. 410, 3; S. Galler von
Christian dem Küchenmeister

259, 40; Limburger 410, 2; 337, 2;
Strassburgische von Fritsche
Closener 410 f.; Elsassische
von J. Twinger von Königshofen 411, 7. 8; Thüringische
von Joh. Rothe 411, 10. 11; Berner von Dieb. Schilling 411,
12; der Eidgenossenschaft von
Peterm. Etterlin 411, 14. 15;
Baierische von Joh. Thurnmayer 412, 17; des ganzen deutschen Landes von Seb. Frank
412, 22; Schweizerische von Aeg.
Tschudi 412, 21; Pommersche
von Thom. Kantzow 412 f., 26;
Zimmersche 413 f., 30.
Chronique de Ph. Mouskes 141, 4'.
Chrysaeus, Johann, sein Hofteufel 386.
Clajus, Johann, Vorgänger Opitzens in
der Regelung des Versbaues 282, 9.
Classiker, alte, Studium derselben in Deutschland 22 ff.;
81 f.; 264; 270 f.
Classiker, Ihr Einfluss auf unsere
Sprache und Literatur: in der
älteren Zeit: auf die deutsche Nationalliteratur überhaupt 264 f.; auf
die Sprache 102; auf Sagenbildung
146 f.; auf Otfried 72; auf den
Inhalt poetischer Werke 146 f.; 240 f.;
244, 35; 298; 316; 317, 1 (vgl. 323,
45); 379; 394; auf den deutschen Versbau 282 ff. (vgl. 374); auf die äussere
Form des Drama's 375 ff.; auf die
Umbildung der weltlichen Prosa 269;
auf den geschichtlichen Stil 410; auf
den Inhalt prosaischer Werke 422.
Claus Bur, niederdeutsches Fastnachts-
spiel 374, 63'.
Clercs nehmen sich mit Eifer der Na-
tionalpoesie in Frankreich an 150, 1'.
Cliex, Gedicht, s. Ulrich von Tür-
heim und Konrad Flecke.
Closener, Fritsche, Strassburgische
Chronik 410 f.; sein Bericht über die
Geisler 348, 13'.
Colin, Philipp, Fortsetzer von Wolframs
Parzival 171, 22.
Corvey, Klosterschule 22, 9; vgl. 24.
Cota, Rodrigo, s. Celestina.
Crane, Gedicht, s. Berthold von
Holle.
Crescentia, Gedicht 105, 7'; 157, 6. 7;
(vgl. 399, 22'): in Prosa 405, 1'.
Criginger, Johann, Verfasser eines
geistlichen Schauspiels 378, 21.
Culman s. Kulman.
Cuno, Johann, Action von der Geburt
unsers Heilands 383, 54'.
Cysat, Renwart, setzt ein Osterspiel
in Luzern in Scene 368, 11; vgl.
366, 37'.

Daktylischer Rhythmus in altdeutschen Gedichten, woher er sich schreibt, und frühestes Vorkommen desselben 197 f.; 128, L.

Daniel von Blumenthal s. Stricker.

Dares Phrygius, eine Hauptquelle für die mittelalterlichen Dichtungen vom trojanischen Kriege 116, 6.

David, Bruder, 255; als Verfasser des Schwabenspiegels angesehen 255, 13'.

Decameron, verdeutscht, s. Boccaz.

Decius, Nicolaus, Kirchenlieder 356 f., 25.

Denis Piramus, altfranzösischer Dichter 179, 13.

Deutsche Gesänge, Reden und Zwischenspiele in lateinisch abgefassten Schauspielen 361.

Dichten und Dichter von *dictare* 60, 1'.

Dichterinnen 108, 15; 152, 16; 155, 28'; von Volksliedern 339, 8'.

Dichterklassen im 14.—16. Jahrhundert 291 ff.

Dichtungen in Prosaform (Romane, kleine Erzählungen, Fabeln und Legenden; Satire) 396 ff. (vgl. 259).

Dictys Cretensis, eine Hauptquelle zu den mittelalterlichen Dichtungen vom trojanischen Kriege 116, 6.

Didaktischer Charakter der deutschen Poesie überhaupt, inwiefern er sich bereits in der Blüthezeit der höfischen Dichtung zeigt und nachher immer mehr hervortritt 166 f.; 236; 211; 262; 388.

Didaktische Poesie: Anfänge 239; vgl. 241 ff.; Stoffe, Hauptarten und metrische Formen in der mittelhochdeutschen Zeit 241 ff.; ihr Zustand von der Mitte des 14. bis zum Ende des 16. Jahrhundert 388 ff.

Didaktische Prosa 259; 268 f.; 419 ff.

Diemeringen s. Otto von Diemeringen.

Dietmar von Eist, Lieder 221, 12; 218, 7'; Reimgebrauch 113, 3; Strophenbau 122; vgl. 117; 120, 1'.

Dietmar von Merseburg 21.

Dietrich von Apolda 186, 33.

Dietrich von Bern (Theoderich der Gr.), Held der Sage 46; 49; 138 f.

Dietrichs Flucht von Heinrich dem Vogler 210.

Dietrichs Ahnen, Sage 139; in einem Gedicht als Einleitung 210, 25.

Dietrichs Drachenkämpfe, auch Dietrich und seine Gesellen, Dietrichs erste Ausfahrt, Virginal genannt, Gedicht 205; 207; s. Albrecht von Kemenaten.

Dietrich und Wenezlan, Gedicht 210, 20.

Directorium humanae vitae s. Johann von Capua.

Disciplina clericalis s. Petrus Alfonsi.

Dithmarsische historische Lieder, beim Tanz gesungen 329 f., 17. 18.

Dom- und Stiftsschulen, Hauptsitze der Wissenschaften 23 f.; ihr Verfall 25.

Dorfpoesie, höfische 227 ff.

Dorothea, die heil., geistliches Schauspiel 371, 13.

Drama: erste Keime und Ansätze seiner beiden ältesten Hauptarten 358 ff.; Schauspiele bis zu Ende des 15. Jahrh., a) geistliche oder Mysterien 360 ff.; 367—372; geistliche Lieder oder Leisen darin gesungen 347; — b) Fastnachtsspiele und namhafte Dichter derselben 360; 363 f.; 372 ff.; Schauplätze und Darsteller bis zur Ankunft der englischen Komödianten in Deutschland 361 f.; Bühneneinrichtungen 366; Aenderungen in dem Zustande des deutschen Drama's während des 16. Jahrhunderts, Einfluss des Terenz und der ihm nachgebildeten neueren lateinischen Stücke; Ursachen des geringen Fortschrittes dieser poetischen Gattung 314 ff.; Eintheilung der deutschen Schauspiele in Tragödien und Komödien; Fortdauer der alten geistlichen Spiele und der Fastnachtsspiele; Erweiterung des Kreises der behandelten Stoffe 377 ff; Einwirkung der von den englischen Komödianten mitgebrachten Stücke; beginnende Prosaform 382; Aufkommen von Singspielen 385; vornehmste dramatische Dichter aus dem 16. Jahrhundert 383—388.

Dreigliedrigkeit des mittelhochdeutschen Strophenbaues 122 f.; theilweise Fortdauer in der spätern Zeit 288.

Dreikönigsspiele, zwei, aus Freisingen 361, 6; vgl. 369, 20.

Dürer, Albrecht, Prosaist 422, 48. 49.

Eber, Paul, Kirchenlieder 357, 31.

Eberhard von Cersne, Verfasser von „der Minne Regel" 312, 31. 35; 283, 12'; Metrisches 287, 6'; 289, 12'.

Eberhard von Sax, Bruder, Liederdichter 233, 35. 36.

Ebner, Christina, wahrscheinlich Verfasserin des Büchleins von der genaden uberlast 421, 36'.

Ebner, Margarethe, Briefe an sie, 421,36'.

Eckarts, des treuen, christliche Warnung s. B Ringwaldt.

Ecke, Sage 139, 5'; Eckenlied 205 ff.; 309, 11; s. Albr. von Kemenaten.

Eckehard I, sein Antheil an Waltharius 49.

Eckehard IV, sein Antheil an Waltharius 50, 9; vgl. 67, 5.

Eckhard, Meister, Leben 416, 6—9; Predigten und Tractate 257, 22; 415 f.; Gedicht auf ihn 416, 6'.

Edda, ältere und jüngere 44, 5.

Edelstein s. Bonerius.

Ehestandsbuch s. Albrecht von Eybe.

Ehezuchtbüchlein, philosophisches, s. J. Fischart.

Elke oder Ecko von Repgow, Sachsspiegel 257 f.; Sachsenchronik 258 f.

Elhart von Oberg, 160, 40—44; vgl. 151, 6'; sein „Tristrant" 160 (in Prosa aufgelöst 402, 40); Sprachliches 98; Metrisches 105, 5.

Eleonore von Frankreich, Liedchen des 12. Jahrhunderts, das sich auf sie bezieht 89, 3'; Strophenbau 121, 10'.

Eleonore von Schottland, Gattin Siegmunds von Oesterreich, Uebersetzerin des Romans „Pontus und Sidonia" 398, 5.

Elisabeth, die heil., von Joh. Rothe 306 f., 38; älteres Gedicht 155 f.

Elisabeth, Gräfin von Nassau-Saarbrücken, Uebersetzerin des Romans „Loher und Maller" 398.

Elioposcleros s. J. Fischart.

Elslin Tragdenknaben s. N. Manuel.

Eneide s. Heinrich von Veldeke.

Enenkel s. Jansen der Enenkel.

Engelhard s. Konrad von Würzburg.

Englische Komödianten in Deutschland 364 ff.; Einfluss ihrer Stücke auf das deutsche Drama 382; 384 f., 7'; 385, 11'; 386, 16.

Englische Komödien und Tragödien, deutsch, 365 f., 36.

Englische Literatur in Deutschland eingeführt und ihr Einfluss auf das deutsche Drama 365 f. (vgl. 382; 384 f., 7'; 386, 16).

Epische oder erzählende Dichtungen. Aelteste Nachrichten über Lieder 11 ff.; wahrscheinlich schon in vorchristl. Zeit vorhanden gewesene 13 ff. Epische Gedichte von der Mitte des 1. bis Anfang des 12. Jahrh., a) Volkspoesie: ihre Stoffe; erhaltene Werke 41—60; Sänger; ihr Verhältniss zur Sage; allgemeiner Charakter der Heldenpoesie 60—65. — b) Geistliche und gelehrte Poesie 66—71. Epische Dichtungen vom Anfang des 12. bis zur Mitte des 14. Jahrh., A. Stoffe 137—148. B. Art der Abfassung erzählender Dichtungen im Allgemeinen 148 ff. Erzählende Werke des 12. Jahrh. (a. von geistlichem; b. von weltlichem Inhalt), welche die neue Blüthe der epischen Poesie vorbereiten 149—162. C. Blüthe und Verfall der höfischen erzählenden Poesie 162—194 ff. (1. Rittermaeren 167 ff.; 2. Legenden 182 ff.; 3. Personengeschichten und Welt-, Landes- und Ortsgeschichten 187 ff.; 4 grössere und kleinere Erzählungen von sehr verschiedenem Inhalt u. Charakter 190 ff.). D. Neue Gestaltung des volksthümlichen Epos 194—210. (1. Volksmässige Dichtungen in der Heldenstrophe und deren Variationen 196 ff.; 2. in anderen Strophenarten 205 ff.; 3. Gedichte über deutsche Heldensagen in kurzen Reimpaaren 208 ff.). E. Vortragsart der erzählenden Dichtungen 211. — Epische Poesie von der Mitte des 14. bis zum Ende des 16. Jahrh. A. in gebundener Rede 297—331. Stoffe, Formen und Arten der Werk 297 f. 1. absterbende epische Dichtarten (a. deutsche Heldendichtung; b. grössere romanartige Werke; c. gereimte Legenden) 299 ff. 2. Fortdauernde und neu aufkommende epische Dichtarten (a. reingeschichtliche Dichtungen; b. allegorische Geschichten und Erzählungen; c. Thierepos; d. kleine poetische Erzählungen; e. epische Volkslieder) 307 ff. B. in ungebundener Rede 396—409 (Romane 397 ff.; kleine Erzählungen 405 ff.; Legenden 409).

Eraclius, Gedicht von Otto 164, 17—20.

Erbo's Büffeljagd im Volksgesang 51 oben.

Erek s. Hartmann von Aue.

Eresburg. Sieg der Sachsen bei Eresburg im Volksgesang 53, 17.

Erfurter Judeneld 257, 23.

Erlösung, die, Gedicht 156, 31. 35; in einem Weihnachtsspiele benutzt 362, 23.

Ermanarich. Sage 44.

Ernst, Herzog, in der Sage 54, 26; 140, 1'; Gedichte des 12. und 13. Jahrhs. 158; lateinisches Gedicht von Odo 158, 26; lateinische Prosa 158, 27; deutsches Volksbuch 158, 28; strophisches Gedicht bei Caspar von der Röhn 158, 29; 301, 14'; Bänkelsängerlied 158, 29; 328, 1; Volksbuch 401, 37. — nach ihm benannte Strophenart s. Berner Weise.

Erntelieder, älteste, 229, 17.

Erzählungen, kleine novellen- und schwankartige, in Versen 190 ff. (vgl. 174); 317; — in Prosa 405 ff.

Esopus vgl. H. Steinhöwel und B. Waldis.

Etterlin, Petermann, „Chronik der Eidgenossenschaft" 411, 14. 15.

Etzel s. Attila.

Etzel, Spruch von König —, 299, 5'.

Etzel's Hofhaltung. Gedicht 299, 1.

Eulenspiegel. Tyll, Volksroman 402 f.; vgl. 194.

Euriolus und Lucretia, lateinischer Roman von Aeneas Sylvius, verdeutscht durch Niclas von Weyl 399 f., 23—25.

Eustachius. Gedicht 185, 19; s. Rud. von Ems.

Evangelienharmonie, alliterierende, s. Heliand.

Evangelienharmonie, älteste gereimte (Krist), s. Otfried.

Evangelienharmonie, die sogenannte tatianische, in althochd. Uebersetzung 78, 11.

Evangelienübersetzung, altdeutsche 254, 2. 3; mitteldeutsche 278, 3'; s. auch Matthias von Beheim.

Evangelische Geschichte in poetischer Bearbeitung des 12. Jahrhs. 152, 14.—17.

Evangelium Matthaei in althochd. Uebertragung 78, 8.

Evangelium Nicodemi, mitteldeutsches Gedicht 242, 12'.

Every-Man, englische Moralität 381.

Exhortatio ad plebem christianam, althochdeutsch 78, 10.

Exodus s. Mosaische Geschichten in freier poetischer Bearbeitung.

Eyring, Euchar., Fabeln und Erzählungen 395, 12.

Ezzo, Verfasser eines Liedes von den Wundern Christi 153, 20.

Fabelpoesie. Herkunft ihrer Stoffe 210, 4'; 394; mittelhochdeutsche Fabeln in Versen s. Beispiel. — Hochdeutsche Fabeln von anonymen Dichtern 391, 5; Fabeln in ungebundener Rede 405 f.

Fahrende s. Volkssänger.

Fastnachtspiel s. Drama.

Faust, Volksroman 403.

Fierabras, Roman 398 f., 16.

Fillner im gothischen Volksgesange 12 f.

Finkenritter, Roman 405, 69.

Fiori di virtù s. Tommaso Leoni.

Fischart, Johann (Menzer, Reznem, Elloposcleros, Ulrich Mansehr von Treubach etc.), Leben 310 f., 24. 25; sein Verhältniss zur deutschen Sprache 268, 2'; Sprache 278; Versbau 287, 9'; bildet antike Versarten nach 283, 12'. — „Glück-

haftes Schiff" 311, 26. 27; „Flohhatz" 317, 19'; überarbeitet den „Ritter von Staufenberg" 319, 18; Geistliche Lieder und Psalmen 358, 44. 45; „Mahnrede an die Deutschen" 393, 36; Podagrammisch Trostbüchlein 396, 1'; Vorbereitung in den Amadis 401, 31'; „Geschichtsklitterung oder Gargantua" nach Rabelais 404 f, 63—68; „Eulenspiegel Reimenweis" 403, 50; „Aller Practik Grossmutter"; „Bienenkorb des heil. römischen Immenschwarms"; „Jesuiterhütlein" 410, 39—44; philosophisches „Ehezuchtbüchlein" 422, 47; „die Gelehrten, die Verkehrten" von ihm nur überarbeitet 393, 36'; der „Finkenritter" nicht von ihm 405, 69.

Fittiche der Seele, ascetisches Werk in Prosa 254, 7.

Flagellanten 348.

Flecke s. Konrad Flecke.

Flexel, Lienhard, Pritschenmeister 292, 9.

Flohhatz s. J. Fischart.

Flos und Blancflos, Sage 145, 1; Gedicht von Konrad Flecke 178, 1; niederdeutsches Gedicht 291, 2'.

Folquet von Marseille s. Graf Rudolf von Neuenburg.

Folz, Hans, auch Hans Zapf genannt 320, 25'; Erzählungen und Schwänke 320, 25. 26; Fastnachtspiele 373, 57—59; Priameln 390, 19; „Klopfan" (Gedichte) 320, 26'.

Forster, Georg, sein Liederbuch 338, 2'.

Fortunatus, Schauspiel 366, 36'; Roman 398, 12—15.

Franciscus, der heil., Leben s. Lamprecht von Regensburg.

Frangk, Fabian, der erste deutsche Orthograph 421, 56.

Frank, Sebastian, Leben 412, 20'; seine Weltgeschichte und seine Chronik des ganzen deutschen Landes 412, 21—23; „Weltbuch" (Erdbeschreibung) 414, 38; lehrhafte Prosa („Lob des göttlichen Wortes") 422, 43; Auslegung deutscher Sprichwörter 423, 51. 52; „Lob der Thorheit", nach Erasmus 422, 43'.

Franke von Köln, Bruder 417, 10'; vgl. 415, 5'.

Franken, Sage von der trojanischen Abkunft derselben 7, 1. 2.

Frankfurter, der —, s. Theologia.

Frankfurter, Phil., „der Pfarrer vom Kalenberg" 321, 31. 32.

Fränkisch-Karlingischer Sagenkreis 141 ff. (vgl 51); deutsche Dichtungen 159 f.: 163 f.; 180 f.; 301 ff.; 397 ff.

Französische Sprache und Literatur in ihrem Einfluss auf die deutsche:
überhaupt 88 f.: auf die Sprache 102;
269; auf die poetischen Formen 120,
6'; 127 f.; 289; auf die einzelnen
Dichtungsarten 141—149: 149; 158—
161; 167—174; 185. 24. 25; 301—305;
318; 397—401: 404 f. — 213 f.; 218,
7'; — 410.
Frauen als Dichterinnen, s. Dichterinnen: als Uebersetzerinnen von
Romanen 397 f.
Frauendienst. Frauenbuch s. Ulrich
von Liechtenstein.
Frauenlob s. Heinrich v Meissen.
Frauenrollen im Schauspiel lange vorzugsweise von Knaben und Männern
gegeben 361 f., 34'.
Freder, Johann, Verfasser geistlicher
Lieder in niederdeutscher Sprache
350, 18'.
Freidank, sein Spruchgedicht „Be-
scheidenheit" 245 ff.; 250 (vgl. 251, 12);
240; vgl. Walther von der Vogel-
weide.
Freidank, Bernhard, 246, 14.
Freudenleere, der, Verfasser von der
Wiener Meerfahrt 191, 27.
Freund, Johannes, 255, 8'.
Frey, Jacob, seine „Gartengesellschaft"
407, 18. 19.
Friedrich II. Kaiser, deutscher Dicht-
und Sangeskunst günstig 92. 4'.
Friedrich von Hausen, Liederdichter
221 f.; ahmt in seinen Liedern Folquet
von Marseille und Bernart von Ventadorn nach 213, 3'; braucht daktylische
Rhythmen 108, 21; Versmessung 109,
32; Reimgebrauch 113; Strophen-
bau 122.
Friedrich von Schwaben, Gedicht
303, 12—14.
Friedrich von Staufen, verlorenes
Gedicht 187.
Friedrich von Sunburg, Liederdich-
ter 236, 14.
Frischlin, Jacob, 381, 5'.
Frischlin, Nicod., Dichter lateinischer
und deutscher Dramen (Frau Wendelgard, Joseph, Ruth, Hochzeit zu Cana)
386, 13. 14; seine lateinischen Schau-
spiele verdeutscht 376, 15; vgl. 384, 5'.
Froben Christoph von Zimmern,
Graf 413, 31.
Fronleichnam, Einleitung zu einem
geistlichen Schauspiel 371, 39'.
Fronleichnamsspiel 368, 15.
Fronleichnamsspiel, Künzelsauer,
368, 14.
Fromand oder Fromund, Mönch,
50, 12; 55, 9; vgl. 52, 10'.
Froschmäuseler s G. Rollenhagen.

Frühlings-, Sommer-, Herbst- und
Winterlieder 212, 5'; 227 ff.; 342 f.
Fulda, die Klosterschule zu —, 22.
Funkelin, Jacob, dramatischer Dichter
357, 21; Spiel vom reichen Mann und
armen Lazarus; Zwischenspiel vom
Streit der Venus und Pallas 357, 22.
Fürsten und Adel in ihrem Verhalten
zu der deutschen Poesie im 12.—14.
Jahrh 91—95: vom 14. bis zu Ende
des 16. Jahrh. 265 ff.; 268.
Fütterer (Fürterer), Ulrich, sein
„Buch der Abenteuer" 304 f., 23—27;
seine „Beschreibung vom Herkommen
des Hauses Baiern" 304, 25.

S. Gallen, früh eine Pflegestätte der
Wissenschaften und Künste 19; seine
Bedeutung für die deutsche Sprache
und Literatur 22 f.; 81 ff.; vgl. 96, 1'.
Galliarden 289, 15.
S. Gallus, Gedicht über ihn von Rat-
pert 67, 6—8.
Gamersfelder, Hans, Uebersetzer des
Psalters 357, 34.
Garel vom blühenden Thal s. Pleier.
Gargantua s. J. Fischart.
Gartengesellschaft s. J. Frey.
Gäuchlieder 324, 1.
Gäuchmatt der Buhler s. P. Gen-
genbach.
Gäuchmatt s. Th. Murner.
Gauriel von Muntavel s. Konrad
von Stoffel.
Gautier von Arras 164, 19.
Gautier de Metz 226, 72.
Gebete, poetische, in althochdeutscher
Sprache 68, 18. 19.
Gedichte, deutsche, im 9. Jahrhun-
dert zu Reichenau 23, 11.
Gedichte, in denen deutsche und latei-
nische Zeilen gemischt sind 53, 18;
216, 3'; 352, 37—42.
Geiler von Kaisersberg, Joh., Leben
417 f., 14. 15; geistliche Reden 417 f.;
wählt Predigttexte aus Seb. Brants
Narrenschiff 391, 26. 27; 418, 18. 19.
Geiselbrüder 318; ihre Leisen oder
Bussgesänge 348; vgl. 290, 22'.
Geistliche Lieder der böhmischen
Brüder übersetzt, metrische Form von
einigen 288, 1'.
Geistliche Lieder aus weltlichen umgebildet oder weltlichen Melodien untergelegt 351 f.; 355 f.
Geistliche und gelehrte Poesie in
deutscher Sprache vom 8. bis gegen
die Mitte des 12. Jahrhunderts 65—73.
Geistliche Volksschauspiele 360 ff.;
vgl. Drama und Schauspiele.
Geistliche sind lange vorzugsweise
schreibkundig 19 f.

Geistliche, namentlich Pfaffen (Welt-geistliche) führen die lateinische Hof-poesie im 12. Jahrhundert in eine deutsche herüber 150 f.; vgl. 159, 161.

Geistlichkeit in ihrem Verhalten zur Volksdichtung 17 f.; 41 f. (vgl. 57; 72; 87); 340.

Gelehrtenstand, deutscher, seit Wie-derbelebung des classischen Alterthums bis zu Opitz, in seinem Verhalten zur deutschen Dichtung 264 f.; 268.

Genealogien der altsächsischen Stamm-sagen weisen auf uralte Gedichte zurück 13, 4'.

Genesis s. Mosaische Geschich-ten in freier poetischer Bearbeitung.

Gengenbach, Pamphilus, die „zehn Alter der Welt" 380, 36; „Nollhart" 380, 37; die „Gauchmatt der Bubler" 380, 38.

Gennep, Jaspar 351.

Gensbein, Johann, mit Unrecht als Verfasser der Limburger Chronik be-trachtet 337, 3'.

S. Georg, althochd. Leich auf ihn 67, 10; vgl. 39, 5'; mittelhochd. Gedicht s. Reinbot vom Turn.

Georg, der heil., geistliches Spiel 372, 47.

Geraldus, sein Antheil an *Waltharius* 49, 2.

Gerbert (Sylvester II) 25 f.

Gerhard, Verfasser einer niederdeut-schen Fabelsammlung 391, 4.

Gesangbücher der evangel. Kirche 354 f., 8—10.

Gesätz s. Satz.

Geschichtliche Stoffe in poetischen Bearbeitungen vor Opitz 52 ff.; 187 ff.; 307 ff.; 379; 404, 60.

Geschichtliche und beschreibende Prosawerke 258 f.; 410 ff.

Geschichtklitterung s. J. Fischart.

Gesner, Konrad, Nachbildner antiker Versarten 283, 12'.

Gesta Romanorum, 318, 11—13; Gesten der Römer 406, 3; deutsche Hexameter darin 283, 12'.

Giseler, der, Prediger und Mystiker 417, 10'.

Glossenlieder 350 f., 28.

Glückhaftes Schiff s. J. Fischart.

Goeli, Lieder unter diesem Namen 228, 10.

Goldemar s. Albrecht von Keme-naten.

Goldene Schmiede s. Konrad von Würzburg.

Goldener Tempel s. Hermann von Sachsenheim.

Goldfaden s. G. Wickram.

Gothisches Alphabet 9.

Gothische Gesänge 12 f.; 44, 2'.

Gothische Sprachüberreste 71 ff.

Gothische Verse 34, 1. 2.

Goethe's Novelle vom klugen Procurator ähnlich bei Albrecht von Eybe 406, 9'.

Göttersagen als solche durch das Christenthum verdrängt 17 f.

Gottesfreunde, mystisch.Verein 420, 29.

Gottfried von Monmouth 144, 4.

Gottfried von Neifen, Lieder 225, 57; Metrisches 114, 10'.

Gottfried von Strassburg, Leben 171, 25. 26; einer der drei grössten Meister in der höfischen Erzählungspoesie 165; vgl. 166; Tristan 171 f.; seine Quelle 171 f., 28. 29; Lobgesang auf Christus und Maria ihm fälschlich beigelegt 232, 21. 25. Seine Neigung zu französischen Ausdrücken 102, 3'; Versbau 106, 2'; Reimgenauigkeit 112 f.; Eigenheit in der Versmessung 116, 2'; metrische Künsteleien im Tristan 119; Strophen darin 119; vom Dichter der Erlösung nachgeahmt 186, 35; vgl. noch 253, 27'.

Gottfried von Viterbo, sein Pantheon eine Quelle von Rudolfs von Ems Weltchronik 188.

Götz von Berlichingen, seine Selbst-biographie 413, 29.

Graal, Sage vom heil., 111 f.; vgl. Bretonischer Fabelkreis.

Grablegung Christi s. M. Gundel-finger.

Grammatiken, deutsche 423 f. (vgl. 252, 10).

Greff, Joach., Schauspieldichter 387, 31 ff; vgl. 377, 18'; Uebersetzer der Aulularia 387; Judith, Mundus, die drei Historien der Patriarchen 387 f.; Spiel auf das Osterfest, Lazarus 388, 32; Vermahnung an die deutsche Nation 398, 32'.

Griechische Sprache, Anfänge ihres Studiums in Deutschland 22, 4'; 24, 25.

Grillenvertreiber 404, 59'.

Griseldis, Erzählung 406.

Grob, 11. 11., Lobspruch der Schützen 292, 9'.

Groote, Gerard 270, 4.

Grumelkut s. Johann von Soest.

Gudrun, Sage 47 f.; Gedicht (Kudrun), Heimath und Abfassungszeit 201; Um-arbeitung 201, 7; dessen Bestandtheile, Versuch es in einzelne Lieder zu zer-legen 200; Strophenform 124, 7; 201; hoher Werth der Dichtung 200 ff.; zu welcher Vortragsart bestimmt 211; im 14.—16. Jahrb. 300.

Gui de Cambrai 181, 15'.

Guido von Arezzo 25, § 19, L.

Guiot von Provins 170, 17'.

Guiscard und Sigismunde, Erzäh-lung 406.

Gundelfinger. Matthias, Verfasser einer dramatischenGrablegungChristi 369,26.

Gute Frau. Gedicht 146, 2.

Gnter Gerhard. Gedicht, s. Rudolf von Ems.

Haas, Kunz. Lobspruch auf Nürnberg 309, 13'; Gedicht von etlichen Stenden der Welt 309, 13'.

Haberer. Hermann 284, 13'.

Hadamar von Laber, die Jagd (Gedicht) 312, 32. 33.

Hadlaub, Joh., Lieder 227, 78. 79; 229, 16.

Hafte oder Räthsel in der Lyrik 238, 14.

Hagenau. der von, Lyriker 223, 39.

Halmonskinder. Roman 399, 18.

Halbsuter, Hans, Lied über die Schlacht bei Sempach 329.

Handwerke belobende oder verspottende Lieder 345.

Hans, Bruder, Marienlieder 333, 1'.

Hans von Schweinichen. seine Denkwürdigkeiten 413, 29.

Hanswurst (und Wurst-Hans) 382, 52'.

Hardecker. Lieder 233, 30.

Harlunge. Sagen über sie 44, 4'.

Hartmann, sein Gedicht „Rede vom Glauben" 243, 21. 22; vgl. 152, 16'.

Hartmann von Aue. Leben 165, 1—6; vgl. 92, 5'; einer von den drei grössten Meistern in der höfischen Erzählungspoesie 165; vgl. 166; nachgeahmt vom Pleier 175. Sprachliches 102, 3'; metrische Reimgenauigkeit 112; Form der Schlüsse seiner Büchlein 119, 35'. — Erzählende Werke „Erek", „Iwein" 167 ff. (vgl. 164, 20'; 175); „Gregorius" 183, 1 ff.; 168; „der arme Heinrich" 191; 168; vgl. 91, 2. — Zwei Büchlein und Lieder 222, 36; 232; 168; 253, 27.

Hatto's Verrath an Adalbert von Babenberg im Volksgesang 53, 21.

Hätzlerin. Clara, ihr Liederbuch 339,4.5.

Helden, Gregor, Bearbeiter des Salomon und Markolf 322, 39.

Heldin, die, Erzählung 191, 30.

Heidnische Lieder der Germanen, deren Tacitus gedenkt 11 f.; wahrscheinlich auch noch aus der heidnischen Zeit stammende Gesänge der Gothen, die Jornandes erwähnt 12 f; gemuthmasste über die Nibelungenoder Siegfriedssage und die Thiersage 13 f.; vgl. 56 ff. Ueberreste von Liedern aus heidnischer Zeit 57 ff.; Nachhall altheidnischer Poesie in andern Gedichten 68 f.

Heilig-Kreuz-Spiel 371 f., 46.'

Heime's Sage 47, 1.

Heinrich VI. Kaiser, Lieder 91, 3.

Heinrich, Verfasser einer Litanei aller Heiligen 243, 20.

Heinrich, ein österreichischer Dichter, zeigt, obgleich Laie, viel Bibelkenntniss 150, 2'; Reimgebrauch 112, 3'; Gedicht „von des Todes Erinnerung" 214, 28—30; „vom gemeinen Leben" 244, 29; „Pfaffenleben" 244, 31.

Heinrich, Herzog von Breslau, Lieder 226 f., 76.

Heinrich Clazenere, Verfasser einer Marienlegende, metrische Form derselben 117, 15'; 20'.

Heinrich von Eywint, Prediger und Mystiker 417, 16'.

Heinrich von Freiberg, Fortsetzer von Gottfrieds Tristan 175 f. vgl. 172, 32'; seine Ritterfahrt Johanns von Michelberg 176, 74; seine Dichtung vom heiligen Kreuz 176, 75.

Heinrich der Glichesaere 151, 6'; sein Reinhart Fuchs 155 f., 30—33.

Heinrich Julius, Herzog von Braunschweig, dramatischer Dichter 386'; schreibt Schauspiele in Prosa 382, 54'; Komödie von Vincentio Ladislao Satrapa von Mantua" 386, 16'.

Heinrich von Krolewiz. sein „Vater Unser" 252, 14. 15; metrische Form desselben 117, 15'.

Heinrich von Laufenberg. geistliche Lieder 290, 22; dichtet weltliche Lieder in geistliche um 351 f.; vgl. 350, 23'; „der Spiegel menschlichen Heils" und das „Buch der Figuren" 395, 16. 17.

Heinrich von Lelnan 206, 9.

Heinrich der Löwe. strophisches Gedicht 328, 5; s. auch M. Wyssenhere.

Heinrich von Meissen, genannt Frauenlob, Leben 234, 41. 42; seine Schule zu Mainz 131, 4; 331; vgl. 238, 13; Lied auf den Tod Konrads von Würzburg 179; 234, 1; andere lyrische Sachen 234 (vgl. 232, 17'); 236; 256, 16'; vereinigt mehrere Sprüche zu Liedern 215, 2'; Reimspielereien 127, 4'.

Heinrich von Morungen. Lieder 222; von einem italienischen Dichter nachgeahmt 222, 35'.

Heinrich von Mügeln (Müglin), Meistersänger 335 f., 10—13; von den Meistersängern den Stiftern ihrer Kunst beigezählt 336, 13; Fabeln 335, 10'; 394, 2; Minnelieder 335, 10'; Gedicht auf den Zauberer Virgilius 335, 10'; sein „Kranz der Maide" 395, 14. 15; seine Uebersetzung des Valerius Maximus 335, 12; auch lateinischer Dichter 335, 11.

Heinrich von München, Fortsetzer

der Weltchronik von Rudolf von Ems 165, 5'; schreibt Jansen den Enenkel aus 189, 11.

Heinrich von der Neuenstadt 252; „Gottes Zukunft" 252, 21—24; „Appollonius von Tyrland" 253, 24'.

Heinrich von Nördlingen, lehrhafte Prosa und Briefe 420 f.

Heinrich von Ofterdingen 210.

Heinrich von Rucke, Liederdichter 222, 31, 32; sein Reimgebrauch 113, 1; Leichform 126; Lieder und Leich 222; 232, 21—23.

Heinrich von Sax, Lieder 226, 63; vgl. 233, 36'.

Heinrich der Seuse (Suso), lehrhafte Prosa 420; sein „Büchlein von der ewigen Weisheit" 420, 33; vgl. 416; seine Briefe 420, 35.

Heinrich vom Türlein, Gedicht „die Krone" 173, 47—50; vgl. 173, 41'; metrische Form 117, 15'; 111, 40.

Heinrich von Veldeke, Gründer der höfischen Kunst 163, 4; Sprache 98; Metrisches 105, 8; 108, 21; 109; 111, 42; als erster genauer Reimer gerühmt 112, 5; beabsichtigte Reimhäufung 118, 24; Reimgebrauch in Liedern 113; Strophenbau 122. — „Eneide" 163; ihr Verhältniss zu Virgils Aeneide 146; vgl. 181; 160, 44'. Sicherlich nicht Verfasser des Gedichts von „Herzog Ernst" 158, 24; sein „Servatius" 154, 36; 183. — Lieder 222, 25.

Heinrich der Vogler, Verfasser von „Dietrichs Flucht" 210; vgl. 195, 3; ist auch Verfasser der „Rabenschlacht" 207, 21, 22.

Heinzelln von Konstanz, Gedicht „der Minne Lehre" (Gott Amur) 311 f.; Streitgespräch zwischen einem Ritter und einem Pfaffen 311, 29'; Streitgespräch zwischen den beiden Johansen 311, 29'; 396, 20'.

Hekastus, Moralität 351.

Helbling, Seifr., mit Unrecht als Verfasser didaktischer Dichtungen angesehen 94, 5'; 250, 33; Metrisches 118, 18; 119, 35'.

Heldenbuch 300; vgl. 265, 1'.

Heldenpoesie, älteste deutsche, ihr allgemeiner Charakter 64 f.

Heldensage, deutsche 13 ff.; 17 f.; 43 ff.; 135 f.; 299 ff.; Dichtungen 48 ff.; 157; 194 ff.; 299 ff.; in Prosawerken 401; — lang fortdauerndes Interesse für die Dichtungen darüber im Volke 265, 1'; Lieder über deutsche Heldensagen in der zweiten Hälfte des 13. Jahrh. gesungen 211; noch später 299.

Heldenstrophe oder Nibelungen-

strophe in epischen Gedichten 120 f.; 195; Variationen derselben 121, 8. 9; 201; 203.

Helena, die geduldige, Volksbuch 304, 18'.

Heliand, altsächsische Evangelienharmonie in alliterierenden Versen 69 ff.; ob dazu auch eine Bearbeitung des alten Testaments gehörte 70, 5; vgl. 69, 3; Zeit der Abfassung 70, 6; Quellen 70, 8; Verhältniss zu Otfrieds Evangelienharmonie 73, 7; vgl. 32; 35; 40, 13'; didaktische Ansätze darin 239, 2'.

Helmandus 318, 11'.

Helmbold, Ludwig, Kirchenlieder 358, 36.

Helmbrecht, Meier, s. **Wernher der Gartener**.

Herant von Wildon, poetische Erzählungen 191, 1'; vgl. 258, 36'.

Herbort von Fritzlar, sein „trojanischer Krieg" 182, 29—31; metrische Form eines Abschnittes darin 118, 21.

Hercules (Irmin oder Sahsnôt?) in Liedern gepriesen 11, 3.

Herlicius, E., 386, 16'.

Hermann, Landgraf von Thüringen, den Dichtern günstig 92, 4'; vgl. 163, 7; 180, 15; 182, 30, 35; 190, 11.

Hermann (Contractus) 24.

Hermann der Damen, Lieder 236.

Hermann von Fritzlar, sein Buch „von den Heiligen Leben" 409, 32; Predigten 417, 10'; sein verlorenes Buch „die Blume der Schauung" 409, 33'.

Hermann von Sachsenheim, seine „Mobrin" und sein „goldener Tempel" 312 f., 37, 38; ob auch Verfasser anderer Gedichte 313, 38'.

Hermann, Nic., Kirchenlieder 357, 32.

Herodes sive magorum adoratio, geistliches Spiel 361.

Herzmaere, Gedicht, s. **Konrad von Würzburg**.

Hesler, Heinrich, Verfasser einer gereimten Paraphrase der Offenbarung Johannis 242, 12; Metrisches 106, 1'; vielleicht auch Verfasser des Evangelium Nicodemi 242, 12'.

Hexameter und Pentameter, älteste in deutscher Sprache 104, 5; 283, 12; gereimte deutsche bei Fischart u. a. 283, 12'.

Hibaldeha, Chiffre des Herzogs Heinrich Julius von Braunschweig als dramatischer Dichter 386, 15'.

Hildebold von Schwangau, Lieder 226, 68—70.

Hildebrandslied, altes 45 f.; 65; metrische Form 35, 9'; 35, 11. 12; Aufzeichnung 42, 4'; — jüngeres 299 f.

Hildebrandston 121.1'

Hildesheim. Schule 24.

Himmel und Hölle. althochdeutsches Gedicht 36, 1.

Himmelfahrtsspiele 369, 30'.

Himmelreich. Gedicht vom , 104, 4; 242, 11 : 253, 12'.

Hinric von Alcmar. Umarbeiter des Reinaert 315.

Hiob. das Buch, von Notker übersetzt 82.

Hirsch und Hinde. althochd. Bruchstück 60, 23.

Hirschau. Klosterschule 22.

Hirtensegen. althochdeutscher 59, 19.

Historienbibel. aus Rudolfs von Ems Weltchronik entstanden 189, 9.

Historische Volkslieder der Schweizer, der Dithmarsen etc. 328 ff.

Hochzeit. von der, Lehrgedicht 243, 24.

Höfische Poesie des 12. und 13. Jahrhunderts, ihr Ursprung gegenüber der alten Volksdichtung, ihre Blüthe und ihr Verfall 88—95; 135 ff. Stellung der Dichter zu den Höfen 91 ff.; allgemeines Verhältniss der höfischen Dichtkunst und Dichter zur Volkspoesie und zu den Volkssängern, Spielleuten und geistlichen Dichtern; Sängerverbindungen und Kunstschulen 127 ff.

Höfische Erzählungspoesie s. Epische oder erzählende Dichtungen.

Höfische Lyrik s. Kunstmässige Lyrik.

Holzwart, Matth., *„Emblematum tyrocinia"* etc. 393, 36'; geistliches Schauspiel „Saul" 375, 21—23.

Homilien. althochdeutsche 77, 5.

Homulus. Moralität 381.

Höniger, N., bearbeitet Geilers Predigten über das Narrenschiff 418, 19'.

Hörnen Siegfried. episches Gedicht 205; 299, 3; dramatisiert von Hans Sachs 379, 27; prosaisches Volksbuch 401, 33—35.

Hoyer von Mansfeld, in der Sage 54, 27.

Hrabanus Maurus. Gründer des deutschen Schulwesens 22; vgl. 21; 23, 11'; 24.

Hrotsvith, ihre lateinischen Komödien 375 f., 8'.

Hucbald 52, 13.

Hugdietrich. episch 204, 10—12; dramatisiert von J. Ayrer 379.

Hugo von Langenstein. „Marter der heil. Martina" 156, 36. 37; metrische Form 118, 22'.

Hugo von Montfort. Lyriker 341 f.; 349; Metrisches und Reimgebrauch 231, 2'; 235, 7'; 259, 11.

Hugo von Trimberg. Leben 217, 16 ff.; sehr gelehrt 240, 6; sein „Renner", 245 ff.; kleine Erzählungen und Beispiele darin 194, 33'; 250; Verfasser eines verlornen Gedichtes „der Sammler" 247; mehrerer lateinischer Dichtungen 247, 17'.

Hug Schapler. Roman 398, 4.

Hundesegen. althochdeutscher 59, 19.

Hutten s. Ulrich, von Hutten.

Hymnen. lateinische, in deutschen Uebertragungen 350 ff.; 355, 10. — s. Interlinearversion.

Hymnus Laudate dominum, deutsch 230, 9.

Jacob Appel. Verfasser des „Ritter unterm Zuber" 303, 10'.

Jacobsbrüder s. K. Kistener.

Jacobus de Cessolis, sein lateinisches Schachbuch 253, 26.

Jagd, die, s. Hadamar von Laber.

Jägerlieder 315.

Jambische und trochäische Verse mit diesem Namen zuerst eingeführt 252 f.; 375, 2'.

Jambische Fünffüssler ohne Reime gebraucht 382, 53.

Jan Boendale 302, 4'.

Jan de Clere 302, 4'.

Jansen der Enenkel. „Weltchronik" 189, 10; in Prosa 189, 12; 410, 1'; „Fürstenbuch von Oesterreich" 189, 13. 14.

Ickelsamer. Valentin, deutsche Grammatik 423, 53.

Idisi, eins der Merseburger Gedichte 55 f.; 36, 13'; 36 f., 5.

Jerusalem, das himmlische, Gedicht 242, 9.

Jesuiterhütlein s. J. Fischart.

Instrumente, musikalische, älteste bekannte der Volkssänger 62 f.

Interlinearversion (althochd.) lateinischer Kirchenhymnen 78, 12.

Joel, Rabbi 318, 7'.

Johannes. Stadtschreiber. s. Limburger Chronik.

Johann von Capua. sein „*Directorium humanae vitae*" 318; vgl. 318, 10'.

Johann von Morssheim. Spiegel des Regiments 391, 22.

Johannes Rhenanus, *Speculum Aestheticum* 382, 53'.

Johann von Soest (Johann Grumelkut), Leben 304; bearbeitet die „Margarethe von Limburg" 304, 20; vgl. 302, 4'; Gedicht wie man eine Stadt regieren soll 304, 21'.

Johannes von Sterngassen, Prediger und Mystiker 417, 10'.

Johannes der Täufer, gereimtes Leben 153.

Johann von Würzburg, sein Gedicht „Wilhelm von Oesterreich" 166, 2'.

Jonas, Justus, Kirchenlieder 356, 23; vgl. 277, 3'.

Jörmann, J. A., bearbeitet den „Theuerdank" in Alexaudrinern 313, 40'.

Jornandes, Sagen bei ihm 12 f.; vgl. 51.

Irings Sage 47; vgl. 14, 4'.

Irnfrieds Sage 47; vgl. 14, 4'.

Isengrimus 54 f.; vgl. 14.

Isidors Epistel *de nativitate domini* in althochdeutscher Uebersetzung 77 f.

Italienische Literatur, ihr Einfluss auf die deutsche: überhaupt 264; 270; auf die poetischen Formen 289, 15; auf einzelne Gattungen der Poesie insbesondere 298; 318; 323; 406; — 379, 33.

Judith, Geschichte der, in zweifacher poetischer Bearbeitung 152, 6—10.

Julius Valerius, eine Quelle zu den mittelalterlichen Dichtungen von Alexander dem Grossen 146.

Jüngling, der, s. Konrad von Haslau.

Jünglinge, die drei, im Feuerofen, Gedicht 152, 9.

Jüngstes Gericht, poetische Schilderungen davon 242; vgl. 152, 14.

Jüngstes Gericht, geistl. Spiele 370, 31.

Jutta s. Spiel von Frau Jutten.

Iwein s. Hartmann von Aue.

Kaiserchronik, poetische 156; 411, 8; vgl. 155, 40; 250, 1; in Prosa 410, 1'.

Kallisthenes, der angebliche, eine Hauptquelle zu den mittelalterlichen Dichtungen von Alexander dem Grossen 146.

Kampf zwischen Kaiserthum und Papstthum in seinem Einfluss auf den Charakter der deutschen Poesie 85 ff.

Kantzow, Thomas, PommerscheChronik 412 f., 26. 27.

Kanzler, der, Gnomische Stücke 237, 11; Reimspielereien 127, 4'.

Karl der Grosse, sein Einfluss auf die deutsche Bildung und seine Liebe zur deutschen Sprache und Dichtung 20 f.; vgl. 42; Held der Sage 141 f.; vgl. 51.

Karl, Gedicht, s. Stricker.

Karl und Elegast, Gedicht 303, 5'.

Karl Martell leitet die nähere Verbindung zwischen dem fränkischen Reich und dem römischen Bischof ein 20.

Karl IV., Kaiser, soll den Meistersängern ein Wappen ertheilt haben 266, 5.

Karlingische Sage s. Fränkisch-Karlingische Sage.

Karlmeinet, Compilation von Gedichten über Karl den Grossen 163 f.; 303; vgl. 181.

Katharina, die heil., geistliches Schauspiel 363, 26; 371, 42.

Katziporí s. M. Lindener.

Kemenaten s. Albrecht von Kemenaten.

Kero, seine Interlinearversion der Regel des heil. Benedict 78.

Ketzerlieder 230.

Kinder, die ungleichen, Adams und Eva's, geistliches Spiel 377, 19'.

Kindheit Jesu, geistliches Spiel 368 f., 19; vgl. 370, 37.

Kindheit Jesu s. Konrad von Fussesbrunnen.

Kirchenlied, protestantisches 352 ff.; Wichtigkeit desselben für unsere ganze neue poetische Literatur 352 f.; ausserordentliche Zahl der Kirchenlieder 354, 9'.

Kirchenpostille Luthers 418, 20'.

Kirchhof, H. Wilh., Leben 407, 20'; sein „Wend-Unmuth" 407, 21.

Kistener, Kunz, „Legende von den Jacobsbrüdern" 307.

Klage, die, Gedicht 205; ob vom Verfasser des Biterolf gedichtet 209, 11. 12.

Klemptzen, Nic. von, Geschichtschreiber, „Pommerania" 413, 26'.

Klinsor 233, 30'.

Klopfan s. H. Folz und 342, 20'.

Klöster und Stifter, die ältesten in Deutschland, in ihrem segensreichen Einfluss 19 f.

Klosterschulen, Blüthe 22 ff.; Verfall 25; vgl. 96, 1.

Knaust, Heinrich, Umarbeiter weltlicher Lieder in geistliche 355, 14.

Köln, Schule 24.

Kolross, Johann, dramatischer Dichter 284, 13'; wendet den antiken Chor an 377, 18'.

Komische Person oder Lustigmacher (u. possenhafte Auftritte) in geistlichen und andern Schauspielen 370 f.; (vgl. 360, 4); 352, 52; führt als stehende Hauptfigur im deutschen Volksschauspiel sehr verschiedene Namen 382, 52'.

Komödianten, englische, s. Englische Komödianten.

Komödie, als Bezeichnung deutscher Schauspiele eingeführt 377; Stoffe dazu 379.

Komödie und Tragödie, Vorstellung von ihrem Unterschiede im 16. Jahrhundert 377, 19'.

Komödien und Tragödien, englische,

s. Englische Komödien und Tragödien.

Komödie von der Geburt des Herrn Christi 364, 34'; 383, 54'.

Komödie von der Reformation etc. 381, 44.

Komödie von Vincentio Ladislao etc. von Herzog Heinrich Julius von Braunschweig 386, 16.

Königshofen s. Twinger von Königshofen.

Konrad IV. König, deutscher Dicht- und Sangeskunst günstig 92, 4'.

Konrad oder Kuono (Kurzbold) im Volksgesang 53, 23.

Konrad von Ammenhusen, sein „Schachzabelbuch" 253, 25.

Konrad Flecke 178; (vgl. 165): „Flore und Blanscheflur" 178; Metrisches 111, 41; sein verlorner „Clies" 175, 70; 178.

Konrad von Fussesbrunnen, „die Kindheit Jesu" 183 f.; metrische Form des Schlusses 119, 35'.

Konrad von Haslau, Verfasser eines Lehrgedichtes „der Jüngling" 250, 34.

Konrad von Heimesfurt, Dichter der Urstende und von Marien Himmelfahrt 184, 11, 12; metrische Künsteleien 119, 35'.

Konrad von Megenberg, sein „Buch der Natur" 259, 44, 45.

Konrad, Pfaffe, Leben 159; „Rolandslied" 159, 35—39; vgl. 151, 5'; Sprache 98; Umarbeitung durch den Stricker (s. Stricker); durch einen niederrhein. Dichter 160; 181, 24.

Konrad von Quenfurt, Ostergesang 319, 18.

Konrad, Schenk von Landeck. Lieder 226. 75.

Konrad, Schenk von Winterstetten 175, 67.

Konrad, Schreiber, soll Verfasser eines lateinischen Buches über die Nibelungen sein 208.

Konrad von Stoffel, Verfasser des „Gauriel von Muntavel" 175, 66; beruft sich auf eine spanische Quelle 138, § 82, 3'; vgl. 175.

Konrad von Würzburg, Leben 178 f., 9 f. (vgl. 165, 24); Sprache 102, 1'; Eigenheiten im Versbau 106, 5; 109, 27; 114, 14'; 116, 2'; 118, 7'; Reimgenauigkeit 113; Reimspielereien 127, 4'; — „Trojanischer Krieg" 182, 32, 33 (vgl. 179, 11); „Engelhard" 178 f.; (Eingangsstrophen 119, 32); „Partonopier" 178 ff., 14; „Otto mit dem Barte" 192, 10 - 12 (vgl. 179); „Herzmaere" 192, 13, 14; „der Schwan-Ritter" 177, 92; „der Welt Lohn"

173, 44; 192; „S. Nicolaus" 185, 27; „S. Alexius" 185, 28, 29; „S. Silvester" 185, 30; „S. Pantaleon" 185. 31; Lieder 233, 31; 236; vgl. 215, 4'; Beispiele 237; „die goldene Schmiede" 233, 32; 252, 16—18 (vgl. 117, 9; 233, 32); „die Klage der Kunst" 94, 4'; von anderen Dichtern nachgeahmt 186, 37; untergeschobene Erzählungen 194, 31, 32.

Korner, Hermann, seine niederdeutsche Chronik 306, 35'; Erzählungen darin 407, 13; vgl. 406, 11'.

Kraft von Boyberg, Prediger und Mystiker 417, 10'.

Kranz der Maide s. Heinrich von Mügeln.

Kreuzzüge, ihr Einfluss auf die deutsche Poesie 86 ff.

Krieg von Wartburg s. Wartburger Krieg.

Krieg von Würzburg, Streitgedicht 131, 5'.

Krist s. Otfrid.

Krone, die, s. Heinrich vom Türlein.

Kronenberg, der von, Prediger und Mystiker 417, 10'.

Krüger, Barthol., dramatischer Dichter 387, 28; seine „Action von dem Anfang und Ende der Welt" 387, 29; sein Volksbuch „Hans Clauerts Historien" 387, 29'.

Kudrun s. Gudrun.

Kulman, Lienhard, dramatischer Dichter 386 f.; seine „Wittfrau" 387; vgl. 267, 1'.

Kunstdichtung des 12. und 13. Jahrhunderts s. Höfische Poesie.

Kürnberg, der von, Lieder unter seinem Namen 220 f.; Bau seiner Strophe 120; braucht schon überschlagende Reime 113, 2; ob Verfasser des Nibelungenliedes in seiner ursprünglichen Gestalt 199, 10.

Kyot (Guiot), Quelle für Wolframs von Eschenbach Parzival und Titurel 170, 17; vgl. 176, 81.

Lais, d. i. altbretonische Volkslieder 117, 8'.

Lalenbuch s. Schildbürger.

Lambert, Clerc, Verfasser einer Alexandreis 161, 51'.

Lambert von Hersfeld 24; vgl. 155, 39.

Lamprecht, Pfaffe, sein Alexander 161 f.; vgl. 151, 5'; vom Stricker benutzt 137, 3'.

Lamprecht von Regensburg, „die Tochter von Syon" 252, 19; Leben des heil. Franciscus 252, 19'.

Lancelot, niederd. Prosaroman 259, 41.

Land- und Stadtrechte 258, 33.

Landsknecht-Spiegel von Hans Sachs 393 f., 1'.

Lanzelet s. Ulrich von Zazikhofen und 305, 26'. 27'.

Lateinische Sprache in Deutschland und Folgen ihres langen Gebrauchs bei den Gelehrten 22; 66; 84 f.; 269; 419.

Lateinische Poesie unter den sächsischen und fränkischen Kaisern 24; ·40; 42.

Laurin. Sage 138, 4; Gedicht 209 f.; 300.

Lautere Wahrheit, die, s. B. Ringwaldt.

Leben Jesu. dramatisiert 368, 17.

Legenden. gereimte 67 f.; 153 ff.; 152 ff.; 305 ff.; — prosaische 409.

Legendensammlung des 12. Jahrhs., wahrscheinlich eine Quelle der Kaiserchronik 157, 11.

Leiche. älteste, ihr Ursprung aus den Sequenzen und ihre von den Liedern unterschiedene Form 39; Leiche aus der althochdeutschen Zeit 52; 53; 67 f.; die ältesten mittelhochdeutschen 108, 15—18; 110, 34'; 112, 4'; 230; andere (Reien und Tanze in Leichform) 125 f.; 215 (vgl. 212, 5'; 218); ein Leich vom Niederrhein 215, 5'; Leichform nach der Mitte des 11. Jahrh. noch lange fortdauernd in der geistlichen Poesie, auch noch in den Sequenzen der protestantischen Kirche 290, 21. 22.

Leiden Christi. geistliches Schauspiel 361, 12. 13; vgl. 370, 37'.

Leis. althochdeutscher 68, 17.

Leise oder **Leisen** als Name für religiöse Volkslieder 230; seit dem 11. Jahrh. hier und da beim kirchlichen Gottesdienst gesungen 346; in geistlichen Schauspielen 347.

Lenkveld. Georg (Macropedius) 351.

Lentold von Seven. Lieder 224, 50. 51.

Liebesbriefe oder Büchlein in Versen 253.

Liebeslieder, volksmässige, 213; 220; 310 ff.

Lied und Leich in der Form verschieden 39; 125 f.; vgl. 215.

Lied und Spruch unterschieden 214 f.

Lieder und Leiche von unbekannten Verfassern, Lieder in der heidnischen Zeit 11 ff.; vgl 56 ff.; die Merseburger Gedichte 58 f. (vgl. 36, 13'); Volkslieder aus christlicher Zeit, die entweder vorhanden gewesen oder noch erhalten sind: a) Weltliche Volkslieder (oder Leiche) von der Mitte des 1. bis zum Anfange des 12. Jahrh., über deutsche

Heldensagen 43—50; über Stamm- und Personensagen; historische 50—54; über die Thiersage 54—56; Volkslieder von anderem als eigentlich sagenhaftem oder historischem Inhalt 56 ff.; — aus späterer Zeit 89, 3'; 216; 220; 299; 321 ff. — b) Religiöse Volkslieder (oder Leisen) 66 ff.; 229 f.; 315 ff.

Liederbücher. musikalische 339, 2'.

Liederstreite 238; vgl. 131 f.

Liet. soviel als Strophe 123, 15'; Benennung für ein erzählendes Gedicht 145, 1'.

Lilien. die geistlichen, erbauliches Werk in Prosa und Versen 243, 27.

Limburger Chronik von dem Stadtschreiber Johannes 337, 2 ff.

Lindener, Michael, seine Novellensammlungen „Katzipori" und „Rastbüchlein" 408, 22'.

Link. Wenzeslaus 267, 1'.

Liodhahattr, nordische Strophenform, in Deutschland nicht erweislich 36, 15.

Litanei aller Heiligen 243, 19. 20.

Livländische Reimchronik 190, 16.

Lob des göttlichen Wortes s. Seb. Frank.

Lob der Thorheit nach Erasmus von Seb. Frank 422, 43'.

Loblied auf den heil. Geist s. Arnold.

Loblied. altes, auf Maria 230; vgl. 110, 31'; 120, 2'.

Lobspruch auf Nürnberg s. K. Haas und H. Rosenblüt.

Lobspruch der Schützen s. H. Grob.

Lobwasser, Ambrosius, Bearbeiter des Psalters 358, 46—48.

Logik. latein.-althochdeutsche, Bruchstück 82, 14.

Lohengrin. Gedicht 177, 87 ff.; Strophenart 125, 13; Zusammenhang mit dem Wartburger Kriege 177, 91; vgl. 238, 17'.

Loher und Maller, Roman 397 f., 3.

Lottersänger 94.

Lucidarius 254, 5. 6.

Ludus, allgemeine Bezeichnung für Schauspiel 360, 5'.

Ludus paschalis 361, 7. 13'.

Ludus scenicus de nativitate Domini 361, 11. 12.

Ludwig der Baier, Gedicht auf ihn 312, 31'.

Ludwig der Deutsche, sein Verhalten zur vaterländischen Dichtung 23; vgl. 69.

Ludwig der Fromme, sein Verhalten zur vaterländischen Dichtung 23.

Ludwigslied, ein Leich 52; 65; vgl. 39, 5'.

Lustigmacher im Schauspiel s. Komische Person.

Luther. Martin, seine Verdienste um die hochdeutsche Sprache und sein Einfluss auf die Bildung der deutschen Prosa 276 ff. (vgl. 270); Bibelübersetzung und eigene deutsche Schriften 277 f.; Lied von zwei Märtyrern Christi 330, 20'; begründet das protestantische Kirchenlied 353 ff.; seine Lieder 354, 7'; hat wahrscheinlich die Melodien zu einigen seiner geistlichen Lieder aus dem weltlichen Volksgesange entlehnt 355, 12'; ist dem Schauspiel nicht abhold 378, 20; bearbeitet aesopische Fabeln 408, 29—31; seine Schreibart in ihrem Einfluss auf den historischen Stil 412 f.; geistlicher Redner 418; lehrhafte Prosa 422.

Lüttich. Schule 24.

Lyrische Poesie. von Anfang des 12. bis gegen die Mitte des 14. Jahrhs. 212—238; ihr Aufkommen 212 f. a) Volksmässige Lyrik 216 f.; 220; 229 f.; b) Kunstmässige: ihr Verhältniss zur provenzalischen und nordfranzösischen 213; 218, 7'; zum ältern deutschen Volksgesange 216 f. (vgl. 212 f.; 56 ff.); Anfänge der mittelhochdeutschen Kunstlyrik. Charakter der ältesten Stücke; Hauptarten im 12. und 13. Jahrhundert und Verhalten der Dichter zu den verschiedenen Arten 212—214; Verhältniss der Formen und Einkleidungsarten zu den Gegenständen 214 ff.; Minnepoesie nebst der höfischen Dorfpoesie 217 ff.; religiöses Kunstlied 231 ff.; Lob- und Straigedichte, Klaggesänge und politische Gedichte 234 ff.; gnomische Lieder und Sprüche, Hafte oder Räthsel und Liederstreite 236 ff. — Von der Mitte des 14. bis zum Ende des 16. Jahrhunderts 331—358. a) Meistergesang 331—336 (vgl. 293 ff.) — b) Volksmässige Lyrik 337—358. α) weltliches Volkslied 338 ff. (Liebeslieder 340 ff.; vgl. 351; Frühlings- und Sommerlieder 342 f.; Trinklieder 343; vgl. 352, 38; Sittenlieder 344; — politische Lieder 344 f.; — Jägerlieder und Bergreien 345; Studenten- und Soldatenlieder, Lob- und Spottlieder auf Handwerke 345). — β) Volksmässiges geistliches Lied 345 ff. vgl. 339, 7'; und protestantisches Kirchenlied 352 ff.

Mabinogion der Lady Ch. Guest 145, 10.

Macpherson. sein Ossian regt das Interesse für deutsche Volkslieder mit an 325, 3'.

Madoc s. Willem.

Madrigal 289, 15.

Maere. Benennung für erzählende Gedichte 148, 1'.

Magelone. Roman 399, 19—21; dramatisiert 379.

Maget Krone. der, Legendenwerk 305 f.

Mahnrede an die Deutschen s. J. Fischart.

Mai und Beaflor. Gedicht 304, 18'.

Maler. Martin, Verfasser des strophischen Gedichtes vom Ritter Trimunitas 328, 10'.

Malagis. Gedicht 302.

Manesse 219, 10'; 227, 79.

Manessische Liederhandschrift. sogenannte 219, 10'.

Manfred. Friedrich II Sohn, Freund des Gesanges 92, 4'.

Mangold. Burg 311.

Mannus und seine Söhne in Liedern gefeiert 14.

Manuel. Nicolaus, Fastnachtsspiele 380, 42; Elslin Tragdenknaben 381, 42'.

Marcianus Capella. seine Vermählung Mercurs mit der Philologie althochd. 82, 10.

Margarethe. die heil., ihr Leben in dichterischen Bearbeitungen 154, 32.

Margarethe. Gräfin von Widmont etc. 397.

Mariengrüsse. Gedicht, metrische Künsteleien 119, 33. 34; vgl. 350, 24'.

Marien Himmelfahrt s. Konrad von Heimesfurt.

Marien Himmelfahrt. geistl. Schauspiel 371, 10.

Marien Klagen. Bestandtheile von Passionsspielen 369, 23; Bordesholmer 369, 25; vgl. 362, 20. 21.

Marienleben s. Wernher und Br. Philipp.

Marienleich. Arnsteiner 108, 15; 125 f.

Marienlieder. niederrhein., des 12. Jahrhunderts 231, 13. 14; vgl. 216, 7'.

Marienlob 230, 5.

Marner. Lieder und Sprüche 235, 11—13; Beispiele 237.

Martin. Laienpriester, hat Antheil an den Liedern des Mönchs von Salzburg 350, 23.

Martina s. Hugo v. Langenstein.

Martinslieder 344, 26.

Mathesius. Johann, Predigten 419, 25. 26.

Matthias von Beheim. Bibelübersetzung 278, 12.

Matthias von Kemnat 309, 16.

Mangis. Roman de, 302, 3'.

Maundeville. John (Montevilla), Reisebeschreibung deutsch 414, 34. 37.

Mauritius. G., Schauspieldichter 388, 33.
Maximilian I. Freund der Poesie und selbst Dichter 266; sein „Theuerdank" 313, 39 ff.; „Weiss-König" 404, 60.
Mâze, diu —, Gedicht des 12. Jahrhunderts 105, 9.
Mechthild von Magdeburg. Schwester, Offenbarungen derselben 421, 36'.
Meckel. Petrus, dramatischer Dichter 387, 26; seine „Anklage des menschlichen Geschlechts" 387, 27.
Meerwunder. Gedicht 301, 14'.
Meffrid. Meister 335, 9'.
Meier Helmbrecht s. Wernher der Gartner.
Melnauer Naturlehre 259, 12.
Melnloh von Sevelingen (Sefl.), Lieder 221, 15; Strophenbau 121, 8'; 122, 12'. 14'.
S. Melurad. geistliches Spiel 378, 25.
Meissel. Konrad (Celtis) 270, 2.
Meissner. der, gnomische Stücke 237, 8.
Meissner. der alte. 237, 8'; vgl. 215, 2'.
Meissner. der junge. 234, 38'; 237, 8'.
Meister, Bedeutung des Wortes vor den Namen altdeutscher Dichter 132.
Meistersänger, ihr allgemeiner Charakter 293 ff.; vgl. 132, 8'; sollen von Karl IV ein eignes Wappen erhalten haben 266, 5; ihre rohe Behandlung des Versbaues 281 f.; Strophenbau 288 ff.; die Meisterschaft von der Erfindung eines neuen Tons abhängig 288 f.; Gegenden und Städte, wo der Meistergesang besonders geübt wurde 331 f.; allgemeine Charakterisierung desselben 332 ff.; die namhaftesten Meistersänger 335 f. — Meistersänger als Darsteller von Schauspielen 364, 32'.
Meistersängerschulen (oder Singschulen), ihre Anfänge und Sagen darüber 131 ff; Mainzer unter Frauenlob 331 f.; fernere Ausbildung und Ausbreitung 293 ff.; 332.
Melranz s. Pleier.
Melodramatische Behandlung der geistlichen Schauspiele 370.
Melusine. Roman 398, 10. 11.
Menzer s. J. Fischart.
Merigarto. Gedicht 73; vgl. 40 f.
Merker in den Singschulen der Meistersänger 296.
Merovingische Könige im Volksgesange fortlebend 42, 3'.
Merseburger Gedichte (Idisi und Balders Fohlen) 58 f.; vgl. 36, 13'.
Merswin, Rulmann, Mystiker 420, 30; sein Buch von den neun Felsen 420, 30.
Messegesang 230, 8.
Messgebräuche. Deutung der —, Gedicht 243, 18.
Metzen Hochzeit. Gedicht 321, 28.

Metzger. Ambrosius, 293, 2'.
Mihi est propositum etc., Trinklied 343, 22'.
Minne Falkner, der, Gedicht 312, 32'.
Minnelieder, kunstmässige 217 ff.; vgl. 341 f.
Minne Regel, der, s. Eberhard von Cersne.
Minners Klage, des, Gedicht 312, 32'.
Minnespiegel. der, mystisches Gedicht 348, 14'.
Mitteldeutsche Sprache 97, § 62, 1. 273, 1.
Mohrin, die, s. Hermann von Sachsenheim.
Mönch, der, und das Gänslein, Erzählung 191, 29.
Mönch von Heilsbronn, mystisches Gedicht von den sieben Graden 358 f., 1; vielleicht auch Verfasser der Tochter Syon und eines h. Alexius 359, 1'.
Mönch von Salzburg (Johannes oder Hermann?), Uebersetzer lateinischer Hymnen und Sequenzen 350; vgl. 342, 15'; bildet die sapphische Strophe nach 284, 13'.
Moraut und Galie. Gedicht aus dem Sagenkreise Karls d. Grossen 163 f.; 180.
Möringer, der edle, strophisches Gedicht 328, 2—5.
Morssheim s. Johann von Morssheim.
Mosaische Geschichten in freier poetischer Bearbeitung (Genesis, Exodus) 104; 151 f.; vgl. 40.
Motetten 289, 15.
Mouskes, Ph. *Chronique* 141, 4'.
Müllch von Prag. Meistersänger 335, 9'.
Müller, Johannes, Mitverfasser der Zimmerschen Chronik 412, 32.
Münster, Sebastian, „Cosmographia" (Erdbeschreibung) 414, 39.
Murner. Thom., Leben 392, 31'; „Narrenbeschwörung" 392, 28; „Schelmenzunft" 392, 29; „geistliche Badefahrt" 392, 32; „Gäuchmatt" 392, 33; hat den „Eulenspiegel" nicht verfasst 402 f., vielleicht nur übersetzt 402, 48'.
Muscatblüt. Leben 336, 15. 16; Lieder 336; 334, 4'; 341, 12; 352, 41. 42.
Musik. volksmässige, vervollkommnet 337.
Musikalische Instrumente s. Instrumente.
Muspilli. Gedicht 69, 4; vgl. 23, 13; 35, 13; 239, 2'.
Myllius. Martin, seine „Passio Christi" 284, 13'; 350, 27.
Mysterien, Name für geistliche Schauspiele 360, 5.
Mystiker 269; ihre Lieder 348, 14; Prosaschriften 415 ff.

Naogeorg, Thomas (Kirchmeyer), lateinische Schauspiele ins Deutsche übertragen 376, 14.

Narrenbeschwörung s. Th. Murner.

Narrenschiff s. Seb. Brant.

Neidhart von Reuenthal, Erfinder der höfischen Dorfpoesie 227 f., 4—9; 229, 17; 351, 21; Strophenformen 123, 20; die grosse Zahl seiner Weisen 124, 1.

Neidharte, besondere Art von Gedichten 322, 41; 342, 19.

Neidhart Fuchs 228, 9'; 322, 41.

Neujahrsspiele 370, 34.

Neujahrswünsche 342, 20'.

Nibelunge Noth (Lied), der, 196 ff. (vgl. 42, 3'); ursprüngliche Gestalt des Gedichtes verloren gegangen 196 f.; Heimath 197; Umarbeitungen 197; Benutzung von Volksliedern darin 197; Haupthandschriften 198 f.; interpolierte Handschriften 300; beruft sich bloss auf mündliche Ueberlieferung 203, 5'; zu welcher Vortragsart bestimmt 211; hoher Werth dieser Dichtung 201 f.; Metrik 106, 1'; 114, 10; Nibelungenstrophe 120 f.: 197; 200; Variationen derselben 121; 121 f.; Verwendung im Drama 121, 9'. — im 14.—16. Jahrhundert 299 f.

Nibelungensage oder **Siegfriedssage** in der heidnischen Zeit 131.; weitere Fortbildung 15.

Nibelungenstrophe s. Heldenstrophe.

Nibelungenvers s. Heldenstrophe.

Nibelunger Het. der, Umarbeitung von der Nibelunge Noth im 15. Jahrhundert 299 f.

Niclas von Weyl (Wyle), Leben 399 f., 21'; vgl. 398, 8': Uebersetzer des Romans „Euriolus und Lucretia" 399; Bearbeiter von Novellen 406, 7: „Translation oder tütschungen" etc. 400, 25'; Sprache 275, 5'; Bemerkungen über deutsche Rechtschreibung 421, 55.

Nicolai, Philipp, Kirchenlieder 358, 41.

Nicolaus, der heil., s. Konrad von Würzburg.

Nicolaus von Basel, Mystiker 419 f.

Nicolaus von Jeroschin, seine Deutschordenschronik 190, 17; Metrisches 106, 1'; 118, 26; sein Leben des heil Adelbert 190, 18.

Nicolaus Mercatoris, sein Fastelabendspiel vom Tode und vom Leben 373, 61.

Nicolaus von Strassburg, Leben 417, ~ 11, 12; Predigten 417.

Niederdeutsche Reden oder **ganze Scenen** im Drama 352 f., 54'.

Niederländische Literatur in Deutsch-land eingeführt und Einfluss derselben auf die deutsche Sprache 279; — auf einzelne Gattungen der Literatur 301 ff.; 314 ff.; — 410, 42.

Nivardus, Verfasser des „Reinardus" 55, 5'.

Nollart s. P. Gengenbach.

Notker (Balbulus) 40.

Notker (Labeo) 79, 16 (vgl. 39, 7'); seine Uebersetzung und Umschreibung der Psalmen 79 f.; andere Uebertragungen biblischer Stücke von ihm und andern S. Galler Mönchen 80; Uebersetzungen von Schriften des Aristoteles, Boëthius und Marcianus Capella 52 f.; verloren gegangene Uebersetzungen 82, 12.

Nürnberg, eine Hauptstätte des Meistergesangs 332; Pflegestätte des alten volksthümlichen Drama's 372 f.

Nydhart, Hans, erster Uebersetzer eines Stückes von Terenz 375.

Octavianus, Kaiser, Roman 399, 22; dramatisiert von S. Wild 379.

Odin hat nach nordischen Sagen die Buchstabenschrift (Runen) in Scandinavien eingeführt s.

Odo, Verfasser eines lateinischen Gedichtes von Herzog Ernst 158, 26.

Offenbarung Johannis, niederd. Gedicht 242 f., 13; s. auch H. Hesler.

Ogier von Dänemark, Gedicht 302.

Oelinger, Albert, seine deutsche Grammatik 423 f.

Omichius, Fr., Komödienschreiber, „Von Dionysii Syracusani und Damonis und Pythiae Brüderschaft 383, 54'.

Opitz, Martin, führt die deutsche Verskunst zu fester Regel zurück; Versuche dazu vor ihm 282 ff; — Opitzens und seiner Nachfolger Poesie in ihrem allgemeinsten Verhältniss zu der ältern gelehrten und höfischen Dichtung 136, 3'.

Ordo Rachelis, geistliches Spiel 361.

Orendel, Gedicht 155, 45; vgl. 137, 2'.

Ortnit, Sage 139, 7; Gedicht 203; vgl. 137, 2': in Caspars von der Röhn Heldenbuch 300; dramatisiert (Otnit) von J. Ayrer 379.

Orissagen 140.

Ostergesang, alter, weitverbreiteter, in der Liturgie eingeführt 316 f., 6.

Ostergesang, von Konrad von Queinfurt 349, 18; vgl. 346, 3'.

Ostergesang, niederdeutscher, in Leich-form 349, 19.

Osterlieder 230, 10.

Ostermärlein 409, 36'.

Osterspiel, Luzerner, 368, 11.

S. Oswald. zwei Gedichte 155, 41 ff.; Prosabearbeitung 155, 43.

Oswald von Wolkenstein. Liederdichter 311 f.

Otfried. Leben 71, 1—3; vgl. 22, 2'; 23, 11'; 23; eifert gegen den unzüchtigen Gesang der Laien 57, 7; Evangelienharmonie (Krist) 71 ff.: benutzte Quellen 72, 6; ihr Verhältniss zum Heliand 73, 7; ihre Form 37 ff.; Künsteleien in ihr 119; viele lyrische Stellen in dem Gedicht 212; didaktische Bestandtheile 239; Vortragsart, für welche es bestimmt gewesen 40, 12; — vgl. auch 67, 4.

Ottacker (fälschlich von Horneck). „Oesterreichische Chronik" 189, 15; „Buch der Kaiser" 189, 15'.

Otto der Grosse. in der Sage 54, 25; Leich auf ihn in gemischten lateinischen und deutschen Zeilen 53; 24 f.; 39, 5'.

Otto II und **Otto III.** ihre gelehrte Bildung 21.

Otto. Bischof, Verfasser eines Barlaam und Josaphat 184, 17.

Otto IV. Graf von Botenlauben. Lieder 225, 52.

Otto. Markgraf von Brandenburg. Lieder 227, 77.

Otto von Diemeringen 414, 37'.

Otto v. Freisingen 95; vgl. 164; 164, 18'.

Otto von Passau. lehrhafter Prosaist 421, 38. 39.

Otto. Dichter des „Eraclius" 164, 18.

Otto mit dem Barte s. Konrad von Würzburg.

Ovids Metamorphosen in mittelhochd. Bearbeitung von Albrecht von Halberstadt 182. 34. 35; vgl. 146. 5.

Paderborn. Schule 21.

S. Pantaleon s. Konrad von Würzburg.

Pantschatantra. indische Beispielsammlung 317, 5'.

Partonopier und Meliur s. Konrad von Würzburg.

Parzival s. Wolfram von Eschenbach; sein celtischer Name 141, 7'.

Passion s. J. Rothe.

Passionale. grosses, in Versen 186, 38—42: Metrisches 118, 19; der Dichter des Passionals auch Verfasser anderer Legendenwerke 185, 20.

Passionsspiele. dramatische 367 f.; das älteste deutsche 361 f., 17; ein altes auszugsweise zu Frankfurt a. M. 367, 6; 370, 37; vgl. 362, 19; Friedbergisches 367, 7; Donaueschinger 368, 10; Egerer 368, 12; Alsfelder 368, 9; eins mit eingeschobenen

Begebenheiten des alten Testaments 367, 2.

Paternosterleich 230, 6.

Pathelin. Maitre. französ. Farce 376, 13'.

Paul v. d. Aelst. Liederbuch 289, 15'.

Pauli. Joh. (Johannes Pfedersheimer?), Leben 407, 15'; Verfasser von „Schimpf und Ernst" 407, 14; Bearbeiter der Predigten von Joh. Geiler von Kaisersberg über Texte aus Seb. Brants „Narrenschiff" 418, 19'.

Paulus Diaconus 21; Sagen bei ihm 51.

Peire Vidal s. Rudolf von Neuenburg.

Pentameter s. Hexameter.

Percy's Reliques of ancient English poetry regen hauptsächlich das Interesse für deutsche Volkslieder an 325, 3'.

Personensagen. deutsche 51 f.; 53; 140; Dichtungen darüber 157 f.; 191 f. 303; 319; 325.

Peter von Arberg. Graf 335, 9'; Dichter eines Tageliedes von der heil. Passion 319, 17.

Peter von Dresden 352, 39.

Peter von Dusburg 190.

Peter Leu s. A. J. Widmann.

Peter von Pisa 20 f.

Peter von Reichenbach 335, 9'; sein „Hort" 290, 22'.

S. Petrus. Bittgesang an ihn 67; Form 39, 3.

Petrus Alfonsi. Disciplina Clericalis 148; 249, 27; 317, 2.

Petrus Comestor. Historia scholastica, eine Quelle für Rudolfs von Ems Weltchronik 188.

Petrus van Diest 381.

Pfaffenleben. Gedicht 117, 12; 244, 31.

Pfarrer vom Kalenberg s. Ph. Frankfurter.

Pfedersheimer. Joh., s. J. Pauli.

Pfingstlieder 231.

Pfinzing. Melch., Leben 313, 43'; sein Antheil am „Theuerdank" 313, 42.

Pfitzer. Ueberarbeiter von Widmanns „Faust" 403, 56.

Pfort. Peter, Meistersänger 293, 2'.

Philipp von Schwaben. deutscher Dicht- und Sangeskunst günstig 92, 4'.

Philipp. Bruder, Marienleben 306, 31 bis 33; vgl. 118, 26'.

Philippus Gualtherus de Castellione. seine lateinische Alexandreis 147.

Physiologus. althochdeutscher 80.

Pilatus. Gedicht 155, 46; lateinisches Gedicht 156, 48; vgl 105, 8; 112, 4'; s. auch J. Rothe.

Plautus, alte Uebersetzungen einiger
seiner Stücke 375; „die Menächmen"
bearbeitet von Hans Sachs 379, 31'.
Pfeier, der, Dichter 174 f.; beruft sich
auf fingierte Quellen 138, § 82, 3'; sein
„Garel vom blühenden Thal" 174, 62;
„Tandarias und Flordibel" 174, 63;
metrische Künsteleien darin 119, 36;
„Meleranz" 174, 64.
Poetiken, deutsche, Anfänge dazu schon
in den Tabulaturen der Meistersänger
und in einigen Büchern, die u. a. auch
über deutsche Prosodie und Verskunst
handelten 294 f.; 282 f.
Poetische Wettkämpfe 131 f.; 238.
Politische Lieder und Sprüche 234 ff.;
344 f.
Pondo, Georg 364, 34'.
Pontus und Sidonia, Roman 398, 6-9.
Poppo s. Boppe.
Possenspiele (bei J. Ayrer soviel als
Fastnachtsspiele 385) s. Drama.
Predigten, Homilien und andere
kleinere Stücke geistlichen In-
halts vor Anfang des 12. Jahrhs.
78 ff.; spätere Predigten und Homilien
254 f.; 415 ff.
Predigtmärlein 409, 31.
Priamel, Bedeutung des Worts 236, 2';
Priameln von Hans Rosenblüt
n. A. 390 f.
Prischuch, Thomas, „des (Costnitzer)
Concils Grundveste" 308, 4'.
Pritschenmeister, was sie waren 292.
Probst, Peter, sein Fastnachtspiel mit
Hanswurst 382, 52'.
Procession der Darsteller eines Spiels
369, 28. 28'.
Prosarede in der dramatischen Poesie
aufkommend 382, 54.
Prosawerke, gothische 74 ff.; älteste
hochdeutsche 77; 74, 1'; älteste nie-
derdeutsche 80 f.; — von Anfang des
12. bis gegen die Mitte des 14. Jahrhs.
253 ff.; vgl. 84 f.; — von der Mitte
des 14. bis zum Ende des 18. Jahrhs.
396 ff. (Romane, kleinere Erzählungen,
Fabeln und Legenden; Satire 396-410;
geschichtliche und beschreibende, rednerische, didaktische Werke 410-424);
vgl. 268 ff.
Prosen s. Sequenzen.
Provinzialdialekte, absichtlich im
Drama gebraucht 382 f., 54'.
Prozessform in Fastnachtsspielen
373, 56'.
Prüm, Klosterschule 22.
Psalmen, Uebersetzungen und Erläuterungen derselben in altdeutscher
Sprache 79 ff.; 254.
Psalmen, die Windberger 79, 19;
254. L.

Psalter, der ganze, poetisch bearbeitet
von 11. Gamersfelder 357, 34;
Burk. Waldis 357, 35; Ambr.
Lohwasser 358, 46-48.
Puschmann, Ad., Meistersänger 336,
23. 24; „Comedia von dem Patriarchen
Jacob" 284, 14'; Gründlicher Bericht
des deutschen Meistergesangs und
gründlicher Bericht der deutschen
Reimen oder Rithmen 295, 4. 5.
Püterich von Reichertshausen, Jac.,
265, 2'.

Quantität der Silben im Deutschen
s. Silbenton.

Rabelais, Fr. 405, 65; sein „Gargan-
tua und Pantagruel" 405, 64. 66; seine
„Prognostication pantagrueline"410,39.
Rabenschlacht, Gedicht von Heinrich
dem Vogler 207 f., 21; vgl. 211, 6';
Strophenform 125, 10; 208, 26.
Raber, Virgil, führt in Botzen eine
Passion auf 368, 13.
Rappolt, Laurentius, Bearbeiter des
Hekastus s. M. Lindener.
Rastbüchlein s. M. Lindener.
Ratpert, sein Lied auf S. Gallus 67.
Raumsland oder Raumeland, Lyri-
ker 233, 34; 236; vgl. 131, 5'.
Rausch, Bruder, Gedicht 321, 30.
Rebhun, Paul, Leben 385, 12'; Dra-
matiker 385 f.; vgl. 377, 18'; Vor-
gänger Opitzens in der Regelung
des Versbaues 282, 6-8; versucht den
dramatischen Vers seiner Rohheit zu
entreissen 375, 2'; — Schauspiele:
„Susanna", „Hochzeit zu Cana" 282,
6. 7; „Klage des armen Mannes" 375,
2'; seine verlorne deutsche Grammatik
424, 57'.
Recht, Gedicht vom, 243, 23.
Reda umbe diu tier (Physiologus)
80, 25.
Redentiner Spiel 369, 29.
Rednerische und Brief-Prosa 254 f.;
259; 415 ff.
Reformation, ihre nächste Einwirkung
auf die deutsche Dichtung 266 ff.;
auf Sprache und Prosaliteratur 276 ff.;
auf die wissenschaftliche Bildung 271.
Regenbogen, gnomische Stücke 235,
13; vgl. 131, 5'.
Reichenau, Klosterschule 22; dort
befindliches Buch mit deutschen Gedichten 23, 11.
Reien und Tänze in Leichform s.
Leiche.
Reim, Reimarten und Anwendung
derselben s. Verskunst.
Reimlose Verse in althochd. Zeit 36,
1; fünffüssige Jamben 382, 53.

Reinardus 54 f.: vgl. 14; jüngeres Gedicht nach dem Niederländischen 314, 7.

Reinaert, mittelniederländisches Gedicht 314 ff.

Reinbot vom Turn, sein „heil. Georg" 185, 21—25; nachgeahmt 186, 37.

Reineke Vos 315 f.; aus einem niederländischen Originale übertragen 315 f.

Reinfried von Braunschweig, Gedicht 303, 9—11.

Reinhart Fuchs s. Heinrich der Glichesaere.

Reinhart von Westerburg 341, 9.

Reinmann von Brennenberg, Lyriker 226, 74.

Reinmar der Alte, Lyriker 222 f., 37—39; 235, 5.

Reinmar der Fiedeler, Lyriker 215, 4'.

Reinmar von Zweter, Lyriker 232 f.; 27—29; 235; Beispiele 237.

Reinold von Montalban, Gedicht 302; vgl. 399, 17.

Reise-, Länder und Erdbeschreibungen 414.

Reissner, Adam, Kirchenlieder 357, 28.

Religiöses Volkslied der älteren Zeit 66 f.; 229 f.; 345 ff.

Renart, Roman de, 314, 5.

Renaus de Montauban 302, 3'.

Renner, der, Gedicht s. Hugo von Trimberg.

Rennewart, der starke, von Ulrich von Türheim 180, 12.

Repgowische oder Sachsenchronik 258 f., 37—39; vgl. 410, 3.

Reuchlin. Joh. 270, 3; seine „*Scenica progymnasmata*" 376, 12.

Reznem s. J. Fischart.

Rhetorik, sangallische, 81, 2.

Rhythmus 37, 8, *versus rhythmici* 37, 8'.

Richter, Zacharias, 284, 13'.

Rime brechen und *rime samenen* 116, 6'.

Ring, der, s. H. Wittenweiler.

Ringwaldt. Barthol., Leben 358, 40'; Kirchenlieder 358, 40; Komödie „*Speculum mundi*" 381, 50; didaktische Werke „die lautere Wahrheit" 393, 37; „christliche Warnung des treuen Eckarts" 395,18; Reimgebrauch 284, 3'.

Rittermaeren. eigentliche 167 ff.; fortdauerndes Interesse dafür im 14. und 15. Jahrhundert 265, 2'; vgl. 301 f.

Ritterspiegel s. Joh. Rothe.

Ritterthum, sein Einfluss auf die deutsche Poesie (höfische Dichtung) 88 ff.

Rolandslied, muthmassliches in fränkischer Sprache 51, 6'; von dem Pfaffen Konrad s. Pf. Konrad.

Rollenhagen. G., Leben 316, 18'; „der Froschmäuseler" 316 f.

Rollwagenbüchlein s. G. Wickram.

Romane, dafür aufkommende Prosaform 259; 396 f.: Bruchstück eines sehr alten übersetzten 259; Ritter-, Helden-, Liebes- und Glücksgeschichten aus anderen Sprachen übersetzt oder Auflösungen älterer Rittermaeren 397 ff.; Volksromane 402 ff.; Fischarts „Geschichtklitterung" 404 f.

Rosenblüt. Hans (der Schnepperer), Leben 309, 8—10; vgl. 292, 7; 294, 4'; „Sieg bei Hempach" 309, 11; Form des Gedichts 287, 6'; „Lobspruch auf Nürnberg" 309, 12; „Disputatz eines Freiheits mit einem Juden" 320, 24'; Erzählungen und Schwänke 320, 21; Weingrüsse und Weinsegen 343, 23; Fastnachtspiele 373, 53—56; Priameln 390, 18; Kriterien für die Echtheit der ihm beigelegten Stücke 373, 45.

Rosengarten. der grosse, Sage 139; Gedicht in verschiedenen Bearbeitungen 203 ff.; 300.

Rosengarten, der kleine s. Laurin.

Rothe. Johannes, Leben 307, 40; Leben der heil. Elisabeth 306 f., 38; Gedicht von Pilatus 307, 39; gereimte Passion 307, 39; Gedicht „des Rathes Zucht" 359 f., 9; 283, 12'; sein „Ritterspiegel" 359, 6; 287, 6'; 289, 12'; Gedicht von der Keuschheit 390, 10; Thüringische Chronik in Prosa 411, 9—11; 307, 41.

Rudlieb, lateinisches Gedicht 42; 50, 12. 13; ältester deutscher Hexameter darin 283, 12'.

Ruediger, in der Sage 14, 4'; 47, 9.

Rudolf, Graf, Gedicht 160 f.; 163; Metrisches 105, 7'; 112, 3'.

Rudolf von Ems, Leben 178, 5 ff.; Nachahmer Gottfrieds v. Strassburg 172, 32; 199, 9': widmet Konrad IV seine Weltchronik 92, 4'; literar-historisch wichtige Stellen in Alexander und Wilhelm 165, 23'; Sprachliches 102, 1'; Reingenauigkeit 113; metrische Künsteleien in der Weltchronik und im Alexander 119; metr. Form der Schlüsse im guten Gerhard, Barlaam und Wilhelm 119, 35'. Werke: „der gute Gerhard" 191 f., 175; „Barlaam und Josaphat" 181, 14; 178; „Eustachius" 181, 18; „Wilhelm von Orlens" 175; „Alexander" 181, 25—27; 178; „Weltchronik" 185 f.; 178; (in Prosa 410); Buch von Troja, verloren 181 f., 28; nachgeahmt von Johann von Würzburg 166, 2.

Rudolf. Graf von Neuenburg (Fenis)

in seinen Liedern Nachahmer des F o l-
quet von Marseille und des Peire
Vidal 213, 3'; 222, 29. 30.
Rudolf von Rothenburg, Lyriker
225 f., 62.
Rudolf der Schreiber, Lyriker 178, 5'.
Rudpert von S. Gallen 81, 4.
Ruef, Jacob, Verfasser eines „Spiels
von Wilhelm Tell" 379, 25. 29; „Etter
Heini" 379, 29'; Adam und Eva 379,
29'.
Ruf, Name für Bittlieder an die Heiligen
230, 2.
Rumpolt und Mareth, Fastnachts-
spiel 373, 56'.
Runen 8 f.; 20. 2'; Verse über das
Runenalphabet 59.
Ruprecht von Orbent, Gewahrsmann
von K o n r a d F l e c k e 178.
Ruther, König, Sage 139; vgl. 146, 4;
Gedicht 157, 12 ff.; vgl. 195; 208; 137,
2'; Metrisches 118, 17'.

Sachs, Hans, Leben 312, 36'; gereimte
Lebensbeschreibung von ihm selbst
294, 7'; 322 f.: wodurch er hauptsächlich berühmt geworden 294, 8';
Meistersänger 336, 21. 22; bringt die
Nürnberger Singschule sehr in Aufnahme 332, 5; Sprache 277; Versbau u.
Versmessung 282, 4'; 287, 5'; Reime
284, 5'. — Schwankartige Legenden
306; allegorische Erzählungen 312, 36;
andere kleine Erzählungen 322 f.; vgl.
308, 3'. Kurzweilige Schwänke in
der Form des Meistergesangs 334, 7';
„Wittenbergische Nachtigall" 323, 45;
— „Buhllieder, Gassenbauer" und
andere nicht meisterliche Lieder 334,
3'. — Dramatiker 376—385; einzelne
Stücke: „der Pluto" etc. 375. 5;
„Henno" 376, 13; „die ungleichen
Kinder Evae" 377, 19'; „Passion" 378;
„Lucretia", „Virginia", „Hörnen Seifried"; „Jocaste", „Clytämnestra" 379;
Bearbeitungen der Fabeln der „Me-
nächmen" des P l a u t u s und des
„Eunuchen" von T e r e n z 379, 31';
„das Hofgesind Veneris" (sein erstes
Stück) 383, 3'; Zahl seiner Stücke
385; — Spruchgedichte 393; Fabeln
und andere didaktische Sachen 393 f.:
Kampfgespräche 396. — Vier Dialoge
322, 43'.— Benutzt den Eulenspiegel als
Quelle 403. 52.— Von Goethe und Wie-
land zuerst wieder anerkannt 323, 46.47.
Sachsenspiegel 96; 257, 24.
Sagen oder Sprechen und Lesen 211.
Salman und Morolt, Gedicht 162,
57 ff.; Form 121, 10'; Vortragsart 211.
Salomon und Markolf, Gedicht 322.
Salomons Lob, Gedicht 152, 11.

Salzmann, Wilhelm, Uebersetzer des
„Kaiser Octavianus" 399, 22.
Sammler, der, verlornes Gedicht von
Hugo von Trimberg 247.
Sandrub, Lazarus, poetische Erzählungen 323 f.
Sangari 60, 1'.
Sapphische Strophen im Deutschen
nachgebildet 284, 13.
Satire, Spottlieder in der ältesten Zeit
58; spätere Gedichte von mehr oder
minder satirischem Charakter 190;
193 f.; 234 ff.; 244; 245 ff.; 316;
320 ff.; 329 f.; 333; 344 f.; 373; 380 ff.;
388 ff. — Satirische Prosaschriften
402 ff.; 409 f.
Saucourt, Schlacht bei, altfranzös. Gedicht auf dieselbe 52, 16'.
Schachspiel, Gedichte vom, 253; s.
auch K o n r a d v o n A m m e n h u s e n
und S t e p h a n.
Schalling, Martin, Kirchenlieddichter
358, 39.
Schamperlieder 340, 6.
Schaubühne englischer und französ.
Komödianten 366, 36'.
Schauspiele, lateinische, für die
Jugend geschrieben; ihr Einfluss auf
das deutsche Drama 375 f.
Schauspiele, h o c h d e u t s c h e, worin
die Reden einzelner Personen oder
ganze Auftritte in besondern Mund-
arten abgefasst sind 382 f., 54'.
Schauspieler von Gewerbe, die älte-
sten in Deutschland 364 f.
Schelmenzunft s. Th. M u r n e r.
Schernberg, Theod., Verfasser des
„Spiels von Frau Jutten" 372.
Schildbürger oder L a l e n b u c h,
Volksroman 403 f.
Schiller, Fr., der Inhalt seiner Ballade
„der Gang nach dem Eisenhammer"
in einer alten Prosaerzählung 406, 12;
der Inhalt der „Bürgschaft" bei K.
Vintler 390, 12'.
Schilher, Georg (Jörg Schiller),
Meistersänger, Lieder 344, 25.
Schilling, Diebold, Berner Chronik 411.
Schilling, Diebold, ein jüngerer Chro-
nist 411, 13'.
Schimpf und Ernst s. J o h. P a u l i.
Schlemmer, der d e u t s c h e, Schau-
spiel, s. J. S t r i c k e r.
Schlummerlied, althochdeutsch., Un-
echtheit desselben 60, 25. 26.
Schmauselieder 229, 17; 343 f., 25.
Schnepperer, der, s. H. R o s e n b l ü t.
Schrätel und Wasserbär, Erzählung
194, 28.
Schreiber, der tugendhafte, Dich-
ter 238, 15'.
Schuldramen, zuerst lateinisch, dann

ins Deutsche übersetzt oder gleich deutsch abgefasst und in den Schulen aufgeführt 375 f.

Schulmeister von Esslingen, Lyriker 236, 15.

Schultes, M., Umarbeiter des „Theuerdank" 313, 40'.

Schwabenspiegel 96; 257, 25'.

Schwäbisches Verlöbniss 257, 23.

Schwan - Ritter s. Konrad von Würzburg.

Schweinichen s. Hans von Schweinichen.

Scuof oder Scôp, eine der ältesten deutschen Benennungen für Dichter 60, 1'.

Seele, die minnende, mystisches Gedicht 348, 14'.

Seelen Trost, der, Erzählungen und Legenden darin 406, 10; vgl. 405, 1'; 409, 34'.

Selnecker, Nicolaus, geistlicher Lyriker 358, 38.

Semler 284, 13'.

Sendschreiben, altes poetisches 244, 38.

Sendschreiben Luthers „An den christlichen Adel deutscher Nation"etc. 418, 20'.

Sequenzen und Prosen 40; 66; lateinische in deutschen Uebertragungen 349 ff.; 355, 10; Fortdauer der Sequenzen in der geistlichen Lyrik der Protestanten 290, 22; vgl. Leiche.

Sequenz von Muri 108, 16; 126; 232, 18.

Sequenz von S. Lambrecht 232, 19.

Servatius, der heil., Legende von einem Ungenannten bearbeitet 154, 37; s. auch Heinrich von Veldeke.

Siebenschläfer, mittelhochdeutsches Gedicht 187, 45; prosaische Erzählung 409, 33'.

Sieben weisen Meister, die, Ursprung und Ausbreitung 147; „die sieben weisen Meister, oder Diocletians Leben", in Versen, von Hans von Bühel 320, 19—22 (vgl. 304); eine andere poetische Bearbeitung 320, 23; dramatisiert von S. Wild 379; — in Prosa 406, 2; vgl. 317, 2.

Siebenzahl, Gedicht von der, s. Arnold; Leich 230, 7'; 243, 17.

Siegenot, Sage 139, 6; Gedicht 205 ff.; 300, 12 (s. Albrecht von Kemenaten); vgl. 401, 36'.

Siegfriedssage s. Nibelungensage.

S. Silvester s. Konr. v. Würzburg.

Singen und Sagen 62; 211.

Singen grosser strophischer Gedichte 211; 298, 1'; vgl. 40, 13'.

singermeister, singermeistermeister, singermeistermeistermeister 132, 9'.

Singschulen s. Meistersängerschulen.

Singspiele von J. Ayrer 385, 10.

Sittenlied 311.

Siegeröttchlein, das, Gedicht 313, 38'.

Slüter, Joachim, Gesangbuch 356, 19'.

Soldatenlieder 345.

Solinus, sein Polyhistor vielleicht eine Quelle für Rudolfs von Ems Weltchronik 188.

Spangenberg, Cyriacus, Schrift von der Musica und den Meistersängern 295, 6; vgl. 336, 17'.

Spangenberg, Wolfhart (Lycosthenes Psellionoros) Schauspiele 388, 34; Uebersetzer 388, 34'.

Spanische Literatur in Deutschland eingeführt und Einfluss derselben auf die deutsche: auf das Drama 377, 17'; 380, 31.

Speculum ecclesiae, Predigtsammlung 254, 8'.

Speculum Mundi s. B. Ringwaldt; — Speculum humanae salvationis 395.

Spel, Bezeichnung für Erzählung und Märchen 148, 1'.

Spengler, Lazarus, Kirchenliederdichter 356, 24.

Speratus s. Spretten.

Spervogel, Lieder 241, 12; 235, 3; gnomische Sprüche 237, 6; Priameln 236, 2'; Beispiele 237, 4; Metrisches 110, 34'; 121.

Spervogel, der junge, 237, 6'.

Spiegel des menschlichen Heils s. Heinrich von Laufenberg.

Spiegel deutscher Leute, Rechtsbuch 258, 31, 32.

Spiegel des Regiments s. Johann von Morssheim.

Spiegel der Sitten s. Albrecht von Eybe.

Spiegelbuch, aus verschiedenen Dramen entstanden 380, 40'.

Spiegels Abenteuer, des, 313, 38'.

Spiel, allgemeine Bezeichnung für jedes dramatische Gedicht vor dem 17. Jahrhundert 360, 5'; 377.

Spiel von den sieben Farben 362 f., 23'.

Spiel von den klugen und thörichten Jungfrauen 363, 24—27.

Spiel von Frau Jutten 372; vgl. Th. Schernberg.

Spiel von Wilhelm Tell s. J. Ruef.

Spielleute s. Volkssänger.

Spielmannsreim, althochdeutsch 60, 24.

Spottlieder 55.

Sprache, deutsche. Was wir von ihrer Beschaffenheit vor Ulfilas wissen können 10 f.; ihre Hauptmundarten in der Folgezeit 26 f.; die gothische 27 ff.; die althochdeutsche 29 ff.; die altniederdeutsche oder altsächsische 32 f.; — die mittelhochdeutsche 97 ff.; vgl. 149, 1'; die mittelniederdeutsche 97; — ihr Zustand von der Mitte des 14. bis zum Ende des 16. Jahrhunderts 271 ff.; der hochdeutschen 273 ff.; der niederdeutschen 278 ff.

Sprachmengerei in der Poesie 53, 18'.

Spretten, P. (Speratus), Kirchenliederdichter 356, 22.

Sprichwort, Ausdrücke dafür vgl. 81,5'.

Sprichwörter, älteste deutsche 81, 5; 237, 3'; — sehr viele in den Spruchgedichten des 13. Jahrhs., namentlich in Freidanks „Bescheidenheit" 245; in lyrischen Strophen an einander gereiht 237, 7'; — spätere Sammlungen, von Euch. Eyring 395, 12; von J. Agricola und von Seb. Frank 122 f.; vgl. 123, 52'. — bei B. Waldis 394, 9'; beim Teichner 395, 13'.

Spruch und Lied unterschieden 214 f.

Spruch- und Sittengedichte 241 ff.; 388 ff.

Spruchsprecher 292 f.

Stabat mater etc., älteste Verdeutschungen 350, 25. 26.

Stamheim, Lieder 225 f., 11.

Stammsagen, deutsche 50 f.; 140.

Staufenberg, der Ritter von, Gedicht 319, 15—18.

Steinhöwel, Heinr., Leben 317, 3'; vgl. 398, 6'; sein „Aesop" mit dem sagenhaften Leben des Aesop 408, 24; vgl. 394; 148, 11'; übersetzt den Prosaroman von „Apollonius von Tyrus" und ein Werk des Boccaz aus dem Lateinischen 408, 25. 26; 317, 1.

Steinmar, Lieder 229, 14 ff.; vgl. 351, 30.

Stephan, Meister, Gedicht vom Schachspiel 253, 26'.

Sterck, Christian 351.

Stolle, gnomische Stücke 217.

Stricker, der 165; 173 f.; sein „Daniel von Blumenthal" 173 f.; vgl. 137, 3'; „Karl" 181, 21; vgl. 160; 174; „der Pfaffe Amis" 193 f.; vgl. 174; kleine Erzählungen und Beispiele 259 f.; „der kluge Knecht" 193, 24'; Beispiel „vom Frass" 94, 3'; „Frauenehre" 217, 2'; — vgl. 174; 194, 27'; — vom Pleier nachgeahmt 175.

Stricker (oder Strizer), Johann, Leben 381, 46'; Verfasser des Schauspiels „der deutsche Schlemmer" 381; eines geistlichen Spiels von Adam und und Eva 381, 46'.

Studenten führen Schauspiele auf 364.

Studentenlieder 345.

Suchendank 292, 6'.

Suchensinn, Meistersänger 336, 14; 344, 27; vgl. 281, 2'; 292, 6'.

Suchenwirt, Pet., Wappendichter 292, 6; 308, 5; vgl. 293, 12'; Sprache 275, 4'; Versbau und Versmessung 281, 2'; 287, 3'; Reime 285 f.; 287, 6'; Ehrenreden 308, 5; vgl. 188, 7'; allegorische Erzählungen 312; didaktische Stücke 389, 5.

Summa theologiae, Gedicht 243, 14.

Sündenfall s. Arnold v. Immessen.

Susanna, geistliches Schauspiel 367, 1; vgl. auch P. Rebhun.

Suso s. Heinrich der Seuse.

Tabulaturen der Meistersänger 294 f.

Tage- und Wächterlieder in der mittelhochd. Lyrik 218, 7; in der weltlichen Lyrik der späteren Zeit 342; in der geistlichen 351, 35'.

Tagelied von der heiligen Passion 349, 16. 17.

Tandarius und Flordibel s. Pleier.

Tanhäuser, lyrischer Dichter 229, 13; eine „Hofzucht" unter seinem Namen 229, 13'; Sagen von ihm 229, 13.

Tanhäuser, strophisches Gedicht 328, 9.

Tanzlieder, mittelhochdeutsche 215; Tanzlieder oder Reien in späterer Zeit 342.

Tänze und Reien s. Leiche.

Tänze in geistl. Schauspielen 370, 35.

Taufgelöbniss in altniederd. Sprache 81,30; in althochdeutscher (fränkischer) 81, 32'.

Tauler, Johann, Leben 417, 13; Lieder 348, 18; Predigten 417; lehrhafte Prosa 420; seine „Nachfolgung des armen Lebens Christi" 420, 31.

Teichner, Heinrich der, Leben 389, 2—4; moralische Reden (in Versen) 389; Fabeln bei ihm 394, 7; Versmessung 287, 3'.

Terenz, seine Andria von Notker übersetzt 82; Uebertragungen seiner Stücke und Einwirkung derselben auf das deutsche Drama 375; der „Eunuch" bearbeitet von Hans Sachs 379, 31'.

Teufels Netz, (argi), des, satir. Lehrgedicht 390, 16.

Teufelscomödie 370, 36'.

Theoderich der Grosse 19; Held der Sage, s. Dietrich von Bern.

Theoderiche, fränkische, Lieder über sie 51.

Theologie, Büchlein von der deutschen, 421, 40; — deutsche von Bischof Berthold 422, 42.

Theophilus, geistliches Schauspiel 371, 44. 45.

Theuerdank s. Maximilian I und Melch. Pfinzing.

Thiersage vom Wolf und Fuchs in der heidnischen Zeit 13 f.; weitere Fortbildung und Dichtungen darüber 54 ff.; 140; 158 f.; 313 ff.

Thomas von Bretagne 171.

Thomasin von Zerclar. Leben 245, 3; ist gelehrt 240, 5; sein „welscher Gast" 245 ff.; 250, 1; vgl. 164, 11'; Eigenheiten in der Versmessung 110,35.

Thüring von Ringoltingen. Uebersetzer der „Melusine" 398, 10, 11.

Thurnmayer. Johann (Aventinus), „Baierische Chronik" 412, 16—19.

Tillmann. als Verfasser der Limburger Chronik betrachtet 337, 2'.

Tirol. König, Gedicht 249, 29, 30.

Tirolf. Hans, dramat. Dichter 386, 19.

Titurel (ältere Bruchstücke) s. Wolfram von Eschenbach.

Titurel (jüngerer vollständiger) s. Albrecht.

Titus Andronicus. altes Schauspiel 366, 36'.

Tochter von Syon. zwei Gedichte 252; vgl. 389, 1'.

Todtentanz 380, 40.

Tommaso Leoni. fiori di virtù 390, 14.

Ton. Bedeutung des Worts in der mittelhochdeutschen Lyrik 216; Töne nach ihren Erfindern benannt 288, 7.

Tractatus Norlperti 254, 4.

Tragemundeslied oder Traugemundeslied 211, 2—5.

Tragödie. als Bezeichnung deutscher Schauspiele eingeführt 377; Stoffe zu diesen 379; wie von der Komödie unterschieden im 16. Jahrh. 377.

Translation oder tütschungen etc. von Niclas von Weyl 400, 25'.

Trelzsauerwein. Marx. sein Antheil am „Weiss-König" 404, 60.

Trier. Schule 24.

Trimunitas. strophisches Gedicht s. Martin Maier.

Trinklieder 313 f.; vgl. 340, 1'; 352, 38.

Tristan s. Eilhart von Oberg, Gottfried von Strassburg. Ulrich von Türheim und Heinrich von Freiberg: — Prosaroman 401 f.

Trochäische Verse etc. s. Jambische Verse.

Trojanische Abkunft der Franken. sagenhafte. 7.

Trojanischer Krieg. Hauptquellen für die über ihn handelnden mittelalterlichen Dichtungen 146; verloren gegangene deutsche Gedichte darüber 161, 49; erhaltene s. Herbort v. Fritzlar und Konrad v. Würzburg.

Tropen 66.

Trüllicl 226, 1'.

Tschudi. Aegidius. „Schweizerische Chronik" 412, 24, 25; „Rhaetia" 412, 24'.

Tuisco. in Liedern gefeiert 11.

Tundalus oder Tungdalus' Vision. in zwei Bearbeitungen 154; vgl. 306, 35.

Tunnicius. Anton, seine niederdeutsche Sprichwörtersammlung 423, 52'.

Turold. „la chanson de Roland ou de Roncevaux" 159 f., 38.

Turpins Chronik 141 f., 4.

Twinger von Königshofen. Jacob. „Elsässische Chronik" 411, 7, 8; vgl. 345, 13'.

Ulfilas. Leben 75; sein Alphabet 9; Bibelübersetzung 75 f.; vgl. 18; 28.

Ulrich von Augsburg. vielleicht Verfasser des Gedichtes auf Ludwig den Baiern 312, 31'.

Ulrich von Gutenburg. Leichdichter 221, 26—28.

Ulrich v. Hutten. Leben 392, 34': „Klag und Vermahnung gegen die Gewalt des Papstes" 392 f.; rednerische Prosa (Sendschreiben) 418 f.

Ulrich von Liechtenstein. Leben 187, 5; „Frauendienst" 187 f. (mit seinen Liedern, seinem Leich und seinen Büchlein 187); Lieder 226, 61: als Dichter von Tage- und Wächterliedern 218, 7'; Büchlein 253, 28; „Frauenbuch" 250, 32; vgl. 93, 1'; Eigenheiten seines Versbaues 109, 27; metrische Form der Büchlein 117, 15'; Leichform 126, 5. — Briefe in Prosa 259.

Ulrich Mansehr von Treubach s. J. Fischart.

Ulrich von Singenberg. Lieder 225, 53; vgl. 231, 1'.

Ulrich von Türheim 175; Fortsetzer von Gottfrieds von Strassburg „Tristan" 172, 32'; 175; von Wolframs von Eschenbach „Wilhelm" (der starke Renewart) 175; 180, 19: sein Clies 175, 68.

Ulrich vom Türlein. bearbeitet den Anfang von Wilhelms Sage 181, 20; metr. Form seines Wilhelms 118, 21'.

Ulrich von Winterstetten. Lieder 226; vgl. 217, § 109, 5.

Ulrich von Würtemberg. Reimchronik über ihn 330, 19'.

Ulrich von Zazikhofen 172, 31 ff.; 165; sein „Lanzelet" 172, 33.

Ulysses der Germanen 12.

Universitäten. erste deutsche 270.

Urkunden. älteste deutsche 258, 35.

S. Ursen. Spiel von. s. Joh. Wagner.

Ursende s. Konrad v. Heimesfurt.

Valentin und Namelos, Gedicht 301 f. ; vgl. 291, 2'.

Valerius Maximus, verdeutscht von Heinrich von Mügeln 335, 12.

Vasco Lobeira, soll der eigentliche Verfasser des „Amadis aus Frankreich" sein 400.

Vater unser, in althochd. Uebersetzungen und Umschreibungen 78; Auslegung 243, 16.

Velser, Michael, Uebersetzer des französischen Textes der Reisebeschreibung von Maundeville 414, 36'.

Verskunst. Althochdeutsche und altniederdeutsche (vgl. 11; 14 f.); Betonungsgesetze 33 f.; älteste Versart 31; Alliteration 34 ff.; Reime, deren Herkunft, älteste Art und Bindeform 36 ff.; Strophe, älteste Arten in Liedern und Leichen 38 ff. — Entartung der althochdeutschen und altniederdeutschen Verskunst 35; 40 f. — Ihre Beschaffenheit von Anfang des 12. bis gegen die Mitte des 14. Jahrhs. 103—127. Allgemeine Ursachen der schon früher begonnenen und jetzt erst allmählig wieder zur Regel zurückkehrenden Verwilderung der deutschen Verskunst 103 f. Versmessung 104 ff.; Reime 111 ff.; Versreihen 115 ff.; Strophenarten in Liedern, Sprüchen und Erzählungswerken 120 ff.; Leiche (Reien und Tänze) 125 f. Aufs neue anhebende Ausartung der Verskunst 126 f. (Einflüsse, die sie von aussen erfahren hatte 127 f. Daktylischer Rhythmus, woher er sich schreibt, und frühestes Vorkommen desselben 107 f.) — Beschaffenheit der deutschen Verskunst von der Mitte des 14. bis zum Ende des 16. Jahrhs. 280—290. Weiter um sich greifende Verwilderung und deren allgemeine Ursachen 280; Versmessung 280 ff.; Reime 284 ff.; Versreihen 286 ff.; Strophenbau und Einfluss der Fremde darauf 288 ff.; Leichform in Sequenzen 290 (Versart im Schauspiel 286; Versuche im 16. Jahrhundert die metrische Form des Drama's ihrer Rohheit zu entreissen 117 f.)

Vespasius, Hermann, arbeitet weltliche Lieder in niederdeutsche geistliche um 355 f., 11.

Vier und zwanzig Alten, die, von Otto von Passau 421, 39.

Villanellen 289, 15.

Vilkina Saga 139.

Vintler, Konrad, sein „Buch der Tugend" 390, 12 ff.

Virgil. seine Bucolica, von Notker übersetzt 82.

Virginal s. Dietrichs Drachenkämpfe.

Vogelhochzeit. Volkslied 327, 6'.

Voigt, Val., Meistersänger 282, 4'.

Völkerwanderung, ihre Einwirkung auf die Bildung der Deutschen und besonders auf ihre Sagenpoesie 16 f.

Volkslieder, Sammlungen von epischen und lyrischen 325 f., 3'.

Volksmässige Lyrik s. unter Lyrik.

Volksmundarten im Drama, besonders für gewisse Personen und für Zwischenspiele 382 f., 54'.

Volkspoesie, epische, von der Mitte des 1. bis gegen Anfang des 12. Jahrhunderts 41 ff. Von Anfang des 12. bis gegen die Mitte des 14. Jahrhunderts; ihre Fortdauer neben der höfischen Kunst; der Unterschied beider zeigt sich mehr in den Gegenständen und deren Auffassung als in den metrischen Formen und der Sprache 133 ff.; Stoffe 137 ff.; Werke 157; 162; 194 ff.; Verfall 135 ff. Von der Mitte des 14. bis zum Ende des 16. Jahrhunderts; deutsche Heldendichtung im Absterben 299 ff.; epische Volkslieder 324 ff.; Volksromane 402 ff.

Volkssänger (Spielleute, Fahrende etc.), bis gegen Anfang des 12. Jahrhunderts; ihr Verhältniss zur Sage 60 ff.: von Anfang des 12. bis gegen die Mitte des 14. Jahrhunderts; ihre Stellung zu den höhern Ständen 92; zu den höfischen Dichtern und zur Nation überhaupt 134 ff. Volkssänger in noch späterer Zeit 291.

Volksschauspiel, geistliches und weltliches s. Drama.

Waffentänze der Germanen 359, 1'.

Wagner, Johannes, Spiel von S. Ursen 378, 26.

Walberan, Gedicht 210, 19.

Waldis, Burk., Leben 324, 50. 51; Erzählungen und Fabeln in der Sammlung „Esopus, ganz neu gemacht" 324, 53, 54; 394, 9; Bearbeitung des Psalters 357, 35; arbeitet den „Theuerdank" um 313, 40'; Fastnachtsspiel vom verlornen Sohn 380, 41.

Walther (von Aquitanien), Sage 42; 47, 5; Gedicht „Waltharius manu fortis" 48 ff.; Bruchstücke eines deutschen Gedichts „Walther und Hildegunde" 202 f.; vgl. 50, 11'; Strophenform desselben 124, 8; Bruchstücke eines angelsächs. Gedichtes 50, 11'.

Walther, Archidiaconus von Oxford 141, 1'.

Walther von Metz, Lyriker 226, 71.
Walther von der Vogelweide, Leben 223 f.; dichterischer Charakter 214 ff.; vgl. 92, 4'; 129; 217, § 109, 5; sein Tod beklagt 225, 54; soll mit Freidank eine Person sein 246, 7; Reimgenauigkeit 113; Eigenheit im Versgebrauch 117, 10'; Lieder und Sprüche 223 f.; 232; 235, 6 (vgl. 234, 1'); Reichthum an Formen 124, 4; sein Leich 126, 4; Strophen von ihm im Möringerliede benutzt 328, 2'. — Vgl. 199, 9'.
Walther, Hans, Luthers Gehülfe bei Einrichtung des evangelischen Kirchengesanges 353, 5.
Wappendichter 292.
Warbeck, Veit, Uebersetzer der „Magelone" 399, 21.
Wartburger Krieg, Lieder davon 131, 2'; 238, 15; Strophenform 125, 13.
Weber, Veit, seine Siegeslieder 329, 16.
Weber, Wilh., Spruchsprecher 293, 11'.
Weihnachtslieder 230.
Weihnachtsspiel, altes, Bruchstück 362, 22. 23; hessisches 369, 21.
Weingrüsse und Weinsegen von H. Rosenblüt 313, 23. 21.
Weinschlund, der, Gedicht 313, 22'.
Weinschweig, der, Gedicht 313, 22'.
Weise, Bedeutung des Worts in der mittelhochd. Lyrik 216.
Weisse, Michael, geistlicher Lyriker 357, 26. 27.
Weiss-König s. Maximilian I und M. Treizsauerwein.
Weissenburg, Klosterschule 22.
Weisthümer 258, 31.
Weischer Gast, Gedicht s. Thomasin von Zerclar.
Welt, die, Sammlung von Beispielen dem Stricker mit Unrecht beigelegt 250 f., 7.
Weltchroniken, gereimte s. Rudolf von Ems, Jansen Enenkel und Heinrich von München.
Weltschöpfung, Gedicht von der, 243, 26.
Wend-Unmuth s. H. W. Kirchhof.
Wenezlan s. Dietrich.
Wernher, sein Marienleben 153, 22—27; Metrisches 105, 7'; 124, 2'.
Wernher, Bruder, Lyriker 235, 7—10; vgl. 193, 18'.
Wernher von Elmendorf, didaktischer Dichter 244, 35. 36; 250, 3; vgl. 240, 6'.
Wernher der Gartener, sein „Meier Helmbrecht" 192 f., 15—19; vgl. 207, 21.
Wernher vom Niederrhein, didaktischer Dichter 241, 33.
Wernher von Tegernsee, Strophe,

die ihm mit Unrecht beigelegt wird, 120, 2'; geistliches Spiel, ihm mit Unrecht beigelegt 361, 8.
Wessobrunner Gebet 68 f.; vgl. 36, 13'.
Wettgesänge französischer und deutscher Dichter, nach der Sage 89, 3'.
Wickram, Georg, sein Roman „der Goldfaden" 404, 61. 62; „das Rollwagenbüchlein" 407 f., 16. 17; sein Fastnachtspiel „der treue Eckart" 404, 61'; Umarbeiter der ovidischen Verwandlungen von Albrecht von Halberstadt 152, 35'; der „Narrenbeschwörung" von Th. Murner 392, 28.
Widmann, Georg, mit angenommenem Namen Achilles Jason W. 321, 34'; sein „Peter Leu" 321, 33. 34.
Widmann, G. R., Bearbeiter des Romans vom „Schwarzkünstler Faust" 403, 56.
Widukind 21.
Wieland, Sage von, 47, 3. 4; vgl 303, 13.
Wiener Meerfahrt, Gedicht 194, 26; metrische Form 117, 15'.
Wierstraat, Christian, Reimchronik von Neuss 310, 20.
Wiest, Ulrich, Gedicht von ihm, 296, 10'.
Wigalois s. Wirnt von Grafenberg; dazu 305, 27'.
Wild, Sebastian, dramatischer Dichter 387; seine Magelona 379; sein Octavian und die sieben weisen Meister 379; Tragödie vom Doctor und Esel 387, 24.
Wilde Mann, der, didaktischer Dichter 244, 34.
Wilhelm der Heilige, Sage 142, 7; Gedicht (Wilhelm von Oranse) s. Wolfram von Eschenbach, Ulrich von Türheim und Ulrich vom Türlein; Bruchstück eines niederrhein. Gedichtes 180, 17. 18.
Wilhelm von Oriens von Rudolf von Ems 178; strophisch umgedichtet 305, 29.
Wilhelm Wernher von Zimmern, Graf, seine Aufzeichnungen 412.
Willem, Verfasser des „Reinaert" 311 4; Verfasser eines Madoc 314, 4'.
Willram, Uebersetzung und Auslegung des Hohenliedes 80, 22 ff.; in jüngerer alemannisch-elsässischer Umarbeitung 80, 21.
Winillod 56 f.
Winsbeke, der, 218 f.
Winsbekin, die, 218 f.
Wippo 21.
Wirnt von Grafenberg, Leben 173; 165; „Wigalois" 173, 40 ff.; metrische Form 117, 15'; vgl. 401, 35.

Winne, Claus, Fortsetzer von Wolframs
Parzival 171, 22.

Wissenschaften, ihr Zustand seit Grün-
dung der Universitäten im 14. und 15.
Jahrhundert 270 f.

Wissenschaftliche Bildung der spanischen Araber durch Gerbert nach
Deutschland verpflanzt 25 f.

Wittenweiler, Hans, „der Ring" 320 f.,
21.

Wittich vom Jordan 194, 30'.

Wittige. Sage von ihm 47, 2.

Wolfdietrich, Sage 139, 8; Gedichte
203 f.; vgl. 300; dramatisiert von J.
Ayrer 379.

Wolfram von Eschenbach. Leben
169; der grösste unter den Meistern
der höfischen Erzählungspoesie 165;
vgl. 166; seine genaue Bekanntschaft
mit den heimischen Heldensagen 135,
2'; Kenntniss der franzöz. Sprache 102,
3'; ist nicht besonders genau im Reimen
113. — „Parzival" 169 ff.; 171;
Bruchstücke des „Titurel" 169; 171;
174 (vgl. 176; Strophe desselben 124,
9; „Wilhelm von Oranse" 180 f.;
vgl. 169. — Lieder 224, 48; ist wahrscheinlich Erfinder der Tage- und
Wächterlieder 218, 7'; — vgl. 204, 13';
nachgeahmt vom Pleier 175; von Reinbot vom Turn 185.

Wort. Bedeutung in der mittelhochd.
Lyrik 216.

Wyssenhere. Michael, Verfasser des
strophischen Gedichts von „Heinrich
dem Löwen" 328, 6.

Zapf, Hans s. H. Folz.

Zeichen. die fünfzehn, des jüngsten
Tages 212, 5.

Zimmerische Chronik 413 f., 30.

Zwingli. Ulrich, Leben 415 f., 22';
rednerische Prosa 418 f.; lehrhafte
Prosa 422.

BERICHTIGUNGEN.

S. 36, 5 L liodhaháttr.
S. 52, 14 L mindestens zu Anfang des nächsten Jahres.
S. 103, 10 L Heinrich von Veldeke
S. 145, 9 L Einrichtungen.
S. 290, 24 L den dritten.
S. 355, 7 L erschienen f. gedichtet.

NACHTRÄGE.

§ 2, Anm. 7. A. Kirchhoff, das gothische Runenalphabet. Programm des Joa-
chimsthalschen Gymnasiums. Berlin 1851. 4.

§ 24, 1. Zahlreiche Glossen sind mitgetheilt in Haupt's Zeitschrift und Pfeiffers
Germania, und schon früher in Graffs Diutisca und Aufsess - Mone's
Anzeiger.

§ 25, 5. Zarncke, zwei mittelalterliche Abhandlungen über den Bau rhythmischer
Verse, in den Berichten der k. sächs. Ges. d. Wissensch. 1871.

§ 29, 9. Wilmanns, welche Sequenzen hat Notker verfasst? in Haupts Zeitschr.
15, 267—294.

§ 34, 3. Zarncke, zum Hildebrandsliede: Berichte über die Verhandlungen der
k. sächs. d. Wissensch. 1870, S. 197 f.

§ 35, 16. Zacher, der handschriftliche Text des Ludwigsliedes nach neuer Abschrift des Hrn. Dr. W. Arndt, in seiner Zeitschrift 3, 307 ff.

§ 46, 3. Erdmann, Bemerkungen zu Otfrid, in Zachers und Höpfners Zeitschr.
1. 437 ff.

§ 50, 2. Sievers, zum Vocabul. S. Galli und den Glossae Keronis, in Haupts Zeitschrift 15, 119—125. — 11. Zwei ahd. Beichten, von Fr. Pfeiffer:
Germania 13, 385 ff. Die Beichte der Tepler Handschrift (Regensburger Beichte) auch bei Pfannerer im Pilsener Gymnasialprogramm
von 1870. — 13. Sievers, Untersuchungen über Tatian. Halle 1870. 8.

§ 51, 13. Bruchstück einer Handschrift, mitgetheilt von Keinz in den Münchener
Sitzungsberichten 1870, I, 529 ff.

§ 68, 16. Bruchstück einer anderen Hs., mitgetheilt von C. Hofmann in den Münchener Sitzungsberichten 1870, II, 109 ff.

§ 86, 1. Glennie, Arthurian localities, their historical origin, chief country and
Fingalian relations. 1869. 8.

§ 90, 6—11. C. Hofmann, über die mhd. Gedichte von Salomon und Judith, in
den Münchener Sitzungsberichten 1871, 5. Heft. — 23. Keinz in den
Münchener Sitzungsberichten 1869, II, 295 ff. — 33. Mussafia, sulla
visione di Tundalo. Appunti. Vienna 1871. 8.

§ 91, 1. Bruchstücke der Kaiserchronik, mitgetheilt von Lexer in Haupts Zeitschrift 11, 503—525. — 16. Rückerts Ausgabe erscheint erst jetzt
(1872). Zur Metrik des Ruther vgl. Amelung in Zachers Zeitschrift
3, 253—305. — 32. Vgl. Haupt in seiner Zeitschrift 15, 254 f. —
39. Vgl. Haupt in seiner Zeitschrift 15, 256 ff.

§ 92, 7. Bruchstücke neuer Hss. der Eneit sind mitgetheilt von Pfeiffer, Quellenmaterial zu altdeutschen Dichtungen. Wien 1867. 4. I, 3—20, und
von Zingerle in den Münchener Sitzungsberichten 1867, II, 471—485.
Vgl. noch Wörner, Virgil und Heinrich von Veldeke, in Zachers
Zeitschrift 3, 106—161.

§ 94, 11. Ueber das Verhältniss zu Chrétiens Gedichte vgl. Rauch, die wälsche, französische und deutsche Bearbeitung der Iweinsage. Göttinger Dissert. 1869. 8. und Güth, das Verhältniss des Hartmannschen Iwein zu seiner altfranz. Quelle im Archiv f. d. Stud. d. neueren Sprachen 46, 251—292. — 21. Handschriftenfragmente des Iwein sind mitgetheilt in Pfeiffers Quellenmaterial zu altdeutschen Dichtungen II. Wien 1868. 4. und von Bartsch in der Germania 16, 167 ff. — Zur Erklärung vgl. noch Haupt in seiner Zeitschrift 15, 261 ff., Zarncke in den Berichten der sächs. Gesellsch. d. Wissensch. 1870, S. 199 ff. — 32. Zur Kritik vgl. Th. v. Hagen, die Handschriften des Tristan und ihre Bedeutung für die Kritik, in Bartsch' Germanist. Studien. Wien 1872. 8. I, 31—56. — 34. Vgl. noch Schilling, de usu dicendi Ulrici de Zazikhofen. Dissert. Halae 1866. 8. — 40. Bruchstücke von Hss. in Pfeiffers Quellenmaterial I, 49 ff. — 62. Meraner Bruchstücke, mitgeth. von Zingerle in den Wiener Sitzungsber. 50, 449 ff.

§ 95, 16. Bruchstücke von Hss. in Pfeiffers Quellenmaterial II; in der Germania 14, 271 ff.; 16, 171 ff. Vgl. über das Gedicht noch San-Marte. über W's von E. Rittergedicht Wilhelm von Orange. Quedlinburg und Leipzig 1871. 8. — 20. Bruchstücke einer Hs. mitgetheilt von Haag in Zachers Zeitschr. 3, 95 ff.

§ 96, 10. Vgl. noch Gompert, zu Konrads von Fussesbrunnen Kindheit Jesu. Gymnasial-Programm von Königsberg in d. N. 1866. 4. — 12. Einen Cunradus de Heinsfurt weist Haupt in seiner Zeitschrift 15, 468 urkundlich 1204 nach. — 34. Ueber andere Hss. und Bruchstücke des Gedichtes vgl. Kelle in der Germania 3, 465 ff; Bartsch ebenda 7, 35 ff.; 15, 357 f.; Weigand in Haupts Zeitschr. 15, 506 ff.

§ 97, 8. Bruchstücke sind gedr. in Pfeiffers altd. Uebungsbuche S. 52 ff.; Pfeiffers Quellenmat. I, 58 ff.; in Zingerle's Findlingen. Wien 1867, S. 640 ff. — 16. Vgl. noch L. Meyer, über die in der livländischen Reimchronik enthaltenen Nachrichten von den Ersten. Dorpat 1872. 8.

§ 98, 13. Ueber den Schluss vgl. Bartsch, Partonopier S. XI f. und Haupt in seiner Zeitschr. 15, 250 ff.

§ 100, 11. Vgl. noch Briefwechsel über das Nibelungenlied von C. Lachmann und W. Grimm, in Zachers Zeitschr. 2, 193 ff. 343 ff. 515 ff.

§ 101, 8. Kudrun, herausgeg. und erklärt von E. Martin (Germanist. Handbibl. von Zacher II). Halle 1872. 8.

§ 102, 12. Jänicke, Beiträge zur Kritik des grossen Wolfdietrich. Berlin 1871. 4.

§ 103, 10. Steinmeyer, das jüngere Gedicht vom Riesen Sigenot, in Altdeutsche Studien. Berlin 1871. 8. S. 63—94. — Wilmanns, zur Geschichte des Eckenliedes, ebendas. S. 95—139. — 17. Wilmanns, über Virginal, Dietrich und seine Gesellen, und Dietrichs erste Ausfahrt, in Haupts Zeitschrift 15, 291—309.

§ 111, 33. Gärtner, über ein Lied Heinrichs von Morungen (MF. 123, 10), in der Germania 8, 54 ff. — 36. Heinzel, über die Lieder Hartmanns von Aue, in Haupts Zeitschrift 15, 125—140.

§ 112, 13. Zander, die Tauhäusersage und der Minnesänger Tauhäuser. Königsberg 1858. 4.; J. Haupt, die Sage vom Venusberg und vom Tauhäuser, in den Berichten des Wiener Alterthumsvereins 10. Band 3. Heft. Wien 1869. 4.

§ 113, 32. Bruchstücke einer Hs. der goldnen Schmiede bei Zingerle, Findlinge. Wien 1867, S. 629 ff.; der Mariengrüsse ebenda S. 625 ff.

§ 117, 4. Schlieben, de antiqua Germanorum poesi aenigmatica. Berlin 1866. 8.

§ 119, 6. Bruchstück einer Freidankhs. in Pfeiffers Quellenmaterial I, 56 ff. — 23. Vgl. Haupt in seiner Zeitschrift 15, 261.

§ 121, 8 am Schluss: Predigtentwürfe aus dem Anfang des 12. Jahrhunderts sind mitgetheilt von J. M. Wagner in Haupts Zeitschrift 15, 439 ff. — 37. Bruchstücke in Pfeiffers Germania 11, 79 ff.